KB118757

학대 외상을 딛고 꽃으로 피어난 아이들

아동 외상 해리의 판별과 심리치료

| Joyanna L. Silberg 저 | 장미경 · 이여름 · 김선희 · 김지은 공역 |

학지사

The Child Survivor 2nd Edition
by Joyanna L. Silberg

역자 서문

이전부터 아동학대는 사람들이 생각하는 것보다 자주 발생하는 외상이었지만 코로나19 팬데믹으로 어른과 아동이 집이라는 공간에 머무는 시간이 길어지면서 아동학대도 팬데믹이 되었다는 우려 깊은 통계자료가 보고되고 있다. 우리나라 통계청이 발표한 자료에 의하면 2021년 아동, 청소년 학대 발생률은 502.2건이었다. 신고되지 않았거나 감춰진 학대까지 포함하면 이보다 훨씬 더 많을 것이다. 우리나라 사람들은 학대에 대한 매우 협소한 개념을 갖고 있는 경향이 있다. 매우 심각한 학대만을 학대로 생각하는 경향이 있으며, 특히 정서적 학대나 정서적 방임의 유형과 아동에게 미치는 그 부정적 영향에 대해서는 매우 무지하다. 이로 인해 국제아동권리협약에 따라 유엔아동권리위원회는 한국 정부에 정서학대의 개념을 규정하고 이에 따른 처벌규정을 강화하라는 권고를 한 바 있다.

대부분의 사람들이 학대가 아동의 건강한 발달과 삶에 부정적 영향을 미친다는 것을 알고 있다고 답한다. 그러나 관련 전문가들조차 그 구체적 영향에 대해서는 답하지 못한다. 아동에게 이해할 수 없는 행동이 있거나 부정적 행동이 있으면 그것은 부정적 행동에 대해 관심을 주어 강화되었다든지 단순히 관심을 끌기 위한 행동이라든지 또는 감정조절을 잘하지 못해서라든가 정신적으로, 기질적으로 문제가 있어서라고만 생각한다. 심지어는 의지가 약해서라고까지 생각한다. 그러나 인간은 극악한 상황에 처하게 되면 생존하기 위한 대처행동을 한다. 이 대처행동은 의식적으로만 일어나는 것이 아니라 무의식적으로도 발생한다. 극심한 재난이나 외상을 겪은 사람들이 일시적인 기억상실을 보이는 것도 그 개인이 압도적인 두려움으로부터 심리적으로 생존하기 위해 인간의 본성이 택한 무의식적 '적응'행동이다. 물론 더 이상 재난이나 외상이 일어나지 않는 순간에도 정서적으로는 여전히 외상이 발생하는 상황에 살고 있기 때문에 한때 '적응적'이었던 행동이 더 이상 적응적이지 않다는 것에 문제가 있다.

심리치료자 또는 상담자로서 우리는 이해할 수 없는 거짓말, 공격적 행동, 통제되지 않는 행동, 멍한 모습, 완전히 다른 사람 같은 상태, 마음속의 목소리나 상상 친구, 마치 ADHD로 보이는 증상 등을 보이면서도 전형적인 진단에는 맞지 않는 모습을 보이는 많은 아동, 청소년들을 목격한다. 불행하게도 그중 많은 아동, 청소년들이 학대 생존자들이다. 더 불행한 것은 학대 생존자인 것조차 모르고 상담하는 상담자들이 있으며 알았다 하더라도 그들의 주호소 증상과 학대를 연결하지 못하는 상담자들이 너무 많다는 것이다.

이 안타까움을 안고 학대 생존 아동, 청소년들이 학대 외상에도 불구하고 깊은 곳에 숨겨져 있는 회복과 발달을 위한 잠재력을 키워갈 수 있도록, 생명의 불꽃을 꺼뜨리지 않도록 옆에서 한동안 함께 걸어가 주는 마중물이 되기를 바라는 마음으로 이 책을 번역했다. 이 책은 아동의 트라우마와 해리에 관한 책으로 저자는 이론적 근거와 오랜 임상 경험을 바탕으로 사례를 통해 학대 생존 아동, 청소년들의 외상 증상을 평가하고 구체적인 치료기법을 제시한 매우 귀중한 책이다. 특히 아동이 보이는 증상과 그에 따른 어려움, 치료 모델과 매우 구체적 개입 방법 등 실용적이고 풍부한 설명으로 우리를 인도한다. 또한 저자는 아동이 보이는 심각한 증상들을 생존을 위한 이해 가능한 적응으로 보고 창의적이면서도 섬세하고 따뜻하게 내담자의 회복력과 잠재력을 신뢰하며 치유를 촉진하는 모습을 생생하게 묘사하고 있다.

더 나아가, 저자는 내담자를 위해 정책적으로 요구하고 법정에 서며 내담자를 둘러싼 기관, 학교 등의 시스템과 소통하며 옹호자로서의 역할을 함으로써 건강한 사회가 되기 위해 치료자가 직업인으로서만이 아닌 사회 일원으로서 그리고 인간으로서 어떻게 헌신해야 하는지를 마음으로부터 보여 주고 있다. 아동, 청소년들이 외로운 섬처럼 고립된 자기 부분들을 가지고 살아갈지, 아니면 아름다운 세상의 일원으로 다른 사람들처럼 희로애락을 경험하며 살아갈지는 우리의 손에 달려 있다는 것을 기억하자.

아무쪼록 이 책이 트라우마와 해리 증상 같은 후유증으로 고통받고 있는 아동, 청소년들의 내면을 깊이 이해하고, 안전하고 신뢰로운 관계 경험을 통해 그들이 회복되고 성장하여 잠재력을 꽃피울 수 있도록 돕고자 하는 치료자들을 안내하는 작은 등불이 되기를 바란다.

저자 서문

우리는 지금『The Child Survivor』초판이 출간된 2013년과는 다른 세상에 살고 있다. 전 세계 국가들이 부족한 자원과 열악한 준비상태에서 낯선 바이러스인 Covid-19와 싸우고 있으며 전 세계적 팬데믹은 광범위한 죽음과 혼란을 야기했다. 현재의 팬데믹은 훨씬 더 오래된 아동학대 문제와 겹쳐 있다. Covid-19 팬데믹으로 많은 아동이 폭력가정에 갇혀 학교나 외부 활동을 할 수 없게 되면서 아동학대 문제가 더욱 악화되고 있다. 불안과 고통에 시달리는 전 세계 인구와 마찬가지로 전 세계 아동들도 폭력의 팬데믹을 경험하고 있으며, 자신이 통제할 수 없는 착취적 힘에 취약한 상태에 처해 있다. 착취는 종종 부모, 교사, 종교 지도자, 코치 등에 의해 보이지 않는 곳에 숨어 있으나 어디에나 존재한다.

Covid-19 팬데믹 기간 동안 우리는 모순되는 정보의 포화 상태에 있다. 마찬가지로, 아동학대와 트라우마라는 조용한 팬데믹에 대처하는 방법에 대한 인식은 우려와 부정의 극단을 오가는 모순된 메시지로 인해 혼란상태에 있다. 트라우마를 겪은 아동은 자신이 겪은 피해를 자신과 타인에게 되풀이하는 악순환에 갇혀 있다. 우리는 세계적인 아동학대 팬데믹과 함께 발생하는 지속적인 피해를 인식해야 하며 트라우마에 대해 이해하는 사회가 필요하다.

2019년 12월, 중국 우한에서 새로운 코로나 바이러스(2019 코로나 바이러스 또는 Covid-19)가 발견되었다. 이 바이러스는 전염성이 매우 높으며 특히 기저 질환이 있는 사람들에게 심각한 호흡기 질환이나 사망을 초래했다. Covid-19는 빠르게 전 세계로 확산되어 사람이 거주하는 모든 대륙의 국가에서 수백만 명의 사람들이 감염되었고, 미국에서는 50만 명 이상이 사망하고 수십만 명이 더 사망할 것으로 예상된다. 이 세계적인 유행병에 대처하는 데 성공한 국가는 다양했다. 한국, 뉴질랜드, 싱가포르 등 검사, 감염자 추적, 격리 등 역학 과학을 기반으로 표준화된 절차를 갖춘 국가가 바이러스 억제에 가장 효과적이었다. 미국, 브라질 등 체계적 지침이 미흡한 국가에서는 발병을 막고 사망률을 줄이는 데 성공하지 못했다.

초기에는 Covid-19에 대한 속설이 넘쳐났다. 한 가지 속설은 아동과 아프리카계 미국인은 면역력이 있다는 것이었는데, 실제로 아동의 경우는 바이러스를 쉽게 전파하고 유색인종은 기존 질환, 밀집 거주지, 의료 서비스에 대한 접근성 부족으로 인해 위험에 더 노출되어 있었다. 미국에서는 국가 리더쉽이 정확한 공중 보건 메시지를 통일되게 제공하지 않아 마스크 착용이 도움이 되는지, 격리가 필요한지, 무증상자도 감염시킬 수 있는지 등에 대해 사람들이 혼란스러워했다. 모순된 메시지는 대중의 혼란과 확진자 증가로 이어졌다.

전 세계적 팬데믹은 사람들의 삶에 급격한 변화를 가져왔다. 학교는 몇 달 동안 문을 닫았고 수많은 사람이 일자리를 잃었다. 재택근무가 가능한 부모들은 자녀를 돌보고 가정에서 학교교육을 시키면서 집에서 일할 수밖에 없었다. 이런 상황은 가족에게 심각한 스트레스를 초래했다. 셧다운으로 인해 안전을 위한 출구가 제한되면서 가정폭력 핫라인과 학대 핫라인에 걸려온 전화가 급격히 증가했다. 아동들에게는 불안, 우울, 수면장애, 퇴행이 증가했다(Canapari, 2020; Dana, 2020; Polizzi, Lynn, & Perry, 2020). 치료가 전자 플랫폼으로 옮겨지면서 취약한 내담자와의 연결이 더 어려워졌다. 전자 플랫폼이 최선이든 아니든, 트라우마를 입은 아동에게 치료를 제공하기 위해 이 새로운 장은 계속 유지될 것이다.

개인 보호 장비는 공급이 부족하거나 효과적이지 않았고, 식품 공급 및 의료 분야의 필수 근로자들은 인류에 대한 윤리적 의무와 자신 및 가족의 건강에 대한 위험 사이에서 목숨을 걸었다. 일부 지역사회에서는 새로운 연대의식과 필수 근로자에 감사하는 마음이 생겨났다. 뉴욕시에서 매일 저녁 7시에 의료종사자들에게 보내는 박수는 피해를 입었지만 감사한 마음으로 힘을 실어주는 하나의 의식이 되었다. 감염 검사가 제한적으로 이루어졌기 때문에 사람들은 겁에 질리고 혼란에 빠졌으며 지역사회에 감염이 얼마나 널리 퍼져 있는지 알 수 없었다. 2020년 11월, 미국 일부 지역에서는 검사 대상자의 양성률이 무려 50%에 달했다. 이러한 수치는 놀라운 수준이며, 이 감염병의 전염성이 얼마나 심각한지 다시 한번 확인할 수 있었다.

유사하게, 학대 역학 연구에 따르면, 아동 성학대 발생률은 일반 대중이 예상하는 것보다 높다. 아동 성학대는 전 세계적으로 발생한다. 2009년, 22개국의 아동 성학대에 관한 65개 유병률 연구를 검토한 결과, 아동 성학대의 발생률은 여성의 19.7%, 남성의 7.9%였다(Pereda, Guilerab, Fornsa, & Gomez-Benito, 2009). 가장 우려스러운 점은 성학대 이력이 있는 아동은 정서학대, 신체학대, 방임의 비율도 높다는 것(Perez-Fuentes et al., 2013), 그리고 외상 후 스트레스 장애 및 해리 증상을 포함한 전반적인 정신과적 후유증의 위험이 높다는 것이다.

이러한 수치와 아동에게 가해지는 위험을 고려할 때, 아동학대를 팬데믹이라고 부르는 것은 과장된 표현이 아니다. 또한 Covid-19와 마찬가지로, 일부 잘못된 통념에 근거한 정보, 즉 모순된 정보는 치료자들이 문제를 직접 해결하는 데 방해가 된다. 지역사회에서 아동학대 신고를 '집단 히스테리'로 분류하거나, 아동학대 신고를 아동이 '의심을 사게 했다'고 아동 탓을 하거나 아동의 학대증상을 부모로부터의 '소외'로 오해하는 등의 속설이 있으며 이 중 일부를 이 책 전반에서 다루었다.

전 세계적으로 아동들이 직면하고 있는 문제는 가정 내 학대, 제도적 학대 그리고 전 세계적인 Coivd-19 팬데믹에만 국한되지 않는다. 아동들은 계속해서 전쟁, 빈곤, 기아, 이주민 집단 수용소 거주 등으로 피해를 받고 있다. 피해는 또 다른 피해를 낳는다. 성인의 일관된 보호를 받지 못하는 아동은 어디에나 도사리고 있는 성매매와 같은 또 다른 위기에 취약하다. 전 세계적으로 성매매는 학대당하는 아동의 비디오와 사진에 대한 수요 증가에 따라 급속히 증가하고 있다. Covid-19 팬데믹 기간 동안 아동에 대한 위험은 기하급수적으로 증가했다. Eurpol(2020, p. 2)에 따르면, 사이버 범죄는 Covid-19 위기로 가장 큰 영향을 받는 범죄 영역 중 하나이다. 여기에는 온라인 아동 성학대가 포함된다. 아동과 범죄자 모두 집에 머물면서 인터넷에서 더 많은 시간을 보내게 되었고 결국 온라인 아동 성학대 위험도 증가했다.

라이브 스트리밍과 같이 흔적을 남기지 않는 인터넷 연결을 통해 아동이 학대당할 수 있으며 학대 영상이 전송될 수 있다. 인터넷상의 아동착취는 정보가 부족하거나 방임하는 성인이 있어서 보호받지 못하는 아동이 있는 곳이라면 전 세계 어디에서나 발생한다(Handrahan, 2017). 가해자는 종종 또래로 위장하여 아동들에게 음란한 사진을 보내도록 유도한 다음 아동이 저지른 일을 폭로하겠다고 협박하여 수년간 착취하고 점점 더 끔찍한 행위를 하도록 강요한다. 어떤 아동들은 인터넷에서 다른 아동의 학대 장면을 본 것만으로도 외상 후 증상을 겪는다. 또한 사이버 범죄조직이 아동의 이미지와 동영상을 공유하여 자신과 타인의 성적 욕구를 충족시키고 수익을 창출하는 범죄가 확산되고 있다. 일부 아동들은 주문자의 특정 행위 요구에 따라 성행위를 강요당하고, 그 장면이 실시간으로 생중계 되기도 한다.

이 사이버 범죄의 가장 심각한 유형은 '허트코어(Hurtcore)'라고 하는데, 가담자들이 어린 아동들에게 가할 수 있는 피해와 고문의 수준을 놓고 배틀을 하며 때로는 아동이 사망에 이르기까지 한다(Daly, 2019; Maxim, Orlando, Skinner, & Broadhurst, 2016). 나는 최근 이러한 유형의 범죄로 트라우마를 입은 아동을 치료하는 일을 했기 때문에 이 책에 아동 성학대 이미지 제작 과정에서 피해를 입은 아동에 대한 조직적인 학대를 다루는 장(14장 참조)을 포함시켰다.

이 책의 초판이 2013년 출간된 이후 일어난 긍정적인 변화는 '#미투(#MeToo)' 운동과 권력층에 있는 남성들의 학대행위에 언론의 관심이 높아졌다는 것이다. 성폭력과 아동학대는 사회가 믿지 않으려는 범죄로, 한순간 분노를 불러일으키다가 다시 쉽게 잊혀지는 경향이 있다. '미투(me too)'라는 표현은 2017년 영화계의 거물 하비 웨인스틴(Harvey Weinstein)에게 성폭행 의혹이 제기된 후 해시태그로 사용되었으며 하나의 사회운동으로 발전했다. 일부 피해자들이 웨인스틴과 합의한 관계라고 인정했음에도 불구하고 유죄판결이 유지되었으며 취약한 여성에 대한 성범죄를 기소할 수 있는 계기가 되었다(Ransom, 2020). 여성에게 약물을 먹이고 강간한 혐의로 1심에서 배심원들의 무죄 판결을 받은 빌 코스비(Bill Cosby)는 2018년에 최종 유죄 판결을 받았다. 50명 이상의 다른 여성들이 유사한 폭행을 당했다고 신고했다. 코스비 사건은 #미투 운동 이후 처음으로 주목받은 성폭력 재판이었으며, 인기 있고 사랑받는 남자가 마침내 유죄 판결을 받았기 때문에 많은 사람이 이 판결을 결정적 순간으로 여겼다(Bowley & Hurdle, 2018). 코스비의 유죄 판결은 앞으로 배심원들이 여성 고발자의 진술에 큰 비중을 두고 신뢰할 수 있게 되었다는 신호였다.

2018년 체조계에서 존경받던 의사 래리 나싸(Larry Nassar)는 7건의 미성년자 성폭행 혐의에 대한 유죄가 인정되어 40~125년의 징역형을 선고받았다. 약 200명의 소녀들이 나싸의 성학대가 자신들의 삶을 어떻게 변화시켰는지 직접 또는 성명을 통해 공개했다(Levenson, 2018). 저명한 심리학자 크리스틴 포드(Christine Ford) 박사가 10대 시절 자행한 강간 미수에 대해 전국 방송에서 용기 있게 증언했다. 많은 사람이 강간 혐의자가 미국 대법원에서 유죄 판결을 받는 것을 믿을 수 없다는 듯 지켜보았다(Reston, 2018). 사람들은 제프리 엡스틴(Jeffrey Epstein)이 사회 엘리트이고 영향력 있는 사람들과 어울리면서 조직적으로 소녀들을 성매매했다는 뉴스를 접하고 충격을 받았다(Calleman, 2020). #미투 운동은 학대받는 여성과 아동들에게 진실을 말할 수 있는 신뢰와 자유를 주었다. 그러나 다른 방향으로의 강력한 힘겨루기 속에서 성학대 혐의로 기소된 호주 가톨릭교회의 고위 감독 조지 펠(George Pell) 추기경의 유죄 판결이 호주 대법원에서 만장일치로 뒤집혔다(Albeck-Ripka & Cave, 2020).

사회적 인식과 부인이 서로 밀고 당기는 가운데 작은 변화의 물결이 생겨날 수 있을까? 전 세계를 여행하고 여러 대륙의 동료들을 만나면서 나는 다양한 치료자들에게 아동학대 후유증에 대한 인식이 더욱 보편화되고 있음을 발견했다. 이제 아동 해리는 더 이상 비웃음

거리가 아니며, 생애 초기의 복합 트라우마에 의해 발생하는 것으로 진지하게 인식되고 있다. 『APA 트라우마 심리학 핸드북(APA Handbook of Trauma Psychology)』 최신판에는 『발달정신병리학 핸드북(Handbook of Developmental Psychopathology)』(Silberg, 2014)의 최신판과 마찬가지로 아동기 해리에 관한 장(Silberg, 2017)이 포함되어 있다. 초기 뇌 발달과 트라우마에 대한 연구가 급증하면서(예: Teicher, 2019) 다양한 전문 분야와 지식 수준을 갖춘 치료자들이 초기 트라우마의 영향을 더 쉽게 이해할 수 있게 되었다. 프랜시스 워터스(Frances Waters, 2016)의 『깨진 아이(Fractured Child)』, 『해리 장애 아동의 치료(Treating Children with Dissociative Disorders)』(Sinason & Marks, 2022), 『우리 마음이 작동하는 방식(The Way We Are)』(Putnam, 2016)과 같은 저서는 아동 해리 분야의 발전에 중요한 기여를 했다. 아동이 트라우마에 반응하는 방식을 기술한 문헌이 증가함에 따라 전 세계적으로 초기 아동기 트라우마와 해리를 주제로 한 교육이 더욱 주목을 받고 있다.

안타깝게도 치료시설이나 치료 제공자들 중에는 해리에 대해 새롭게 알게 된 것을 구조화된 치료 프로그램에 반영하기를 꺼리는 사람들이 많다. 2015년 11월 19일 뉴욕 데일리 뉴스(New York Daily News)에 세 명의 정신과 의사에게 해리성 정체성 장애 진단을 받은 12세 소녀가 16개 치료시설에서 입소를 거부당했다는 기사가 보도되었다(Salinger, 2015). 그 결과, 이 소녀는 인디애나주의 소년원(Juvenile Detention Center)에 수감되었고, 주변 지역의 모든 아동 및 청소년 정신건강 서비스 기관들이 이 사건을 처리할 수 있는 역량이 부족하다고 느꼈다. 그러나 가장 힘든 아동 해리 장애 사례도 다룰 수 있는 전문지식이 존재하며, 이제 그동안 소외되었던 전문 분야가 주류로 부상할 때가 된 것이 분명하다. 이 소녀처럼 어린 해리 장애 소녀들을 받아주고 치료해 줄 수 있는 프로그램을 쉽게 찾을 수 있는 날을 당기는 데 이 책이 기여하기를 바란다.

또한 해리 아동이 치료에 가져오는 회복의 치유 에너지가 인간에 대한 믿음과 적절한 치유환경이 주어지면 개인이 변화할 수 있다는 것을 이 개정판을 읽는 독자들이 다시 한번 확인하는 계기가 되기를 희망한다. 전 세계적 팬데믹은 상호의존성과 책임감을 극적으로 보여 주었다. 이러한 지식을 바탕으로 치료자로서 우리의 협력적인 노력은 혼란스러운 세상의 깨지기 쉬운 균형을 바꾸어 학대나 착취가 아닌 사랑, 치유, 회복의 '팬데믹' 세상이 되도록 할 것이다.

서론

트라우마를 입은 아동들 그리고 아동들을 돕기 위해 만들어진 정신건강 시스템은 종종 대립 상태, 의지 싸움을 벌이고 있는 것처럼 보인다. 트라우마를 입은 아동은 종종 약물치료에 효과가 없는 증상을 보이며, 치료자가 제공하는 모든 치료개입이 효과가 없는 것처럼 보인다. 논리적 결과는 중요하지 않고 자해, 도발, 자기 파멸이 반복되는 사이클에 갇혀 있는 경우가 많다.

현재의 진단분류로는 종종 올바른 진단명을 찾기 어려우며 종종 진단체계에 따른 분류는 아동들이 살아온 힘든 삶의 피할 수 없는 결과로 보이는 증상에 대해 판결을 내린다. 정신건강 시스템에서 정기적으로 아동을 치료하는 사람들은 이것이 무슨 말인지 잘 알 것이다. 위탁가정의 아동들은 자주 애착장애 진단을 받는다. 그러나 이 아동들은 지혜롭게도 매해 새로운 생일이 다가오는 것만큼이나 빠르게 위탁가정이 바뀐다는 것을 알기 때문에 깊은 애착을 맺지 않는다. 그렇다면 이것이 적절한 적응일까 아니면 심리적 장애 증상일까?

극심한 학대와 트라우마에 노출된 아동은 기분이 모순되고 전환하는 것처럼 보이기 때문에 종종 '양극성'으로 분류된다. 그러나 아동의 환경이 안전하다가도 예측할 수 없을 정도로 무섭고 학대적인 상황으로 빠르게 전환하는 경우 기분의 전환은 적응적인 것일 수 있다. 트라우마를 입은 일부 아동들은 맞서 싸우라고 명령하는 목소리나 위로의 말을 건네는 목소리를 듣기도 한다. 이 아동들은 자주 정신증 환자로 분류된다. 그러나 일관된 부모의 안내와 지원이 부족할 때 아동들은 절실히 필요한 위로나 보호를 스스로 하면서 적응한다. 우리가 트라우마를 겪은 아동들에게 붙이는 낙인은 우리의 사고방식을 제한하고, 무계획적이고 폭력적인 삶의 전쟁터에서 생존의 유일한 희망으로 '선택한' 증상에 대한 내면의 지혜와 논리를 인정하지 못하기 때문이다. 만성 트라우마를 겪은 많은 아동에게는 일생 동안 좌절된 목표를 통해 배운 증상이 유일한 위안으로 남아 있다. 증상은 어린 시절의 예측할 수 없는 세계를 헤쳐 나가기 위해 그들이 개발한 수단, 즉 우리의 개입에도 불구하고 포기하고 싶지 않은 수단인 것이다. 이 책은 성학대, 신체학대, 방임, 유기, 여러 번의 입양과 파양 등 생애 초기 트라우마에서 살아남은 어린 생존자들이 세상의 딜레마에 대처하기 위해 해리전략에 의존하는 것에 초점을 맞추고 있다. 이 책에서 독자들은 심각하게 트라우마를 입은 아동이나 청소년의 증상을 그들의 삶의 터전인 혼란스러운 세상에 대처하는 데 도움이 되는 적응 메커니즘으로 이해하는 법을 배울 것이다. 아동들은 분노, 도피, 퇴행과 같은 '자동화된 프로그램'을 사용하여 진정한 정서적 관여를 피한다. 종종 자신과 모순되는 감정과 태도를 나타내는 내면의 인물에게 자신의 행동에 대한 책임을 돌림으로써 자신의 숨겨진 정서세계에 존재하는 상충적인 힘에 적응한다. 때로 현실에서 자신의 행동과 타인의 행동을 기억하는 것이 진정할 수 없는 압도적 불안을 일으킨다는 것을 배웠기 때문에 최근 사건에 대해 기억상실을 보이기도 한다.

아동을 적응력 있는 생존자로서 이해하는 것은 치유 촉진 도구를 꺼내는 데 필요한 열쇠이다. 일어난 일을 기억하고, 양육자를 신뢰하고, 과거와 현재를 구별하고, 정서 조절이 적응적인 세상을 제공하는 것이 간단한 해결책이다. 치료자의 치료실은 자원이 풍부한 새로운 삶의 터전이 되며, 치료자의 안내를 통해 생존 증상을 벗어나는 것이 가능하며 또한 가치 있는 일이다. 이 책에서 우리는 아동 생존자의 자원과 적응 잠재력에 대한 지식을 바탕으로 심각한 트라우마를 겪은 해리 아동과 청소년이 나타낼 수 있는 여러 증상을 살펴볼 것이다. 소개한 기법은 해리 아동에게 삶의 스트레스에 대처하는 새로운 방법을 제시하고 치유를 촉진할 수 있다.

이 책에서 만나게 될 많은 아동처럼 발리나는 아홉 살 때 치료자를 만났고 심각한 해리 증상을 보였다. 그녀는 깨어나기 어려운 '셧다운' 상태에 빠졌고, 행동은 뚜렷한 전조 없이 차분한 상태에서 분노 상태로 변했다. 성학대와 일관적이지 않았던 돌봄의 역사는 여기서 만나게 될 많은 아동이 갖고 있는 전형적인 모습이다. 또래관계와 학업에서 어려움에 맞닥뜨리면 교실 책상 아래 태아 자세로 몸을 웅크리곤 했다. 자신을 부당하게 제한한다고 생각되는 규칙이나 지시에 직면했을 때 분노하여 공격했다. 발리나는 새로운 입양을 갈 때마다 양극성 장애, 적대적 반항 장애, 정신병적 특징을 동반한 주요 우울증 등 진단명이 쌓여갔다. 아홉 곳의 위탁가정을 전전하면서 발리나는 자신의 행동을 진단의 관점이 아닌 삶의 상황에 대한 적응으로 이해하는 법을 배웠다. 기분 변화는 급변하는 상황에 대한 반응으로 이해되었다. 상충된 행동은 트라우마로 인한 무력감을 극복하는 방식으로 볼 수 있다. 해리성 도피는 견딜 수 없는 요구에서 벗어나기 위한 탈출로 이해될 수 있다. 치료를 통해 자신의 반응이 그녀를 '아픈 사람'으로 만드는 것이 아니라 오히려 '생존자'로 만들었다는 것을 배웠다. 그녀가 직면한 문제들은 해결할 수 있는 것들이었으며, 고난의 환경에서 배운 자신의 강점들은 삶의 우여곡절을 헤쳐나가는 데 도움이 되었다.

대학 진학을 앞둔 고등학교 졸업반이었던 18세의 발리나는 위탁보호 담당 사회복지사로부터 사회복지사들을 위한 학술대회에서 위탁보호 시스템의 '성공 사례'로 연설해 달라는 요청을 받았다. 그때 새로운 자신감의 표현인 발리나의 반항심이 발동되었다. 그녀는 거절했다. "저는 당신의 모범생이 되지 않겠어요."라고 말했다. "당신이 저에게 한 짓에도 불구하고 저는 잘 해냈어요." 그녀를 위탁가정에 배치한 것에 대해 '감사해야 한다'는 암묵적 메시지를 전혀 받아들이지 않았다. 그녀가 받은 치료는 비슷한 어려움을 겪고 있는 다른 아동들과 마찬가지로 자신도 안전과 사랑, 희망찬 미래를 누릴 자격이 있다는 메시지를 내면화하게 했다. 치료는 아동이 해리를 심각한 기능장애 증상이 아니라 생존에 도움이 되는 도구로 이해하도록 했다.

이 책에서는 발리나와 같은 아동과 청소년을 만나게 될 것이며 그들의 치료과정을 따라갈 것이다. 근친성폭력 생존자인 아디나는 부모 학대자에 대한 해리와 혼란 애착을 극복하는 과정을 거치게 된다. 어린 시절 조부모로부터 신체학대를 당한 후 부모의 어떤 제재도 학대라고 인식하는 분노와 통제되지 않는 공격성으로 가득 찬 티모시를 보게 될 것이다. 가정폭력과 또래 성폭력 피해의 생존자로서 반복적인 셧다운 상태로 인해 기능이 손상된 제니퍼와 진단되지 않은 복통으로 만성 통증을 다루는 다른 자기를 발달시키게 된 안젤라를 보게 될 것이다. 이 사례 연구와 다른 사례들을 통해 해리 증상으로 장애를 갖게 된 아동과 청소년이 어떻게 자신의 삶을 자유롭게 선택할 수 있는 성인으로 성장할 수 있는지 확인할 수 있다.

성인들에게 잘 설명되는 임상 현상인 해리는 지난 수십 년 동안 임상 및 연구에서 주목받고 있다. 해리는 트라우마를 입은 아동에게 멍한 상태, 정체성의 혼란, 목소리 또는 행동에 영향을 미치는 명백한 '상상 친구'와 함께 행동하는 것, 기분, 인지, 신체적 경험 및 관계의 다양한 조절장애로 나타난다. 아동 및 청소년의 해리 증상은 Kluft(1984) 그리고 Fagan, McMahon(1984)이 현대 문헌에 처음으로 설명했으며, 다양한 연구자 및 치료자들이 해리 증상은 종종 심각한 외상 병력과 관련 있다는 사실을 점점 더 입증하고 있다(예: Bonanno, Noll, Putnam, O'Neill, & Trickett, 2003; Collin-Vézina & Hébert, 2005; Hulette, Fisher, Kim, Ganger, & Landsverk, 2008; Hulette, Freyd, & Fisher, 2011; Macfie, Cicchetti, & Toth, 2001; Putnam, Hornstein, & Peterson, 1996; Sar et al., 2014; Teicher, Samson, Polcari, & McGreenery,

2006; Trickett, Noll, & Putnam, 2011; Waters, 2016).

전 세계 치료자들의 경험에 따르면, 많은 해리 아동들이 현재 사용하고 있는 일반적인 트라우마 치료기법에 반응하지 않는다(Waters, 2016; Wieland, 2015). 기억 문제로 기존의 치료법이 효과를 발휘하기 어려우며, 심각한 해리성 '셧다운'과 같은 일부 심각한 증상은 신경학적 증상으로 잘못 진단될 수 있다. 해리 아동은 외래 및 입원 치료 환경에서도 행동의 강도와 파괴적 행동을 다루기가 어렵기 때문에 독특한 치료 과제로 남아 있다(Hornstein & Tyson, 1991; Ratnamohan et al., 2018; Ruths, Silberg, Dell, & Jenkins , 2002).

해리가 실제로 아동 및 청소년 집단의 임상적 중증도를 예측하는 요인이라는 새로운 증거가 나타나고 있다. 아동복지시설에 배치된 아동 연구에서 심각한 해리의 존재는 정신과 입원의 주요 예측 요인이었으며, 치료 중인 아동의 빠른 입원 필요성을 예측하는 증상이었다(Kisiel, Torgersen, & McClelland, 2020). 성공적인 치료가 이루어지면 성인기 해리성 정체성 장애(DID) 발병을 차단하여 평생 심각한 병리를 예방할 수 있을 뿐 아니라 사회적 비용을 상당히 절약할 수 있다. 연구에 따르면, 해리 관련 치료를 오래 받을수록 외래 및 입원 서비스에 대한 궁극적인 비용 지출이 낮아졌다(Langeland et al., 2020; Myrick, Webermann, Langeland, Putnam, & Brand, 2017). 아동들이 제때에 치료를 받는다면 얼마나 더 많은 사회적 비용 절감 효과를 얻을 수 있을까?

이 책에서는 해리 중심 개입(Dissociation-Focused Interventions: DFI)이라고 불리는 일련의 치료개입에 대해 설명한다(부록A 참조). 해리 중심 개입은 기존의 치료 접근 방식에 저항하는 해리 증상이 있는 아동과 청소년의 욕구를 독특하게 해결한다. 이 책에서 설명하는 접근 방식은 단독으로 사용하거나, 트라우마를 입은 아동의 증상의 치료 가능성을 가진 새롭고 발전 중인 다른 치료 접근과 결합하여 사용할 수 있다(Arvidson et al., 2011; Blaustein & Kinniburgh, 2010; Busch & Lieberman, 2007; Cohen, Mannario, & Deblinger, 2006; Ford & Cloitre, 2009; Gomez, 2012; Perry, 2009; Struik, 2014).

특히 아동에 초점을 맞춘 연구가 더 많이 필요하지만 적절하게 활용하면 아동의 해리 치료가 효과적일 수 있다고 믿을 만한 이유가 있다. 나는 1998년에 동료 프랜시스 워터스(Frances Waters)와 34명의 해리성 내담자를 치료한 예비 결과를 발표하였고, 치료를 지속하고 일관된 부모 지원을 받은 내담자는 중간 정도에서 크게 호전된 것을 발견했다(Silberg & Waters, 1998). 특히 해리에 초점을 맞춘 기법을 통해 얻을 수 있는 긍정적 결과는 국제 트라우마 및 해리 연구학회(International Society for the Study of Trauma and Dissociation: ISSTD)의 아동위원회에 참여하는 국제 치료자 그룹에 의해 확인되었다(Baita, 2015; Grimminck, 2013;

Marks, 2015; Silberg, 2015; Waters, 2015; 2016; Wieland, 2015; Yehuda, 2015). 아동 및 청소년의 해리 증상 및 장애 치료를 위한 가이드라인이 ISSTD(2003)에 의해 개발되었으며 이 가이드라인은 현재 업데이트 중이다.

해리성 성인 내담자 치료 모델에 따르면, 해리성 장애 내담자가 숙련된 치료자에게 치료를 받는다면 30개월 동안 치료를 받은 내담자는 해리 증상, 외상 후 스트레스 장애(PTSD) 증상, 입원 및 장애 증상이 크게 감소했고 적응행동과 행복감이 전반적으로 증가했다(Brand et al., 2012). 새로운 치료방법을 사용하여 177명의 치료자-내담자 쌍을 대상으로 한 연구에서는 치료 중인 성인 해리성 내담자가 긍정적인 감정, 사회적 관계, 자해행동 자제, 위험한 행동 감소 등의 개선을 보였다(Schielke, Brand, & Marsic, 2017). 이 중요한 연구에 따르면, 초기 치료 단계에 있던 111명의 내담자가 안정화에 초점을 맞춘 웹 기반 프로그램에 반응하여 자해, 정서 조절 문제가 감소했고 적응 능력이 증가했다(Brand et al., 2019). 표본에 포함된 29명의 젊은 내담자(18~30세)는 30세 이상의 내담자들에 비해 훨씬 더 많은 개선을 보였다(Myrick et al., 2012). 이 연구 결과와 일치하게, 나의 임상 관찰 결과에서도 내담자가 어릴수록 해리를 상당히 교정할 수 있다는 것을 확인했다. 이 집단의 독특한 증상에 맞춘 발달 정보에 기반한 개입은 생애 초기 트라우마의 심각하고 장애적인 영향을 전 생애에 걸쳐 예방할 수 있는 잠재력을 가질 수 있다.

이 책의 접근 방식은 아동에게서 발견되는 해리성 특징이 성인 DSM-5의 해리성 정체성 장애(DID) 진단 기준에 부합하지 않는 예비적인 형태일 수 있으므로 DID에 특별히 초점을 맞추지 않았다. DSM-5 기준에서는 "환경과 자기를 지각하고 관계 맺으며 사고하는 비교적 지속적인 패턴을 가진 두 개 이상의 뚜렷한 정체성 또는 성격 상태가 존재해야 한다." (American Psychiatric Association, 2013, p. 292)고 규정하고 있다. 대신, 아동에게서 발견되는 해리 증상은 심각성에 있어 연속적이고 다양하며, 아동이 보일 수 있는 다양한 상태는 항상 '지속적 패턴'이 아니며, 어떤 면에서는 어린 아동들의 생생한 상상 친구 현상과 같은 정상적인 발달 과정과 유사할 수 있기 때문에 '지속적인 패턴'이 항상 존재하는 것은 아니다. 내담자를 경직된 장애가 있는 것으로 보는 이분법적 분류는 해리 현상을 심각도의 연속선상에 존재하는 것으로 보는 관점에 비해 도움이 되지 않는다.

해리를 정상이라는 관점으로 보는 성인 모델은 이 접근법의 개발에 특히 영향을 주었다(예: Chu, 1998; Gold, 2000; Rivera, 1996 참조). 또한 이 접근법의 이론적 기반에는 정서이론에 기초한 치료 모델(Kluft, 2007; Monsen & Monsen, 1999; Nathanson, 1992; Tomkins, 1962; 1963), 애착장애를 강조하는 모델(Hughes, 2006; James, 1994; Kagan, 2004), 생애 초기 트라우마에

노출된 내담자에 대한 관계적 접근에 초점을 맞춘 모델(Pearlman & Courtois, 2005)이 있다. 국제 트라우마 및 해리 연구학회(ISSTD) 아동위원회 소속 치료자들의 작업도 이 책에 제시한 아이디어와 개념의 발전에 중요한 역할을 했다(예: Baita, 2020; Sinason & Marks, in press; Waters, 2016; Wieland, 2015 참조).

'EDUCATE'는 해리 중심 개입(Dissociation-Focused Intervention)의 절차를 체계적으로 정리한 것이다. 이 단계는 트라우마와 해리에 대한 심리교육(E: 교육)과 해리를 유지하려는 아동의 동기를 평가하는 것(D: 해리 동기)으로 시작된다. 다음 개입 단계는 아동에게 숨겨진 것이 무엇인지 이해하고(U), 자기의 숨겨진 부분을 주장(C)하도록 돕는다. EDUCATE의 A는 각성, 정서, 애착의 조절을 의미한다. 'A'에서 다루는 기술에는 과잉각성 및 과소각성 관리, 애착 관계의 맥락에서의 정서 조절이다. 트라우마 처리 및 촉발 요인의 이해는 EDUCATE 모델에서 'T'에 해당한다. 트라우마 사건 처리는 초기 트라우마의 내용, 감각 및 정서적 연관성, 아동에게 주는 의미에 주의를 기울이는 것이다. EDUCATE 모델의 마지막 'E'는 치료의 마지막 단계이며, 생존 아동이 자기 자신과 트라우마 경험의 의미를 완전히 받아들이면서 새로운 발달과업에 직면하도록 돕는 기술을 제공한다. 진정한 생존자는 통합된 자기로서 과거를 과거에 맡기는 법을 배우고 자신이 한 경험과 상관없이 자신이 어떤 존재인지를 인식하게 된다.

다른 분야에서 일하는 사람들은 상처받고 학대당한 아동들을 치료하다 보면 우울해지지 않냐고 묻곤 한다. 나는 "아니요, 새로운 내담자 각각의 놀라운 회복력과 잠재력을 새롭게 발견하는 것은 매우 짜릿한 일입니다."라고 대답한다. 여러분의 아동 사례에 이런 기법을 적용할 때에도 같은 짜릿함을 느끼고, 여기서 만나게 될 아동과 여러분이 치료하게 될 아동의 힘과 적응 잠재력에 감탄하기를 바란다. 여러분은 개별 아동을 치료함으로써 학대의 순환을 되돌리고 다음 세대를 위해 모든 아동이 마땅히 누려야 할 안전하고 관용적이며 사랑스러운 세상을 만드는 데 도움을 줄 수 있는 잠재력을 가지고 있다.

차례

1장

트라우마의 영향

사회적 거부

학대의 심리적 영향

발달 트라우마

트라우마의 신경학적 영향

요약

납치와 성학대 생존자인 숀 혼벡은 "당신이 자동 조종 장치를 타고 있는데 다른 누군가가 스위치를 제어하고 있는 것과 같습니다."라고 말했다. 이 말로 그는 2007년 집에서 불과 50마일 떨어진 세인트루이스 외곽에서 FBI에게 구출될 때까지 4년 넘게 자신을 납치범에게 묶어두었던 해리, 무력감, 공포에 대해 설명했다(Dodd, 2009). 나중에 자신의 트라우마에 대한 인터뷰에서 "대부분의 사람들은 가장 큰 두려움이 죽는 것이라고 말하겠지만 나는 죽음이 아닙니다. 나의 가장 큰 두려움은 아마도 이해받지 못하는 것이라고 말해야 할 것 같습니다."(Keen, 2008)라고 말했다.

열한 살 때 숀은 동네에서 납치되어 성범죄자와 함께 살아야 했으며 납치범은 그를 가명으로 학교에 등록시켰다. 위협으로 노예를 만들었고 복종에 대한 보상을 주었다. 숀은 자신의 학대와 감금으로 인한 트라우마의 치유가 자신을 학대자에게 가두어 두고 반복적인 트라우마와 굴욕을 견디게 만든 무력감과 공포를 사람들이 이해하는 것과 직결되어 있다고 느꼈다.

숀 혼벡처럼 이 책에 나오는 아동들도 자신들의 곤경에 대해 무력감과 공포를 느꼈고 마치 '자동 조종 장치'를 타고 있는 것 같은 느낌을 받았으며 자신들의 행동이 선의를 가진 사람들에게조차 오해받고 있다고 느꼈다. 그러나 숀의 트라우마와는 달리 그들의 이야기는 뉴스 헤드라인을 장식하지 못했다. 아동들은 고립된 채 트라우마를 견뎌왔지만 이해를 통해 치유가 이루어질 수 있다는 희망을 가지고 있으며 이해받기를 갈망한다.

트라우마는 개인에게 정상적으로 기대되는 삶의 경험을 벗어나는 사건으로 정의되어 왔으며 '생명, 신체 통합' 또는 '온전한 정신'에 대한 위협으로 인식된다(Pearlman & Saakvitne, 1995, p. 60). 트라우마에 직면한 개인은 그 순간 또는 여러 순간에 걸쳐 자신이 살아남을 수 없을 것이라고 느낀다. 강렬한 무력감 경험이 트라우마의 특징이다. Martha Stout(2001)은 "이러한 트라우마 사건은 본질적인 무력감과 죽음을 가져올 가능성을 갖고 있다."고 설명했다(p. 53).

압도적이고 대처 능력의 한계를 넘어서는 감정은 그 경험을 다른 사람들과 공유할 때 완화될 수 있다. 이 책에서 만나게 될 아동과 청소년의 트라우마 경험에서 흔히 볼 수 있듯이 고립되고 비밀스럽게 견뎌낸 트라우마 경험은 극복하기 가장 어려운 경험이다. 비밀을 지키면서 경험의 여러 가지 영향을 견디는 것은 아동의 내부 자원을 과도하게 사용하게 하여 어려운 치유 작업에 필요한 내적 자원을 부족하게 만든다.

아동기 트라우마의 영향에 대한 연구가 확산됨에 따라 이 분야에서는 단일 사건의 트라우마 영향(유형 I)과 생애 초기 발달 과정에서 시작된 장기간의 만성 트라우마(유형 II)를 구분하고 있으며, 이 구분은 매우 중요하다(Terr, 1994). Herman(1992)은 '복합 트라우마'라는 용어를 트라우마를 입은 사람의 기본 능력에 지속적인 영향을 미치는, 생애 초기 발생하는 관계 트라우마를 지칭하기 위해 사용했다. Herman은 정서 조절, 의식, 자기 지각, 가해자에 대한 관점, 관계 및 의미 체계의 변화를 포함하여 초기 트라우마의 영향을 받는 여섯 가지 핵심 기능 영역을 분류했다. 이후에 성인과 아동을 모두 연구하거나 치료한 연구자와 치료자들은 장기간의 초기 만성 관계 트라우마를 복합 트라우마로 계속해서 언급해 왔다.

트라우마의 장기 영향에 관해 우리가 가지고 있는 정보 중 하나는 ACE(Adverse Childhood Events: 역경의 아동기 사건) 연구이다. Felittiet와 그의 동료 연구자들(1998)은 Kaiser Permanente Health 시스템을 통해 수천 명의 환자를 연구한 결과, 성인 인구의 60%가 방임, 신체학대, 정서학대, 성학대, 폭력 목격을 경험하였거나 부모가 정신질환이나 약물남용의 병력이 있는 사람들이었다는 것을 확인했다. 가장 중요한 것은 경험한 트라우마 사건의 수가 개인 건강에 장기적이고 심각한 영향과 상관관계에 있다는 것이다.

사회적 거부

국립 아동 트라우마 스트레스 네트워크(National Child Traumatic Stress Network)의 데이터베이스를 통해 아동의 삶에서 다양한 형태의 트라우마가 만연한다는 사실을 확인할 수 있다. 이 전국 네트워크를 통해 서비스를 받은 14,000명 이상의 아동들은 신체학대, 성학대, 정서학대, 방임부터 가정폭력 노출, 질병, 상실 또는 자연재해, 폭력, 지역사회 폭력 노출에 이르기까지 평균 4.7개 유형의 트라우마로 고통받았다(Kisiel et al., 2011).

아동기 트라우마가 우리 사회에 얼마나 널리 퍼져 있는지를 보여 주는 새로운 지식에도 불구하고 우리가 임상에서 만나는 아동들은 종종 사회의 거부 메시지를 내면화한 채 우리에게 온다. 이들의 변화 가능성에 대한 사기 저하와 불신은 종종 이들의 트라우마 공개가 신뢰받지 못하는 것 또는 숀 혼벡처럼 그들이 '공모'했다는 비난을 받는다는 사실에 뿌리를 두고 있다. 종종 그들에게 저질러진 범죄는 처벌받지 않았고 삶에서 중요한 어른들은 아동들이 겪은 피해를 인식하지 못했다. 트라우마로 인한 불편함 때문에 어른들은 주제를 빨리 바꾸거나, 의심하거나, 질문을 최소화하거나, 아동들에게 왜 더 일찍 말하지 않았냐고 문제를 제기한다.

트라우마를 입은 아동은 자신의 경험을 최소화하거나 무시하는 것처럼 보이는 모든 메시지를 극도로 경계하며, 자신의 고통을 이해하지 못하는 것으로 의심되는 성인에게 화를 내면서 거부하고 무시하는 경우가 많다. 세 살 때 루마니아 보육원에서 입양된 열두 살 데보라는 보육원에 대한 기억을 이야기할 때 이전 치료자가 자신을 '거짓말쟁이'라고 했다고 경멸하며 나에게 말했다. 조사 결과 이전 치료자는 데보라의 끔찍한 기억에 대해 "너무 어렸는데 기억이 나니?"라고 대답했다. 겉으로는 온화해 보이지만 이 의심의 반응으로 인해 데보라는 치료자를 신뢰하지 못했다. 면담시간에 만난 경찰관, 변호인, 사회복지기관 직원들의 회의적이고 의심하는 반응 때문에 아동들이 다시 트라우마를 느끼는 경우가 많다. 고의적으로 아동의 트라우마 경험을 회피하거나 부인하는 것은 아니지만 때로 성인들은 이미 알려진 트라우마 사건에 대해 반박하거나 논쟁하는 전문적, 법적 또는 금전적 이해관계를 갖고 있다.

불행히도 트라우마와 성학대의 영향을 부정하거나 최소화하려는 강한 반발이 있다. 이러한 거부는 변호인과 피고인뿐 아니라 '미성년자에게 매력을 느끼는' 개인(이것은 그들이 선호하는 '중립적' 용어이다)의 아동학대를 정당화하려는 조직화된 소아성애 운동을 포함하는 강력한 기득권에 도움이 된다. 1998년에 Rind, Bauserman과 Tromovitch는 '성인-아동 성행위'라고 재명명한, 소년에 대한 성학대가 해롭지 않다는 것을 주장하는 논문을 발표했다. 나와 동료들은 이 논문이 과학적인 추론오류와 노골적인 데이터 왜곡으로 가득 차 있다는 것을 발견했다(Dallam et al., 2001). 이 논문은 소아성애자들이 자신들의 생활양식을 옹호하는 용도로 빠르게 홍보되었으며 대체 생활양식을 가장하여 아동 성착취를 정당화하기 위한 목적으로 한 소아성애자의 글에 인용되었다(Dallam, 2002).

1980년대 어린이집 성학대 사례를 근거로 아동들의 피암시 가능성을 거짓으로 기술한 것이 발견되었다. 이 사건의 유죄 판결은 대부분 무효화되었으며, 널리 알려져 있다시피 암시적 면담이라는 주장은 허위 주장과 집단 히스테리로 이어졌다. 그러나 실제 사례 기록을 주의 깊게 분석한 결과, 위법행위가 있었다는 경찰과 치료자의 주장이 종종 잘못 보고된 것이거나 과장된 것이다. Ross Cheit(2014)은 어린 아동들의 학대 신고를 믿지 않으려는 반발을 불러일으킨 이 잘못된 정보 스캔들을 해결할 수 있는 열쇠를 발견했다.

뉴저지의 Wee Care 어린이집에서 아동학대 혐의로 기소된 피고인 Kelly Michaels에 대한 주정부와 피고인 간의 법정 공방이 전환점이 되었다. 1993년 뉴저지주 항소심 재판부는 유죄판결을 뒤집고 아동의 주장에 피암시적 편견이 있는지 평가하는 '오염 심리(tainted hearing)'를 열 요건이 충족된다고 판단했다. 그러나 증거를 자세히 살펴보면 '스모킹 건'이 드러난다. 연구자들은 아동들과의 면담내용을 이상한 방식으로 편집하여 면담 녹취록을 보고한 피고변호인을 고소했다. 아동의 공개 내용을 삭제하고 그 아래 면접관의 질문을 제시함으로써 피암시적 면담 기술이 사용된 것처럼 보이게 만들었다. 이렇게 편집된 녹취록에 대한 전체적 인상은 면접관이 아동을 주도하고 답을 제시했다는 것이었다. 이 보고는 아동학대에 대한 담론을 바꾸는 데 매우 큰 영향을 미쳤으며, 면담의 오류 때문에 전국적으로 어린이집 보육 서비스 제공자들에게 유죄판결을 하게 만들었다는 오해로 이어졌다.

아동을 믿지 않으려는 강한 편견은 Ceci와 Bruck(1995)의 『Jeopardy in the Courtroom』과 같은 전문적 문헌에 기록되어 있다. 이 책은 학대 진위 평가를 위한 면담과정과 내용을 이와 같은 잘못된 방식으로 제시함으로써 아동이 피암시적으로 진술했을 가능성이 있다는 결론을 기반으로 기술되었다. 아동의 증언이 암시에 의해 이루어졌는지 여부를 결정하기 위해 참고한 '암시성'에 대한 과학적 근거와 그에 따른 뉴저지주 법원의 오염 심리 요구 사항은 부분적으로 이 오해 소지가 있는 녹취록에 기초하고 있다는 결론을 내릴 수 있다. 이 법원 심리로 인해 아동학대를 기소하는 것이 훨씬 더 어려워졌다. 시간이 지나면서 이 오류의 중요성이 밝혀지고 법적 요구 사항 중 일부가 재검토되기를 바라는 바이다. 마치 과학적인 것처럼 소란스럽고 교묘하게 포장되어 있다. 그러나 학대와 트라우마의 확산이나 피해에 대한 부인은 공허한 것으로 들리며 다양한 트라우마 사건의 측정 가능한 부정적 영향은 건강에 미치는 장기적인 부정적 영향, 심리 질환, 심지어 측정 가능한 뇌 손상에 이르기까지 점점 더 설득력 있는 연구데이터로 입증되고 있다.

학대의 심리적 영향

65개 연구에 대한 메타 분석에서 아동기 학대, 방임 및 성인의 해리 사이에 강력한 관계가 있는 것으로 나타났다(Vonderlin et al., 2018). 성인의 높은 해리 점수는 학대 시작 연령이 낮을수록, 학대 기간이 길수록, 부모가 학대자일 경우 이런 관계성이 잘 예측되었다. 이는 학대의 영향이 평생 동안 지속된다는 것을 보여 주는 강력한 발견이다. 각 유형의 아동학대는 취약한 아동, 전반적인 정신병리, 특히 해리와 같은 심각한 위험을 초래한다.

성학대

Moody, Cannings-John, Hood, Kemp와 Robling(2018)의 체계적 리뷰에 따르면, 북미 지

역에서 여아의 약 20.4%(13.2~33.6%), 남아의 6.5%(4.0~16.0%)가 아동학대의 피해자였다. 성학대는 모든 사회 경제적 수준과 문화에서 발견되며 90% 이상이 아동이나 아동의 가족이 아는 사람에 의해 저질러진다(Finkelhor & Shattuck, 2012). 연구에 따르면, 성학대, 특히 더 침범적 성학대는 성적 행동, 성적 위험 감수, 우울증, 섭식 장애, 자해, 약물 및 알코올 남용, 후속 범죄의 상당한 위험 등 다양한 정신과적 후유증과 관련이 있다(Putnam, 2003; Trickett, Noll, & Putnam, 2011).

Finkelhor와 Browne(1985)는 성학대의 해로움이 경험에 대한 낙인 효과, 무력감 경험, 성학대 관련 경계 위반 행동을 발생시킨다는 이론을 만들었다. 자신의 신체에 대한 경험이 다른 사람의 즐거움의 대상이 되면 자존감과 자율성을 키우기 어렵다. 이러한 효과를 더욱 악화시키는 것은 아동 생존자가 가해자의 메시지를 내면화하고 이에 반응하면서 겪는 심리적 경험이다. 자기 정당화라는 합리화는 전형적인 성범죄자의 행위이다(Courtois, 2010). 예를 들어, "이것은 사랑의 표현이다." "네가 나에게 이런 짓을 하게 만들었다." "너는 이것을 당해 마땅해."이다.

이러한 합리화를 부모나 가까운 가족 구성원이 표현하면 가족 구성원에 대한 애착이 위태로워지기 때문에 생존 아동이 이러한 신념에서 벗어나기가 어려워진다. 낯선 사람에게 학대를 당한 숀 혼벡도 충성심과 탈출에 대해 두려움을 느꼈다면 부모에게 학대당한 아동들이 느꼈을 속박을 상상해 보라.

Trickett과 그의 동료 연구자들(2011)은 성학대를 당한 소녀 84명을 23년 동안 추적한 결과 비만, 조기 사춘기 발병을 포함한 부인과적 이상, 주요 질병, 건강 관리 시스템 이용의 증가, 인지장애, 스트레스 호르몬인 코르티솔의 비정상적 수치, 시상하부-뇌하수체 부신축의 붕괴 등 성학대로 인한 심각한 생리적 후유증이 발견되었다. 심각한 우려 사항은 학대당한 소녀에게서 태어난 아동들도 주로 방임으로 인해 아동보호 서비스에 의뢰되는 경우가 많아 이들의 자녀들도 위험에 처해 있다는 것이다. 또한 성학대를 당한 아동은 추가적인 성적 피해를 입을 위험이 있으며, 피해를 입으면 더 심각한 결과를 겪게 된다(Briere, Runtz, Rassart, & Godbout, 2020). 성학대를 당한 아동 및 청소년에 대한 연구는 이 집단의 해리 수준이 높다는 것과 성학대의 조기 발생, 다수의 가해자(Trickett et al., 2011) 및 성학대 기간이(Hébert et al., 2017) 이 집단의 높은 해리 수준과 관련된다는 것을 입증했다(Bonanno, Noll, Putnam, O'Neill, & Trickett, 2003; Collin-Vézina & Hébert, 2005; Hagan, Gentry, Ippen, & Lieberman, 2017; Macfie, Cicchetti, & Toth, 2001). 해리 증상은 위험 감수 행동(Kisiel & Lyons, 2001), 자해(Hoyos et al., 2019), 정서 조절 장애, 혼란 애착(Hébert, Langevin & Charest, 2020)과도 관련 있다.

치료자들이 최근 임상에서 경험하기 시작한 새로운 형태의 성착취는 아동 성학대 이미지(CSAI)를 만들 목적으로 아동을 학대하는 것이다. 이 용어는 사람들이 종종 단순히 아동의 누드 또는 외설적인 사진으로 이해했던 오래된 용어인 '아동 포르노'를 대체하여 사용된다. '디지털 방식으로' 피해를 입었다는 추가 경험은 피해자의 외상 후 스트레스를 크게 가중시키고 삶의 질과 주관적 안녕감에 부정적 영향을 미친다(Hamby et al., 2018). 이러한 디지털 이미지는 종종 끔찍한 성적, 신체적 고문 장면을 담고 있다. 점점 더 어린 아동들을 포함시키고 있고 상상하기 힘든 끔찍한 행위를 가하는 경향이 나타나고 있다. Gewirtz-Meydana, Walsh, Wolak과 Finkelhor(2018)의 조사에 따르면, 온라인에서 이미지가 발견된 피해자 중 22%는 2세 전에 학대가 시작되었다.

아동 성학대 이미지 착취의 가장 심각한 형태는 '허트코어(hurtcore)'라고 불린다(Maxim, Orlando, Skinner, & Broadhurst, 2016; Daly, 2019). 호주에서 범죄자가 체포된 사건을 보면 이러한 자료에 관심이 있는 가해자 네트워크가 이미지를 교환하고 실시간 성고문 시나리오 스트리밍을 통해 살아있는 아동을 착취하는 인신매매 커뮤니티를 구축한다는 사실을 알 수 있다. 이 아동들은 자신의 학대 묘사가 인터넷에 영원히 남아 있고 자신의 고통을 다른 사람들이 기뻐한다는 사실로 인해 고통받는다. 자신의 이미지가 다른 사람을 성착취로 유도하는 데 사용될 수 있다는 죄책감에 자주 괴로워하며 사진이나 동영상에 찍혀 있는 강요된 미소를 통해 범죄에 대한 지속적 공모감을 느낀다(Gewirtz-Meydana et al., 2018; Leonard, 2010). 학대자가 대부분 익명이고 이름이 없다는 사실은 치료에서 특정 착취 사건을 다루기 어렵게 만든다. 게다가, 이 생존자들은 컴퓨터가 압도적 불안을 유발하는 요인이 되면서 컴퓨터에 대해 점점 더 트라우마적 반응을 보일 수 있다(Leonard, 2010).

이 새로운 아동 착취 영역은 아동 이미지를 보는 사람마다 피해자가 겪은 고통의 잠재적 원인으로서 피해자에게 배상해야 하는가라는 도발적인 법적 문제를 야기했다. Paroline(572 US_2014) 사건에 대해 미국 대법원은 에이미가 어릴 때 성학대를 당한 후 오랜 시간이 지난 후에 실제 에이미를 만난 적은 없지만 그녀의 이미지를 본 '가해자'에게 여전히 에이미에 대해 피해 보상을 하게 할 수 있는지 여부를 고려하도록 요청받았다. 대법원은 이 이미지를 본 사람마다 원래 범죄에 '사실상' 참여한 것으로서 피해 생존자에게 금전적 보상을 해야 한다고 판단했다. Kennedy 판사는 다음과 같이 기술했다.

> 피해자의 전반적인 손실의 원인은 이미지 거래이며 Paroline은 그녀의 이미지를 본 사람

> 중 한 명이기 때문에 그 원인의 일부이다. 그가 초래한 손실의 가감 여부를 쉽게 정의하는 것은 불가능하지만 그가 그녀의 일반적인 손실을 초래한 전체 현상의 일부였다는 것은 부인할 수 없다.

미국 연방정부는 2018년 에이미, 비키, 앤디 아동 포르노 피해자 지원법(Amy, Vicky, Andy Child Pornography Victim Assistance Act of 2018)의 제정으로 아동 성학대 이미지 착취피해자에게 보상해야 할 금액을 정량화하는 문제를 해결했다. 이 법에 따르면, 아동 성학대 이미지(CSAI)를 거래하거나 시청한 범죄자는 최소 3,000달러를 지불해야 하며, 피해자는 범죄피해자기금에서 35,000달러를 받을 수 있다. 그러나 이런 중요한 법적 결정이 아동 성학대 이미지 피해자들이 겪은 피해를 결코 되돌릴 수는 없다. 에이미는 피해자 영향 진술서에 다음과 같이 기술했다. "나는 사람들이 아픈 짓을 하는 데 사용하는 사진 속에 영원히 존재합니다. 나는 그것을 모두 지우고 싶습니다. … 하지만 내게 삼촌을 막을 힘이 없었던 것처럼 그것을 멈출 힘이 없습니다. … 내가 당한 수치스러운 학대가 영원히 나쁜 사람들에게 즐거움을 선사하고 있는데 어떻게 이 일을 극복할 수 있겠습니까?"(Amy, 2009).

자신의 이미지가 온라인으로 거래된 에이미 같은 아동들에게는 해리 장애 및 해리 증상이 빈번히 발생한다(Canadian Centre for Child Protection, 2017). 아동 성학대 이미지에는 성학대의 초기 발생 및 다수의 가해자와 같이 해리 증상 발생과 관련된 다른 요소가 포함되는 경우가 많다(Trickett et al., 2011).

에이미(2009)는 다음과 같이 기술했다. "때로 나는 내게 일어난 일에 대해 생각하면서 주변 환경에 전혀 주의를 기울이지 않고 멍하니 허공을 쳐다봅니다…. 망각은 어린 소녀로서 이중 생활(역주: 해리된 자기상태로 인한)을 강요당하고 일어난 일을 '잊어야' 했기 때문에 내가 가장 잘하는 일입니다." 생존자들은 에이미처럼 종종 자신의 해리경험을 생생하게 묘사한다. "천정 위에 떠서 내 모습을 지켜봤다." "나는 두 사람으로 나뉘어 다른 나에게 고통을 느끼게 했다."

이 책에서 여러분이 만나는 많은 아동은 성학대 트라우마를 처리하기 위한 해리적 대처수단을 발달시켰다. 성학대 경험은 침범, 익숙하지 않은 생리적 상태 유발과 관련된 각성, 애착 대상의 배신(Freyd, 1996)과 연관되기 때문에 쉽게 해리적 대처전략을 촉발할 수 있다. 이 책의 14장에서는 아동 성학대 이미지의 착취 요소가 포함된 학대피해 아동을 위한 몇 가지 효과적인 치료 전략을 더 자세히 검토했다.

신체학대

신체학대는 최대 23%의 아동에게 영향을 미칠 수 있으며, 성학대와 마찬가지로 이후의 적응에 광범위한 영향을 미친다(Kolko, 2002). 흉터나 섭식문제와 같은 초기 신체손상이라는 신체적 영향 외에도 신체학대를 받은 아동은 다양한 인지적, 정서적 영향을 받을 가능성이 높다. 신체적으로 학대를 받은 아동은 읽기와 수학 모두에서 낮은 점수를 받고 낙제를 반복할 위험이 높아지는 등 학업 및 주의력 문제가 있다(Kolko, 2002). 또한 신체적으로 학대를 당한 아동은 심각한 분노 문제를 보일 수 있으며, 청소년기에 이르러 폭력범죄로 체포될 가능성이 또래보다 2배 더 높다(Widom, 1989). 공격성과 반사회적 행동 외에도 신체학대를 받은 아동은 우울증, 불안, 자살 충동 및 자살 시도 수준이 더 높다(Silverman, Reinherz, & Giaconia, 1996).

신체학대의 역사와 해리 사이에는 특히 강력한 관계가 있는 것으로 보인다(Hulette, Freyd, & Fisher, 2011; Macfie et al., 2001). 내가 치료하는 신체학대 피해 아동들이 고통의 신체감각을 분리하는 방법을 어떻게 배우게 되었는지, 감각경험의 둔화가 어떻게 종종 다른 신체 감각에도 일반화되는지 알려준다. 신체학대를 당한 소년들은 사소한 자극에도 공격 반응을 통제하기 어려워하고, 공격 반응을 극적으로 '켜고' '끄는' 것처럼 보일 수 있으며, 이로 인해 주변 사람들이 경악하고 혼란스러워할 수 있다. 누군가가 아동을 의식적으로 다치게 했다는 깨달음은 치료에서 다루어야 할 주제가 된다. 관계는 잠재적인 피해에 대한 의심과 과도한 경계로 가득 차 있으며, 나이가 들수록 친밀한 관계 발전에 부정적 영향을 미칠 수 있다. 연구에 따르면, 성학대와 신체학대가 같이 발생했을 때 이후 적응에 미치는 장기적인 영향이 더 심각하다고 한다(Fergussen, Boden, & Horwood, 2008).

방임

2010년 미국 아동보호서비스국에 접수된 330만 건의 아동학대 신고 중 78%는 방임 의심에 관한 것이었다(U.S. Department of Health and Human Services, 2011). 이러한 수치는 많은 영유아에게 영향을 미치지만 종종 신고되지 않은 것까지 포함하면 실제 발생률보다 낮을 것이다.

방임은 발달에 심각하고 장기적인 영향을 미치며, 아동은 인지 발달 및 초기 언어 발달의 어려움, 불안정 애착, 또래 관계 어려움, 정서 각성 조절의 어려움, 부정적인 자기 지각, 우울증 초기 징후, 흥미 부족, 낮은 좌절 인내를 보인다(Erickson & Egeland, 2002; Hildyard & Wolfe, 2002). 정서 방임 아동은 낮은 인기, 다양한 학교 문제, 자살 위험 및 비행을 포함해 이후의 정신과적 문제 발생률이 높아 또래 관계에 어려움을 겪는 경향이 있다(Hildyard & Wolfe, 2002). 또한 방임적 돌봄은 아동의 높은 해리 수준과 관련이 있다. 후속 영향에 대한 종단 연구에서는 심리적으로 둔감하고 회피적인 부모(Lyons-Ruth, 2020; Dutra, Bureau, Holmes, Lyubchik, & Lyons-Ruth, 2009), 방임적(Ogawa, Sroufe, Weinfield, Carlson, & Egeland, 1997)이거나 징벌적(Kim, Trickett, & Putnam, 2010) 부모의 자녀에게서 상당한 해리가 관찰되었다.

치료자는 생애 초기 방임의 피해자였던 아동이 치료자와 이상한 방식으로 관계 맺는 것을 알 수 있다. 때로 지나치게 친절하고 배려하는 것처럼 행동하는 반면, 때로는 거리를 두고 회피하는 것처럼 행동하기도 한다. 치료에서 관계요소는 생애 초기 방임으로 인해 피해를 입은 아동을 치료할 때 특히 중요하다.

정서학대

정서학대는 뇌 발달에 부정적 영향을 미치고 아동들에게 해리 증상을 발생시키기 때문에 점점 더 많은 관심을 받고 있다. 정서학대에는 일반적으로 욕설, 사회적 접촉으로부터의 고립, 위협, 굴욕, 심지어 기본 가치의 상실까지 포함된다. 연구에 따르면 정서학대의 영향은 방임 및 신체학대의 영향과 동일할 수 있기 때문에 그 영향을 작게 봐서는 안 된다(Vachon, Krueger, Rogosch, & Cicchetti, 2015). Teicher, Samson, Polcari와 McCreenery(2006)는 또래로부터의 정서학대만으로도 뇌량의 장기적 손상을 초래할 수 있음을 발견했다.

Teicher, Samson, Sheu, Polcari와 McCreenery(2010)는 또래 언어폭력에 상당 기간 노출된 경우 남자보다 여자가 더 큰 영향을 받으며 해리가 10배 이상 증가한다는 것을 발견했다. Gušic, Cardeña, Bengtsson과 Søndergaard(2016)는 정서학대만으로도 해리 증상을 예측할 수 있으며, 특히 10대 소녀들에게 많이 나타난다는 사실을 발견했다. 아동, 청소년에게서 심각한 해리 증상이 나타나는 경우 태어나지 말았어야 했다는 언어폭력, 가족문제에 대해 아동 탓을 하는 것, 침해의 심각성과 관련 없는 일에 대해 아이에게 벌을 주는 등 정서학대의 성격이 극도로 잔혹한 경우가 많다. 아동과 청소년들은 부모들이 자신에게 생명을 누릴 자격이 없으며, 낙태했어야 했고, 기본적인 인간의 안락이나 권리를 누릴 자격이 없다면서 소리 지른다고 보고한다. 이러한 유형의 언어폭력은 종종 아동, 청소년들로 하여금 자신의 핵심이 손상되었으며 자신의 삶에서 좋은 것을 누릴 자격이 없다고 생각하게 만든다.

가정폭력이나 지역사회 폭력의 목격

미국에서는 대략 1,550만 명의 아동이 친밀한 배우자 폭력이 있는 가정에 살고 있다(McDonald, Jouriles, Ramisetty-Mikler, Caetano, & Green, 2006). 가정폭력 노출은 아동들이 폭력의 직접적인 피해자인지 아닌지 여부에 상관없이 외상 후 스트레스, 공격성, 부정적인 감정을 포함한 다양한 정신건강 문제를 예측한다(Kitzman, Gaylord, Holt & Kenny, 2003). 아동이 목격한 부모 사이의 폭력 수준이 심각할수록 아동이 받는 영향은 더욱 부정적이다.

이 책에 기술된 많은 아동이 가정폭력에 노출되었다. 갑작스럽게 발생하는 예측할 수 없는 폭력의 특성은 아동으로 하여금 높은 목소리와 화난 얼굴에 대해 자신이나 사랑하는 사람에게 갑작스러운 위험 증가 신호가 될 수 있다는 두려움을 느끼고 높은 목소리와 화난 얼굴에 경계하고 반응하게 만든다.

전 세계 아동들은 전쟁 폭력에 노출되어 있다. 여러 연구에서 전쟁 트라우마 피해 아동들의 심각한 해리 경험을 보고한다(Cagiada, Camaido, & Pennan, 1997; Gušić, Malešević, Cardeña, Bengtsson, & Søndergaard, 2018). 이러한 전시 반응에는 수년 동안 지속될 수 있는 혼수상태에 가까운 셧다운 상태가 포함될 수 있다. 문헌에 설명된 새로운 현상을 아동기 전쟁 난민에게서 볼 수 있는 '체념 증후군(Resignation Syndrome)'이라고 한다(Sallin et al., 2016). 아동은 심각한 셧다운과 음식 거부를 보이는데 이는 해리 과정의 징후일 가능성이 높다.

Covid-19

2020년 3월에 시작된 세계적인 팬데믹은 아동들의 삶에 만연한 트라우마를 악화시키고 가중시키는 혼란의 기저층을 남겼다. 이 힘든 시기에 아동학대, 가정폭력, 지역사회 폭력의 비율이 증가했다(Faller, 2020). 아동보호서비스국에 가장 많이 신고하는 사람들은 교사들이었는데 학교로부터 아동을 격리시켜야 했기 때문에 아동복지를 걱정하는 성인의 보호가 사라졌다. 자녀와 가까운 곳에 갇혀 있는 실직 부모나 자녀를 돌보기 위해 재택근무를 하는 부모의 스트레스는 아동학대 가능성에 상당한 위험 요소로 추가되었다. 초기 연구에 따르면, 아동학대가 증가하고 있으며 팬데믹 기간 동안 응급실로 이송된 아동은 생명을 위협하는 부상을 입은 아동들이었다(Faller, 2020). 팬데믹 이후 정신과적 증상으로 응급실을 찾는 아동의 수도 점점 늘어나고 있다(Leeb et al., 2020).

바이러스 자체에 대한 두려움으로 아동은 자신과 가족의 삶에 취약해지고 불안과 두려움을 느끼게 된다. 자택 대피령으로 인해 학교와 친구 관계가 중단되면 아동은 단절된 느낌을 받는다. 이 힘든 시기에 아동이 겪는 증상으로는 우울증, 불안, 수면 장애, 퇴행 등이 있다(Canapari, 2020; Dana, 2020; Polizzi, Lynn, & Perry, 2020). 마스크를 착용해야 하는 상황에서 아동은 숨을 쉴 수 없다고 느끼고, 마스크를 쓴 채로 상호작용하는 어른들의 표정을 읽는데 어려움을 겪는다. 낯선 사람, 친구, 심지어 가족에게 접근하는 것에 대해 부모가 질책하는 것은 비록 질책이 아동과 다른 사람들의 안전의 필요성 때문임에도 불구하고 아동의 기본 신뢰감을 혼란스럽게 만든다. 온라인 학교교육은 우울증과 소외감, 두통과 같은 신체적 증상을 유발할 수 있다. 온라인 수단을 사용한 치료는 일부 아동에게는 도움이 되지만, 다른 아동에게는 이 매체가 너무 어려워 집중하지 못하게 만들기 때문에 가족은 기존에 의존했던 정신건강 전문가로부터 거의 지원을 받지 못한다. 온라인에서 보내는 시간도 온라인 악용 위험을 증가시킨다. 설문조사에 따르면, 팬데믹 기간 동안 부모가 화를 내고 체벌하는 경향이 더 많아져서 육아가 한 단계 뒤로 후퇴한 것으로 나타났다(Lee & Ward, 2020).

이러한 모든 스트레스가 아동에게 미치는 영향을 완전히 이해하려면 수년이 걸리겠지만, 트라우마가 아동에게 미치는 전 세계적 영향을 조사할 때 Covid-19의 영향을 최소화해서는 안 될 것이다. 이는 아동, 특히 학대피해 위험이 가장 높은 아동에게 근본적인 위험 원인이 된다.

초기 트라우마의 유형에 따른 영향은 알려져 있지만 가장 심각하고 오랫동안 영향을 미치는 것은 아동이 여러 형태의 트라우마에 반복적으로 노출되는 것이다. 일부 증거에 따르면, 여러 종류의 외상이 가장 높은 수준의 해리와 연관되어 있음을 시사한다(Hulette, Fisher, Kim, Granger, & Landsverk, 2008; Hulette et al., 2011; Teicher et al., 2006). 생애 초기의 유기, 부모의 사망, 고통스러운 의료 절차, 자연재해 노출과 같은 다른 유형의 트라우마도 장기적인 결과를 초래할 수 있으며, 이는 다른 형태의 초기 트라우마와 복합될 때 확대된다.

제도적 인종차별과 편견

아동과 청소년이 성별, 인종, 종교, 사회경제적 지위 또는 성적 취향을 바탕으로 사람들을 소외시키는 뿌리 깊은 문화적 가치로 고통받고 있다는 사실을 인정하지 않고는 트라우마에 대한 논의는 완전할 수 없다. 많은 민족 및 인종 집단은 유럽계 미국인에 비해 외상 후 스트레스 장애 비율이 더 높다. '다르다'는 이유로 학교에서 괴롭힘을 당하는 것, 경찰에 의한 인종 프로파일링, 직장 내 괴롭힘은 모두 외상 후 스트레스 장애에 대한 DSM-5 기준 A 사건일 수 있지만 이는 전통적인 트라우마 체크리스트에는 거의 포함되어 있지 않다(Williams, Metzger, Leins, & DeLapp, 2018).

성별 갈등이 있는 아동은 LBGTQ(레즈비언, 양성애자, 게이, 트랜스젠더, 퀴어) 커뮤니티 내에서 정체성을 찾을 수 있다. LBGTQ 청소년은 종종 가족, 동료, 지역사회 전체로부터 조롱과 거부의 대상이 된다. 사이버 괴롭힘은 이 청소년들에게 특히 위험하다. 차별은 또한 아동, 청소년들의 삶에 트라우마를 일으키는 다른 원인의 영향을 악화시킬 수 있다. 이러한 문제에 대한 논의는 이 책의 범위를 벗어나지만 청소년에 대한 트라우마의 전 세계적 영향을 이해하고자 할 때는 이것을 고려해야 한다.

발달 트라우마

발달 트라우마라는 용어는 특히 연구 대상이 아동과 청소년인 경우 초기 관계 트라우마를 설명하는 데 사용되었다(van der Kolk et al., 2009). 연구자들은 복합 트라우마나 발달 트라우마를 평가할 때 양육자와 관련된 트라우마의 개수나 기간을 계산하는 경우가 많으며 다양한 형태의 트라우마에 많이 노출될수록 여러 발달 영역에서 증상이 심각해진다는 사실을 일관되게 발견했다. 다양한 형태의 트라우마 노출은 다양한 정서 및 대인 관계 영역에 영향을 미치고(Cloitre et al., 2009), 아동의 정서 조절, 충동 조절 및 자기 이미지에 심각한 장애를 일으키며(Spinalzzola et al., 2005), 정신건강 증상의 심각성을 전반적으로 증가시킨다(Kisiel et al., 2011).

더 심각한 형태의 만성 트라우마로 고통받는 사람들의 여러 영역의 기능 결함에 대한 연구결과를 통해 Bessel van der Kolk는 '발달 트라우마 장애'라고 불리는 새로운 진단 범주를 DSM-5에 포함시킬 것을 제안한 바 있다(van der Kolk, 2005; van der Kolk et al., 2009). 이 진단 범주는 만성 트라우마를 입은 아동에게 나타나는 전형적인 행동, 정서, 인식, 관계 및 신체의 다양한 조절 장애에 초점을 맞춤으로써 만성적 초기 트라우마에 노출된 아동을 적절하게 설명하고 있다. 불행하게도 이 진단 범주로 피해 아동 집단을 고유하게 설명하는 연구를 계속하고 있음에도 불구하고 DSM-5에 포함되지 않았다(Ford, Spinazzola, van der Kolk, & Grasso, 2018). 발달 트라우마 장애는 구성타당도, 수렴타당도, 변별타당도와 신뢰도를 갖는 것으로 밝혀졌다. 다양한 형태의 피해를 입은 청소년 집단을 성공적으로 식별하고, 외상 후 스트레스 장애를 포함한 다른 진단을 받은 아동을 감별해 냈으며, 정서, 생리, 인지, 행동, 대인 관계 및 자기 정체성 장애의 증거를 밝혀냈다. Ford와 동료 연구자들은 발달 트라우마 장애가 심각한 트라우마를 입은 아동에 대한 우리의 이해와 설명에 부합하는 뚜렷한 진단 증후군을 설명한다고 결론 내렸다.

〈표 1-1〉에는 이들 도구로 측정한 발달 트라우마의 증상이 열거되어 있다. DSM-5에는 이 진단이 포함되어 있지 않지만 이 개념화는 만성 트라우마를 입은 아동에게서 흔히 발견되는 다양한 결함에 대한 임상적 이해를 발전시켰다. 이 책 전반에 걸쳐 사례 기록을 읽으면 〈표 1-1〉에 나열된 많은 증상이 생생하게 이해될 것이다.

이 책의 목적에 따라 나는 발달 트라우마라는 용어를 다양한 형태의 생애 초기에 발생한 트라우마를 겪은 아동과 청소년을 지칭하는 데 사용했다. 일부 아동은 신체학대, 성학대

〈표 1-1〉 발달 트라우마의 증상

정서 또는 신체 조절 불능
부정적 정서상태를 견디거나 회복할 수 없음
부정적 신체상태로부터 회복하거나 조절할 수 없음
소리나 접촉에 대한 지각적 예민함
쉽게 설명하기 어려운 신체적 불평 호소
신체나 정서에 대한 인식 감소
정서를 기술하는 능력의 감소
주의 또는 행동 조절 불능
신호와 관련된 위협의 회피
미래의 위협에 대한 과잉경계
위험 감수
손상된 또는 부적절한 자기 진정(즉, 강박적 수음)
자해행동
계획을 하지 못하거나 계획을 따르지 못함
자기 및 관계 조절 불능
자신을 손상된, 무기력한, 피해 입은 것으로 봄
양육자에 대한 걱정
양육자에 대한 극단적 불신
반항
공격성
관계에서 신체적 친밀감 또는 극단적 의존성에 대한 부적절한 추구
공감 결핍
타인의 스트레스로부터 거리를 두지 못함

Ford and the Developmental Trauma Working Group(2011)과 van der Kolk 외(2009)에서 발췌 · 수정함.

및/또는 방임으로 인해 원래 가정에서 살지 못했다. 일부는 만성 질환을 앓고 있었으며, 다른 형태의 트라우마와 결합되어 대처 능력을 저하시켰다. 아동 생존자라는 용어는 다양한 형태의 트라우마를 경험한 아동들이면서 종종 양육자도 트라우마의 원인이었기 때문에 돌봄을 받는 것에 혼란을 겪은 아동과 청소년을 의미한다.

트라우마의 신경학적 영향

하버드대학의 Martin Teicher(2010)는 생애 초기 학대가 아동의 나이와 학대 유형에 따라 아동의 뇌 발달 경로를 예측 가능하게 변화시킨다고 설명했다. 학대피해를 입은 아동 및 청소년의 뇌에 관해 가장 일관되게 보고된 영향 중 하나는 뇌량, 즉 뇌의 오른쪽과 왼쪽을 연결하는 '거대 고속도로'의 변화이다(De Bellis et al., 1999; Teicher et ai., 1997; Teicher et al., 2000; Teicher et al., 2003). Teicher와 동료 연구자들(2003)은 방임으로 고통받는 소년들이 뇌량에 가장 심각한 손상을 입는다는 사실을 발견했다. 반면, 소녀의 경우, 성학대 경험과 뇌량이 작아지는 것이 관련 있었다. 놀랍게도 Teicher와 동료 연구자들(2010)은 특히 중학교 시절 또래들로부터 언어폭력에 노출된 청소년들에게서 뇌량의 이상을 발견했다.

학대피해 아동의 뇌량이 발달하지 않았다는 사실은 트라우마를 입은 아동에게서 관찰되는 연결 끊김, 플래시백 및 해리 현상의 잠재적인 신경학적 기반을 시사할 수 있다. 발달하지 않은 뇌량은 시각적 정보(오른쪽)를 언어 부호화(왼쪽)와 통합하는 능력을 억제하거나 뇌의 오른쪽과 왼쪽 중 어느 쪽이 자극되는지에 따라 사건에 모순된 반응을 하게 만들 수 있다. 연구는 트라우마를 입은 개인들이 정상의 비교 개인들에 비해 뇌의 오른쪽에서 트라우마 내용의 처리를 선호한다는 개념을 뒷받침한다(Schiffer, Teicher, & Papanicolaou, 1995). 정보가 뇌량 전반에서 통합되지 않아 언어적으로 처리될 수 없다면 그 결과로 외상 장면과 소리가 반복적으로 재경험될 수 있다. 이것은 플래시백에서 일어나는 문제이다.

실제 일어나고 있는 것처럼 느껴지는 생생한 기억인 과다기억증, 트라우마적이거나 자전적 사건에 대한 기억상실은 모두 해마의 이상과 관련 있을 수 있다. 해마의 결손은 과도한 코르티솔 분비로 인해 발생하며, 이는 과도하게 자극된 편도체를 차단하는 해마 기능에 영향을 미친다(Teicher et al., 2003).

트라우마로 인해 붕괴되는 것으로 보이는 또 다른 뇌 영역은 조건화된 공포 반응을 담당하는 편도체이다. 루마니아 고아의 뇌에 대한 연구는 오른쪽 편도체가 왼쪽보다 더 커져 있음을 보여 주었다(Mehta et al., 2009). 마찬가지로, 성학대를 받은 젊은 성인들의 왼쪽 편도체 크기 감소가 보고되었다(Teicher et al., 2003). 트라우마를 입은 사람들의 편도체는 극도의 경계 모드에 있는 것으로 보인다. 편도체 기능을 방해하는 학대에는 두 가지 중요한 시기가 있는 것으로 보인다. 즉, 4세와 13~15세의 과잉 반응 및 공포 반응의 증폭으로 이어진다(Teicher, 2019). Lyons-Ruth(2020)의 연구에 따르면, 왼쪽 편도체의 크기 증가는 회피적이거나 방임적 양육과 관련이 있는 반면, 오른쪽 편도체의 기능 장애는 학대와 더 관련이 있다.

저명한 신경과학자인 Joseph LeDoux(1996)는 두려움에 반응하는 데는 두 가지 '길'이 있다고 설명했다. '낮은 길'은 시상에서 편도체에 이르는 길이며 이 길은 두려움을 즉각적으로 처리하여 즉각적인 생리 반응을 나타내는 경로이다. 대조적으로, '높은 길'은 전두엽 피질을 통해 공포 반응을 처리하는 길이며, 이 길은 자극이 트라우마의 원래 원인과 얼마나 유사한지 주의 깊게 탐색하고 즉각적 반응을 억제하는 지속적 분석을 허용하는 경로이다. 반복적으로, 특히 앞서 언급한 중요한 시기에 트라우마를 입은 사람들은 '높은 길'에 대한 접근이 제한된 것으로 보이며 결과적으로 트라우마 반응이 즉각적으로 일어나고 억제되지 않는다.

이 공포 경로가 계속해서 자극되면 편도체가 민감해져서 낮은 수준의 자극도 조건화된 공포 반응을 유발할 수 있다. 이 책 전체에서 여러분은 자신의 환경에서 일어나는 자극(싸움, 분노, 셧다운, 성욕 과잉)에 무심코 반응하는 아동들을 보게 될 것이며, 이는 충격적 과거에 대한 조건화된 반응을 억제하는 것이 얼마나 어려운가를 보여 준다.

또한 의도적인 신체 움직임을 조정하는 데 관여하고 인지, 언어, 사회 및 정서 기술을 관장하는 소뇌충부 같은 원시적 뇌 영역도 트라우마의 영향으로 손상된다(Teicher et al., 2003). Teicher는 정상적인 연구대상에 비해 학대받은 개인의 뇌에서 이 영역의 혈류가 감소하는 것을 발견했다. Teicher와 동료 연구자들은 어미로부터 촉각 자극을 받지 못한 Harlow의 유명한 새끼 원숭이들도 이 뇌 영역에 결함이 있었음을 지적했다. 그러나 심지어 철사로 만든 대리모를 사용하더라도 안고 흔들어 주기 자극을 제공하면 이러한 결함은 최소화되는 것으로 보인다.

뇌의 상부 중심도 학대의 영향에 취약하다. 외상 후 스트레스나 학대 경험으로 고통받는 아동의 피질 이상에 대한 증거는 반복적으로 입증되었다(Carrion et al., 2001; De Bellis, Keshavan, Spencer, & Hall, 2000; Teicher et al., 2003). Teicher와 동료 연구자들(2010)은 성학대가 오른쪽과 왼쪽의 일차 및 이차 시각 피질의 회백질 발달을 방해한다는 것을 발견했다. 전두엽 피질은 트라우마성 스트레스의 영향에 특히 취약한 것으로 보인다. 전두엽 피질에는 현재 경험을 평가하고 과거 경험과의 관련성을 결정하는 영역이 있다. 전두엽 피질로부터의 정보 입력이 없으면 편도체에서 활성화된 공포 반응은 쉽게 진정될 수 없다. 특히 체벌은 내측 및 배측 전두엽 피질에 영향을 미치는 것으로 보인다(Tomoda et al., 2009).

일부 증거는 우뇌의 대뇌 피질 이상이 해리 현상의 발달과 독특하게 관련될 수 있음을 시사한다(Lanius et al., 2002; Schore, 2009). Schore에 따르면, 뇌의 이 영역은 잘 조율하는 양육자의 자극에 특히 민감하며 이런 자극이 부족하면 손상을 입을 수 있다. Schore는 외상을 입은 해리성 환자의 오른쪽 안와-전두엽 피질은 변연계와의 연결이 손상되어 '스트레스가 많은 외부 요구에 반응할 때 마음 상태와 행동을 유연하게 전환할 수 있는 능력의 결핍'으로 이어질 수 있다고 하였다(p.119).

Ford(2009)는 아동의 생존 뇌(긴급 생존 모드의 뇌)와 학습 뇌(새로운 정보를 받아들이고 성장할 준비가 되어 있는 뇌)를 구분했다. 뇌의 피질 영역, 특히 복측 및 내측 전두엽 피질의 결함은 자신을 관찰하고 경험을 객관적으로 이야기하며 경험을 맥락에 맞추는 개인의 능력 전반에 영향을 미친다. 트라우마를 입은 사람들은 이 영역이 덜 발달되어 있으며 그 이유 중 하나는 '생존 뇌'가 입력되는 위협으로부터 자신을 보호하느라 너무 바쁘기 때문이다. 동시에, 메타인지 기술은 우리가 트라우마 입은 내담자에게 장려하고 싶은 기술이다. Ford(2013)는 본질적으로 해리가 자기 조절의 결함이라는 의견을 제안했다. Ford는 자기 조절이 애착 추구 행동, 정서 반응성, 자기 인식 등 여러 영역을 포함하는 포괄적 개념임을 지적했다. 자기 조절이 가능한 아동은 삶의 안전 장벽이 무너졌을 때 전반적인 회복과 기분 안정으로 빠르게 갈 수 있는 길 위 있는 것이다. 자기조절의 틀은 이 책에서 설명한 개입을 위한 개념적 조직화 수단이다. 모든 개입의 목표는 충격적 혼란에 직면한 아동의 자기 조절 기능을 회복하는 것이다.

초기 트라우마와 관련된 뇌의 구조 변화 외에도, 만성 스트레스에 노출된 아동은 스트레스 호르몬이나 에피네프린 및 노르에피네프린과 같은 카테콜아민의 과잉분비로 인해 뇌의 화학적 구성 불균형이 발생하여 놀람 반응, 과민 반응이 증가한다. 그리고 심박수, 뇌의 민감성이 높아지고 원래의 트라우마를 상기시키는 신호에 대한 스트레스 반응으로 다시 활성화됨에 따라 시간이 흐르면서 과잉각성이 지속적 특성이 될 수 있다(Perry, Pollard, Blakely, Baker, & Vigilante, 1995). 과잉행동, 불안, 충동성, 수면장애, 빈맥 등은 만성 과잉각성 상태의 아동에게서 관찰되는 증상 중 일부이다. 또는 포기나 얼어붙기 반응을 포함하는 과소각성 상태를 경험할 수 있다. 이 아동들에게 에피네프린 순환이 증가할 수 있지만 혈압과 심박수를 감소시키는 미주신경의 활성이 함께 일어난다. Perry와 동료 연구자들은 이 상태에서 도파민 시스템이 자극되어 신체가 통증 감각을 감소시키는 체내 오피오이드 유사물질을 방출할 수 있다고 지적했다. 이 발견은 해리 상태와 생리학적 상관을 보이기 때문에 특히 흥미롭다(10장 참조).

Steven Porges(2003, 2011)의 다미주 신경이론은 해리의 생리학적 근거와 계통발생적 뿌리에 대해 더 많은 정보를 제공한다. Porges는 사회적 관여가 원시적인 생리적 스트레스 반응을 조절하며 인간의 스트레스 관리 시스템이 이 사회적 관여를 허용하는 복측 미주신경 경로를 발달시켰다고 제안했다. 스트레스는 교감신경계를 활성화시켜 분노, 공격성 등의 투쟁반응을 일으키거나 스트레스원으로부터 도망과 같은 도피반응을 일으킨다. Porges에 따르면, 미주신경에 의해 매개되는 세 번째 시스템은 위협에 대한 신체 반응에 극적인 영향을 미칠 수 있다. 이 세 번째 경로는 미주신경, 즉 얼굴, 귀, 눈으로 흐르는 상위 신경 경로(복측) 또는 소화 시스템과 심장으로 이어지는 하위 경로(배측)와 관련되어 부동화(얼어붙기) 또는 붕괴를 유도한다. 이러한 부동화 또는 붕괴는 일부 원시 동물 조상에서도 발견되며 완전한 부동화 또는 '죽은 척'을 통해 스트레스를 처리하는 것과 관련되며 완전 해리성 셧다운 상태에 있는 내담자들에게서 볼 수 있다. Porges의 이론은 또한 생명을 위협하는 스트레스 요인에 갇히고 직면한 유기체에 대한 부동화 반응의 생존 가치를 강조한다. 그러나 인간으로서 우리는 더 상위 수준의 복측 미주신경 경로를 활성화하여 사회적 관여의 진정 효과를 경험할 수 있다. Porges의 이론은 치료자가 스트레스 반응을 진정시키는 데 도움이 되는 눈맞춤, 미소, 진정시키는 목소리 같은 사회적 관여의 중요한 역할을 인식할 수 있게 한다.

Lyons-Ruth(2020)의 연구는 또한 아동의 해리성 애착 패턴과 기타 병리적 애착 패턴을 예측하는 데 있어 애착 시스템의 역할을 강조했다. 그녀의 연구팀은 엄마의 철수에 대해 모성적 애정을 구하는 아기 및 유아의 반응이자 어머니의 관심을 얻기 위해 내는 소리인 '찾고 끽끽거리는' 패턴을 확인했다. 직접적인 해악의 위협이 아닌 유기의 위협에 대한 이러한 반응은 반복적인 거부에도 불구하고 전 생애 동안 애착대상으로부터 관심을 구하는 행동에서 볼 수 있다. 이는 또한 어머니의 생애 초기 철수 및 유기에 따른 경계선 애착 혼란을 설명하는 데 도움이 될 수 있다. 이 애착 패턴은 특히 모성 박탈 역사가 있는 아동에게서 발견되는 편도체 크기 확대 및 해마 크기 이상과 관련 있다.

요약하면, 트라우마를 입은 아동의 뇌는 지속적인 스트레스 영향으로 인해 구조적으로나 화학적으로 영향을 받는다. 여러 기능 영역이 손상되어 단절 및 조절 장애가 발생한다. 건강한 뇌는 잘 통합된 뇌이며, 뇌 화학물질을 통해 일련의 각성과 억제 속에서 의사소통이 자유롭게 이루어진다. 트라우마를 입은 아동의 뇌는 수평의 우반구와 좌반구 사이, 수직의 상부와 하부 중심 사이의 유동적 의사소통이 적어 통합이 손상된다. 해마와 전두엽 피질의 소통

단절은 공포 반응을 줄이지 못한다. 원시적 미주신경 반응이 붕괴 또는 부동화 상태로 이어지거나 부모의 반응 없는 관심을 추구하여 자기 처벌 행동으로 이어지기 때문에 사회적 관여 시스템이 일시적으로 '단절'될 수 있다. 통합을 막는 장벽은 반복되는 외상 경험의 구조적, 화학적 영향과 그에 따른 뇌 세포의 사용여부에 따라 달라지는 가지치기로 인해 생겨난다.

트라우마를 입은 아동의 뇌에는 이중 장애가 있다. 즉, 조절이 손상된 반면 반응성은 증가한다. 결과적으로, 민감해진 뇌는 트라우마에 대한 암시에 과민반응하며 고등의 뇌 과정과 화학적 억제의 조절 효과는 최소화된다. 또한 트라우마의 신경생물학적 영향에 관한 연구를 통해 증상 완화를 위한 다양한 방법을 찾아볼 수 있다. 뇌는 잘 사용하지 않는 경로를 잘라내고 폐기하는 동시에 새로운 경로를 강화함으로써 성장한다. 따라서 트라우마를 입은 아동의 조절되지 않는 뇌는 아동이 처한 트라우마적이고 혼란스러우며 예측할 수 없는 환경에 독특하게 적응한다. 위험에 자주 노출되는 아동에게는 빠르게 그 길에서 벗어나게 하는 것이 중요하다. 살아남기 위해서는 새 자극을 과거 두려움의 원인과 비교하기 위해 주의 깊게 일치시키는 기능을 수행하거나 반영할 시간이 없다. 학대받고 있는 아동의 환경에서 흔히 발생하는 것처럼, 트라우마와 돌봄이 동일한 원인에서 발생할 때 기억 장애는 적응적인 것일 수 있다. 반대로, 뇌 기능의 개선은 그것에 적합한 치료 개입을 할 수 있게 한다. 실제로 일부 예비 연구에서는 마음챙김 교육이나 공감 형성과 같은 치료적 개입이 해마 회백질을 증가시켜 뇌를 변화시킬 수 있음을 보여 준다(Joss, Lazar & Teicher, 2020).

트라우마 상황에서 살아남기 위해 어떤 비정상성이 필요할 수 있다는 점을 이해하면 아동 생존자가 더 건강하고, 더 조절되고, 사랑이 넘치는 환경에 적응하도록 돕기 위해 무엇을 해야 할지 이해할 수 있다. 따라서 생애 초기에 트라우마의 영향을 받은 뇌 부분은 우리 노력의 간접 목표인 반면, '생존 뇌'의 증상, 행동, 만성적 반응 및 보호적 행동은 우리의 직접 목표가 된다. 만성 트라우마 노출이 아동의 발달 경로를 방해하는 방식을 인식함으로써 이 영역에 대한 개입을 목표로 삼을 수 있다. 이 책 전체에서 보게 될 아동들은 우리가 치료 개입을 통해 제공하는 새로운 치유 경험을 흡수하고 반응하는 뇌의 잠재력을 보여 주는 증거이다.

치료의 중요한 목표를 〈표 1-2〉에 요약해 제시했으며, 구체적 개입이 트라우마를 입은 아동의 뇌 발달에 미치는 영향에 관한 추론을 제시했다. 이 책은 아동이 보이는 인식 연속성의 혼란을 다루는 해리 중심 개입에 특별히 중점을 두고 많은 개입 방법을 다루고 있다. 이 책에서 만나는 대부분의 아동과 청소년은 심각한 해리 증상 및 발달 트라우마의 특징을 가지고 있다. 숀 혼벡과 마찬가지로, 이들은 자신의 선택이나 행동에 대한 통제력이 거의 없는

'자동 조종 장치'로 살고 있다고 스스로 생각한다. 이들의 해리를 탐구하면, 이 아동들에게서 흔히 볼 수 있는 정서 조절, 신체 경험, 인지, 자기관, 행동 및 관계 혼란에 대한 통찰을 얻을 수 있다. 다음 장에서는 만성적으로 정신적 충격을 받은 아동, 청소년들에게서 발견되는 해리 유형의 성격을 탐색했다.

〈표 1-2〉 치료목표

치료목표	방법	관련 뇌구조
1. 안전하기 (현재 발생하고 있는 트라우마를 당장 중단시키기)	환경관리(15장부터 참조)	더 이상의 뇌손상 막음
2. 촉발 요인에 직면했을 때 침착하기	정서와 각성 조절하기 (9, 10, 11장)	내측 전전두엽 피질과 변연계 영역, 피질 및 소뇌충의 연결
3. 자기인식 증진하기	현실에 근거하기 기억, 신체인식(8, 9, 10장)	좌뇌 전전두엽 피질과 연결
4. 트라우마 말하기	일어난 일 그리고 그것이 자신에 대해 갖는 의미 이해하기(13장)	뇌의 해마기능 활성화 및 전전두엽 피질 연결
5. 상호호혜적 관계 발달	치료자와의 가족치료적 관계(5, 12장)	대인 간 조율은 우뇌 안와전두엽 피질을 활성화시킴
6. 무기력을 숙달로 바꾸기	행동 연습 또는 이미지 작업	연습을 통해 새로운 뇌신경 경로 출현
7. 응집적이고 통합된 의식성	해리중심 개입	수직 및 수평적 신경통합; 뇌량 연결, 전전두엽 피질, 변연계 및 하부 뇌기능을 연결

요약

이 장에서는 부인에 대해 사회가 가하는 압력의 측면에서 트라우마 생존자가 느끼는 무력감을 검토했다. 트라우마가 해리 발생에 미치는 중요한 영향을 요약하면서 뇌와 신체에 미치는 트라우마의 영향을 검토했다. 발달 트라우마라는 개념을 소개하였고 발달 트라우마는 초기 돌봄의 혼란과 관련된 다양한 형태의 트라우마가 생애 초에 발생한다는 것을 보여 준다. 이 유형의 트라우마는 일반적으로 여러 기능 영역의 발달 장애를 초래하며 성공적인 치료를 위해서는 이 기능 영역들을 해결해야 한다. 손상 패턴은 외상을 입은 아동의 뇌의 붕괴, 불규칙한 각성 패턴 및 반응성을 교정하기 위해 본 저자가 개발한 개입의 기초가 되었다. 또한 이 장에서는 트라우마로 인한 뇌의 구조적, 화학적 변화를 모두 포함하는 해리의 신경생물학적 기반을 검토했다. 해리 현상은 발달 트라우마에 관한 이전 문헌에서는 잘 정의되지 않았던 것이며 다음 장에서 중점적으로 논의한 주제이다.

2장

해리에 대한 통합적 발달 모델

병원에서 소냐를 처음 만났을 때 그녀는 마치 줄에 매달린 꼭두각시 인형처럼 움직였다. "왜 그렇게 천천히 로보트처럼 움직이는 거야? 무엇인가가 아님 누군가가 너를 조종하는 것 같니?" 나는 폭력적이고 공격적인 행동으로 병원에 입원한 말이 거의 없던 12세 소녀와 라포를 형성하는 데 도움이 될 만한 것을 찾기 위해 이 질문을 했다. 소냐는 갑자기 나를 돌아보며 이렇게 대답했다. "네, 우리는 그 애가 움직이지 못하게 할 거예요. 너무 위험해요." 나는 천천히 분명하게 물었다. "방금 우리라고 했지?" 그리고 이어 물었다. "그게 누구야?" 소냐는 "내 감정을 켰다 껐다 하는 세 남자요."라고 대답했다. 이 말로 소냐는 마침내 자신의 기분과 행동을 통제하고 위험한 행동을 억제하는 '조력자들'로 가득 찬 자신의 숨겨진 내면 세계를 드러내기 시작했다.

아동의 행동을 관찰하고 관찰에 근거한 간단하고도 직접적인 질문이 이전까지 숨겨져 있던 해리 과정을 열게 했고 이 과정은 소냐의 치료에 대한 강력한 단서를 주었다. 이것은 치료 장면에서 흔히 일어난다. 소냐가 제공한 정보를 통해 나는 그녀의 내면 세계로 들어갈 수 있었고, 소냐는 이 생생한 인격들의 속박에서 벗어나기 위한 첫 걸음을 뗄 수 있었다. 나는 "그 사람들이 너를 도와준다니 정말 좋다."라고 말하며 "아마 그 사람들도 감정을 진정시킬 수 있는 방법을 배울 수 있을 거야. 그러면 너의 행동은 전혀 위험하지 않게 될 거고."라고 말했다.

해리는 진단적 관점과 이론적 관점 모두에서 역사적으로 논란이 많은 개념이었다. 그러나 해리의 정의와 원인에 대한 논란은 소냐와 같은 많은 아동, 청소년들이 전 세계 임상가들의 관심을 받는 것을 막지 못했다. 1980년대와 1990년대 초기에 이루어진 사례 연구에는 기억 문제, 정체성 혼란, 기분과 행동의 급격한 변화, 그리고 '상상 친구'나 기억하지 못하는 행동을 한 다른 자기가 있다고 믿는 문제, 자해와 자살을 포함한 심각한 정신과적 증상을 가진 아동과 청소년들에 관한 기록이 존재한다(그 예로서 다음 참조: Albini & Pease, 1989; Dell & Eisenhower, 1990; Fagan & McMahon, 1984; KIuft, 1984; Malenbaum & Russell, 1987; Putnam, Hornstein, & Peterson, 1996; Riley & Mead, 1988; Weiss, Sutton, & Utecht, 1985; Zoroglu, Yargiç, Tutkun, Öztürk, & Sar, 1996). 해리 아동과 청소년에 대한 상세한 사례 설명은 다양한 책에도 수록되어 있다(예: Putnam, 1997; Shirar, 1996; Silberg, 1998a; 2001a; 2013a; Silberg & Dallam, 2009; Wieland, 2011; 2015). 2013년에 이 책의 초판이 출간된 이후 아동 해리 분야는 점점 인정과 정당성의 측면에서 최고의 관심을 받고 있다.

이 논문과 저서들은 행동에 영향을 미치는 생생한 내면의 목소리, 정체성의 변화, 당혹스러운 건망증 삽화, 멍한 상태 그리고 정서와 행동의 극적 변화 등 일련의 증상을 보이는 상당수의 아동들이 존재한다는 것을 보여 준다. 이 아동들의 특징은 해리 장애에 대한 성인의 진단 기준에 잘 맞지 않는 다양한 해리 증상을 가지고 있다는 것이다. 한편, DSM-5에는 다섯 가지 해리 장애가 열거되어 있다. 가장 심각한 증상의 해리성 정체성 장애(DID)는 비교적 지속적인 두 가지 이상의 성격상태를 특징으로 한다. 해리 징후를 보이는 아동과 청소년은 종종 장애 자체가 형성되는 과정에 있기 때문에 상태들 간의 구분이 덜 '지속적'이다. 다른 성인용 진단 범주인 해리성 기억상실, 해리성 둔주, 이인증/비현실감 장애는 아동과 청소년의 전형적 증상은 아니다. 성인용 진단기준은 해리 아동의 증상을 정확하게 기술하지 못할 뿐 아니라 치료자들은 아동에게 해리성 정체성 장애(DID)처럼 낙인이 되는 진단을 꺼린다.

DSM-5는 '취학 전 아동의 외상 후 스트레스 장애'라는 새로운 진단을 도입함으로써 어린 아동들에게 해당하는 기준의 명시가 중요하다는 것을 인정했다. 이 장애에 대한 기술은 유아들이 트라우마를 행동으로 나타내는 방법에 관한 명확한 지표를 제공하고 있다. 이 장애의 설명 기준에는 '플래시백과 같은 해리 반응'이 포함되어 있으며, 아동에게 해리 현상이 존재한다는 인식이 이루어졌다는 측면에서 중요한 발전을 의미한다. 트라우마를 입은 아동에 대한 DSM-5의 이 기술은 이 책 1장의 발달 트라우마 장애의 진단에서 제안한 증상 용어 가운데서 몇 가지 중요한 부분을 채택한 것으로 보인다.

또한 DSM-5에는 이인증과 비현실감의 해리현상을 주요 특징으로 하는 외상 후 스트레스 장애의 하위 유형이 제시되어 있다. 그러나 이인증과 비현실감이 아동에게서 나타날 수는 있지만 아동은 이를 보고하기 어렵기 때문에 많은 경우 알아내기 어렵다. 이에 DSM-5에는 해리성 정체성 장애(DID), 해리성 둔주, 해리성 기억상실 또는 이인증/비현실감 장애의 진단 기준에 맞지 않는 사례들에 적용하도록 '달리 명시된 해리 장애(Other Specified Dissociative Disorder)'를 대안으로 제시하였으며 이것은 심각한 해리 증상을 가진 아동과 일부 청소년들에게 가장 적합한 진단이 될 수 있다.

DSM-5가 제공하는 해리의 정의는 해리 개념을 이해하고 현재 우리가 갖고 있는 이해의 한계를 탐구하는 데 좋은 출발점이 된다. 해리는 DSM-5에서 "의식, 기억, 정체성, 정서, 지각, 신체 표상, 운동 통제 및 행동의 정상적 통합의 붕괴 또는 비연속성"으로 정의된다(American Psychiatric Association, 2013, p. 291). 안타깝게도 이 정의는 성인의 관점에서 만들어진 것으로 보인다. 이 정의는 '정상적 통합'을 언급함으로써 발달과 통합의 과정 중에 있는 아동의 마음이 아니라 형성되었다가 '붕괴된' 성인의 마음을 기술한 것으로 보인다. 명백한 '해체'뿐 아니라 이 과정의 발달적 뿌리에 대해서도 설명하는 포괄적인 해리 이론이 있어야 한다.

'해리(dissociation)'와 '해리시키다(dissociate)'라는 용어는 치료자와 연구자들이 다양한 의미로 사용하고 있지만 이 표현의 의미에 대한 명확성은 매우 부족하다(Dell, 2009; Spiegel et al., 2011). Dell은 우리가 뭉뚱그려 '해리'라고 부르는 것에 여러 가지로 구분되는 정신적 과정들이 있을 수 있으며 따라서 해리는 서로 다른 병인학적 경로에서 비롯될 수 있고 그 기능도 서로 다를 수 있다고 제안했다. 예를 들어, 해리성 '셧다운' 반응은 작은 동물이 공격받았을 때 본능적으로 반응하는 것과 관련될 수 있으며 따라서 진화에 기반한 것일 수 있다. 이 유형의 생리적, 정신적 셧다운은 원치 않는 정신적 내용을 차단했다가 나중에 그 생각이나 이미지가 침습적으로 떠오르는 것과는 매우 다를 수 있다. 그러나 현재 우리는 이를 해리 증상의 예로 함께 묶는 경향이 있다. 해리는 다양한 임상 증상을 포함하는 방향으로 그리고 해리 증상을 개선하는 체계적인 치료 접근법으로 이어질 수 있게 정의하는 것이 가장 바람직할 것이다.

2013년에 출간된 이 책의 초판에서 나는 너무 고통스러운 정서 각성 수준을 유발하기 때문에 고통스러운 각성을 피하기 위해 아동이 환경적응의 방법으로 배운 것이 해리 행동이라는 이론적 관점을 소개한 바 있다. 시간이 지남에 따라 이러한 정서 회피 전략은 점점 더 조직화되고 대인 관계의 영향을 받지 않게 되며 그 자체의 고유한 행동적, 정서적, 그리고 정체성적 특징을 갖게 된다. 애착과 신경생물학 분야에서 이루어진 최근의 연구결과들은 나의 이 이론적 개념과 일치한다.

해리를 설명하는 주요 이론 중 하나는 van der Hart, Nijenhuis와 Steele(2006)가 개발한 구조적 해리 모델(Structural Dissociation Model)이다. 이 모델에서는 해리의 주요 특징을 트라우마 당시의 인격이 기능적 시스템으로 분열된 것으로 보며 따라서 일상 활동에 관여하는 뇌의 적응 시스템과 공포 및 자기방어 시스템에 관여하는 뇌의 적응 시스템이 서로 단절된다고 본다. 구조적 해리 모델에 따르면, 추가의 트라우마는 인격의 분열된 부분을 더욱 분열시켜 2차, 3차 해리를 초래할 수 있다. 이 모델에서 제안하는 치료 접근은 인격의 적응적 부분에 대한 애착과 안정을 촉진하고 정서 부분에 대한 두려움과 회피를 줄임으로써 분리된 요소들을 다시 연결하는 것이다. 이 이론 모델은 가장 심각한 해리성 장애를 앓고 있는 성인에게 유망한 치료 접근법을 제시했으며 이 모델에서 사용하는 용어와 그 기반이 되는 이론은 아동 및 청소년에 적절하지 않을 수 있다.

아동과 청소년의 경우 인격이 아직 초기 발달 단계에 있기 때문에 초기의 해리 증상은 '인격 분열'을 수반하지 않는다. 해리 증상을 보이는 아동에게서 볼 수 있는 것은 '인격 분열'의 초기 전조이며, 시간이 지남에 따라 성인의 임상 양상과 비슷해진다(Putnam et al., 1996). 따라서 아동을 위한 해리 이론은 해리와 유사한 현상의 발달과 초기 증상을 민감하게 설명할 수 있는 것이야 한다. 궁극적으로 우리는 해리를 '위에서 아래'로가 아닌 '아래에서 위'로 이해할 필요가 있다. 즉, 아동을 위한 해리 이론은 성인의 임상 증상에 근거한 것이 아닌 아동과 청소년의 임상 증상에 근거한 것이어야 한다.

정서회피 이론

해리에 대한 나의 이론적 접근은 통합적 발달 관점(Silberg, 2001a, 2004)을 개선한 정서회피 이론(Affect Avoidance Theory)이라고 불린다. 이 이론은 대인관계 신경생물학을 기반으로 트라우마를 경험한 아동이 해리성 대처 전략을 개발하는 방법과 이유를 설명하기 위해 발달 문헌, 특히 Putnam(1997)의 개별행동상태 모델(Discrete Behavioral States Model), 애착 이론, 정서 이론을 활용한다. 정서회피 이론은 다양한 해리 현상을 설명할 수 있는 체계적인 이론적 틀이다. 이 틀은 해리 현상을 정상성 및 적응적 조망에서 본다. 즉, 이 모델은 아동의 의식, 정체성 발달, 정서 및 행동에서 아동의 벗어난 발달이 아동을 보호하는 데 기여한 방식에 주의를 기울인다. 또한 이 모델은 아동을 보다 정상적인 발달 궤도에 속하는 행동으로 점진적으로 되돌려 놓을 수 있는 틀을 제공한다.

이론적 배경

Putnam의 개별행동상태 이론

Putnam(1997, 2016)은 '개별행동상태' 모델을 통해 해리를 발달의 관점에서 이해할 수 있게 하는 상당한 진전을 이루었다. Putnam은 유아가 매일 순환하는 기본 상태를 파악한 Peter Wolff(1987)의 유아관찰 연구 내용을 바탕으로 이론을 정립했다. Wolff는 유아가 깊은 수면에서 렘수면, 울기, 까다로운 상태, 각성 상태로 예측 가능하게 움직이는 경향이 있음을 발견했다. Wolff는 아기가 발달함에 따라 상태 연결이 유연해지고 단계를 건너뛸 가능성이 높아지는 것을 관찰했다.

Putnam(2016)은 Wolff의 유아 상태 개념을 인간 행동 전반에 대한 이해의 기초로 삼아 이를 발전시켰다. Putnam은 "존재의 상태들은 마음, 신체, 뇌의 일시적이고 조직화된 패턴이며 … 각 상태는 지각, 인지, 기억, 정서, 동기화, 핵심 가치, 대인관계, 생리 및 기타 여러 영역과 기능에 독특한 영향을 미친다."라고 언급했다(p. 333). Putnam은 트라우마를 겪은 아동들이 두려움에 기반한 독특한 상태들을 발달시키며 이것이 상태의존적 기억과 연관된다는 이론을 만들었다. 만성적으로 트라우마를 경험한 아동에게서는 이 상태들이 조절되지 않으며 시간이 지날수록 아동의 전반적인 상태 변화 과정의 특징인 유연성을 보이기보다는 점점 분열된다. Putnam은 해리 아동에게 트라우마 상태들의 통합 결핍을 상쇄할 수 있는 메타인지적 통합 능력이 없다는 것에 주목했다. Putnam의 이론은 정상 발달에서는 상태가 번갈아 가며 변화하는 과정이 있고, 자유롭고 유연하게 상태들 사이를 이동하는 것이 특징이라는 점을 인식했다는 점에서 귀중한 통찰이라고 할 수 있다. 또한 그의 이론은 치료적 접근을 위한 로드맵 기능을 한다. Putnam은 다음과 같이 언급했다. "치료에서 상태 모델은 개인의 상태 공간을 안정화하고 최적화하며 다양한 정체성과 정서 상태를 응집력 있고 유연하며 건강한 자기감(sense of self)으로 통합하도록 고안 된 다양한 치료 개입을 조화롭게 사용해야 한다"(p. 361).

애착 이론

애착 이론은 여기에 제시한 해리의 정서회피 이론과 연결되는 핵심적인 통찰을 제공했다. Bowlby(1988)는 유아가 '내적 작동 모델'을 발달시키거나 양육자와 관계 맺는 방식을 결정하는 양육자 행동에 대해 유아가 조직화된 기대를 발달시킨다고 주장했다. 부모가 일관성 있고 세심하며 안정 애착을 촉진하는 경우 유아는 예측 가능하고 애정 어린 행동에 대한 내적 작동 모델을 발달시키며 이 기대에 따라 세상과 상호작용한다. 부모가 일관성이 없거나, 거부적이거나, 접촉할 수 없는 경우 유아는 관련 내적 작동 모델을 통해 불안정 애착을 형성할 수 있다. 이 내적 작동 모델은 유아가 양육자로부터 받을 수 있는 반응의 종류를 예측하고 그에 따라 행동을 수정하게 한다.

Waters(2016)는 신경생물학, 해리 이론, 발달 이론, 가족 체계 이론, 그리고 가장 중요한 애착 이론을 강조하는 다섯 개의 뾰족한 별 모양의 STAR 해리 이론 모델을 소개했다. 그녀는 Bowlby(1980)의 저술들을 주의 깊게 읽고 나서 어머니와 장기간 분리 경험이 있는 어린 아동의 반응에 대한 Bowlby의 연구가 생애 초기 해리에 대한 설명이라는 사실을 알게 되었다. Waters는 부모가 돌아왔을 때 아동들이 무표정한 얼굴과 명백한 기억상실 증상을 보인다는 점에 주목했다. Bowlby는 이러한 행동을 '거리두기'라고 불렀지만 지금에 와서 보면 이런 행동은 해리의 징후라고 할 수 있다. Waters는 어린 아동들에게서 나타나는 해리의 주요 특징으로 알려진 3인칭으로 자신을 지칭하는 아동 사례와 어머니의 죽음에 대해 서로 다른 인식 상태로 들어가면서 극도로 상반된 기분을 보인 아동 사례 등 Bowlby가 기술한 여러 사례에서 해리를 발견했다.

초기 애착 연구자들은 애착 유형을 안정 애착, 불안정-회피 애착, 불안정-양가 애착의 세 가지 유형으로 구분했다(Ainsworth, 1964). 이후 연구에서는 모순된 행동 패턴, 비대칭적인 움직임, 불완전하고 중단되는 움직임, 얼어붙음 및 가만히 있음, 불안의 징후를 특징으로 하는 네 번째 유형의 애착인 '혼란(비조직화) 애착'을 확인했다(Main & Solomon, 1990). 혼란 애착의 행동적 특성은 해리에 대한 임상적 설명과 유사하다. 실제로 연구에 따르면, 유아의 혼란 애착이 특히 양육 결핍이나 트라우마 경험과 함께 발생하면 청소년의 해리를 예측할 수 있다는 몇 가지 증거가 있다(Dutra et al., 2009; Ogawa et al., 1997). 이 두 연구에서 가장 중요한 것은 해리 증상 발생에서 양육자의 역할이 중요하다는 것이다.

Liotti는 학대받은 아동의 혼란 애착에 초점을 맞춘 애착 이론가였다. Liotti(1999, 2009)는 두려워하는 양육자는 유아에게 여러 개의 상충된 내적 작동 모델을 유발할 수 있다는 가설을 세웠다. 때로 유아는 부모의 회피, 철수, 두려움을 상당 정도 예상하여 반응하며 다른 때에는 돌봄에 대해 기대감을 가지고 관심을 구할 수 있다. 이러한 상충된 도식들은 동시에 또는 빠르게 연속적으로 경험될 수 있으며 혼란 애착 유아에게서 관찰되는 혼란, 손상된 통합, 그리고 '얼어붙음' 또는 해리로 이어질 수 있다. Liotti는 손상된 애착 유형으로 인해 트라우마 사건 이후 아동이 위로를 얻기가 점점 더 어려워진다는 가설을 세웠다. 위로를 받으려는 시도와 동시에 일관성 있는 진정의 부재로 두려움이 커지는 순환 고리(feedback loop)가 만들어진다. Liotti는 해리 반응이 애착과 진정의 필요성이라는 딜레마, 특히 일관성 있게 진정을 받을 수 없을 때 통합된 반응을 발달시킬 수 있는 능력의 발달실패를 강조했다.

요약하면, 혼란 애착에 대한 연구는 아동의 해리 행동을 이해하는 데 필요한 기본 요소 중 하나이다. Liotti(1999, 2009)가 기술한 (한 사람 안의) 여러 개의 내적 작동 모델들이 해리 증상이 있는 아동에게 번갈아 나타날 수 있고 행동 상태의 변화를 일으킬 수 있다. Putnam(1997)의 연구는 이 상태들이 트라우마 경험이 없는 정상 아동의 발달에서 볼 수 있는 유연성 및 가소성을 보여 주지 못하고 시간이 지나면서 어떻게 굳어지는지를 보여 주었다.

정서 이론

정서 이론은 Liotti(1999, 2009)가 설명한 내적 작동 모델의 정서적 토대를 알게 했다는 점에서 정서회피 모델에 기여했다. Tomkins(1962, 1963)는 생물학적 근거를 가진 아홉 개의 타고난 정서 상태를 제안했다. 여섯 개의 정서는 부정적이다(화-격노, 두려움-공포, 고통-괴로움, 혐오, 역겨움['경멸'], 수치-모욕). 놀라워함-깜짝 놀람은 중립적 정서이며, 흥미-흥분과 즐거움-기쁨은 긍정적 정서이다. Tomkins는 정서를 자기의 경험을 하나로 묶어주는 '정신적 접착제'로 표현했다(Monsen & Monsen, 1999). Tomkins에 따르면, 정서는 아동에게 생존에 유익하거나 해로운 것이 무엇인지 알려주는 내부 신호 역할을 한다. Tomkins는 정서가 아동의 긍정적 경험을 더 긍정적으로, 부정적 경험을 더 부정적으로 증폭시켜 아동 자신의 복지에 무엇이 유익하고 해로운지를 빠르게 학습하게 하는 방법이라고 기술했다.

다양한 정서는 시간이 지남에 따라 자극 및 반응과 연결되어 결국 '정서 스크립트'로 조직화된다. 정서 스크립트는 정서, 정서를 촉발한 자극, 정서에 적합한 반응이 되는 행동 간의 학습된 연결성의 집합이다. Nathanson(1992)과 Kluft(2007)는 정서 이론을 임상적으로 적용한 결과, 실행된 스크립트가 독자적 생명력을 갖기 시작하고 기계적이고 자동적으로 정서를 처리하게 된다는 것을 발견했다. 예를 들어, 양육자와의 긍정적 연결의 상실 경험으로 인해 생겨나는 수치심의 정서는 부적절한 양육자에 의해 반복적으로 자극되면 특히 더 고통스러워진다. 공격 행동 스크립트나 회피 행동 스크립트를 통해 그런 정서를 피하는 것은 수치심과 관련된 고통을 처리할 수 있게 한다.

아동 생존자는 트라우마에 기반한 정서 스크립트의 세계에서 살아간다. 여러 가지 촉발 요인으로 인해 정서가 증폭되고 촉발사건은 원래의 사건보다 더 혐오스러운 것이 될 수 있다. 공포, 모욕, 혐오와 관련된 정서를 회피하기 위해 새로운 스크립트가 생겨나며, 이 고통스러운 정서 자체가 트라우마로 오인되어 정서 자체에 대한 회피 스크립트를 만들게 한다. 그러고 나면 아동 생존자는 원래 생애 초기에 겪었던 외상 또는 혼란 애착과 연결된 정서의 각성에 공포를 갖게 되며, 환경의 여러 촉발 요인 의해 유발된 자동적 행동 스크립트를 실행한다.

신경과학자인 Antonio Damasio(1999)는 연구를 통해 의식 형성에서 정서 경험의 근본적 역할을 확인했다. 그것은 우리가 '감정'으로 경험하는 정서에 대한 기본 인식이며 의식적 자기가 출현하게 하는 것이다. 정서의 발달은 의식적 인식의 중심 구성 요소가 된다. 각각의 정서는 우리의 상호작용에 색을 입히고 여러 상호작용을 연결하여 자기의 연속성을 형성하기 때문이다. 트라우마를 경험한 아동들은 공포, 모욕, 비탄과 같은 정서를 피해야 할 것으로 여기기 때문에 이 과정이 중단된다. 그 결과 정서는 자기를 처리하고 통합하기 위한 자극이 아니라 회피를 촉발하는 자극이 된다.

마음과 뇌에 관한 연구에 따르면, 우리의 많은 행동이 의식적 인식 이전에 발생하며

(Damasio, 1999; Norretranders, 1998), 의식적 인식이나 충분한 의식의 관여 없이 자동으로 처리되는 부분이 많다. 이를 정신분석학 용어인 '무의식'과 구별하기 위해 종종 '비의식적' 반응이라고 한다. 이 책에서는 아동 생존자가 의식적으로 인식하지 못하는 행동이나 반응을 설명하기 위해 '비의식'이라는 용어를 사용하였다. 연구에 따르면, 정서 촉발 요인에 대한 비의식적 반응은 트라우마를 경험한 아동들에게 흔하게 나타난다. 학대받은 미취학 아동들을 대상으로 이루어진 연구에 따르면, 해리 정도가 심한 아동들은 주의 분산이라는 방법을 통해 지각된 위협의 인식을 피한다(Becker-Blease, Freyd, & Pears, 2004). Pine 등(2005)은 시각 검사 과제를 사용하여 외상 후 스트레스 장애가 있는 학대 피해 아동들이 지각된 위협적 표정의 얼굴로부터 주의를 분산시키는 경향이 더 높다는 사실을 발견했다. 이것은 즉각적 지각은 정확하지만 그 뒤에는 빠른 주의 전환이 따른다는 것을 시사한다.

대인관계 신경생물학

해리에 대한 정서회피 이론을 설명하는 마지막 이론적 구성 요소는 대인관계 신경생물학이다. 대인관계 신경생물학은 아동과 양육자 간의 상호작용 관계가 어떻게 정서를 조절하고 안정적인 자기를 형성하는 신경 경로의 성장을 촉진하는지를 설명한다. 자기의 발달은 아동의 행동에 대한 양육자의 반응이 아동의 마음을 형성하는 2인관계 과정이다. Schore(2009)와 Siegel(1999, 2010, 2012)은 건강한 뇌는 유아의 욕구에 공감적으로 반응하는 조율된 양육자와의 대인관계 경험을 통해 적응적 연결성을 형성한다고 이론화했다. 자기는 변화하는 정서 상태를 인식하고 스스로 조절하는 법을 배우기까지 우리의 정서 상태를 정당화, 공감, 미러링, 대인관계의 조절적인 상호작용 과정을 통해 성장한다. 이 이론은 통합된 마음의 촉진에 필요한 사랑과 조율된 피드백을 주지 않는 대인관계 세계를 가진 해리 아동의 수많은 결핍을 설명한다. 또한 이 이론은 치료 로드맵을 제공하며 치료 로드맵은 대인관계 연결성에 대한 작업 및 '타인 인식'과 결합되는 '마음통찰(mindsight)' 또는 내적 자기 인식 능력에 초점을 맞추는 것이 아동의 마음이 건강한 연결성을 발달시킨다는 내용을 포함한다. '마음챙김(mindfulness)' 분야(Siegel, 2012)는 이러한 통찰을 활용하여 뇌를 치유하고 통합적 인식을 촉진하는 정신 운동을 장려한다(Joss et al., 2020).

아동 생존자가 처한 대인관계 환경은 변화하는 정서 스크립트와 내적 작동 모델을 파괴적, 적대적 또는 회피적 행동의 경직된 패턴으로 만들고 공고화한다. 안타깝게도 양육자를 포함한 사람들이 종종 이런 행동을 강화하여 회피적 행동의 발생 가능성을 높인다. 열 살짜리 아들이 집안을 어지럽혔다며 부모가 치료실에 찾아와서는 "이리 오렴, 얘야, 많이 아플 텐데 … 엄마한테 무슨 일인지 말해 줄래?"라고 말하는 것을 본 적이 있는가? 자동 해리 프로그램에 의해 유발된 아동의 극단적 행동은 그에 상응하는 상태를 부모에게 불러일으켜 부모는 더 공격적으로 변하고 화를 낸다. 처음에 부모가 아동을 자극한 것이 바로 이 공격성과 화이다. 아동과 부모의 마음이 서로 반응함에 따라 각자의 반응의 경직성이 강화된다. 이로 인해 아동은 자신이 필요로 하는 중요한 관계로부터 점점 멀어지게 된다.

모든 것 종합하기

이제 Putnam, Bowlby, Liotti, Tomkins, Nathanson, Shore, Siegel이 통찰한 것들을 종합하여 트라우마를 경험한 아동에게 어떤 일이 일어나는지 살펴보도록 하겠다. 생애 초기 트라우마가 일관성 없거나 세심한 보살핌의 결핍과 결합되면 아동은 여러 개의 상충되는 내적 작동 모델들을 발달시킬 수 있으며, 그 결과 어떤 때에는 부모를 양육적인 존재로, 또 다른 때에는 거부적이고 해로운 존재로 인식한다. 언제 긍정적 관심이 중단될지 항상 예측 가능한 것은 아니며 긍정적 관심의 중단은 자주 수치심(긍정적으로 경험한 양육의 중단과 관련된 정서)을 촉발한다. 아동이 양육자와 관련하여 공포나 고통을 경험한다면 이것 역시 다른 회피 프로그램을 시작하는 대체의 내적 작동 모델이 된다. 제 기능을 하지 못하는 양육자로 인해 유발되는 정서는 종종 매우 강렬하고 고통스러워서 정서 자체에 대한 회피 패턴이 나타나고, 싸우기, 숨기, 행동 표출을 포함하는 스크립트가 실행된다. Putnam(1997)이 언급했듯이, 변화하는 상태들의 경직성과 불투과성은 아동들을 부적응적으로 만든다. 정서 스크립트의 경직성은 환경의 여러 촉발 요인에 의해 자극되어 치료개입에 강력히 저항하게 만든다. 이 경직된 패턴들은 아동들에게서 종종 철수하는 부모 반응에 의해 더욱 강화된다. 적절한 보살핌을 받지 못하고 트라우마에 압도당한 아동들은 시간이 지남에 따라 변화하는 정체성이나 변화하는 '자아 상태들'(Watkins & Watkins, 1993), 또는 행동에 영향을 미치는 지나치게 생생한 상상친구('과도기적 정체성'이라고 함, 4장 참조)로 조직화된 행동 패턴을 재연한다.

마음은 경험을 기억하지 못하게 하거나 정서 관련 고통을 느끼지 못하게 일반화시키는 정서에 의해 해리로 조직화된다. 정상적인 사람의 마음에서 정서는 기억 인출, 접근 또는 회피, 행동 계획, 평가 및 재구성을 위한 신호이다. 정서는 내비게이션 시스템의 도로 표지판과 같아서 가까이 가거나 철수하거나 싸우거나 양보한다. 해리 아동은 내비게이션 시스템이 꺼져 있고 부분적 정보에만 반응하는 자동 조종 프로그램 위에 있다.

우리는 만성 트라우마를 경험한 내담자들이 우리의 안심시키는 말, 새 양육자의 애정 또는 표준적 치료개입에 반응하지 않는 이유를 궁금해한다. 아동과 청소년의 해리 과정은 교정적 치유 경험의 치유 효과를 억제하는 방향으로 뇌를 조직화하기 때문에 진정시키려는 시도조차 회피 프로그램을 촉발시킬 수 있다.

해리를 치료하려면 분리된 정서라는 숨겨진 섬을 드러내고 이를 응집력 있는 자기 경험으로 통합하는 과정이 필요하다. 이러한 관점에 기반하여 해리 상태를 바꾸려면 대인관계 과정, 즉 조율된 치료자와 참여적인 가족의 존재가 필요하다. Siegel(1999)에 따르면, "대인관계 과정은 마음이 마음 자체를 조직해온 제한적인 방식을 변화시킴으로써 통합이 촉진될 수 있다"(p. 336).

해리 과정의 구체적인 신경학적 기전은 아직 알려져 있지 않지만, 최근의 연구를 통해 이 과정을 조금 더 이해할 수 있게 되었다. 아마도 뇌의 해리 과정에 반구 간 신경통합 및 뇌의 원시적 구조와, 상위의 계획 및 조직화 중추의 통합을 가로막는 구조적, 화학적 장벽이 여러 개 있다는 것이 가능한 설명일 것이다. 통합 기능을 가로막는 한 가지 장벽은 점점 더 경직되고 침투 불가능해지는 과잉각성 및 과소각성 상태들의 변화 강도이다. 신경 영상 장비를 사용한 연구에서 해리 증상의 유형에 따라 피질 억제 또는 변연계 억제가 번갈아 나타난다는 증거가 발견되었다. 예를 들어, 침습적 플래시백 동안에는 대뇌피질 억제 없이 변연계가 활성화되었다. 반대로 통각상실, 이인증 또는 비현실감 삽화 동안에는 '정서적 과잉조절'이라고 하는 변연계 억제와 피질 활동의 증가가 있었다. 정서적 과잉조절은 이 책에서 앞으로 설명할 많은 해리성 내담자에게서 관찰되는 비의식적이고 자동적인 정서 단절을 설명하는 한 가지 방법이다.

Reinders와 동료 연구자들(2019)은 해리성 정체성 장애 성인 32명의 뇌에서 통제집단과는 상당히 구별되는 뇌의 특정 신경생물학적 차이를 확인했다. 이 연구자들은 백질과 회백질의 상대적 크기의 차이 그리고 뇌의 주요 부위의 중요한 구조적 차이를 포함하는 패턴을 확인할 수 있었다. 이와 같은 연구는 궁극적으로 해리성 정체성 장애에 대한 신경생물학적 검사를 할 수 있게 할 것이다.

알다시피 뇌의 연결은 사용과 반복을 통해 강화되며, 강화되지 않은 연결은 곧 가지치기된다. PET 스캔결과에 따르면, 생후 한 살이 되었을 때 뇌의 전전두엽은 수백만 개의 잠재적 용량과 연결을 발달시키며, 이 연결은 두 살이 되면 줄어든다. 가지치기와 선택은 주로 아동이 주어진 환경에 잘 적응하는 데 필요한 것을 기반으로 한다. 트라우마와 손상된 양육 환경은 압도적인 부정적 정서를 일으키며, 결과적으로 뇌는 정서 및 트라우마와 관련된 내용을 피하기 위해 경로를 선택하고 강화한다. 외상적 환경은 기억 자체를 부적응적인 것으로 만들 수 있으며, 그 이유는 이 지식이 아동의 욕구 충족 능력을 위협하는 행동을 초래할 수 있기 때문이다. 더 나아가 통증이나 쾌감과 같은 신체 감각도 부적응적인 것이 될 수 있다. 특히 좋은 감각을 증가시키고 불쾌한 감각을 감소시킬 수 있는 통제력이 거의 없는 경우 더욱 그렇다.

정서회피 이론을 통해 해리 이해하기

정서회피 이론에서는 해리를 다음과 같이 정의한다: 트라우마 단서 관련 정서 각성에 대한 과잉 학습되고 조건화된 회피반응인 행동, 사고, 지각, 정체성 또는 관계 패턴('정서 스크립트')의 자동적 활성화. 이러한 행동 패턴들은 실행과 시연을 거듭할수록 더욱 경직되고 탄력성이 없어지며 이 패턴들을 중심으로 대인관계 환경이 형성되면서 자체적으로 강화된다. 이렇게 실행된 회피 패턴의 결과로 해리 아동은 기억 문제, 변덕스러운 행동, 당황스러운 의식의 변화, 정체성 변화, 신체적 비정상성 등을 보일 수 있다.

여덟 살의 아디나는 주말에 아버지 집을 방문했을 때 일어난 일 때문에 겁에 질린 채 치료 세션에 왔다. 무슨 일이 있었는지 설명하기 위해 입을 열 때마다 아디나는 긴장하고 얼어붙어 말을 하지 못했다. 마침내 아디나는 고통스러운 경험을 떠올리며 머릿속에서 무슨 일이 일어나고 있는지 설명해 주었다: "뇌 발작과 비슷하다."며 "기억할 필요도 없고 생각하지 않아도 되도록 뇌가 그렇게 하는 것"이라고 아디나는 말했다. 아디나의 이 통찰력 있는 설명은 아버지 방문에 대한 고통스러운 기억에서 벗어나기 위해 시작된 회피 프로그램의 비의식적 특성에 대한 인식을 보여 주는 것이다.

어떤 아동들이 해리되는가

아디나는 특히 명료하게 자신의 심리적 과정을 설명할 수 있는 것처럼 보였다. 해리적 대처를 발달시킨 사람들이 평균보다 더 똑똑한 경향이 있다고 추측하는 사람들도 있지만 연구로는 밝혀지지 않았다(예: Putnam, 1997 참조). 그럼에도 불구하고 나는 내가 심각한 해리 증상으로 평가하고 치료했던 많은 아동이 특별한 능력을 가지는 경향이 있음을 발견했으며, 이러한 개인차가 해리적 대처 유형의 소인이 되는 것 같다고 생각한다(Silberg 1998a; 2001a). 또한 나는 동일한 트라우마 환경에서 자란 형제자매 중 유일하게 해리성 병리를 보였던 환자를 치료한 적이 있다. 분명히 트라우마 적응을 위해 이 방법을 사용하게 만드는 몇 가지 독특한 소인이 있을 것이다.

Kluft(1985)는 생애 초기 트라우마 노출, 진정시켜 줄 양육자의 부재, 분열을 지속시키는 환경과 함께 해리에 대한 생물학적 소인이 해리 발생과 관련될 수 있다고 제안했다. 나의 임상 경험으로 볼 때 이러한 근본적인 생물학적 소인에는 해리 청소년을 다른 청소년과 구분 짓는 다양한 능력이 포함될 수 있다. 한 가지 특성은 이들이 특히 인형을 사용하거나 그림을 그리거나 상징적 방식으로 이미지를 사용하는 상징적 표현에 능숙해 보인다는 것이다. 이 능력은 상징 이미지를 포함하는 치료 접근을 특히 잘 받아들이게 한다. 해리성 개인이 최면에 더 잘 걸리는지에 대해서는 문헌마다 다르지만(Dell, 2009; Putnam, 1997), 해리 아동은 공식적인 최면을 사용하지 않더라도 최면적 암시를 잘 받아들인다는 것이 나의 견해이다. 나는 이 최면 상태에 들어가는 능력이 해리 아동들로 하여금 진화 과정에서 생겨난 '셧다운 상태'를 더 통제할 수 있는 해리 상태로 바꾸게 한다고 생각한다(10장 참조).

나는 또한 해리 아동들이 다른 사람에게 더 잘 맞추는 경향이 있으며 '다른 사람의 마음'에 대한 인식이 잘 발달되어 있는 것을 관찰했다. '마음 이론'이라고도 불리는 이 능력은 해리 아동이 주변 환경의 다른 사람들로부터 받은 자신에 대한 상충되는 정보를 쉽게 내면화하기 때문에 여러 가지 상충되는 자기 귀인을 채택하기 쉽게 한다. 이러한 특성은 또한 누군가가 '고의로' 그들을 상해하고 있다는 이해를 내면화하기 때문에 쉽게 자해하게 만들 수 있다. 반면에 Daniel Siegel(2012)이 '마음통찰'이라고 부르는 타인의 마음에 대한 인식도 자기의 건강한 통합과 관련있다. 따라서 자기 인식을 위한 내적 능력은 해리 아동들에게는 휴면 상태이겠지만 새로운 자기 인식 증진을 위한 치료작업에 강력한 도움요소가 될 수 있다.

타인의 마음을 인식하는 능력이 상상 친구의 발달과 관련이 있다는 증거가 있으며(Taylor, Carlson, Maring, Gerow, & Charley, 2004), 이는 트라우마를 겪은 아동의 해리 증상 발달의 전조가 될 수 있다. 또한 해리 증상을 보이는 일부 아동들은 '상상 성향'이 더 강할 수 있다(Rhue, Lynn, & Sandburg, 1995). 즉, 특히 상상에 관심이 많고 상상에 몰입할 수 있다. 최근 연구에 따르면 상상 성향의 개인차는 해리와 관련이 있을 수 있지만 반드시 트라우마 병력과 관련이 있는 것은 아니다(Merckelbach, Otgaar, Lynn, Steven, & Lynn, in press). 이는 상상에 특히 능숙한 아동들이 해리성 대처 기제를 발달시키는 경향이 있다는 내 생각과도 일치한다.

해리 증상을 발달시키는 아동을 구분해 주는 것으로 보이는 능력은 그것이 해리 증상이 형성되는 무대가 될 수 있기 때문에 중요하다. 예를 들어, 최면을 받아들이는 능력은 스트레스로 인해 생물학적으로 과소각성 상태에 있는 아동이 최면 능력을 활용하여 과소각성 상태에 대한 통제를 발달시킬 수 있으며 향후에 정서각성 상황을 피하기 위해 좀 더 빈번히 과소각성을 사용하는 방법을 찾게 할 수 있다. 상상과 몰입 능력이 높은 사람은 상상의 세계와 상상 친구를 발달시킬 수 있으며, 이러한 능력을 활용하여 정서 회피 대처 수단을 개발할 수 있다. 해리와 관련된 내적 성향이 유전적 차이에 기반할 수 있다는 일부 증거가 있지만(Jang, Paris, Zweig-Frank, & Livelsey, 1998) 이는 여전히 논란의 여지가 있다(Grabe, Spitzer, & Freyberger, 1999). 한 연구에서는 특정 유전적 취약성이 트라우마를 경험한 아동에게 해리 반응에 대한 소인으로 작용할 수 있다는 증거를 발견했다. 특히 FKBP5 유전자의 변이를 유발할 수 있다는 증거를 발견했다(Yaylaci, Cicchetti, Rogosch, Bulut, & Hetzel, 2016).

건강한 마음

뇌는 우리의 잠재력의 경계를 설정하는 하드웨어, 즉 구조적 환경이지만 우리의 개입은 '소프트웨어'인 마음을 목표로 한다. Tor Norretranders(1998)는 사용자의 착시라는 컴퓨터 은유를 사용하여 우리의 마음 경험이 신경학적으로 우리의 인식 밖에서 실제 일어나는 것과 얼마나 다른지 이해하는 데 도움을 주었다. 예를 들어, 우리 몸이 무엇인가를 할 때 종종 동기화된 행동은 우리가 무엇을 하고자 하는지, 왜 그것을 선택했는지에 대한 인지적 설명이 이루어지기 전 백만분의 1초 안에 시작된다. 따라서 행동의 이유에 대한 우리의 믿음은 실제로는 우리가 행동에 의미를 부여하는 데 도움이 되는 '사용자의 착각'에 불과하다. 이것은 트라우마 생존자와 관련된 중요한 통찰이다. 종종 이들은 자유의지가 없다고 느끼기 때문이다. 즉, 자신들의 미래는 과거만큼이나 트라우마에 의해 이미 결정되어 있다고 깊이 확신하기 때문이다. 이들의 '사용자의 착각'은 붕괴된 것이다. 이들은 스스로를 희생자이자 자신의 통제를 벗어난 힘의 대상으로 본다.

가끔 결정론적 철학에 파묻혀 있는 무기력하고 절망적인 내담자를 마주할 때면 나는 갑자기 의자 위로 뛰어올라 닭처럼 꽥꽥거리거나 다른 우스꽝스럽고 가능해 보이지 않는 일을 하곤 한다. 그런 다음 내 행동이 예측 가능했는지 물어본다. 그들은 예측할 수 있었을까? 나는 예측할 수 있었을까? 그들은 예측할 수 없었다는 데 동의한다. 나는 이것을 우리에게 스스로 선택할 수 있는 힘이 있다는 것을 인정하면 선택할 수 있는 것이 무한하다는 것을 설명하기 위해 사용한다. 이 작은 활동은 자신과 타인에 대해 예측하는 방법을 고민할 때 시도하지 않으려는 대부분의 사람들을 움직이게 하거나, 적어도 무력감을 덜어주거나 흔들어 놓는다.

인간의 의지와 계획된 행동 사이의 연관성을 더 자세히 살펴보기 위해 긴 밧줄로 연결된 두 대의 자동차를 상상해 보자. 한 대가 커브 길을 돌면 다른 차가 따라잡기까지 어느 정도 시간이 걸린다. 이 두 대의 자동차 중 첫 번째 자동차는 당신의 뇌이고 두 번째 자동차는 당신의 마음이 끌려가고 있으며, 마음이 리더라는 착각이 계속되고 있다고 상상해 보라. 트라우마를 겪지 않고 마음과 뇌의 연결이 정상인 사람은 마음과 뇌의 연결이 '매끄럽게' 이루어지고 의지적 행동 경험이 진정성 있고 목적이 있는 것으로 느낀다. 개인의 의지는 세상에 대한 유연한 반응에 기반한 뇌의 선택과 명확하게 일치하며, 적응력을 높이는 경험을 통해 학습된다. 반대로 트라우마를 경험한 뇌는 엉성하고 긴 줄을 가지고 있으며 선택을 처리하기 전에 자동 반응이 발생한다. 그 결과 트라우마를 경험한 사람은 무력감을 느끼거나 자신의 의지에 반하여 끌려가거나 목적 없이 움직이게 된다. 트라우마를 경험한 사람의 깊은 무력감은 '의지 상실'이라는 느낌으로 나타난다. 트라우마를 겪은 사람은 선택의 여지가 매우 적기 때문에 종종 선택의 여지가 없다고 느낀다. 우리는 일종의 '마음 없음'인 이 깊은 무력감을 극복할 수 있도록 마음을 강화해야 한다.

건강한 마음이란 무엇이며 건강한 마음을 발달시키기 위해 내담자의 움직임을 어떻게 촉진할 수 있을까? 건강한 마음에 대한 나의 정의는 해리에 대한 정의와는 반대이다. 건강한 마음은 변화하는 환경적 요구에 적응하는 방식으로 상태 간, 정서 간, 맥락 간, 발달 과업 간의 전환을 원활하게 관리할 수 있는 정보를 효과적으로 선택한다.

이 정의는 복잡해 보이지만 해리 아동이 세상의 지속적인 도전에 직면할 때 적응력과 유연성을 키우는 데 필요한 모든 요소를 포함하고 있다. 이것은 환경에 주의를 기울이고 환경에 반응하는 방식을 담당하는 마음을 강조한다. 내부와 외부 환경은 끊임없이 변화하며, 적응은 맥락에 따라 이 변화를 관리하는 것을 포함한다. 건강한 마음의 발달을 이해하면 새로운 개입의 문이 열릴 수 있다. 치료는 트라우마에 기반한 단서를 피하고 환경으로부터 자기 결정력을 높이고 트라우마로 인해 학습된 자동 반응으로부터 자유로워질 수 있는 정보를 선택하는 방법을 강조해야 한다. Putnam(2016)이 주목한 것처럼 "개인의 상태–공간의 경로와 구조는 정서로 충전되어 있고 역기능적인 상태를 유발하는 자극에 대해 대안적이고 보다 적응적인 반응을 열 수 있도록 재구성될 수 있다"(p.362).

전환의 순간들

해리 행동, 상태 전환 또는 기억상실이라는 자동 조종 프로그램에 우선하는 것은 무엇이며 이러한 프로그램을 촉발하는 것은 무엇인가? Daniel Siegel(1999)은 "전환의 순간에 새로운 자기 조직 양식이 만들어질 수 있다. 실제로 마음의 일관성을 통합하는 것은 상태 변화에 관한 것이다."라고 언급했다(p.316). 전환의 순간에 집중하면 우리가 아동 내담자들에게 만들고자 하는 건강한 마음을 형성할 수 있는 '정신 접착제'를 강화할 수 있는 기회가 생긴다. 전환의 순간은 마음이 한 상태에서 다른 상태로 이동하라는 자극 신호를 받은 독특한 순간을 말한다. 이러한 전환을 유발하는 자극은 정서 상태이다. 건강한 마음에서는 정서가 접근 또는 회피 신호에 영향을 미치지만 개인은 자신의 반응을 선택할 수 있는 능력을 유지한다. 해리성 마음에는 마치 정서가 유발될 때마다 해리성 단절을 시작하는 프로그램이 있는 것처럼 중심 인식 없이 정서를 처리하는 연습된 절차가 있다. 정서 자체가 너무 고통스러워지면 회피 프로그램이 대신하여 자동 행동을 유발하는데, 이런 행동은 시간과 장소에 따라 학습되었을 수 있다. 이 장의 서두에서 소개한 소냐를 다시 한번 살펴보고 이 자동 프로그램이 어떻게 청소년의 기능을 가로채는지 설명하겠다.

소냐는 아홉 살 때 시베리아의 한 최악의 고아원에서 입양되었다. 소냐의 행동은 처음부터 힘들었으며, 부모의 꾸짖음이나 온화한 훈육에도 공격적이거나 호전적인 반응을 보였다. 특정 행동을 촉발하는 요인이 정확하게 무엇인지는 종종 불분명했지만 치료를 통해 소냐는 자신의 행동 원인을 점차 식별하고 이전에 자신을 통제하는 것으로 인식됐던 내면의 목소리와 점점 친구가 되었다. 치료가 진행되고 있던 당시 어느 날 소냐의 양어머니가 전날 밤 딸의 행동에 대해 걱정하면서 찾아왔다. 소냐는 그때 14세 청소년으로 강하고 운동신경이 뛰어났다. 그녀의 어머니는 소냐가 침대를 부쉈는데, 두 사람 모두 알 수 없는 무언가로 인해 분노를 느낀 것 같다고 했다. 나는 두 사람에게 이 사건 직전에 무슨 일이 있었는지에 집중해 달라고 했다. 두 사람 모두 특별히 주목할 만한 일이 없었다는 데 동의했다. 두 사람은 다음 계절 옷으로 바꾸는 시기에 자선단체에 기부할 수 있는 옷을 찾으려고 옷을 정리하고 있었다. 두 사람은 특정한 셔츠를 두고 갈등을 겪었던 일을 기억했다. 소냐는 티셔츠가 여전히 자신의 몸에 맞는다고 말했고 어머니는 너무 작아서 버려야 할 때라고 말했다. 두 사람이 잠시 셔츠를 붙잡고 논쟁하고 있었는데 갑자기 소냐가 셔츠를 놓아버리고 위층으로 올라가더니 자기 침대를 부숴버렸다.

나는 소냐와 따로 작업하면서 이 '전환의 순간'에 집중했다. 이 순간은 소냐가 어머니와의 논쟁에서 철수하고 파괴로 넘어가는 순간이었다. 나는 소냐의 파괴적 행동이 어머니와의 논쟁 중에 유발된 고통스러운 정서 관련 기억을 회피하는 방법으로 보였기 때문에 정서 촉발 요인을 이해하는 열쇠가 될 것이라고 생각했다. 나는 소냐에게 원하던 것을 어머니가 빼앗아간 느낌이 어땠는지 탐색해 보라고 요청했고, 어렸을 때 비슷한 감정이 있었는지 집중해 보라고 했다. 소냐를 돕기 위해 나는 그 느낌을 '증폭'시키면서 말했다. "너는 정말로 이것을 원해! 그걸 빼앗기고 있어! 누군가가 너에게서 빼앗다니, 빼앗긴다는 것이 얼마나 끔찍할까?" 소냐의 눈이 갑자기 밝아졌다. "제가 방금 기억해 낸 것이 뭔지 아시겠어요?" 그녀가 외쳤다. "제가 고아원에 있을 때 잠옷이 몇 벌밖에 없어서 자기 전에 건조기에 넣어 따뜻하게 해서 입곤 했어요. 저는 재빨라서 항상 한 벌을 가질 수 있었죠. 그런데 어느 날 여느 때처럼 잠옷을 받으러 달려갔는데 한 직원이 '안돼, 소냐. 너는 힘이 세고 빠르지만 너보다 작은 아이들은 잠옷을 받지 못하는 날이 많으니 오늘은 다른 아이에게 줄게.'라고 했어요." 소냐는 고아원의 침실로 가서 치밀어 오르는 분노와 박탈감에 자신의 침대를 부숴버렸던 기억을 떠올렸다. 곧바로 소냐는 "엄마를 불러서 제가 미치지 않았다고 말해 주세요!"라고 외쳤다. 소냐는 자신의 과거 기억과 현재 행동 사이의 연관성을 발견한 것에 매우 흥분했다.

치료는 이러한 전환의 순간을 강조하고 내담자가 이러한 중요한 시점에 새로운 행동으로 대체하는 법을 배우도록 돕는 것이다. 무의식적인 것으로 보였던 소냐의 행동의 근원은 과거처럼 강렬한 정서를 불러일으켰던 트라우마 순간에 뿌리를 두고 있었다. 당시 소냐는 여전히 박탈감과 분노의 정서에 너무 자극받아서 어머니와의 신뢰, 대화를 통해 이 정서를 처리할 수 없었다. 대신, 그녀는 자동 프로그램과 함께 과거로 거슬러 올라가 감정 촉발에 "침대를 부셔!"라는 내장된 행동 프로그램으로 반응했다. 그러나 새롭고 보다 양육적인 환경에서는 자신의 의견을 표현하는 것, 심지어 새 셔츠를 사는 것까지 모두 논리적인 해결책이 될 수 있다.

소냐의 어머니가 소냐의 기억을 듣게 한 후 나는 소냐와 어머니에게 새로운 해결책을 찾기 위해 함께 노력하자고 제안했다. 소냐의 어머니는 그 셔츠가 소냐에게 얼마나 의미 있는 것이었는지, 그리고 그 셔츠가 소냐의 방임적 과거를 얼마나 떠올리게 했는지 전혀 몰랐다고 다정하게 말했다. 그녀는 소냐가 여전히 그 셔츠를 원한다면 기꺼이 같은 새 셔츠를 사주거나 원래의 셔츠를 갖게 해 주겠다고 말했다. 소냐의 어머니는 앞으로는 물건을 버리기 전에 소냐에게 물건의 의미를 설명할 기회를 더 많이 주고 소냐의 감정과 트라우마 연상을 이해하기 위해 더 열심히 노력하겠다고 약속했다. 동시에 소냐는 자신의 생각과 감정을 말로 표현하려고 할 것이며 그래서 자동적으로 촉발되는 영향에 대항하겠다고 약속했다.

소냐의 이야기에 나오는 자동적 정서 우회는 우리가 이 책 전체에서 이야기하는 해리 순간을 보여 주는 예이다. 이러한 순간들은 해리 파편으로 짧게 지속될 수도 있고, 정체성이나 자기 상태들을 포함하는 더 긴 절차적 프로그램일 수도 있다. 심지어 해리성 '셧다운' 상태가 포함될 수 있는데, 이는 정서에 대한 지나치게 학습된 조건화 반응이 가장 심각한 회피(10장에서 설명) 즉 주변 환경에 대한 완전한 무반응 상태를 자극할 수 있다.

다음 장에서는 심각한 트라우마를 경험한 여러 아동들을 기술하였고 생존 아동과 아동의 환경 모두에서 회복을 방해하는 장벽을 분석하는 진단 과정의 사용 방법을 기술했다. 이제 아동이 보이는 증상의 적응성에 대한 깊은 존중심을 가지고 우리가 동맹을 구축해야 하는 트라우마 생존 아동의 초기 평가 단계에 주의를 돌리기로 하겠다.

요약

이 장에서는 다양한 발달 및 연구 조망을 통합하는 해리에 대한 정서회피 이론을 제시했다. 최근 연구에 따르면, 트라우마는 아동의 뇌에 상당한 영향을 미쳐 공포라는 자동 조건화 반응을 일으키고 애착과 인식 유지에 어려움을 초래할 수 있다. 트라우마를 경험한 아동은 과거에는 생존에 도움이 되었을지 모르는 자동적 정서 회피 프로그램을 무시할 수 없기 때문에 자기 주도성과 자기 통제력이 부족하다고 느끼는 경우가 많다. 해리 상태는 시간이 지남에 따라 더욱 경직될 수 있으며, 다양한 촉발 요인에 대한 아동의 자동 반응으로 인해 심각한 행동 문제를 발생시켜 정신건강 서비스 제공자의 주의를 끌 수 있다.

3장

진단 시 고려 사항

새로운 내담 아동이 치료실을 방문하면 어디서부터 시작해야 할까? 보험회사는 현재 통용되고 있는 진단 및 통계 매뉴얼(DSM)에서 아동에게 해당하는 진단명을 찾도록 요구하겠지만 실제로 내담자를 괴롭게 하는 것이 무엇인지 그리고 가장 중요한, 내담자를 건강하게 만드는 방법을 알아내는 데 그것이 얼마나 도움이 되는 것일까? 나는 이전에 "우리가 사용하는 진단 분류 체계는 기껏해야 내담자와 치료자가 가정을 공유할 수 있는 문제의 본질을 도출하는 축약된 이야기이며 상호 합의한 분류"라고 주장한 바 있다(Silberg, 2001b, p.4). 가장 유용한 명명 및 진단 분류 체계는 성장과 회복을 촉진하는 '치유 이야기'일 것이다. 따라서 이 장에서는 감별 진단 문제에 관한 논의나 트라우마를 입은 아동이 미취학 아동의 외상 후 스트레스 장애(Preschool Posttraumatic Stress Disorder)나 달리 명시된 해리 장애(Otherwise Specified Dissociative Disorder)로 진단될 수 있는지에 대한 논의는 하지 않겠다. 아동과 청소년의 감별 진단 및 해리와 관련된 이슈에 대한 훌륭한 논의는 Waters(2016)를 참조하기 바란다. 강박 행동, 섭식 장애, 공격 행동, 정신증적 특징에 이르기까지 다양한 증상을 포함하는 아동의 해리 증상 탐색을 촉진하는 접근 방식은 상당히 유용한 개입으로 이어질 수 있다(Waters & Silberg, 2020).

이 장에서는 치료자와 내담자가 함께 기술하는 문제의 구성요소뿐 아니라 치유와 성장을 촉진하는 구성요소를 만들 수 있는지 여부가 진단명의 선택보다 더 중요하다는 것을 강조한다. 증상을 외상적 환경에 대응하기 위해 발달시킨 생존 전략으로 보는 모델은 트라우마를 경험한 아동과 양육자에게 긍정적인 것이며 힘이 된다.

치료 관계를 발전시키기 위해서는 아동 내담자가 사례개념화의 기초가 되는 기본 가정에 동의하는 것이 중요하다. 나는 세 가지 가정을 바탕으로 트라우마 사례개념화를 한다. 첫째, 트라우마를 경험한 아동이 보이는 증상이 무엇이든 그것은 필요에 의해 발달한 것이다. 그것이 자해, 거짓말, 때리기, 훔치기, 싸움이더라도 아동이 보이는 모든 행동은 선하고 중요한 이유를 가지고 있다. 둘째, 아동들에게는 자신들의 행동을 바꿀 수 있는 능력이 있으며 트라우마적이지 않은 환경에 맞는 새로운 대처 전략을 개발할 수 있는 능력이 있다. 세 번째 가정은 각 아동이 목표에 도달하기 위해 새로운 대처 방법을 찾아내야 한다는 것이다.

나는 청소년 내담자가 처음 치료실을 찾아오면 이 기본 가정을 공유한다. 어린 아동에게는 증상이 필요했었다는 것에 대한 설명을 특정 행동 패턴의 이유를 발견하는 시점에 한다. 따라서 진단 단계에서의 치료자와 내담자의 과제는 특정 증상이 왜 생겨났는지, 그리고 그 증상이 아동이나 청소년에게 어떤 기능을 했는지를 분석하는 것이다. 증상과 행동의 동기나 이유를 탐색하는 것은 섬세한 과정이며, 진솔한 호기심을 가지고 민감하게 진행해야 한다. 치료자는 호기심, 존중, 사람들이 행동에 부여하는 상징적 의미에 대한 인식, 그리고 많은 트라우마 증상과 반응의 생리학적 근원에 대한 지식이라는 과학적 접근 방식을 취해야 한다. 이것은 아동과 청소년이 비난받거나 진단 당하거나 낙인찍히지 않고 오히려 깊이 이해받고 있다는 것을 깨닫게 되면서 자유와 힘을 실어 주는 활동이 된다. 이 과정은 아동의 행동을 병리화 하는 것에 초점을 맞춘 진단적 면담에서 흔히 볼 수 있는 판단적 분위기에서 벗어날 수 있게 한다.

그렇다면 도발적이고 고착화된 증상 이면에 있는 이유를 항상 찾을 수 있을까? 거짓말, 도둑질, 자해, 플래시백은 어떠한가? 이 모든 것에 트라우마와 관련된 의미나 목적이 있을까? 나는 이 증상들이 안전지대가 되기 때문에 아동이 과거부터 고통스러운 정보를 다루기 위해 발견한 익숙한 방법이라는 것을 알았다. 사실, 겉으로 보기에 자기 파괴적인 행동이 종종 심오한 '자기 보존' 행동이었던 것으로 드러난다.

바바라는 자신이 속한 방과 후 수영 팀 또래들에게 자신이 뇌종양에 걸렸으며 치명적인 병을 치료하기 위해 고가의 수술이 필요하다고 말하고 나서 나를 찾아왔다. 수영팀과 코치는 모금을 시작했지만 부모님께 돈을 전달하러 갔을 때 모든 말이 거짓으로 드러났다. 바바라는 자신의 거짓말이 매우 부끄러웠고 그렇게 말한 대가로 받아야 할 비난이 두려웠다. 비난과 수치심은 이런 정교한 거짓말이라는 생존 이유를 찾는 데 필요한 함께함의 과정을 방해한다. 자신이 받을 비난보다 더 강하게 스스로를 이미 비난하고 있는 내담자와 어떻게 함께할 수 있을까? 나는 팀원들로부터 동정을 얻기 위해 이런 정교한 거짓말을 하는 청소년은 누구나 자신이 무가치하다고 느낄 것이라고 생각했다. 나는 바바라에게 "내 삶이 뇌종양에 걸린 것처럼 느껴지는 이유는…"이라는 문구로 시작하는 에세이를 간단히 써달라고 부탁했다.

이 문장을 완성하면서 바바라는 어머니의 불륜과 오빠의 성폭력에 대해 글을 쓸 수 있었는데, 이 두 가지 모두 비밀로 해야만 한다고 느꼈던 것이었다. 비밀의 무게와 언젠가는 그 정보가 가족을 '파멸'시킬 수도 있다는 생각에 그녀는 두려움을 극적이면서도 매우 상징적인 방식으로 표현하게 되었다. 비밀의 무게는 마치 뇌종양처럼 느껴졌고, 정교한 거짓말을 통해 주변 사람들에게 자신의 고통을 상징적으로 표현할 수 있었다. 바바라는 증상의 이면에 숨겨진 의미를 발견함으로써 거짓말의 이면에 있는 진심을 경험할 수 있었고, 이를 통해 우리는 그녀가 처한 어려운 상황에 대처할 수 있는 계획을 세울 수 있었다. 만약 내가 그녀의 행동을 '병적 거짓말'이라는 진단적 관점, 또는 소시오패스나 반사회성 성격장애의 진단 기준으로 접근했더라면 극적인 거짓말이 감추고 있던 삶의 트라우마를 완전히 놓쳤을 것이다.

첫 번째 진단 세션에서 행동에 대한 이유를 함께 파악하는 것 외에도 치료과정을 위해 도움이 될 여러 차원을 평가한다. 이런 차원에는 동기, 자기에 대한 신념, 가족 메시지, 트라우마와 그 의미, 증상의 심각성, 전환의 순간들(증상이 나타나기 직전 감정, 생각, 행동의 고리), 개입에 대한 수용성, 아동이 비밀스러운 해리 세계를 갖고 있는 정도 등이 포함된다. 다음 질문 목록은 초기 세션에서 내가 답을 얻고자 하는 내용들이다(〈표 3-1〉 참조).

이 목록은 치료실에 오는 아동의 초기 평가를 구조화하기 위한 축약 가이드로 사용할 수 있다. 질문은 복잡하고 다층적이며 모든 질문에 바로 답할 수 있는 것은 아니지만 이 질문에 집중하면 트라우마적 적응을 극복하고 '건강한 마음'이라는 목표를 향해 치료가 나아가는 데 도움이 된다. 이 책 전반에 걸쳐 이 중요한 질문 목록에 대한 아동의 답을 얻는 방법 그리고 그 답에 근거하여 사례를 진행하는 방법을 자세히 보여 주는 사례들을 예시했다. 이제 초기 치료 동맹을 구축하고, 동기를 평가하며, 트라우마적 적응의 뿌리를 밝히는 데 초점을 맞추도록 하겠다.

〈표 3-1〉 트라우마 아동의 초기 평가용 질문 목록

아동에게 트라우마적 적응의 동기를 갖게 하고 거기에 갇히게 하는 것은 무엇인가?
일견 자기 파괴적 행동처럼 보이는 행동을 하게 만든 중심 신념은 무엇인가?
가족의 어떤 메시지가 건강을 방해하는가?
증상은 정상적인 발달 경로에 얼마나 방해가 되는가?
아동과 가족은 개입을 얼마나 잘 받아들이는가?
해리성 셧다운 삽화, 자해 또는 기타 고착화된 습관(전환의 순간들)에 선행하는 촉발 요인은 무엇인가? 아동은 자신의 정서 반응에 대해 명명하거나 설명할 수 있는가?
아동에게 어떤 트라우마 사건이 일어났으며 아동과 가족은 이를 어떻게 이해하는가?
아동이 여전히 안전하지 않다고 인식하는 것은 무엇인가?
아동이 신뢰하는 사람은 누구이며, 그 신뢰의 범위를 어떻게 안정시키고 확장할 수 있는가?
이해할 수 없는 행동을 설명하는 데 도움이 될 수 있는 비밀스러운 '해리 세계'를 아동이 가지고 있는가?

동맹 형성 및 동기 평가

초기 평가에는 평가자와 면담하는 것을 어떻게 느끼는지, 아동이 좋아하는 것과 싫어하는 것은 무엇인지를 먼저 파악하는 것이 포함된다. 많은 아동, 특히 청소년들은 평가자를 만나는 것조차 분개하며 대화를 거부하거나 눈을 마주치지 않거나 기계적이고 정교하지 않은 대답을 하면서 불쾌감을 표현한다. 강제로 만나게 된 것에 대해 어떻게 느끼는지 즉시 이야기하도록 격려하면 이러한 초기 저항을 어느 정도 줄일 수 있다. 또한 평가 과정에서 내담자들이 무엇에 화가 나 있는지 파악하면서 동시에 어린 내담자들의 신뢰를 확보하기 위해 접근 방식을 미세하게 조정할 수 있는 중요한 정보를 수집할 수 있다.

내담자가 행복해 하거나 흥미진진해 하는 것에 관해 이야기하도록 하면 치료의 동기화 목표나 경험 측면에서 진전을 가져올 수 있는 방법을 찾을 수 있다. 고통스러운 주제를 파고들기 전에 내담자가 좋아하고 즐기는 것에 대해 이야기하는 것도 내담자에게 큰 안도감을 준다. 일단 내담자가 진정으로 즐기는 것이 무엇인지 이해하면, 내담자가 삶의 만족도를 높일 수 있는 기회를 내담자의 행동이나 증상이 어떻게 방해하는지 평가할 수 있다. 이뿐만 아니라, 내담자를 진정으로 동기화시키는 것이 무엇인지 파악하면 트라우마 패턴을 고수함으로써 파생될 수 있는 이차적인 동기를 파악할 수 있다.

아동의 미래 목표를 기억하고 시간이 지나면서 목표가 변하더라도 목표를 상기시키는 것은 아동에게 의미 있는 것을 지속할 수 있는 동기를 제공한다. 아무리 위축된 아동이라도 미래에 이루고 싶은 것을 말한다. 또한 트라우마로 인해 미래 조망이 짧을 수는 있지만 미래에 관한 이야기는 자신에게 희망이 있다는 것을 아동이 알게 하고 비록 작더라도 희망의 불꽃이 일게 한다.

전환의 순간 평가하기

이전 장에서 설명한 것처럼 전환의 순간은 정서 경험의 시작과 함께 내담자의 기능을 방해할 수 있는 후속 행동으로 가는 즉각적인 창이 된다. 이 순간을 이해하는 것이 중요하기 때문에 문제가 되는 증상과 행동으로 전환되기 직전의 모든 상황의 세부 정보를 아주 많이, 아주 자세하게 파악해야 한다. 물론 대부분의 아동들은 평가자의 탐색을 피하기 위해 단순히 "모르겠어요."라고 대답할 것이다. 이런 식의 대답은 대부분의 정신과 면담에서 일반적으로 효과를 발휘하겠지만 나는 절대로 "모르겠어요."가 마지막 말이 되지 않게 한다. 전환의 순간을 촉발한 요인을 밝히기 위해 아동이 탐색적 질문에 대답하도록 다양한 방법을 사용한다. "모르는 것부터 시작해도 좋지만 아무것도 모른다고 생각할 때에도 우리 마음속의 어느 부분은 우리가 생각하는 것보다 더 많이 알고 있다."라고 말할 수 있다. 또는 "그럼, 우리가 아는 것에 대해서 이야기해 보자. 식당에서 뭔가를 던지기 전에 점심으로 무엇을 먹었는지 기억나니?"라고 말할 수도 있다. 아동이 점심으로 무엇을 먹었는지 말하면 "맛이 어땠어?"라고 물어볼 수 있다. 상태 변화의 전환이 일어나기 직전의 세부 사항에 대해 질문을 많이 하면 아동의 정서 기억을 이끌어 낼 수 있으며, 궁극적으로 파괴적 행동이나 증상 행동의 기저에 있는 정서를 밝혀낼 수 있다. 또한 이런 질문은 아동에게 정서 반응을 이해, 명명, 설명하도록 하기 때문에 그들의 정서 어휘의 유창성을 평가할 수 있다.

삶의 미시적인 세부 사항을 질문하는 것이 처음에는 성가시고 침범적으로 보일 수 있지만 진정성 있는 호기심과 비판단적인 어조로 질문을 하면 아동은 기꺼이 응하는 경우가 많다. 내담자가 특정 사건을 구체화하는 것보다 더 흥미롭고 중요한 것은 없다는 것을 느끼게 하여 두 사람이 함께 문제행동에 대한 통찰력을 얻도록 해야 한다. 나는 정보가 존재하고, 그것이 가치 있고 유익하며, 내담자의 모든 행동은 그들의 삶의 상황에서 필요한 적응으로서의 목적과 의미를 가지고 있다고 가정한다. 또한 내담자와 치료자가 함께 그 정보를 이해하고 궁극적으로 변화시키기 위해 협력할 수 있다고 가정한다.

여러 차례 입양과 파양을 경험한 열 살의 샘은 학교의 남학생 사물함에서 물건을 훔치고 어머니의 지갑에서 돈을 훔치다 들켰다. 샘은 자신의 행동에 대해 이야기하는 것에 관심이 없었고, 그런 행동을 하기 직전에 어떤 일이 있었는지에 대해서도 이야기하지 않았다. 나는 샘과 같은 전력이 있는 다른 아동들이 물건을 훔치기 전에 종종 어떤 감정을 느끼는지 샘에게 설명했다: "나는 혼자 할 수 있어. 필요한 것은 내 힘으로 얻을 수 있어. 아무도 나를 못 막아." 우리는 스스로를 돌본다는 것이 얼마나 멋진 느낌인지에 대해 이야기했고 훔치기 전의 그의 감정을 내가 이해한다는 것을 분명히 함으로써 샘은 새어머니를 믿지 못하는 마음을 공유할 수 있었다. 나는 샘에게 새어머니가 그를 돌봐줄 것이라는 믿음이 없다면 물건을 훔치는 것이 이해가 된다고 말했다. 동시에 나는 샘의 그러한 행동이 새어머니와 신뢰를 형성하고 새 학교에서 또래 친구들과 좋은 관계를 형성하는 데 방해가 된다는 것을 인식하도록 도왔다. 판단하지 않고 도벽이 트라우마적 적응이었다는 것을 인식함으로써 도벽 행동을 줄여 샘이 주변 사람들과 더 나은 관계를 맺기 위해 나와 함께 노력하도록 동기화할 수 있었다.

트라우마 사건 평가하기

초기 평가 단계에서는 아동이 겪은 트라우마 사건이 때로 '방 안의 코끼리', 즉 아무도 이야기하고 싶어하지 않는 거대한 현실처럼 보일 수 있다. 트라우마가 언급되면 아동이 정신 조절 능력을 상실하거나 약화될지도 모른다는 두려움과 평가자가 끔찍한 트라우마의 세부 사항을 듣는 것에 대한 불편함을 스스로 처리해야 한다는 두려움이 생긴다. 첫 세션에서 이 '코끼리'를 인정하고 아동이 편안할 수 있는 수준에서 이야기를 요청하는 것이 중요하다. 아동이 현재 살고 있는 환경에 배치되기 전에 트라우마가 발생했을 때에는 나는 보통 다음과 같이 그 정보를 인정하며 말한다: "네가 엄마, 아빠와 함께 살기 전(또는 이곳에 오기 전, 또는 몇 년 전)에 너에게 매우 무서운 일이 있었다는 것을 알고 있어. 나는 이와 비슷한 경험을 한 아이들과 함께 일해 왔어. 적절한 시기가 되면 그 일에 대해 이야기해도 괜찮을 것 같아." 사건이 더 최근의 일이라면 "지금 느끼는 고통이 몇 달 전에 일어난 공격 때문이라고 복지사에게 들었어. 그 일에 대해 이야기해도 괜찮다는 것을 알았으면 좋겠고, 더 많은 이야기를 나누게 되면 마음이 좀 편해질 수 있을 거야."라고 말할 수 있다.

때로 트라우마 정보를 완전히 알 수 없는 경우도 있다. 그러한 경우 평가자는 열린 자세로 질문하고 아동이 공유한 모든 정보가 받아들여질 것이며, 트라우마 정보가 드러나더라도 판단하거나 과잉 반응하지 않을 것임을 알려야 한다. 만약 아동이 현재 학대 상황에 처해 있다면 정보가 최종적으로 드러나기까지 수개월이 걸릴 수 있다. 심각한 해리 증상을 보이는 8세 아동 아디나(2장에 소개)는 치료 첫 6개월 동안 밝힐 수 없었던 비밀을 넌지시 말했다. 어느 날 아디나는 자신의 뇌 속에 있는 요정이 '오늘이 바로 그날'이라고 말했다는 것과 주말에 아버지를 방문했을 때 당했던 오랜 성학대의 역사를 밝혔다. 나는 사회복지서비스국에 연락하여 방문을 막을 수 있었다. 아디나는 트라우마를 드러내기 전에 내가 그녀를 보호할 수 있다는 확신이 필요했다.

치료의 평가 단계에서 아동이 트라우마를 밝힐 때 수집해야 할 중요한 정보는 그 경험이 아동 자신을 어떻게 느끼게 만들었는지와 트라우마 사건에 부여한 의미이다. 아동이 그 사건을 어떻게 이해했는지가 아동의 이후 증상에 가장 큰 영향을 미친다. 자신이 나쁜 일을 당할 만하며 트라우마가 자신의 잘못이라고 믿는가? 트라우마 사건에 대해 자신이 무력하며 앞으로도 계속 그럴 것이라고 믿는가? 자신에게 본질적으로 결함이 있어서 이런 일이 일어났다고 믿는가?(감각적 세부 사항은 덜 중요하지만 치료가 진행됨에 따라 중요해질 수 있다; 13장 참조).

알아야 할 또 다른 중요한 정보는 아동의 증상과 행동이 트라우마 이후의 적응에 어떻게 도움이 되었는지이다. 아동이 그 경험에 대해 생각할 필요가 없도록 마음을 텅 비게 하는가? 계부의 물건을 훔치는 것이 불공평한 일에 대해 느끼는 분노를 다스리는 데 도움이 되는가? 학대당할 때 아무 힘이 없던 아동이 학교에서 또래들과 싸우면 다시 힘을 느끼는가? 이러한 연결은 초기 평가 단계에서 처리하는 것이 중요하므로 아동이 자신을 판단하기보다는 치료자가 아동의 행동에 논리적 의미가 있다고 믿고 있음을 아동이 알 수 있도록 해야 한다. 이러한 이해는 치료를 위한 논리적 경로의 기초가 될 것이다.

생애 초기 트라우마 생존자에게는 최근의 이사, 전학, 친구를 잃은 경우와 같은 새로운 스트레스 요인도 증상을 촉발시킬 수 있다. 이런 생활 사건은 통제할 수 없는 사건으로 가득 찬 삶에서 오는 무력감을 연상시키기 때문이다. 따라서 치료자는 증상 악화의 원인이 될 수 있는 최근 사건도 탐색해야 한다. 현재의 스트레스 요인을 탐색할 때에는 소셜 미디어가 아동과 청소년의 삶에서 종종 중요한 역할을 한다는 점을 인식하는 것이 중요하다.

점점 더 많은 아동과 청소년들이 어떤 형태로든 사이버 폭력을 경험하고 있다. 사이버 폭력은 휴대폰, 컴퓨터, 태블릿과 같은 디지털 기기를 통해 발생하는 괴롭힘이다. 때로 친구들 앞에서 수치심을 느끼게 하는 일종의 전자 통신에 의해 자살행동, 자해 또는 섭식 장애와 같은 심각한 증상이 시작되기도 한다. 예를 들어, 거짓 정보가 포함된 메시지, 부적절한 자세를 취하고 있는 사진, 인터넷에 퍼진 동성애자라는 소문 등이 증상을 촉발할 수 있다. 이러한 사건은 굴욕감과 통제감 상실을 가져오기 때문에 아동의 무력감을 강화할 수 있다. 교사와 부모는 사이버 폭력이 일어나는 것을 엿듣거나 목격하지 못할 수 있기 때문에 이를 인지하기가 더 어렵다. 또한 아동과 청소년은 소셜 미디어의 세계가 어른들에게는 이질적인 것이라고 생각하는 경우가 많기 때문에 치료에서 자발적으로 말을 꺼낼 가능성이 높지 않다. 사이버 폭력은 극심한 고통을 불러일으킬 수 있으므로 아동이 전자 미디어로 인해 트라우마를 경험한 적이 있는지 항상 물어보는 것이 중요하다.

내담자와 동맹을 맺고, 내담자의 관심사와 목표를 이해하고, 그들의 강점과 대처 방식의 적응성을 강조하는 방법을 찾은 치료자는 숨겨진 해리 세계가 있는지를 탐색할 준비가 된 것이다.

요약

이 장에서는 평가를 받으러 온 내담자의 초기 면담 및 평가에 대한 접근 방식을 검토했다. 나의 접근 방식의 근간에는 세 가지 기본 가정이 있다. 즉, 내담자의 증상이 무엇이든 기본적 생존을 위해 필요했고, 환경이 변화함에 따라 더 이상 필요하지 않게 된 것이며, 그것은 아동 자신을 위해 이 변화를 도모하는 아동 자신의 목표와 일치한다는 것이다. 우리는 아동이나 청소년과 함께 증상 양상에 영향을 주는 환경의 강력한 힘을 탐색해야 한다. 초기 세션에서 내담자에게 트라우마에 대해 이야기하도록 요구하지는 않지만 중대한 트라우마 경험이 있다는 것을 그대로 받아들인다. 아동 자신의 목표, 관심사, 자신과 세상에 대한 관점을 최우선으로 고려하며, 아동이 가장 중요하게 여기는 것이 가치 있는 것임을 느끼도록 돕는다. 내담자의 기분과 행동의 변화뿐만 아니라 삶의 중요한 변화를 확인하는 것은 내담자의 반응에 대한 내적 성찰 과정을 시작하는 것이다. 이 초기 세션은 내담자와 유대감을 형성하고 다음 장에서 다룰 숨겨진 해리 세계의 존재 가능성에 대한 탐색으로 나아가는 데 도움이 된다.

4장

해리 과정 평가

당혹스러운 의식 전환 평가하기

생생한 환각 경험 평가하기

당혹스러운 행동 변동 평가하기

기억상실 평가하기

신체 증상 평가하기

위험한 행동

해리 청소년의 공존 질환

평가 도구

요약

나에게 초기 평가를 받은 지 8개월 후 캐머런은 위탁모에게 "목소리에 대해 아는 선생님에게 저를 다시 데려다 주시겠어요?"라고 했다. 아동들은 자신에게 말하는 목소리, 자신을 지배하며 행동에 영향을 미치는 비밀스러운 정체성이 밝혀졌을 때 크게 안도하며 마침내 자신들을 이해한 치료자와도 강하고 깊은 유대감을 느낀다.

이렇게 깊이 있는 이해를 위해서 치료자는 해리 아동과 청소년들에게서 발견되는 흔한 증상 유형에 익숙해야 한다. 해리 증상은 흔히 다섯 가지 범주로 구분된다. SCID-D (Steinberg, 1994)는 성인을 대상으로 해리를 평가하기 위해 구조화된 인터뷰 방법으로, 해리를 다섯 가지 증상으로 구분했다: 이인증(depersonalization), 비현실감(derealization), 정체성 혼란(identity confusion), 정체성 변화(identity alteration), 기억상실(amnesia). 이 측정방법은 청소년들에게도 성공적이었다(Carrion & Steiner, 2000; Sar, Onder, Kilincaslan, Zoroglu, & Alyanak, 2014). 그러나 이인증과 비현실감은 신체 증상으로 가장 잘 분류된다.

내가 만든 해리 증상 이론은 아동 및 청소년들에게서 발견되는 공통적인 해리성 행동 증상들이다. 이 모든 증상 영역들(의식의 변화, 환각, 행동과 감정의 변동, 기억 손상, 신체 증상)은 2장에서 설명한 해리에 대한 중요한 통찰과 관련 있다. 즉, 아동이나 청소년이 정서 회피라는 정교한 체계를 발달시킬 수 있다는 것이다. 이 과정의 부차적 결과로서, 연관 정서와 함께 행동의 변동에 따른 의식, 지각 및 신체 경험의 이상성 그리고 기억 손상이 나타난다. 압도적 트라우마 경험은 다양한 일상 기능 체계에 조절 불능을 일으키는 아동의 발달 경로를 다시 활성화한다.

의식의 전환은 자동 최면 능력에 의해 강화되는 과소각성이라는 생물학적 근거를 가진 상태이다. 행동의 급격한 변동은 '정서 스크립트'의 전환이며 따라서 다양한 자극군들이 이 자동 반응을 야기한다. 시각 및 청각적 환각과 같은 특이한 지각 경험은 아동이 내적 상상 세계에 몰두하고 있는 것을 나타낸다. 이러한 몰두는 현실 세계에 존재하는 압도적인 자극을 회피하는 또 다른 방법이다. 기억의 어려움은 강렬한 정서 각성과 연관되며 강렬한 정서를 일으키는 트라우마 관련 자전적 정보에 대한 비의식적 회피이다. 신체 증상은 압도적 고통을 견뎌낸 신체에 남아 있는 후유증일 수 있다.

이 다섯 가지 주요 영역과 관련된 아동의 경험에 대한 질문은 지속적인 트라우마를 겪은 해리 아동의 경험 세계를 종합적으로 이해하는 데 도움이 된다. 이 주요 범주와 추가의 탐색 영역에 대해 〈표 4-1〉에 자세히 기술했다. 부록 B에는 아동의 해리 증상을 평가하는 데 도움이 되는 질문을 포함한 면담 가이드를 제시했다.

이 증상들을 평가하기 위해 정보 제공자로부터 정보를 수집하는 것이 중요하지만 아동이나 청소년들로부터 수집하는 것이 더 중요하다. 해리는 자기(self)의 독특한 경험으로, 기본적으로 분리 및 단절된 것으로 자기를 보는 관점이다. 이 독특한 경험의 구체적 내용은 그것을 경험하는 아동이 가장 잘 제공할 수 있다.

당혹스러운 의식 전환 평가하기

의식의 당혹스러운 전환은 고통스러운 세상으로부터 순간적인 또는 꽤 오랜 시간의 단절 증상이다. 아동은 순간적인 의식 상실을 경험할 수 있으며, 자신의 이름을 부르는 소리에 반응하지 않거나 다른 사람들이 그들에게 말을 걸더라도 자신의 내적 상상 세계에 몰입해 있을 수 있다. 더 심각한 단계에 있는 아동들은 때로 몇 시간 동안 의식을 잃을 수 있다. 해리 정도의 가장 심각한 단계인 '셧다운' 상태는 10장에 자세히 설명했다.

일부 부모들은 자녀들의 눈을 보면 '아무것도 없는 것'처럼 보인다고 말한다. 평소 친숙한 사람이나 장소에 대해 반응할 때도 멀리 응시하는 시선이나 알아차리지 못하는 듯한 표정을 지을 수 있다(Cintron, Salloum, Blair-Andrews, & Storch, 2018). 이런 갑작스러운 연결 끊김은 대개 아동 주변에서 일어나는 상황과 맞지 않는다. 예를 들어, 장난감을 가지고 놀다가 또는 대화 중에 무엇을 말하려고 했는지 맥락을 잃어 갑자기 얼어붙을 수 있다. 어린 아동들의 경우 이것이 주의력결핍 과잉행동 장애(ADHD)의 '부주의'처럼 보일 수 있지만 민감한 치료자가 주의력결핍 과잉행동 장애와 해리 현상을 구별할 수 있게 하는 차이가 있다. 해리 증상이 있는 아동들은 순간적 의식 상실에 의해 정신이 나가며 주의 상실과 함께 울음이나 분노 또는 구석에서 돌고 있는 듯한 신체적 분리 같은 급작스러운 기분 변화가 나타나는 경향이 있다(Cintron et al., 2018). 해리 증상을 가진 아동들이 질문이나 대답을 듣지 못하는 것처럼 보일 때에는 아동들이 종종 다른 세계에 있는 것처럼 느껴지기도 한다. 주의력결핍 과잉행동 장애 아동보다 해리 증상 아동의 주의를 다시 끄는 것이 더 어려울 수 있다.

나는 '텅 빈' 순간에 무슨 일이 일어나고 있는지에 대해 구체적으로 질문을 하는 것이 도움이 된다는 것을 알았다. "잘 모르겠어요."라는 대답을 피하기 위해 직접적인 질문을 하려고 노력한다. 예를 들면, "네가 좋아하는 비디오 게임을 생각하고 있니? 이 면담이 언제 끝날지 궁금하니? 아니면 누군가가 너에게 한 말을 기억하고 있니?"와 같은 질문을 한다. 때로 평가자는 발을 흔들거나, 툭툭 치는 것, 심지어 턱이나 얼굴의 움직임과 같은 이상한 반복적인

〈표 4-1〉 해리와 관련된 다섯 가지 증상 범주

1. 당혹스러운 의식의 전환
   순간적인 의식 상실 또는 몇 시간 동안 지속될 수도 있는 셧다운 상태
   현재와 과거가 혼동되는 플래시백 상태
   수면 중 걸어다니기, 깨어나기 어려움, 불면증 등 수면이상 또는 깊은 수면에서 깨어났을 때 인격 변화
   자기감(sense of self)의 현저한 전환

2. 생생한 환각 경험
   목소리 환청
   아동들과 상호 작용하는 귀신이나 다른 상상의 존재를 본다.
   생생한 상상 친구들, 이들이 '장악'하거나 행동에 영향을 줄 수 있다는 신념
   자신의 나이보다 훨씬 어리거나 많은 느낌

3. 지식, 기분, 행동 및 관계 패턴의 현저한 변동
   자신의 기분이 '그 자체의 마음'을 가지고 있다고 느낌
   가족 구성원과의 관계에서의 극도의 변화
   능력과 기술이 일관적이지 않음
   분열된 자기감(sense of self)
   성적 문란, 분노 폭발과 같은 극단적이고 특이한 행동

4. 자신의 행동이나 최근 경험한 사건에 대한 당황스러운 기억상실
   화난 상태에서 일어난 일을 기억하지 못함
   특정 월이나 연도를 기억하지 못함(4, 5세 이후)
   숙제를 다 했다는 것을 기억하지 못함
   타인들이 이야기하는 친구나 가족과의 경험을 기억하지 못함

5. 비정상적인 신체 경험
   신체적 불편감의 전환
   자해 행동
   전환 증상
   가성 발작
   통증에 대한 무감각
   대장 또는 방광 실금
   비현실적이라거나 신체로부터 단절되었다는 느낌(비현실감)
   세상이 안개를 통해 보는 것처럼 보임(이인증)

움직임과 함께 일어나는 의식 상실을 관찰할 수도 있다. 다음의 질문 목록은 이러한 의식 상실에 대해 더 알아보는 데 도움이 될 수 있다.

의식 상실 평가를 위한 질문

순간적인 상실이 관찰될 때:

그렇게 멍할 때 너는 뭘 하는 것 같니? 멍해지기 직전에 무슨 생각을 하고 있었니? 멍하기 직전에 어떤 감정이었니?

어떤 것에도 전혀 주의를 기울이지 않고 멍하게 있을 때가 있니?
그럴 때 너는 무엇을 하니? 생각하거나, 듣거나, 보거나, 느껴지는 게 있니?

마음속에 가고 싶은 상상의 장소가 있니? 내가 이야기하고 싶은 상상의 친구가 있니?

주의 집중을 하지 않을 때 너는 어디에 있니?

과거의 어떤 일을 다시 경험하는 것 같을 때가 있니? 그게 어떤 느낌이니?

잘 때 혹시 이상한 행동을 한다고 들은 적이 있니?

아침에 일어나는 것이 어렵니? 어려우면 그것에 대해 이야기해 줄래?

깊은 잠에서 깨어나면 네가 바뀐 것처럼 느껴지니?

네가 몇 시간 동안 최면상태나 혼수상태에 있는 것처럼 보였다고 다른 사람들이 말한 적이 있니?

생생한 환각 경험 평가하기

대부분의 치료자들은 목소리를 듣고 있는지에 대해 묻는 방법을 배웠으며, 전통적으로 목소리를 듣는 것을 정신병의 특징으로 이해한다. 그러나 최근 몇 년간 현대 연구자들과 임상가들은 목소리를 듣는 경험이 원래 생각했던 것보다 훨씬 일반적이라는 것을 이해하기 시작했다(Altman, Collins, & Mundy, 1997). Arseneault와 그의 동료 연구자들(2011)은 또래 괴롭힘을 당한 아동들에서 '정신병 증상'인 목소리를 듣는 경험을 기술한 바 있다. 다른 연구자들도 성인의 경우조차 정신병을 진단하는 데 일반적으로 사용되는 환청이 트라우마 사건으로 인한 해리 경험으로 더 잘 이해될 수 있다는 의문을 갖게 되었다(Moskowitz, Read, Farrelly, Rudegeair, & Williams, 2009). Dell(2006)은 성인 해리 장애의 '침입적' 증상이 충분히 강조되지 않았다고 주장하였으며 '(상태)전환' 현상보다 훨씬 더 일반적이라고 주장했다. 이러한 관찰은 아동에 대한 나의 임상 관찰과 일치한다.

아동들이 나에게 목소리를 듣는다고 보고하는 것은 나의 임상 작업에서 매우 흔한 일이다. 죽음이나 다른 트라우마 상황으로 인해 사랑하는 사람들과 분리될 때 아동들은 자주 그 사랑하는 사람의 목소리를 머릿속에서 듣는다고 보고한다. 학대당한 아동들은 내면에서 자주 가해자들이 계속해서 그들을 비난하고 괴롭히는 소리를 듣는다고 보고한다. 내면의 목소리에 대해 작업하고 그 소리들의 부정적인 힘을 최소화하는 것은 피학대 아동 치료에서 가장 중요한 개입 중 하나이다. 내면의 목소리에 대해 물어볼 때 "누군가가 말하는 소리가 들리니?"라고 직접 물어보는 것은 좋지 않다. 왜냐하면 아동들은 종종 병원에 입원하게 되거나 미친 사람으로 낙인 찍힐까 봐 반사적으로 "아니요."라고 대답하기 때문이다. 대신 나는 그들에게 그 경험을 정상적으로 받아들일 수 있도록 질문한다. "많은 아이가 특별한 사람을 잃은 후에도 그 사람과 말하는 소리를 마음속에서 계속 듣기도 해. 너는 어떠니? 너한테도 이런 일이 일어나고 있니? 그 사람이 무엇이라고 이야기하니?" 다음에 기타 유용한 질문들을 제시했다.

목소리와 상상 친구들에 관한 질문

어떤 아이들은 자신의 뇌가 싸우고 있다고 느껴. 너도 그렇게 느끼니? 너도 싸우는 소리를 들은 적 있니?

어떤 아이들에게는 계속해서 들었던 나쁜 말들이 마음에 계속 남아 있을 수도 있어. 너도 그런 경험이 있니?

때로 어떤 아이들은 자신이 한 일을 후회하기도 하는데 너도 그런 경험이 있니?

어떤 아이들은 무언가를 하고 싶지 않았지만 무언가가 그렇게 해야 한다는 느낌을 주기도 한대. 너도 그런 느낌을 받은 적이 있니?

어떤 아이들은 오랫동안 갖고 있는 특별한 장난감이 있어. 너에게도 그런 장난감이 있니? 그 장난감하고 말할 수 있니? 그 장난감이 너에게 말하는 소리를 들을 수 있니?

어떤 아이들은 다른 사람들이 볼 수 없는 투명한 친구가 있어. 너에게도 그런 친구가 있니? 어렸을 때 그런 친구가 있었니? 때로는 그 친구가 지금도 있는 것처럼 느껴지니? 그들을 볼 수 있니?

때로 너는 다른 사람들이 볼 수 없는 것들을 보기도 하니? 네가 보는 것은 어떤 것들이니?

만약 아동이 장난감이나 인형 같은 인격화된 물체의 목소리를 듣는다고 말하면 특히 의미 있는 인형이나 장난감을 초기 면담 시간에 가져오도록 초대하는 것이 좋다. 어떤 아동들은 상상 친구를 매우 생생하게 볼 수 있다. 유령이나 이상한 모양 같은 다른 형태의 시각적 환각 형태도 아동들에게 해리 현상의 경험과 함께 발생할 수 있다. 아동들은 종종 상상 속의 존재가 그들의 행동에 큰 역할을 한다고 말한다. 때로는 아동의 모든 움직임을 지시하기도 한다. 그럼에도 불구하고 이 내적 과정은 대부분 숨겨져 있으며 그 이유는 그것에 대해 물어본 사람이 없기 때문이다.

생생하고 인격화된 상상 친구나 과도기적(중간) 대상(transitional object)은 정상적인 유아기에 흔한 현상이다. 네 살짜리 아동들은 가장 좋아하는 인형을 들고 다니며 그들이 질문에 대해 대답하는 소리를 들으며, 티 파티나 가족의 저녁 식사 자리에 상상 친구를 위한 자리를 마련하기도 한다. 중간 대상이라는 용어는 1951년 Donald Winnicott이 소개했으며, 이것은 유아가 특별한 가치를 부여하는 모든 물질적 대상(대개 부드러운 천 조각이나 장난감)을 지칭한다(Winnicott, 1953). 발달심리학자들은 중간 대상을 아동이 처음으로 자신과 다른 사람의 몸 경계를 구분하게 되는 근거라고 생각하며 또한 상상 친구는 자기의 측면들을 실험하는 아동들의 투사 대상의 표현이라고 본다(Singer & Singer, 1990).

Taylor(1999)에 따르면, 상상 친구는 아동이 창조한 것이며 아동이 대화하는 것이고 규칙적으로 상호작용하는 친구이다. Taylor는 상상 친구가 놀랍게도 흔하다는 것을 연구대상 아동의 28%에서 발견했다. Taylor는 어떤 아동들은 상상 친구를 '모방'하며 그들을 연기하고 그들의 특성을 받아들인다고 지적했다. 상상 친구에 대한 더 넓은 정의를 사용하여 이루어진 Singer와 Singer의 연구에서는 아동의 65%에서 상상 친구를 발견했다. 상상 친구는 4~7세 사이에서 가장 흔하게 나타났으며 10세까지 지속될 수 있다. 아동들은 상상 친구를 보호하려는 경향을 갖고 있으며 어른들의 간섭을 좋아하지 않는다(Klein, 1985). 상상 친구는 아동들에게 사회적 기술 연습이나 어려운 감정 또는 받아들여지지 않는 충동을 투사하는 채널을 제공하는 등 다양한 발달과업을 돕는다. 상상 친구는 또한 외로움의 감정을 견디게 하거나 아동이 가지고 싶어 하는 특징을 구현하는 데 도움을 준다.

정상적인 유아의 상상 친구와 트라우마를 겪은 해리 아동의 환청 및 해리된 정체성 사이의 유사성은 임상가들과 이론가들의 주목을 받아왔다. 그러나 DSM-5는 아동의 해리 장애 진단에서 정상적인 상상 친구의 존재를 제외 기준으로 명시하였다: "아동의 증상은 상상 놀이 친구나 다른 상상 놀이 때문이 아니다"(APA, 2013, p. 292). 따라서 해리 아동들의 상상 친구가 정상 아동들의 상상 놀이 친구와 어떻게 다른지 이해하는 것이 중요하다.

Trujillo, Lewis, Yeager와 Gidlow(1996)는 초등학생들의 상상 친구와 입원 치료 중인 해리 아동들의 상상 친구를 비교하는 예비연구를 했다. Trujillo와 동료 연구자들은 해리 아동의 상상 친구가 정상 아동의 상상 친구보다 인격화된 특성을 가질 가능성이 더 높다는 것을 발견했다. 문헌 연구를 통해 McLewin과 Muller(2006)는 해리 아동들이 상상 친구를 가질 가능성이 더 크다는 것, 정상 아동들보다 더 많은 상상 친구를 갖고 있다는 것, 그리고 해리 아동들이 상상 친구를 더 자주 모방한다는 결론을 내렸다. 또한 이들은 해리 아동들의 상상 친구가 악의적일 가능성이 더 크며 아동의 생활에서 더 복잡한 역할을 한다고 보고했다.

종종 성인과 청소년 환자들은 상상 친구가 발달적으로 나중에 해리성 정체성들의 최초의 표현이었다고 보고한다(Dell & Eisenhower, 1990; Putnam, 1991). Pica(1999)는 모든 해리성 정체성은 어린 시절의 정상적인 상상 친구에서 그 뿌리를 찾을 수 있다고 주장했다. 상상 친구가 해리된 정체성의 발달을 위한 유일한 경로인지는 명확하지 않지만 해리 장애로 진단받은 개인들에 대한 회고적 연구 결과를 보면 어린 시절의 상상 친구의 발생률(52~100%)이 매우 높다(McLewin & Muller, 2006). 해리 아동들에 대한 나의 면담 경험으로 볼 때, 시간이 지나면서 해리되는 최초의 자기-투사를 인형, 봉제 동물 또는 심지어 담요 같은 구체적인 중간 대상들에 숨겨두는 것 같다.

나는 연구문헌 개관과 임상 경험을 종합하여 일반적으로 아동들의 상상 친구와 내 치료실에서 보는 해리 아동들의 상상 친구 사이에 다음과 같은 차이점이 있다는 가설을 세웠다.

1. 해리 아동들은 친구가 '가상'인지 아닌지 혼란스러워한다.
2. 해리 아동들은 상상 친구에게 지배당하거나 괴롭힘 당한다고 느낀다.
3. 해리 아동들은 상상 친구가 그들의 몸을 지배할 수 있다고 느낀다.
4. 해리 아동들은 어떻게 행동해야 할지 혼란스럽게 만드는 갈등적인 상상 친구들이 있다고 믿는다.

이 가설을 검증하기 위해 나는 상상 친구에 대한 질문지를 개발했고, 영국에서 149명의 정상 유아를 대상으로 예비 조사를 했다(Frost, Silberg, & McIntee, 1996; 부록 참조). 이 질문지를 사용하여 나는 정상 아동들과 셰퍼드 프랫 건강 시스템(Sheppard Pratt Health System)의 아동 병동에 입원한 19명의 해리 아동들 간의 상상 친구의 차이를 조사했다. 모든 가설이 확인되었으며 다른 흥미로운 결과도 도출되었다. 일반 유아의 78%는 상상 친구가 '단순히 가상의 친구'라는 것을 인정했지만, 입원 중인 해리 아동들은 37%만이 이러한 목소리가 해리성 정체성 또는 그들 마음속의 인물들이 가상이라는 것에 동의했다. 이것은 평가자가 인터뷰 목적이 '어떤 아동들은 다른 사람들이 볼 수 없는 친구가 있거나 목소리를 듣거나 기타 상상 친구가 있는지를 탐구하는 것'이라고 설명하면서 시작했기에 특히 놀라운 결과이다. 그럼에도 불구하고, 이 입원 중인 해리 아동들에게는 이 현상의 현실성에 대한 믿음이 면담 시작할 때 주어진 지시보다 더 중요했다. 또 다른 놀라운 발견은 정상 아동들(84%)이 해리 아동들(41%)보다 상상 친구가 비밀을 지켜준다고 인정하는 빈도가 훨씬 높았다는 것이다.

상상 친구가 현실이라고 믿는 것 외에도 해리 아동들은 상상 친구에 대한 통제력이 일반 아동보다 적다고 느꼈다. 해리 아동들은 상상 친구가 그들을 대신하여 '지배'하고 어떤 것을 하게 시키는 것에 대해 보고하는 비율이 정상 유아보다 훨씬 높았다(각각 74% 대 37%). 그리고 상상 친구나 목소리에 '지배당한다'는 느낌이 일반 아동보다 더 자주 있었다(각각 72% 대 27%). 해리 아동들은 또한 상상 친구/목소리/해리성 정체성들이 사라지길 바라는 비율이 높았다(일반 유아의 17% 대 58%). 상상 친구들이 그들에 관해 논쟁하는 소리를 들었는지 물었을 때 94%의 해리 아동들이 '그렇다'고 보고했으나 일반 아동 중에는 25%만이 '그렇다'고 보고했다. 해리 아동들과 일반 아동들의 경험의 또 다른 차이점은 상상 친구가 '방문했을 때' 지배적인 정서였다. 일반 아동들에게 주된 정서는 행복이었지만 해리 아동들이 보고한 지배적인 정서는 분노였다. 연구 결과는 〈표 4-2〉에 제시되어 있다. 상상 친구에 관한 질문지는 부록 C에 있다.

이러한 결과는 자신의 통제를 벗어난 상상 친구가 있는 아동들의 모습을 보여 준다. 해리 아동들은 이 상상의 정체성들이 그들과 논쟁하고, 그들을 지배하며, 일반적으로 그들에게 어려움을 초래한다고 보고했다. 나의 연구를 보면, 상상 친구에 대한 아동들의 경험은 연속적인 성격을 띠고 있다. 내면의 친구와의 관계에 대한 통제력을 잃었다고 보고하는 아동들은 이 경험이 부정적 방향으로 전개될 수 있고 해리 과정이 발생할 수도 있음을 시사한다. 8세 이후에도 상상 친구가 지속되면 의심을 해야 하며, 11세나 12세 이후에도 지속된다면 더 깊은 탐색이 필요하다는 징후로 간주되어야 한다.

내가 치료하는 수많은 외상 생존 아동들이 청소년 시기에도 여전히 상상 친구가 있다고 말한다. 그러나 Taylor, Hulette와 Dishion(2010)의 연구에 따르면, 상상 친구는 부적응적인 중학생들에게도 보호 기능을 할 수 있으며 부정적인 또래로부터 보호하고 대처를 도울 수 있다. 특히 트라우마 역사가 심각하지 않은 경우, 상상 친구가 있는 청소년들을 평가할 때

〈표 4-2〉 정상 아동과 해리 아동의 상상 친구 비교

상상 친구에 대한 질문	정상 아동	해리 아동	신뢰 수준
네가 원할 때마다 상상 친구가 오니?	76%	47%	$p < .02$
네가 행복할 때 상상 친구가 오니?	94%	58%	$p < .00$
네가 모르는 많은 것들을 상상 친구는 알고 있니?	82%	58%	$p < .05$
상상 친구는 가상의 친구이니?	78%	37%	$p < .00$
상상 친구가 너한테 무엇인가를 하라고 시키니?	37%	74%	$p < .01$
상상 친구가 너한테 대장을 하려고 하니?	27%	72%	$p < .00$
상상 친구가 너한테 나쁜 짓을 하고 네 잘못이라고 탓하니?	41%	74%	$p < .05$
상상 친구가 비밀을 지키라고 하니?	84%	41%	$p < .00$
상상 친구들이 너에 대해 말다툼을 하니?	25%	93%	$p < .00$
네가 화가 날 때 상상 친구가 오니?	41%	79%	$p < .00$
상상 친구가 사라졌으면 하니?	17%	58%	$p < .00$

이것을 염두에 두어야 한다. 어린 시절의 상상 친구 중 일부는 보호 기능을 하며 시간이 지나면 사라지고 심각한 병리로 진행하지 않는다.

한 여자 아동은 나에게 상상 친구가 해리 현상으로 바뀌는 데 4단계 과정이 있음을 생생하게 설명해 주었다(Silberg, 1998b). 이 아동은 처음에는 보통의 상상 친구가 있었다고 이야기했다. 그다음은 자신의 의식적 인식 없이 그들이 아동에게 말하거나 무엇인가를 할 수 있다는 것을 알게 되었다. 세 번째 단계에서는 상상 친구들이 아동의 행동을 오랜 시간 동안 통제할 수 있다고 느꼈다. 마지막으로, 네 번째 단계에서는 아동이 행동에 대한 기억상실을 경험하였고 자신의 해리 경험이 성인에게서 볼 수 있는 해리성 정체성 장애와 유사해지는 것을 경험했다. 그녀는 상상 친구가 이런 식으로 심해지자 그들의 영향력에 대한 통제감을 잃어서 무서웠다고 했다.

내 생각에는 상상력의 풍부성에 대한 개인 차이가 트라우마를 겪은 아동들 중 해리로 발전될 발병 경로의 가능성을 시사하는 것 같다. 이것은 상상력이 풍부한 경향과 해리 사이에 상관관계가 있지만 상상력이 풍부한 경향과 트라우마 사이에는 상관관계가 없다는 연구와도 일치한다(Merckelbach et al., in press). 다시 말해, 트라우마를 겪은 상상력이 풍부한 아동들은 해리 증상을 발전시킬 수 있지만, 트라우마 없는 상상력이 풍부한 아동들은 단순히 상상의 친구와 풍부한 상상의 경험을 할 수 있다.

과도기적 정체성

이처럼 생생한 환각 현상이 연속적으로 나타나는 것처럼 보이기 때문에 명확성을 위해 해리성 정체성 장애에서 볼 수 있는 완전한 정체성 상태로 변화할 가능성이 있는 이른바 '상상 친구'를 '과도기적 정체성(transitional identities)'이라고 지칭하겠다. 중간 대상과 마찬가지로 과도기적 정체성은 아동이 살아 있는 특성을 부여하고 관계를 맺는 자기의 요소들이다. 이 과도기적 정체성은 아동에게 강력하게 느껴질 수 있으며 아동은 그들의 행동에 거의 통제권이 없다. 아동들은 과도기적 정체성의 영향을 받은 행동에 대한 기억상실을 겪을 수 있다. 그러나 과도기적 정체성들은 항상 완전하게 구분되어 나타나는 것은 아니며 해리성 정체성 장애에서 발견되는 인격 상태들만큼 세상과 지속적인 관계패턴을 갖고 있지 않다. 또한 '과도기(또는 중간)'이라는 표현은 촉발 요인이 갑자기 압도적인 트라우마 반응을 일으키는 전환의 순간에 지속되고 있던 정체감 속으로의 침범을 의미한다. 이 과도기적 정체성들은 상상 친구들(또는 기타 정상적인 판타지 현상들)과 해리적 자기-상태들 사이의 발달적 전환을 가져온다.

당혹스러운 행동 변동 평가하기

행동의 당혹스러운 변화를 평가하는 것은 난해한 과정이다. 때로 부모나 교사들에게는 놀라운 변동이 아동이나 청소년에게는 놀라운 것이 아닐 수 있다. 그보다는 아동들이 놀라워하는 것에 중점을 둠으로써 그들의 분열된 자기감을 이해하는 데 필요한 단서를 더 많이 얻을 수 있을 것이다.

이러한 변화하는 관계는 종종 해리 아동들에게 놀랍고 불편하게 느껴지기 때문에 관계의 변화에 대해 묻는 것은 대부분의 경우 매우 효과적인 탐색 영역이 된다. 중요한 해리를 보이는 아동들에게는 어머니에 대한 애착 수준 변화가 매우 흔하게 나타난다. 이들은 보호자에게 애착과 사랑을 느끼는 해리성 정체성을 가지고 있을 수 있으며 동시에 트라우마 기억을 가지고 있고 화가 나고 원망하는 정체성을 가지고 있을 수 있다. 면담 동안 한 가지 감정만이 지배적일 때 이러한 변화에 대해 묻는 것은 매우 큰 깨우침을 줄 수 있다. 부모들은 또한 맥락에 맞지 않는 극단적인 변동을 관찰할 수도 있는데, 이로 인해 아동들이 갑자기 과거에 살고 있는 것처럼 보이거나 과거의 사건을 재연하는 것처럼 보일 수 있다(Cintron et al., 2018). 아동들은 또한 갑자기 개, 고양이 또는 기타 동물처럼 행동할 수 있으며 이것은 나중에 아동 스스로가 이 동물들이 된 것처럼 느끼는 독립적인 자기 상태들로 이해된다. 동물 자기(animal-selves)의 기원은 트라우마 발생 시기에 아동들과 결속되어 있던 동물이거나 아동들을 동물로 취급했던 가해자들의 행동일 수 있다.

열세 살의 샌디는 어머니와 특별하고 가까운 관계라고 이야기했다. 함께 쇼핑을 다녔고, 숙제를 도와달라고 어머니에게 요청하곤 했으며, 악몽을 꾸면 어머니의 침대에 기어 들어가 잠을 청하곤 했다. 동시에 어머니는 샌디가 간헐적으로 어머니에게 욕을 하며 언쟁을 하고 집안일을 거부하는 상태가 되곤 한다고 보고했다. 나는 샌디에게 어머니와 함께하는 시간 중에 가끔 견딜 수 없을 때가 있는지 물어보았다. 이 질문을 통해 나는 '또 다른 샌디'에 대한 샌디의 지각을 볼 수 있었다. '또 다른 샌디'는 그녀의 아버지의 조증 분노 삽화 시에 그녀를 보호하지 않은 어머니에게 수년간 화가 나 있었다. '또 다른 샌디'에 대한 인식은 상당 시간 동안 샌디의 의식에서 해리되어 있었다.

아동들이 자신의 변동하는 기분에 대해 이야기할 때 종종 그것이 분명한 전조나 시작 없이 '그냥 일어나는 것'처럼 설명한다. 해리 아동들은 기분에서만 변동하는 것이 아니라 일상생활에서 기능하는 능력 면에서도 변동한다. 행동과 기분의 변동을 파악하기 위한 유용한 질문들을 다음에 제시했다.

행동과 기분 변동을 평가하기 위한 질문

어느 날은 무언가를 할 수 있다고 느끼고 다음 날은 그것을 하기가 매우 어렵다고 느낀 적이 있니?

기분이 변해서 깜짝 놀라는 경우가 있니? 예를 들어 줄래?

음식 맛이 날마다 바뀌는 편이니?

가족 구성원에 대한 감정이 변하는 것 같니? 예를 들어 말해 줄래?

기억상실 평가하기

기억상실을 평가하는 것은 논리적으로 역설이다. 결국 목표는 기억상실이 존재한다는 것을 입증하는 것이 아니라 가능한 한 많은 기억을 촉진하는 것이다. 따라서 기억상실을 평가하는 과정 자체가 기억을 되살릴 수 있다! 기억상실을 평가하는 데 있어 또 다른 어려움은 아동과 청소년들이 '잊어버렸다'는 것을 주의분산 및 회피 수단으로 자주 사용하기 때문에 실제로 기억상실과 고의적 회피를 구별하기 어렵다는 것이다. 분명한 것은 어떤 아동도 공격적이거나 파괴적인 행동에 대해 책임지고 싶어하지 않는다는 것이다. "생각 안 난다, 잊어버렸다."고 말함으로써 책임을 줄일 수 있다면 결과도 피할 수 있다고 생각한다. 기억과 기억상실이 연속선상에 존재한다는 것을 인식하는 것이 중요하다. 기억은 마음처럼 항상 변화하는 상태에 있으며, 특정 순간에 무엇을 우선순위에 둘지는 변할 수 있다. 해리성 기억상실은 중심 인식에서 불쾌한 정보를 반복적으로 밀어내는, 마음의 연습된 습관으로 볼 수 있다. 습관적 회피는 종종 불쾌한 정서가 단서가 되어 유발되며, 반복을 통해 시간이 흐르면서 회피가 강화된다.

인지과학 분야의 실험 연구에서는 해리성 기억상실과 관련하여 '연습된 망각' 모델 유형을 만들었다. 단어 사이의 연관성을 암기하도록 요청받은 피험자들은 실험자가 도입한 다양한 인센티브를 통해 특정 단어들을 선택적으로 잊어버리도록 훈련받았다(Anderson & Huddleston, 2012). 유사한 선택적 기억 과정이 트라우마를 겪은 아동들에게 수치심 및 기타 고통스러운 정서를 피하기 위해 발생할 수 있다. 선택적 기억상실은 특히 화가 났을 때의 행동에 대해서나 과거의 어떤 트라우마 사건을 다시 경험하는 플래시백에 대해 흔하게 발생한다. 시간이 지남에 따라 기본적으로 '잊는 연습'을 한 아동들은 최근 경험한 많은 사건에 대해서도 일시적인 기억상실을 보일 수 있어 숙제를 잊어버리거나 친구들과의 계획을 잊어버린다.

기억이 항상 끊임없이 변화한다고 가정하면, 평가의 목표는 평가자가 아동이 잊어버린 기억을 자극할 수 있는 정도를 결정하는 것이다. 기억을 위한 긍정적인 인센티브가 제공되면 아동들은 때로 자신들이 기억해 내는 것에 스스로 놀라워한다. 치료자의 역할은 환경이 안전하고 수용적으로 느껴지도록 만들어서 아동들이 의식에서 해리된 행동에 대해서도 두려움이나 부끄러움 없이 인정할 수 있게 하는 것이다. 잊어버림이 무의식적인 것인지 아니면 고의적 회피 때문인지는 중요하지 않으며 실제로 결정할 필요도 없다. 왜냐하면 동기화된 잊어버림은 유동적인 것이고 긍정적 인센티브로 무의식적 망각과 고의적 회피 두 가지 모두 되돌릴 수 있기 때문이다. 심하게 해리된 기억은 되돌리는 데 몇 주 또는 몇 달이 걸릴 수 있지만 의도적 회피를 기반으로 한 덜 연습된 기억상실은 훨씬 더 빨리 되돌릴 수 있다.

정말로 기억하는지 아닌지를 놓고 내담자와 논쟁하는 것은 무의미하다. 대신, 기억하고 책임지는 것이 잊어버리고 정서를 회피하는 것보다 더 적응적일 수 있는 인센티브를 만들고 해리적인 마음의 습관에 대해서는 반대로 인센티브를 사용하지 않는 것이 더 효과적이다. 첫 번째 세션에서는 기억상실의 되돌리기가 가능하지 않은 경우도 있지만 치료자는 초기 평가 단계에서 이 과정을 시작할 수 있다. 최근 행동을 아동이 기억하게 하는 것은 매우 중요한 치료 목표이다. 왜냐하면 건강한 마음은 계획, 재조직화 및 적응을 위해 들어오는 모든 정보를 활용해야 하기 때문이다. 기억상실을 되돌리는 것에 대한 더 깊은 논의는 8장에 제시했다.

다음의 목록은 기억상실 평가를 위한 유용한 질문들이다. 초기 평가 단계에서 평가하고 상기시켜야 할 가장 중요한 기억상실은 아동이나 청소년의 최근 행동에 관한 것이다. 초기 평가 단계에서는 트라우마 사건에 대해 부드럽게 질문하는 것은 적절하지만 과거의 트라우마 사건에 대한 기억상실을 회복시키려고 시도해서는 안 된다. 트라우마 사건에 대한 해리적 기억상실의 보호 메커니즘은 치료 중반까지 적응적으로 지속되어야 한다.

기억상실 평가를 위한 질문

친구들과 함께했던 일, 갔던 곳, 생일 파티 등 기억해야 할 것들을 잊어버리니?

화날 때 한 일을 가끔 잊어버리니? 그중 하나를 함께 기억해 보자(아동이 사건과 관련하여 수치심을 느끼지 않게 그들이 화가 난 것은 논리적이라는 것을 강조한다).

친구나 가족이 네가 했다고 말하는 것들 중 기억나지 않는 것이 있니?

좋은 일도 잊어버릴 때가 있니?

긍정적인 인센티브를 제공받으면 잊고 있었던 자신의 행동에 대해 다시 기억하니?

신체 증상 평가하기

초기 평가에는 트라우마의 징후가 종종 신체에 극적으로 나타나기 때문에 아동 또는 청소년의 신체와 트라우마 간의 관계 분석이 포함되어야 한다. 어린 아동들은 피부를 긁거나, 손톱을 찢거나, 다른 방법으로 몸을 다치게 할 수 있다. 나이가 많은 아동은 연필이나 면도날 등의 물체를 사용하여 몸을 베거나 상처를 낸다. 아동 또는 청소년의 고통에 대한 질문을 통해 이 평가 영역으로 접근할 수 있다. 예를 들면 "다른 아이들처럼 통증을 느끼지 않는다고 생각하니?"라고 하는 것이다. 트라우마를 겪은 많은 아동은 과거의 반복된 신체적 고통 경험에 대한 반응으로 개발한 기술, 즉 고통을 느끼지 않는 것을 자랑스럽게 보고하기도 한다. 이처럼 아동들이 이것을 결손이 아닌 기술로 이야기한다는 것은 더욱더 해리를 대처 수단으로 봐야 한다는 것을 시사한다.

또 다른 질문 영역은 변할 수 있는 신체적 강함 또는 약함에 대한 질문이다. 많은 아동과 청소년들은 특히 화가 났을 때 극단적인 힘을 느낀다는 것을 알게 된다. 이에 대해 묻자 한 소년은 그가 정말로 화났을 때 그에게 힘을 주는 상상 친구(아마도 과도기적 정체성일 가능성이 있음)인 '아드레날린 맨'이 있다고 말했다. 덜 흔하긴 하지만 변화하는 신체적 장애와 인지적 장애가 보고된다. 극단적인 트라우마 생존자들에게 기질적 원인이 없는 전환 장애와 통증 장애가 드물지 않게 발생한다. 나에게도 신체적 원인이 발견되지 않는, 신체 및 성학대로 인해 다리가 많이 쇠약해진 내담자가 몇 명 있었다. 일부 아동들은 몸이 그들의 통제 없이 움직이는 것처럼 느끼거나, 몸의 크기나 외형을 잘못 지각하거나 오해한다(즉, 비현실감).

일부 아동이나 청소년들은 몸이 자신의 것이 아니라는 느낌을 갖거나 주변 세상이 안개 속에서 보는 것처럼 느낀다. 이인증은 트라우마 사건을 처리하기 위해 몸에서 감각을 해리하는 것에 기원을 둔 특정한 신체 경험이며 따라서 신체 증상으로 분류된다. 다음의 질문들은 신체형 해리 또는 신체에서 해리가 나타나는 것을 평가하는 데 도움이 된다. 이 주제에 대한 더 많은 정보는 9장에서 다루었다.

신체 증상 평가를 위한 질문

다른 아이들처럼 통증을 느끼지 않는다고 생각하니?

반복적으로 몸을 다치게 한다는 것을 알고 있니? 다치고 나면 기분이 어때?

의학적 이유를 찾을 수 없는 통증이나 장애가 있니?

비정상적으로 몸의 힘이 약해지거나 강해질 때가 있니?

몸이 진짜 너의 것이 아닌 것처럼 느껴질 때가 있니?

멀리서 너 자신을 지켜보는 것처럼, 네가 정말 거기 없는 것처럼 느껴질 때가 있니?

안개를 통해 세상을 보는 것처럼 느낄 때가 있니?

위험한 행동

주요 해리 증상을 가진 아동 및 청소년들은 비행, 자살 시도, 가출, 자해, 성적 문란, 성적 공격성 또는 약물 남용과 같은 다양한 고위험 행동을 보일 수 있다(Burkman, Kisiel, & McClelland, 2008; Kisiel, Torgersen, & McClelland, 2020; Kisiel et al., 2011; Kisiel & Lyons, 2001; Leibowitz, Laser, & Burton, 2011). 평가자는 이러한 잠재적 문제들 모두에 민감해야 하며, 이것들 중 일부는 치명적 결과를 가져올 수 있다. 약물 사용, 문란한 성생활 또는 자해와 같은 더 위험한 행동은 해리 상태 중에 시작될 수 있으며 내담자들은 이러한 사건에 대한 기억이 제한될 수 있다. 초기 평가 중에 아동들에게 그들이 기억하지 못하는 위험한 행동을 했다는 이야기를 들은 적이 있는지 물어야 하고 그것을 철저히 평가하는 것이 중요하다. 자기의 해리된 부분에 숨겨진 동기를 탐색하거나 효과적인 치료방법을 탐색하는 것이 중요하기 때문에 해리적 요소가 있다면 섭식 장애나 약물 남용과 같은 구체적 문제를 해결하기 위해 만든 치료방법 프로토콜을 수정해야 한다.

해리 청소년의 공존 질환

해리 아동 및 청소년을 평가할 때 해리 증상인지 아니면 다른 진단이 우세한지를 혼란스럽게 하거나 모호하게 만드는 수많은 증상들이 존재한다. 해리 청소년은 정신병 같은 증상,

섭식 장애, 반응성 애착장애, 강박장애, ADHD, 약물 남용 및 양극성 장애와 같은 기분 장애를 보일 수 있다. Waters(2016)는 이러한 진단 중 많은 것이 실제로는 위장된 해리성 장애일 수 있다고 주장했다. 아동들은 내면의 명령하는 목소리로 인해 먹는 것에 어려움을 겪을 수 있으며, 강박적 행동은 숨겨진 해리 상태들에 의해 생겨날 수 있고, 양극성 행동은 변화하는 해리 상태들일 수 있다. 이러한 복잡성은 잠재적으로 생명을 위협할 수 있는 증상을 신속하게 다루기 위해 평가 방법을 고민하는 치료자에게 당혹스러운 것이다.

어떤 진단이 주요 진단으로 결정되느냐와 상관없이 아동이나 청소년의 증상 경험을 풀어내기 위해 여기서 기술한 현상적 접근을 통해 개입의 방법이 보일 것이다. 먹지 않음, 약물 사용 또는 자해와 같은 기능 이상의 증상을 제어하는 명령의 목소리는 아동의 내면의 관점에서 이해될 수 있으므로 아동 자신의 경험 안에서 그것의 목적이 가장 잘 이해될 수 있다. 이러한 공존 질환들이 해리와 어떻게 교차되는지에 관한 더 깊은 논의는 Waters(2016)를 참조하기 바란다.

발달장애

나는 해리 증상이나 해리 장애가 아스퍼거증후군이나 자폐 스펙트럼 장애와 같은 발달장애 아동 및 청소년들에게서 병발할 수 있다는 것을 발견했다. Donna Williams(1992, 1994, 1999)는 자폐증을 다루는 그녀의 삶에 관한 일련의 책들을 저술했다. 그녀는 해리성 정체성들로 보이는 것들이 생애 초기에 있었던 학대 및 다른 트라우마 경험의 대처에 도움이 됐다고 기술했다. 그녀의 글은 시각과 소리 감각이 자폐인에게 지나치게 자극적이어서 트라우마가 될 수 있으며 이로 인해 자폐인들이 대처 방법으로 해리를 발달시킬 수 있다는 것을 시사한다.

나는 생생한 상상 친구들(아마도 과도기적 정체성들)을 기술한 많은 자폐 아동들을 면담했다. 이러한 아동들은 감각 자극을 견디는 것에 어려움을 겪기 때문에 해리 과정이 나타나는 것처럼 보인다. 나의 내담자들 중 자폐 스펙트럼에 속했던 한 해리 아동은 교실이 너무 시끄러우면 교실에 있는 상자 안에 숨었다. 그 아동은 자신이 '스노우'라고 불렀던 과도기적 정체성에 대해 설명했는데 이 정체성은 아동이 고함소리에 '다치지' 않도록 눈과 귀를 막아주었다.

일부 내담자들은 심지어 직접적인 눈맞춤과 자폐아가 편안해하는 범위를 벗어날 정도의 감각폭탄을 필요로 하는 특정 행동치료의 침범에 대처하기 위해 해리 부분을 발달시켰다. 또한 장애 아동들과 의사소통 장애가 있는 아동들이 특히 피해를 입게 될 가능성이 높은데,

이 아동들은 경험에 관해 이야기하는 것이 어렵다는 것을 가해자들이 알기 때문이다. 따라서 장애 아동들과 관련하여 환경에서 모든 잠재적인 트라우마 위험을 주의 깊게 평가하는 것이 필수적이다.

평가 도구

평가 면담은 풍부한 데이터를 제공할 수 있으며 아동이나 청소년과 함께 부적응 행동의 원인을 발견하는 데 도움을 주고 공동 치료 계획을 개발하기 위한 발판으로 사용할 수 있다. 트라우마를 경험한 아동 및 청소년을 평가하기 위해 특별히 개발된 측정 도구를 사용하여 평가를 지원할 수 있다. 다음은 내가 가장 유용하게 사용해 온 평가 도구들이다.

아동 · 청소년용 트라우마 증상 체크리스트(TSCC) 또는 유아 · 아동용 트라우마 증상 체크리스트(TSCYC)

John Briere(1996; 2005)는 아동의 트라우마 관련 증상을 평가하기 위해 도구를 개발했다. TSCC(Trauma Symptom Checklist for Children)는 성학대 및 기타 트라우마 사건과 관련된 트라우마 증상 평가를 위해 개발된 54항목의 자기보고식 척도이다. 이 척도는 두 개의 타당도 척도(증상의 과대 및 과소 보고를 나타내는)와 여섯 개의 임상 척도(불안, 우울증, 외상 후 스트레스, 성 관련 문제, 해리, 분노)로 구성되어 있다. TSCC는 아동이 플래시백, 악몽, 수면장애, 분노 폭발, 몰두를 포함하는 공통적인 트라우마 스트레스의 증상으로 얼마나 자주 고통받는지를 0에서 3까지의 척도로 평가하도록 되어 있다. 또한 마음이 텅 빈 것처럼 느껴지거나 안개 속에 있는 것처럼 느끼는 해리 증상도 포함한다. 매우 짧은 시간 동안 진행되며 점수를 그래프로 나타낼 수 있다.

TSCYC(Trauma Symptom Checklist for Young Children)는 3~12세 아동의 트라우마 관련 증상을 평가하기 위해 개발된 90개 항목의 보호자 보고식 도구이다. 이 척도는 해리 외에도 트라우마를 겪은 어린 아동들에서 흔히 볼 수 있는 과소각성 및 과잉각성 유형을 평가한다. 나는 이 도구가 트라우마 사건에 대한 명확한 진술 없이 아동의 삶에 대해 결정을 내려야 하는 판사에게 아동의 비언어적 행동을 설명할 때 특히 도움이 된다는 것을 발견했다. 트라우마 이후의 증상들, 예를 들면 큰 소리에 대한 과잉 반응, 회피 행동, 또는 나이에 맞지 않는 분노

발작 증상은 판사가 트라우마가 아동의 전반적인 기능에 어떻게 영향을 미치는지 이해하는 데 도움을 주는 객관적 척도이다.

아동용 해리 체크리스트(CDC)

CDC(Child Dissociative Checklist)는 1981년에 Frank Putnam이 개발했으며, 어린 아동용 해리 증상을 평가할 방법을 찾던 임상가들에게 표준 도구가 되었다. CDC는 해리 증상을 보이는 아동에서 흔히 발견되는 20가지 주요 행동을 0에서 2점으로 평가하는 척도이며, 해리 증상을 보이는 어린 아동과 정상 대조군을 신뢰도 있게 구분할 수 있는 것으로 밝혀졌다(Putnam, Helmers, & Trickett, 1993). 항목은 아동이 자신을 다른 이름으로 부르는 것, 생생한 상상 친구가 있는 것, 알려진 트라우마 사건에 대해 말하기를 피하는 것 또는 관찰된 행동을 부인하는 것과 같은 해리 증상을 평가한다. 또한 악몽 및 수면 장애와 같은 트라우마 이후 증상을 평가하는 질문도 있다. Putnam의 연구에서 해리 증상을 보이는 아동의 평균 점수는 23.3이었으며, 30명의 해리 아동에 대해 이루어진 나의 연구에서는 평균 점수가 22였다(Silberg, 1998c). Putnam(1997)은 12점 이상의 점수에 대해 해리 의심으로, 19점 이상의 점수에 대해서는 해리와 강하게 연관된 것으로 간주한다.

청소년용 해리 경험 척도(A-DES)

A-DES(Adolescent Dissociative Experiences Scale)는 Armstrong, Putnam, Carlson, Libero와 Smith(1997)가 개발했으며, 성인용 해리 경험 척도(DES)의 항목을 11세 이상의 청소년에게 적용할 수 있도록 수정한 것이다. "마음 안에 벽이 있는 것 같다." "자신의 것이 아닌 물건을 발견한다." "내 안에 다른 사람들이 있는 것 같다."와 같은 해리 경험에 대해 10점 척도로 점수를 매긴다. 평균 4점 이상의 점수는 중요한 해리를 나타낸다. 나는 A-DES가 말수가 적은 청소년들과 해리 현상에 관한 대화를 하는 데 특히 유용하다는 것을 발견했다. 이들이 양식에 답을 작성하면 그 답을 기반으로 추가 대화와 탐색을 한다.

A-DES는 연구에서도 널리 사용되고 있다. 성학대 피해 청소년의 해리와 위험 감수 행동 간의 관계를 확인하기 위해 사용되었으며(Kisiel & Lyons, 2001), 의료 트라우마와 관련된 해리를 연구하는 데도 사용되었다(Diseth, 2006). 청소년 성범죄자의 해리를 탐색하는 데 사용되었으며(Friedrich et al., 2001), 학대당한 청소년의 개방 패턴을 기술하기 위해 사용되었고

(Bonanno et al., 2003), 청소년 정신과 입원환자의 해리 증상의 유병률을 평가하는 데 사용되었다(Goffinet & Beine, 2018). 또한 다양한 언어와 문화권에서 타당화가 이루어졌다(Goffinet & Beine, 2018; Nilsson & Svedin, 2006; Shin, Jeong, & Chung, 2009; Soukup, Papezova, Kubena, & Mikolajova, 2010; Zoroglu, Tuzun, Tutkun, & Savas, 2002).

11~17세 아동의 증상 심각도 평가를 위한 아동용 간략 해리 경험 척도 (DES-B)

DES-B(Brief Dissociative Experience Scale)는 공적 영역에서 더 많은 연구 및 임상 평가를 위해 최근에 나온 평가 방법이다(www.psychiatry.org에서 사용 가능). 이 평가 도구는 DSM-5 규준에 근거한 해리 증상을 판별한다. Dalenberg와 Carlson이 DSM-5 연구를 위해 개발했으며 11~17세 청소년이 대상이다. 청소년은 서로 다른 해리 증상을 평가하는 여덟 개의 문항 각각에 5점 척도로 동의하거나 동의하지 않는다고 응답한다. 이러한 증상에는 멍하게 허공 바라보기, 비현실적으로 느껴지는 세상, 혼자서 말하기, 고통 무시하기, 행동의 변동, 안개로 덮인 것처럼 보이는 세상, 다른 사람처럼 행동하는 것, 기술의 변동 등이 포함된다. 이 척도는 신속한 판별 도구로서의 큰 잠재력을 가지고 있으며, 개발 중에 있는 보다 포괄적인 평가 도구에 대한 타당화 방법으로서도 유용하다. 튀르키예어로 번역되어 좋은 결과를 보였다(Sapmaz et al., 2017).

다차원 해리 검사(MID)

Dell(2006)이 개발한 MID(Multi-Dimensional Inventory for Dissociation)는 성인과 청소년의 해리를 평가하는 포괄적 도구이다. 청소년 버전은 쉬운 언어를 사용하며 청소년 특유의 경험과 일치한다. 청소년은 0에서 10점까지의 척도로 23가지 해리 증상을 평가하며 218개 항목에 대한 동의 정도를 평가한다. MID는 여섯 번째 개정판이 나왔다. 온라인에서 사용 가능하며 사용 설명서와 채점 프로그램을 함께 제공한다(http://www.mid-assessment.com/).

MID는 초보자들이 해석하기에 복잡할 수 있지만 개발자들로부터 자문과 지원을 받을 수 있다. 주의력이 좋은 청소년들은 이 양식을 성공적으로 작성할 수 있으며, 청소년의 증상에 대한 포괄적인 이해를 제공한다. 이 측정 도구를 사용한 평가자료를 보면, 청소년에서 발견된 해리는 성인의 해리 패턴과 상당히 일치한다(Ruths, Silberg, Dell, & Jenkins, 2002). 정신과에 입원한 청소년 환자 중 해리 증상의 유병률을 평가하는 데 사용되었다(Goffinet & Beine, 2018).

신체형 해리 질문지(SDQ-20)

SDQ-20(Somatoform Dissociation Questionnaire)은 5점 척도로 해리와 함께 나타날 수 있는 신체 증상을 평가하는 20개의 질문으로 구성되어 있다(Nijenhuis, 2001). 이 질문지는 여러 청소년 집단에 사용되었으며 A-DES로 측정한 신체형 해리와 상관관계가 있었고(Pullin, Webster, & Hanstock, 2014; Soukup et al., 2010) 청소년의 섭식 장애와도 상관관계가 있었다(Nilsson, Lejonclou, & Holmqvist, 2020). 이 질문지는 통각상실, 운동 장애, 마비 및 전환 증상을 평가한다. 이 증상들은 해리 청소년에게서 발견된다. 이 질문지는 임상 평가와 연구를 위한 신뢰할 수 있는 측정 도구이다. 이것은 10장에서 논의한 셧다운 질문지(Shutdown Questionnair: Shut-D)와 중복된다.

청소년용 트라우마 및 해리 지표 체크리스트(CIT-DY)

CIT-DY(Checklist of Indicators of Trauma and Dissociation in Youth)는 Frances Waters가 복합 트라우마 과거력을 가진 청소년의 해리 증상 유무와 심각도를 평가하기 위해 청소년, 부모, 보호자 또는 임상 전문가가 평가할 수 있도록 개발한 새로운 평가 도구이다. 이 체크리스트의 질문은 3~18세까지의 아동에게 적합하다. 해리 증상 평가 외에도 CIT-DY는 출생 전부터 18세까지의 트라우마 사건과 중요한 치료 삽화, 약 처방 및 진단을 추적한다. 이 도구를 사용하거나 이 도구로 이루어지는 연구에 참여하려는 치료자는 https://www.waterscounselingandtraining.com/을 방문하라.

전통적인 심리 검사

1998년에 나는 해리 장애를 가진 아동들의 심리검사 특징에 대한 연구를 수행하였고 그들의 행동과 반응이 셰퍼드 프랫 건강 시스템 입원 시설에 입원한 다른 아동들과 구별된다는 것을 발견했다(Silberg, 1998c; 1998d). 개별 심리검사 중 해리 아동들은 종종 멍한 표정으로 바라보았으며 기묘한 움직임을 보였고 언어 발달 수준의 변화를 보였다. 또한 해리 아동들은 중립적으로 보이는 자극에 대해 감정적으로 과도하게 반응하였고 변화하는 신체 불편을 보고하였다. 투사검사에서는 해리 장애를 가진 아동들이 두 개의 머리, 네 개의 눈 또는 다양한 신체 부위와 같은 여러 이미지를 그리거나 인식하는 경향이 있음을 발견했다. 이러한 그림이나 자기표현은 공식적인 심리평가 세션 외에도 자발적으로 만들어질 수 있다. [그림 4-1]은 해리 증상의 과거력을 가진 6세 남자 아동이 만든 점토판이다. 아동은 자신을 두 얼굴로 묘사함으로써 자신의 분열된 자기를 명확하게 보여 주었다.

나의 연구에서는 주제통각검사(Thematic Apperception Test)와 로르샤흐(Rorschach) 같은 투사검사에 대한 반응에서 해리 아동과 정신병 입원 치료를 받는 아동 간의 차이를 발견했다. 해리 아동은 투사검사에서 죽음, 피, 파괴의 불길한 이미지에 높은 수로 응답했으며, 이러한 특성은 해리 장애가 있는 성인의 심리검사에서도 발견되었다(Brand, Armstrong, & Loewenstein, 2006).

또한 해리 아동들은 내가 '마법의 변형'이라고 부르는 이미지를 보고했다. 이것은 사람이 동물로 바뀌거나 동물이 기타 다른 것으로 변하는 것이다. 투사 이야기에서 해리 아동들은 종종 선과 악의 이미지를 묘사하고 '행복'을 '슬픔'이라고 부르는 감정 전도를 보였다. 또한 이들은 내가 '해리적 대처법'이라고 부르는 것을 사용하는 경향이 있었다. 즉, 잊거나 자거나 가장하거나 부인하는 것으로 문제를 해결했다. 예를 들면, 한 아동이 이렇게 말했다. "이것은 매일 맞는 아이에 관한 이야기지만 그는 그것을 잊어버렸기 때문에 괴롭지 않아요." 이

[그림 4-1] 6세 해리 아동이 자신을 두 개의 머리로 표현하였다(허락을 받고 사용함).

러한 이야기들은 종종 해리적 대처법을 사용하여 트라우마 경험으로부터 벗어나는 확연한 예시가 된다.

이제 우리 여정의 가장 흥미로운 부분인 해리 아동 및 청소년과의 치료에 참여할 준비가 되었다. 해리 아동과 치료의 안팎을 항해하는 것은 여러분의 전문직 경력에서 가장 보상적인 경험 중 하나가 될 것이다. 트라우마를 입고 해리하는 아동에게 치료를 제공하는 것은 치료자에게 놀라운 기회와 특권이 된다. 우리는 사적이며 흥미로운 세계에 들어가고, 마음의 회복력을 보고, 오래된 고통의 패턴을 뒤집을 수 있는 기회를 얻게 된다.

요약

이 장은 아동 및 청소년의 해리 현상 발견에 중점을 두었으며, 면담 질문을 사용하여 아동들의 사적 세계에 접근하는 것을 다루었다. 해리 증상을 어려운 삶의 환경에 적응하려는 시도로 보는 진단 접근법으로 설명하였다. 치료자는 아동 자신의 목표를 드러내는 것에 연합하여 판단에 대한 두려움 없이 해리 아동들이 자신들의 증상을 기술할 수 있는 공통 언어를 해리 아동들과 함께 찾고자 시도한다. 5개의 영역에서 해리 증상이 어떻게 아동의 삶을 방해하는지 판단하는 것에 중점을 둔다. 5개 영역이란 의식의 변화, 정서와 행동의 당혹스러운 변동, 기억상실, 신체 증상, 그리고 환각 경험이다. 또한 일반적인 상상 친구와 해리 현상 사이의 차이를 구분하는 방법을 검토했다. '과도기적 정체성'이라는 용어를 도입하여 해리 과정의 시작을 보이는 아동의 내적 목소리나 정체성을 설명했다. 면담 단계에서 최종 목표는 아동이 치료자와 함께 장애 증상을 최적으로 해소하는 방법을 알아내고자 하는 동기를 발달시키는 것이다. A-DES, CDC, MID, DES-B 증상 심각도 척도 아동용 버전 등을 포함한 아동 및 청소년의 트라우마와 해리 증상 발견에 유용할 수 있는 심리 평가 도구들에 대한 검토로 본 장을 마무리했다. 면담과 평가 도구를 통한 해리 평가는 종종 이들의 '이상한' 증상이 처음으로 이해받았다고 느끼게 하기 때문에 새로운 내담자와의 치료 관계에 들어갈 수 있게 한다. '목소리에 대해 아는 선생님'을 만나보고 싶다고 말한 캐머런처럼 여러분에 의해 새롭게 평가받은 해리 내담자들은 때로 폭풍 같은 치료 과정에서 여러분에게 도움이 될 수 있는 강력한 유대를 느끼게 된다.

5장

치료 여정의 시작

"선생님은 내가 만난 의사 중에서 제일 이상해요. 정말 의사 맞아요?" 해리 증상 평가를 위해 만난 열네 살 제니퍼의 질문이다. 제니퍼는 이전에 만난 의사들이 다 자신을 미쳤다고 생각했다고 말했다. "그들이 네가 미쳤다고 말했니?" 내가 물었다. "아니요." 제니퍼가 대답했다. "그들이 굳이 말하지 않아도 알 수 있었어요. 하지만 선생님을 만나면 미친 것 같지 않아서 좋아요." 제니퍼가 내게 솔직할 수 있고 자신이 건강해질 수 있음을 느낄 만큼 자유로웠던 것은 내가 제니퍼의 이런 가능성을 봤다는 것을 알았기 때문이라고 분명하게 표현했다.

분명히, 치료자의 태도는 아동이나 십대 청소년에게 회복을 향한 다양한 메시지를 전달한다. 이 장에서는 치료자의 행동과 접근이 내담자에게 전하는 메시지를 살펴볼 것이다. 아동이나 청소년들은 치료자의 미묘한 표정과 태도를 의식적으로나 비의식적으로 감지하고 이에 반응한다.

치료 원칙

이 치료 원칙은 트라우마를 입은 모든 아동들과의 작업에 적용되며, 이 아동 집단을 위한 모든 개입의 종합적 틀이다.

원칙 1: 각 아동의 대처 기술에 대한 깊은 존중의 태도

트라우마를 입은 아동을 위한 첫 번째 치료 원칙은 그들이 개발한 대처 기술에 대한 깊은 존중을 전하는 것이다. 치료자는 트라우마를 입은 아동들의 파괴적으로 보이는 행동 패턴에 대해 그 선택이 그들에게 유일하게 사용 가능한 선택이었을 것임을 인정하면서 접근한다. 아동들은 평가받고, 야단맞으며, 더 잘할 수 있다는 말을 듣는 데 익숙하다. 여기서 설명한 것처럼 공감적 이해로 그들에게 다가가는 사람은 거의 없다. 어떤 아동들은 증상 때문에 '바보'나 '미친 사람'이라고 느낀다. 특히 해리 증상 패턴이 다른 아동들은 기억할 수 있는 것을 잊게 하거나 난처하고 파괴적인 상황을 만들 때 그렇다. 증상에 대한 수치심이 고통과 절망을 더하기 때문에 아동들에게 고통스러운 감정을 피하기 위해 그들의 마음이 이런 대처 방식을 선택했다는 것을 이해시키면 좋아한다.

초기 세션은 어린 아동이 그들의 행동 패턴에 숨겨진 이유를 이해하는 데 도움을 준다. 과거의 피해 경험에 대한 보복으로 공격적인 표출행동을 할 수 있으며, 피해자로서의 느낌을 표현하기 위해 자해할 수 있고, 고통의 인식 때문에 자신을 보호하기 위해 해리할 수 있다. 이러한 설명은 사례마다 다르며 선택의 목적과 영향에 관한 소통을 통해 드러난다. 이러한 소통은 현재 그들의 환경이 더 안전하고 그들의 삶이 덜 트라우마적이기를 바란다는 의미에서 이제 할 수 있는 새로운 선택에 대한 대화를 할 수 있게 한다. 이 책 전반에 걸쳐 나는 아동들이 트라우마 사건에 대처하는 데 있어 그들의 몸과 마음의 창조성을 인정하고 이해하는 데 도움이 되는 여러 가지 심리교육적 전략을 제시했다.

원칙 2: 치유와 성장에 대한 강력한 믿음

아동과 청소년들은 깊은 좌절감과 덫에 빠져 있을 수 있다. 때로는 긍정적인 미래를 상상할 수 있는 능력조차 없다. 좌절한 아동은 치료자로부터 희망의 감각을 '빌려 와야' 할 필요가 있다. 아동들이 삶에서 어떤 방해나 우회를 겪었든 치료자는 그들을 끊임없이 믿는 사람이다. 샐리는 여섯 살에 입양될 때까지 루마니아의 보육원에서 심각하게 방임되었던 열두 살 여자아이였다. 샐리는 양부모가 이혼할 것이라는 소식 때문에 회복 과정에서 어려움을 겪었다. 그녀는 멍하고 생기 없는 시선으로 거의 긴장증적 상태를 보였으며 무력감에 갇힌 듯 보였다. 내가 '희망'이 어떻게 보이는지 그림으로 그려보라고 하자 아이는 큰 포스터 크기의 종이 왼쪽 구석에 작은 노란 태양을 그렸다. 나는 샐리에게 '희망'을 내 치료실에 보관하겠다고 말했다. 대학 입학을 위해 집을 떠날 때까지 여섯 해에 걸친 치료 과정에서 샐리는 내가 자신에게 준 희망의 메시지가 있다고 말했다. 샐리는 자신이 항상 이겨내고 나아갈 수 있을 것이라고 믿지 않았지만 나는 샐리가 그럴 수 있을 것이라고 깊게 믿었고 샐리는 내가 절대 포기하지 않은 희망에서 힘을 얻었다.

아동과 청소년들은 불성실함에 대해 매우 민감하기 때문에 치료자가 내담자에 대해 거짓된 희망을 품을 수는 없다. 치료자는 내담자의 도전이 불가능해 보일 때조차 내담자와 그들의 삶을 위한 변화 가능성을 믿어야 한다.

원칙 3: 증상 관리의 실제적 접근의 활용

아동 및 청소년과의 작업은 그들의 삶에 영향을 미치는 복합적 영역들—학교 활동, 방과 후 활동, 가족, 또래 관계, 반려동물 등—을 조절하는 것을 포함한다. 이러한 복합성을 고려

할 때 아동 치료자는 실제적이고 현실적이어야 하며, 아동들이 바쁜 삶에 쉽게 활용할 수 있는 대처 수단을 제공하고, 그들을 도울 수 있는 지역 자원을 찾아야 한다. 일부 아동들에게는 그들에게 맞지 않는 관습적인 것들을 유연하게 대체할 것들이 필요하다. 내가 치료한 트라우마와 해리 증상의 청소년들 중 상당수가 공립 고등학교에 잘 적응하지 못했다. 그들은 고등학교를 그만두고 GED(고등학교 졸업 자격 학력 시험)를 친후에 커뮤니티 칼리지에 들어갔다. 또한 학교에서 특정 수업을 빼도록 허락을 받거나, 학교 안의 다른 장소로 옮기거나, 수업에 늦게 도착해 촉발 요인이 되는 사건을 피하거나, 체육 수업시간에 자해 상처를 숨길 수 있는 대체복을 입을 수 있도록 한 경우도 있었다. 일부 내담자들은 학교에서 심각한 문제, 예를 들어 괴롭힘 같은 문제의 해결책을 찾는 동안 일시적으로 가정에서 (체험학습) 프로그램이 필요할 수 있다.

치료자는 또한 내담자의 독특한 문화적 또는 종교적 요구를 도울 수 있는 지역 자원도 확보해야 한다. 가톨릭 학교에 다니던 매우 독실한 열두 살의 데이빗은 내면의 목소리가 '악마의 것'이라고 확신했다. 데이빗은 사촌과 싸우면서 사촌에게 안 좋은 일이 일어나기를 바란 적이 있었기 때문에 사촌이 사망한 차량 사고에 대해 자신을 비난했다. 데이빗은 자신의 생각이 사촌을 죽게 했다고 확신했다. 내가 종교적 신념을 직접 다루기에는 한계가 있기 때문에 이 비판적인 목소리로 상징화된 자기 괴롭힘과 '악마'의 영향 사이의 차이를 이해할 수 있도록 돕기 위해 여러 세션 동안 가톨릭 사제를 치료에 참여시켰다.

치료자는 아동 또는 청소년의 발달 과정에 방해가 되는 증상을 우선시해야 한다. 아동과 청소년들이 최면 상태를 경험하거나 자신의 행동에 대해 지속적인 기억상실을 겪는다면 제대로 기능할 수 없다. 따라서 최근에 발생한 기억상실 에피소드는 즉시 다뤄져야 한다. 급성 증상을 우선순위에 두는 이 원칙은 현실적이고 아동 친화적인 치료 접근을 제공하는 데 도움이 될 것이다.

원칙 4: 정당화 및 기대와 관계 맺기

Marsha Linehan는 그녀의 혁신적인 치료 접근법인 변증법적 행동치료(DBT)를 통해 많은 주요 통찰을 제공했다. 이 원칙 중 하나는 정당화와 기대 사이에 균형을 잡는 것이다. Linehan은 내담자가 변화하도록 밀어붙이는 시도와 변화의 방해 및 장애를 정당화해 주는 작업을 치료자가 할 때 이 두 가지 사이에서 치료자가 섬세한 균형을 맞추어야 한다고 강조한다(Linehan, 1993). 심지어 세포 생물학의 관점에서도 이 두 과정은 생명과 성장을 의미한다. Lipton에 따르면, 세포는 외부에서 자양분을 얻고 성장하기 위해 신호나 정보를 받아들이거나 성장을 억제하는 외부 독소로부터 방어하기 위해 자기보호 모드로 들어갈 수 있다(Lipton, 2005). 이 과정들이 효과적으로 작동하지 않으면 세포는 독소를 받아들이고 성장과 자양분을 막는 벽을 세울 수 있다. Lipton은 세포막을 인간 마음에 있는 에너지 조절기에 상응하는 것으로 볼 수 있다고 했다. 유사하게 사람들은 들어오는 정보를 받아들이고 그 과정을 통해 성장하거나 현재 상태에 머물러 재조직화하면서 더 단단한 보호벽을 만들 수 있다.

트라우마 사건 이후에는 보호벽을 세우거나 성장을 촉진하는 이 두 과정 중 어느 것을 선택해야 할지 혼란스럽다. 심리치료를 통해 각각 이것을 언제 사용해야 하는지 알아내야 한다. 일부 트라우마 치료자들은 내담자의 퇴행을 너무 관대하게 다룬다는 비판을 받았고 행동치료자들은 감정을 정당화해 주지 않고 너무 많은 것을 기대한다는 비판을 받았다. 어느 쪽도 옳거나 틀리지 않지만 보호벽을 정당화하기 위해 필요한 시간과 장소 그리고 변화와 성장을 요구하고 도전하는 데 필요한 시간과 장소가 필요하다. 정당화하기 전에 너무 많은 도전을 요구하면 내담자는 화를 내고 치료 동맹에 의문을 가질 수 있다. 정당화가 과하게 되면 내담자는 부적응적인 자기파괴적 행동 패턴에 머물 수 있다.

비슷한 긴장 관계가 안전과 안정을 촉진하거나 탐색과 성장을 촉진하는 양육 행동에도 존재한다. 성장하는 유아에게 공감적으로 반응하는 기술을 어머니에게 가르치는 치료 프로그램인 '안정순환(Circle of Security)' 프로그램은 부모들이 유아를 진정시키고 편안하게 해 주는 시점과 방법 또는 탐색과 놀이를 촉진하는 시점과 방법을 구분하도록 돕는 데 중점을 둔다(Hoffman, Marvin, Cooper, & Powell, 2006). 치료자로서 우리는 아동의 나이에 상관없이 부모들이 이러한 양육 기술을 언제 사용해야 하는지 이해하도록 도와야 한다.

원칙 5: 학습되고 자동화된 트라우마 증상 인식하기

내담자가 보이는 파괴적 증상들은 여러 요인에 의해 결정된다. 증상과 행동들은 트라우마 환경에 대한 적응으로 시작되어 시간이 지남에 따라 강화되었을 가능성이 크다. 이것은 기본적 학습 이론의 조작적 조건화 반응이다—강화되는 행동은 지속되고 강도가 증가한다. 그러나 트라우마 증상은 고전적 조건화 반응에도 그 기원이 있으며 따라서 훨씬 더 변화에 저항한다. 예를 들어, 갑작스럽게 해리성 셧다운 상태에 빠지고 외부 자극에 영향을 받지 않는 것처럼 보이는 아동을 생각해 보라. 이 해리 행동은 원래 트라우마 사건 중 조건화된 자동적 반응일 가능성이 높으며, 이제는 다른 유사한 신호들에도 일반화되었다. 그러나 이것은 불편한 상황이나 사람들을 피하는 것과 같은 결과로 인해 강화되었을 가능성도 높다. 이런 증상을 다룰 때 대부분의 인간 행동과 마찬가지로 여러 요인에 의해 결정될 가능성이 높다는 것을 기억하는 것이 중요하다. 이것의 기원이 순전히 반응적이거나 '고전적으로 조건화된' 것이거나 또는 순전히 '전략적인 것'이고 그 결과에 의해 강화된 것이라고만 가정하는 것은 잘못된 것이다.

다른 학파의 치료자들은 아동이 '고의로' 그렇게 하며 조종하려고 한다거나(조작적 분석) 조건화된 자동적 반응이기 때문에 아동 '스스로 멈출 수 없다.'고 주장하기도 한다. 실제로 해리 행동은 이 두 가지 심리적 원칙에 의해 유지될 가능성이 높다. 따라서 치료는 내담자를 자동적인 촉발 요인에 둔감하게 만드는 것과 동시에 문제 행동을 유지시키는 환경적 상황을 이해하는 것을 포함해야 한다. 트라우마 증상을 유지시키는 보상은 내적인 것(불쾌한 상황을 피하는 것)일 수도 있고 외적인 것(부모가 더 많은 관심을 주고 허용하는 것)일 수도 있다. 이러한 모든 요소들은 문제 행동의 해결 방법을 다룰 때 고려되어야 한다.

치료 관계

치료 관계는 새로운 방식으로 아동이 관계를 이해할 수 있는 맥락을 제공한다. 새로운 방식이란 공감적 연결, 상호성, 신뢰를 위한 기회이다. 트라우마 치료를 위한 치료적 관계의 중요성은 성인 트라우마 연구문헌에서 강조되어 온 것이다(예: Chu, 1998; Courtois, 2010; Pearlman & Courtois, 2005; Pearlman & Saakvitne, 1995). 주요 치료 목표 중 하나는 가족이 아동에게 필요한 안전과 연결을 제공하는 방법을 배우도록 하는 것이기 때문에 치료자와의 관계가 아동이 애착 기술을 배우는 주된 관계가 아니기를 바랄 뿐이다. 그러나 시설에 있거나 부모나 위탁부모가 아동들이 필요로 하는 무조건적 사랑을 주는 심리 기술을 배울 수 없는 청소년들에게 치료자와의 관계는 존중과 양육에 기반한 관계를 경험할 수 있는 유일한 기회가 된다. 트라우마를 입은 아동과 청소년들은 관계에서 최악의 것을 예상하며, 불평등과 대상화의 관점에서 관계를 본다. 치료자의 동기, 치료자가 그들에게 원하는 것, 그들을 돕고자 하는 이유, 또는 왜 그들을 성공적으로 돕지 못했는지에 대해 아동과 청소년들이 의문을 갖게 됨에 따라 자동적인 내적 작동 모델이 치료적 관계에서 드러나게 된다.

해리 상태를 겪고 있는 아동과 청소년들에게 이런 내적 작동 모델들은 서로 충돌한다. 아동이 치료를 재미있고 보상적이며 가치 있는 것으로 여길 때도 있지만 화내고 회피할 때도 있다. 민감한 치료자는 기분의 변화를 알아차리고, 내담자의 변화하는 전체 자기를 받아들이며, 치료가 지루하거나 시간 낭비처럼 보일 수 있음을 인정하고, 세션이 기대만큼 잘 진행되지 않았다면 사과할 준비가 되어 있어야 한다. 내담자에게 방어하지 않고 진정으로 사과하는 능력을 숙달하는 것은 모든 트라우마 치료자가 배워야 할 핵심 기술이다(Dalenberg, 2000).

트라우마를 경험한 아동과 청소년들은 종종 타인의 기분에 매우 예민하기 때문에 치료자는 세션 중에 생기는 자신의 감정을 솔직하게 인정해야 한다. 만약 치료자에게 두통이나 위통이 생긴다면 아동들은 이를 반드시 알아차릴 것이며 대체로 그것이 자신 때문에 생긴 것이고 자신에 대한 치료자의 감정 때문에 생겼다고 여길 것이다. 치료 계획, 세션 약속, 치료 기법에 대한 아동이나 청소년의 관점이 치료자의 관점과 다를 때 치료자는 의지적으로 경청하고 타협점을 제시함으로써 상호성을 모델링해 주어야 한다. 치료자는 아동의 감정을 인정 및 공감하고, 비판단적으로 감정을 강조하며, 내담자의 강점과 능력을 깊이 있게 이해함으로써 주의 깊은 부모가 발달 중인 아동에게 하는 조율을 치료자가 모델링해 주어야 한다.

치료자의 좋은 의도에도 불구하고, 트라우마를 경험한 아동과 청소년들은 불가피하게 과거 트라우마 환경에서 배운 것을 바탕으로 치료자에게 반응한다. 어떤 치료적 태도는 치료자에 대한 이 트라우마 전이의 강도를 극복하는 데 도움이 될 수 있다. 나는 아동이나 청소년에게 치료자의 접근 방법을 구체화하여 제시한다(Silberg & Ferentz, 2002).

"네가 스스로 얼마나 끔찍하다고 생각하든 간에, 나는 너를 받아들일 수 있어." 트라우마를 입은 아동은 어느 정도 자신이 그 일을 겪을 만했다고 믿으며, 따라서 자신이 어떤 면에서 깊은 결손이 있어 혐오스러울 것이라고 생각한다. 치료자는 아동이나 청소년의 행동, 최악의 충동, 그들의 모순적이고 때로는 무서운 해리 상태, 그리고 끔찍한 상상으로 철수하는 것까지도 근본적인 수용으로 구체화해야 한다. 치료자로서 내담자의 전체성을 다룰 수 있어야 내담자도 자신의 진정한 자기를 받아들일 수 있다.

"나는 진심으로 네가 회복하기를 바라지만, 그것은 너의 결정에 달려 있어." 치료자가 촉진시키려는 내담자의 변화는 결국 내담자가 스스로의 결정에 달려 있는 것처럼 느껴져야 한다. 만약 치료자가 내담자 변화에 대해 내담자보다 더 원하고 있거나, 치료자가 내담자를 변화시킬 힘을 더 가지고 있다고 느낀다면, 치료는 성장의 기회보다는 힘 겨루기가 될 수 있다.

"나는 너의 분노와 실망(심지어 나에 대한 것조차)을 받아들일 수 있고 너를 거절하지 않을 거야." 치료자는 비판단적으로 분노와 실망의 감정을 수용하는 것을 모델링한다. 이러한 것들은 지속적인 관계를 공고히 하는 데 필요한 부분이다.

"너는 나를 버릴 수 있지만 나는 너를 버릴 수 없어/버리지 않을 거야." 치료자-아동 관계는 아동 생존자가 이전에 경험한 힘의 역동을 뒤집는다. 사실, 어느 정도 아동이나 청소년들은 치료자보다 관계에서 더 많은 힘을 가진다. 치료자는 대체 가능하며 버릴 수 있는 관계이다. 그러나 최소한 외래 환자 치료에서의 치료자 윤리는 치료자가 좌절감을 느낄 수 있음에도 불구하고 지속적인 헌신을 보여 줄 것을 요구한다. 이전 관계에서 무력함을 느꼈던 아동들에게 어떤 형태로든 이것을 설명하는 것이 유용하다고 생각한다. 예를 들어, 이렇게 말할 수 있다: "네가 알다시피 나는 너를 위해 일해. 나는 너의 삶에서 이 어려운 순간들을 헤쳐나가도록 돕는 선생님이나 코치와 같아. 하지만 나는 영원히 여기 있지 않을 거고 우리가 하는 것이 도움이 될지, 성공할지는 오직 너만이 판단할 수 있어. 너는 부모님과 상의한 후에 우리가 하는 것이 네가 기대한 만큼 도움이 되지 않는다고 판단되면 다른 치료자를 찾아볼 수 있어. 하지만 나는 좌절감을 느낀다고 해서 너에게 오지 말라고 할 수 없어. 우리 둘 다 좌절을 느끼더라도 나는 너와 함께할 거야. 나는 너의 치료자이며, 너와 함께 하려고 노력할 거야." 거주 치료 센터에서 치료자가 바뀔 수 있지만 나는 어떤 방식으로든 아동이 치료자보다 궁극적으로 관계에 대해 더 통제권을 가져야 한다는 이 원칙을 체험하는 것이 중요하다고 생각한다.

"너는 나를 기쁘게 하기 위해 아무것도 할 필요가 없어. 나는 너를 위해 여기 있어." 트라우마에 기반한 관계에 적응하도록 배운 아동과 청소년들은 치료자를 기쁘게 하거나 치료자가 듣고 싶어 하는 말을 하는 것이 그들의 역할이라고 느낄 수 있다. 특히, 치료받으러 오는 것을 즐기는 아동들, 관심과 장난감을 좋아하는 아동들은 모든 것이 괜찮다고 보고한다면 그리고 그냥 놀이를 할 수 있다면 치료자가 그들과 함께하는 것에 행복해한다고 생각할 것이다. 그들이 솔직할 때 도움을 받을 수 있다는 것과 자신의 감정이 치료자의 감정보다 훨씬 중요하다는 것을 아는 것이 중요하다. 나는 가족들에게 일상의 중요한 내용을 미리 전화 응답기에 녹음해 달라고 하고 아동이나 청소년이 도착하기 전에 응답기에서 그 내용을 듣는다. 그래서 나는 내담자에게 그들의 행동이 삶에 어떻게 방해가 되는지 조심스럽게 이야기 나눌 수 있다. 이것은 내가 그들의 복지에 진지하다는 것, 그리고 치료의 역할은 그들의 삶의 실재를 다루고 변화하도록 돕는 것임을 보여 주는 것이다.

해리 아동과 청소년들은 특별한 기술을 필요로 한다. 다음 장에서는 해리에 중점을 둔 개입을 살펴보면서 이에 초점을 맞출 것이다. 이 개입들은 치료자가 트라우마를 경험한 아동들이 보일 수 있는 가장 어려운 증상들을 다루는 데 도움이 되는 추가적인 도구로 활용될 수 있다.

요약

이 장에서 나는 치료자가 아동이나 청소년에게 접근할 때 아동의 적응적인 강점과 치유 능력에 초점을 맞추는 것에 도움이 되는 몇 가지 주요한 기본 가정들을 간략히 설명했다. 치료자는 기존 감정의 정당화와 새로운 과업을 숙달하도록 격려하는 관계를 만든다. 치료자는 아동이나 청소년이 개선될 수 있고 실제로 개선될 것이지만 결국 그들 자신이 성장과 진전을 주도한다는 믿음을 전달한다. 치료자는 장애가 되는 증상을 다루기 위해 실제적인 접근 방식을 취하고, 증상이 여러 요인에 의해 결정된 것이라는 것을 존중한다. 치료자는 이 접근에서 아동들이 대상화되고 무력함을 느꼈던 힘의 역동이 반대로 작용하는 것을 체험한다. 이제 그것이 아니라 아동은 이 새로운 종류의 관계에서 치료자와 신뢰를 발전시키면서 통제와 상호성을 경험해야 한다.

6장

교육 및 동기화: EDUCATE 모델 소개

해리 중심 개입: EDUCATE 모델

EDUCATE 모델의 'E': 교육

EDUCATE 모델의 'D': 해리 동기

요약

일곱 살 신디는 대기실에서 조용히 레고를 하고 있었다. 그곳은 내가 Loewenstein 박사와 함께 사용하던 곳이었다. 그 당시 Loewenstein 박사는 트라우마와 해리성 성인의 입원 프로그램인 셰퍼드 프랫 건강 시스템(Sheppard Pratt Health System)의 트라우마 장애 프로그램을 총괄하고 있었는데, 어느 날 내게 "오늘 저를 만나기 위해 기다리고 있던 성인 환자가 선생님의 환자로 인해 무척 심란해 했어요."라고 말했다. 그날 나는 치료실 밖에서 별다른 소리를 듣지 못했지만 '샌디가 뭔가를 던지거나 발작을 하거나 바지에 오줌을 쌌나?' 싶은 생각이 들었다. 하지만 왜 심란해졌는지 묻기도 전에 Loewenstein 박사는 그 이유를 설명했다. "아이가 겨우 일곱 살밖에 안 됐는데 치료를 받고 있다며 제 환자는 자신이 그 나이 때 왜 아무도 도와주지 않았는지 알고 싶어해요. 만약 도와주었더라면…"

해리성 성인은 종종 반복되는 플래시백, 자해 행동, 자신의 행동에 대한 기억상실, 조절되지 않는 갑작스러운 정서의 변화, 신뢰, 자기 파괴적이고 중독적인 행동 등의 심각한 증상을 보인다. 많은 사람이 장기간의 투병 기간 동안 폭풍 같은 어려움 속에서 여러 차례 입원 치료를 받는다. 성인 환자의 "만약에 …만 있었더라도"라는 희망이 실현될 수 있다고 믿을 만한 이유가 있는가? 어린 시절에 해리 증상과 장애로 도움을 받은 아동들은 성인 트라우마 장애 병동의 환자들이 겪는 어려움의 과정을 피할 수 있을까? 내 경험에 따르면, 조기 개입을 통해 해리 증상을 중단시킬 수 있다. 과거에 해리 증상을 성공적으로 치료 받은 청소년과 어린 아동들이 결혼을 하거나 고등학교나 대학교를 졸업하거나 자녀를 갖게 되면 종종 나에게 편지를 보내온다. 그들은 성공적인 간호사, 교사, 의사, 옹호자가 되었다고 전한다. 그들의 삶의 성공은 나에게 심각한 생애 초기 트라우마 사건의 영향으로 고통받는 해리 아동에 대한 조기 개입의 힘을 확인시켜 준다.

그뿐 아니라 나는 치료되지 않은 해리의 진행 과정을 관찰할 수 있는 세 번의 임상 기회가 있었다. 세 사례 모두 미취학 아동 또는 학령기 아동들이었으며 이들은 생생한 상상 친구들이 나타났고, 원하지 않는 일을 하도록 강요당하는 느낌을 받았으며, 상상 친구들 간의 대화와 갈등 소리가 마음속에서 들린다고 보고했다. 이 아동들 중 어렸을 때 해리성 정체성 장애(DID) 진단에 부합하는 사람은 없었지만 치료를 마치지 않은 상태에서 나중에 십대가 되어 세 명 모두 나의 치료를 다시 받게 된 시점에서는 DID 진단 기준을 모두 충족했다. 치료적 개입이 없었던 상태에서 분명 과도기적 정체성이었던 이 아동들의 초기 양상이 시간이 지남에 따라 강화되고 분리된 정체성 상태로 굳어졌다. 게다가 이 내담자들은 어렸을 때에 비해 청소년이 된 후에 치료에 더 저항적이었다.

Silberg(2001c)의 저술에 기술된 아동 중 한 명인 스티븐은 다섯 살 때 내가 아동보호국에 의무적으로 신고한 것에 화가 난 어머니가 치료를 중단시킨 사례였다. 당시 스티븐에게는 화난 공룡, 아기, 잔잔하고 감미롭게 노래하는 어머니 같은 모습을 한 세 명의 상상 친구가 있었다. 이제 나는 이것을 스티븐을 납치해 간 아버지의 보호 아래서 겪은 신체적, 성적 학대에 대처하는 데 도움을 준 과도기적 정체성이라 부르고자 한다. 스티븐은 더럽고 상처 입은 채로 발견되어 어머니에게 보내졌고 치료를 받았다. 그러나 나는 어머니 집에 안전하지 않은 양육자가 있다는 의심이 들어 신고했고, 어머니는 스티븐의 치료를 중단했다. 스티븐은 열세 살 때 이웃집에 침입하고 돈을 훔쳐서 거주 치료 센터에 보내졌고 이 센터의 의뢰로 나에게 돌아왔다. 그 사건에 대해 스티븐은 기억하지 못한다고 말했다. 첫 세션에서 나는 스티븐의 예전 '상상 친구'였던 공룡 '디노'가 시간이 지나면서 격렬한 분노 감정을 품은 완전히 발달한 인격 상태로 발전했다는 것을 확인할 수 있었다. 이 분노 상태는 때로 스티븐이 자신의 인식을 벗어난 행동을 하도록 영향을 미치곤 했다. 치료를 통해 스티븐은 삶의 많은 트라우마를 처리했다. 어머니와의 애착을 회복할 수 있었으며, 빠르게 통합된 자기감(sense of self)을 획득할 수 있었다.

치료가 중단되었다가 나중에 다시 내 치료실을 찾은 다른 두 명의 해리 아동도 비슷한 패턴을 따랐는데, 자신의 행동을 통제하는 과도기적 정체성일 가능성이 있는 생생한 상상 친구에 대해 보고 했다. 치료가 중단된 후 내담자들이 다시 찾아왔고 나는 해리성 정체성 장애 진단을 확인할 수 있었다. 이 사례들은 치료되지 않고 방치됐을 때 해리 과정의 진행 과정을 생생하게 보여 준다.

연구는 이러한 임상 관찰을 뒷받침한다. Putnam과 동료 연구자들(1996)은 해리 장애 아동의 연령대별 증상을 분석한 결과, 나이가 많은 아동일수록 기억상실 등 해리성 정체성 장애 특징을 가진 성인과 더 유사하다는 사실을 발견했다. "좀 더 빨리 치료를 받았더라면…" 이라고 아쉬워하던 Loewenstein 박사의 환자 말이 맞는 듯하다. 이것은 아동 치료자에게 힘을 실어주는 정보이다. 감염 초기 단계에 치료하면 아픈 환자의 예후가 좋은 것처럼 해리 아동을 증상 초기에 치료하는 것은 삶의 경로를 바꿀 수 있는 기회가 된다.

해리 중심 개입: EDUCATE 모델

치료 중인 해리 아동들은 많은 어려움을 일으키고 종종 관심이 없는 것처럼 보인다. 치료자의 말에 영향받지 않을 수 있으며, 다른 상황에서는 효과 있는 기본 행동 프로그램도 효과가 거의 없는 것처럼 보인다. 부모와 교사는 종종 해리 아동이 가정과 학교에서 일상적으로 발생하는 상황에 학습하는 자연스러운 인과관계를 인식하지 못하는 것 같다고 보고한다. 해리 아동은 과거의 트라우마 상황에 적합한 자동 반응 '스크립트'를 학습하였고 이것은 현재 상황에 대한 유연한 반응을 방해한다. 대인 관계와 관련된 고통스러운 정서를 회피하는 방법을 배운 해리 아동은 치료자와의 상호작용을 '무의미한 입력'으로 부호화할 수 있으며, '치료적' 입력은 뇌의 의사 결정 부분(전전두엽 피질)을 자동적으로 우회할 수 있다. 그러나 치료자가 치료적 노력에 온 마음을 쏟을 때 성공 가능성이 높아지고, 내담자의 더 많은 참여를 이끌고 치료자와 동맹을 맺을 가능성이 높아진다. EDUCATE 모델의 해리 중심 개입은 이러한 종류의 동맹을 구축하는 데 도움이 될 수 있다.

EDUCATE라는 약칭은 해리 아동과 청소년 치료에 사용되는 개입에 대한 조직적인 틀을 제공한다. EDUCATE의 각 문자는 순차적으로 활용되며 해리 증상을 다루고 해리에 기반한 저항을 역전시키는 데 도움이 되는 개입의 종류를 나타낸다. 치료가 완전히 직선적인 경로로 진행될 것이라고 기대하기는 어렵지만, 이 약칭은 치료자가 치료 과정 전반에 걸쳐 작업을 계획하고 속도를 조절할 수 있게 한다.

약칭 EDUCATE는 다음과 같은 개입 유형을 나타낸다.

E: 해리 및 트라우마 과정에 대해 교육한다.

D: 해리 동기: 내담자가 해리 전략에 계속 의존하게 만드는 요인을 다루고 분석한다.

U: 숨겨진 것 이해하기: 내담자가 중심 인식을 우회하고 회피하게 만드는 자동 활성화된 정서, 정체성 상태 또는 선택할 수 있는 반응 행동 범위의 비밀 주머니를 풀어낸다.

C: 자기의 숨겨진 측면을 자신의 것으로 주장하기: 이는 해리 중심 개입의 핵심 목표인 내담자가 해리되었던 것을 수용할 수 있도록 하는 개입이다.

A: 각성 조절/정서 조절/애착: 사랑하는 관계 맥락에서 각성과 감정의 밀물과 썰물을 조절하는 법을 배운다.

T: 촉발 요인과 트라우마: 트라우마에 기반한 자동 반응의 전조를 확인하고 관련된 트라우마 기억을 처리한다.

E: 치료의 마지막 단계: 치료의 마지막 과제는 내담자가 트라우마에 기반한 반응을 하지 않고 새로운 상황에 유연하게 대처할 수 있도록 돕는 것이다.

(EDUCATE 개입의 종합 목록은 부록 A 참조)

이 장에서는 EDUCATE 모델의 'E'와 'D'에 대해 설명하겠다. 이후 각 문자와 관련된 개입은 다음 장들에서 다룰 것이다.

EDUCATE 모델의 'E': 교육(Educate)

해리와 트라우마에 대한 교육은 치료를 시작할 때 반드시 필요한 첫 단계이다. 공유 언어를 만들고 치료의 목적과 예상 과정에 대한 공유 기대를 발전시킬 수 있기 때문이다. 일부 아동은 가족 간의 대화, 책 또는 텔레비전을 통해 해리에 대해 잘못된 생각을 가지고 치료를 받으러 온다. 어떤 아동은 치료의 목적이 '상상 친구들을 사라지게 하는 것'이라는 말을 듣고 겁을 먹기도 한다.

트라우마가 뇌에 미치는 영향에 대해 아동이 배울 수 있도록 도움을 주는 많은 자료들이 있다. 핵심 개념 중 하나는 뇌가 어떻게 작동하는지에 대한 간단한 이해이다. 편도체는 뇌의 반응 부분으로, 뇌의 상위 중추를 통해 진정되어야 한다. 나는 Renée Marks (BICTD.org)가 판매하는 뇌 퍼즐을 아동들에게 보여 주고 '편도체' 퍼즐 조각을 꺼내 그것이 마치 '뜨거운 감자'인 양 서로에게 건네주며 잡을 때마다 "어, 아"라고 말한다. 이를 통해 편도체가 경고 역할을 담당하지만 편도체는 뇌의 상위 중추에 의해 진정되어야 하는 부분이라는 것을 설명한다. 퍼즐 속 대뇌 피질과 편도체 사이의 역할극을 통해 편도체가 과민하게 반응하지 않도록 가르칠 수 있다. 또 다른 중요한 개념은 신체조절을 위한 복식호흡의 중요성을 아동들에게 가르치는 것이다. 아동들은 불안을 유발하는 정보에 직면했을 때 자신의 편안함 수준을 평가할 수 있는 방법을 배워야 한다(인내의 창).

Susan Straus가 쓴 『힐링 데이즈(Healing Days)』(2013)는 섬세하게 그림으로 설명한 책으로, 한 아동을 예로 들어 트라우마 이후 아동에게 영향을 미치는 주요 감정, 인지 및 행동을 살펴보고, 아동이 겪은 일을 고려할 때 아동의 반응이 정상임을 인식하도록 도움을 주는 책이다. Straus는 세 가지 방어 자세를 취하고 있는 강아지 그림을 사용하여 '얼어붙음(freeze)' '도피(flight)' '투쟁(fight)'의 과정을 설명한다. Ana Gomez와 Sandra Paulsen의 책 『나의 모든 색깔들(All the Colors of Me)』(2016)는 색을 은유적으로 사용하여 해리를 인식하는 방법을 아동과 부모에게 가르친다. Waters(2016)는 전기회로가 과부하되면 꺼지는 집 조명에 비유하여 아동의 감정이 두려움으로 인해 '꺼질 수 있다.'는 비유를 사용한다. 치료 과정에서 이런 교육적인 부분은 대면 치료가 불가능한 경우 원격 치료에도 쉽게 적용할 수 있다. 인터넷을 통해 이루어지는 면대면 대화에서 이와 같은 중요한 생각들을 설명하기 위해 책을 함께 읽고 그림을 그릴 수 있다.

이러한 일반적인 개념 외에도 아동과 청소년의 해리에 대한 추가 작업의 기초가 되는 여러 가지 심리교육적 개념들이 있다. 내 경험으로 볼 때, 치료의 시작 단계에서 아동들에게 해리에 대한 다섯 가지 핵심적인 심리교육 원칙을 가르쳐야 한다. 이 개념들은 아동이 자신의 증상과 치료 목표를 이해하는 데 도움이 된다.

개념 1: 트라우마는 마음의 단절을 초래한다

아동 트라우마 치료자들은 트라우마 치료가 도움이 된다는 점, 특정 트라우마 경험이 드물지 않다는 점, 트라우마는 마음과 뇌에 특정한 영향을 서로 미친다는 점 등 트라우마의 기본 원리를 어린 아동들에게 설명하는 것에 익숙하다(Cohen et al., 2006). 이러한 전반적인 심리교육과 더불어 나는 트라우마와 관련된 과정에 대해서도 아동에게 설명한다. 그리고 아동들이 이해할 수 있는 방법으로 이 정보를 전달하기 위해 [그림 6-1]과 같이 뇌의 윤곽으로 사람의 간단한 프로필 그림을 그리는 것이 도움이 된다는 것을 알았다.

아동이나 청소년이 환경에서 겪게 되는 부모의 이혼, 친구의 죽음과 같은 트라우마나 극심한 스트레스의 근원을 나에게 말로 설명해 주면 나는 뇌 그림 바깥 쪽에 각 주요 트라우마

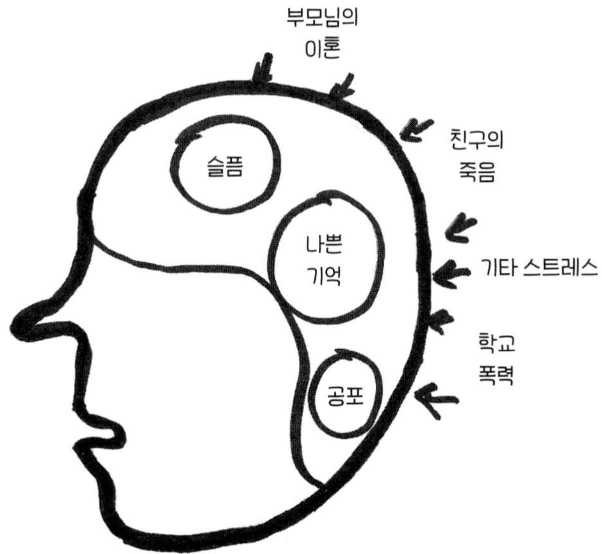

[그림 6-1] 트라우마가 아동에게 미치는 영향을 보여 주는 뇌 그림(허락을 받아 사용함)

의 상징을 글로 쓰거나 그림으로 그린다. 그리고 뇌 윤곽선 안에 원모양의 벽을 그린다. 그런 뒤 다음과 같이 설명한다. "매일의 일상적인 일들은 뇌가 느끼고 이해하고 처리하지. 하지만 정말 나쁘고 생각하기 싫고 기억하기 힘든 일이 생기면 그것을 다루려고 뇌 안에 벽이 세워지고, 감정과 기억은 이 벽 뒤에 숨게 될 수 있어. 특히 이 벽들은 그 일에 대해 아무것도 할 수 없을 때 기억하고, 느끼고, 처리하지 않아도 되게 만들어서 마음을 보호하지. 처음에는 이 벽이 그 일에 대해 생각하지 않아도 되게끔 너를 보호해 주기 때문에 좋은 것일 수 있어. 하지만 나중에는 원하지 않았던 일을 하게 만드는 나쁜 것으로 변할 수도 있어. 그래서 우리는 이 벽 뒤에 무엇이 있는지 이해하려고 노력해야 해."

아동들이 이미 마음속의 목소리, 해리성 정체성 상태, 과도기적 정체성, 상상 친구 또는 고립된 정서를 찾아냈다면, 나는 원모양의 벽 안에 아동들이 이것들을 지칭할 때 사용하는 이름을 적어 넣는다. 이것은 아동이 심리교육 과정의 다음 부분을 준비하는 데 도움이 된다.

개념 2: 건강한 마음은 많은 연결성을 갖는다

심리교육 과정의 이 부분에서는 뉴런 그림을 그려서 뉴런이 축삭돌기와 수상돌기를 통해 어떻게 연결되는지 아동들에게 보여 주고, 전기 자극이 뉴런을 통해 하나의 뇌 세포에서 다른 뇌 세포로 전달된다고 설명한다. 뇌의 성장은 뇌 전체에 많은 연결망을 구축하여 뇌가 하나의 잘 조율된 기관으로 작동할 수 있도록 하는 것이라고 아동들에게 말한다. 그리고 학교나 회사에서처럼 어떤 부서가 다른 부서에서 하는 일을 모르면 의사소통과 기능에 문제가 생길 수 있다고 설명한다.

나는 아동들에게 벽으로 둘러싸인 정보의 섬이 있는 뇌 그림을 다시 보여 주면서 해결책이 무엇이라고 생각하는지 물어본다. 이 시점에서 아동들은 벽으로 둘러싸인 섬 사이를 연결하는 것이 필요한 치료라는 것을 즉시 인식한다. 아동들에게 이 과정을 설명하기 위해 나는 뇌 그림에서 분리된 섬들 사이에 화살표를 그려 연결하도록 한다. 이 작업을 경쾌하고 열정적인 방식으로 수행하여 우리가 앞으로 할 일이 즐겁고 재미있는 공동 프로젝트임을 보여 준다.

세션이 끝나고 부모님이 치료실에 들어오면, 나는 아동에게 자신이 배운 것을 부모님에게 '가르치도록' 하고, 우리가 만든 뇌 그림에 부모님이 추가로 연결하도록 아동이 요청하라고 한다. 이 활동은 아동들에게 치료 과정이 '상실'이 아니라 더 많은 뇌의 연결과 향상된 능력을 얻는 '획득'이라는 것을 보여 준다. 치료가 진행되는 동안 아동이나 청소년이 특별한 연결을 만들거나 이전에 숨겨져 있던 정보에 접근하면 나는 "뇌세포가 서로 연결되면서 방금 뇌에서 지글거리는 소리가 들린 것 같아~"라고 장난기 넘치게 이야기한다. 장난스럽게 하는 말이지만 치료 중에 이루어지고 있는 일에 대한 이 은유적 묘사는 트라우마가 통합 기능에 미치는 해로운 영향과 회복을 위해 새로운 신경 회로의 성장이 필요하다는 현재의 신경생물학적 이해와 일치한다.

개념 3: 전체 자기가 함께 작동해야 한다

전체 자기(whole self) 또는 온전한 자기로의 통합이라는 개념은 다양한 은유나 놀잇감으로 설명할 수 있다. 내 동료인 Frances Waters는 여러 부분이 경첩으로 연결된 애벌레 장난감을 활용한다. 애벌레가 함께 작동할 때는 빠르게 움직이지만 한 부분이 다른 부분과 조화하지 않으면 애벌레가 절뚝거린다고 설명한다(Waters, 2016). 나에게는 한 둥지에 세 마리의 작은 새가 있는 손가락 인형이 있는데, 각 손가락에 아기새를 끼울 수 있다([그림 6-2] 참조). 나는 어미 새의 벌레를 먼저 차지하기 위해 싸우는 아기새들의 모습을 아동에게 보여 주고 난 다음 아기새들이 어떻게 하면 서로 교대로 사이좋게 지낼 수 있는지를 보여 준다. 마찬가지로 마음속의 '전쟁' 또는 '싸움'이 해결되면 아동들도 더 힘차게 잘 살 수 있을 것이라고 설명한다.

어린 아동들에게는 때로 시나 노래를 만들고 손동작을 추가하여 우리가 대화하고 있는

[그림 6-2] 함께 작동하는 모습을 보여 주는 아기새 손가락 인형(허락을 받아 사용함)

개념을 설명하기도 한다. 여섯 살 스테파니는 자신이 '그 사람들'(과도기적 정체성)이라고 부르는 것이 분노발작을 일으키고, 동생들을 공격하게 만드는 원인이라고 보고했다. 스테파니는 '그 사람들'에게 통제받는다고 느꼈고, 가끔은 그들과 상호작용할 때 나타나는 분노 행동에 대한 기억을 잃기도 했다. 나는 "스테파니의 마음속에 있는 모든 작은 감정들이 함께, 함께, 합쳐질 거야."라는 노래를 만들었고, 우리는 반복해서 이 노래를 불렀다. 이 노래를 부르는 동안 우리는 손가락을 흔들고 모든 감정이 하나로 합쳐지는 모습을 나타내기 위해 두 손을 깍지 끼었다. 리듬과 동작을 하고 통합을 생리학적으로 행동화함으로써, 통합이라는 교육적 메시지를 그녀에게 신체적, 인지적으로 심어줄 수 있었다.

때로는 내면의 부분들이 다른 정서를 느끼더라도 모두 같은 몸을 공유한다는 것을 설명하는 것이 중요하다. 어린 아동과 함께 종이에 손 윤곽을 따라 그리거나 큰 전지에 몸 전체를 따라 그린 다음, 마음속에서 들리는 각각의 과도기적 정체성이나 목소리에 대해 다른 색으로 여러 번 다시 따라 그리는 방법을 사용할 수 있다. 이렇게 하면 각기 다른 부분도 손이나 몸 전체의 패턴은 동일하다는 것을 구체적으로 아동에게 설명할 수 있다. 다른 색으로 그려도 실제 손이나 몸은 종이 위에 동일하게 표현된다. 아동에게 어떤 사물을 보게 한 다음 눈을 가리고 '마음의 친구'가 다른 눈으로 그 사물을 볼 수 있는지 물어볼 수 있다. 그들은 할 수 없다고 답한다. 이것은 그들이 모두 같은 눈을 통해 본다는 것을 보여 준다. 신체적 자기의 단일성을 보여 주는 활동은 자기의 각 부분의 행동에 따른 결과가 항상 전체 자기에 적용된다는 중요한 개념을 이해하는 데 도움이 된다.

통제할 수 없는 행동을 하는 일부 아동들은 자신의 잘못된 행동을 '못된 남자애 조이'의 탓이나 '못된 나'의 탓으로 돌리며, 잘못된 행동을 한 것은 '진짜 나'가 아니기 때문에 자신이 어떤 결과를 받은 것은 잘못되었다고 생각할 수 있다. 치료의 첫 단계에서의 심리교육은 몸 전체가 하나이듯 결과도 항상 전체 자기에 적용된다는 점을 아동에게 강조한다. 특히 유의해야 할 중요한 점은 일부 아동들은 마음의 한 부분에서 이루어지는 자기 파괴적인 행동이 실제로 자신의 몸을 해치거나 죽일 수 있다는 사실이나 위험하고 통제할 수 없는 행동으로 병원에 입원해야 하는 경우에 자기 전체가 병원에 가야 한다는 사실을 완전히 깨닫지 못한다는 것이다. 이는 당연해 보일 수 있지만, 해리 징후를 보이는 많은 아동들은 직접 설명하고 강조하지 않는 한 이를 실제로 깨닫지 못한다.

개념 4: 목소리, 상상 친구, 과도기적 정체성, 기타 내적 자기는 감정, 알림 또는 신호이다

해리 아동을 대상으로 하는 심리교육의 주요 취지는 내면의 목소리, 생생한 상상 친구 또는 과도기적 정체성이 무엇을 의미하는지, 왜 그러한 현상이 나타나는지를 이해하도록 돕는 것이다. 어떤 아동들은 이러한 현상에 대해 자신만의 '과학적' 설명을 전개하기도 한다. 어떤 열 살 소년은 청각 교정기를 착용한 후에 목소리가 들리기 시작했다며 교정기가 라디오 수신기 역할을 한다고 생각했다. 해리 현상을 설명하기 위해 아동들이 만들어 내는 많은 이론들이 기이하지만, 이것들이 정신병적 사고에 관여되어 있는 것이 아니라 오히려 이러한 설명은 아동의 마음속에서 이질적인 목소리가 왜 들리는지 이해하려고 할 때 파생될 수 있는 최선의 이론이라는 점을 인식하는 것이 중요하다.

어떤 아동들은 유령, 영혼, 악마, 천사 또는 신이 자신에게 말하는 것을 듣는다고 생각한다. 아동들이 가진 가장 무섭고 불안정한 생각은 마음속에서 들리는 가해자의 목소리가 실제 가해자, 즉 자신의 마음속에 살고 있거나 어떻게든 멀리서 자신과 소통할 수 있는 가해자라고 생각하는 것이다. 가해자가 항상 자신과 함께하고 있으며 가해자의 존재에서 벗어날 수 없다는 믿음은 아동이 영구히 안전하지 않고 통제당한다고 느끼게 할 수 있다. 이러한 믿음으로 인해 아동은 자해를 하거나 목소리를 없애기 위해 공격적으로 행동할 수 있다. 자신을 학대했던 사람이 자신을 죽이거나, 해치거나, 사랑하는 사람을 해치거나, 다른 아이들을 해치겠다고 위협하는 목소리를 끊임없이 듣는 아동들에게는 이제 안전하다는 어른들의 안심시키는 말이 잔인한 농담처럼 들릴 것이다. 특히 가정 밖에서 조직적 학대를 경험한 아동들은 이러한 믿음으로 인해 고통을 받는다(14장 참조).

많은 아동은 이미 화난 목소리, 자신이나 다른 사람을 해치라고 말하는 마음속 학대자의 목소리를 무시하거나, 밀어내거나, 반응하지 말라는 말을 들어왔다. 아동들은 선의의 성인과 치료자의 조언을 들으려고 노력하지만 학대자의 목소리를 무시할수록 마음속에서 들리는 위협이 더 커지는 경향이 있기 때문에 사실상 불가능하다. 게다가, 그러한 목소리를 밀어내고 그 안에 담긴 메시지를 무시하기 위해 필요한 정신적 노력은 해리 과정을 강화하여 아동이나 청소년이 인식이나 기억 없이 행동할 가능성을 높인다.

2장에서 소개한 정서 이론은 당혹스럽고 종종 무서운 해리 현상에 대한 설명을 전개시킬 수 있는 도구를 아동들에게 제공한다. Tomkins(1962)가 설명했듯이, 정서는 자기를 위한 학습 도구이다. 정서는 사람이 좋은 일이든 나쁜 일이든 눈에 띄는 사건에 주의를 기울여 경험이 주는 교훈을 기억할 수 있도록 도와주는, 체험한 경험에 대한 반응의 확장이다. 마찬가지로 내면의 목소리는 트라우마를 겪은 아동 생존자에게 어떤 행동을 취해야 하는지, 어떤 회피 전략을 취해야 하는지 알려주는 역할을 하는 정서 상태의 의인화된 중재자로서, 고통스러운 정서를 우회하고 임박한 위험에 대한 경고를 신속하게 보내 빠르게 주의를 기울이게 한다. 다시 말해서, 내면의 목소리는 학대로부터 살아남는 것이 일상적 투쟁일 수 있는 환경에서 아동이 자신을 보호하고 잠재적 위험 회피 방법을 상기시키는 안내 역할을 한다.

예를 들어, 아동이 부모 존재로부터 거부당한다고 지각할 때 갑자기 자해를 하라는 가해자의 목소리가 들릴 수 있다. 이는 다음과 같은 순서로 진행될 수 있다.

> 양어머니는 아동에게 설거지를 싱크대에 넣어달라고 부탁한다. 아동은 빨리 반응하지 않는다.
>
> 아동은 양어머니의 얼굴에서 화난 표정을 본다.
>
> 화난 표정은 아동에게 이전 가정에서 당한 구타와 학대를 연상하게 만드는 학습된 신호이자 촉발 요인이 된다. 과거에는 이 신호가 "너 나한테 죽었어!"라는 계부의 목소리와 연결되어 있었다.
>
> 이제 아동은 지난 2년 동안 함께 살지 않았던 계부의 말처럼 들리는 '너 나한테 죽었어!'라는 소리를 듣는다. 이것은 위험에 대한 경고이자 숨거나 싸우라는 신호이다.
>
> 아동은 이제 위험과 두려움의 감정을 대신하는 목소리를 다루려고 노력하고, 목소리를 잠재우기 위해 자해를 하거나 양어머니를 공격하거나, 혹은 두 가지를 다 할 수 있다.

이 과정이 복잡해 보일 수 있지만, 어린 아동들도 이해할 수 있는 방법이 있다. 아동이 목소리가 생긴 이유에 대해 어떤 생각을 가지고 있다면 다른 이유를 고려해 볼 의향이 있는지 물어보라. 아동들은 대개 이 현상 때문에 혼란에 빠지며, 그것을 경험해 봤거나 아는 사람이 아무도 없다고 믿기 때문에 목소리를 설명할 수 있는 다른 방법에 대해 기꺼이 들을 것이다.

대화는 다음과 같이 할 수 있다. "비록 마음속의 목소리가 빅터 목소리와 매우 비슷하게 들리지만 너의 마음이 너를 속이는 것일 수도 있고, 실제로는 빅터가 아닐 수도 있어. 그것은 그냥 빅터가 너를 아프게 했을 때 그것이 얼마나 나빴는지 기억하도록 도와주는 '알림 목소리'일지 몰라. 너의 마음은 다른 사람이 너를 해칠 가능성이 있을 때 그것을 경고하기 위해 '알림 목소리'를 들려주고 싶어 할 수 있어. 그렇다면 오히려 이러한 알림을 주려고 하는 목소리에 감사한 마음이 들 것 같아. 빅터 대신 '알림 목소리'라고 부르자, 알았지?"

이러한 방식으로 이름을 미묘하게 변경하여 아동이 그 목소리를 아동 자신의 이익을 위해 기능하는 마음속의 무언가로 인식하도록 돕는다. 이것이 아동에게 힘을 되찾아주는 첫 번째 단계이다. 만약 아동이 가해자의 이름을 없애길 주저한다면, 예를 들어 '조쉬의 목소리 기억'이라고 부르는 데 동의해 준 다음 시간이 지나면 이름을 빼고 '목소리 기억'이라고 부른다.

가끔은 목소리가 덜 해로울 때도 있어서 감정으로 재구성하면 아동이 쉽게 이해할 수 있다. 다음은 아동들이 이해할 수 있게 하는, 목소리를 부르는 몇 가지 문구이다.

> 너에게 말을 하는 너의 마음,
> 두려운 마음의 목소리,
> 신호를 보내는 목소리,
> 슬픔을 기억나게 하는 목소리,
> 기분 나쁜 기억의 목소리

목소리가 들릴 때 어떤 일이 일어나고 있는지, 그 목소리가 무엇을 전하거나 생각나게 하는지에 대해 아동들과 이야기를 나누면 아동마다 상황에 맞는 고유한 설명의 이름을 지을 수 있다.

일곱 살 티나는 더 이상 가족과 함께 살고 있지 않은 학대적인 의붓오빠 프랜시스가 "프랜시스, 프랜시스"라며 굵은 목소리로 으르렁거리는 소리를 들었다. 티나는 이 소리가 자신을 겁주기 위해 자신의 마음에 진짜로 존재하는 '프랜시스'라고 믿었다. 나는 티나에게 진짜 '프랜시스'가 아니라고 설명하였고, 티나는 그 목소리를 '무서운 신호음'이라 부르는 것에 동의했다. 티나는 그 신호를 촉발하는 무서운 사건을 식별하는 법을 배우면서 스스로를 자랑스러워했다. 어느 날 티나는 "프랜시스, 프랜시스"라고 말하는 '무서운 신호음'을 들었다며 흥분해서 들어왔고, 그녀는 그 이유를 이해했다. 티나는 학교식당에 앉아 있었는데 학교 친구가 점심을 빨리 먹지 않으면 교장 선생님께 가야 한다는 말을 했다고 나에게 말했다. 교장 선생님을 무서워해서 '무서운 신호음'을 들었지만, 이번에는 프랜시스가 아니라 교장 선생님이 무서웠다는 것을 알았다. 이 사건은 이 무서운 증상이 실제로는 자신에게 이해할 수 있는 정보를 주고 있다는 것을 깨닫는 획기적인 계기가 되었다. 목소리를 자신에게 정보를 제공하는 자기 마음의 일부로 볼 수 있다는 것을 깨닫고 나면, 아동은 목소리에 의존하지 않고 정보를 얻을 수 있는 새로운 방법을 찾기 시작한다. [그림 6-3]은 티나가 학교식당에 앉아 마음속 목소리를 듣는 모습을 그린 그림이다. 이러한 내적 경험을 그리는 것은 아동들이 내

[그림 6-3] 티나의 마음속에 있는 학대자의 목소리 그림(허락을 받아 사용함)

적 세계의 이런 측면들에 대해 덜 고립되고 두려하지 않게 도와준다.

개념 5: 자기의 어떤 부분도 무시하거나 간과될 수 없다

어떤 아동들은 치료가 마음속의 전쟁이나 싸움을 해결하는 것이라는 이야기를 들으면 한 쪽이 다른 쪽을 '죽여야 한다.'는 의미로 생각한다. 전쟁 중인 자기(self)의 부분들 간의 긴장과 갈등은 해리를 촉진하므로 자기의 일부분을 파괴해야 한다는 생각은 즉시 수정되어야 한다. 아동들은 마음의 일부가 아무리 부정적이고 해롭거나 파괴적으로 보인다 하더라도 본래 도움이 되는 목적이 있다는 것을 이해하도록 도와야 한다. 아동들은 이러한 개념이 이전에 들었던 모든 것과 모순되는 경우가 많기 때문에 놀라움을 금치 못한다. 치료자는 파괴적으로 보이는 목소리, 과도기적 정체성 또는 해리 상태를 긍정적으로 재구성해야 하는 과제에 직면하기 때문에 때로는 치료자의 창의력이 크게 시험받기도 한다.

아동 문학작품은 이러한 학습 과정에 보조 자료가 될 수 있다. 많은 아동 작가들이 많은 아동이 느끼는 내적 갈등을 직관적으로 파악하고 갈등을 시적이고 아동친화적인 방식으로 표현하는 것으로 보인다. 예를 들어, Shel Silverstien(1974)은 '인도가 끝나는 곳(Where the

Sidewalk Ends)'이라는 동화에서 "난 줄다리기(Tug o'war) 말고 포옹 놀이(Hug o'War)를 하고 싶어. 모두가 끌어당기는(Tug) 대신 서로 끌어안고(Hug), 모두가 키득거리며 양탄자 위에서 구르고, 모두가 입 맞추며 활짝 웃는, 모두가 껴안으면 모두가 이기게 되지."라고 썼다. 치료자는 이 시를 활용하여 왜 '포옹 놀이(Hug o'War)'가 마음의 '줄다리기(Tug o'war)'보다 궁극적으로 더 큰 성공으로 이어질 수 있는지 아동들에게 가르칠 수 있다. 또한 이 시의 한 구절을 암송하는 것은 어려운 시기에 자기 전체가 함께 작동해야 한다는 것을 아동이 기억하게 하는 단서가 될 수 있다.

Seuss 박사(1982)도 『아이디어 뭉치(Hunches in Bunches)』라는 책에서 비슷한 주제를 다루고 있다. Seuss 박사는 책에서 "나 혼자서는 그것을 할 수 없었어요. 그러다 갑자기 그런 일을 해내려면 두 명 이상이 필요하다는 걸 알게 되었죠."라고 썼다. 책 속의 아동 캐릭터는 다음과 같은 방식으로 자신의 모든 부분들 간의 혼란을 해결한다: "우리 모두는 생각과 아이디어에 대해 이리저리, 하나에서 열까지 속속들이 이야기했어요. 말다툼을 하고 자기의 말을 들어주면 무엇을 해 주겠다고 말하기도 했어요! 그러고 나서 우리는 무엇을 해야 할지 결정했죠." 이 이야기는 서로 싸우는 목소리나 과도기적 정체성들의 내적 갈등을 해결하기 위해 아동들이 관여해야 하는 내적 대화를 설명하는 데 도움이 될 수 있다. '말다툼과 조건 거래'는 온 마음을 사용하여 갈등을 해결하려고 노력하는 내적 과정을 재미있게 표현하는 이름이 될 수 있다. 이 재미있고 유쾌한 책은 해리 아동이 자신의 어려움이 다른 아동의 내적 경험과 크게 다르지 않다는 것을 인식하는 데 도움이 된다.

1979년에 E. L. Konigsburg가 쓴 선견지명이 있는 주목할 만한 책인 『조지(George)』는 벤이라는 아이와 이 아이의 상상 속 내면의 목소리인 조지에 관한 이야기가 담겨 있다. 조지는 벤에게 조언하고, 결국 고등학교의 불법 마약 조직에 대한 미스터리를 해결한다. 이야기의 마지막 부분에서 벤은 "평생 동안 자신의 내적 부분에 신경을 써야 한다."(p. 152)는 것을 알게 된다.

안타깝게도 아동중심적 교육과 아동친화적 놀잇감, 문학 작품 및 기타 자료가 풍부하더라도 교육만으로는 해리 아동을 자기 수용과 앞으로 나아가는 데 필요한 동기를 갖게 할 수 없다. 다음 절에서는 이러한 초기 교육 정보를 바탕으로 동기화 문제를 다루는 방법에 대해 논의하겠다.

EDUCATE 모델의 'D': 해리 동기(Dissociation Motivation)

해리성 회피 전략의 사용은 트라우마를 경험한 많은 아동의 습관적인 생활 방식이 된다. 기억상실, 자동화된 행동, 변화하는 상태들은 다른 사람과 거리를 두게 하고, 자신의 행동 결과에 직면하지 못하게 한다. 이들에게 다른 대처 방법을 찾도록 동기를 부여하는 것은 큰 도전이다. 이 변화를 동기화하는 작업은 치료 전반에 걸쳐 이루어지며, 심지어 아동이나 청소년이 좋아진 건강 때문에 져야 하는 새로운 책임에 대해 두려움을 느낄 수 있는 치료 후기 단계에서도 이루어진다. 그러나 이런 동기화 요인을 정면으로 다루기 시작해야 하는 것은 치료의 초기 단계이다.

미래 인식과 희망 만들기

내담자의 동기를 평가하는 첫 번째 단계는 아동이나 청소년이 무엇을 좋아하고 싫어하는지, 그리고 어떤 미래를 시각화할지에 대해 대화를 나누는 것이다. 트라우마를 경험한 많은 사람이 미래에 대해 설명하는 것이 쉽지 않지만 나는 치료 초기에 이러한 것들을 생각하도록 요구한다. 인상적인 직업이나 삶을 살고 있는 사람을 아는지, 5년 후의 자신의 모습을 어떻게 생각하는지 물어보기도 한다. 나는 미래에 대한 구체적인 비전이 없으면 아동들이 어려운 시기에 동기를 유지하기가 어렵다는 것을 알게 되었다. 미래의 교육 목표에 대해 토의하면 기억상실과 싸우는 것이 얼마나 중요한지에 대한 주제를 이끌어 내는 데 도움이 된다. 시험 중에 갑자기 기억상실이 발생한다면 수의사, 법의학자, 헤어디자이너가 될 수 없을 것이다. 미래가 있으려면 마음의 모든 능력이 필요하며 일부라도 끄지 말아야 한다.

아동, 청소년들이 가능한 미래를 시각화하도록 돕는 한 가지 기법은 5년 또는 10년 후의 자신과의 대화를 상상하게 하는 것이다. 이 상상 속 나이 든 자기는 자신이 꿈꾸는 미래의 직업, 가족, 연인 또는 자신이 이상적이라고 여기는 그 밖의 모든 것을 가질 수 있다. 그런 다음 어린 자기는 상상 속 나이 든 자기에게 "당신이 있는 그곳에 도달하려면 나는 어떻게 해야 하나요?"라고 물어볼 수 있다. 성공한 미래의 자기가 시각화되면, 이 이상적인 미래상을 치료 내내 장기 목표로 삼아 치료의 노력을 가치 있게 만들 수 있다.

해리 의존성에 관해 솔직하게 대화하기

해리 전략을 없애려는 내담자의 동기를 평가하기 위해서는 먼저, 아동들이 해리방어에 계속 의존하는 이유를 깊이 이해해야 한다. 생각, 기억, 감정이라는 내적 세계 또는 요구 사항, 관계, 상황이라는 외적 세계에서 변화는 가치가 없다고 느끼도록 만드는 것은 무엇인가? 내적 세계를 조직하는 새로운 방법을 배우는 것의 장단점에 대한 솔직한 토의가 치료 초기에 이루어져야 한다.

아동이나 청소년은 자신을 돌봐주고 있는 사람에 대해 참을 수 없는 것을 알게 될 수도 있다고 생각하기 때문에 기억상실의 장벽을 무너뜨리는 것에 깊은 두려움을 느낄 수 있다. 성적인 부분에 대한 두려움이나 자신을 학대한 부모처럼 될지도 모른다는 두려움 등 성장하는 것에 대한 두려움이 있을 수 있다. 또한 아동과 청소년은 통제를 벗어난 화난 행동에 대한 기억이 없을 때 경험하게 되는 책임감 부재에 강하게 집착할 수 있다. 때로 부모는 이 책임 회피에 편승하여 '그' 아이가 그런 것이 아니라는 아동의 주장에 동의한다. 왜냐하면 부모들은 '그' 아이가 결코 그런 행동을 하지 않을 것이라는 것을 알고 있기 때문이다. 치료 초기 단계에서 행동이 통제를 벗어날 때 일어날 일에 대한 분명한 결과를 설정하면 치료가 올바른 방향으로 나아가게 한다.

해리를 지속시키는 숨겨진 동기와 환경적 압력이 드러나면, 아동들이 치료에 완전히 참여할 때의 장단점을 모두 담은 '장단점' 목록을 작성하도록 하는 것이 도움이 된다. 놀랍게도 해리의 장점 중 일부를 발견할 수 있다. 이들은 내면의 목소리가 계속해서 재잘거리지 않아 외로워지는 것이 두렵다고 설명할 수도 있고, 부끄러운 과거 행동을 마주하지 않아도 된다는 안전감을 누릴 수 있다고 말할 수 있다. 아동이나 청소년이 여전히 학대자를 보호하고 있거나 아동이 말하지 않은 위험한 환경에서 살고 있는 경우처럼 해리를 유지하려는 이유가 완전히 설명될 수 없는 경우도 있다. 이러한 종류의 숨겨진 동기는 치료가 진행됨에 따라 더 명확해질 수 있으며, 따라서 초기 세션에 모든 것이 드러날 것이라고 기대하는 것은 비현실적이다. 학교 공부를 더 잘하고, 친구를 잃지 않고, 성공적인 미래를 위한 잠재력을 갖는 것은 아동들이 해리 증상을 줄이기 위한 노력을 하는 데 도움이 되는 몇 가지 장점이다. 해리와 관련된 장단점을 논의하는 것은 치료 내내 반복해서 재검토될 수 있는 대화의 시작점이다.

현실적 결과와 책임에 기반한 확고한 경계 설정하기

일반적으로 만성 트라우마 및 해리 병력이 있는 내담자는 생활 방식, 학교 배치, 운전이나 데이트와 같은 특권을 누릴 수 있는 기회를 위협하는 행동에 관여한다. 나는 성공적인 치료를 위해서 치료 초기에 위협적 방식이 아닌 유익한 방식으로 환경과 관련하여 '만약 …라면 어떻게 될까(what-ifs)' 가정에 대해 신중하고 확고한 토의를 하는 것이 중요하다는 것을 알게 되었다. 부모 또는 양부모는 이러한 명확한 '만약 …라면' 가정을 함께 만들 수 있도록 치료 초기에 반드시 참여해야 한다. 아동의 행동이 너무 통제 불능이어서 부모나 양부모가 시설 배치를 고려하는 경우, 명확하게 표현하지 않았더라도 아동은 이를 인지할 수 있다. 더 흔하게는, 부모가 극심한 스트레스를 받는 순간에 소리를 지르며 "계속 그런 태도를 보이면 여기서 쫓아낼 거야!"와 같은 말을 하거나 확실한 계획 없이 유기 불안을 자극하는 다른 위협을 가하는 경우가 있다. 나는 매우 사실적인 대화를 통해 이러한 현실을 다루고, 치료 작업이 왜 그렇게 중요한지와 관련하여 현실 점검을 하려고 노력한다. 통제 불능의 아동들을 위해 가정 밖 시설에서 사는 대안을 제시할 때 나는 그것을 '아동들을 버리는' 부모의 선택이 아니라 안전한 공동체의 요구 사항이라고 표현한다.

열두 살 티모시는 이제 더 이상 연락을 하지 않는 친할아버지에게 심한 신체학대를 당했다. 티모시는 함께 살고 있던 어머니와 할머니에게 폭력적인 방법으로 분노를 표출했다. 어머니와 할머니는 티모시가 통제 불능이 되었을 때 그를 제지하다가 자주 타박상과 염좌 진단을 받았다. 티모시는 여러 차례 입원을 했고, 병원에 있는 동안 안전하게 있겠다는 공허한 약속만 되풀이하다가 제한이 있을 때마다 폭력적인 행동을 하는 악순환을 반복했다. 어머니와 할머니는 할아버지의 폭력에 티모시를 노출시킨 것에 대해 죄책감을 느꼈고, 이에 티모시가 착하게 행동할 때에는 공격적인 행동을 하는 티모시를 계속 양육할 수 없다는 사실을 말하지 못했다. 그러나 다투거나 스트레스를 받을 때면 "넌 더 이상 여기서 살 수 없어!"라는 식의 말을 했고, 그러다가도 입원 후에는 다시 데려가곤 했다. 티모시의 입장에서는 어머니와 할머니가 그다지 심각하지 않다고 여겼다. 그 결과 티모시는 자신의 행동의 심각성과 기존의 악순환을 계속할 수 없다는 사실을 제대로 직시하지 못했다. 설상가상으로 티모시가 화를 내는 대부분의 행동은 해리 상태에서 발생했으며, 티모시는 이를 위협을 느낄 때 싸우라고 명령하는 '화난 목소리'의 행동으로 인식했다.

치료 초기에 나는 티모시에게 지금과 같은 상황이 계속되면 어떤 일이 일어날지 설명했다: "네가 엄마와 할머니를 멍들게 하는 것은 실제로 법을 위반하는 것이라는 사실을 알고 있니? 할아버지가 너를 멍들게 했을 때 아무도 그 법을 심각하게 생각하지 않았기 때문에 이상하게 들릴 수 있어. 하지만 그것을 '폭행'이라고 불러. 사람들은 서로에게 그렇게 하면 안 돼. 사람들이 서로 안전하게 살기 위해 이런 규칙들이 있는 거야. 할아버지는 그 규칙을 어겼기 때문에 다시는 너와 함께 살 수 없게 됐지. 법원이 허락하지 않을 거야. 사람들은 자신에게 해를 끼치는 사람과 함께 사는 것을 허용하지 않아. 설령 그들이 원한다고 해도 말야. 네가 엄마와 할머니에게 끼치는 피해가 점점 심해지고 있고, 그들이 너를 사랑하는 만큼 이런 일이 계속되면 더 이상 너와 함께 살 수 없게 될 거야. 나는 네가 하는 일이 많이 기억나지 않는다는 것을 알아. 그리고 이런 일을 일으키는 것은 '화난 목소리'인 것 같아. 그렇지만 너와 네 안에 있는 화난 목소리는 같은 몸이기 때문에 법은 너를 구별하지 않아. 네가 해를 끼치고 있든 '화난 목소리'가 해를 끼치고 있든 간에 할머니랑 엄마랑 함께 집에서 살 수 없는 것은 너 자신의 몸이야. 그분들은 너를 너무 사랑하고, 너와 함께 살기를 바라기 때문에 이건 그들에게 매우 슬픈 일이지. 하지만 우리나라와 사회에는 규칙과 법이 있고, 네가 그중 하나를 계속 어기면 나와 사회복지사, 그리고 너를 돕는 다른 사람들은 네가 살 수 있는 다른 곳을 찾아야 해. 하지만 매우 어렵긴 해도 나는 네 안에 있는 화난 목소리와 감정을 나눌 수 있고, 사람들에게 해를 끼치지 않으면서 화를 표현할 방법을 찾을 수 있다고 생각해. 나는 네가 사랑하는 엄마와 할머니, 그리고 너를 사랑하는 사람들과 함께 집에서 계속 살 수 있는 방법과 네 안에 있는 화난 목소리와 소통하는 방법을 가르쳐 줄 거야. 나는 네가 똑똑하고, 너의 과거와 이런 일이 일어나는 이유를 이해하고 있고, 엄마랑 할머니와 계속 살고 싶어하기 때문에 할 수 있을 거라고 확신해."

티모시처럼 처음 치료를 받으러 온 아동들은 정서 세계를 다루는 자신의 방법이 효과가 있다고 믿는 경우가 많다. 주변에 혼란을 일으키고 있더라도 트라우마 내용을 억제하고 두려워하는 감정을 피하는 데 효과적인 것으로 보이는 정서적 평형을 유지하고 있는 것이다. 치료자는 해리 아동의 세계로 들어갈 때 현재의 상태가 결국에는 그들에게 도움이 되지 않는다는 점을 분명히 해야 한다.

치료 초기에 '만약 …라면 …것이다.'라는 프레임은 시설 배치만큼 과감한 것은 아니다. 종종 내 치료실에 오는 청소년들은 운전을 매우 배우고 싶어 하는데, 부모는 예측할 수 없는 해리성 삽화로 인해 운전이 안전하지 않다고 확신하여 이 과정을 시작하기를 꺼려한다. 운전에 대한 열망은 치료의 주요 동기가 될 수 있으며, 치료자는 해리 청소년이 치료를 받도록 동기를 부여하는 데 도움이 되는 명확하고 사실적인 방식으로 설명할 수 있다.

예를 들어, 다음과 같이 말할 수 있다. "엄마에게 네가 운전할 수 있다고 말해 주길 바라는 마음은 알겠지만, 나도 걱정돼. 네가 정말 무서워지면 입을 다물고 말을 멈추거나 움직이지 않는다고 말했었지. 자, 근데 운전에 대해 생각해 보렴. 도로에서 무서운 일이 벌어진다면 어떻게 될까? 네가 그냥 멈추고 운전을 그만두면 너와 다른 운전자들에게 정말 안전하지 않을 거야. 사고가 날 수도 있어. 하지만 우리가 함께 노력하면 네가 무서워질 때 대처하는 새로운 방법을 배울 수 있을 거라고 확신해. 그렇게 할 수 있게 되면 나는 네 부모님께 운전을 허락해 주라고 꼭 권유할 거야." 따라서 치료자는 청소년이 동기부여 되는 것에 맞추어 운전과 같은 새로운 특권을 얻기 위한 그들의 협력을 이끌어 낼 수 있다. 마침내 해리 청소년 내담자들은 내적, 외적 신호에 주의를 기울이고, 책임을 진지하게 받아들이는 법을 배우기 때문에 아주 훌륭한 운전자가 된다.

이 초기의 '만약 …라면 …것이다'를 설정하는 것과 관련하여 근본적 메시지는 내담자가 완전한 인식을 갖고 있든 없든 간에 그가 하는 모든 것에 책임이 있다는 것이다. 내담자는 치료자가 그렇게 하듯이 치료 작업에 참여함으로써 시간이 지남에 따라 완전한 인식을 얻을 수 있다고 믿게 될 것이다.

해리를 지속시키는 환경 요인 평가와 변화를 위한 노력

치료자가 주목해야 할 가장 중요한 환경 변화 요건은 신체적, 성적 또는 정서적 학대가 일어나고 있는 안전하지 않은 환경에서 아동을 분리시켜야 한다는 것이다. 아동이 안전하지 않은 환경에 있을 때 해리 증상을 해결하는 것은 바람직하지 않으며 일반적으로 불가능하다. 아동이 학대 가정에서 심리치료를 받으러 왔다고 의심되는 경우, 해리 문제에 신중하게 접근해야 한다. 해리를 직접 다루고 그 장단점에 대해 솔직하게 논의하는 것은 유용하지 않을 것이다. 만약 밝혀진 사실이나 명확한 증거가 없는 상황에서 지속적인 학대가 의심되는 경우, 해리에 대해 부드럽게 설명하면 아동은 치료실이 정보를 털어놓기에 안전한 장소라는 것을 신뢰하도록 도울 수 있다. 지속적 학대를 확인할 수 있는 한 가지 단서는 아동이 계속해서 '비밀'을 언급하며 자신의 과도기적 정체성이나 목소리 중 하나에 공유할 수 없는 비밀이 있다는 것을 알려주는 경우이다. 만일 그런 언급을 한다면 치료자는 다음과 같이 말할 수 있다. "나는 때로 무서운 비밀을 가진 아이들을 도울 수 있는 의사야. 그리고 만약 나에게 비밀을 말한 것 때문에 네가 위험에 처하게 될 것 같다고 생각되는 것이 있으면 내가 모든 어른들과 힘을 합쳐 네가 안전하게 지낼 수 있도록 노력할 거야."

해리 증상이 많았던 여섯 살 남자아이 아니는 매 세션마다 플라스틱 뱀을 가져와 '뱀 스내피'에게 큰 비밀이 있다고 말하면서 "입 다물고 있어."라고 끊임없이 소리질렀다. 세션 중에 그의 정서는 극적으로 변했고, 종종 자신에게 다른 목소리로 공격적이고 성적인 내용의 혼잣말을 했다. 주말에 아버지 집에서 있었던 일에 대해 질문할 때마다 그는 뱀 스내피가 자신에게 "닥쳐!"라고 말했다고 했다. 나는 뱀 스내피에게 다가가 그 일이 매우 무서운 일임에 틀림이 없고, 기분이 나아질 수 있도록 최선을 다해 도울 것이며, 그런 힘든 비밀을 갖게 되어 안쓰럽다고 '말'했다. 처음 일곱 번의 세션에서 아니는 나에게 비밀을 말해 주겠다고 했지만 세션이 끝날 때에는 "다음 주에."라고 말했다. 마지막으로, 여덟 번째 세션에서 스내피가 다시 한번 아니가 말하려는 내용을 '거부'하자 나는 뱀 스내피에게 엄마와 함께 밖에서 기다리면서 그가 할 수 있는 모든 위로와 보살핌을 받으라고 제안했다. 이후 세션에서 '스내피'는 더 이상 오지 않았고, 아니는 주말에 아버지 집을 방문했을 때 발생한 잔인한 신체 및 정서 학대의 역사를 공유했다. 사회서비스국에 연락을 취한 결과, 아니는 학대로부터 보호받을 수 있었다. 아니와 같이 병력이 불분명하고 관찰된 해리 증상의 강도를 뒷받침하는 충분한 정보가 없는 어린 아동의 경우, 목표는 아동을 보호하는 데 도움이 되는 정보를 안전하게 수집하는 것이다.

여덟 살의 아디나는 아버지를 방문하는 동안 지속적으로 당한 신체적, 성적 학대를 나에게 털어놓기까지 6개월이 걸렸다. 이 기간 동안 나는 아디나에게 트라우마와 해리 증상에 대해 교육하고, 어머니 집과 아버지 집에서의 경험을 정신적으로 갈라놓는 장벽을 탐색했다. 그러나 마음의 통합을 위한 실제적 작업은 아디나가 자신의 비밀을 말하고 안전하게 지낼 수 있게 된 후에야 가능했다.

해리 전략을 없애는 과정에서 환경에 더 많고 경미한 장애물이 있다. 가족의 압력, 학교의 압력 또는 법적 방문 명령이라는 압력으로 인해 아동들은 갇혀 있다고 느낄 수 있으며, 이러한 압력에 대처할 수 있는 유일한 방법은 해리를 통해서이다. 끊임없이 자신의 존재가 무시되고 받아들여지지 않는다고 느끼는 일부 아동은 자신을 억압하는 환경에 적응하기 위해 자신의 감정을 분리시켜야 했다. 아동이나 청소년이 해리에서 벗어나는 법을 배우면서 편안함을 느끼도록 이러한 미묘한 압력도 해결할 필요가 있다. 무엇이든 드러나는 압력을 완화하기 위한 보조적인 가족 작업은 해리에 대한 개별 치료 작업이 쉽게 이루어질 수 있게 한다. 이 책을 통해 가족, 학교, 법원이 청소년과 아동들에 대한 기대치를 수정하도록 돕는 많은 사례를 접하게 될 것이며 이것은 치료의 중요한 부분이다.

트라우마와 해리에 대한 아동의 교육과 아동의 숨겨진 동기를 탐색하는 것으로 치료의 장이 마련되었다. 이제는 내담자가 비밀리에 품고 있을 수 있는 과도기적 정체성이나 목소리에 담긴 해리된 감정이라는 숨겨진 섬을 탐색할 차례이다.

요약

이 장에서는 아동들에게 해리를 이해하는 방법을 교육하고 나머지 작업의 기초가 되는 핵심적인 심리교육의 원칙을 검토했다. 검토한 다섯 가지 주요 원칙은 다음과 같다: (1) 트라우마는 마음의 단절을 초래한다. (2) 건강한 마음은 가장 많은 연결을 갖는다. (3) 전체 자기가 함께 작동해야 한다. (4) 목소리는 감정, 알림 또는 신호이다. (5) 자기의 어떤 부분도 무시될 수 없다. 아동이나 청소년에게 치료 동기를 부여하기 위해서는 미래에 대한 희망을 심어주는 동시에 파괴적이거나 안전하지 않은 행동을 반복할 경우 초래될 최종적인 결과에 대해 현실적으로 설명하는 것이 중요하다. '장단점' 목록을 작성하여 계속되는 해리 욕구에 명확하게 맞선다면 청소년 내담자의 치료 동기를 강화하는 데 도움이 될 수 있다. 치료자와 가족은 아동이나 청소년이 자신의 행동에 대해 개인적인 책임을 지기 시작하도록 요구해야 하며, 이를 통해 처음부터 자기 통합의 개념을 강화해야 한다. 아동 생존자가 여전히 학대나 환경의 미묘한 속박에 노출되어 있다면 해리를 없애지 못할 수 있으므로, 해리를 없애기 위해 방해가 되는 장벽을 면밀하게 분석하는 것이 치료의 일부가 되어야 할 것이다. 다음 장에서는 아동이나 청소년이 낯설고 받아들일 수 없다고 느끼는 마음의 일부를 포용하고 수용하도록 돕는 지속적인 과제에 대해 논의할 것이다.

7장

자기상태들을 연결하기: 숨겨진 것과의 연결을 통한 치유

몇 년 전, 미국광고협회는 아동들이 TV에서 무섭거나 공격적이거나 성적인 콘텐츠에 노출되지 않도록 주의할 것을 부모들에게 권고하는 공익 광고 시리즈를 만들었다. 이 공익 광고 중 한 편에서 한 어머니는 현관문 앞에서 초인종을 누르는 끔찍한 괴물 두 마리를 발견한다. 그중 하나는 전기톱을 휘둘렀으며 다른 괴물은 얼굴에 피가 뚝뚝 떨어지고 온몸에 흉터가 있었다. 그녀는 어떤 어머니라도 사용할 만한 친절한 어조로 그들을 집에 초대하고 차와 쿠키를 대접했다. 그들이 편안해지고 난 후, 그녀는 다정하고 어머니 말투로 "우리 아이들에게는 너희들이 너무 무섭기 때문에 아이들이 집에 오는 3시 이후에는 너희들이 여기 있는 것을 허락할 수 없다."라고 말한다.

이 광고는 괴물들의 끔찍한 모습에 비해 어머니의 관대함, 지지, 친절한 말투가 충격적으로 느껴지고, 마지막에 나오는 그녀의 단호한 메시지도 똑같이 친절하고 사랑스러운 어조로 전달되기 때문에 충격을 준다. 이는 아동들이 내면의 악마에게 두려움 없이 다가가기 위해 치료자가 취해야 하는 자세를 완벽하게 특성화한 것이다. 그 광고는 예상을 뛰어넘기 때문에 재미있고 아주 흥미롭다. 마찬가지로 어린 내담자들도 자신이 두려워하는 마음의 부분에 대한 치료자의 친절하고 관대한 태도에 흥미와 안도감을 느낄 것이다. 공익 광고에 나오는 무서운 괴물처럼 아동들이 품고 있는 내면의 괴물은 치료자가 전달하는 친절하고 단호한 메시지에 반응한다. 이러한 자세는 아동들이 내적 긴장을 풀 수 있게 하고, 은유적으로 의식에서 '추방'한 정신적 내용을 탐색하는 데 필요한 호기심의 장을 만들어 준다.

이러한 내면의 괴물은 아동에게 미국광고협회 광고에 나오는 피 묻은 괴물만큼이나 무섭게 보일 수 있다. [그림 7-1]은 열세 살 존이 야구 방망이로 이웃집 차 유리창을 박살나게 만든 무서운 내면의 괴물 '미스터 스마일리'를 그린 그림이다. 그림 속 작은 말총머리 소년인 온화한 성격의 존은 '미스터 스마일리'와는 전혀 어울리지 않아 보인다. '미스터 스마일리'의 분노는 이전 위탁가정에서 받았던 가혹한 훈육으로 인해 충분히 그럴 수 있는 반응이라며 수용하는 모습을 존에게 보여 주자, '미스터 스마일리'는 협조적으로 반응했다. '미스터 스마일리'는 미국광고협회 광고에 나오는 좀비들처럼, 세심하고 공감적인 어른에게 협조하기로 동의했다.

해리 아동이 품고 있는 처리되지 않은 트라우마 기억, 정서, 목소리 또는 과도기적 정체성이라는 숨겨진 섬과 이러한 숨겨진 내용이 드러나는 것에 대해 스스로 만든 장벽은 강력할 수 있다. 저항과 균형을 이루게 하는 것은 아동과 청소년이 어른, 특히 자신을 무조건적으로 존중해 주고 인정해 주는 어른에게 알려지고 수용되기를 원한다는 사실이다. 따라서 해리

[그림 7.1] 미스터 스마일리(허락을 받아 사용함)

아동은 치료 초기 단계에서 자신의 사적 세계를 드러내는 것과 비밀로 유지하는 것 사이에서 일종의 접근-회피 갈등을 겪는다. 치료자가 아동의 마음속에 있는 보호된 측면을 부드럽고 친절하며 비판단적으로 수용하는 태도를 보일수록 내담자는 이러한 정보를 치료자와 더 공유하게 될 것이다.

이전 장에서는 EDUCATE 모델의 E와 D에 대해 다루었다. 이번 장에서는 U와 C를 제시하였다.

EDUCATE 모델의 'U': 숨겨진 정보 이해하기(Understanding What is Hidden)

EDUCATE 모델의 'U'는 아동이 숨겨진 정보에 접근하도록 돕는 데 사용할 수 있는 기법에 관한 것이다. 아동 생존자는 자신의 숨겨진 부분, 분리된 부분의 실제 내용을 표현할 경우 치료자가 자신을 판단하거나 처벌할까 봐 두려워할 수 있다. 욕설을 듣거나, 살인 충동을 느끼거나, 치료에 참여하지 말라는 말을 수시로 들을 수도 있다. 또한 필사적으로 피하려고 노력해 왔던 내용에 집중하는 것을 두려워할 수 있다. 아동들이 마음의 분리된 영역에 있는 내용에 둔감해지도록 돕고 이러한 내용을 공유해도 안전하다는 것을 느낄 수 있는 환경을 조성하는 데 사용할 수 있는 여러 가지 기법이 있다.

해리 아동이 숨기고 있는 정보는 부끄럽거나, 격분하거나, 무섭거나, 혐오스러운 것일 수 있다. 트라우마 기억과 관련된 고통스러운 정서를 회피하는 것은 종종 트라우마와 관련된 정서나 기억의 내적 표상을 회피하는 것으로 일반화되었다. 정신적 내용을 밀어내는 데 소비되었던 정신 에너지는 지금까지 낯설고 알 수 없는 것으로 느껴져 왔던 정신 내용에 대한 호기심과 친절, 그리고 궁극적으로는 감사하는 태도를 발달시키기 위해 사용되어야 한다.

양어머니에 대한 격렬한 공격성으로 의뢰된 열 살 라토야와의 초기 면담에서 나눈 대화를 살펴보기로 하겠다. 나는 먼저 라토야에게 양어머니를 공격하기 전에 무슨 일이 있었는지 또는 누군가가 자신에게 말하는 것을 들은 적이 있는지 물었다. 나는 라토야에게 "이곳저곳으로 옮겨 살았던 많은 아이들은 스트레스를 받을 때 예전에 알고 지내던 누군가가 자신에게 말하는 소리를 듣곤 해."라고 말했다. 라토야는 목소리가 들리긴 하지만 그 목소리는 할머니와 함께 살 때 자신을 학대했던 아주 나쁜 삼촌의 목소리 같다고 말했다. 나는 "이런 이야기를 해 줘서 정말 고마워. 앞으로 너를 돕는 데 도움이 될 거야."라고 대답했다. 이 대답으로 그녀를 '정신병자'라고 메모장에 적고 실망과 걱정으로 반응할 것이라는 그녀의 기대에 도전했다. 그런 다음 나는 "안녕? 라토야 삼촌처럼 들리는 목소리야, 어떻게 지내니? 라토야가 살았던 곳에서 무서운 것들을 많이 봤을 거야."라고 말했다. 라토야는 혼란스럽고 불확실한 표정을 지었다. "그 목소리가 뭐라고 대답하니?"라고 묻자, 라토야는 당황하고 주저하는 표정으로 고개를 돌렸다. 나는 "그래?"라고 답하며 "그 목소리가 무례한 말을 한 것 같은데 나한테 말하고 싶지 않은 것 같네. 괜찮아. 그가 무슨 말을 했든 나는 괜찮아. 나는 그가 누구에게도 상처를 주지 않고 자신의 감정을 표현할 수 있게 되어 기뻐. 그 목소리가 나에게 욕했어?

괜찮아, 난 상관없어."라고 하자, 마지못해 라토야는 그 목소리가 "닥쳐, 이 나쁜 년아!"라고 말했다고 했다. 그러고 나서 라토야는 자신의 뜻이 아니라고 나에게 확언했다. 나는 다시 한 번, 판단하지 않고 "와, 그런 말을 할 수 있다니 정말 대단해. 그 말을 하기가 무서웠을 텐데 말이야. 나는 너의 삶이 얼마나 힘들었는지 알고 있기 때문에 목소리가 화난 감정을 잔뜩 갖고 있어도 나는 화나지 않는다고 그 목소리에게 전해 줄래? 그런 마음을 갖는 것은 삶이 너무 많은 힘든 시간들로 가득 차 있기 때문이지."라고 말했다. 라토야는 내 생각을 전했다고 말했지만 목소리는 그녀에게 나와의 이야기를 중단하라고 말하고 있었다. 나는 "그래, 나는 그 목소리가 정말 오랫동안 비밀이었고, 그게 안전하다고 생각했을 거야. 너에게 일어난 많은 일들도 역시 비밀이었지. 그중 일부를 말하는 것이 무섭다는 것을 알지만 오늘 여기서 기꺼이 이야기해 준 용기에 대해 그 목소리에게 감사해야 할 것 같아. 그 목소리한테 내가 이해한다고 전해줘. 그리고 강한 감정을 가진 그 목소리와 너를 돕도록 노력할게."라고 말했다.

이 몇 분 동안 라토야는 예전의 사적이고 숨겨져 있던 것에 대한 대화를 견뎌낼 수 있었고, 격렬한 상황에서 격렬한 감정이 생겨난다는 것을 인식하였으며, 부드럽고 수용적이며 이해심 많은 어조로 말하는 것을 들을 수 있게 되었다. 이런 대화를 시작한 지 얼마 지나지 않아 라토야는 대부분의 아동들과 마찬가지로 내 견해에 대해 나와 논쟁을 벌이며 말했다. "아니요, 그 목소리는 매우 나빠요. 왜냐하면 내 양어머니를 다치게 하거나 집안의 물건을 망가뜨리게 만들거든요." 나는 "아니야. 그 목소리는 너의 일부이기 때문에 감정이 너에게 말하는 거지 나쁜 것이 아니야. 어쩌면 그 목소리는 나쁜 일이 다시 일어날까 봐 두려워서 누군가가 너에게 상처를 주기 전에 싸우려는 것일 수 있고. 혹은 아무도 너를 좋아하지 않을 거라고 생각하고 그들을 시험하는 목소리일 수도 있어. 하지만 그것은 나쁜 게 아니라 충분히 그럴 수 있는 거야. 목소리는 어떻게 다가가는 것이 제일 좋은 건지 모르고 있는 거야. 어쩌면 목소리는 다른 방법을 시도하는 것에 대해 너와 나에게 조언을 구하고 싶어 할 수도 있어."라고 대답했다.

라토야와 45분간의 첫 세션이 끝날 무렵, 우리는 주변 환경에 있는 위험한 사람들에 대해 경고하는 목소리에 동의할 수 있었고, 라토야가 폭력 없는 투쟁반응을 계획할 수 있도록 했다. 우리는 자동공격이라는 즉각적이고 절차적인 해리 반응과 사물을 깊이 생각하는 중재 단계를 성공적으로 분리했다. 이렇게 수용적이고 친절한 방식으로 자신의 목소리에 접근함으로써 라토야는 이전에 숨겨져 있던 두려움과 치유의 연결을 이루기 시작했다.

이러한 연결들을 이어주면 라토야는 전전두엽 피질의 계획중추를 포함한 자신의 전체 마음에 접근하여 문제 해결에 참여함으로써 공격성이라는 자동반응을 중단할 수 있다. 수용과 친절에 대한 단순한 모델링은 아동의 내적 세계에 대한 경험을 깊이 있게 형성하며, 새로운 방식으로 감정에 접근하고 이전에는 자기 성찰이 불가능했던 행동들을 살펴볼 수 있게 한다. 앞에서 설명한 것처럼 자기의 숨겨진 부분이 목소리든, 자신을 찾아와 명령하는 과도기적 정체성이든, 또는 변화하는 정체성 상태든 간에 이 환영하는 치료적 태도는 아동이 자신의 내적 경험을 정당화하는 목격자가 되는 과정을 시작할 수 있게 한다.

자기-상태들(self-states)을 불러내거나 정체성의 변화를 요청하지 않는 이유

많은 사람이 성인 해리성 정체성 장애 내담자에게 종종 하는 것처럼 다른 자기들, 목소리 또는 자기 상태들과 대화하자고 요청하는지 묻곤 한다. 이는 치료에 역행한다고 보기 때문에 나의 치료적 접근은 아니다. 2장에서 배운 것처럼, 해리는 과잉학습되어 조건화된 뇌 습관으로 개념화되며, 이제는 자동으로 작동하여 내담자가 정서를 회피하게 한다. 이러한 회피가 자신의 생존을 위해 필요하다고 확신하게 되면서 뇌 습관은 시간이 지남에 따라 숙련되고 자생력을 갖추며 강화된다. 치료자가 다른 '정체성'이 나타나도록 요청하거나 치료자와 대화할 수 있는 목소리가 나오도록 요청하면 치료자는 자신도 모르게 내담자가 소멸시키려는 뇌 습관을 연습할 기회를 더 많이 제공하게 된다. 내담자에게 해리를 연습할 수 있는 기회를 더 제공함으로써 치료자가 해리적 대처를 지원하는 신경경로를 강화할 수 있다. 어린 아동들의 뇌는 여전히 성장하고 있고, 가지치기를 하고 있으며, 성인이 되었을 때 가장 잘 활용될 수 있는 신경망을 선택하는 과정에 있다. 따라서 해리 행동을 더 유발시키는 것은 나의 궁극적인 목표에 반하는 것이다.

또한 '전환'을 요청하는 것은 치료 목표와 일치하지 않는 메시지를 전달하는 것이라고 생각한다. 내담자들은 해리가 자신들이 대처할 수 있는 유일한 방법이라고 믿거나 행동으로 보여 준다. 마음속에 묻혀 있는 현실을 받아들이기에는 감정이 너무나 견디기 힘들고 압도적일 수 있으며, 현실에 대해 아는 것이 너무도 두렵기 때문이다. 나는 감정이 트라우마가 아니라 오히려 트라우마를 탐색하고, 트라우마에 대해 경고하며, 트라우마에 대한 대응을 준비하는 데 도움이 될 수 있다는 것을 아동들이 인식하도록 돕는다. 트라우마에 대한 감정과 실제 트라우마 사이의 이러한 혼동은 치료가 바로잡고자 하는 왜곡된 관점 중 하나이다. 만약 내가 내담자에게 '전환'을 요구한다면, 그것은 내담자들이 이런 정보를 얻을 수 있는 유일한 방법이라는 믿음에 동의하는 것이나 마찬가지일 것이다. 단절의 전략을 실천하기보다는 나는 대신 내적 연결을 형성하는 것이 더 바람직하다고 가르치려고 한다.

해리 아동이나 청소년을 치료할 때의 가장 중요한 목표는 자기결정과 자기조절을 격려하는 것이다. 자기조절의 증진은 자기인식의 증진에서 비롯된다. 내가 정체성들 간의 '전환'을 촉진한다면 내담자를 내담자 뇌의 조절자로 인식하는 것이 아니라 나 자신이 그 기능의 조절자 역할을 하는 것이다. 내담자는 자신의 상태 변화를 조절할 수 있는 능력을 획득할 수 있다는 것과 종종 정서가 해리성 회피 전략에 선행한다는 것을 알아차리도록 배워야 한다. 내담자가 이러한 활동에 참여하도록 격려하는 것은 내적 신호에 대한 아동의 민감성 학습을 촉진하지 않는다. 마지막으로, 대체 상태로의 전환을 요청하는 것은 상태 간의 기억상실 경계를 줄이기는커녕 오히려 강화할 수 있다. 내담자가 필요로 하는 핵심 정보를 치료자만이 가지고 있다면, 내담자는 내적 연결을 형성하여 지식을 얻기보다는 자신에 대한 정보를 얻기 위해 치료자에게 점점 더 의존하게 된다.

나는 내담자의 변화무쌍한 모습과는 상관없이 반응, 정서, 접근 방식을 일관되게 유지하려고 노력한다. 내담자는 내적 방향감이 부족하며 변화하는 기대에 부응하기 위한 적응전략으로 종종 내적 상태를 전환시킨다. 치료자의 역할은 자신도 모르게 자동적으로 프로그램 된 반응을 유발하지 않도록 전후 상황을 최대한 안정적으로 유지하는 것이다. 이를 통해 내담자는 과거 트라우마로 인한 무력감을 이겨낼 수 있는 놀라운 자기결정감을 느낄 수 있다. 아동이나 청소년이 세션 중에 자발적으로 다른 상태로 전환하는 것처럼 보이는 경우, 나는 전환하는 순간에 이야기하고 있던 주제를 가능한 한 계속 이야기하려고 노력한다. 동시에 아동이나 청소년에게 어떤 일이 일어나서 전환이 일어났는지 파악할 수 있도록 도우려 한다. 나는 무엇이 회피를 자극하는지 내담자가 이해하도록 하기 위해 내적으로 연결해 보도록 요청한다. 이와 같이 나는 치료자가 해리성 전환을 서로 유발하고 강화하는 사회 환경의 일부가 되지 않도록 작업한다.

전환을 촉진하여 숨겨진 내적 상태에 대해 배우는 대신 어린 내담자가 자신의 해리된 상태, 숨겨진 목소리 또는 과도기적 정체성을 말, 그림 또는 상징적 놀이로 묘사하도록 한다. 그림, 인형극, 놀이를 통한 상징적 의사소통 방식은 아동 치료자가 사용하는 일반적인 방법이며 발달 규준에 맞는 활동이다. 예를 들어, 존과 치료작업을 할 때 '미스터 스마일리'의 감정을 인정하기 위해 나는 '미스터 스마일리'를 '만날' 필요가 전혀 없었다. 존이 그린 그림만으로도 '미스터 스마일리'의 존재를 인정하기에 충분했다. 존은 '미스터 스마일리'에 대해 배운 것을 받아들이고 이해하는 작업을 수행했고, 이 통찰을 나와 공유할 수 있었다.

마음에 귀 기울이기

후회되거나 기억나지 않는 행동을 하도록 강요받는다고 느끼는 해리 아동 중 일부는 자신에게 말하는 목소리를 듣지 못하며, 자신의 행동에 영향을 미치는 중심 의식 외에 다른 무언가가 있다는 것을 희미하게 인식할 뿐이다. 청소년의 경우, 아동이 기억나지 않는 장소에 다녀왔다고 친구들이 말했거나, 자신의 방을 기억 없이 엉망으로 만들었거나, 학교에서 있었던 일에 대한 인식에 공백이 있을 수 있다. 이러한 기억의 공백에 직면하면 아동들은 겁에 질려하며 '모르는 것이 낫다.'고 말할 수 있다. 이들은 자신에게 또 다른 부분이 있다는 것을 어느 정도 희미하게 인식할 수 있지만 더 알고 싶어 하지 않으며, 이 정보에 접근하는 것이 불가능하다고 믿는다. 자신이 인식하지 못하는 내적 내용을 배우는 것에 대한 두려움은 치료에 도움이 안 되며, 치료가 진행되려면 극복되어야 할 것이다. 나는 아동들이 이러한 정보에 접근할 수 있고 시도하는 것이 위험하거나 해롭지 않다는 것을 가능한 한 빨리 알 수 있도록 도우려 한다.

아동이 자신의 행동을 미스터리하게 여기는 경우, 나는 그들이 경험하고 있는 미스터리한 시간의 공백이나 낯선 행동을 설명할 수 있는 무언가가 마음속에 있는지 알아보기 위해 간단한 질문을 하고, 잠시 시간을 내어 자신의 마음에 '귀 기울이기'를 요청한다. 나는 이 활동이 수용과 감사, 자신을 사랑하는 태도에 의해서만 이루어질 수 있음을 알려준다. 만약 두려움이나 미움을 가지고 자신의 마음속에 있는 것에 접근하면 마음이 더 분리될 수 있다. 나는 아동들에게 통제 불능이지만 안정을 되찾기 위해 사랑이 절실히 필요한 어린아이를 안아주는 상상을 하게 한 다음, 자신과 자신의 마음을 향해 같은 감정을 가지라고 요청한다.

내가 아동들에게 생각해 보라고 던지는 첫 번째 질문은 단순히 '상황을 설명할 수 있는 무언가가 있을까?'이다. 나는 아동이 마음속으로 이 질문을 하고, 어떤 대답이 나올지 조용히 들어보라고 알려준다. 그 대답은 그림, 감정 또는 말로 나올 수 있다. 어떤 아동들은 이 훈련을 한 후 평온함을 묘사할 뿐이며 반드시 그 순간에 답을 듣는 것은 아니다. 그러나 대개는 무엇인가를 듣는다. 단순히 "네."라는 대답일 수도 있고, 종종 "그래서 뭘요?"라는 화난 반응일 수도 있다. 어떤 일이 일어나든, 나는 이 어려운 훈련을 수행하고 자기의 숨겨진 부분을 향해 다리를 놓는 과정을 시작한 것에 대해 그들을 격려한다.

나는 Silberg(2015)에서 기술한 열네 살의 내담자 안젤라에게 이 훈련을 했다. 안젤라는 전혀 기억나지 않는 자신의 무례한 행동에 대해 친구들이 보이는 분노에 당혹스럽고 화가 났다. 또한 안젤라는 자신이 말대꾸를 하고 집안일을 거부했다는 어머니의 비슷한 이야기를 듣고 화가 났다. 나는 안젤라에게 이 정보를 알고 있는 마음의 다른 부분이 있는지 확인하기 위해 자신에게 귀 기울여 볼 수 있는지 물었다. 처음에 안젤라는 이 훈련에 참여하는 것을 극도로 꺼렸다. 만약 그런 부분이 실제로 있다면 "무례하다."며 자신은 전혀 상관하고 싶지 않다고 말했다. 그녀가 발견하게 될 것에 대한 두려움은 꺼림칙한 마음의 큰 부분을 차지했다. 나는 안젤라에게 이 행동이 무례한 것이 아니라 자신을 해치거나 이용했던 사람들에 대한 중요한 자기방어의 한 형태라고 생각한다고 말했다.

부드럽게 설득한 끝에 마침내 안젤라는 흔쾌히 '마음에 귀 기울이기' 훈련을 시도했다. 안젤라는 내가 이끄는 대로 잠시 내면에 집중하는 시간을 가졌다. 안젤라는 마음속에서 '무례한 목소리'가 자신에게 대답하는 소리를 들을 수 있었다고 보고했다. 우리는 다른 자기 부분을 '다른 안젤라'라고 부르기 시작했다. 안젤라는 2년 동안 진단을 받지 못한 심한 복통의 병력이 있었고, 이로 인해 상당한 시간 학교를 결석해야 했다. 그녀는 극심한 통증으로 몇 주 동안 침실에서 꼼짝하지 못했다. 결국 그 통증은 중증 담낭 질환으로 진단됐고, 수술을 통해 신체적 어려움은 치료되었지만 심리적 영향은 남아 있었다.

안젤라는 '마음에 귀 기울이기'를 통해 '다른 안젤라'가 자신이 견뎌온 극심한 고통에 대처할 수 있도록 돕기 위해 자신의 의식에 들어왔다는 것을 알게 되었다. 이 '다른 안젤라'는 자신을 더 빨리 도울 방법을 찾지 못한 어머니에게 상당한 분노를 품고 있었다. 또한 '다른 안젤라'는 자신이 건강할 때만 곁에 있어주는, '좋을 때만 친구'처럼 보이는 친구들에 대한 분노를 품고 있었다. 마침내 치료 후반부에서 '다른 안젤라'는 여덟 살 때 유람선에서 당한 성폭력의 비밀을 털어놓았고, 이로 인해 극심한 수치심과 두려움, 가족으로부터의 소외감을 느끼게 되었다. '다른 안젤라'와의 지속적인 내적 대화는 안젤라의 정당한 분노, 생애 초기 트라우마 경험의 두려움과 고통, 가족과 친구들에 대한 깊은 실망, 신체적 건강을 돌봐야 할 필요성 등 그동안 밀려났던 성격의 중요한 측면을 받아들이는 데 도움이 되었다.

아동과 함께하는 내면가족체계

Richard Schwartz(2013)의 내면가족체계(IFS) 모델은 성인 트라우마 치료자들 사이에서 점점 더 많은 관심을 받고 있다. Schwartz는 모든 사람 안의 자기가 여러 부분으로 구성되어 있다고 개념화하고, 이러한 자기의 부분들이 예측 가능하게 보호자 자기 또는 관리자 자기, 추방자(종종 트라우마 경험을 간직한 부분) 자기, 소방관(종종 충동적인 행동을 책임지는 부분) 자기로 나뉜다고 제안했다. 그의 치료 개입은 명백한 해리가 아닌 내담자에게도 치료자가 이 내적 은유를 사용하여 도울 것을 권한다. 이 은유를 통해 내담자는 마음 세계를 재배치하는 데 집중하여 고통스러운 기억의 소유자를 보호하고 통합된 자기를 달성할 수 있다. 이 방법은 EMDR과 함께 아동에게 적용되었다(Gomez & Krause, 2012).

해리 아동의 경우 아동이 이미 분열된 자기감이라는 강력한 내적 개념을 발달시켰고 Schwartz의 구조는 아동의 자기관을 반영하지 못할 수도 있다. 내적 세계에 대한 아동의 인식을 주의 깊게 경청하고, 암시하지 않는 것이 중요하다. 그럼에도 불구하고 Schwartz의 내면가족체계 모델은 치료자가 알고 이해하는 데 도움이 된다. Schwartz의 모델은 은유적 표현을 해리 아동에게 사용하기에는 너무 혼란스러울 수 있지만, 이 기법은 치료자가 아동에게 '추방된' 부분이 알려지고 인정받을 수 있는 기회를 제공하는 데 도움이 될 수 있다. 궁극적으로 치료자는 아동의 자기개념을 존중하고 아동이 마음의 구조를 바라보는 방식에 대해 기존에 갖고 있던 틀을 적용하지 않아야 한다.

숨겨진 것을 드러내기 위한 상징적 활동

일부 아동과 청소년들은 자기의 숨겨진 부분을 그릴 때 가장 편안하게 느낀다. 특히 상상 친구, 과도기적 정체성 또는 분리된 정체성 상태처럼 느껴지는 경우 더욱 그렇다. 그림 그리기를 통해 아동들은 치료자와 직접 눈을 마주치거나 친밀한 대화를 나누지 않고도 자신의 내적 세계와 연결하고 이를 공유할 수 있다. 이는 어느 정도 거리감과 안전감을 제공한다. 그림의 색을 고르고 그림의 배치를 선택함으로써 아동은 자신의 내적 세계를 이해하는 데 필요한 내적 연결을 만드는 과정을 시작한다. 그림이 완성되면 치료자는 그림 속 인물이 누구인지, 무엇을 느끼는지, 무엇을 좋아하는지에 대한 질문을 할 수 있다. 이 초기 탐색에서 매우 중요한 부분은 다양하게 그려진 각각의 모습이 아동의 주요 애착인물과 어떻게 관련되어 있는지 설명하도록 요청하는 것이다. 어머니 또는 양어머니와의 관계는 종종 해리 상태 아동이 갈등과 혼란을 일으키는 핵심 영역이다. 해리 병리의 뿌리는 종종 발달 중인 아동의 갈등적 애착에 있기 때문에 이것은 놀라운 일이 아니다.

원격 치료를 위해 전자 플랫폼을 사용할 때, 화면 공유는 숨겨진 정보를 드러내는 데 편리한 방법일 수 있다. 예를 들어, 줌(Zoom) 화면에서 화이트보드를 공유하여 색칠 기능을 사용하면, 서로 색상을 겹쳐 놓은 다음 한 번에 한 가지 색상을 지울 수 있다. 치료자와 내담자는 숨겨진 메시지를 쓰거나 다양한 색상을 겹쳐서 숨겨진 내용을 서로에게 보내는 게임을 할 수도 있다. 각 색이 지워질수록 메시지는 점점 더 선명해진다. 따라서 치료자와 내담자는 서로 숨겨진 것을 덮고 서서히 드러내는 매력적인 게임을 개발할 수 있다.

여덟 살의 마조리는 세 살 때 중국에서 입양되기 전 생애 초기에 방임의 발달사를 가지고 있었다. 마조리는 '상상 요정'이라고 부르는 첫 번째 그림을 그리면서 찌푸린 표정과 빨갛고 뾰족한 머리를 가진 인물을 그렸다. 이 인물은 차분한 표정의 웃고 있는 다른 세 명과는 확연히 달랐다. 나는 "이 사람은 누구야? 별로 행복해 보이지 않는구나."라고 묻자, 마조리는 "사워."라고 그녀의 이름을 말해 주었다. 나는 마조리에게 '사워'가 엄마와 함께 집에서 사는 것에 대해 어떻게 생각하냐고 물었고, 마조리는 "쉿, 그런 말 하지 마세요, 다른 사람들이 들을 거예요. 사워는 우리 엄마를 싫어해요."라고 대답했다.

치료 초기 시점에서 나는 치료 작업의 핵심 목표, 즉 어머니에 대한 '사워'의 분노 감정을 탐색하고 정당화하고 이해해야 할 감정으로 파악할 수 있었다. 나는 즉시 마조리에게 우리가 할 작업에 대해 교육하기 시작했다: "엄마에 대한 사워의 마음을 모두 이해하고 싶어. 사워는 우리가 봐야 할 중요한 몇 가지 아주 좋은 점을 가지고 있을 수 있어. 어쩌면 사워는 집에서 네가 더 행복하게 살도록 하기 위해 엄마가 어떻게 변하면 좋을지 알고 있을 것 같아. 언젠가 '사워'도 다른 사람들처럼 미소 지을 수 있겠지."

'사워'에 대해 알게 된 것은 마조리의 외현화 행동을 이해할 수 있는 기회가 되었다. 나는 마조리에게 "엄마의 집안일을 돕지 않고 방으로 달려가 숨어버리는 행동이 사워와 관련이 있을까?"라고 물었다. 마조리는 "네. 사워가 저에게 도망가라고 했어요. 아무도 제 대장이 될 수 없으니까요."라고 대답했다. 나는 "스스로 결정을 내리는 것이 얼마나 중요한지 아는 사워는 정말 똑똑하구나. 우리가 사워의 감정을 잘 아는 거는 정말 중요해. 네가 엄마와 더 잘 지내는 방법을 알고 있는 것 같거든."이라고 응답했다. 일반적으로 가장 부정적이고, 분노하고, 적대적인 과도기적 정체성을 이해하고 동맹을 맺으려고 노력하는 것은 이러한 정체성이 종종 아동을 치료로 이끌었던 파괴적인 행동의 열쇠를 쥐고 있기 때문이다. 이 초기 세션에서 나는 아동의 분리된 감정 중 가장 힘든 감정을 재구성하고 자기수용을 촉진하기 시작했다.

일부 어린 아동들은 꼭두각시 인형이나 놀잇감을 사용하여 해리상태의 감정과 생각을 상징적으로 표현하는 것을 선호한다. 표정을 바꾸거나, 숨겨진 칸이 있거나, 다른 모양으로 변신할 수 있는 특수 인형은 이러한 종류의 탐색을 격려하는 데 유용한 도구이다. 예를 들어, 치료자는 아동에게 '화난 목소리'가 실제로 어떻게 느껴지는지 보여 주기 위해 방에 있는 어떤 꼭두각시 인형이나 놀잇감을 사용할 수 있는지 물어볼 수 있다. 만약 아동이 인형 사용을 부끄러워하거나 주저한다면 치료자가 직접 대화를 시작할 수 있다. 인형을 들고 늑대처럼 거친 목소리로 "난 정말 화가 나. 집 안팎에서 일어나는 일들이 나를 정말, 정말 미치게 만들어. 왜 그런지 알고 싶어요?" 그런 다음 인형을 아동에게 건네주는데, 아동은 대개 이 시점에서 대화에 참여하기를 열망한다. 이런 종류의 놀이는 아동들에게 일반적인 것이며, 해리 상태로의 '전환'에서 발생하는 비자발적인 상태 변화 도중에 아동들이 종종 느끼게 되는 통제 불능의 느낌을 자극하지 않는다. 아동이 늑대 인형을 사용하여 한 가지 역할을 하고 있다면 치료자는 자연스럽게 아동을 나타내는 다른 인형을 집어 들고 "이제 알았으니 널 더 잘 이해할 수 있고 네가 별로 무섭지 않아."라고 말할 수도 있다. 이런 방식으로 분리된 상태들 사이의 감정을 연결하고 자기수용을 촉진하는 과정을 시작한다.

물론 많은 아동이 상상을 좋아하고 상징 놀이에 쉽게 참여하며, 상징 놀이 활동이 반드시 병적인 해리의 징후는 아니다. 그러나 4장에서 살펴본 것처럼, 내적 상상 세계가 완전히 정상적이지 않은 경우를 나타내는 중요한 징후가 있다. 예를 들면, 다음과 같다: 아동은 상상 속 인물이 자신도 모르게 또는 동의 없이 자신의 행동을 통제한다고 느끼는가? 이것이 상상인지 아닌지 아동이 혼란스러워하고 있는가? 아동은 이 '괴롭히는 존재'가 사라지기를 바라거나 마음속에서 끊임없는 전쟁이 벌어지고 있다고 느끼는가? 아동은 실제 관계에서나 학교에 있을 때에도 이러한 과도기적 정체성과 소통하도록 강요받는가?

어떤 경우에는 아동이 상상의 세계에 너무 몰입된 나머지 치료 중에 상징적 상상 놀이를 하는 것이 오히려 치료에 역행하는 것처럼 보일 수 있다. 그러한 경우 상징 놀이에서 얘기한 내용을 실제 행동 및 사건과 신중하게 연결하는 것이 중요하다. 리디아는 여덟 살 때 같은 반 친구의 인형을 훔친 후 기억이 나지 않는다고 주장하며 나를 찾아왔다. 첫 세션에서 리디아는 해리 포터 책에 등장하는 인물의 이름을 딴 '상상 친구'가 있다고 밝혔다. 리디아는 해리 포터의 사악한 숙적인 '드레이코 말포이'가 가끔 학교에서 자신이 기억하지 못하는 일을 시켰다고 말했다. 그녀는 또한 해리 포터와 그의 친구들이 마음속으로 이야기하고, 그들이 다음 모험을 계획할 때 귀를 기울이느라 학교 수업에 집중하지 못하는 경우가 많다고 말했다. 상상의 세계에 대한 지나친 몰입은 분명히 그녀의 학업 성취를 방해했고 교실 내 행동에도 영향을 미치고 있었다.

리디아의 초점을 현실 세계로 돌리기 위해 그녀나 '드레이코 말포이'가 교실에서 실제로 어떤 것을 보고 화를 내는지 질문했다. 리디아는 학교에서 또래 친구들의 놀림과 충분한 칭찬이나 관심을 받지 못하는 것에 대한 자신의 감정을 이야기할 수 있었다. 그 시점에서 나는 교실에서 무엇이 그녀를 화나게 했는지 짚어 준 '드레이코 말포이'에게 감사를 표하자고 제안했다. 그리고 해리 포터에 등장하는 다른 인물들에게 학교에서 겪는 문제를 더 잘 해결할 수 있는 방법에 대한 아이디어가 있는지 물어보라고 권했다. 리디아처럼 혼자서 상상의 세계에 몰입하는 시간이 많은 아동들의 경우, 현실 세계의 문제에 대한 실질적인 해결책을 찾는 데 필요한 경우에만 아동과 상상의 세계에 참여하는 것이 좋다. 리디아 같은 아동은 치료를 받으러 온 문제에 접근하지 않고 해리 포터의 모험에 대한 이야기를 하면서 전체 세션을 보낼 수 있다.

때로 상상의 세계가 지나치게 발달한 아동들에게는 상상의 일부인 캐릭터와 자신의 일부로 인식하는 캐릭터를 구분할 수 있도록 돕는 것이 중요하다. 사실 리디아는 두 가지 버전의 드레이코 말포이를 가지고 있었는데, 다양한 모험을 겪는다고 상상했던 이야기책 속 드레이코 말포이와 또래 친구들과의 갈등을 다루는 데 도움이 되었던 내면의 또 다른 드레이코 말포이가 있었다. 아동들이 이러한 구별을 하도록 도와주고, 아동이 "드레이코 말포이가 전쟁을 준비하고 있어."와 같은 말을 할 때 어떤 것을 말하는 것인지 물어보는 것이 중요하다. 예를 들어, "이야기 속 인물을 말하는 거야? 아니면 학교 문제를 해결하는 데 도움을 주는 너의 부분을 말하는 거야? 학교 문제를 해결하는 드레이코 말포이에게 다른 이름을 붙여 주자. 괜찮지? 우리는 그를 '리디아의 분노 친구라고 부르자. 이제 누가 전쟁을 하고 있는 거야?" 라며 묻고 응답할 수 있다. 전쟁이 단순히 리디아가 상상 속에서 하는 놀이일 경우, 치료자는 이를 간단히 인정한 다음 아동이 현실 세계의 문제를 해결하도록 도울 수 있는 연결을 다음과 같이 빠르게 할 수 있다. "정말 멋진 이야기구나. 나중에 그 이야기를 그림으로 그려볼 수도 있겠다. 지금은 네가 학교에서 쉬는 시간에 널 놀리는 아이들과 겪고 있는 '전쟁'에 대해 좀 더 이야기해 보자." 아동들에게 상상의 세계에 대한 그림을 그리거나 이야기책을 만들도록 격려하는 것은 이런 종류의 창조적인 상상에 대한 좋은 표현수단이 될 수 있다. 이러한 창작물의 캐릭터들은 아동의 행동에 직접적으로 영향을 주지 않기 때문에 해리 아동의 과도기적 정체성과 구별될 수 있다. 아동의 상상의 세계 속 주제와 갈등을 따라가는 것이 유익할 수 있지만 아동이 현실 세계와 상상의 세계를 구분하는 법을 배우고 과도기적 정체성이 어떻게 자신의 자기감으로 통합될 수 있는지를 이해하는 것이 중요하다. 예를 들어, 리디아는 '드레이코 말포이'가 자신의 분노를 표현하는 또 다른 방법이며, 그 분노를 자신의 정체성에 통합할 수 있다는 것을 배워야 했다.

EDUCATE 모델의 'C': 숨겨진 것을 자신의 것으로 주장하기 (Claiming What is Hidden as One's Own)

숨겨진 것을 자신의 것으로 주장하는 것은 트라우마를 겪은 해리 아동을 치료하는 열쇠이다. 이 과정은 치료의 모든 단계에서 계속된다. 자신을 받아들이고, 과거를 받아들이고, 통합적인 방식으로 앞으로 나아가기 위해 아동들은 자신의 마음이 거부하고 피하려 했던 것을 수용하는 방법을 찾아야 한다. 낯설고, 증오스럽고, 분노하거나 두려운 느낌의 감정, 기억, 생각 또는 자기감을 받아들이는 과정은 어려울 수 있지만 해리 아동이 자신의 행동에 대한 중심 인식과 숙달을 발달시키기 위해서는 필수적이다. 숨겨진 것을 수용하는 행동은 아동이나 청소년이 스스로를 느끼고 경험하는 방식에 즉각적이고 강력한 변화를 가져온다. 다양한 훈련과 기법을 통해 이 과정을 촉진할 수 있다. 이러한 개입의 가장 중요한 측면은 치료자가 수용과 감사의 태도 그리고 두려움 없는 태도를 보임으로써 이를 통해 내담자가 배우고 발달해 나가야 한다는 것이다.

부정적 해리 내용을 재구성하기

아동들에게 치료의 심리교육적 요소, 즉 마음의 모든 측면에는 의미 있는 목적이 있으며 이 목적을 인정해야 한다는 점을 설명하고 나면, 프레임을 재구성하는 과정을 시작할 수 있다. 그들의 해리된 분노, '투쟁 에너지' 또는 '무례한 목소리'가 어떤 목적을 가지고 있을지에 대해 함께 이야기한다. 마음속의 목소리는 상황이 내담자가 원하는 대로 되지 않는다는 것을 상기하도록 도움을 주기 위해 존재할 수 있다는 것을 사실에 입각한 태도로 설명한다. 예를 들어, '무례한' 행동을 하게 만드는 목소리는 무력감을 느낄 때 반격할 수 있는 방법을 찾도록 도움을 줄 수 있다. 다른 사람을 해치라고 말하는 목소리도 상처받았을 때 반격하도록 도와주는 힘과 권력에 대한 감정을 담고 있는 것으로 재구성할 수 있다. 화난 목소리는 과거에 일어난 일에 대해 얼마나 화가 났는지를 상기시키는 방법일 수 있다. 해리된 목소리가 가해자의 이름을 가진 목소리로 들리는 경우, 나는 이것을 과거의 고통스러운 부분을 기억하는 마음의 방식이라고 재구성하는 작업을 시작하며, 이 구별을 돕기 위해 설명적인 용어로 목소리의 이름을 바꾸려고 노력한다. 예를 들어, "앤드류가 아닌 '앤드류를 생각나게 하는 목소리'로 부르자."고 말할 수 있다. 마음의 이러한 측면이 어떤 목적에 도움이 되었는지에 대해 함께 이야기할 때, 해당 부분이 품고 있는 정서와 트라우마 내용에 대한 둔감화 과정이 시작될 수 있다.

자기 파괴적 목소리는 재구성하기 가장 어려운 종류의 목소리일 수 있다. 아동의 긍정적인 면을 파악하는 데는 다소 시간이 걸릴 수 있지만, 가장 반항적이고 해로운 목소리나 정체성 상태도 긍정적으로 재구성할 수 있다는 사실을 발견했다. 자기 파괴적인 목소리나 과도기적 정체성을 재구성할 때마다 아동이나 청소년의 역사를 고유하고 적합하게 재구성해야 한다는 점을 기억해야 한다. 〈표 7-1〉은 어린 아동 생존자의 고통스럽거나 자기 파괴적인 목소리를 재구성할 수 있는 방법의 목록을 제시한 것이다.

〈표 7-1〉 고통스럽거나 자기 파괴적인 내면의 목소리를 재구성하는 방법

내면의 목소리	재구성
아동에게 공격하라고 말하는 목소리	위험으로부터 보호해 주는 보디가드 너의 힘을 느낄 수 있게 하는 방법 네게 말을 거는 너의 분노
아동에게 자신을 해치라고 말하는 목소리	얼마나 상처받고, 고통을 느꼈는지를 기억나게 하는 알림 다른 사람에게 상처주지 않도록 하는 보호장치 고통스러운 감정으로부터 주의를 돌릴 수 있는 방법
가해자처럼 들리는 목소리	가해자에게 몇 가지 좋은 점이 있었다는 것을 기억하게 하는 방법 그 일들이 일어났을 때 느꼈던 긴장감을 기억하게 하는 방법 그 사람처럼 위험한 사람을 항상 경계하도록 상기시키는 방법 다른 사람이 너를 공격할 일을 하지 않게 하는 방법 가족이 상처받을까 봐 두려워서 말하지 않으려 했던 것을 기억나게 하는 방법

거식증에 걸린 아홉 살 소녀 트레이시는 일곱 살 때 방과 후 어머니가 직장에 있는 동안 돌봐주던 할아버지에게 성학대를 당했다. 트레이시에게는 '테드'라는 목소리가 있었는데, 이는 '트레이시의 섭식 장애'를 의미한다고 했다. '테드'는 트레이시에게 굶으라고 말했고, 이는 트레이시에게 고통스럽고 두려운 일이었다. 트레이시는 체중을 회복하기 위해 입원을 해야 했고, 이 목소리에는 긍정적인 목적이 있을 수 있다는 나의 주장에 당연히 저항했다. 트레이시는 나에게 제발 그 목소리를 멈추게 하고 없애 달라고 부탁했다. 가끔 트레이시는 목소리를 잠재우려고 벽에 머리를 쾅하고 부딪치기도 했다. 트레이시는 그 목소리가 무서웠고 '테드'가 자신 안에 있는 가학적이고 위험한 존재가 아닐 수도 있다는 나의 의견에 강하게 저항했다. 목소리에 대한 두려움은 목소리에 맞서 싸우라는 말, 즉 트레이시가 더 강해

지면 이를 극복할 수 있다고 말했던 이전 치료에서 더욱 강화되었다. 그 방법은 효과가 없었다. 오히려 목소리는 더 강해졌고 트레이시는 식사하는 것이 점점 더 어려워졌다.

초기의 저항에도 불구하고, 트레이시가 굶기를 바라는 '테드'가 숨겨져 있는 타당한 이유를 알게 되면, 우리는 그 목소리를 잠재울 수 있을 것이라고 나는 부드럽게 계속 주장했다. 나는 트레이시와 함께 '테드'의 목소리를 듣는 것과 관련된 감각을 자세히 탐색했다. 트레이시는 이상한 메스꺼움과 복통을 느꼈다고 말했으며, 학교에서 토한 적이 있었는데 다른 학생들이 놀려서 매우 당황스러웠다고 이야기했다. 나는 트레이시에게 다른 때에도 배가 아팠던 적이 있는지 생각해 보라고 했다. 트레이시는 엄마가 퇴근해서 집에 돌아오기를 기다리는 동안에도 똑같이 배가 아팠던 것을 기억했고, 학대가 멈추도록 엄마가 빨리 집에 돌아오기를 바랐던 것을 기억했다. 나는 '테드'가 "나는 매우 긴장되어 있고 두려움 때문에 토할지도 몰라."라고 위장이 말하는 것을 듣는 트레이시의 방식이라고 제안했다. 또한 그 목소리는 트레이시가 겁을 먹고 있고 엄마가 필요하다는 것을 상기시켜 줄 수도 있다. 또한 '테드'는 먹지 말라고 말함으로써 트레이시가 토하는 것을 막으려고 하는 것일 수도 있다. 트레이시는 내가 시도한 재구성에 격렬하게 반대했다. 트레이시는 '테드'의 목소리가 엄마를 미워했기 때문에 엄마를 보고싶어 하는 것과는 관련이 없다고 말했다.

트레이시는 버림받는 것에 대한 두려움과 자신을 아동 성추행범의 손에 맡긴 어머니에 대한 분노로 인해 극도의 분리불안을 겪었으며, 하루 종일 학교에 있는 것조차 어려워했다. 이 문제를 해결하기 위해 나는 트레이시의 어머니에게 목소리를 재구성하는 데 도움을 주라고 권고했다. 나는 트레이시의 어머니에게 세션에 참여해 달라고 요청했고, 상처를 받고 "엄마 싫어!"라고 소리치는 어린아이에게 어떻게 할 것인지 설명해 달라고 했다. 트레이시의 어머니는 아이를 안으며 상처를 줘서 미안하다고 말하고, 아이의 말에도 불구하고 아이를 사랑할 것이라고 말했다. 나는 트레이시에게 못된 말을 하고 먹지 말라고 말하는 트레이시의 일부에 대해서도 그렇게 느끼는지 트레이시의 어머니에게 물었다. 나의 제안에 트레이시의 어머니는 트레이시의 일부가 비록 올바른 방식으로 도와주는 것은 아니지만 그래도 트레이시를 돕기 위해 거기에 있다는 것을 알게 되었고 트레이시의 그 부분조차도 사랑할 수 있다고 말했다.

나와 트레이시 어머니가 반복해서 부드럽게 재구성하자, 트레이시는 마침내 '테드'의 목소리가 자신을 겁먹게 만드는 주변 환경으로 인해 긴장한 위장이 자신에게 건네는 신호라는 것을 받아들이기 시작했다. 나는 트레이시에게 '테드'의 목소리를 들을 때마다 드는 무서운 생각을 일기로 적으라고 했다. 트레이시는 기꺼이 그렇게 했고, 학교 공부에 대해 불안하거나 분리에 대한 두려움이 있을 때 나오는 것 같다는 것을 알아차렸다. 마침내 트레이시는 더 이상 일기가 필요하지 않게 되었고, '테드'가 자신에게 먹지 말라고 소리치는 것을 들을 때마다 어떤 긴장된 생각이 드는지 알 수 있게 되었다. 트레이시는 "엄마가 오늘 늦게 데리러 올까 봐 긴장되는 건 알지만, 그래도 먹을 수 있어. 엄마에게 전화할 수 있는지 선생님께 물어볼 수 있을 것 같아."라고 그 목소리에 부드럽게 대답하는 법을 배웠다. 트레이시는 '테드'의 목소리를 새로운 방식으로 이해하기 시작했는데, 이는 끔찍한 시기에 학습된 긴장감의 신호이자 주변 환경에 있는 잠재적인 위험에 대한 경고였다.

그 후 몇 달이 지나자 '테드'의 목소리는 더 이상 먹지 말라는 명령을 내리지 않았다. 그저 "긴장하고 있구나."라는 말만 들리기 시작했다. 결국 목소리는 트레이시에게 말하는 것을 완전히 멈췄다. 이 증상이 시작된 지 1년 반이 지난 후, '테드'는 단순히 위장 속 '나비'를 부르는 이름일 뿐이며 정상적으로 식사를 하게 되었다고 트레이시는 말했다. 남은 것은 불안 증상뿐이었으며 오심구토 억제제 복용과 지지 치료를 받았다.

이 사례는 부정적 해리 내용을 재구성하는 것의 중요성을 보여 준다. 재구성을 통해 치료에 저항적이고 생명을 위협하는 해리 증상으로 시작된 고통스러운 내면의 목소리는 시간이 지남에 따라 단순히 스트레스에 반응하는 긴장된 위장의 일반적인 경험으로 발달했다. 목소리의 목적은 고통스러운 존재에서 트레이시에게 환경적 위험을 경고하는 존재로 재정의되었다. 결국, 할아버지가 더 이상 보이지 않아 안전감이 높아지고 분리불안을 다룰 수 있는 새로운 대처 방법을 배우면서 목소리는 사라졌다.

감사하기: 감사 편지 기법

감사는 강력한 정서이며 우울증에 대한 해독제이자 정신건강의 핵심 요소로 확인되었다(Seligman, Steen, Park, & Peterson, 2005). 감사 편지 쓰기 연습은 내가 치료하는 해리 아동과 청소년들에게 보통 첫 번째로 사용하는 개입 중 하나이며, 그들이 정신 에너지를 사용하여 거부해 왔던 자기의 숨겨진 부분을 자신의 것으로 주장하는 과정을 시작하는 것이다(Silberg, 1998b). 아동이 가장 문제 행동으로 이어지는 '화난 목소리' '못된 베티' '무례한 사람' '테드'와 같은 정체성 측면을 파악하고 이를 재구성할 방법을 찾으면, 나는 해리된 자기 부분에게 감사 편지를 쓸 의향이 있는지 아동에게 묻는다. 처음에 아동들은 이것이 자신의 문제 측면을 다루는 기존의 방식과 정반대이기 때문에 충격을 받고 이 제안을 거부하는 경향이 있다. 그러나 형형색색의 마커펜과 크레파스, 스티커, 색도화지 등을 제공하면 대부분의 아동과 청소년들은 기꺼이 치료자를 '만족'시키며 이 이상한 종류의 감사 편지를 작성한다. 안젤라가 '다른 안젤라'에게 쓴 감사 편지는 [그림 7-2]에 있다. 이 편지에서 안젤라는 '다른 안젤라'의 역할을 인정하고 더 이상 그녀가 필요하지 않다고 말한다(이 첫 번째 편지 이후에도 '다른 안젤라'는 상당 기간 동안 남아 있었다).

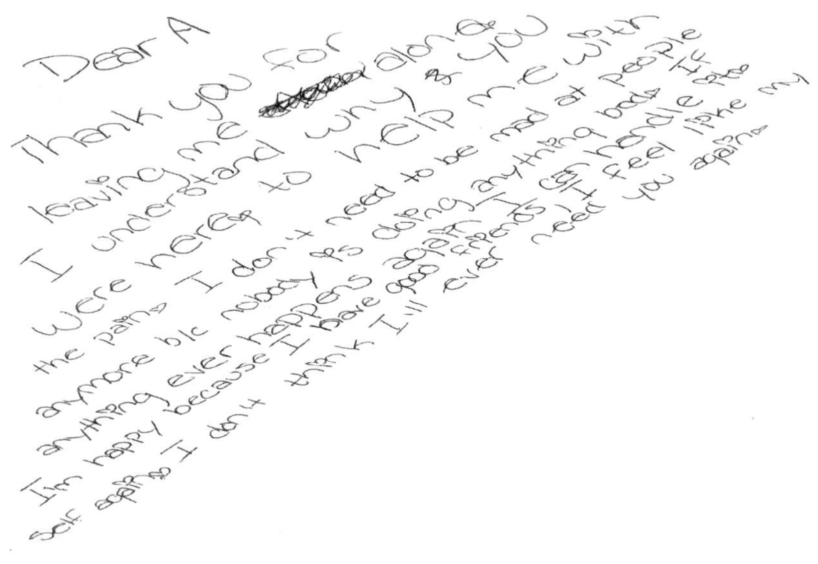

Dear A
Thank you for along &
leaving me & you
I understand why & you
were here to help me with
the pains I don't need to be mad at people
anymore b/c nobody is doing anything bad. If
anything ever happens again I can handle it
I'm happy because I have good friends. I feel like my
self again I don't think I'll ever need you again

[그림 7-2] '다른 안젤라'에게 보내는 안젤라의 감사 편지(허락을 받아 사용함)

[그림 7-3]은 자기의 부분들에 색상 이름을 붙인 일곱 살 소녀의 감사 편지이다. 모니카가 병원을 떠나기 전에 화를 내는 자신의 '검은색' 자기와 '분홍색' 또는 차분한 자기 사이의 협력을 격려하는 편지로, '분홍색 모니카'가 '검은색 모니카'에게 쓴 것이다.

나와의 치료 작업에서 이 편지를 쓰는 경험은 아동과 청소년들에게 놀랍고 낯선 것이다. Daniel Siegel(2010)이 제안한 것처럼 마음이 에너지의 흐름으로 구성되어 있다면, 이 훈련은 마음속 에너지의 내부 흐름을 바꾸는 방법이라고 생각할 수 있다. 문제가 되는 정신 내용을 회피하고 인식 밖으로 밀어내는 데 사용되었던 에너지의 흐름이 감사편지를 작성하는 과정에서 반대로 전환된다. 이제 아동의 에너지는 낯설고 받아들일 수 없다고 느꼈던 이전의 것들을 받아들이고 감사를 표현한다. 이것은 지각할 수 있는 변화를 만들어 낸다. 아동과 청소년들은 이 과정에 참여한 후 느끼는 감정을 갑작스러운 평온함, 평화로움, 희망감으로 묘사했다.

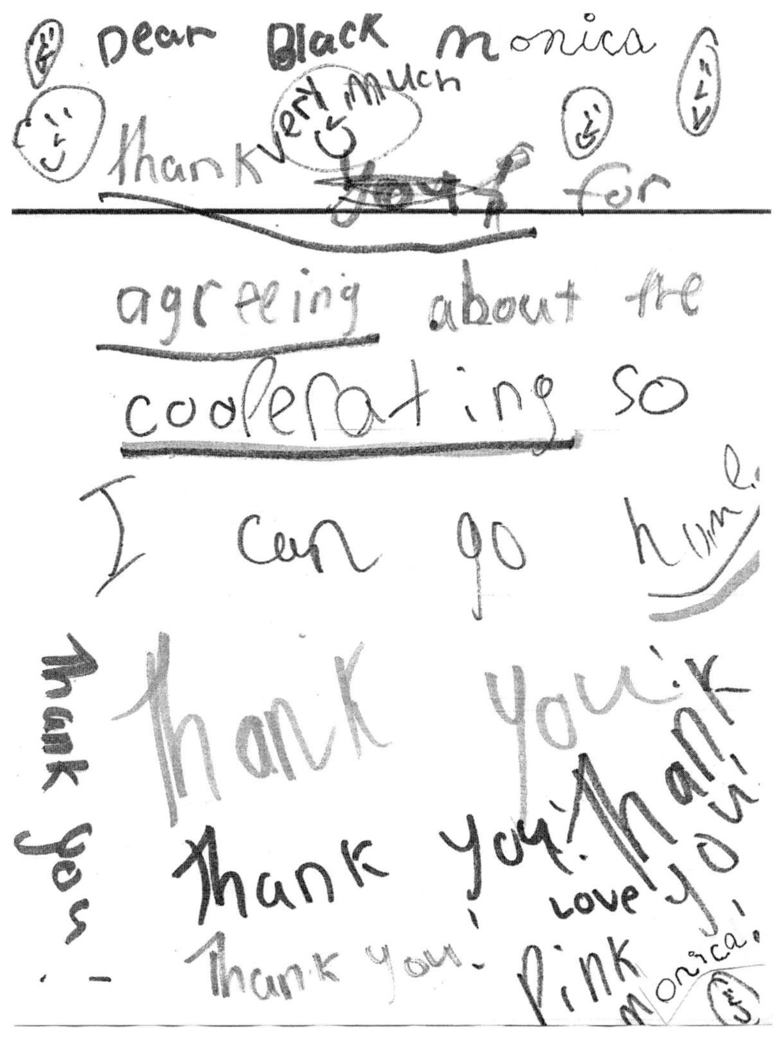

[그림 7-3] '검은색 모니카'에게 보내는 모니카의 감사 편지(허락을 받아 사용함)

이러한 훈련이 어떤 통찰을 불러일으킬 수 있는지 알아보기 위해 비슷한 상황을 직접 시도해 보자. 자신의 성격 특성, 나쁜 습관, 후회되는 행동을 떠올려 보고, 그런 다음 자신의 이러한 측면에 대해 감사 편지를 쓴다고 상상해 보라. 자신의 몸무게가 마음에 들지 않는가? 자신이 맛있는 음식을 먹을 자격이 있다는 것을 깨닫게 해 준 과식하는 자기에게 감사할 수도 있다. 미루는 버릇이 마음에 들지 않는가? 일을 피하기 위해 창의적인 방법을 찾아낸 부분에 감사할 수도 있다. 자신의 가장 싫어하는 부분을 인정함으로써 의사결정에서 모든 '의지'를 온전히 사용하는 자기 동기화에 대한 통찰을 얻을 수 있다.

퇴행적 목소리, 과도기적 정체성 또는 정체성 상태들

퇴행적 정체성 상태를 가진 아동들은 퇴행적 충동의 영향을 느낄 때 혀짧은 소리로 말하거나 마음속에서 아기 울음 소리가 들리고, 심지어 훨씬 어린 아동의 행동을 하는 극적인 퇴행을 할 수 있다. Waters(2005a)는 특히 어린 아동의 경우, 치료자가 이러한 유형의 해리성 변화를 인식하는 데 어려움을 겪을 수 있다고 설명했다. 아동들은 기어다니고, 한 단어로 말하고, 방광 조절 능력을 상실하고, 심지어 이러한 상태에 있는 동안 새로운 양부모를 알아보는 데 어려움을 겪을 수도 있다. 퇴행적 상태는 앞에서 설명한 부정적인 상태보다 재구성하기가 더 쉬운데, 이는 영유아와 미취학 아동에게 익숙한 낮은 기대와 무조건적인 양육적 관심에 대한 강한 긍정적 끌림이 있다는 것을 직관적으로 이해할 수 있기 때문이다. 유아기나 또는 미취학 아동기에 학대를 당한 일부 아동의 경우, 이러한 상태는 두려웠던 사건의 트라우마성 재연을 수반할 수 있다. 유아기 이후에 학대가 발생한 아동의 경우, 이러한 퇴행은 비교적 스트레스가 없고 평온했다고 기억되는 시기로 돌아가는 것을 나타낼 수 있다. 다른 아동들에게는 이러한 퇴행이 그들의 부모가 아동에 대한 낮은 기대를 갖고 아동을 양육하도록 격려하는 방법일 수 있다.

아동이나 청소년이 자신 안의 아기 또는 어린 상태를 받아들이도록 돕는 개입에는 치료자가 먼저 사랑, 보살핌, 안전의 모델을 아동에게 보여 주고, 그다음 부모를 참여시키고, 마지막으로는 아동이 이러한 원칙을 강화하도록 하는 것이 포함된다. 나는 아동의 어린 측면을 표현하기 위해 아기 인형을 사용한다. 먼저 아기인형을 안고 흔들고 보살피면서 다음과 같이 말할 수 있다. "너는 모든 사랑과 안전을 누릴 자격이 있어. 내가 너를 보살피고 네가 더 강하고 행복한 청년으로 성장할 수 있도록 도와줄게. 자, 이제 네가 해 보렴."

아동이 학교에서 또는 가족이 중요한 행사를 준비할 때처럼 부적절한 시간에 어린 상태로 적극적으로 퇴행하는 문제가 있는 경우, 치료자는 이 퇴행 행동의 표현을 취침시간으로 국한하는 합의를 아동과 할 수 있다. 취침시간은 엄마의 사랑과 관심이 필요한 형태로 퇴행할 수 있는 더 규범에 맞는 시간이다. Waters(2016)는 아동에게 아기 자신과 엄마를 상징하는 점토 인형을 만들어 흔들게 하는 '연령 발달' 기법을 사용하여 성공을 거두었다. 그러고 나서 아동이 실제 나이에 도달할 때까지 해마다 마음속 아기가 성장한다고 말해 준다.

모든 자동 해리 패턴과 마찬가지로, 이러한 퇴행이 일어나기 전의 순간을 살펴보는 것이 중요하다. 이러한 자동적인 퇴행 충동으로 이어지는 참을 수 없는 정서에 초점을 맞춰야 한다. 아동이 퇴행하기 직전에 어떤 감정을 느꼈는가? 예를 들어, 아동이 분리되는 것을 두려워했거나, 어린 시절의 트라우마 사건을 기억했거나(Waters, 2016), 복통을 느꼈거나, 잠자리에 들어야 하는 것에 대한 분노를 경험했는가? 퇴행 전 전환의 순간에 감정을 파악하는 것은 궁극적으로 아동이 자신의 필요를 전달하거나 적절한 자기진정 등 보다 성숙한 방식으로 정서를 협상하는 방법을 다시 배우는 데 도움이 된다. 따라서 퇴행으로 이어지는 전환의 순간을 이해하는 것은 자동 조건화된 퇴행의 궁극적 통합을 위해 반드시 필요한 것이다. 어느 시점에서 이 어린 아동의 상태는 애정 어린 보호자와의 애착 안에서 이해되고, 처리되고, 해결되었던 시기의 기억을 필요로 하게 된다.

성적 목소리, 상상 친구, 과도기적 정체성 또는 인격 상태

아동 치료자가 직면하는 가장 당혹스러운 문제 중 하나는 또래나 어린 아동들과의 난잡한 성행위, 과도한 자위 행동, 성인이나 조숙한 또래들에게 부적절하게 유혹하는 행동과 같은 강박적인 성적 증상을 경험하는 아동과 청소년이다. 종종 이러한 강박적 행동들은 중심 인식에서 분리되어 파편화된 정신 내용으로 격리된다(Grimminck, 2011; Johnson, 2003; Waters & Silberg, 1998a). 해리된 성적 행동은 특히 치료에 저항적이다. 아동 생존자는 이러한 행동에 대해 거의 인식하지 못하고 이러한 행동이 언급될 때 높은 수준의 수치심을 경험하여 추가적인 해리성 회피가 유발되기 때문이다. 낯설거나 수치심을 느끼는 다른 해리 파편과 마찬가지로, 치료자는 아동이 자기의 해리된 측면과 화해할 수 있도록 수용과 이해의 모델을 보여 주어야 한다.

자기의 성적 측면을 묘사하는 그림을 그리는 것은 아동이 이러한 경험에 대해 이야기하는 것에 둔감해지게 할 수 있다. 그림 자체가 사실적으로 성적인 것일 필요는 없다. Waters는 어린 아동들을 대상으로 성적 행동을 하는 일곱 살 소년과 치료 작업을 할 때 그림 그리기를 했다고 기술했다(Silberg & Waters, 1998a). 이 소년은 정체성의 성적 측면을 거대한 손을 가진 인물로 그려서 만지는 행동의 강박적인 특성을 나타냈다.

성적으로 행동하는 아동들에 대한 또 다른 중요한 개입은 아동이 연령에 맞지 않게 경험하는 성적 흥분을 이해하도록 돕는 것이다. 이러한 대화는 다음과 같은 방식으로 진행될 수 있다: "하나님(또는 비종교적인 가정의 경우 진화론)은 모든 사람이 자신의 어떤 몸 부분을 만질 때 재미있는 간지럼을 느끼도록 만들었단다. 이 재미있는 간지럼은 아이들이 나이가 들수록 더욱 강해지고, 어른이 되면 그것은 사람들이 정말 친밀하고 특별하다고 느끼게 하고, 하느님이 사랑하실 더 많은 아기를 만드는 데 도움을 주지. 그렇지만 이것은 다른 누구도 아닌 네가 주인인 소중한 신체 부분이야. 조나단 삼촌이 너의 소중한 부분을 만진 것은 잘못한 거야. 이제 너의 몸은 삼촌한테서 이 느낌을 배웠고 점점 더 그렇게 하고 싶다고 느끼게 될 수 있어. 그러나 이것은 네가 나이 들었을 때를 위해 아껴두어야 하는 거야. 그 느낌이 너무 일찍 켜졌기 때문에 네가 더 자라서 올바른 방식으로 그 느낌을 사용할 수 있게 잠시 동안 꺼 놓자."

이를 통해 아동들은 자신의 정체성 중 성적인 부분에 대해 충분히 편안해 하고, 성적으로 자극되는 활동을 했을 때 얻게 되는 특정 감정에 대해 치료자와 더 많이 이야기할 수 있다. 예를 들어, 성적 행위가 화가 나거나 괴로울 때 스스로를 달래거나, 다른 아동들과 연결되거나 유대감을 형성하는 데 도움이 되거나, 어른들이 자신을 돌보게 만드는 데 도움이 된다는 것을 알게 될 수 있다. 성적 행동이 어떻게 도움이 되는지 이해하면 감사 편지나 다른 자기수용 훈련을 할 수 있도록 행동을 재구성할 수 있다. 그런 다음 토론을 통해 아동들은 치료의 트라우마 처리 단계에서 처리될 수 있는 성적 감정의 기원 중 일부를 발견할 수 있다. 성적 피해로 아동 생존자의 해리된 정신 내용의 동기와 목표를 밝혀냄으로써 치료자는 내담자의 자기감(sense of self)을 통합하는 데 도움이 되는 말다툼과 조건 거래를 준비할 수 있다. 성적 피해 아동이 행동을 이야기하고 재구성하도록 돕는 동시에 경계를 설정할 필요가 있다. 구조와 경계, 세심한 관찰과 모니터링은 부적절한 행동을 제한하고 방향을 바꾸게 한다.

때로 어린 나이에 성적 피해를 입은 아동들은 반복적이고 강박적인 자위 행동을 하는 경우가 있다. 이 행동은 부상이나 반복적인 요로 감염을 일으킬 수 있다. 이 행동을 어려운 감정에 대처하는 수단으로 계속 사용함으로써 생존 아동이 자기진정 전략을 강화하면서 성장함에 따라 더 많은 문제를 일으킬 수 있다. 상처받은 감정을 진정시키기 위해 성적 만족에 의존하는 것은 청소년기에 난잡함이나 성 중독으로 이어질 수 있다. 따라서 이러한 강박적 패턴을 중단하는 것이 중요하다. 나는 가족들이 취침 시간에 아동들과 함께 앉아 새로운 습관으로 대체되는 진정을 위한 수면 의식을 알려준다. 예를 들어, 아동이 잠들기 전에 등을 쓰다듬어 주고, 진정 효과가 있는 음악을 들려주고, 봉제인형을 안고 잠들게 할 수 있다. 많은 아동이 봉제인형을 자위 대상으로 사용하기 때문에 취침 시간에 봉제 인형은 '허리 위로만 안아줘야 한다.'는 규칙을 강조해야 할 수도 있다. 새로 배치된 위탁 아동들에게 강박적 자위 행동이 감정을 관리하는 유일한 도구가 되지 않도록 이러한 대체 습관을 장려해야 한다. 낮에 강박적인 자위 행동을 하는 경우, 부모는 부드럽게 아동의 방향을 돌리고 주의를 분산시킬 수 있다. 자위 행동을 한다고 아동을 수치스럽게 여기지 않는 것도 중요하지만, 학습, 놀이, 정상적인 관계를 맺는 데 필요한 시간을 소비하면서까지 자위 행동을 함으로써 아동의 발달이 왜곡되지 않도록 하는 것이 중요하다.

자기의 해리된 부분이 계속 숨겨져 있다면 어떻게 될까

이러한 모든 기법에도 불구하고 아동이나 청소년이 분명히 관찰된 행동에 대해 자신의 것이 아니라고 주장하고 그에 대한 기억이나 책임이 없다고 주장할 가능성이 있다. 명백한 상상 친구가 없을 수 있고, 내면의 목소리를 부인할 수 있고, 해리 상태에 대한 인식이 없을 수도 있다. 치료자는 여전히 그들의 이러한 측면에 대해 이야기하고 '다른 사람들에게 물건을 훔치는 모습을 보이는 신기한 알렉스'와 같은 이름을 붙일 수 있다. 치료자는 아동에게 '신기한 알렉스'의 그림을 그리도록 요청할 수도 있다. 다른 사람들이 자신의 행동을 목격했지만 그 행동에 대한 기억이 없을 때 아동이 직면하게 되는 곤혹스러운 상황을 아동 앞에 정면으로 제시할 수도 있다. "기억도 나지 않는 일로 인해 비난을 받는다는 것이 얼마나 힘드니? 안타깝다. 정말 억울하게 느껴졌겠다. 이 문제를 해결할 수 있는 방법을 찾는 데 내가 도움이 되었으면 좋겠어. 네가 행동하는 신비한 방식을 '화난 태미'라고 부르자." 그러면 치료자는 아동이 이러한 사건에 대한 기억을 인정하지 않아도 문제의 행동을 언급할 수 있다. 다음 장에서는 자신의 행동에 대해 기억 공백이 있는 아동과 치료 작업을 하는 방법에 대해 더 자세하게 설명할 것이다.

'말다툼과 조건 거래'를 통해 차이 해소하기

6장에서 나는 Seuss(1982) 박사의 책 『아이디어 뭉치』를 소개했다. 이 책의 이야기에서 한 소년이 '말다툼과 조건 거래'를 통해 마음속의 상충된 욕구를 해결해 나간다. 이는 해리 아동이 마음속의 상충된 욕구를 해결하기 위해 해야 하는 조건 거래를 설명하는 데 사용하기 좋은 용어이다. 이러한 조건 거래 과정은 통제 불능 증상을 조기에 안정화할 수 있는 틀을 제공한다.

'해를 입히지 않겠다는 조건 거래'는 아동과 아동의 모든 부분이 '우발적으로나 고의로' 해를 끼치거나 자기 파괴적 행동을 하지 않겠다는 치료 초기의 합의를 말한다(Waters & Silberg, 1998a). 이는 구두로 합의하거나 서명한 계약서일 수 있다. 일부 아동들에게는 그림, 여러 명의 이름 또는 자신의 이름으로 계약서에 서명하게 할 수 있으며 마음의 비의식적 부분에 관여하는 것으로 경험되는 모든 '보이지 않는 사람들'을 포함하게 한다.

더 많은 것을 주고받을 수 있는 다른 조건 거래도 있다. 예를 들어, 나는 사춘기가 일찍 찾아와 학교에서 남학생들과 성적 접촉을 하는 열 살 소녀와 치료 작업을 한 적이 있다. 자기의 성적인 부분은 그녀가 다니는 초등학교 화장실에서 남학생과의 성적 접촉을 피하는 대가로 그녀의 탐폰 삽입을 돕는 데 참여하기로 동의했고, 우리는 그녀의 탐폰 사용을 허락하도록 어머니를 설득했다. 화를 내거나 공격적인 부분은 위험에 대한 조기 경고 시스템 역할을 하거나, 분노 편지를 쓰는 데 도움을 주거나, 가족 구성원들에게 공격성을 보이지 않는 대가로 격렬한 체육 활동에 참여하는 것에 동의한다. Brand(2001)는 자기 파괴적 행동을 최소화하기 위해 치료 초기 단계에서 이런 종류의 조건 거래 활동이 어떻게 이루어지는지에 대해 훌륭한 리뷰를 제공했다. 성인을 대상으로 작성된 것이지만 협상과 상호 조건 거래의 과정은 아동과 청소년을 대상으로 하는 치료 작업과 유사하다.

[그림 7-4]는 안젤라가 '다른 안젤라'에게 쓴 편지로, 안젤라가 자신의 한계를 넘어서는 것을 막는 '다른 안젤라'의 역할을 인식하는 능력을 보여 준다. 안젤라는 '다른 안젤라'로 해리된 상태에서 체육 수업에 빠지기 위해 어머니의 서명을 사용하여 교장 선생님께 편지를 썼다. 안젤라는 '다른 안젤라'에게 보내는 편지에서 마음의 다른 부분에게 위조가 잘못인 이유에 대해 교육하고 자신의 내적 신호에 더 주의를 기울이겠다고 약속했다.

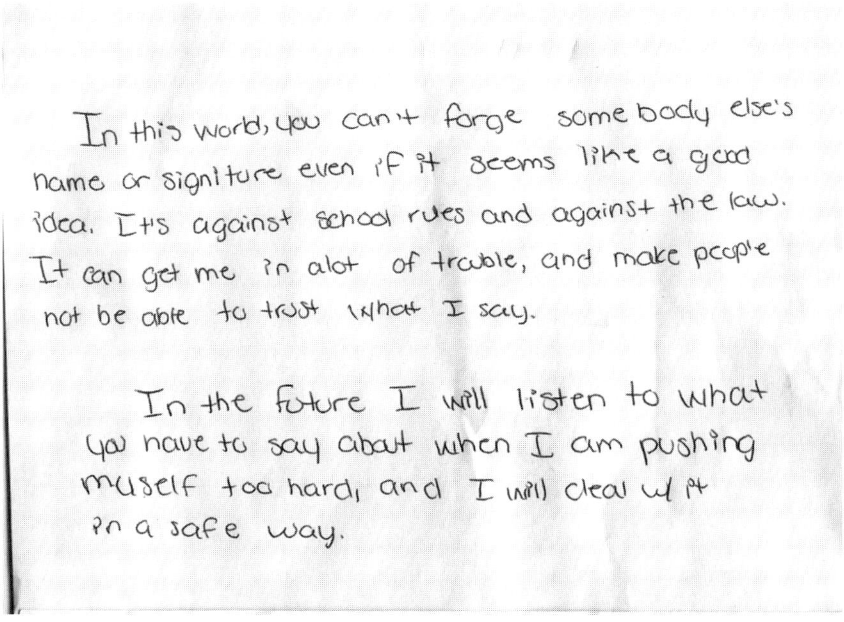

In this world, you can't forge somebody else's name or signiture even if it seems like a good idea. It's against school rules and against the law. It can get me in alot of trouble, and make people not be able to trust what I say.

In the future I will listen to what you have to say about when I am pushing myself too hard, and I will deal w/ it in a safe way.

[그림 7-4] 안젤라는 '다른 안젤라'와 협상을 한다(허락을 받아 사용함)

요약

이 장에서는 해리 아동이 낯설고 받아들일 수 없는 마음의 일부를 포용하고 수용하도록 돕는 데 필요한 기본 방법을 제시했다. 치료자는 부드럽게 수용하는 태도를 모델링을 통해 보여 주고, 창의적인 재구성을 통해 가장 부정적이고 자기 파괴적인 부분도 긍정적인 목적이 있다는 것을 아동 생존자가 받아들이도록 도와야 한다. 감사 편지 기법은 아동들이 이전에 거부했던 자기 부분에 감사하는 마음으로 다가가게 한다. 아직 숨겨져 있는 자기 부분은 부드러운 탐색의 초점이 될 수 있다. 드러난 자기 부분과의 조건 거래는 아동이 미래에 더 안전하고 덜 파괴적인 행동을 하겠다고 약속함으로써 메타인지 기능을 사용하게 한다. 앞으로의 장에서는 원칙을 확장하여 해리 중심 개입의 나머지 원칙과 기술을 다룰 것이다.

8장

“기억하는 것을 잊으려고 노력해요”: 기억상실 되돌리기

자전적 기억의 회복

기억상실의 다른 원인

전반적인 기억상실

요약

프랭크는 특수교육 프로그램에서 내가 치료했던 모범적인 8학년 학생이었다. 그는 숙제를 해 왔고, 수업 시간에 말을 절대 하지 않았으며, 담임선생님에게 자료를 복사하고 물품을 나르는 일을 돕겠다고 제안했다. 프랭크는 애정어린 중산층 부부에게 입양되기 전 친어머니로부터 9년간 학대받고 방임되었지만 그것이 학교생활에 영향을 미치지 않는 것으로 보였다. 그러나 집에서의 행동은 달랐다. 그는 가위로 광택이 나는 마호가니 표면을 긁어 복도 난간을 파괴했고, 페르시아 카펫에 구멍을 뚫었으며, 거실에 진열된 소중한 조각상을 부숴 버렸다. 부모님이 퇴근하고 돌아와 파괴된 것들을 보았을 때 프랭크는 어떻게 그 일이 일어났는지 아무것도 기억할 수 없다고 말했다. 부모님은 프랭크에게 텔레비전과 휴대폰 사용을 금지하고 용돈을 끊었지만 프랭크는 자신의 행동에 대해 어떤 기억도 나지 않는다고 부인하면서도 그 행동을 계속했다.

프랭크의 기억상실이 맞다면 그것은 심각한 것이고 비집고 들어갈 틈이 없는 것처럼 보였다. 프랭크의 학교 생활은 계속 칭찬을 받았기 때문에 특별한 식당에서 식사를 하고 쉬는 시간에 탁구를 칠 수 있는 '우등생' 수준의 특권을 얻었으며, 학교 목표를 달성하고 있음을 보여 주는 '포인트 카드'를 수업시간 사이사이에 더 이상 가지고 다닐 필요가 없었다. 집에서와 마찬가지로 치료실에서도 그는 집에서의 파괴적 행동에 대한 질문에 계속해서 "기억이 나지 않아요."라고 대답했다. 치료는 막다른 골목에 있는 것처럼 보였다. 그럼에도 불구하고 프랭크는 학교에서의 특권과 즐거움, 집에서의 한계 없는 파괴성 그리고 자신의 성공에 대해서만 선택적으로 기억하는 현상 유지에 만족하는 것처럼 보였다.

기억상실은 아동과 청소년의 기억을 설명할 때 사용하는 무서운 단어이다. 그것은 너무나 최종적이고 되돌릴 수 없는 것처럼 보인다. 하지만 기억상실은 프랭크가 자신의 파괴적 행동을 기억하지 못하게 하는 견고한 장벽을 설명하는 데 가장 좋은 단어인 것 같다. 생리적 요인보다는 심리적 요인에 의한 것으로 추정되는 이런 유형의 기억상실을 '해리성 기억상실'이라고 한다. 해리성 기억상실은 만성적 발달 트라우마, 외상 후 스트레스 장애, 달리 명시된 해리 장애 또는 해리성 정체성 장애와 관련된 자전적 기억의 상실이다. 해리성 기억상실은 그 자체로 정신질환이기도 하다. DSM-5는 주요 특징을 통상적인 망각과는 일치하지 않는, 일반적으로 트라우마성 또는 스트레스성의, 중요한 자전적 정보를 회상하는 능력의 상실로 기술하고 있다(APA, 2013). 아동 생존자들은 트라우마 사건과 중요한 자전적 정보에 대한 기억상실을 겪을 수 있다.

아동과 청소년의 기억상실에 대한 평가 및 치료의 중요성을 보여 주는 가장 강력한 경험적 증거는 일리노이주 아동복지 시스템에서 27,000명 이상의 아동을 대상으로 한 연구에서 찾아볼 수 있다(Kisiel et al., 2020). 이 연구에서 해리 평가에 사용된 측정도구는 노스웨스턴 대학교에서 국립 아동외상스트레스 네트워크(National Child Traumatic Stress Network)와 함께 개발한 IDCFS CANS이다(Lyons, 2005). CANS는 양육자 관찰과 함께 제공자의 종합적인 정보를 기반으로 아동의 증상, 욕구, 강점을 분류하는 평가 도구이다. 이 도구의 105개 문항 중에 4점 평정척도를 사용하는 단 하나의 문항만이 해리를 평가한다.

'중등도 해리' 점수(4점 척도에서 3점)를 받으려면 아동은 다음과 같은 기억 장애를 보여야 한다: '트라우마 경험에 대한 기억상실 또는 트라우마와 일치하지 않는 기억(예: 한 맥락에서는 기억하지만 다른 맥락에서는 기억하지 못함), 기억상실이 계속 지속되거나 당황하게 만드는 어려움(예: 물건을 쉽게 잃어버리고 기본적인 정보를 잊어버림)'(Kisiel et al., 2020, p.199). 중증 해리 평점(4점 척도에서 4점)을 받으려면 아동은 "일상적 기능을 방해하는 트라우마와 관련된 현저한 기억 장애를 보여야 한다. 아동은 자신이 알아야 할 사항에 대해 자주 잊어버리거나 혼란스러워한다(예: 전날 또는 몇 시간의 활동이나 행방에 대한 기억이 없다)"(Kisiel et al., 2020, p.199). 이 한 가지 문항에서 중등도 또는 중증 등급을 받으면 증상의 심각성, 파양, 입원, 방화 등의 위험 행동이 예측되는 것으로 나타났다. 이 연구결과는 다른 해리 특징과 함께 끔찍한 결과를 초래할 수 있는 해리 아동의 기억 문제를 조기에 치료하는 것이 중요하다는 점을 다시 한번 강조한다.

아동의 트라우마성 기억상실은 아동 발달 문헌에 잘 설명되어 있지 않다. 그러나 폭력적인 사건을 기억하지 못할 정도로 트라우마에 시달리는 아동 목격자의 기억상실은 텔레비전 범죄 드라마에 자주 등장하는 주제이기 때문에 이 개념에 대해 대중들은 어느 정도 친숙하다. 또한 가톨릭 사제들의 성학대 사건이 언론에 보도되면서 트라우마로 인한 해리성 기억상실에 대한 대중의 인식이 더 높아졌다. 보스턴에서 아동 성추행 혐의로 유죄 판결을 받은 전직 사제 폴 섄리에 대한 형사재판에서 배심원단은 해리성 기억상실에 대한 피해자들의 주장을 받아들였고, 이들 현상이 과학적으로 받아들여지지 않는다는 변호인의 주장을 기각했다. 매사추세츠주 대법원은 만장일치로 섄리의 유죄 판결을 확정하면서 억압된 기억 증거가 법정에서 인정될 수 있음을 확인해 주었다(Ellement, 2010).

성인은 어린 시절의 트라우마 기억을 잊어버렸다가 나중에 다시 기억해 낼 수 있는 것으로 알려져 있다(Brown, Scheflin, & Whitfield, 1999; Edwards, Fivush, Anda, Felitti, & Nordenberg, 2001). 일부 사례 연구에는 기록된 외상에 대한 청소년의 전반적 기억상실과 함께 자발적인 기억 회복에 대해 기술했다(Corwin & Olafson, 1997; Duggal & Sroufe, 1998). 이런 유형의 기억상실은 해리 아동 사례 연구에서도 입증되었다(예: Cagiada, Camaido, & Pennan, 1997; Putnam, 1997; Silberg, 2013b; Waters, 2016; Wieland, 2015). 그러나 아동과 청소년의 트라우마성 기억상실에 대한 연구는 발달 문헌에서 이제 막 시작되고 있다.

Freyd(1996)는 트라우마 사건의 망각 가능성과 연관된 요인을 밝혀냈으며 이는 후속 연구에서 지지되고 있다(예: Freyd, DePrince, & Gleaves, 2007). 이들 요인에는 부모에 의한 아동학대, 비밀유지 요구, 위협, 사건에 대해 대화할 기회 결핍, 어린 나이, 피해자의 고립 등이 포함된다. 따라서 초등학교 시절 아버지에게 성적으로 학대당한 아동이 이를 폭로하면 해를 입히겠다는 협박을 받은 경우, 나이가 들어서 낯선 사람에게 학대를 당한 아동보다 사건에 대한 기억상실이 더 심할 가능성이 높다.

Goodman과 동료 연구자들(2003)은 아동학대 가해자가 기소되어 유죄판결을 받은 사례의 피해 아동을 대상으로 연구했다. 학대 경험을 이야기하고 공개한 아동 중에서도 12%는 나중에 자신의 어린 시절에 대해 질문 받았을 때 그 사건을 보고하지 않았으며, 168명의 아동 중 2명은 사건에 대한 기억이 없다고 보고했다. 모성적 지지의 결핍과 해리는 더 많은 기억 문제와 관련이 있었다. 연구에 따르면, 특정 스트레스 상황에서 해리 수준이 높은 아동들은 기억 장애를 보일 가능성이 더 높았다(Becker-Blease et al., 2004; Eisen, Goodman, Qin, Davis, & Crayton, 2007). 트라우마적인 의료절차에 대한 세부 사항을 자세히 이야기하도록 요청받은 아동들은 의료절차가 더 자주 발생했거나 압도적일수록 더 많은 기억 문제를 겪는 것으로 밝혀졌다(Kenardy et al., 2007). 마찬가지로 가정폭력에 노출된 아동들도 목격한 사건을 이야기하는 데 어려움을 겪었으며 지나치게 일반적인 설명을 하는 경향이 있었다(Greenhoot, Brunell, Curtis, & Beyer, 2008). 이러한 연구 결과들은 기억상실이 일부 아동들이 트라우마 사건과 관련된 고통을 피하기 위해 사용하는 전략일 수 있음을 시사한다(Goodman, Quas, & Ogle, 2010).

아동기 트라우마를 경험한 성인들의 기억상실의 기저를 이루는 인지 메커니즘은 성인 피험자들에게 특정 내용을 잊으라거나 주의를 산만하게 하는 정보를 무시하라는 지시를 주는 일련의 실험의 주제가 되어 왔다(Anderson & Huddleston, 2012). 이러한 연구들은 동기가 기억에서 핵심 역할을 하며 다양한 인지 메커니즘이 작동한다는 것 그리고 일부는 입력 시점에 작동하며 다른 일부는 기억의 인출 단계를 억제한다는 것을 보여 준다. 동기화된 망각의 활성 과정은 운동 활성이 억제되는 것과 동일한 방식으로 시간에 따라 연습을 통해 기억을 억제하는 특정 뇌 구조의 관여를 받는다고 가정되고 있다. Anderson과 Huddleston은 다음과 같이 동기화된 망각을 하나의 과정으로 설명했다.

> 동기화된 망각은 단 한 번의 인지적 행위에 의해 이루어지지 않으며 특히 정서적 내용이 포함된 복잡한 사건의 경우 단시간에 이루어지지 않을 가능성이 높다. 오히려 지속적인 노력이 필요할 수 있으며, 특히 기억을 상기시키는 것들에 직면할 경우 더욱 그렇다. 이러한 이유로 동기화된 망각은 경험의 인식을 제한하는 적응적 메커니즘에 의한 지속적 과정으로 보는 것이 최선의 설명이다.
>
> (Anderson & Huddleston, 2012, p. 103)

실험연구들에 따르면, 트라우마 경험이 있는 피험자들은 트라우마 경험이 없는 피험자들에 비해 동기화된 망각기능이 더 뛰어날 수 있다(Hulbert & Anderson, 2018). 학대 생존자의 기억손상과 신경해부학적 상관성은 좌측 측두엽, 좌측 두정엽, 좌측 전두엽, 우측 전두엽이 얇아지는 것일 수 있다(Heim, Mayberg, Mletzko, Nemeroff, & Pruessner, 2013). Heim과 그의 동료 연구자들은 피질의 국소적 얇아짐이 보호 기전으로 작용하여 감각 경험을 제어하거나 차단함으로써 아동을 학대 경험으로부터 즉시 차단할 수 있다고 추측했다. 이 연구자들에 따르면, 성학대 피험자들의 학대경험에 대한 자전적 회상은 이 손상된 뇌 영역에 국한될 수 있다고 제안했다.

여섯 살 빌리는 학대에 대한 질문에 "기억하는 것을 잊으려고 노력해요. 기억은 마음을 아프게 해요. 그것은 나쁜 꿈을 꾸게 해요."라고 대답함으로써, 어린 아동의 명쾌한 말로 망각의 동기화 과정을 설명했다. 빌리는 내가 묻는 학대 정보를 피하기 위해 자신의 마음이 노력하고 있다는 것을 알고 있었다. 빌리는 기억하지 않으려는 분명한 동기, 즉 기억과 관련된 나쁜 꿈과 고통에 대해 설명했다. Anderson과 Huddleston(2012)에 따르면, "기억을 상기시키는 어떤 것이 단순히 기억 향상의 실패만을 가져오는 것이 아니라 억압된 기억의 보존을 손상시키는 과정 자체를 촉발한다"(p. 63). 빌리가 말한 것처럼 기억을 손상시키는 활성 과정, 즉 '기억하는 것을 잊으려는 노력'이 바로 이 과정이다. 학대당했던 곳에서 돌아온 여덟 살의 아디나는 기억상실 동기의 근원이 더 이상 분명하지 않을 정도로 자동화된 후의 동일한 과정을 다음과 같이 설명했다. "그것은 마치 뇌 발작과 같아요. 뇌가 그렇게 해서 생각이 없어지고 무엇을 생각하거나 느껴야 할지 모르게 돼요."

트라우마 사건에 대한 기억상실의 발생이 지속적인 과정으로 간주되는 것처럼, 자전적 기억의 회복도 심리치료적 개입이 가능한 점진적 과정으로 볼 수 있다. Anderson과 Huddleston(2012)은 한 번 잊었던 기억을 다시 찾는 데는 맥락 단서의 제시, 기억을 떠올리기 위한 연습, 그리고 단순히 시간의 흐름이라는 세 가지 요인이 영향을 미칠 수 있다고 제안했다. 인지과학 연구자처럼 치료자는 아동 생존자가 적응 기능의 중심이 되는 정보를 회상할 수 있도록 문맥 단서, 연습, 동기를 제공할 수 있다.

자전적 기억의 회복

아동이나 청소년의 삶을 구성하는 일상적인 활동에 대한 기억을 증진시키는 개입은 아동이 정상적인 발달 궤도로 돌아갈 수 있는 능력을 회복하는 데 핵심적 역할을 한다. 프랭크의 사례에서 볼 수 있듯이, 자신의 행동을 기억하지 못하면 관계에 문제가 일어날 수 있다. 트라우마를 경험한 아동들의 일상적 사건에 대한 해리성 기억상실은 아동들이 부끄러워하거나 차라리 기억하고 싶지 않은 공격성, 폭력, 무례함, 자기 파괴적 행동들과 관련된 경우에 나타나는 경향이 있다. 나의 임상경험에 따르면, 해리성 기억상실의 심각성에 영향을 미치는 요인에는 사건 자체에 대한 혐오, 기억의 결과, 아동이 이러한 유형의 기억을 피하기 위해 연습한 기간 등이 있다.

자신의 행동을 인정하지 않으려는 고의적 회피와 실제로 일어난 일에 대한 해리성 기억상실을 어떻게 구별할 수 있는지 궁금할 것이다. 이 딜레마를 효과적으로 해결하려면 기억상실을 연속선상 위에 존재하는 것으로 생각하는 것이 유용하다. 연속선의 한쪽 끝에는 다른 정체성 상태에서는 자신의 행동을 전혀 인식하지 못하는 성인 해리성 정체성 장애와 같은 사례가 있다. 해리성 내담자가 자신의 행동을 인식하게 되면 다른 자기상태에서의 행동은 완전히 성격에 맞지 않는 행동처럼 보이고 이질적으로 느껴질 수 있다. 해리성 개인은 특히 '동기화된 망각'에 능숙할 수 있으며, 연습과 회피를 통해 자신이 인정하고 싶지 않은 행동을 인식에서 제거하는 방법을 배울 수 있다. 또한 해리성 정체성 장애를 가진 개인들은 특정 상태에 들어갈 때만 접근할 수 있는 상태 의존적 기억을 갖고 있을 수 있다(Putnam, 1997). 연속선의 또 다른 쪽 끝에는 자신이 한 당황스러웠던 일에 대해 이야기하는 것을 피하고 싶어서 치료자의 주의를 분산시키고 정보를 회피하기 위해 기억나지 않는다고 주장하는 내담자가 있다. 이러한 내담자는 부드럽게 질문을 받으면 기억할 수 있고 때로 잠시 지나고 나면 일어난 일의 세부 사항을 기꺼이 제공하기도 한다.

해리 증상이 있는 아동들은 이 연속선의 중간 어딘가에 있다. 아동들은 처벌에 대한 두려움, 자신의 행동에 대한 당혹감, 자기개념과 일치하지 않는 자신의 모습을 직면하는 고통 등의 다양한 이유로 특정 자전적 정보를 기억하지 않으려는 동기를 갖게 된다. 앞서 망각을 어느 정도의 동기가 수반되는 과정이라고 설명했기 때문에 행동을 인정하지 않으려는 순간적인 거부도 이러한 회피를 지속하려는 동기가 충분히 강하다면 미묘하고 정교한 동기화된 망각 과정이 일어나게 할 수 있다고 추정할 수 있다. 자신의 행동에 대한 전체 범주를 반복적으로 회피하면, 예를 들어 모든 분노삽화를 반복적으로 회피하면 시간이 지남에 따라 아동들이 화내지 않았던 사건만 기억하는 선택적 기억으로 이어질 수 있다.

해리 아동의 기억상실은 일종의 부정적인 결과를 받게 될 가능성이 많은 행동에 대한 것이기 때문에 종종 조종의 목적이 있는 고의적인 것으로 인식된다. 기억상실을 존재하거나 존재하지 않는 범주적 현상이 아니라 연속적인 것으로 보는 것이 양육자에게는 이상할 수 있다. 양육자들은 이것이 단순히 "잊어버렸어요."라고 말함으로써 잘못된 행동에 대한 책임 회피 구실을 아동에게 주는 것이라고 생각하는 경우가 많다. 그러나 기억상실은 주관적인 경험이기 때문에 외부인으로서 기억상실의 진위 여부를 판단하기 위해 사적 정보에 대한 기억상실을 평가할 수 있는 방법은 사실상 없다. 게다가, 내담자가 정말 기억하지 못하는 것인지, 아니면 기억하지 못한다고 생각하는 것인지, 그것도 아니면 그냥 기억하지 못한다고 말하는 것인지에 대해 내담자와 논쟁을 벌이는 것은 치료자, 교사 또는 부모가 결코 이길 수 없는 힘겨루기를 하는 것이다.

환경에 따른 대비책으로 기억에 대한 동기 강화하기

트라우마성 기억상실에 대한 이론적 이해를 바탕으로 프랭크가 집에서 한 파괴적 행동에 대한 기억을 되찾도록 하기 위해 내가 사용한 개입을 살펴보겠다. 내가 사용한 방법은 최근의 행동에 대한 작은 순간적 기억상실뿐 아니라 심각한 해리성 삽화에도 적용될 수 있다. 먼저 학교와 협의하여 프랭크를 행동강화 프로그램에 참여하도록 했다. 이 프로그램의 목표는 행동문제가 아닌 기억문제를 구체적으로 해결하는 것이다. 계획에 따라 프랭크가 집에서 파괴적인 행동을 할 때마다 그의 부모님이 학교에 전화를 하고, 학교는 프랭크가 받았던 우등생 특권을 일시적으로 정지시키기로 했다. 그리고 프랭크가 문제의 사건을 기억하고 자신의 행동을 설명할 수 있게 되면 바로 우등생 수준의 특권을 되찾을 수 있게 했다.

처음에 프랭크는 자신의 행동이 학교에서는 괜찮은데 집에서 한 행동으로 학교에서 불이익을 받는 것은 불공평하다고 항의했다. 이에 우리의 계획을 다음과 같은 논리로 프랭크에게 설명했다. "만약 네가 한 행동을 기억할 수 없다면 학교에서 너를 우등생으로 두는 것은 정말 안전하지 않다고 생각해. 왜냐하면 우등생은 선생님들이 항상 주시하는 것이 아니라 스스로 행동을 모니터링해야 하기 때문이지. 만약 네가 너의 행동을 기억할 수 없다면 그 정도의 자유는 안전하지 않다고 생각해." 또한 프랭크는 자신의 행동을 정확하게 기억한다고 해서 집에서 벌을 더 많이 받지는 않을 것이며 오히려 벌이 줄어들 것이라는 말을 들었다. 프랭크는 결국 이 계획에 동의했다. 이 행동 프로그램을 실시한 지 일주일 후, 프랭크의 부모님은 학교에 전화를 걸어 식탁에 깊은 칼자국이 있는데 프랭크는 기억을 전혀 하지 못한다고 말했다.

이 글을 읽는 많은 치료자는 이 계획을 실시하자마자 프랭크가 집에서의 행동을 즉시 기억하기 시작했다고 추측했을 것이다. 그러나 안타깝게도 프랭크는 자신의 행동과 학대적인 양육자의 행동에 대해 기억상실로 적응해야 했던 트라우마적 환경에서 아홉 살 때 입양되었다. 그 결과, 프랭크의 기억상실은 수년에 걸쳐 실행되고 강화되어 자기 상태로 굳어졌으며 현실 세계의 영향을 받지 않는 경우가 많았다. 새로운 동기가 수반되는 상황에서 프랭크는 식탁을 긁었다는 사실을 기억하지 못했다. 나는 프랭크와 집중적인 치료를 하면서, 그의 행동을 촉발했을 단서와 관련 감정을 파악하기 위해 노력했다. 프랭크와 함께 내가 알고 있는 그의 자기 상태를 탐색하면서 이러한 상태 중 그가 놓치고 있는 것이 있는지 물었다. 나는 프랭크가 마침내 기억을 되찾을 때까지 3주 동안 일주일에 세 번씩 그를 만났다.

미래에 일어날 수 있는 상황을 변화시키는 것은 프랭크가 이전에는 접근할 수 없었던 행동을 기억해야 하는 어려운 치료 작업에 참여하도록 동기화하는 맥락을 만들었다. 그러나 미래에 일어날 수 있는 상황의 변화라는 대비책만으로는 충분하지 않았다. 프랭크는 자신의 삶에서 회피했던 것들을 생각해 내고자 노력해야 했고, 파괴적인 행동을 일으키는 정서적 촉발 요인을 발견하기 위해 도움도 필요했다. 자기 상태들에 갇혀 있는 기억을 보호하는 경직된 경계는 그 장벽을 뚫고 들어가도 안전한 환경, 안전한 관계, 그리고 오랫동안 회피했던 내면의 정서 층을 탐색할 수 있는 기회를 필요로 했다.

최근의 행동에 대한 기억 문제는 연속선에서 덜 경직된 쪽에 위치한 아동들과 함께 치료 작업을 할 때도 기억과 책임성을 강화하면서 미래에 일어날 수 있는 상황을 만드는 것이 중요하다. 특정 행동에 대한 기억이 없더라도 해당 행동을 한 사람이 아동이라는 증거가 명백하거나 아동이 이를 인정하는 경우라면 가족이 그에 합당한 벌을 줄 수 있다. 그러나 증거도 없고 기억도 나지 않는 행동에 대한 벌은 역효과를 낳을 것이며, 기억의 장벽을 낮추기는커녕 오히려 높일 수 있다. 일반적으로, 행동 문제 및 관련 기억상실이 있는 아동의 경우에는 가족들이 사건에 대한 증거를 가지고 있는 경우가 많다. 따라서 목격자나 확실한 증거가 있는 사건에 집중할 것을 추천한다.

아동이 기억하지 못하는 파괴적인 행동에 대해 벌을 준다면 일단 아동이 그 행동을 기억하고 설명한 경우에는 부정적인 벌을 줄여주는 것이 중요하다. 예를 들어, 치료자는 "네가 문을 차고 부순 기억이 없다는 것을 알고 있다. 그리고 너의 부모님은 네가 기억을 되찾기 위해 노력하고 있는 것을 굉장히 대견해 하실 거야. 만약 네가 어떻게 그 일이 일어났는지 나와 함께 찾아낸다면 집에서의 봉사활동 시간이 일주일 줄어들 거야."라고 설명할 수 있다. 트라우마가 있는 아동이 공격적이거나 파괴적인 행동을 해서 벌을 주어야 할 때 나는 아동들이 좋아하는 활동을 박탈하기보다는 차고 청소하기, 마당 쓸기, 옷 분류하기 등 가족을 돕는 것과 관련된 '봉사활동' 벌칙을 선호한다. 트라우마를 겪은 아동들은 삶을 즐기고 아이답게 지낼 시간을 충분하게 갖지 못했기 때문에 나는 외부 활동이 제공하는 성장 촉진 기회가 박탈되는 것을 좋아하지 않는다. 집안일을 도와주면 아동은 자존감이 높아지고 우리가 강화하고자 하는 친사회적 행동이 촉진된다. 그리고 아동이 기억을 되찾으면 가족은 벌칙을 줄일 수 있다.

잊혀진 행동 및 그와 연관된 감정에 대한 오명 벗기

해리성 기억상실에 대한 동기화 장벽을 제거하려면 환경적으로 미래에 일어날 수 있는 상황을 변화시키는 것뿐 아니라 때로 자기 상태에 포함되어 있는 자기 인식과 관련된 수치심, 굴욕감, 자기 혐오 등 기억상실을 지속시키는 내적 동기 요인에 대한 민감성이 필요하다. 잊혀진 사건과 관련된 감정을 정당화하고 강조하며, 그러한 감정이 얼마나 정상적인 감정인지를 알려줌으로써 오명을 벗겨주면 감정에 의해 촉발되는 기억상실의 필요성을 줄일 수 있다. 치료자는 또한 아동이 경험했던 감정에 근거하여 그 행동이 정당했다는 것을 알도록 도울 수 있다. 치료자는 어린 내담자와 함께 그들이 한 행동이 이해받을 수 있고 어쩌면 필요했을 수도 있다는 것을 알려주고, 기억하려는 시도가 성공할 때마다 강화함으로써 회피에 대응하고 발생 초기 단계에 있을 수 있는 기억상실 과정을 되돌릴 수 있다.

다음 대화는 프랭크보다 기억상실이 덜 심각한 내담자의 감정과 행동에 대한 오명을 벗기는 방법을 보여 준다. 위탁가정에서 지내던 열한 살의 알렉스는 침실에 있는 물건을 부수었고 무슨 일이 있었는지 기억이 나지 않는다고 주장했다.

치료자: 방 전체가 엉망이었고 새로 산 비디오 게임기까지 다 망가졌다고 엄마가 얘기하시더라.

알렉스: 네, 그래요. 진짜 열 받아요. 난 그렇게 한 기억이 없거든요. 엄마는 내가 그랬다고 하는데 난 정

말 기억이 안 나요.

치료자: 온통 방이 그렇게 망가졌는데 어떻게 된 건지 모른다면 정말 괴로운 상황이겠다. [치료자는 기억이 없는 내담자의 어려움을 수용하고 인정해 준다.]

알렉스: 네, 정말 끔찍하죠.

치료자: 어떤 사람들이 네 방을 그렇게 엉망으로 만들었다면 그 사람들은 화가 많이 나고 기분이 상한 사람들이었을 것 같아. [치료자는 직면시키거나 비난하지 않고 추상적으로 행동과 감정을 연결시킨다.]

알렉스: 그런 것 같아요.

치료자: 만약 네가 직접 그랬다면 정말 화가 났던 것 같아. 어쩌면 너 자신에게 화가 났던 것일지도 모르겠다. 상당히 강렬한 감정이었을 것 같아. [치료자는 감정을 강조하고 인정해 준다.]

알렉스: 그랬겠죠. 그렇지만 기억이 안 나요.

치료자: 전에 방을 쓰레기장으로 만든 적 있어? 전에 그렇게 했을 때 어떤 기분이었는지 기억나니? [치료자는 이 행동을 이전의 감정이나 사건과 연결시키려고 노력한다.]

알렉스: 그룹홈에서 외출을 허락해 주지 않아서 한 번 그랬어요.

치료자: 예전의 일을 기억하고 그 이유까지 기억할 수 있다니 정말 대단하다. 외출 허락을 안 해줘서 정말 화가 났을 것 같아. [치료자는 기억 인출의 작은 단계조차 강화한다.]

알렉스: 네, 정말 부당했어요. 저는 충분히 자격이 있었는데 다른 애들이 문제를 일으켜서 모두가 특권을 빼앗겼어요.

치료자: 정말 부당하다는 생각이 들었겠다. 정말 부당한 일이 일어나면 그 정도의 화는 당연히 날 것 같아. 지금도 집에서 뭔가 부당한 일이 일어나고 있을 것 같다. 그리고 그것이 이번에 일어난 사건에 대한 단서를 줄 수 있을 것 같은데. 지금 부당하다고 느끼는 것은 어떤 것이니? [치료자는 아동의 말을 사용하여 현재 감정에 대한 다리를 놓는다.]

알렉스: 제 취침 시간이 부당해요. 저는 10시까지 안 자도 될 만큼 나이가 많아요. 그리고 형은 11시까지 비디오 게임을 할 수 있다는 것도 불공평해요. 형은 저보다 겨우 두 살 더 많아요.

치료자: 그래서 그렇게 짧은 시간 동안 비디오 게임을 하는 것은 너무 말이 안 된다는 생각이 들 것 같다. 최근에 엄마랑 이 문제로 싸운 적 있었니?

알렉스: 글쎄요, 싸운 건 아니에요. 엄마는 비디오 게임을 끄지 않으면 다음 날 야구 연습에 못 간다고 하셨어요. 그런데 저는 포수이기 때문에 제가 없으면 안 돼요. 팀원들이 저를 믿고 있기 때문에 가야 했는데… 너무 부당했어요.

치료자: 그룹홈에서처럼 정말 하고 싶은 일을 하지 못하게 되는 건 진짜 부당한 일이지. 어떤 기분이었니?

알렉스: 화가 났던 것 같은데 기억이 안 나요.

치료자: 엄마한테 그 얘기를 듣고 나서 너는 어떻게 했어?

알렉스: 모르겠어요. 아마 문을 발로 차기 시작했던 것 같아요.

치료자: 와. 기억하고 있구나. 정말 대단해. 그다음에는 어떻게 됐어? [치료자는 알렉스가 자신의 행동을 기억하는 작은 단계에 대해 강화한다.]

알렉스: 그러니까 엄마는 야구장에 절대 갈 수 없다고 하셨죠. 그건 너무 부당했어요.

치료자: 나는 네가 화를 냈다고 해서 비난하지 않을 거야. 야구를 하고싶어 했고, 네가 얼마나 화가 났는지 보여 줬는데 그것 때문에 벌을 받았으니까. [치료자는 감정을 강조한다.]

알렉스: 마치 내가 이길 수 없을 것 같았어요.

치료자: 정말 그랬겠다. 비디오 게임도, 야구도, 즐거움도 없었겠네. 올가미 같았겠다. 네가 얼마나 갇혀 있는 느낌이었는지 알려준다면 이해가 될 것 같아. [치료자는 감정을 더욱 증폭시키고 강조한다.]

알렉스: 그래요. 내가 뭐죠, 동물인가? 엄마는 그렇게 나를 학대해요.

치료자: 네가 그렇게 말하는 이유를 알겠다. 새 아빠가 너를 마치 동물처럼 대했던 것 같아. 아무도 너에게 그렇게 해서는 안 돼. [치료자는 아동의 감정과 관련될 수 있는 과거 사건과 현재의 감정을 연결한다.]

알렉스: 새 아빠와 엄마에게도 정말 화가 났던 기억이 나네요.

치료자: 기억이 돌아오고 있다니 정말 다행이다. [기억을 더 강화해 준다.]

알렉스: 그때 침대에서 이불을 던져 버렸을지도 몰라요.

치료자: 감정을 표출할 방법이 없을 때 주변에 있는 것들을 닥치는 대로 던질 수 있지. [치료자는 격노를 표출하는 다음 단계로 넘어간다.]

알렉스: 네, 그렇게 되면 제 앞을 가로막는 것은 무엇이든 다 끝장나죠.

치료자: 심지어 너에게 특별한 것조차도. [치료자는 감정을 정당화해 주고 다른 방면으로 확장할 수 있도록 연결한다.]

알렉스: 심지어 제 비디오 게임도요, 던져 버렸죠.

치료자: 그럴 수 있었겠다. [더 많이 정당화를 해 준다.]

알렉스: 네, 제가 그랬던 것 같아요.

치료자: 그럴 만한 이유가 있었을 거야. 하지만 너는 정말 소중한 것들을 잃었어. 이 문제를 해결해야 해. [치료자는 아동에게 변화에 대한 동기를 심어 주려고 노력한다.]

자전적 기억을 촉진하기 위해 감정을 정당화해 주고 관련 행동에 대한 오명을 벗기는 이

기법은 성적 행동을 하는 기억상실의 아동과 청소년에게도 유용하다. 성적 행동에 대한 오명을 벗기려면 친밀감을 원하거나, 매력이 있음을 느끼고 싶거나, 사랑받고 싶거나, 성적 만남에서 힘을 느끼고 싶은 감정을 정당화해 주는 것이 포함된다. 경험을 재구성하고 오명을 벗기는 방식이 내담자에게 맞다면 내담자의 경험에 대한 해석은 공감을 불러일으킬 것이다. 그러면 내담자는 그 경험을 기억하고 그 당시의 기분을 공유할 가능성이 높아진다.

프랭크는 이전 환경에서 분노가 어떤 역할을 했고, 자기를 보호하기 위해 얼마나 정당하고 필요했던 감정이었는지에 관한 심리교육을 받음으로써 오명을 벗었다. 기억에 대한 긍정적인 보상과 기억 인출에 따른 부정적인 처벌의 감소는 프랭크에게 자신의 행동이 '나쁜' 것이라는 꼬리표가 붙는 것이 아니라 이해받을 필요가 있는 감정에 대한 중요한 단서로 받아들여졌음을 보여 준 것이었다.

역할극을 통해 감정 강조하기

정서의 각성은 해리성 회피를 일으키기 때문에 촉발시키는 정서를 발견하면 잊혀진 사건에 대한 인식을 회복하는 데 도움이 될 수 있다. 알렉스 사례에서 치료자는 아동이 부정하는 행동 유형과 연관되었을 수 있는 감정을 제시한 다음, 그 감정을 기억해 내기를 위한 다리로 활용하는 방법을 보여 준다. 프랭크에게 이 방법은 기억을 되찾기 위해 사용한 중요한 기법 중 하나였다. 알렉스와 마찬가지로, 프랭크의 파괴적 행동은 양어머니에게 가장 소중한 것들을 겨냥한 것이 분명해 보였기 때문에 분노의 감정이 강조되었다. 또한 프랭크에게 다른 사람들이 자신들의 소중한 물건이 망가졌을 때 어떤 감정을 느낄지 생각해 보게 했고 다른 사람이 프랭크의 소중한 야구 카드 컬렉션을 찢어버리면 어떤 기분이 들지 생각해 보도록 했다. 이것은 누군가의 물건이 망가졌을 때 그 사람의 감정에 대한 프랭크의 공감능력이 발달하도록 도움으로써 문제의 행동을 자극했을 수도 있는 자신의 비슷한 감정에 접근할 수 있도록 정서적 다리를 만들기 위함이었다.

나는 프랭크 역을 맡아 하교 후 집에 돌아와서 야구 카드 컬렉션이 망가진 것을 발견하는 가상의 시나리오를 연기했다. 프랭크에게는 컬렉션을 망가뜨린 사람 역할을 해달라고 요청했다. 나는 "어떻게 내 소중한 컬렉션을 그렇게 할 수가 있어? 너한테 너무 화가 나서 소리 지를 것 같아. 나를 존중하는 마음은 없는 거야?"라고 말했다. 프랭크는 자신의 역할을 연기하며, 가상의 상황에서 자신의 소유물에 대한 공격을 가했다. 그는 "너는 당해도 싸. 넌 날 사랑하지 않잖아."라고 말했다. 프랭크는 기억상실이 발생하는 행동으로 이어질 수도 있는 자신의 정서적 경험에 가까워지고 있는 것이 분명해 보였다. 이 개입 이후에도 그의 행동에 대한 기억은 드러나지 않았지만 우리는 점점 더 가까워지고 있었다.

함께 상상하기

사라진 시간과 관련된 것으로 보이는 감정이 확인되었지만 아동 생존자가 여전히 적절한 자전적 기억에 접근할 수 없는 경우, 아동과 치료자는 어떤 일이 일어났을지 '함께 상상'하며 그와 관련된 감정이나 기억나는 사건들을 채우려고 노력할 수 있다. 예를 들어, 프랭크에게 "그럼 프랭크, 네가 학교에서 집에 돌아왔을 때 해야 할 집안일이 떠올랐지만 하고 싶지 않은 마음에 화가 났다고 가정해 보자. 그래서 네가 어떻게 했을지 상상해 볼까?"라고 말할 수 있다. 그러면 기억이 없더라도 내담자는 비슷한 상황에서 자신이 할 수도 있는 행동에 대해 추측할 수 있다.

프랭크는 가끔 TV를 켜고 모든 일을 잊어버리거나 집 문을 세게 쾅 닫을 수도 있다고 말했다. 나는 프랭크에게 화를 내며 집에 돌아와서 문을 세게 쾅 닫는 자신의 모습을 상상해 보라고 했다. 그런 다음 몸에서 느껴지는 것이 무엇인지, 문소리를 들으면 어떤 소리가 들리는지, 그다음에 무엇을 하고 싶은지 상상해 보라고 했다. 화가 났을 때 자신의 행동을 상상하는 연습은 그의 마음이 '금지된' 내용에 접근하게 하고 실제 기억을 신속하게 떠올리게 하는 강력한 단서가 될 수 있다. 이 기법은 내담자가 특정한 감정을 느끼거나 하고 싶어 했던 파괴적 행동을 상상하게 한다. 그러나 다른 사람의 행동이 연루되어 있는 학대 트라우마 기억의 회복을 위해 이 기법을 사용하는 것은 완전히 부적절하다는 점에 유의하기 바란다. 이 기법은 자신의 행동에 대한 자전적 기억을 복원할 때만 사용해야 한다.

이 기법을 통해 프랭크는 식탁이 긁힌 날, 학교에서 돌아왔을 때 냄비에서 무언가 요리하는 냄새가 났던 것을 기억해 낼 수 있었다. 그는 집에 들어갔을 때 문을 쾅 닫았던 것을 기억했고, 고양이가 겁에 질린 듯 행동했던 것도 기억했다. 그런 다음 프랭크는 식기 세척기를 보면서 그것을 비워야 한다는 사실에 짜증이 났던 것을 기억해 냈다. 그는 여전히 식탁을 긁었던 기억은 떠올리지 못했지만 우리는 진전을 이루고 있었다.

함께 상상하기 기법은 열세 살 스티븐(6장에서 소개됨)에게도 사용되었는데, 그는 이웃집에 무단 침입한 혐의로 소년원에 수감되어 소년원 직원을 따라 나를 찾아왔었다. 스티븐은 이 행위에 대한 기억이 없다고 주장했고, 치료센터는 해리 장애 평가를 하고자 했다. 자신이 무엇을 했을지, 무엇을 보았을지, 이웃집에 있는 돈을 어디에서 발견했을지 '함께 상상'함으로써 스티븐은 결국 그날 실제로 있었던 일을 기억해 낼 수 있었다. 그 과정에서 나는 스티븐이 자신의 행동을 비난하고 죄악시하려는 욕구에 맞서 싸울 수 있도록 하기 위해 나와 함께 치료 작업을 한 스티븐이 얼마나 용감했는지를 격려해 주었다.

데이터 수집 및 맥락 단서 문서화하기

해리 아동들과의 치료 작업에서 숨겨진 기억을 찾아내는 지속적인 과정은 우리가 함께 달성해야 할 중요한 미션으로 설정된다. 이 미션을 완수하려면 노력이 필요하며, 이 노력의 일부는 내담자로부터 나와야 한다. 어린 시절 트라우마를 겪은 생존자들은 목표 지향적 행동에 어려움을 겪는 경우가 많으며, 이러한 노력에 참여함으로써 성공적인 삶에는 노력과 계획, 추구해야 할 중요한 목표의 식별이 포함된다는 것을 아동들이 이해하는 데 도움이 된다. 기억을 되찾기 위한 목표 지향적 행동에 아동들을 참여시키는 한 가지 방법은 누락된 정보를 해결해야 될 '미스터리'로 설정하는 것이다. 그런 다음 보조 탐정으로서 아동의 능력을 활용한다.

프랭크는 하디 보이즈 미스터리 시리즈를 좋아했고, 우리는 프랭크가 자신의 사건을 조사할 수 있도록 아마추어 탐정의 은유를 활용했다. "누가?" "언제?" "어디서?" "왜?"와 같은 질문으로 사건 파일을 구성했다. 우리는 단서를 수집하면서 이러한 질문에 대한 답을 채워갔다. 예를 들어, 단서 중 하나는 테이블이 긁힌 날 프랭크가 학교에서 집에 도착했을 때 고양이가 매우 불안해했던 것을 알아차렸다. 그는 고양이가 시끄러운 소리에 불안해한다는 것을 알고 있었다. 그런 다음 프랭크는 문을 쾅 닫았을 것이라고 추론하고 이를 단서 목록에 적었다. 프랭크는 평소 학교에서 집에 돌아오는 시간이 오후 4시이고, 부모님이 집에 와서 긁힌 테이블을 발견한 시간이 오후 5시 30분이라는 점에 주목하여 미스터리한 사건의 시간대를 좁혔다. 프랭크는 항상 오후 4시부터 4시 30분까지 TV를 본다고 말했기 때문에 사건이 발생했을 가능성이 가장 높은 시간은 오후 4시 30분에서 5시 30분 사이라고 추론했다. 이렇게 서서히 쌓여가는 단서에 집중하게 함으로써 나는 프랭크가 잊혀진 사건에 주의를 집중하는 연습을 할 수 있도록 했다. 사실 우리는 프랭크가 자전적 기억을 되찾을 수 있도록 기억 인출 기술을 연습하고 있었던 것이다.

나는 셰퍼드 프랫 건강 시스템의 입원 병동 환자들 중 파괴적이거나 퇴행적인 행동을 한 기억이 나지 않는 청소년에게 이 기법을 사용한 적이 있다. 해리성 청소년과 치료 작업을 할 때는 먼저 기억은 나지 않지만 그들이 분명히 역할을 했던 사건에 대해 노트를 작성하도록 요청한다. 그런 다음 나는 그들에게 직원이나 또래 친구들을 인터뷰하도록 하고, 내담자의 행동을 촉발한 것으로 보이는 사건과 함께 그들이 관찰한 내용을 설명하도록 요청한다. 이 활동을 통해 나는 내담자의 자기 관찰 능력을 키우고, 그들이 자신의 행동에 대한 인식을 집중시키는 데 적극적인 역할을 하도록 요청한다. 내담자가 자기 관찰에 대해 이 정도의 책임을 지게 되면, 일반적으로 자기 상태로 변화하는 빈도가 급격히 감소한다.

노트하기 기법은 아동이나 청소년이 가정생활에서 발생한 사건을 기억하지 못할 때 가족과 함께 사용할 수 있다. 나는 아동에게 노트를 중앙에 보관하고 일어난 사건을 기록하도록 요청한다. 가족 구성원 모두에게 각자의 관점에 따라 일어난 일을 기록하도록 요청한다. 아동이나 청소년은 자신의 반응을 정당화할 수 있는 모든 것을 기술하고 싶어 하기 때문에 노트에 글을 쓰려는 동기화가 이루어진다. 아동은 자신의 행동과 관련된 감정에 주의를 집중하는 연습을 통해 자기 관찰 능력이 향상된다.

숨겨진 해리 상태 찾기

동기화를 위해 미래에 일어날 수 있는 상황을 바꾸는 것과 감정의 정당화, 문제의 사건에 대한 오명 벗기, 내담자가 단서를 찾도록 도와 기억 인출을 지원한 후에도 내담자는 여전히 관찰된 행동에 대한 기억이 없다고 주장할 수 있다. 이 경우 온전한 인식을 위해 숨겨진 해리 상태에 접근해야 할 수도 있다. 나는 이미 프랭크와의 치료에서 이야기했던 자기 상태 중 하나가 그 정보를 알고 있는지에 대해 탐색해 본 적이 있는데, 그는 전혀 알지 못한다고 부인했다. 7장에서 설명한 '마음에 귀 기울이기' 기법을 이 다른 기법들과 함께 활용해야 할 수도 있다. 아동에게 문제의 사건에 대한 정보를 갖고 있을 수도 있는 마음속 어떤 부분에 귀 기울여 보라고 요청하면 아동이 무엇인가를 듣거나 도움이 되는 것을 배울 가능성이 높다.

프랭크가 테이블이 긁힌 날 무슨 일이 일어났는지 마침내 알아낼 수 있었던 것은 바로 이 '마음에 귀 기울이기' 훈련 덕분이었다. 여기에 설명된 여러 가지 기법을 몇 주 동안 시도한 후, 프랭크는 자신의 마음속에서 '깊은 분노'라고 불리는 무엇인가를 들었다고 말했다. 프랭크는 '깊은 분노'의 목소리가 그를 사랑하기보다 그녀의 물건을 더 사랑하는 양어머니에게 "맞서 싸우라."고 말했다고 했다. 그 후 '깊은 분노'는 내적으로 프랭크와 소통하며 식탁이 어떻게 긁혔는지에 대해 이야기를 다 할 수 있었다. 감정을 정당화해 주고, 프랭크에게 비판단적으로 수용하는 모습을 보이며, 긍정적 사건을 기억하게 하는 준비 작업이 부담을 덜어 주고 '깊은 분노'가 마침내 드러날 수 있는 안전장치를 제공한 것으로 보였다.

프랭크는 사건 당일 오후에 TV 스페셜 방송이 있어 꼭 보고 싶었다고 했다. 양어머니가 시킨 집안일을 하지 않으면 큰일 날 거라는 것을 알고 있었지만, 프랭크는 집안일과 TV를 모두 볼 시간이 없다고 생각했다. 이러한 굴레에 갇힌 느낌에 프랭크는 집에 들어와 문을 쾅 닫으며 고양이에게 겁을 주었고, 고양이는 으르렁거리며 구석에 숨었다. 프랭크의 마음속 '깊은 분노'는 그가 집에 돌아왔을 때 애정을 보여 주지 않은 고양이에게 화가 났다. 그는 고양이에게조차 사랑받지 못하고 원치 않는 존재라는 느낌을 받기 시작했다. 프랭크의 마음속 '깊은 분노'는 자신이 해야 할 집안일을 기억하면서 집안일을 완수하지 못했을 때 양어머니의 얼굴에 나타났던 엄한 표정을 떠올렸다. 그 엄한 표정은 입양되기 전 친어머니에게 학대받던 시절을 떠올리게 했다. 식기 세척기를 비우는 것이 과연 얼마나 중요할까? 프랭크는 궁금했다. 그가 보고 싶어 하는 TV 프로그램보다 더 중요했던 걸까? 프랭크는 계속되는 '깊은 분노'의 이야기를 마음속에 새기며 식기 세척기를 비우기 시작했고, 칼을 꺼냈다는 것을 기억했다. 그는 칼을 치우는 대신 부엌으로 가서 식탁을 긁으며 "이렇게 해서 엄마한테 물건을 너무 사랑하지 말라고 가르쳐 줄 거야! 물건이 아니라 내가 중요해!"라고 생각했다. '깊은 분노'라는 이름은 프랭크의 파괴적 행동의 기저에 깔린 감정을 잘 설명하는 것이었다.

이 숨겨진 상태가 발견되자, 프랭크는 마음을 열고 붙어 있던 배신감을 해결하기 위해 '깊은 분노'가 원가정과 위탁가정이 다르다는 것을 알게 해 주었다. '깊은 분노'의 발견은 프랭크가 친어머니로부터 느꼈던 상처와 배신감을 프랭크의 새 어머니가 이해하도록 돕고, 이러한 감정이 어떻게 양어머니에게 전이되었는지 이해하도록 도움을 주는 중요한 가족 작업으로 이어졌다. 프랭크의 양어머니는 프랭크의 물건이 그에게 소중하듯, 여전히 자신의 물건도 자신에게 중요하지만 그보다 더 프랭크가 중요하다는 말로 그를 안심시켜 줄 수 있었다.

'깊은 분노' 같은 숨겨진 상태의 발견은 종종 내담자와 치료자가 숨겨진 해리 상태와 타협할 수 있기 때문에 빠른 치료의 진척을 가져온다. 예를 들어, 이 부분이 가지고 있는 고통을 인정하도록 작업하거나 행동화를 중단하는 대가로 안심을 시켜줄 수 있다. 프랭크가 집에서의 파괴적인 행동을 완전히 멈춘 것은 '깊은 분노'를 발견하고 몇 달이 지난 후였다. 그 사이 프랭크는 집에서의 행동에 대한 기억에 접근하는 능력이 점차 향상되어 첫 번째 삽화를 기억하는 데 3주간의 집중 치료를 했고, 다음 삽화는 2주, 그다음 삽화는 일주일 만에 기억할 수 있었다. 결국 프랭크는 파괴적인 행동을 한 다음 날 나에게 전화를 걸어 이렇게 말했다. "조이 박사님, 이리 오세요. 기억을 되찾고 명예를 회복할 수 있도록 당장 치료를 받고 싶어요."

마침내 프랭크의 신경 연결망이 기억하려는 동기와 연결되었고, 중심 인식을 유지할 수 있게 되었으며 표출 행동을 자제할 수 있게 되었다. 프랭크는 행동화하는 대신 자신을 화나게 하는 이유를 글로 적고 가족 세션에서 그것에 대해 이야기하는 방법을 배웠다. 나는 프랭크와 함께 화났을 때 진정시켜 주는 단서 문장 목록을 만들었다. 이 목록에는 "우리 엄마는 옛날 엄마와 달라." "물건은 사람이 아니지만 물건도 중요해." "화를 내는 것은 허용되지만 물건을 부수는 것은 허용되지 않아."와 같은 문장이 포함되었다. 이러한 단서 문장 목록은 '깊은 분노'가 안전을 위한 조건 거래를 기억하게 만들었고, 치료 작업과의 연결고리를 제공함으로써 프랭크의 마음을 그라운딩 시킬 수 있었다. 또한 학교에서 집에 돌아오면 내 자동응답기에 전화를 걸어 내 목소리를 듣고, 나와 맺은 안전에 관한 거래와 계약을 상기하는 교육을 받았다. 프랭크의 최근 행동에 대한 기억은 계속 향상되었고, 특수학교를 졸업할 즈음에는 더 이상 해리 장애의 징후를 보이지 않았다.

'마음에 귀 기울이기' 훈련이 생산적이지 않더라도 치료자는 포기해서는 안 된다. 치료자는 아동과 협력하여 단서를 찾아내고, 기억할 수 있도록 안전한 맥락을 만들며, 행동의 기저에 있는 감정을 파악하고, 누락된 세부 사항을 채울 때까지 내담자와 계속 탐색한다. 이러한 모든 기법에도 불구하고 해리 아동이 자신의 행동에 계속 의문을 품는다면 치료자는 누락된 정보를 '프랭크가 좀비가 된 이상한 날' '프랭크가 좀비가 되었을 때 하는 행동' 또는 그 밖의 설명 가능한 어떤 것으로든 묘사할 수 있다. 예를 들어, '엄마의 부엌칼을 훔친 프랭크'라고 이상한 행동을 묘사할 수 있다. 그런 다음 "그런 프랭크가 있다면 그 프랭크는 어떤 마음일까? 그는 어떤 생각을 할까? 분명 그럴 만한 이유가 있었을 텐데… 그런 행동을 한 이유는 무엇이었을까?"라고 질문한다. 알다시피, 기억이 안 난다고 주장하는 아동은 내 치료실에서 위안이나 휴식하기 어렵다. 그 과정에서 많은 저항이 생길 수 있지만 나는 항상 아동이 자신의 중심 인식에 접근할 수 있도록 돕는다.

주의 사항

일부 아동과 청소년은 자신의 최근 행동에 대한 기억에 접근하는 것을 두려워하는데, 이는 그들이 기억을 떠올릴 경우 트라우마에 대한 상태 의존적 기억도 깨어날까 봐 두려워하기 때문이다. 예를 들어, 어린 아동 상태로 전환하는 청소년은 이전의 끔찍한 학대 기억이 활성화되는 것을 두려워할 수 있다. 그것은 불안정하고 압도적이기 때문이다. 나는 대부분의 내담자가 트라우마 기억을 최근의 행동과 분리시키는 데 매우 능숙하다는 것을 발견했다. 내담자가 최근의 행동을 기억하는 것 때문에 과거의 트라우마 기억에 압도 당할까봐 두려워하는 경우, 치료자는 이미지 기법을 활용하여 트라우마 내용을 억제하고(9장 및 13장에서 설명) 나중에 이해하고 다룰 수 있을 때까지 그 기억을 묻어두어야 한다. 트라우마 내용의 활성화에 대한 우려 때문에 내담자가 최근의 자전적 사건을 기억하고 이에 대한 통합된 의식과 기억을 성취하도록 돕는 노력이 흐트러져서는 안 된다. 자전적 기억이 없으면 가정, 학교, 친구들과의 관계가 심각하게 손상되기 때문에 자전적 기억을 지속적으로 활용하는 것은 아동에게 매우 중요한 것이다. 따라서 아무리 어려워 보여도 현재 행동에 대한 기억상실을 회복하는 것이 최우선 과제여야 한다. 이 작업은 결국 트라우마 기억 인출로 이어질 수 있으며, 이는 마음이 준비되는 속도에 따라 자율적으로 발생한다.

일부 치료자들은 기억에 직접 작용하는 치료가 암시적이거나 오해의 소지가 있을 수 있다고 우려한다. 이러한 우려는 연구를 통해 입증되지 않았다. Wu, Grandchamp와 Goodman(in press)은 20년간 추적 관찰한 결과, 치료를 받은 아동이 트라우마 사건을 더 정확하게 기억하는 것을 발견했다. 트라우마 기억의 상실은 13장에서 자세히 다루었다.

기억상실의 다른 원인

해리성 기억상실의 가능성을 평가할 때는 항상 알코올이나 기타 물질이 관련되어 있는지 물어봐야 한다. 약물, 특히 알코올은 아동과 청소년이 기억을 잃고 공격적이거나 성적인 행동을 하는 '블랙아웃'을 일으킬 수 있다. 기억 문제가 알코올 남용의 결과인 경우, 기억상실을 되돌리기 위한 기술은 효과적이지 않다. 대신, 해당 청소년을 연령에 맞는 약물 남용 치료 프로그램에 참여시켜야 할 수도 있다. 아동이나 청소년이 기억상실을 경험할 정도로 알코올 남용이 진행되었다면 심각한 남용 수준에 이르렀을 가능성이 높다.

특히 청소년들의 파티에서 기억상실이 점점 더 흔하게 나타나는 또 다른 이유는 누군가 로히프놀(플루니트라제팜), GHB(감마 하이드록시부티르산), 케타민, 심지어 클로노핀(클로나자팜)을 몰래 섞어놓은 음료를 마시기 때문이다. '몰래 섞은' 음료를 마신 후 기억상실을 경험한 내담자는 보통 4시간에서 24시간 동안 기억을 잃고 어디에서 무슨 일이 일어났는지 전혀 기억하지 못한다. 그들은 종종 자신의 옷이 엉망인 것을 발견하고 강간당한 것 같은 불편한 신체 감각을 느끼기도 한다. 이러한 기억은 거의 돌아오지 않지만, 일어난 일에 대한 인상적인 감정 및 관련 혐오와 분노를 느끼는 것은 흔한 일이다. 내담자에게 이례적이고 다른 사람들이 있는 곳, 특히 낯선 사람들과 함께 있는 파티에서 음료를 마신 후 기억상실이 발생한 경우, 이러한 유형의 약물 복용이 원인일 수 있다. 특히 공공장소나 낯선 사람들과의 사적인 파티가 있는 경우, 개봉하지 않은 병에 담긴 음료를 마시도록 내담자를 교육하는 것이 중요하다.

아동의 기억상실 평가가 필요한 또 다른 이유는 다른 사람들이 아동이 한 것으로 추정하는 행동을 아동이 기억하지 못하기 때문이다. 나는 자신이 돌보던 네 살 소년을 다치게 한 혐의로 기소된 열두 살 소녀를 평가한 적이 있다. 이 소년은 이후 머리 부상으로 사망했다. 소녀는 소년이 침대에서 떨어진 것은 기억하지만 머리를 부딪히지 않았고 사망의 원인이 될 만한 어떤 것도 기억할 수 없다고 말했다. 사실 관계를 면밀히 조사한 결과, 소녀가 어린 소년을 돌보던 내내 신경학적 손상 징후가 뚜렷하게 있었다는 사실이 밝혀졌다. 결국 또 다른 가해자인 어머니의 남자친구가 진범으로 밝혀졌다. 어머니의 남자친구는 전날 어린 소년의 머리를 때린 적이 있었다. 내가 평가한 소녀는 어린 소년과 함께 있었던 시간에 대해 일관되게 기억했지만 자신이 어린 소년을 죽게 했다는 것이 너무 두려워 소년을 폭행한 것에 대한 기억을 잃어버린 것이라는 생각을 받아들였다.

치료장면에서 해리성 기억상실이 의심될 때에는 그 가능성에 대해 회의적이고 열린 마음으로 신중하게 면담하는 것이 중요하다. 인내심을 갖고 정당화하면서 끈질기게 실제 사실을 추구한다면 수용적인 태도와 온화한 탐색이 진실에 이르게 할 것이다.

전반적인 기억상실

때로 해리적 습관이 너무 자주 실행되어 내담자가 일상생활에 대한 일종의 일반화된 기억상실을 갖게 되는 경우가 있다. 이들은 "기억력이 정말 나쁘다."고 말하며 전날 학교에 갔는지, 점심으로 무엇을 먹었는지, 심지어 기본적인 수학적 사실과 같은 간단한 것들도 기억하지 못한다고 말할 수 있다. 이러한 아동들은 종종 ADHD 진단을 받는다. 그러나 일상 활동에 집중하지 못하는 것은 끊임없이 무력감, 무능감, 트라우마를 느꼈던 이전 환경에 대한 트라우마적 적응일 수 있다. 이런 경우, 일상의 정보가 트라우마를 상기시킬 수 있기 때문에 기억하지 않는 것이 중요한 생존 기술이 된다. 앞으로 일어날 일이나 이미 일어난 일을 아는 것은 무력감과 재트라우마를 불러일으킬 뿐이다. 그 결과 전반적인 기억상실은 최선의 전략이 된다. 나는 이러한 아동 생존자들에게 풍부한 단서를 제공하고 기억하는 연습을 할 수 있도록 돕는다. 기억에 대한 단서를 얻기 위한 특별한 정리 노트 쓰기, 과제를 상기시켜 줄 친구, 계산기나 수학 표 사용하기, 기억하기에 안전한 환경에 적응하도록 돕는 치료 작업과 함께 교실 조력자 활용하기 등 외부의 도움이 필요한 뇌 손상 내담자의 재활과 유사하다.

〈표 8-1〉은 자전적 기억상실을 치료할 때 참고할 수 있는 체크리스트를 제공한다.

〈표 8-1〉 자전적 기억상실을 돕기 위한 치료자 체크리스트

자전적 기억상실의 회복을 돕기 위한 치료자 체크리스트
기억상실의 신경학적 또는 약물 관련 원인을 배제했는가?
기억할 만한 환경이 조성되어 있는가?
안전하게 기능하기 위해 자전적 기억이 중요하다는 것을 강조했는가?
기억을 담고 있을 수도 있는 해리된 자기 부분을 확인했는가?
기억상실 삽화와 관련된 감정을 정당화해 주었는가?
역할극을 통해 그러한 감정을 갖는 것이 어떤 느낌일지 탐색해 보았는가?
그런 감정을 느끼는 사람은 어떻게 할 것 같은지 함께 상상해 보았는가?
기억나지 않는 사건에 대한 맥락 단서를 만드는 데 도움을 주었는가?
담아주는 이미지를 통해 내담자가 자전적 사건에 대한 고통스러운 트라우마 기억을 분리하도록 도왔는가?

요약

이 장에서는 자신의 행동을 기억하지 못하거나 기억하지 못한다고 주장하는 내담자와 함께 최근 사건에 대한 자전적 기억을 회복하는 것이 중요하다는 점을 강조했다. 그리고 기억 문제가 연속선상에 존재하며 외부 및 내부의 동기 요인에 의해 크게 영향을 받는다 것을 설명했다. 기억을 연속선상에 있는 것으로 보는 관점은 내담자가 단순히 기억이 나지 않는다고 말함으로써 책임을 회피하는 것인지, 아니면 정말 기억상실인지를 놓고 내담자와의 힘겨루기를 피할 수 있게 한다. 연속선 개념은 두 가지 상황을 비슷한 방식으로 다룰 수 있게 해 준다. 치료자는 가족과 학교가 특정 상황에 대비한 계획을 만들어 파괴적이거나 부끄러운 일에 대해서도 정확한 기억을 하는 것이 유리한 상황을 만들도록 도와야 한다. 아동 생존자가 자신의 행동을 기억하는 데 도움이 되는 다양한 기법에는 관련 행동의 오명을 벗기고, 감정을 정당화해 주며, 기억하려고 노력하는 과정에 대한 충분한 강화, 관련 감정의 연습과 역할극을 통한 풍부한 단서 제공, 숨겨진 상태들에 '귀 기울이기' 등이 포함된다. 이러한 기법은 기억에서 동기의 역할을 뒷받침하는 최신 인지과학 연구, 특히 동기화된 망각 이론(Andersen & Huddleston, 2012)에 근거한다.

아동이나 청소년이 적절한 발달경로를 따르기 위해서는 학대나 고통 관련 사건에 대한 트라우마 기억을 지속적인 자전적 기억 기능과 단절시켜야 한다. 일부 아동들은 숙제, 집안일 및 기타 책임에 대한 기억에 영향을 줄 수 있는 전반적인 회피 전략을 발달시키기 때문에 기억상실은 해리현상과 관련이 있을 수 있다. 트라우마 사건을 기억하는 것은 지속적인 자전적 정보를 기억하는 것만큼 중요한 목표가 아니다. 트라우마 이후 성장하려면 마음뿐 아니라 신체와의 연결성도 회복되어야 한다. 다음 장에서는 해리 아동이 신체적 자기와의 통합적 연결성을 회복하려고 할 때 직면하는 어려움을 살펴보았다.

9장

몸과 친해지기: 아동 생존자를 위한 신체적 고려사항

과잉각성 아동

감각운동 활동을 통한 각성 조절

신체 무감각

신체형 통증과 전환 증상

요약

엘렌은 입원실에서 심리치료를 받는 동안 자신을 입원하게 만든 가족 간 갈등에 대해 이야기하면서 눈물을 흘렸다. 내가 부드럽게 엘렌에게 무슨 일인지 묻자 엘렌은 "얼굴에 눈물이 흘렀어요."라고 대답했다. 엘렌은 정서와 신체 표현의 연결이 너무 단절되어 있어 '눈물 흐르는 얼굴'을 정서 경험과 연결시키지 못했고 따라서 정서와 연결되지 않은 신체감각을 지각했다.

이 장에서는 EDUCATE 모델의 'A' 단계에서 유용한 기법들에 대해 소개하기로 하겠다. 이 기법들은 애착 맥락에서 각성과 정서조절을 촉진한다. 많은 아동 생존자들은 몸 신호의 신체적 의미로부터 단절되어 있다. 일부는 자신의 몸 신호를 전혀 인지하지 못하거나 감각을 잘못 해석한다. 종종 자신의 몸 신호를 불필요한 침입이나 위협으로 인식하여 자해나 회피를 통해 그것을 잠재우려고 한다. 또 어떤 아동들은 현재의 신체 문제와 관련 없는 고통감각을 느낄 수 있다. 그들의 고통은 과거의 신체 경험을 기반으로 한다. 몸은 지속적인 적으로부터 끊임없이 '도망치는' 것 같은 빠른 심박수, 광적인 강도의 행동과 함께 지속적인 외상 후 과잉각성 상태에 있을 수 있다. 이런 유형의 신체 문제를 가진 아동들은 새로운 방식으로 자신의 몸과 친해져야 한다. 자신의 몸을 치료에서의 동맹자로 보고 그 신호를 읽는 법을 배워야 한다. 현재와 관련된 신체 신호에 주목하면서 먼 과거와 관련된 것들을 진정시키는 것이다. 이것은 치료의 모든 단계에서 지속되는 과정이지만 치료 초반에 이 문제를 다루면 내담자가 치료 전반에 걸쳐 잘 활용할 수 있는 기술을 습득하는 데 도움이 될 수 있다.

과잉각성 아동

위협에 노출된 사람은 즉시 교감신경계의 활동이 증가하며, 이와 관련하여 심박수와 호흡, 근력이 증가하고, 근육에 에너지 공급을 위한 당분의 가용성이 증가하며, 인식의 초점이 좁아진다(Perry, Pollard, Blakely, Baker, & Vigilante, 1995). 위협에 대한 이 신체반응은 신체 전체에 광범위한 영향을 미친다. 주의력, 운동 활동, 충동성, 놀람 반응, 수면 조절, 심지어 학습 능력 및 면역 반응을 담당하는 뇌 영역을 비롯한 많은 신체 시스템들이 스트레스 반응 시스템의 활성화에 영향을 받기 때문이다(Ford, 2009; Perry et al., 1995).

시간이 흐르면서 반복적인 활성화를 통해 위협 반응 시스템이 민감해져서 점점 다양하고 경미한 자극에도 쉽게 활성화된다. 따라서 과도한 각성 상태는 위협이 더 이상 존재하지 않을 때도 아동의 행동을 특징짓는 지속적인 '특성'이 된다(Perry et al., 1995). Perry와 동료 연구자들은 위협에 대한 이 과잉각성 반응을 과소각성 반응과 비교했다. 과소각성 반응도 위협이 더 이상 존재하지 않음도 시간이 지남에 따라 전형적인 반응 패턴이 될 수 있다. 과소각성 패턴에 대해서는 해리성 '셧다운 상태'와 함께 다음 장에서 심도 있게 기술했다.

많은 아동이 극도로 활성화된 상태인 과잉각성 패턴과 반응하지 않는 상태인 과소각성 패턴 사이를 번갈아 경험한다. 치료자로서 우리의 임상 목표는 아동들에게 모든 자극에 반응하지 않는 자동발생적 셧다운에 빠지지 않고 과잉각성 반응을 조절할 수 있는 새로운 방법을 제공하는 것이다. 어린 시절 치료를 받지 못한 많은 청소년이 이러한 해리성 셧다운 반응을 보였다. 성학대를 당한 여아들을 대상으로 한 종단 연구에서 발견된 특이한 결과에 따르면, 지속적인 과잉각성 상태에서 과소각성 상태로의 점진적 변화가 나타났다(Trickett et al., 2011). Trickett과 동료 연구자들은 학대받은 여아들을 대상으로 시간 흐름에 따른 코르티솔 수준의 변화를 연구했다. 코르티솔은 위협적인 사건이 발생할 때 분비되는 스트레스 호르몬이다. 연구자들은 학대받은 여아들의 코르티솔 수준이 어린 시절에는 대조군보다 높았지만 성인이 된 후에는 이 패턴이 역전되어 대조군보다 낮은 코르티솔 수준을 보인다는 것을 발견했다. 따라서 심각한 스트레스는 처음에 높은 스트레스 반응을 초래하지만 시간이 지남에 따라 억압된다. 이러한 발견은 성적 학대라는 발달적 트라우마를 경험한 아동들이 각성 수준의 조절 측면에서 장기적인 비정상성을 발달시킬 수 있음을 시사한다.

내가 치료에서 만나는 많은 과잉각성 아동들은 최근에 원가족에서 분리되어 신체적, 성적 학대 및/또는 방임을 겪은 취학 전 아동들이다. 임상적으로 처음 눈에 띄는 것은 그들의 혼란스러운 행동이다. 치료실에서 잠시도 놀잇감에 집중하지 못하며 장난감을 하나씩 집어 들었다가 다른 것을 찾아내고 그러고는 무심히 옆으로 치워 버린다. 때때로 이런 아동들은 잠시 동안 외상과 관련된 인형놀이에 몰두하기도 하는데 아기 인형을 던지며 '나쁜 아기'라고 말한다. 다른 때에는 아기 인형이나 상징적으로 어머니가 위험에 처하거나 죽음에 이르는 긴 놀이 시나리오에 잠시 몰두하기도 한다. 그러나 이는 또 다른 순간적인 움직임이나 짧은 자해 행동, 예를 들어 피부를 긁거나 머리를 치는 것으로 갑자기 끝난다. 이것은 마치 아동들이 외부 세계와 내적 반응 두 가지에 의해 발생하는 끊임없는 위험 신호에 압도당하는 것 같으며 마치 총알을 피하는 듯한 회피 동작을 하면서 광적으로 질주하는 것 같다. 지속적인 과잉각성 상태에서 아동들은 새로운 것을 배우거나, 또래와 협력하여 놀거나, 안전한 새 보호자에게 애착과 안정감을 느낄 수 없다. 나이에 적절한 모든 발달과업은 안전이라는 잡기 어려운 목표를 위해 희생된다. 우리는 어떻게 이러한 두려움의 회피반응을 진정시키고 아동을 더 적절한 각성 수준으로 이끌 수 있을까?

상징적 또는 언어적 수준에서 연결 및 안전 강화

내가 발견한 이 흥분된 과잉각성 반응을 진정시키는 한 가지 방법은 아동의 행동 의미와 연결시키는 단어를 사용하는 것 그리고 나의 치료실과 나의 존재가 두려운 위협의 끝을 상기시키기는 것으로서 부드럽고 침착한 단어를 사용하는 것이다. 트라우마를 경험한 아동들은 정확하고 공감적으로 그들에게 귀 기울이는 사람에 익숙하지 않으며 누구도 그들의 마음속에 존재하는 두려운 소리와 위험의 이미지를 알거나 이해할 수 없다고 생각한다. 아동은 갑자기 그들의 흥분된 움직임을 멈추고, 나와 눈을 맞추며, 내 말에 주의를 기울인다. 새로운 입양 부모나 위탁 부모들은 경험이 정확하게 이해받고 표현되었다고 느낄 때 아동들이 보여 주는 성숙함과 정교함에 놀란다.

예를 들어, 한 아동이 갑자기 자신의 머리를 때리면 나는 그 소년의 손을 부드럽게 잡고 말한다. "네가 방금 머리를 치는 것을 보니 머릿속에서 누군가가 무서운 것을 말하는 목소리를 들은 것 같다. 나는 여기서 네가 듣거나 볼 수 있는 무서운 것들로부터 너를 안전하게 지켜줄 거야. 여기서는 아무도 다치지 않아." 만약 아동이 무엇인가를 들었다고 인정한다면 나는 즉시 그것을 그리거나 이야기하도록 요청한다. 나는 아동이 말하는 이름이나 설명이 무엇이든 그것을 사용하면서 부드럽게 심지어 '무서운 괴물 남자'를 초대하여 조니가 안전과 사랑을 느낄 수 있는 방법을 찾는 것을 돕는다. 나는 이렇게 말한다, "너의 마음속에 있는 무서운 괴물 남자 목소리가 나와 함께 안전함을 느끼는 법을 배우길 바라. 어쩌면 언젠가 그도 편안해질 수 있고 무서운 것들에게 작별 인사를 할 수 있을 거야."

아동이 아기 인형이 다쳤다고 하면서 "나쁜 아기."라고 말한다면 나는 부드럽게 대답한다. "아마 그 아기는 계속 다치니까 아플 거야. 하지만 실제로 나쁜 아기는 없어. 우리 그 아기가 낫도록 도와주자. 언젠가 안전한 곳을 찾을 수 있다는 걸 그 아기가 알고 있을까?" 어떤 방식으로든 아동의 행동으로 나타나는 위험의 주제에 대한 언급, 안전에 대한 아이디어와 말로 안전을 약속하는 것, 안심시키는 목소리 톤은 과잉각성 상태에 있는 취학 전 아동과의 초기 단계 작업에 도움이 되는 경우가 많다. 내 경험에 따르면, 이러한 언어적 개입은 어린 아동들을 매우 빠르게 진정시킨다. 단어의 모든 의미를 완전히 이해할 수 없는 아기들에게 말을 거는 것과 마찬가지로 언어 및 상징적 개입은 어린 아동들이 더 안전하고 평온하게 느낄 수 있는 환경을 조성한다. 아동들은 안심시키는 나의 목소리 톤, 아동의 경험에 대한 나의 공감, 아동 및 아동의 경험과 함께하고자 하는 나의 의지에 반응한다.

언어적 및 비언어적 상호작용을 통해 트라우마를 입은 아동들을 조절하고 안정화시키는 언어 병리학자인 Yehuda(2015, 2016)는 아동의 각성수준을 조절하기 위한 목소리 톤을 포함한 언어적 의사소통의 비의미적 측면이 중요하다고 설명했다. Fisher(2017)는 치료자의 자세, 목소리 조절, 속도, 그리고 신체언어가 내담자의 신체적 반응의 공동조절에 강력한 수단으로 작용한다고 강조했다. 이 아동 및 청소년들과 작업할 때 좀 더 신체적으로 민감한 부분으로 천천히 옮겨가면서 목소리 톤과 신체언어를 맞춰주는 것이 중요하다는 것을 지적했다.

감각운동 활동을 통한 각성 조절

유치원 교사들은 노래 부르기와 박수 치기 같은 활동이 아동들을 더 평온한 상태로 이끌 수 있다는 것을 알고 있으며, 종종 교실에서 원 모양으로 모이기 전에 이러한 박수치기와 '앉는 시간' 노래 의식을 사용한다. Perry의 (2006) '신경 순차적' 치료 모델에 따르면, 율동 경험은 초기 발달 트라우마를 입을 때 손상된 뇌의 피질 하부 영역을 자극한다. 나는 아동들과 함께 작업할 때 종종 노래나 반복적인 시를 사용하여 아동에게 과잉각성 상태를 가져오는 두려움에 대해 안심시킨다. 7장에서 기술한 트래이시는 일곱 살 때 일하는 어머니를 대신해 돌보던 할아버지에게 학대를 당했다. 아홉 살이 되었을 때 학교에서 심각한 분리불안이 트레이시를 압도했다. 트레이시는 숨을 쉴 수 없게 되었고 어머니에 대한 걱정에 사로잡혔다. 트레이시를 진정시키는 전략의 일환으로 나는 아동에게 어머니 사진을 보면서 간단한 시를 외우도록 가르쳤다.

> 나는 오늘 진정할 수 있어,
> 왜냐하면 엄마가 여기에 있으니까.
> 이 방에서 엄마를 볼 수는 없지만,
> 곧 엄마가 여기에 올 거야!!

트래이시에게 이 말을 하면서 번갈아 가며 무릎을 손으로 탁탁 치도록 했으며, 이는 안구 운동 민감소실 및 재처리 요법(Eye Movement Desensitization and Reprocessing: EMDR)(Adler-Tapia & Settle, 2008)에서 권장하는 대로 뇌를 양측으로 자극했다. 장식과 삽화를 그려넣은 시를 창작하고 시를 리듬감 있게 읽는 것은 대뇌피질 수준(예술 창작과 단어의 의미 처리)과 대뇌피질 하부 수준(운율과 리듬의 진정 효과)에서 트래이시의 과잉각성 상태를 모두 완화하는 데 도움이 되었다.

아동들은 베개를 복부에 올려놓고 천천히 호흡하면서 표준횟수 호흡에 맞추어 베개가 올라갔다 내려갔다 하는 것을 보고 호흡을 늦추고 조절하는 방법을 배울 수 있다(Cohen et al., 2006). 일반적으로 호흡 기술을 가르칠 때 나는 청각 자극을 함께 사용하는데 파도, 숲속의 새, 바람, 비 등 다양한 소리를 선택할 수 있는 사운드 기계를 사용한다. 아동이나 청소년들에게 가장 진정 효과가 있는 소리를 선택하도록 요청한다. 온라인에서 무료로 이용할 수 있는 프로그램들(예: www.calm.com)은 확장하고 수축하는 공의 움직임에 호흡을 맞추어 아동의 호흡을 조절하는 데 도움을 준다.

부드러운 장난감이나 털이 있는 담요를 만지거나 손을 서로 문지를 때의 감각도 아동의 각성 상태를 진정시키는 데 도움이 될 수 있다(www.havening.org 참조). 나의 치료실에는 많은 동물 인형, 베개, 담요가 있어서 아동과 청소년들이 편안한 자세를 취할 수 있다. 부드럽고 포근한 동물 인형과 함께 몸을 흔드는 것은 리듬감과 감각 자극을 제공하여 진정 효과를 줄 수 있다. 심지어 일부 남자 청소년들도 편안함을 위해 이러한 방식을 원한다면 활용할 수 있게 한다.

대부분의 남자 청소년들은 비디오 게임, 레고와 같은 블록 쌓기, 픽업스틱이나 젠가 같은 게임(타워를 무너뜨리지 않으면서 블록을 제거하는 쌓기 게임으로 Timberrr라고도 함)과 같이 집중과 주의가 필요한 통제된 감각운동 활동에 참여하는 진정 활동을 선호한다. 이러한 활동으로 신체 움직임을 조절하기 위한 노력은 아동들의 과잉각성을 새로운 방향으로 돌리는 것처럼 보이며, 점수 획득, 픽업 스틱 건드리지 않기, 타워 무너뜨리지 않기와 같은 즉각적인 보상은 성취를 극대화하기 위해 신체적 진정을 유지하는 강화제가 된다. 나는 격렬한 감정이나 중요한 감정 내용이 다루어진 세션 후에는 과잉각성 상태의 내담자들이 스스로를 진정시킬 수 있도록 이 내용을 포함시킨다. 또한 부모들에게 자녀가 집에서 비폭력적이고 도전적인 비디오 게임을 일정 시간 동안 하도록 허용하는 것이 트라우마를 입은 과잉각성 상태의 십대 남아들에게 스트레스 해소 수단이 될 수 있다고 설명한다. 때로 비디오 게임을 하지 못하도록 하는 처벌은 이 소년들을 완전한 분노반응으로 몰아넣을 수 있다. 분노반응은 재미있는 활동이 박탈되었기 때문만은 아니다. 아동들은 비디오 게임과 같은 집중적인 감각운동 활동이 진정과 자기조절의 주요 수단이라고 자주 보고한다. 스트레스 해소를 위한 이러한 수단이 중독적이고 지나치게 사용될 수는 있지만 게임이 실제 사람들의 폭력을 시뮬레이션한 것이 아닌 신중하게 선택된 것이고 청소년의 유일한 활동이 아닌 경우 치료자의 진정 활동에 유용하게 사용될 수 있다.

셰퍼드 프랫 건강 시스템의 입원병동에는 과잉각성 상태의 입원아동들을 조절하는 데 도움이 되는 다양한 진정 활동을 제공하는 감각운동실이 있다. 무게감 있는 담요로 유아를 안고 감싸는 경험을 시뮬레이션함으로써 안정감을 제공하며, 이는 피질 하부 수준에서 매우 진정 효과가 있을 수 있다. 감각운동실에는 기울면서 회전하는 볼 모양의 좌석이 있어 고유수용감각 자극을 제공하며, 아동들이 타고 튕길 수 있는 큰 공은 리듬감 있는 자극을 제공하고, 아동의 몸에 맞춰 모양을 잡는 부드러운 의자도 있다. 트라우마 치료자들은 이러한 보완적인 감각운동 활동의 중요성을 점점 더 인식하고 있다. 실제로, 트라우마를 입은 아동을 위한 일부 치료법, 예를 들어 SMART(Sensory Motor Arousal Regulation Treatment, 감각 운동 각성 조절 치료) 프로그램은 감각운동 개입을 통한 각성 조절을 위해 특별히 개발되었다 (Zelechoski, Warner, Emerson, & van der Kolk, 2011).

이미지

각성 조절에 도움이 되는 주요 방법 중 하나는 안전한 장소를 상상하는 것이다. 나는 아동이나 청소년에게 해변 휴가, 보트 타기 경험 또는 숲속에서의 캠핑과 같이 평온함이나 평화를 느낀 장소를 말해 달라고 요청한다. 안전한 장소를 상상하게 할 때 나는 내담자가 일상적인 경험에서 벗어난 곳을 생각하라고 해서 실제 삶과의 새로운 연관성이 그들의 안전한 상상을 오염시키지 않도록 한다. 어떤 아동들은 안전하다고 생각하는 장소를 경험하지 못했을 수 있다. 그러한 경우에는 그들이 진정할 필요가 있을 때 사용할 수 있는 안전한 장소를 함께 만든다. 상상의 안전한 장소는 그 장소가 평화 및 평온과 연결된다면 그것이 달(moon)이든 바다 밑 해저든 어디든 될 수 있다. 중요한 것은 평화 및 평온과 연결되어 있다는 것이다. 그러나 안전한 장소에 있는 상상 경험에 대해 치료자가 감각적인 세부 사항을 묘사하고 강화하는 것이 중요하므로 아동이 '숨쉬기'를 할 수 없어서 당황하게 된다면 달과 같은 장소는 안전한 장소로 사용될 수 없다.

아동이 안전한 장소의 이미지를 확인하고 묘사하면 나는 아동이 그 장소를 상상으로 그리거나 그림으로 그리게 한다. 아동에게 안전한 장소를 그리게 하면 치료자가 아동에게 중요한 세부 사항을 파악하는 데 도움이 되며, 이러한 세부 사항은 이미지를 형성할 때까지 확장될 수 있다. 아동들이 그린 그림은 이완하거나 잠들려고 할 때 그것을 상기할 수 있도록 침실에 걸어두게 할 수 있다.

이미지 형성은 거꾸로 수를 세면서 아동에게 이완 상태를 먼저 유도한 후 안전한 장소에 대해 생생하게 암시하는 것으로, 그들을 특별한 곳으로 데려가는 마법의 엘리베이터, 특별한 꽃밭을 상상하는 것, 또는 아동들에게 매력적인 기타 유도 기술을 포함한다(예: Gomez, 2012; Kluft, 1991; Wester II, 1991; Williams & Velazquez, 1996 참조). 이러한 이완 및 이미지 연습은 형식상 최면은 아니지만 아동에게 사용할 수 있는 최면 기술에 대한 지식은 치료자가 이완을 유도하고 생생한 감각적 세부 사항을 암시하는 기술을 숙달하는 데 도움이 된다. 이 연습세션에서 제안한 감각적 세부 사항들—예를 들어, 얼굴에 시원한 바람 느끼기, 발가락 사이의 따뜻한 모래, 얼굴에 따뜻한 햇볕, 주변의 시원한 물—은 즐겁고 아동이 상상하기 쉬운 것이어야 한다. 감각적 이미지는 단지 압도적인 감각 및 고통과 연관된 것이 아니며 감각과 신체인식을 긍정적으로 느낄 수 있도록 재정립하는 데 도움이 된다. 목표는 아동이 각성이 증가할 때 접근할 수 있는 안전한 장소를 발견하는 것이다. 아동에게 적용할 수 있는 다른 이미지 기법에는 아동이나 청소년이 내면에서 가지고 있는 강점 찾기와 대처 자원을 강조하는 자존감 향상 훈련이 포함된다(Phillips & Frederick, 1995; Wieland, 1998; Williams & Velazquez, 1996).

신체 무감각

트라우마를 입은 아동들은 때로 고통에 대한 둔감함을 자랑스러워하며, 또래들의 공격이나 고통스러운 질병 또는 부상을 고통 없이 견딘다고 자랑하기도 한다. 몸을 둔감하게 만드는 것이 통제할 수 없는 고통을 견뎌온 아동들에게 어떻게 적응 전략일 수 있는지 쉽게 알 수 있다. 해리는 어린 시절 학대로 고통받는 사람뿐 아니라 화상(Stolbach, 2005), 만성 복통(Silberg, 2011) 또는 고통스러운 의료 시술 등의 신체적 외상에 노출되었던 사람들에게도 고통에 대처하기 위한 전략으로 사용된다(Diseth, 2006).

대장 및 방광 문제

지속적인 통증에 대해 둔감해지는 것은 적응적일 수 있지만 신체 감각에 둔감해지는 것은 대장 및 방광 기능의 일상적 관리에 문제를 일으킬 수 있다. 이러한 둔감함은 특히 성학대 피해 아동들에게 흔하다. 성학대 피해 아동들은 적당한 스트레스에 대한 반응으로 의도하지 않게 소변을 보거나 대변을 보는 문제를 겪을 수 있으며, 이러한 문제를 해결하기 위해 필요한 신체감각 지각이 부족할 수 있다. 아동들에게 성학대 후유증으로 소변 및 배변 문제가 발생하는 이유는 여러 가지가 있다. 성학대를 받은 아동들에게 요로 감염 및 생식기 감염의 빈도가 높고, 이는 요생식기 영역의 민감도에 부정적인 영향을 미칠 수 있다(Vezina-Gagnon et al., 2020). 또한 교감신경계 활성화로 인해 아드레날린이 과다 분비되면 소화기관이 폐쇄되고 장을 이완시켜 근육에 더 많은 에너지를 공급할 수 있기 때문에 장의 이완은 공포 반응의 한 요소이다. 동시에 심한 스트레스를 겪을 때 부교감 신경계 활성화는 장의 연동운동을 자극할 수 있다. 따라서 괄약근 조절이 약화되고 연동운동이 증가하면 불수의적으로 항문에서 대변이 빠져나올 수 있다. 배뇨 과정에도 유사한 근육이 관여하기 때문에 압도적인 공포로 인해 불수의적으로 소변이 나올 수 있다.

성학대 생존자들에게 발생하는 소변 및 대변 실수는 성학대 동안 흔히 일어나는 항문이나 요도 자극이 공포와 연관되어 있기 때문에 발생할 수도 있다. 이 공포는 배변이나 소변을 볼 때 항문이나 요도의 경미하거나 정상적인 자극에까지도 일반화된다. 결과적으로 학대를 당한 아동이 무서운 것이나 학대와 관련된 사건을 상기시키는 촉발 요인에 직면했을 때 불수의적 배변이나 배뇨라는 통제할 수 없는 조건화된 반응을 보일 수 있다. 시간이 지남에 따라 무의식적 배뇨 또는 배변이 지속되면 생식기 부위에 점진적인 탈감각을 초래할 수 있다. 마지막으로, 해리 과정은 아동이 모든 생식기 자극과 관련된 촉발 요인을 피하기 위해 생식기-항문 영역에 대한 인식 피하기를 배우게 되면서 아동의 지각 민감성을 더욱 감소시킨다. 이에 따라 화장실에 가야 한다는 정상적인 감각의 알아차림이 손상되어 소변이나 대변의 요실금이 생길 수 있다. 때로 이러한 초기의 불수의적 과정들은 아동이 실수에 책임이 있다고 지각하는 과도기적 정체성들 또는 자기 상태들로 조직화된다(Waters, 2015; 2016).

불수의적 소변 또는 대변 실수는 수치스러운 문제로, 아동 자신과 가족을 혼란스럽게 만든다. 보통 보호자들은 이 문제가 학교보다 집에서 더 흔하게 발생하기 때문에 아동이 어느 정도 이 문제를 통제할 수 있다고 믿는다. 부모들은 이러한 증상으로 인해 옷이 엉망 되고, 카펫이 얼룩지고, 생활이 엉망진창이 된 것처럼 보이면 종종 화를 내는 것으로 반응한다. 실제로 문제에 대해 가족들이 보이는 극단적 반응은 아동이나 청소년이 가족 내에서 통제권(심지어 부정적인 통제)을 갖기 위해 싸우게 되면서 문제행동의 반복주기를 만들어 낼 수 있다. 그러한 경우, 아동이 배변 및 배뇨에 대해 행하는 모든 통제는 고의적으로 '실수'를 함으로써 가족에게 벌을 주기 위해 사용될 수 있다. 해리 아동의 배설 실수는 복잡하고 다중 결정적인 경향이 있어서 치료하기가 매우 어렵다. 증상을 지속시키는 부정적인 강화의 순환을 되돌리기 위해 치료자는 먼저 아동이 겪은 경험에서 비롯되는 당연하고 일반적인 결과라는 설명을 통해 아동의 행동을 재명명해야 한다. 치료자는 아동과 협력하여 감각과 신체통제를 느끼는 것에 있어서의 작은 성공을 보상하고 이를 바탕으로 더 확장시키는 방법을 찾아야 한다.

사만다는 열 살된 여자 아동으로 가정에서 신체 및 성학대를 당하다가 네 살에 입양되었다. 그녀는 새로운 환경에서 한부모였던 입양모와 함께 초기 적응을 잘했지만 수년에 걸쳐 나타났다 사라지기를 반복하는 야뇨증이 있었다. 5학년 때 새 학교로 전학 간 후 괴롭힘 문제를 겪으면서 야뇨 증상은 낮에도 이어졌다. 젖은 옷 때문에 반복적으로 학교에서 집으로 가야 했고 또래들의 놀림은 더 심해졌다. 그러나 사만다는 이런 일이 일어날 때마다 계속 학교를 나갈 수 있었기 때문에 문제는 더욱 강화되었다. 사만다는 치료자에게 소변을 보아야 할 때 전혀 느낌이 없지만 갑작스럽게 따뜻함과 젖은 느낌이 들어 교실을 뛰쳐나갔다고 말했다.

나는 즉시 사만다가 '따뜻함과 젖음'을 느낄 수 있다는 것을 강화했다. 나는 그 감각을 자세히 설명하고 그 감각이 어떻게 느껴졌는지 그림으로 그려보도록 요청했다. 이 감각은 소변 실수 후에 나타나는 것이었지만 나는 사만다가 느끼는 감각을 잘 느끼도록 도와주고 싶었다. 이것은 그녀가 자신의 몸의 감각에 대한 집중을 높이는 데 도움이 되는 것이었다. 나는 그다음에 '따뜻함과 젖음'이 느껴질 때 주의를 기울이고 소변 실수 바로 앞에 있었던 감각과 생각에 대해 일기장에 적도록 요청했다. 나는 아동의 어머니에게 즉시 나아질 것이라는 기대를 늦추도록 격려했고, 학교의 허락을 받아 사만다가 가장 두려워하던 점심시간 괴롭힘을 최소화할 수 있도록 조퇴할 수 있게 했다. 다음에 사만다를 만났을 때 그녀는 소변 실수를 더 잘 조절하게 되었다고 보고했고 불수의적 소변 실수는 단 두 번만 일어났다고 했다. 사만다는 소변 실수 바로 전에 '못된 여자 아이'가 "너 같은 건 그런 일을 당할만 해."라고 말하는 것처럼 들리는 무서운 생각이 들었다는 것을 알아챘다고 보고했다.

사만다에게 '못된 여자 아이' 목소리가 누구의 목소리처럼 들리는지 묻자 그녀는 입양 전에 자신을 꾸짖던 이모의 목소리처럼 들린다고 말했다. 따라서 사만다의 소변 실수는 현재 학교에서 '못된 여자 아이들'에 의한 괴롭힘의 트라우마뿐 아니라 과거 트라우마 기억과도 관련 있음이 분명해졌다. 우리는 함께 그녀의 마음속에 있는 '못된 여자 아이'에게 편지를 썼다. 우리는 사만다가 '소변이 나오는 느낌'을 배울 수 있도록 못된 여자 아이에게 도움을 청했고, 우리는 왜 사만다가 과거나 현재에 일어난 나쁜 일들을 '당할 만하다.'고 생각하지 않는지 그 이유를 설명했다. 그녀가 많은 것을 알고 있는 것처럼 보였기 때문에 우리는 그 못된 목소리에게 사만다가 소변 통제를 더 많이 하는 법을 배울 수 있도록 도와달라고도 요청했다. 사만다는 그 목소리가 "부드러워진 것 같다."고 보고했다. 나는 사만다가 소변 실수 에피소드 전의 느낌뿐 아니라 화장실에 선택적으로 갈 수 있는 시간에도 주의 깊게 집중하여 그 느낌을 묘사하도록 격려했다. 이러한 활동을 한 후 사만다의 소변 실수는 상대적으로 빨리 해결되었고, '못된 여자 아이'의 내적 목소리가 다시는 치료 과정에서 중요한 부분이 되지 않았다.

'못된 여자 아이'는 사만다의 트라우마적인 과거와 또래 괴롭힘으로 인한 소변 실수 그리고 두려움과 구체적으로 연결된 것으로, 단기간 지속되는 과도기적 정체성으로 보였다. 이 증상은 여섯 단계의 과정을 통해 해결되었다: (1) 괴롭힘을 줄이고 궁극적으로 학교를 바꿈으로써 현재의 트라우마 다루기, (2) 증상에 대한 낙인 제거하기, (3) 가족 내에서 증상의 힘을 줄여 부정적 강화의 순환을 만들지 않기, (4) 해리된 목소리를 동맹에 참여시키기, (5) 치료자로부터 이런 일을 당할 만하지 않다는 안심의 말을 들으며 해리된 자기 부분이 이모에 대한 고통스러운 기억 표현하게 하기, (6) 이 과정에서 작은 단계들을 강화함으로써 사만다가 자신의 신체 감각에 더 효과적으로 조율할 수 있도록 돕기.

대변 실수도 비슷한 방식으로 다룰 수 있다. 유분증의 경우, 변비로 인해 결장이 만성적으로 확장되고 결장 내에 쌓인 딱딱한 대변 덩어리 주위로 묽은 대변이 새어 나와 속옷에 얼룩을 남긴다. 이렇게 새어 나오는 대변 때문에 화장실로 가야 할 듯한 느낌 없이 속옷에 얼룩이 생긴다. 팽창된 대장은 대장의 감각을 상실하게 하며, 이는 해리 및 학대의 과거로 인한 민감성 결핍을 더 복잡하게 만든다. 그러한 경우 의료인과 함께 작업하는 것이 중요한데, 이러한 문제를 악화시키는 장의 팽창을 줄이기 위해 완하제를 복용해야 할 수도 있기 때문이다.

Waters(2015)는 유분증을 겪던 한 해리 아동에 대해 기술했다. 그는 아동의 모든 숨겨진 상태들을 확인하고, 비언어적으로 학대 기억을 처리하고, 전체 자기가 함께 작업하도록 격려함으로써 증상이 해결됐다고 했다. 모든 유분증이 트라우마와 관련되어 있다고 가정해서는 안 된다는 점도 중요하다. 이는 구체적인 트라우마 배경 없이도 종종 발생하는 비교적 흔한 유아기 문제이기 때문이다.

섭식 문제

신체 감각에 대한 민감성 부족은 식사 행동에도 영향을 미칠 수 있으며, 학대 생존 아동은 배고픔을 느끼지 못해 지나치게 적게 먹거나 포만감을 경험하지 못해 과식할 수 있다. 때로 아동들은 여러 가지 다른 인식 상태에서 배고픔을 경험한다. 이러한 아동들은 방금 먹었다는 기억이 없어 다시 식사를 요구할 수 있다.

이는 규칙적인 식사를 제공하지 않아 정상적인 배고픔과 포만감 신호가 적절히 발달하지 않은 방임 가정 아동들에게 더 흔하게 나타난다. 다른 신체적 증상과 마찬가지로, 치료자는 아동이 신체 감각에 집중하고, 명명하고, 묘사하도록 도움을 줄 수 있다. 여러 해리 상태가 음식을 두고 경쟁하고 아동은 자신의 행동을 기억하지 못할 때 치료자는 6장에서 설명한 바와 같이 협상과 협력을 시도해야 한다.

자해

트라우마 대처로 아동이 발달시킬 수 있는 가장 걱정스러운 적응 방식 중 하나는 자해 습관이다. 자해에는 머리카락 뽑기, 손톱이나 피부 뜯기, 머리 부딪치기, 화상, 자해, 날카로운 물건으로 찌르기 등이 있다. 아동과 청소년의 해리에 대한 18건의 연구를 종합적으로 검토한 연구자들은 해리가 심할수록 고의적인 자해 행동이 아동과 청소년들에게 더 흔하다는 것을 확인했다(Cernis, Chan, & Cooper, 2019). 또한 높은 수준의 해리는 자해의 심각성과 범위를 예측하는 변인이었다. 자해 예측 요인으로서 해리가 중요한 역할을 하기 때문에 해리에 대한 개입은 자해 행동을 중단시키는 데 핵심적일 수 있다.

Cernis와 동료 연구자들은 해리 아동과 청소년들이 비해리적 자해 행위를 하는 아동과 청소년들에 비해 보이지 않는 부위에 자해를 하거나, 화상을 입히거나, 광범위하게 팔을 벨 가능성이 더 높다는 것을 발견했다. 자해하는 아동과 청소년을 위한 치료 측면에서 이루어진 대부분의 연구들은 모호한 결과를 제시하고 있지만 100명을 대상으로 한 연구에서 자해 감소의 유일한 성공적 예측 변인은 해리 감소였다(Cyr, McDuff, Wright, Theriault, & Cinq-Mars, 2005). 따라서 자해 행동을 보이는 아동이나 청소년의 치료 과정에서 해리 증상에 초점을 맞추는 것이 중요하다.

자신의 신체 경험이 통제할 수 없는 고통과 연관되어 있는 사람은 자신의 신체에 고통을 가하려 할 것이며 그에 따라 익숙함과 통제 가능성 때문에 위안이 되는 상태를 유도하는 것은 놀라운 일이 아니다. 자해는 신체를 자극하여 약물 같은 효과를 내는 신체 아편이라고 할 수 있는 엔도르핀을 방출시키기 때문에 강력하게 강화된다. 자해는 아동이 다른 방법으로는 조절할 수 없다고 느끼는 불편한 정서 상태를 급격하게 중단시킨다(Yates, 2004). 또한 자해는 마치 주변인들에게 아동들이 자신을 어떻게 평가하는지 또는 자신이 어떻게 대우받고 있다고 느끼는지에 관한 강력한 메시지를 전달하려는 듯 이들의 어려움을 상징적으로 나타낼 수 있다. Hoyos와 동료 연구자들(2019)은 자해와 가장 밀접하게 관련된 해리 유형이 이인증임을 발견했다. 자해하는 청소년은 이인증의 불편함에서 벗어나 현실감을 느끼려고 하거나 또는 자기 인식 없이 행동할 수 있다.

Ferentz(2012)는 사람들이 자해하는 29가지 이유를 포함하는 포괄적인 체크리스트를 만들었다. 이 체크리스트는 자해 행위를 하는 이유에 대한 대화를 아동과 시작하는 데 도움이 될 수 있다. 청소년들은 자해에 대해 다음과 같은 여러 가지 이유를 말한다: 자신을 느끼기 위해, 자신의 고통을 전달하기 위해, 기분을 조절하기 위해, 스스로를 처벌하거나 다른 사람에 대한 공격성을 억제하기 위해. 그러나 유아들은 종종 자신이 왜 반복적인 자해 행동을 하는지 구체적으로 표현하지 못한다.

아동들에게 자해에 대해 설명할 때 이 행동을 유지시키는 강력한 생리적 과정들이 있다는 것을 설명하는 것이 도움이 된다. 나는 몸이 통증을 완화시키는 약물을 방출하기 때문에 몸이 통증을 다루는 방법을 갖고 있다는 설명으로 시작한다. 아동들에게 최근에 입안에 상처가 났던 경험을 기억하고 그 상처를 혀로 반복해서 만졌는지를 떠올려 보라고 요청한다. 아프더라도 그렇게 하는 이유는 우리도 모르는 사이에 상처를 만지면 이 신체 약물이 방출되기 때문이라고 설명한다. 입안의 상처를 만지는 것이 마치 일시적인 중독이 되는 것과 같다고 설명한다. 이 설명은 아동과 청소년들이 자해 행동을 계속하고 싶게 만드는 강박성, 즉 종종 신비롭고 설명할 수 없는 힘이 생리적 근거를 갖고 있는 것을 이해하는 데 도움이 된다.

자해 행동이 습관화되고 의식화(ritualization)되기 전에 치료하는 것이 훨씬 쉽다. 아동들이 자해를 멈추도록 동기를 부여하는 것이 성공적인 치료의 핵심이다. 그러나 Ferentz(2012)가 강조한 바와 같이, 감정 관리를 위한 '대안 방법'이 이들에게 가용하다는 확신이 없다면 많은 청소년이 이 증상을 다룰 수 없다. 치료에서 자해 행동을 멈출 수 있는 치료 동기 중 하나는 다른 사람들이 이들의 상처나 흉터를 보게 될 것에 대한 걱정이다. 예를 들어, 일부 내담자들은 여름이 오면 몸이 어떻게 보일지, 몸에 가한 자해가 더 눈에 띄게 될 것에 대해 걱정한다. 또 다른 치료 동기는 부모님이 그것을 알게 될 것에 대한 두려움이나 그것이 '역겹게' 보인다는 인식일 수 있다. 아동들이 친구들에게 몸을 보여 주는 것에 대해 부끄럽다고 표현한다면 그것은 자해 행동이 실제로는 자아 동조적(ego-syntonic)이지 않다는 것을 나타내는 좋은 신호이다. 좀 더 어린 아동들은 행동에 대해 여전히 불편함을 느끼기 때문에 증상이 오래된 청소년들보다 동기를 부여하기 쉽다. 나이가 많은 청소년의 경우, 치료자는 자기 파괴적인 행동에 대한 부정적인 자기 인식을 강화하지 않도록 주의해야 한다(Ferentz, 2012). 자해를 권장하는 내적 목소리, 과도기적 정체성, 또는 해리 아동이나 청소년들의 경우 치료자는 아동이 해리 상태와 동맹을 구축하게 하고 이들이 평소에 가지고 있는 부정적인 동기를 긍정적인 방향으로 재구성해야 한다.

아동이나 청소년들이 자해의 생리적 기능에 대해 교육을 받고 치료자와 함께하려는 동기가 생기면, 치료자는 이들과 함께 자해하고 싶은 욕구가 높아지는 '위험한 시간'을 찾는 작업을 할 수 있다. 이 '위험한 시간'은 감정적으로 극도로 흥분하는 시간일 수 있으며, 이는 가족 간 갈등, 다른 또래들에게 괴롭힘을 당할 때, 또는 옛 남자친구와 대화할 때와 같이 대인 관계 갈등 중에 발생한다. 그러나 자해 욕구, 예를 들어 피부를 꼬집거나 머리카락을 뽑는 것은 아동이나 청소년이 컴퓨터로 생각 없이 놀거나 공부할 때와 같이 지루할 때도 일어날 수 있다.

일단 위험한 시간이 확인되면 치료자는 아동과 청소년들이 자해하려는 충동이 일어났을 때 할 수 있는 다양한 대안 행동을 찾는 데 도움을 주어야 한다. Ferentz(2012)는 CARESS로 불리는, 자해 행동 대체를 위한 일련의 대안 행동들을 제시했다. 내담자들에게 바람직한 행동을 그림으로 그리거나 다른 설명을 만들어 '대안적으로 소통하기', 활동적인 운동을 통해 '엔도르핀 방출하기', 마지막으로 목욕 같은 긍정적인 것을 하여 '자기 진정'하기에 동의하도록 요청한다. 많은 개입들은 청소년들을 위한 자조 서적(self-help book)에 정리되어 있다(Ferentz, 2015). 나는 보통 아동들이 '위험한 시간' 동안 대안 행동을 지지할 수 있는 보호자와 동일한 의사소통을 아동이 하도록 격려한다. 어린 아동들은 '위험한 시간'의 개념을 쉽게 이해하며, 보통은 이러한 시간을 확인할 수 있고 부모로부터 도움을 구할 수 있다.

피부나 손톱을 뜯거나 상처를 뜯거나 머리카락을 뽑는 더 어린 아동들을 치료할 때 나는 부모에게 토끼 발을 쓰다듬거나 스트레스 볼을 쥐어짜는 것과 같은 대안을 미리 계획하여 아동들을 부드럽게 다른 방향으로 유도하도록 조언한다. 머리카락을 뽑던 한 어린 아동은 쿠쉬 볼(Koosh ball)의 탄력 있는 '실'을 뽑는 것으로 대체할 수 있었다. 어린 아동들과 함께 할 때 자해 행동을 대체할 구체적인 보상(스티커나 영화 보기, 외출하기와 같은 선택권)을 준비해 두는 것이 중요하다.

자해 욕구가 특정 자기 상태에 국한되는 것으로 보이면 7장에서 논의한 조건 거래 방법들을 활용할 수 있다. 자해를 일종의 적응적 자기 보호 형태로 재구성함으로써 아동은 전체 자기와의 합의에 따라 행동을 포기하도록 동기화될 수 있다. 아동은 예를 들어, "'못된 나'는 누구보다 먼저 나를 아프게 해."라고 말할 수 있다. 이런 경우에 첫 번째 개입은 '못된 나'가 전체 자기와 함께 다른 사람들로부터 자신을 보호하는 방법을 찾고, 안전하지 않음과 관련된 감정을 탐색하도록 하는 것이다.

머리 부딪치기

머리를 때리거나 벽에 머리를 부딪치는 갑작스러운 행동은 급성 스트레스 증상이며, 일반적으로 아동이 겪고 있지만 보고할 수 없는 딜레마나 해로운 경험과 관련 있다. 트라우마를 입은 아동들이 머리를 부딪치는 행동은 대개 현재의 위험에 대해 직접적으로 소통하는 것을 막거나 억제하려는 시도일 수 있다. 이러한 아동들은 그들에게 일어나고 있는 무서운 일에 대해 이야기하는 것을 폭력적으로 멈추려고 할 수 있다. 특히 아동이 위협을 받았다면 머리를 폭력적으로 치는 것은 말하려는 충동을 다루는 방법일 수 있다. 침묵하려는 마음속에는 자해하라고 말하는 목소리가 있을 수 있다. 치료자들은 머리를 부딪치는 행동을 매우 심각하게 받아들여야 하며 환경 어디에서 해가 발생하는지, 아동이 싸우고 있는 내적 충동이나 목소리가 무엇인지 탐색해야 한다. 이 행동의 트라우마 원인을 완전히 평가하기 위해 입원이 필요할 수도 있다. 그러나 발달장애가 있거나 생애 초기 방임을 겪은 아동들의 경우 특히 잠자리에서의 만성적인 머리 부딪치기는 자기 진정을 위한 수면 의식의 일부일 수 있으며 낮시간에 갑작스럽게 시작되는 행동만큼 심각하지 않다.

여섯 살 된 에스티는 아버지와의 면접교섭 시간 직전에 2층 창문에서 뛰어내리려고 했다. 면접교섭은 에스티가 아버지에게 학대받았다고 밝힌 후 감독하에 이루어졌다. 초기 평가에서 에스티는 아버지와의 면접교섭에 대해 물어보자 머리를 때리고 방을 뛰쳐나갔다. 조심스럽게 이루어진 면담을 통해 에스티가 내면에서 아버지의 목소리를 듣고 있으며, 그 목소리가 자신과 어머니를 모욕하는 말을 하고 있다는 사실이 밝혀졌다. 가정폭력은 아버지가 집을 떠난 이후에 멈췄지만 에스티가 아버지와 가까운 곳에 있을 때면 아버지의 모욕적인 언어에 대한 플래시백을 경험했다. 여섯 살의 에스티는 플래시백 동안 내적 목소리와 아버지의 실제 목소리를 구분할 수 없었다. 따라서 감독하에 이루어지는 만남이라도 에스티는 아버지가 자신과 어머니를 비하하는 것을 경험했다. 짧은 병원 치료 후 에스티는 안정을 찾았고 가정법원 판사는 면접교섭이 계속된다면 에스티가 추가적인 정신적 피해를 입을 것이라고 확신하게 되었다. 판사는 현명하게 면접교섭이 더 이루어지기 전에 에스티에게 외상 후 스트레스 치료를 통해 치유할 시간을 주었다. 불행히도, 많은 판사들은 감독하에 이루어지는 학대 가해자와의 면접교섭이 어린 아동들에게 실제 학대만큼 생생하게 느껴질 수 있는 플래시백을 유발할 수 있다는 것을 이해하지 못한다.

신체형 통증과 전환 증상

해리 아동들은 신체적 원인이 명확하지 않고 과거의 트라우마와 관련이 있는 것으로 보이는 다양한 신체 증상을 경험할 수 있다. Nijenhuis(2004)는 이러한 신체적 재경험을 '신체형 해리(somatoform dissociation)'라고 명명했다. Nijenhuis가 강조한 바와 같이, 신체형 증상을 해리 증상으로 인식하는 것은 현대 해리관련 서적에 큰 영향을 미친 Pierre Janet의 통찰과 일치한다. 아동 생존자들이 보일 수 있는 가장 놀라운 증상 중 하나는 과거의 부상 부위의 통증이나 다른 감각을 신체적으로 재경험하는 것이다. Waters와 Silberg(1998a)는 차갑게 느껴지는 등 부위가 있다고 보고한 소년을 기술한 바 있지만 이에 대한 설명은 없었다. 그의 형은 이 소년이 아기일 때 학대적인 부모가 냉동고에 넣었다고 보고했다. 이 소년은 이 사건에 대한 의식적 기억이 없었다. 다른 아동들은 이전 경험에서 다친 신체 부위와 일치하는 설명할 수 없는 통증을 보고한다.

아동들에게 통증 부위를 설명하는 방법 중 하나는 그것이 "나는 이제 안전한가?" 또는 "이제 나는 편안해지고 좋아질 수 있을까?"와 같은 질문을 하는 몸의 방식임을 아동들에게 말해 주는 것이다. 그런 다음 이 질문을 누구에게 하고 싶은지 아동에게 물으며 답은 보통 그들의 새롭고 안전한 보호자이다. 가족 세션에서 우리는 몸을 연기하면서 이러한 질문을 보호자에게 할 수 있다. 보호자들은 아동이 안전하다는 것을 보장하는 대답을 하고 진정 마사지나 상상으로 '마법의 사랑 물약'을 아동의 통증 부위에 발라준다.

Waters(2016)는 아동들에게 몸을 그리고 다양한 신체 부위에 감정과 감각을 쓰게 함으로써 신체 경험에 집중하는 방법을 가르치는 것을 기술했다. 플래시카드나 다른 질감의 재료들을 사용하면 신체의 다양한 부위에서의 감각을 구별하는 방법을 아동에게 가르칠 수 있다. 이 신체 감각에 조율하는 것은 해리를 극복하는 데 반드시 필요한 단계이다.

더 나이든 아동과 청소년들의 경우 나는 아동들에게 건강하고 고통 없는 몸을 상상하라고 격려하면서 마법의 치유 연못에 들어가는 이미지나 통증을 완화시키는 기타 마법적 이미지들을 사용한다. 또한 아동들에게 통증 치유에 방해가 되는 것이 있는지 물어본다. 어떤 방해를 인식한다면 그것들을 인식의 중심에 놓고 다룬다. 다양한 해리 상태에 자주 들어가는 아동과 청소년들은 이러한 상태들로부터 전환되거나 깨어날 때 심한 두통을 경험한다. 두통의 원인이 무엇이든 두통은 '단단한 헬멧'이 풀어지는 이미지 기법이나 통증에 대한 지각을 나타내는 기타 이미지로 다룰 수 있다.

어떤 아동이나 청소년들은 걸을 수 없거나 한 팔을 사용할 수 없는 등의 복잡한 신체 장애를 보일 수 있다. 이런 장애는 심각할 수 있으며 학교를 결석해야 하고 정상적인 활동에 참여할 수 없게 만든다. 일부는 이런 '전환 증상'을 DSM 진단 체계의 해리 범주에 포함시키는 것이 중요하다고 주장한다(Bowman, 2006; Brown, Cardena, Nijenhuis, Sar, & van der Hart, 2007). 때로 전환 증상, 예를 들어 걷지 못하는 것은 한정된 해리 상태에서만 나타날 수 있다. 일부 인격 상태에서는 나타나지만 다른 인격 상태에서는 나타나지 않는 전환성 실명이 해리성 정체성 장애 환자들에서 확인되었다. 해리성 정체성 장애가 있던 한 성인의 경우 인격 상태에 따른 시각유발전위 검사에서 극적인 변화가 있었는데, 이는 '실명'이라는 해리 상태에서 시각 자극의 부호화가 되지 않을 수 있음을 시사한다(Strasburger & Waldvogel, 2015). 해리를 겪는 내담자들의 뇌와 몸의 복잡한 관계는 여전히 잘 이해되지 않고 있다.

전환 증상을 경험하는 아동을 돕는 첫 번째 단계는 아동이 기능을 할 수 없다고 느끼는 것을 인정해 주면서 동시에 그들이 딜레마에서 벗어날 수 있는 길을 찾을 것이라는 희망을 심어주는 것이다. 예를 들어, 아동이 갑자기 통증 때문에 다리를 움직일 수 없게 된다면 나는 아동에게 이렇게 말한다. "네가 아무리 노력해도 다리를 움직일 수 없다는 것을 알겠다. 무섭고 이상할 거야. 너의 몸은 다리를 움직이는 것이 안전하지 않다는 것을 그 통증을 통해 분명히 말해 주는 것이고, 그럴 때는 몸이 말하는 것을 믿어야 해. 몸이 다시 안전하다고 느낄 때 다리를 움직일 수 있을 거야. 그러기 위해 무엇이 필요한지 확실하지는 않지만 너의 몸이 다시 다리를 안전하게 움직일 수 있을 때까지 내가 함께할게." 이렇게 표현하면 내담자에게 치료자가 통증이 신체적이든 심리적이든 받아들이고 있으며 기능 회복의 시간이 올 것이라는 희망을 명확하게 심어줄 수 있다. 전환 증상에 대한 비판적이지 않은 접근과 함께 나는 내담자들의 통증이 신체적이든 심리적이든 판단 없이 신체 치료 프로그램 및 기타 신체 지지 프로그램에 참여하도록 격려한다.

열 다섯 살 소녀 맨디는 갑자기 엉덩이에 통증을 느껴서 허리를 구부릴 수 없었고 화장실을 이용하는 데 도움이 필요할 정도로 심한 장애를 겪었다. 의학적 평가에서는 이 통증에 대한 생리학적 원인이 없다는 결론이 내려졌다. 통증은 어머니의 새 남자친구가 집에 이사 온 후 시작되었다. 그 이후로 맨디의 활동은 점점 더 제한되었다. 맨디는 학교에 가지 않았고 대부분의 시간을 침대에 누워서 보냈다. 맨디도 어머니도 짧은 정신과 입원에 이의를 제기하지 않았다. 병원에서 작업치료사가 맨디에게 걷는 데 도움이 되는 지팡이를 주었고 화장실을 혼자 이용할 수 있도록 보조 장치를 주었다.

어머니와 떨어진 공간에서 개인 심리치료를 받은 맨디는 어린 시절의 경험에 대해 솔직하게 이야기할 수 있었다. 어머니에게는 많은 남자친구가 있었고 맨디는 혼란스러웠다. 맨디는 여덟 살 때 있었던 한 남자친구에 대해 이야기하기 어려워했다. 그 남자에 대해 이야기하려고 할 때마다 맨디는 패닉 상태가 되었고 통증이 심해져서 침대로 돌아가겠다고 말했다. 나는 그 통증이 그 남자와 관련이 있는 것 같다고 말했고 그를 생각하는 것이 매우 무섭겠지만 병원에서는 안전하다는 것을 상기시켰다. 결국 맨디는 그 남자가 자신을 성적으로 학대했고 만약 그것을 어머니에게 말한다면 어머니를 해치겠다고 위협했다는 것을 기억해냈다. 맨디는 우연히 엉덩이를 침대 프레임에 부딪혀서 학교에 가지 못하게 된 적이 있었는데 그때 어머니가 일을 그만두고 그녀를 돌봐주게 되었다는 것을 기억해 냈다. 따라서 맨디의 엉덩이 통증은 방과 후에 엄마가 일하는 동안 그녀를 돌봐주던 남자친구에게 학대 당하지 않도록 간접적으로 그녀를 보호했다.

최근에 어머니의 남자친구가 이사 온 것이 맨디의 과거 학대와 관련된 두려움을 다시 불러일으켰다. 맨디는 현재 상황에 갇힌 느낌이 들었고 위협 때문에 과거의 학대에 대해 어머니에게 말할 수 없었다. 이 사건에 대한 기억, 집에 있는 새 남자에 대한 두려움, 그리고 갇혀 있다는 느낌은 맨디의 엉덩이 통증으로 표현되었다. 통증은 어머니의 새 남자친구와 과거 남자친구의 기억으로부터 '보호받고 있다.'고 느끼게 해 주었다. 자유롭게 움직일 수 없다는 것은 상징적으로 맨디가 '갇혀 있다.'는 느낌을 표현한 것이었다. 맨디는 과거의 학대와 그것이 다시 발생할지도 모른다는 두려움을 말할 수 없었지만 그녀의 몸은 맨디가 갇혀 있고 움직일 수 없다는 것을 비언어적으로 '말하는' 방법을 찾아낸 것이다.

맨디가 학대를 처리하고 어머니에게 분노와 배신감을 표현한 일련의 강렬한 세션들 후에 통증이 줄어들기 시작했고 결국 사라졌다. 가족 세션에서 맨디의 어머니는 자신의 새로운 남자친구에 대한 맨디의 두려움을 듣고 방과 후에 맨디가 그와 혼자 있지 않도록 계획을 세웠다. 퇴원 후 맨디는 개인 심리치료와 가족치료에 참여하였으며 점차 개선되었다. 학대가 발생했을 때 맨디와 어머니가 살았던 마을의 사회복지팀에 공식 보고가 이루어졌고, 맨디가 자신을 학대했다고 기억하는 남자에 대한 조사가 시작되었다. 전환 장애에 대한 더 많은 정보는 다음 장에 제시했다.

체화된 숙달

성인을 위한 감각운동치료 분야에서 최근 급격한 발전이 있었다(Fisher, 2017; Ogden & Minton, 2000; Rothschild, 2000). 이 치료법은 극도의 트라우마 상태에서 투쟁-도피 반응과 관련된 운동반응이 종종 차단되며 처리되지 않았고 불완전한 행위들이 트라우마를 겪은 사람들이 경험하는 많은 신체화 증상의 원인이 된다는 이론에 근거한다(Levine, 1997). 감각운동치료는 내담자가 트라우마 당시 경험한 감각운동 반응을 기억하고 이를 최적의 각성 상태에서 처리하는 데 도움을 준다. 치료 세션 동안 내담자는 원래 트라우마 당시 얼어붙었던 근육을 움직여 차단당한 행동을 완전히 완료하도록 격려받는다(Ogden & Minton, 2000; Ogden, Pain, Minton, & Fisher, 2005). 이 접근법은 내담자가 자신의 신체 감각을 더욱 의식할 수 있게 해 주며 일부 트라우마 생존자들이 경험하는 무감각과 단절을 되돌릴 수 있다.

트라우마를 겪는 중 몸이 하고 싶었지만 할 수 없었던 행동을 완성한다는 개념은 아동을 대상으로 하는 치료작업에 유용할 수 있다. 트라우마 중에는 교감신경계가 활성화되어 몸을 투쟁-도피를 위해 준비시킨다. 그러나 어린 아동들에게는 이런 선택권이 거의 없다. 그들은 싸우기에는 너무 작고 도망치기에는 종종 너무 압도적이어서 몸이 얼어붙게 된다. 놀잇감, 모래놀이, 점토, 미술용품과 같은 치료 도구나 아동들의 몸의 활동을 활용하여 아동들과 청소년들은 트라우마 시나리오를 적극적으로 해결하도록 격려받을 수 있다. 아동들이 트라우마 사건에 대한 상징적 해결을 재연하는 치료 활동을 '체화된 숙달(embodied mastery)'이라고 부른다.

우리는 트라우마를 입은 어린 아동들과 트라우마 경험과 유사한 시나리오를 재연하는 놀잇감을 상징적으로 사용하여 설정한 '나쁜 사람들'로부터 도망치기 위해 가능한 빨리 함께 뛰어보는 연습을 할 수 있다. 때로는 복도를 따라 아동과 함께 뛰거나 좋은 날에는 밖에서 뛰면서 뛰기 반응을 트라우마 사건에서의 상상 탈출과 연결한다. 이 활동은 발달 장애가 있는 아동들에게도 잘 적용되며, 아동들은 '도망치는' 강렬한 느낌과 함께 탈출하고 싶었던 감정을 정당화한다.

다섯 살의 남아 아니는 베이비시터로 일하던 열 네살의 사촌에게 학대당했다. 치료실에 있는 의자에 그의 사촌을 나타내는 인형을 놓고 함께 인형으로부터 도망치는 연습을 반복하면서 아니는 "넌 작은 아이들에게 그럴 권리가 없어. 나 엄마한테 말하러 가고 있어."라고 말하면서 기쁘게 웃었다. 이것은 트라우마 당시 막혔던 탈출 반응을 강화시키는 것뿐만 아니라 다칠 때 신뢰할 수 있는 어른에게 알리는 중요한 아동 안전 규칙을 연습한 것이다. 심지어 청소년들도 기억 속의 트라우마와 싸우는 것에 새로운 힘의 원천을 제공하는 행동 재연을 즐길 수 있다. 트라우마에 대해 신체적으로 힘을 주는 반응 연습을 하는 것은 이미지를 사용해서도 할 수 있다. 이에 대한 자세한 설명은 13장에 있다.

아동과 청소년들이 과거의 트라우마 사건에 대한 다양한 운동 반응을 연습할 때, 치료자는 그들의 자세와 자신을 표현하는 방식이 어떻게 자신감, 두려움, 우울과 관련있는지를 가르칠 수 있다. 때로 나는 특정 감정과 관련된 신체 자세를 과장하여 보여 주고, 전체 신체가 감정에 어떻게 관련되는지를 보여 주는 춤이나 운동을 만든다. 나는 친구들의 부적절한 요청에 "아니요."라고 말하는 데 어려움을 겪는 아동을 치료한 적이 있다. 우리는 좋은 자세, 미소, 그리고 행진 동작을 포함한 '아니요' 춤을 연습했다. 반면에 '예스' 춤은 구부정한 어깨, 끌리는 발걸음, 그리고 숙인 머리를 포함했다. 따라서 이 춤들은 적절한 경계의 힘 또는 부적절한 것에 순응하지 않음을 상징했으며, 이는 대인 관계 트라우마 생존자들에게 중요한 교훈이다. Dahlia Rifkin(LPC, BD-DMT)은 다양한 운동 기법을 개발한 무용 및 운동 치료자로, 이 기법들은 텔레헬스 세션에서 전자 매체를 통해 활용될 수도 있다. Rifkin은 치료자와 내담자가 서로를 보면서 상대방을 미러링한 감정을 화면에 움직임으로 표현하는 활동을 추천한다(Silberg & Rifkin, 2020). 예를 들어, 내담자나 치료자는 주먹을 쥐었다가 풀어주는 것으로 긴장을 해소하는 것을 보여 주거나, 고개를 숙인 폐쇄적 자세에서 수용의 열린 자세로 전환하는 것을 보여 준다. 화면에서 본 것을 각자 미러링함으로써, 치료자는 내담자의 신체 움직임 표현에 공감하고 조율할 수 있다.

이인증/비현실감

나는 트라우마에 대한 신체 표현에 이인증을 포함시킨다. 그 이유는 이인증이 몸으로부터 분리 및 단절되는 느낌이기 때문이다. 이인증을 겪는 아동들은 "나는 여기에 정말로 있는 것 같지 않아요. 내 몸이 하는 것을 느끼지 못해요. 나는 내 몸 안에 있는 사람이 아니라 멀리서 나 자신을 봐요."와 같은 표현을 사용한다. 비현실감을 느끼는 아동들은 자신의 몸을 자신의 것으로 인식하지 못하거나 몸을 과장된 방식으로 보는 경우가 있다. 예를 들어, 너무 크거나 작게 볼 수 있다.

이인증은 역사적으로 치료하기 어려운 증상이다. 내가 경험한 이 증상에 대한 가장 성공적인 치료방법은 그것을 아동이나 청소년을 보호하고 과거 경험과 연결시킬 이유를 느끼지 못하게 하는 동기를 가진 자기의 일부로 특징짓는 것이다. 때로 아동, 청소년들은 슬픔, 사랑하는 사람들과의 갑작스러운 분리 또는 트라우마적 학대 경험을 기억한다. 나는 이인증적 상태가 '지금 여기 있는 것이 안전하다.'와 같은 새로운 메시지를 전달하게 하고, 서서히 몸의 감각을 단계적으로 경험하도록 돕는다. 나는 아동이나 청소년들이 이인증(해리된 또 다른 나)과 대화하도록 돕는다: "나의 부드러운 강아지처럼, 네가 느끼고 싶은 것이 있니?" 그리고 조건 거래를 격려한다. "네가 오늘 나에게 그것을 느끼게 해 준다면 내가 너무 피곤해지기 전에 연습을 멈출 거야." 스포츠 같은 감각운동 활동이나 춤추기 같은 리듬감 있는 활동은 아동이나 청소년이 다시 신체 경험에 근거하게 만든다. 그러나 과잉 활동이 감정을 느끼지 못하게 차단하는 새로운 중독 행동이 되지 않도록 제한해야 한다.

요약

이 장에서는 트라우마를 겪은 아동 생존자들이 경험하는 신체 증상들에 대해 논의하였다. 일부 아동들은 영원히 위험을 경험할 것처럼 과잉각성 상태에 머물러 있으며 이들의 신경계의 활성화는 부드러운 언어적 개입, 운동연습, 감각운동 도구 또는 이미지 기법이 필요하다. 일부 아동들은 신체 감각을 느끼는 데 어려움을 겪으며, 이들을 위한 치료는 아동들이 자신의 몸과 다시 연결하는 기술을 포함한다. 특히 아동 성학대 생존자들은 대장 및 방광 조절에 어려움을 겪을 수 있다. 이러한 문제들은 내부 및 외부 촉발 요인과 강화 요인에 대한 민감성과 함께 이 기능의 숙달도를 보상하는, 트라우마에 민감한 접근 방식으로 개선될 수 있다. 신체형 통증이나 전환 장애는 숨겨진 딜레마를 표현하는 것일 수 있으며, 이러한 증상의 상징적 의미와 과거 트라우마의 연관성이 탐색되어야 한다. 일부 아동들은 자기진정을 위해 자해하며 이러한 감정 조절 패턴은 새로운 대처 기술로 대체되어야 한다. 치료자는 내담자들이 긍정적 결말이나 다양한 감정 반응을 연습할 수 있는 트라우마 시나리오를 재연하고 전체 몸을 활용하여 아동의 감정적 범위를 확장시키도록 도와주어야 한다. 때로는 트라우마의 영향이 신체를 극도로 파괴하는 것으로도 보인다. 다음 장에서는 각성 조절이 심하게 손상되어 환경 자극에 영향을 받지 않는 극단적인 과소각성 상태로 들어가는 아동과 청소년들을 만나게 될 것이다.

10장

깨어있기: 해리성 셧다운에서 깨어나기

해리성 셧다운을 바꾸는 전략

수면 이상 징후

요약

제니퍼는 내 목소리나 부드러운 손길에 반응이 없었다. 그녀의 얼굴은 창백했고 몸은 축 늘어져 있었다. 호흡은 리듬감 있고 얕았다. 의료진을 부를까? 아니면 그녀의 어머니가 안고 나가게 할까? 다행히 제니퍼는 그날 마지막 내담자여서 반응없는 이 청소년의 세션을 어떻게 물리적으로 마무리할 것인가의 딜레마를 처리할 시간이 있었다. 나는 가장 극단적 형태의 해리를 보고 있었다. 마치 포식자에게 잡힌 동물들이 반응하는 것처럼 '얼어붙은' 상태로 몸이 셧다운된 것이다. 열일곱 살 제니퍼가 세션 중에 무엇을 '포식자'로 인식했을까? 대학 계획과 남자친구에 대한 가벼운 대화가 있었다. 학대 기억이나 무서운 경험에 대한 이야기는 없었다. 그녀는 어떻게 이 수면 같은 상태에 빠졌을까? 그리고 더 중요한 것은, 나는 그녀를 어떻게 깨울 수 있을까?

제니퍼는 스트레스로 인한 과소각성 상태, 즉 극단적인 각성상태를 보여 주었다. 갑작스러운 '해리성 셧다운'의 원인은 다양하다. 갑작스러운 의식 상실의 일반적인 원인 중 하나는 뇌에 혈액과 산소 감소, 심박수와 혈압의 저하 그리고 호흡을 늦추고 골격근을 이완시키는 미주신경성 반응이다. 이는 '실신' 또는 '기절'로 흔히 알려진 일시적인 의식 상실을 초래한다. 미주신경성 반응은 지나치게 급히 일어서는 것과 같은 다양한 생리적 요인이나 충격적 소식을 갑자기 듣는 것 같은 정서적 요인에 의해 촉발될 수 있다. 기절은 트라우마의 과거가 있는 취약한 개인들에게서 정서적 사건을 상기시키는 촉발 요인에 의해 유발될 수도 있으며, 이들의 뇌는 정서적 촉발 요인에 대한 회피 반응으로 조건화되어 있다. 제니퍼의 경우, 실신을 유발하는 미주신경성 반응은 부분적인 원인이었을 뿐이다. 보통 실신해서 누운 자세로 있으면 뇌의 혈액 공급이 회복되기 때문에 빠르게 깨어난다. 그러나 이 경우에는 제니퍼가 누워 있음에도 불구하고 의식이 분명히 없었다.

제니퍼가 몸을 뒤로 젖히고도 깨어나기 어려웠던 것은 아마도 미주신경의 다른 부분 때문일 것이다. 미주신경은 두 개의 줄기로 갈라져 있다. Porges(2003)의 다미주신경 이론은 두 줄기가 서로 다른 기능을 수행한다고 가정한다. 미주신경의 등쪽 또는 뒷부분은 원시적인 무수신경에서 시작되며 위협으로부터 탈출을 조절하는 반면, 미주신경의 배쪽 또는 앞부분은 사회 정서적 관여를 촉진하고 조절한다. 더 원시적인 배쪽 미주신경 부분은 제니퍼가 내 앞에서 보여 준 것처럼 피할 수 없는 상황에서 외부 세계로부터 철수하고 신체 기능을 보존하는 것으로 적응기능을 대신한다. 이 원시적인 미주신경성 반응에 자극된 신체의 부동화는 심박수 감소, 호흡 감소, 근력 상실을 일으키며 통증 감각을 둔화시키는 내인성 물질인 오피오이드를 분비한다.

방어단계 이론(Defense Cascade Theory)(Schauer & Elbert, 2010)에 따르면, 피할 수 없는 위협에 직면한 신체는 '겁에 질림–늘어짐–기절'의 순서를 따르며 부동화와 자기보호의 방향으로 방어반응이 진행되면서 구체적으로 예측 가능한 생리반응을 보인다. 궁극적으로, 이 자기보호 상태는 언어지각 및 생성의 억제, 마비, 의식의 변화를 포함할 수 있다(Schalinski, Schauer, & Elbert 2015). Schalinski와 동료 연구자들은 이러한 유형의 방어 반응 경향을 평가하는 'Shut-D'라는 검사 도구를 개발했는데, 이는 기절, 어지럼증, 메스꺼움, 청각 및 시지각의 변화, 마비, 감각 상실, 통각 상실, 몸이 무거운 느낌 및 이인증을 평가한다. 이 검사 도구는 타당화가 잘 되었으며, 아동과 청소년용으로 표준화되지는 않았지만 검사 항목들은 아동과 청소년에게 사용하기에도 적합하다.

Bruce Perry(2002)는 내인성 오피오이드의 방출(통증 감각을 둔화시키는 자기진정 호르몬)을 심리적 정지의 중심 특징으로 강조한다. Perry 등(1995)에 따르면, 이러한 삽화는 극심한 스트레스로 인해 반복적으로 활성화된 중추신경계의 오피오이드 시스템의 민감화와 조절 장애로 가장 잘 이해된다. 이 활성화는 지속적인 '특성'이 되어 트라우마를 상기시키는 작은 일이 아동들에게 갑작스러운 의식 변화를 유발할 수 있다. Perry는 의료전문가들이 종종 이러한 셧다운 유형에 혼란스러워하며 이러한 삽화를 '원인 불명의 실신' '전환반응' 또는 '긴장증'으로 진단한다고 지적했다. Perry는 오피오이드 수용체를 억제하는 약물인 나트렉손을 사용하여 아동들의 이러한 상태를 회복시키는 데 성공했다(Perry, 2002).

해리 아동에 관한 문헌에서는 아동이 인식하지 못하는 이상한 운동 움직임과 기타 행동 징후(예: 경련, 틱, 통제되지 않는 발차기)를 포함하는 설명 불가능한 생리적 증상들이 '신체형 해리' 또는 '밤의 저주'로 불려왔다(Waters, 2015). 신경과 전문의들은 이러한 아동들을 종종 심인성의 비간질성 발작(PNES)이 있는 것으로 진단하며 이것은 이전에 가성 발작으로 진단되었다. DSM-5에서 이 가성 발작은 트라우마 스트레스 요인이 발견되지 않는 경우 '전환 장애' 또는 '기능성 신경 증상 장애'로 분류된다(APA, 2013).

심인성 발작 환자 800명에 대한 경험을 근거로 Bowman(2006)은 PNES가 해리 장애로 가장 잘 이해될 수 있다고 주장했다. Colin Ross(2015)는 DSM-5의 전환 장애 정의에서 신체화 장애의 전환 장애 환자와 해리 장애의 달리 지정되지 않은 해리성 장애 환자를 구별하는 명확한 방법이 없다고 지적했다. 가성 발작은 DSM-5에서 전환 장애로 분류되지만 해리성 정체성 장애에서도 흔하게 나타난다. 실제로 세계보건기구(WHO)에 의한 『질병 및 관련 건강 문제의 국제 통계 분류, 제10차 개정판(ICD-10)』은 현재 해리 장애를 전환 장애로 분류하고 있다. 내 경험에 따르면, 전환 장애 청소년의 치료는 해리 장애 치료와 동일한 원칙을 따른다. 따라서 여기에서는 Bowman(2006), Ross (2015), ICD-10의 권고에 따라 이 장애들을 분류하였다.

Nijenhuis, Vanderlinden과 Spinhoven(1998)은 야생동물이 얼어붙거나 포식자에게 복종하는 반응이 극심한 공포에 직면한 인간에게서 보이는 해리 반응의 진화적 기원일 수 있다는 것에 주목했다. 동물들이 보이는 부동화 또는 '죽은 척하기'는 통각 상실과 연관되어 있으며, 먹잇감이 되는 운명을 받아들이거나, 포식자를 속여 다른 희생자를 찾게 할 수도 있다. 공포스러운 공격에 직면한 이러한 긴장성 부동화는 인간에게도 불수의적인 반응이다. 한 연구에 따르면, 강간 피해자의 최대 37%가 얼어붙으며, 공격이 끝난 후 자기 비난과 외상 후 스트레스 증상이 증가할 수 있다(Galliano, Noble, Travis, & Puechl, 1993). 포식자에 대한 반응으로 얼어붙는 동물에서 발견되는 신체의 통각 상실은 해리 상태 환자들에게 나타나는 신경-해부학적 현상임이 입증되었다(Ludascher et al., 2010). 초기 이론가들은 포식자에 대한 동물의 복종적 반응을 '동물 최면'이라고 불렀다(Ratner, 1967). 이 용어는 제니퍼의 반응을 설명할 수 있는 다음 현상과 관련된다.

제니퍼는 정서적 촉발 요인에 의한 실신으로 뇌의 혈액 순환이 원활하지 못해서이거나 심박수, 호흡 감소 및 근력 상실을 포함하는 위협에 대한 등쪽 미주신경성 반응을 경험한 것일 수 있으며, 몸은 예상되는 통증으로부터 몸을 둔하게 만드는 진통제인 내인성 오피오이드를 분비하고 이것은 재앙에 직면한 동물의 긴장성 부동화를 초래한다. 그런데 이것이 모든 것을 설명할 수 있을까? 제니퍼는 공포에 질린 동물처럼 단순히 포식자에게 복종하는 반응을 하는 것일까?

제니퍼의 무반응(최면의 무반응)을 설명하는 데에는 최소한 하나의 뇌 경로를 더 고려해야 한다고 제안하고 싶다. 그것이 바로 최면이다. 제니퍼의 해리 상태에 대한 마지막 생리학적 설명은 뇌의 상위 중심영역에 의한 중재이다. 앞서 설명한 기절과 얼어붙는 반응은 뇌의 하위 피질 중심에서 기원하지만 최면은 대뇌 피질에 의해 조절된다.

최면은 강렬한 집중을 동반하는 의식 변화 상태이며 신체적 변화를 초래할 수 있다. 이 변화들 중 많은 것은 미주신경성 반응(실신) 및 포식자 복종 반응을 초래하는 등쪽 미주신경 반응에 의해 발생하는 현상들과 유사하다. 이러한 변화에는 독특한 뇌 활성 패턴과 함께 호흡 및 심박수의 느려짐, 혈압 하강(Diamond, Davis, & Howe, 2008)이 포함된다. 뇌 영상 연구에 따르면, 최면은 비최면 상태의 사람들에게는 일어나지 않는 특정 뇌 활성을 포함하는 생리적 상태이다(Barnier, Cox, & Savage, 2008). 신경과학 연구 결과들을 보면, 최면 상태와 해리 상태 두 가지 모두 유사한 전전두엽 신경 활성 패턴을 보인다는 점에서 최면 상태는 해리 상태와 생리적으로 유사하다는 것을 알 수 있다(Bell, Oakley, Halligan, & Deeley, 2011).

미주신경성 반응(실신) 및 등쪽 미주신경에 의한 포식자 복종 반응 그리고 최면의 유사한 생리적 과정은 해리 반응의 발달 경로를 제시한다. 나의 해리성 셧다운 이론은 해리 반응이 의식적인 구성 요소와 더 원시적인 비의식적 구성 요소를 모두 포함한다는 것이다. 반복적인 무서운 사건, 예를 들어 탈출할 수 없는, 보호자의 반복적인 강간과 같은 상황에 직면한 아동은 처음에는 기절이나 얼어붙는 것을 포함하는 원시적인 공포 반응으로 반응할 수 있다. 그러나 시간이 지남에 따라 이 반응은 가해자와의 임박한 만남에 대한 생각 및 감정 같은 연관 자극에까지 일반화될 수 있다. 이 상태에서 아동은 자신이 몸을 떠났다고 느끼며 나쁜 일이 일어나지 않는 상상의 세계로 도피한다. 몸은 움직이지 않지만 마음은 활동적이며 해결책을 모색할 수 있다. 시간흐름과 연습을 통해 이 다른 세계로의 탈출 능력은 자동화될 수 있다. 상황에서 탈출해야 한다는 생각만으로도 비의식적이고 더 원시적인 얼어붙기 반응과 함께 자기 유도적인 최면 상태를 촉발할 수 있다.

내가 제안한 해리 반응 유형의 발달 모델에서 아동은 얼어붙는 반응을 예상하는 법을 배우며 예상되는 피해에 대한 대비로서 이 상태를 유도하는 '마음속에서 사라지는' 법을 배우게 된다. 따라서 해리 장애는 아동의 마음이 두려움에 대한 자동 생리적 반응들을 조절하고 자동 최면 암시를 통해 그것들을 탈출 환상으로 조직화하는 방법을 찾으면서 생겨난다. 이 과정은 트라우마적 촉발 요인에 의해 자동 조건화된다.

이러한 과정의 이중 구성 요소, 즉 의식적 과정과 비의식적 과정은 개입에 대한 논의에서 중요한 것이다. 치료는 자동적인 비의식적 과정을 개인의 통제하에 두는 방법을 찾는 것이다. 따라서 최면 과정은 내담자가 해리 상태들을 잘 통제할 수 있도록 돕는 치료적 역할을 할 수 있다.

그러나 이론은 아동이 의식을 회복할 기미 없이 침대에 축 늘어져 있는 것까지만 의미가 있다. 나는 제니퍼의 어머니에게 방에 들어와 모성적 말투로 "제니퍼, 끝났어."라고 말하면서 딸을 부드럽게 흔들라고 요청했다. 반응이 없었다. 나는 제니퍼에게 최면적인 목소리로 그녀가 점점 더 깨어나서 삶의 어려움에 맞설 수 있을 것이라고 말했다. 반응이 없었다. 결국 나와 제니퍼의 어머니는 911에 전화하기로 결정했다. 제니퍼의 어머니는 놀랍도록 침착했으며, 우리가 제니퍼에게 예상했었던 이상한 행동에 익숙해 보였다. 구급대원들은 제니퍼를 지역 응급실로 데려갔다. 들것에 실려 구급차로 옮겨지는 동안에라도 깨어나길 기대했지만 깨어나지 않았다.

두 시간 후 내 휴대폰이 울렸다. 'Soybean 박사님'(그녀가 나를 부르는 장난스러운 이름), 제니퍼가 간청했다. "의사선생님에게 나는 정신과 입원이 필요 없고 미친 게 아니라고 말해 주세요!" 제니퍼가 해리 상태에서 깨어난 것을 알고 안도했고 치료를 진전시킬 수 있는 좋은 기회라고 생각했다. 나는 제니퍼에게 다음 날 아침 바로 내 치료실에 오도록 했다. 그녀가 해리성 셧다운 직전에 무슨 일이 일어났었는지 정확히 설명할 수 있다면 입원을 피할 수 있을 것이지만 자기 방어적 반응을 일으키는 감정을 드러내지 못한다면 병원에 가는 것이 좋을 것이라는 생각이 들었다. 제니퍼는 이에 동의했고, 나는 응급실 의사에게 그녀가 괜찮을 것이며 아침에 그녀의 반응을 다룰 것이고 앞으로 이런 반응을 피하는 방법을 배울 것이라고 말했다.

다음 세션에서는 해리성 내담자들에게 종종 필요한 '심문(fishing expedition)'을 했다. 보통 사람들이 일련의 사건, 기억, 순서에 대한 일관된 서사를 연결하기 위해 필요한 감정들로부터 차단된 해리 장애 내담자들의 반응은 타인뿐 아니라 그들 자신에게도 종종 수수께끼처럼 보인다. 제니퍼는 그녀의 고등학교 과학 프로젝트, 생화학자가 되고자 하는 그녀의 야망, 그리고 그녀가 관심을 잃고 있던 남자친구에 대해 우리가 이야기했던 것을 기억했다. 그녀는 이웃집 소년에게 성폭행을 당한 직후부터 수년간의 치료를 받았고 당시에도 해리 반응이 심각했다. 나는 우리가 대화하던 중 어떤 것이 갇힌 느낌, 무력감, 얼어붙은 느낌, 앞으로 나아갈 수 없는 느낌 같은 오래된 감정을 깨운 것 같다고 이야기했다. 이 감정과 접촉되자 그녀는 갑자기 우리 대화 중 어떤 것이 그녀에게 그러한 감정을 불러일으켰는지 기억해 냈다. 우리가 대학에 관해 이야기할 때 그녀가 아버지 집에서 자고 가지 않으면 대학 등록금을 주지 않겠다고 아버지가 협박했던 것을 기억해 냈다. 제니퍼의 부모는 이혼하여 공동 양육권을 가지고 있었다. 아버지는 40마일 떨어진 곳에 살았고 제니퍼는 나이가 들면서 아버지를 방문하는 것이 불편해졌다. 그녀의 나이 때문에 법원은 더 이상 그녀가 아버지 집에 머물도록 강제하지 않았지만 아버지는 그를 방문하게 만드는 새로운 방법을 찾아낸 것이었다.

흥미롭게도, 그날 일상적으로 보였던 치료 세션에서 아버지의 이 위협은 제니퍼가 설명한 만큼 충분히 드러나지 않았다. 대신, 그녀의 마음은 갇힌 느낌, 무력감을 기억했으며 어렸을 때 반복적으로 성폭행을 당했을 때 그리고 가정폭력을 목격했을 때 사용했던 것과 같은 해리 반응을 했다. 그녀의 몸은 감정을 기억하고 그에 따라 행동했으며 이것은 전전두엽 피질의 완전한 관여 없는 행동으로 보였다. 제니퍼는 위협감을 느끼고 자동 조건화 반응(해리성 셧다운 상태)을 했으며 이것은 미주신경성 반사와 등쪽 미주신경 관여의 포식자 복종 반응, 그리고 촉발 요인에 대한 학습된 자동 최면 반응의 복잡한 생리적 조합이다. 그녀에게 자유롭지 못함이라는 매임, 아버지의 돈에 인질이 되었다는 매임은 탈출할 수 없는 딜레마로 보였다. 탈출할 수 없어서 그것을 처리하고, 무엇을 알아내고, 심지어 치료자에게 말하는 것조차도 모두 비의식적으로 제거된 해결책이었다.

다음 날 치료 세션에서 우리는 제니퍼의 딜레마를 의식으로 끌어올릴 수 있었고 그녀의 선택지에 대해 이야기할 수 있었다. 나는 그녀의 아버지와 좋은 관계를 유지하고 있었기 때문에 그와의 협상을 위한 중재자 역할을 하기로 동의했다. 이후 세션에서 나는 그녀의 아버지와 대화를 나누었고 그때 나는 제니퍼가 대학에 관해 그와 대화할 때 무엇을 경험했는지 설명했다. 그는 가능한 한 제니퍼가 갇힌 것처럼 느낄 만한 대화를 피하겠다고 약속했다. 제니퍼는 부모와도 효과적인 직접적 의사소통이 가능하다는 것을 더 확신하게 되면서 그 정도의 해리 성 셧다운 상태를 더 이상 보이지 않게 되었다.

의식 조절에 어려움을 겪는 대부분의 아동들은 제니퍼가 세션 중에 보여 준 것 같은 완전한 셧다운을 경험하지는 않는다. 해리성 셧다운은 주의력결핍이나 눈맞춤을 피하는 순간적인 회피, 기억상실, 멍하니 공간을 응시하는 것, 짧은 시간 지속되는 기절과 같은 증상으로 나타날 수 있다.

어떤 상황에서 아동이 집중이나 의식을 잃는 것이 왜 적응적인지 그 이유를 살펴보자. 내적 자극이든 외적 자극이든 어떤 자극은 '위험 신호'를 촉발하며 비의식적 마음에서 그 위험의 회피는 마치 자신의 생명이 그것에 달려 있는 것처럼 느껴진다. 무슨 일이 일어나고 있는지 모르는 것은 포식자에게 잡히거나 피할 수 없는 것에서 탈출할 가망이 없을 때 적응적일 수 있다. 그러나 그것이 사소한 위협에까지 일반화되면 아동의 일상생활 대처 능력에 심각한 장애를 일으킨다. 아동은 그 순간에 모르는 것이 자신의 심리적 생존에 중요하다고 느끼지만 치료자는 생존과 성장이 피할 것과 접근할 것에 대한 인식과 선택에 달려 있다는 것을 알고 있다.

문제는 '선택'이라는 것이 모호하다는 것이다. 해리성 트라우마를 겪은 아동은 '할 수 없다.'와 '하지 않겠다.' 사이에 살고 있다. 행동주의 지향의 치료자들은 제니퍼가 적극적인 문제 해결을 하지 않는 것에 대해 강화받았다고 주장할 것이다. 가족이 퇴행을 지지했을 것이고 그녀의 회피 전략은 그녀가 멈추기 위해 선택한 학습된 행동('하지 않겠다.')이었다고 주장할 것이다. 숨겨진 동기를 믿는 분석 지향의 치료자들은 그녀의 환경에서 어떤 강화가 있다 하더라도 의식'할 수 없다.'고 주장할 것이다. 그녀의 행동은 그녀의 통제를 벗어나 있는 힘에 의해 미리 결정되어 있다는 것이다.

양측 모두 부분적으로 옳다. 제니퍼의 과거 역사는 그녀에게 삶의 딜레마들이 종종 피할 수 없고 바꿀 수 없는 것이었다는 것을 가르쳤다. 또한 그녀의 생리적 측면은 그 경험의 역사를 거의 통제할 수 없는 조건반사로 부호화했다. 그러나 의식은 지속적으로 생성되는 상태에 있다. 치료자로서 우리는 이전에 의식의 통제하에 있지 않았던 것들이 선택(계획되거나 의지에 의해 선택)될 수 있는 흥미로운 영역으로 들어갈 수 있다. 제니퍼의 경우, 어렵긴 했지만 문제는 해결 가능했고 피할 수 없었던 매임을 결국 피할 수 있었다.

해리성 셧다운을 바꾸는 전략

제니퍼의 예는 일관적이지 않은 의식 삽화를 보이는 아동 및 청소년과의 작업의 주요 요소를 대부분 보여 준다. 이러한 전략들은 다음과 같다.

1. 해리 상태에서 아동 깨우기
2. 촉발 요인이 되는 순간과 전조를 확인하고 트라우마 내용 처리하기
3. 내담자들이 이 회피 전략에 의존하게 만드는 숨겨진 동기와 딜레마를 드러내기
4. 아동을 이 함정에서 해방시키기 위해 환경을 변화시키기
5. 순간을 '재'연습하기
6. 전략 연습하기, '전략과 연결된 상태로 머물기'
7. 해리 상태에 머무르려는 동기 존중하기
8. 인식과 연결에 대해 보상하기

제니퍼의 증상은 극적이었지만 가족과의 애착 덕분에 입원 없이 빠르게 해결되었다. 반면, 열다섯 살 보니는 어린 시절 더 심각한 트라우마와 상실을 겪었고 해리성 셧다운과 동반 증상을 치료하기 위해 더 강도 높은 개입이 필요했다.

보니의 보호자인 이모가 나에게 전화를 걸어 압도당하고 무력감을 느낀다고 했다. 그녀가 입양한 열다섯 살의 조카는 그녀가 '발작'이라고 표현한 것을 겪고 있었으며 그 에피소드에 대한 신경학적 이유는 찾을 수 없었다. 보니는 갑자기 쓰러져 의식을 잃었고 15분에서 한 시간 가량 후에 구토를 반복하며 심한 두통과 함께 깨어났다. 이 삽화는 일주일에 한 번에서 하루에 여러 번까지 빈도가 증가했다. 보니는 학교에 갈 수 없었고 침대에서 떨어져 다치지 않도록 바닥에 매트리스를 깔고 잤다. 보니는 이모가 입양하기 전에 세 살 때 여러 명의 가해자들에게 성적, 신체적 학대를 당한 경험이 있었다. 특히 트라우마가 되었던 것은 입양 전

에 보니가 격주로 친모와 '이별' 만남을 가졌다는 점이다. 이따금 크랙과 코카인을 사용했던 친모는 몇 달 동안 보니의 삶에서 사라지곤 했다. 친모는 '이별' 만남을 이용해 보니가 이모 부부에게 정서적으로 애착되지 않도록 했으며, "항상 기억해, 그들은 네 진짜 부모가 아니야. 그들은 나처럼 진심으로 널 사랑할 수 없어."와 같은 말을 하곤 했다.

보니의 트라우마적 과거에도 불구하고 유치원 시절에 제어할 수 없는 분노 발작과 반항 행동으로 몇 년을 힘겹게 보낸 후 그녀는 착실한 학생으로 안정되어 초등학교 기간 동안 잘 기능했다. 중학교에 들어가면서 문제를 보이기 시작했는데(섭식장애 증상, 우울증, 자해 행동) 이는 또래들의 거부에 의해 자극된 것으로 보였다. 중학교 때 치료는 그녀의 식습관 행동을 관리하고 또래들과의 관계 형성에 도움이 되는 사회적 기술을 배우는 것에 초점이 맞춰졌다.

보니가 고등학교에 들어가면서 이모 부부 사이에 오랫동안 지속된 결혼 문제가 정점에 달해 그들은 별거를 시작했고, 보니는 격주로 이모부를 방문하게 되었다. 보니의 첫 '발작'은 이모부의 새집을 처음 방문한 후에 발생했다. 그 후 3주 동안 '발작'의 빈도가 급격히 증가하였고 이모가 나에게 전화를 걸었을 때는 위기 상황에 이르렀다. 증상의 심각성 때문에 나는 입원을 권했다.

내 치료실에서 이루어진 초기 평가 중에 나는 면담을 위해 바닥에 앉을 것을 제안했고 주위에 베개를 두어서 우리가 이야기하는 어떤 것이 '발작'을 자극할 경우 보니가 멀리 쓰러지지 않도록 했다. 보니는 이 제안에 감사를 표했다. 베개를 사용한 나의 개입은 보니에게 그녀의 안전을 진지하게 고려하지만 그녀의 증상을 두려워하지 않는다는 것을 알리는 방법이었다. 나는 증상 발생을 기대했으며 심지어 환영했다. 치료자가 '발작' '의식 상실' 또는 기타 해리성 셧다운 상태에 대해 두려움이나 너무 큰 우려를 보이면 그것이 아동에게 더욱 해리를 촉진할 수 있는 두려움의 메시지를 심어 준다. 반대로, 나는 아동들에게 그들에 관한 그 어떤 것도 너무 무서워서 다루지 못하거나 작업할 수 없는 것이 없다는 것을 알려준다.

실제로 보니는 첫 세션에서 '발작' 삽화를 겪었다. 우리가 포크싱어가 되고 싶은 그녀의 미래 계획에 대해 이야기하고 있을 때 보니의 눈이 옆으로 향하면서 눈꺼풀이 흔들리다 닫히는 것이 보였고 내가 둘러놓은 베개 위로 쓰러졌다. 보니가 '의식을 잃은' 5분 동안 나는 그녀에게 부드럽게 말을 걸었다. 나는 보니에게 안전하며 무슨 일이 일어나고 있는지 알아낼 것이라고 말했다. 보니는 두통을 느끼며 통제할 수 없는 구토를 시작했다. 앞서 언급한 바와 같이, 미주신경이 셧다운 상태에 관여했다고 가정할 수 있다. 또한 미주신경은 소화 및 구토 조절에 관여하기 때문에 구토가 해리성 셧다운 상태와 같이 발생한 것은 놀라운 일이 아니었다. 나는 보니가 치료실의 쓰레기통에 구토하도록 도왔다. 그 후 나는 쓰레기통을 치우고 보니에게 물을 주고 방금 일어난 일에 대해 이야기했다.

보니의 해리성 셧다운 상태는 3주간의 입원 치료가 끝날 무렵 사라졌다. 보니는 증상의 심각성 때문에 입원 치료를 받았지만 내가 그녀에게 사용한 여덟 가지 기술은 아동의 증상의 심각성 수준에 관계없이 효과적일 수 있다.

아동 깨우기

부모와 치료자 모두 아동이 그들 앞에서 의식을 잃을 때 무서워 할 수 있다. 이러한 종류의 해리 상태로 들어가는 많은 아동이 처음에는 간질 발작 장애로 진단받고 때로는 항경련제를 처방받는다. 아동들이 약물에 반응하지 않고 신경학적 검사 결과가 정상이면 이 아동들은 종종 심인성의 비간질성 발작(PNES)으로 진단받는다. 간질 발작 평가에 의뢰된 아동들 중 약 20%가 심인성의 비간질성 발작 진단을 받는다(Benbadis, O'Neill, Tatum, & Heriaud, 2004). 정상적인 EEG 결과 외에도 심인성 발작은 이상한 뇌 활동과 관련된 발작과는 다르게 나타난다. 심인성 발작을 겪는 환자들은 성적인 듯한 골반 운동을 하거나, 자전거 타는 듯한 다리 움직임을 보이거나, 혼란스러운 움직임으로 몸부림친다(Gates, Ramani, Whalen, & Loewenson, 1985). 심인성 삽화는 또한 신경학적 발작보다 더 길게 지속되며, 환자들이 깨어났을 때는 EEG 상에 발작 후 나타나는 혼돈과 피로를 보이지 않고 더 맑은 정신 상태를 보인다(Luther, McNamara, Carwile, Miller, & Hope, 1982).

그럼에도 불구하고, 해리 상태에 들어가는 아동들은 분명 어떤 종류의 심각한 신경학적 에피소드를 겪고 있는 것처럼 보인다. 나는 내 치료실 바닥에 축 늘어져 몸을 경련하듯 움직이는 아동들을 보았고, 때로는 신경학자가 아닌 나에게는 간질 대발작처럼 보이는 구토를 동반하기도 한다. 이러한 삽화에서 깨어날 때 두통을 호소하는 아동들이 종종 있다. 아동이나 청소년이 의자에 뒤로 축 늘어지면서 깊고 리듬감 있는 호흡을 하기 때문에 때로는 해리성 셧다운 삽화가 발작보다는 자기 유도의 최면 상태와 유사하게 보이기도 한다. 때로 심인성 발작 삽화는 그렇게 극적이지 않으며 단순한 운동 동작을 동반하는 멍한 상태로 나타나기도 한다. 이러한 에피소드는 관찰하기 무서울 수 있지만 아동이 나를 만나기 전에 신경학적 검사를 받았다면 이러한 과정이 트라우마를 상기시키는 것이나 압도적인 감정으로부터 벗어나게 하는 정서 강도의 발현이며 조건화된 신경학적 반응이라고 생각하면서 스스로 안심한다. 치료자의 침착한 태도(급격한 걱정이나 불안의 표현 없음)는 아동이 정상적인 각성 상태로 돌아가기에 충분히 안전하다고 느껴야 하는 평화로운 환경의 일부이다.

아동이 반응하지 않는 해리 상태에 있는 것으로 보일 때 나는 먼저 혈액 순환을 원활하게 하는 편안한 자세에 있는지 확인하고 필요에 따라 그들의 몸을 부드럽게 움직인다. 나는 그들의 이름을 부드럽게 부르고 그들이 안전한 환경에 있다는 것과 아무도 그들을 해치지 않을 것이라는 말을 한다. 나는 부드러운 언어로 그들이 내 치료실에 있다는 것, 그들이 치료 예약을 하고 여기에 왔다는 것, 그리고 나는 그들의 치료자라는 것을 설명한다.

그들이 움직이기 시작하는 것이 보이면 나는 그들을 격려하며 "돌아와도 괜찮아. 나 여기 있어, 널 안전하게 지켜줄게."라고 말한다. Perry(2006)가 설명한 것처럼, 아동은 하부 뇌 중심의 활성화가 발생하는, 대뇌 피질이 트라우마를 처리하기 이전 수준의 트라우마 반응에 들어간 것이며 상부의 피질 처리가 일어나기 전에 몸을 진정시키는 것이 필요하다. 내 목소리 그리고 나와의 관계에서 제공되는 안전에 대한 기억으로 아동이 진정되고 깨어나지 않으면, 나는 상상이미지를 사용한다(가급적이면 아동과 함께 만든 이미지를 활용한다). 예를 들어, 평화로운 초원이나 맑고 투명한 터키색 물로 둘러싸인 멋진 열대 섬을 상상하게 한다. 나는 자장가 같은 파도 소리처럼 호흡 리듬에 맞추는 무언가를 제안한다. 그런 다음 이미지를 사용하여 그들이 해리성 최면 상태에서 깨어나도록 돕는다. 예를 들어, 이렇게 말한다. "너는 지금 파도를 바라보며 누워 있어. 거대한 펠리컨 떼가 하늘을 날고 있고, 해변 근처에 바로 착륙하는 것이 보여. 눈을 뜨고 싶은 마음이 들고, 몸이 점점 더 깨어날 수 있게 될 거야. 눈을 뜨고 싶어질 거고 눈을 떠도 지금 느끼고 있는 이 평화로움이 계속될 거야. 내가 열부터 거꾸로 세면 점점 더 눈을 뜰 수 있는 상태가 될 거야. 10, 9 … 점점 더 맑아지는 기분 … 8, 7, 6, 눈이 흔들릴 수 있고, 5, 4, 3, 더 깨어나는 기분을 느끼며, 2 …" 그리고 나는 박수를 친다. 만약 여러분의 상상을 두 사람의 몸의 움직임과 호흡에 맞춘다면 아동, 청소년은 보통 이 시점에서 깨어난다. 그런 다음 우리는 해리성 셧다운을 가져온 것이 무엇인지 부드럽게 탐색할 수 있다.

때로 해리성 최면 상태는 더 폭력적이고 트라우마적인 기억의 재연으로 나타난다. "아니야." 또는 "그만."이라고 소리치는 것과 폭력적인 팔, 다리 움직임이 동반될 수 있다. 이러한 경우에도 나는 몸의 움직임에 맞는 이미지를 만들어 더 통제되고 평화로운 움직임으로 아동을 전환시키는 데 성공했다. 예를 들어, 아동이 발버둥치면 다음과 같은 이미지를 사용했다. "거기 있을 권리가 없는 그 사람을 발로 차면서 너의 다리가 점점 더 강해지고, 강해지고, 강해지는 것을 알게 될 거야. 그 사람을 방에서 멀리 차내는 데 성공했다는 것을 알게 되고, 그런 다음 네가 좋아하는 자전거 도로에서 그 멋진 다리 힘을 사용할 수 있다는 것을 깨닫게 되지. 너는 네가 좋아하는 해변가 길에 있어. 네가 가진 모든 다리 힘을 사용하여 매우, 매우 빠르게 페달을 밟고 있어. 너는 머리카락과 얼굴에 바람을 느끼고 있고 길을 따라 빠르게 날아가고 있다는 느낌과 함께 속도를 내고 있어. 계속해서 페달을 밟고, 너무 빨리 속도를 내서 글라이딩을 할 수 있다는 것을 깨닫게 되지. 너는 더 이상 빠르게 페달을 밟을 필요가 없게 되고, 다리가 느려지면서 점점 더 편안하고 평화로운 기분을 느끼게 돼."

이런 이미지를 사용하여 결국 다리의 움직임을 늦추고, 몸을 평화로운 상태로 회복하며, 내담자를 깨울 수 있다. 이러한 변환적인 이미지를 사용할 때 내담자가 대항하거나 극복해야 할 것처럼 보이는 것과 싸우도록 돕고, 그 숙달 경험에서 더 진정시키는 이미지로 변환하는 것이 중요하다. 그리고 이 과정을 서두르지 않는 것이 중요하다. 나는 약 20분쯤 걸려야 내담자를 해리적인 플래시백 상태에서 평온한 상태로 옮기고 깨울 수 있다는 것을 알게 되었다. 각성 시 두통이 흔하기 때문에 두통에 대항하는 암시를 사용하는 것이 유용하다. 예를 들어, 나는 다음과 같이 말한다. "머리가 가볍고 편안한 느낌이 들 거야. 모든 긴장이 머리에서 빠져나가서 두통의 긴장이 줄어들고, 깨어났을 때 강하고 자신감을 갖게 될 거야." 깨어날 때 메스꺼움이 자주 나타난다면 메스꺼움에 대항하는 암시를 포함시킬 수 있다.

때로 아동이나 청소년들은 명백한 최면 같은 상태 이후에 다르게 보이는 자기 상태가 나타난다. 만약 그들이 과거의 기억을 재연하는 것처럼 보이면 나는 그들을 플래시백에서 벗어나게 하기 위해 비슷한 기술을 사용한다. 만약 그들이 누군가가 그들을 공격하려고 하는 것을 본다면 그들의 성숙한 자기가 가해자를 물리치는 힘을 줄 것이라고 말한 다음, 그들을 현재로 빠르게 이동시키려고 노력한다. 만약 단순히 학대적인 사건을 재연하는 것이 아니라 차분하게 말하는 새로운 자기 상태가 나타났다면(아마도 어린아이 같은 목소리나 기타 목소리) 나는 호기심과 부드러움으로 아동이 말하는 것을 들으면서 그들에게 현재 시간과 장소를 인식시킨다. 또한 회복에 도움이 될 수 있는 새로운 정보를 제공하도록 격려한다.

궁극적으로 각성 과정의 통제권을 아동에게 돌려줘야 한다. 자신의 의식을 조절하는 것은 아동과 청소년들에게 중요한 기술이며, 해리 상태에 있을 때 다른 사람만이 그들을 깨울 수 있다고 느끼게 되는 것은 아동들에게 위험하다. 내담자가 각성 과정을 통제하도록 돕기 위해 다음과 같이 말할 수 있다. "스스로 깨어나는 방법을 찾을 거야. 준비가 되면 스스로 깨어나는 방법을 찾게 될 거야."

내담자가 말로 표현하기 어렵고 잡기 힘든 '의지'를 활용하게 하는 것은 트라우마와 연관된 무력감을 되돌리는 데 도움이 된다. 아동이 치료자의 명령에 반응하도록 훈련시키는 단서 단어는 때로 유용할 수 있지만 역효과를 가져올 수 있다. 왜냐하면 그것은 피해자로서의 무력감을 재확인시키고 치료자에게 너무 많은 힘과 권위를 주기 때문이다. 우리의 목표는 해리 내담자들이 자신의 의식 상태를 조절하는 법을 배우는 것이다. 시간이 걸리더라도 우리는 아동들이 상태 변화의 내면 조절자와 연결되고 안정시키는 방법을 찾도록 하기 위해 인내심을 가져야 한다.

촉발이 되는 순간과 전조를 식별하고, 촉발 요인과 관련된 트라우마 내용 처리하기

일반적으로 해리성 셧다운이나 심리적 발작 삽화의 시작은 숨겨진 트라우마 기억을 촉발하는 특정 환경 스트레스와 관련이 있다. 이 해리된 기억의 재활성화는 일반적으로 단기간 지속되지만 강렬한 증상을 유발할 수 있다. 환경 촉발 요인은 새로운 남자친구와의 관계, 부모의 근무 일정 변경, 부모의 다툼, 학과목 낙제 등이 될 수 있다. 아동의 삶에서 무력감, 두려움, 무능력, 유기 두려움과 같은 정서가 자극될 수 있는 많은 사건들이 있다. 심지어 성적 흥분 경험조차 이전에 숨겨지고 해리된 트라우마 기억이 의식으로 이동하여 여기에서 설명된 혼란스러운 증상을 일시적으로 유발하는 촉발 요인이 될 수 있다. 이것은 트라우마를 입은 사람들과의 모든 작업에 있어 가장 중요한 원칙이다. 의식의 불연속성은 셧다운 상태, 플래시백, 주의력 결핍, 행동화 또는 새로운 행동 패턴으로의 전환을 가져올 수 있으며, 트라우마 사건과 관련된 기억과 정서를 떠오르게 하는 특정 자극(생각, 감각 경험, 감정, 목소리 톤)에 의해 촉발된다. 그러나 이러한 상태 변화의 원인을 파악하기 어려울 때가 있다. "아이가 미친 것처럼 행동하기 시작했어요. 이유 없이 나타났어요."라고 많은 부모들이 보고하지만 아동들의 행동이 '이유 없이' 나오지 않는다는 것을 깨닫는 것이 중요하다. 부모, 교사 또는 내담자가 원인을 알아차리지 못할 수는 있지만 항상 원인이 있으며, 그것이 내면적이거나 미묘하더라도 마찬가지이다. 한 고등학생은 수업의 일부로 영어 수업시간에 영화를 보고 있던 도중 말을 하지 않았고 반응이 없어졌다. "이유없이 나타났다."고 교사는 말했다. 이후 치료 시간에 이 학생은 영화에서 넓게 트인 초원 장면이 있었는데 자신이 강간당했던 장소와 비슷했다고 보고했다.

내담자가 치료실에 있을 때 원인을 파악하기가 더 쉽다. 왜냐하면 변화를 유발한 것을 치료자가 직접 관찰할 수 있기 때문이다. 그러나 내담자를 직접 관찰할 때도 치료자는 종종 무슨 일이 일어났는지 알아차리지 못한다. 예를 들어, 제니퍼 사례에서 대화 중에 그녀가 대학 진학 계획에 대해 얘기할 때 겪었던 힘든 매임에 대해 알려주는 것은 없었다. 내담자에게 그 순간 "방금 무슨 일이 있었던 거지? 어디에 있었니?"라고 묻는 것이 원인에 주목하려고 시도하는 가장 좋은 방법이다. 이어서 "너나 내가 방금 말한 것이 지금 너를 여기에서 떠나게 만들었다고 생각된다."라고 물어보라.

심인성 발작과 구토 후 보니와 대화할 수 있게 되었을 때 나는 에피소드 직전에 그녀에게 무슨 일이 일어났다고 생각하는지 부드럽게 물었다. 나는 그녀의 미래 계획에 대해 이야기하고 있을 때 발작이 일어난 것을 알고 있었다. 나는 보니에게 의식을 잃기 직전에 다른 생각이 떠올랐는지 물었다. 보니는 자신이 친모의 목소리를 들었고 "너는 아무것도 똑바로 할 수 없는 아이야."라고 말하는 것을 들었다고 했다. 이것은 이 삽화가 발생하기 직전에 친모의 목소리를 듣는다는 것을 처음으로 누군가에게 고백한 것이었다. 더 이야기하면서 이모와 이모부가 현재 별거하는 것 그리고 고등학교 공부를 따라가기 어려운 것이 버림받는 것에 대한 두려움을 자극했음이 분명해졌다. 보니는 자신이 어머니처럼 될지도 모르고, 이모와 이모부가 더 이상 자신을 위해 있지 않을까 봐 두려워했다. 입양되기 전에 친모와 '격주마다' 만나면서 발생했던 감정들이 이제 이모와 이모부를 번갈아 만나는 것 그리고 그 만남을 둘러싼 두 사람 간의 적대감에 의해 촉발되고 있었다. 입양 전 세 살 때 격주마다 만나는 일정을 경험한 보니는 부모의 현재 별거가 오래된 모든 트라우마 기억과 버림받을 것 같은 두려움을 다시 불러일으켰고, 일관된 애착에 대한 강한 필요성을 불러일으켰다. 그녀의 어머니가 경고한 대로 그 사람들을 사랑하는 것이 안전하지 않았던 것일까? 그녀는 누구를 사랑하고 누구를 버려야 할까? 그녀의 생애 초기 역사는 둘 다 가질 수 없다고 가르쳤다. 그녀의 마음속 목소리는 보니의 버림받음에 대한 슬픔과 두려움을 담고 있는 과도기적 정체성으로, 처리되어야 할 필요가 있는 것이었다. 한 연습 세션에서 나는 보니가 이 과도기적 정체성에게 어머니가 그녀를 버리고 배신한 것에 대한 분노를 표현하도록 했다. 보니는 분노와 배신을 표현하는 작별편지를 친모에게 썼고, 그 목소리는 사라지기 시작했다.

버림받음에 대한 문제를 탐색하고 처리하는 것 외에도 나는 보니에게 해리 삽화의 생리적 전조를 탐색하도록 했다. 보니는 눈썹 위가 따끔거리는 것과 뒤통수의 압박감을 느꼈다고 말했다. 나는 보니의 오른손이 떨리는 것을 알아차렸고, 보니는 이것도 이러한 삽화와 함께 생기는 경향이 있다고 동의했다. 이러한 생리적 전조를 알아차리면 상태 변화가 일어나기 전에 조기 경고신호가 될 수 있다. 실제로 전조를 느끼면서 보니는 자신의 '발작'을 예상할 수 있었고, 병원 직원에게 알릴 수 있었다. 그러면 병원 직원들은 보니에게 베개를 가져다주었고 발작 동안 부상을 방지하기 위해 바닥에 앉혔다. 결국 보니는 생리적 전조를 알아차리고 직원과 함께 촉발 사건을 처리함으로써 해리 상태를 피하는 법을 배웠다.

촉발 순간을 식별하는 것은 어린 아동들에게도 가능하다. 치료를 시작할 때 나는 아동들에게 기분, 활동 수준 및 인식 상태들 간의 변화에 대한 개념을 소개한다. 치료 초기 과정에서 나는 정서 상태 전환이 표정을 바꿀 수 있고 다른 머리 혹은 변형 가능한 부위로 표현되는 인형을 아동에게 소개한다. 아동이 해리성 최면 상태에 빠지면, '숨기' 반응을 설명하기 위해 등껍질 안으로 머리를 숨기는 거북이 인형을 사용할 수도 있다. 나는 내담자들에게 사람들이 한 가지 행동 방식을 다른 방식으로 바꾸기도 한다고 말한다. 그것은 "그들이 이유가 있어서 선택하여 변화하는 한 괜찮다. 나는 그들과 함께 변화가 일어나는 시기와 그 이유를 찾아낼 것이야."라고 말한다. 이것은 해리성 최면 상태나 주의 상실의 증거가 나타날 때 더 깊이 파고들게 해 주는 무대가 된다.

우리가 처리하려고 하는 촉발 순간이 치료실 밖에서 발생하면 내담자가 어려움의 근원을 드러내기까지 많은 세션이 걸릴 수 있다. 예를 들어, 최근에 새 중학교에 다니기 시작한 루마니아에서 입양된 열두 살의 샐리는 다시는 역사 수업에 가지 않겠다고 말했다. 샐리는 이유를 모르지만 수업 둘째 날 교실에 들어갔을 때 위가 '이상해지는 것'을 느꼈고, 그 후에 기절했다. 샐리는 다시 교실로 돌아가는 것이 무서웠다. 나는 그녀의 몸이 '기절 반응'을 연습하여 조건화되지 않도록 하기 위해 그 문제를 해결할 때까지 교실에 가지 말 것을 권했다. 사립학교는 샐리가 수업에 다시 돌아갈 준비가 될 때까지 지도교사의 교무실에서 학교 과제를 하도록 허락했다.

샐리가 기절하기 전까지의 모든 자극을 샐리와 함께 치료 시간에 면밀히 검토했다. 세션마다 우리는 교실이 어떻게 생겼는지, 샐리의 선생님이 어떻게 생겼는지, 선생님이 누구를 생각나게 하는지, 그리고 최악의 순간으로 생각되는 것이 어떤 것이었는지에 대해 이야기했다. 마침내 샐리는 선생님이 "넌 네 언니를 꼭 닮았다."라고 말한 것을 기억해 냈다. 언어가 발달하기 이전 트라우마를 겪었고 친형제가 있으며 나이 들어 입양된 아동에게 이 말은 질투와 버려짐 그리고 불안을 포함한 많은 복합적인 감정을 불러일으켰다. 샐리는 강렬한 감정을 감당할 수 없어 해리성 셧다운 상태로 들어갔다. 샐리는 셧다운 반응을 촉발한 원인을 밝히기 위한 탐색 작업을 하기 전까지 자신의 반응을 제대로 알지 못했고, 이해하지도 못했다. 이 과정은 쉽지 않지만 해리 반응을 촉발하는 순간들을 알지 못하면 시간이 지남에 따라 점차 강력해질 수 있는 해리 과정의 숨겨진 강화 요인이 된다.

숨겨진 함정 또는 딜레마 드러내기

일단 촉발 요인이 밝혀지면 특정 사건, 진술, 내적 생각, 대화 주제 또는 인식이 왜 아동에게 해결할 수 없는 문제를 그토록 상기시켜 아동의 신체가 직면하는 대신 셧다운을 선택했는지 명확히 하는 것이 중요하다. 엘레나는 여러 위탁가정에 맡겨진 이력이 있는 14세 여자 아동으로 어머니가 자신을 성학대했다는 것을 폭로한 후 어머니가 있는 친가정으로 돌아가라는 권고를 받았다. 다가오는 재판일에 대해 물었을 때 엘레나의 눈이 옆으로 움직였고 몇 분 동안 정신적으로 거기에 없는 것처럼 보였다. 결국 나는 그녀의 주의를 다시 끌어 "엘레나, 우리가 무엇에 대해 이야기하고 있었는지 알고 있니?"라고 물었다. "재판?" 엘레나는 온순하게 대답했다. 엘레나가 입으로는 "판사에게 어머니와 함께 살도록 돌아가게 해달라고 말할 거예요."라고 말했지만, 그녀의 얼굴은 겁에 질린 표정이었다. 엘레나는 해결할 수 없는 딜레마에 갇혀 있었다. 어머니의 보살핌을 받는 집에 있는 형제들을 버릴 것인지, 아니면 집으로 돌아가 학대를 더 견뎌야 할 것인지 선택해야 했다. 다른 해결책을 찾을 수 없었던 엘레나는 정신적으로 그곳에 없는 것을 '선택'하고, 마음이 할 수 없는 일을 입으로만 하기로 했다. 엘레나의 해리는 사회복지 서비스, 친모, 변호사 등 그녀의 미래를 통제하는 주체들이 엘레나가 스스로의 미래에 대해 진정한 선택을 할 수 있도록 권한을 주어 어머니로터 더 이상의 트라우마를 피하면서 형제 관계를 유지할 수 있는 방법을 찾았을 때에야 비로소 해결되었다. 이러한 유형의 딜레마를 해결하기 위한 다음 단계는 트라우마를 겪은 아동들이 숨겨진 함정과 딜레마에서 벗어날 수 있도록 환경 변화를 시도하는 것이다.

보니에게 이모 그리고 이모부와의 이별은 어린 시절부터 의식에서 밀어냈던 모든 두려움을 불러일으켰다. 보니의 친모는 보니에게 이모와 이모부는 진정으로 너를 사랑할 수 없을 것이라고 말했다. 이것은 그녀의 새 부모들(이모 부부)이 그녀의 가정을 파탄시키고 서로 보니를 데려가겠다고 끊임없이 다투는 것처럼 보였기 때문에 사실인 것처럼 느껴졌다. 보니는 초기 트라우마 이후 이모 부부가 자신을 안전하게 지켜줄 것이라고 믿었지만 그들의 헤어짐은 보니의 두려움을 확인시켜 주었다. 보니는 더 많은 트라우마가 일어날 수밖에 없다고 믿기 시작했다. 보니는 자신이 친모에게 돌아가게 될지, 아니면 가족에게 짐이 되지 않기 위해 친모에게 돌아가는 것을 선택해야 할지 고민했다. 이러한 생각의 대부분은 보니가 충분히 처리하거나 표현할 수 없는 생각의 단서였다. 친어머니가 "넌 절대 사랑받지 못할거야."라고 말했던 것처럼 보니의 마음은 내면의 목소리를 통해 느끼는 깊은 함정을 표현했다. 그 후 보니의 몸은 학대받던 어린 시절부터 기억하는 얼어붙은 상태로 셧다운되었다.

이러한 셧다운 패턴에서 벗어나기 위해서는 환경을 변화시켜 함정과 속박에서 아동을 벗어나게 할 수 있는 방법을 찾아야 한다. 트라우마를 상기시키는 것들은 아동의 삶에서 절망감과 트라우마의 불가피성을 만들어 낸다. 트라우마를 상기시키는 것들은 트라우마를 겪은 개인이 더 큰 트라우마 사건을 예측하고 피할 수 있게 하는 진화적 적응 메커니즘으로, 내적 경고인 것이다. 이것은 사건 그 자체가 아니라 사건의 극적 상징으로, 개인에게 잠재적 위험을 경고함으로써 생존 기능을 발휘한다. 그러나 과거 트라우마로 인한 유해한 연관성이 분화되고 해독되기 전부터 내담자는 벗어날 수 있다는 것을 알아야 한다. 현재 딜레마에서 벗어나기 위한 전략, 즉 탈출 계획이 있어야 한다. 따라서 함정에서 어떻게 아동을 벗어나게 할지 계획하는 것은 치료 접근에서 반드시 필요한 부분이다.

환경 변화시키기

트라우마 생존자들의 삶은 지뢰밭, 함정, 부당한 기대, 그리고 상충하는 요구로 가득 차 있어서 치료자의 도움 없이는 트라우마적 삶을 극복하기 매우 어렵다. 법원의 결정, 전학 결정, 양육 방식 등에 영향을 미칠 수 있는 힘이 있다면 최대한 노력해야 한다. 아동들은 정말 무력하며, 트라우마를 겪은 아동들은 더더욱 그렇다. 해리성 셧다운을 유발할 수 있는 함정에서 벗어나도록 아동들을 돕는 가족 세션이나 학교 상담자에게 전화하는 것과 같은 많은 개입들은 치료과정에 자연스럽게 포함되는 영역이다. 법정에서 증언하거나, 아동에게 도움이 될 수 있는 서비스, 기회 또는 개인에 대한 접근을 막는 정책을 변경하기 위해 노력하는 등의 개입은 어렵게 느껴질 수 있다.

해리성 셧다운 상태의 무력한 수동성은 트라우마에 뿌리를 둔 것으로 아동들의 욕구에 부응하지 못하는 융통성 없는 양육시스템에 의해 강화되어 트라우마를 겪은 아동들의 삶의 방식이 될 수 있다. 이러한 무력감은 환경에서 변할 수 있는 것과 없는 것에 관해 그들이 갖고 있는 관점에 스며들어 있다. 치료자의 도움으로 환경의 변화에 영향을 미칠 수 있다는 것을 배우는 것은 무력감을 해소하는 강력한 경험이 된다.

안타깝게도, 해리 아동이 상호작용하는 시스템들은 종종 이들에게 유연한 반응을 지원하지 못한다. 열한 살 브리아나는 새로운 중학교에 등교하기 위해 매일 아침마다 준비하는 시간에 해리성 셧다운 상태에 빠졌다. 브리아나가 침실 바닥에 축 늘어져 있으면 어떤 때는 어머니가 최대 45분 동안 깨울 수 없었다. 브리아나의 어머니 홀리는 브리아나가 그녀를 성학대하고 어머니를 못 만나게 한 친아버지와 2년 동안 함께 살았기 때문에 자신에게 돌아온 것이 행운이라고 생각했다. 홀리는 브리아나를 되찾기 위해 힘겹게 싸웠다. 홀리는 결국 사건을 새로운 관할 법원으로 옮기는 데 성공하여 딸과 만날 수 있었으며, 브리아나는 어머니에게 학대에 대해 말할 수 있었다. 어머니가 양육권을 갖게 되면서 안전해진 브리아나는 학교에서 바로 아버지에게 양육권 이전이 이루어졌기 때문에 어머니와 분리되는 것에 대해 극심한 두려움을 갖게 되었다. 브리아나는 해리성 셧다운에 빠지기 전에 내면에서 다투는 목소리들을 들었다고 보고했다. 한 목소리는 "지금 엄마를 떠나면 다시는 볼 수 없을 거야."라고 말했고, 아버지처럼 들리는 다른 목소리는 그녀에게 학교에 가라고 소리질렀다. 싸우는 목소리에 직면하고 무력감과 혼란스러움에 휩싸여 브리아나의 몸이 셧다운된 것이었다.

어머니가 45분 동안 달래어 브리아나가 깨어났지만 브리아나의 학교는 지각 규정에 매우 엄격했기 때문에 학교에 갈 수 없었다. 지각한 학생은 수업에 들어가기 전에 교장 선생님을 만나야 했다. 브리아나는 이를 수치스럽게 생각했고 결국 몇 주 동안 학교를 완전히 결석했다. 학교의 지각 규정은 브리아나가 학교를 결석해야 할 이유를 더욱 복잡하게 만들어 해리성 회피를 악화시켰다. 이 경우 나는 학교와 협의하여 충돌하는 목소리 문제에 대한 치료를 진행하는 동안은 브리아나가 지각할 때 눈에 띄지 않게 수업에 참여할 수 있도록 했다.

보니의 경우, 해리성 셧다운 상태에서 벗어나기 위해서는 이모 부부가 협력하여 보니가 없는 곳에서 갈등을 관리할 수 있도록 도와야 했다. 또한 이모집 근처에 사는 더 나이 많은 사촌과의 새로운 생활환경이 필요했다. 보니는 입원병동에서 매우 빠르게 회복했고, 이모의 보호로 돌아가는 것에 대한 두려움이 있다는 것을 스스로 알아차릴 수 있었다. 퇴원 시 대안적인 생활환경을 찾는 것뿐 아니라, 만성적이지만 치명적이지 않은 질병 진단을 받은 이모의 예후와 치료계획에 대해 익숙해지는 것도 심리치료 계획에 포함되었다. 이모보다 사촌이 보니를 돌보는 시간이 더 많았고, 사촌집이 보니의 학교 및 방과 후 활동하는 곳과 더 가까웠기 때문에 사촌과 함께 지내는 것이 보니에게 더 안전하다고 느껴졌다. 게다가 보니는 자신이 이모 부부와 힘들게 헤어지는 동안 느꼈던 정서적 갈등이 없어져 더 안전하게 생활할 수 있다고 느꼈다.

순간을 재연습하기

이전 장에서 기술한 '활동가'로서의 치료자 전략을 사용해 아동의 삶의 문제들이 해결되었더라도 해리성 셧다운 상태가 지속될 수 있다. 조건화된 회피 반응이 뇌에 학습되어 있기 때문이다. 우리가 알고 있듯이, '점화'된 뇌 메커니즘은 이전에 발생했던 패턴화된 절차가 다시 일어나게 유도한다. 따라서 내담자들은 자동적으로 해리성 셧다운 상태에 빠지는 것에 점점 더 익숙해진다. 내담자가 회복하기 위해서는 이러한 자동성을 되돌려야 한다.

습관적으로 고착된 패턴에 맞서는 방법은 새로운 패턴을 연습하는 것이다. 이 힘든 과정은 자동 절차를 촉발하는 순간을 파악한 다음, 동일한 촉발 요인에 대해 다르게 반응하는 것을 연습하는 것이다. 보니의 경우, 셧다운 상태에 빠지기 전에 경험한 모든 느낌, 들었던 목소리 또는 혼잣말 중 하나를 인식한 다음, 그것에 다르게 반응하는 방법을 찾아내는 것이었다. 보니는 이러한 에피소드를 기록하기 위해 병원에서 항상 작은 수첩을 가지고 있어야 했다. 보니가 의식을 잃자마자 병원 직원이 곁에 머물렀고, 깨어난 보니는 그 사건 이전에 들던 생각, 아이디어 또는 감정을 정리하고 그것과 반대되는 생각을 노트에 함께 적어야 했다. 예를 들어, 해리 증상이 나타나기 전에 보니가 "나는 절대 나아지지 않을거야."라고 느꼈다면, 미래에 대한 희망적인 생각으로 그 부정적인 생각에 대응할 방법을 생각하도록 교육받았다.

해리성 에피소드를 유발한 생각과 감정을 더 처리하기 위해 노트를 치료시간에 가져왔다. 즉각적인 처리는 자극에 대한 내담자의 공포반응을 완화시키고 어떠한 생각, 감정 또는 이미지라도 감당할 수 없을 만큼 압도적이지 않다는 것을 내담자에게 보여 준다. 치료자(보니의 경우는 병원 직원)의 촉발 요인에 대한 침착한 대처는 공포회피에 대응하기 위한 핵심 개입 중 하나이다. 이렇게 대처함으로써 자극과 새로운 행동 반응 패턴 사이의 연관성이 강화되며, 해리성 셧다운 상태로 자동 전환하는 뇌의 습관을 저지할 수 있다. 일단 반대되는 생각, 새로운 아이디어 또는 새로운 해결책이 설명되고 개발되면, 내담자에게 삽화가 발생하기 전의 정확한 단계와 행동을 안내할 수 있다. 따라서 이전에 금기시되었던 자극을 다루는 새로운 방법을 연습할 뿐만 아니라, 받아들일 수 없는 자극을 해독하는 새로운 행동 순서의 연습이기도 하다.

해리성 셧다운 상태를 일으키는 촉발 요인을 관찰하지 않더라도 치료자는 셧다운 상태로 이어지는 순서에 대처하는 새로운 행동을 연습하게 할 수 있다. 예를 들어, 미란다는 팔이 경련하면서 의식을 잃는 증상을 겪은 후 지역 병원에서 발작 질환 검사를 받았다. 발작 질환은 발견되지 않았고 지속적인 심리치료를 위해 나에게 의뢰되었다. 나는 미란다가 고통스러운 개인적 경험을 얘기하면서 분노 감정을 전혀 인정하지 않는 모습에 충격을 받았다. 미란다가 같은 반 친구의 연필 두드리는 소리가 짜증난다고 말했을 때, 나는 치료실의 테이블을 연필로 두드렸고 그만두라고 요청하는 방법을 함께 연습했다. 미란다는 마비된 것처럼 보였다. 미란다는 "그만."이라는 말을 할 수 없었고, 해리 증상인 뒤통수의 통증과 손가락의

따끔거림을 설명하기 시작했다. 이야기를 들어보니 유치원 때 교사에게 성학대를 당한 것이 드러났다. 미란다가 "그만."이라고 이야기하자 가해 교사는 그녀의 가족 모두를 죽이겠다고 협박했다. 미란다에게는 "그만."이라는 말을 하거나 적절한 분노를 표현하는 것이 해리성 셧다운 상태의 촉발 요인이었다. 미란다는 저녁식사 자리에서 아버지의 식습관이 자신을 '짜증나게' 했고, 아버지에게 "그만."이라고 말하고 싶었지만 그러지 못했다는 것을 떠올렸다. 우리는 "그만."이라고 말하면 사랑하는 사람이 죽게 될 것이라는 그녀의 두려운 믿음을 다루면서 "그만."이라고 말하는 방법을 역할극으로 연기했다.

제니퍼도 유사하게 대학에 대한 감정과 두려움에 관해 이야기하는 법을 배우고 이전의 경험으로부터 '갇혀 있다.'는 느낌을 끊어냄으로써 셧다운 반응을 극복할 수 있었다. 치료자의 존재와 치료실의 안전함, 그리고 입원을 하지 않으려는 제니퍼의 동기가 결합되어 그녀는 스스로 두려움을 처리하고 과거에 해결 불가능해 보였던 다른 문제를 해결했듯이 이 문제를 해결할 수 있다는 믿음을 갖게 되었다. 안전한 장소에 있다는 느낌과 치료자의 존재는 '재'연습을 하는 동안 해리성 셧다운 상태의 자동성과 싸우게 했다.

'연결된 상태에 머무르기' 전략 연습하기

아동이나 청소년이 해리성 셧다운 상태의 전조 증상을 파악하고 갈등을 새로운 방식으로 처리할 수 있게 되면 종종 해리 상태에 선행하는 느낌을 인식하게 된다. 이 선행하는 느낌에는 두통, 손가락 저림, 화끈거림, 어지러움 등이 있다. 이러한 감각에 집중하면 내담자는 무엇이 자신을 불안하게 하는지 더 잘 알아차리고 현재에 집중할 수 있는 방법을 연습할 수 있게 된다. 이를 흔히 '그라운딩 기법(grounding techniques)'이라고 하며, 일반적으로 해리 상태로 퇴행하려는 충동에 대처하기 위해 현재에 대한 감각적 인식을 높이는 방법이라고 할 수 있다. 모든 감각을 기본 그라운딩 자극으로 사용할 수 있다.

특히 청소년의 집중에 도움이 되는 노래를 저장한 전자기기 음악이 효과적이다. 음악을 들을 수 없을 때는 아동이 좋아하는 노래를 마음속으로 부르도록 가르칠 수 있다. 또한 바닥을 발로 구르면서 느끼게 하거나 신체의 특정 부위를 긁거나 문지르는 등의 촉각적인 경험도 유용하다. 얼음처럼 매우 차가운 물체를 만지게 하는 것도 그라운딩 기능을 할 수 있다. 특별한 목걸이, 팔찌 또는 핀도 그라운딩 기능을 할 수 있다. 나는 아동들이 손목이나 목에 걸린 물체의 무게감을 느끼는 것에 집중하면서 현재에 머무는 느낌과 연결되도록 했다. 예를 들어, 다음과 같이 제안했다: "손목에서 팔찌의 꼬인 밴드 부분을 느낄 때마다 이 팔찌가 현재의 삶, 즉 네가 머물 수 있고 책임감을 느낄 수 있는 삶과 연결되어 있다는 것을 깨닫게 될 거야. 이것은 기분 좋은 느낌이고, 너의 꿈 그리고 그것을 추구할 수 있는 너의 능력과 깊이 연결되어 있다는 것을 상기시켜 주는 거야."

어린 아동들이나 발달 장애 아동들은 좋아하는 인형이나 봉제 동물인형을 그라운딩 대상으로 사용할 수 있다. 또한 "일이 내 마음대로 되지 않는 것 같지만 나는 기분 좋은 하루를 보내기로 했어."와 같이 연습한 노래를 그라운딩 기법으로 사용할 수 있다. 어떤 아동들은 인지 기법을 통한 그라운딩 기법을 선호한다. 나는 아동들과 최악의 두려움에 대응하는 긍정의 말을 연습하는 것을 좋아한다. 예를 들어, "나는 매일 내 삶과 미래를 점점 더 책임질 거야."는 청소년 내담자들이 가장 좋아하는 긍정의 말이다. 나는 아동들에게 현재와 연결된 상태를 유지하면 결국 스스로의 미래를 책임질 수 있는 선택의 폭이 더 넓어진다고 설명한다.

보니는 해리성 셧다운 상태의 전조 증상인 이상한 신체 감각을 알아차리는 데 능숙해졌다. 보니는 이러한 전조 증상을 알아차리면 땅에 앉아 "나는 해리가 되든 안 되든 괜찮을 거야."라는 문장에 집중하기를 배웠다. 때로는 해리에 대한 두려움이 그녀의 해리 에피소드를 촉발시켰고 이는 자기 성취 예언이 되었다. 따라서 두려움 없이 그것이 일어날 수 있다는 가능성을 받아들이는 것은 예방적 기능을 했다.

해리성 셧다운 상태를 예상하고 중단하는 법을 배울 때 일부 아동들은 언어적 신호보다 시각적 신호에 더 잘 반응한다. 손을 천천히 아래로 내리면서 진정시키는 동작(Yehuda, 2015)이나, '함께 하고 있다.'는 의미로 두 손을 함께 잡는 것 같은 손동작은 아동들이 스스로를 그라운딩 시키는 데 도움이 된다.

해리 상태를 유지하려는 동기 인정하기

앞서 설명한 단계를 통해 내담자의 변화를 이끌어 내려는 최선의 노력에도 불구하고 때로는 저항이 발생하고 진전이 없을 때가 있다. 구명조끼를 던져주어도 물에 빠진 사람이 구명조끼를 잡는 것이 안전하지 않다고 생각하면 잡지 않을 것이다. 내담자도 말로는 나아지고 싶다고 이야기하고 열심히 치료에 참여할 수는 있지만 해리성 대처를 사용하지 않겠다는 동기를 가지는 것은 어렵고 힘든 약속이다. 일반적으로 진전이 없는 것은 아직 확인되지 않은 환경의 위협이 지속되고 있음을 나타낸다. 다른 경우는 진전에 대한 두려움 자체가 너무 큰 경우이다. 이는 내담자가 회복이 안전하지 않다고 느끼는 지각된 또는 실제적인 환경의 장벽을 확인했기 때문일 수 있다. 이는 해리 전략을 상쇄하기 위한 적극적 대응이 효과가 없었기 때문에 치료자가 당분간 정당화해 주어야 한다는 것을 의미할 수 있다. 또한 해리가 도움이 되면서 동시에 거기에 묶여 있다는 딜레마 상태에 더 머물러야 함을 의미할 수 있다. 이러한 치료적 접근은 내담자가 앞으로 나아가고자 하는 더 큰 동기를 불러일으키기도 한다.

인식과 연결에 대해 보상하기

우리는 종종 건강과 진전이 그 자체로 보상적이어서 내담자의 진전이 자체적으로 유지될 것이라고 기대한다. 그러나 안타깝게도 진전이 이루어지기까지 수많은 어려움이 따르기 때문에 내담자는 이 모든 변화가 정말 그만한 가치가 있는지 의심할 수 있다. 따라서 아동 내담자의 노력에 보상을 주는 것이 중요하다. 이는 내담자가 자신의 진전을 스스로 확인하고 성취에 대해 자부심과 기쁨을 느낄 수 있게 하는 명확한 언급과 행동 프로그램을 통해 이루어질 수 있다.

치료자로서 나는 진전을 향한 아주 작은 움직임에 대해서도 끊임없이 메모하고 의견을 제시한다. 중요한 연결을 이루거나 이전에 학습한 뇌 습관을 바꿀 때 머리 속 뇌세포가 '지글지글'하는 소리가 들린다고 웃으며 말하곤 한다. 가장 중요한 것은 평소에 아동들을 촉발시키는 자극에 익숙한 대응인 해리성 셧다운 반응을 사용하지 않을 때 그들의 성취가 얼마나 놀라운지 강조하는 것이다. 내담자가 해리성 셧다운 반응을 피하는 데 성공할 때마다 새로운 뇌 경로가 강화되고 있는 것이다. 이것은 내담자의 노력과 진전을 격려하고 그들이 마음속에서 어떤 일이 있었는지, 어떻게 해냈는지, 어떻게 다시 해낼 수 있는지를 함께 연습할 수 있는 중요한 순간이다.

이전에 언급했듯이, 보니는 익숙한 전조 증상을 느낄 때면 베개에 앉아서 자신을 괴롭히는 생각을 파악하고, 셧다운 전에 대응할 수 있도록 도움을 요청하게 되었다. 이 시간은 직원들이 보니를 칭찬하고, 그녀가 얼마나 잘하고 있는지에 대해 격려하며, 병동 밖 활동에 참여할 기회를 제공하는 시간이 되었다. 해리성 셧다운 상태가 자주 발생하고 혼란스러웠을 때는 체육관에 가서 농구를 하는 것이 너무 위험했다. 보니는 이러한 증상을 피하는 데 성공함으로써 새로운 성취를 통해 즐거운 활동을 할 수 있게 되었다. 이처럼 보니는 해리 상태를 성공적으로 관리함으로써 실질적인 혜택을 얻게 되었다.

이러한 순간들을 보상하기 위해 고안된 행동 프로그램은 몇 가지 중요한 점에서 기존의 행동 프로그램과 다르다. 첫째, 구체적 칭찬을 통해 보상하는 것은 단순히 방해가 되거나 부적절한 행동을 피하는 것이 아니다. 대신, 과도하게 학습된 '뇌의 습관'에 대응하고 스트레스 상황에서 기능하는 새로운 방법을 배우는 아동의 용기, 기술, 능력을 보상하는 것이다. 나는 내담자가 해리 상태에 들어가지 않고 피할 수 있는 순간을 '세이브(save)'라고 부른다. 그 중요성을 강조하기 위해, 나는 종종 가족들에게 특정한 수의 날이나 주 동안에 '세이브' 횟수를 기록하라고 한다. 가족은 아동 행동의 파괴적이고 부적절한 측면에 초점을 맞추기보다는 셧다운 상태에 대응하는 아동의 노력의 긍정적 측면에 주목하도록 한다. 아동과 청소년들은 이 '세이브' 순간들을 추적하고, 해리성 셧다운 없이 하루를 보내는 것에 대해 스스로 보상하는 법을 배울 수 있다. 좋아하는 영화를 보거나, 좋아하는 비디오 게임을 하며 보내는 시간처럼 보상을 생각하게 하고 자신들이 새롭게 배운 것에 대한 자부심을 축하하기 위해 스스로에게 주는 것이 가장 효과적이다. 물론 시간이 지남에 따라 인식과 연결이 있는 삶을 사는 것 자체가 보상이 되기 시작하며, 새로운 기술이 자연스럽게 몸에 배게 되면서 내담자들은 보상 강화를 중단하게 된다.

수면 이상 징후

'깨어있기' 장을 마치기 전에 해리 및 트라우마를 경험한 상당수의 아동들이 비정상적 수면을 보여 치료가 필요하다는 언급을 해야 할 것 같다(Hébert et al., 2017; Ratnamohan et al., 2018). 해리성 셧다운 상태에 의해 나타나는 의식의 불안정성은 변화된 수면 습관과 혼란스러운 수면 주기로 나타날 수 있다. 해리 아동은 너무 많이 자거나, 낮과 밤이 뒤바뀌거나, 깊은 수면 상태에서 깨어나는 데 극도의 어려움을 겪을 수 있다. 때로는 분노 상태나 퇴행적 행동과 같은 뚜렷한 정서와 특징을 지닌 해리 상태에서 몽유병 증상을 보이기도 한다.

수면은 대뇌 전두엽의 원시적 부분인 망상(reticular) 활성화 시스템에 의해 조절되며, 이것은 초기 트라우마로 인해 방해받을 수 있다(Perry, 2006). 수면은 예상되는 고통이나 학대를 피하기 위해 도피 모드가 학습되었거나 조건화된 회피 반응일 수 있다. 많은 부모들이 영유아 자녀를 비양육 부모에게 면접교섭 보낼 때 마치 깨진 애착 스트레스(양육부모와의 분리로 인한)로부터 자신을 마비시키려는 듯 방문 직전에 깊은 수면 상태에 빠진다고 말했다. 해리성 문제가 있는 청소년들은 가족과의 상호작용을 피하거나 학교를 피하기 위해 의도적으로 낮과 밤을 뒤바꿀 수 있다. 수면 클리닉에서는 이러한 유형의 바뀐 수면 패턴을 교정하는 방법에 대해 조언을 제공한다. 전체 수면 주기가 12시간 앞당겨질 때까지 여러 주에 걸쳐 한 시간씩 늦게 자도록 하는 절차를 거치는 경우가 많다. 이것은 청소년에게 매일 밤 한 시간씩 더 일찍 잠자리에 들도록 요구하는 것보다 쉽다. 그러나 앞서 논의한 것처럼, 회피에 대한 동기를 파악하는 것이 이 내담자들의 치료에 가장 중요한 핵심이다.

수면 패턴이 완전히 조절되더라도 아침에 해리성 청소년을 깨우는 것은 종종 문제가 되는 영역인데, 이는 깊은 수면 상태와 해리성 셧다운 상태를 구별하기 어렵고 깨어났을 때 유사한 정서나 자기 상태의 변화 그리고 두통을 동반할 수 있기 때문이다. 나는 이러한 문제를 해결하는 가장 중요한 방법은 청소년이 아침에 피하려는 것에 맞서도록 돕고, 다른 각성 방법, 다른 학교 프로그램 또는 다른 아침 루틴 등과 같은 대안을 제공하는 것임을 발견했다. 모든 셧다운 상태와 마찬가지로, 신체는 행동을 통해 무엇인가가 참을 수 없다고 말하고 있는 것이다. 참을 수 없는 것이 무엇인지 파악되고 해결될 때까지 신체는 문제를 다루기 위해 자신만의 무의식적 방법을 사용할 것이다.

어떤 치료자들은 수면 중 해리 상태에 있는 것처럼 보이는 이상한 야간 경험을 하는 아동들을 기술했다. 이 시간 동안 이 아동들은 자주 위험한 행동을 한다. Putnam(2016)은 수면 중 야생 동물의 상태를 재연하는 것처럼 보이는, 그리고 이 야간 행동에 대한 기억이 없는 아동들을 기술했다. Ratnamohan와 동료 연구자들(2018)은 대인 관계 트라우마를 가진 14세 남자 청소년이 자해하고 머리를 밀어버리는 행동을 보였다고 기술했다. 이 야간 수면 장애는 트라우마적 사건에 대한 점진적 노출로 치료되었다. 나는 심각한 트라우마 역사를 가진 해리 아동들이 야간에 음식을 찾거나 음식을 갖고 있는 상태로 들어가는 것을 보았는데, 이 행동에 대한 기억은 없었다. 밤에 나타나는 상태들을 치료 시간에 직접 명명하고 다룰 수 있다. 예를 들어, "밤에 무엇인가를 먹는 너의 부분은 배고픔이라는 나쁜 기억을 갖고 있는 것 같아. 그것에 대해 이야기해 보자." 이러한 상태를 비판적이지 않고 설명하는 방식으로 명명함으로써 (아빠가 얼마나 무서웠는지 기억하는 부분) 야간 삽화가 밤에만 나타나는 것에서 벗어나 낮의 치료 시간에 처리될 수 있었다.

해리성 유아들도 수면 장애를 보일 수 있다. 수면 중에 말하거나 걷거나 울 수 있다. 또한 혼자 잠자는 것이 어렵거나, 수면에 저항하거나, 악몽을 꾸거나, 불면증에 시달리거나, 자주 깨거나, 끊임없이 피곤해할 수 있다(Hébert et al., 2017). 수면 문제와 수면 장애를 분석할 때 문제의 발생 시기를 검토하는 것이 중요하다. 전쟁으로 파괴된 체첸에서 탈출한 한 가족은 매일 새벽 5시에 가면을 쓴 총잡이들이 집을 습격하고 여성들을 강간하는 것 때문에 깨어났다. 지금은 안전한 환경에 살고 있음에도 불구하고, 세 명의 어린 아동들은 여전히 오전 5시가 되면 무서움에 비명을 지르며 깨어났다. 이 경우, 가족이 트라우마의 타이밍에 대한 기억에 대항하기 위해 오전 5시에 멋진 축하의 아침 식사를 하는 새로운 의식을 만들도록 권유했다. 창의적인 치료자는 과거의 트라우마 환경과 건강한 삶이 가능한 현재 환경 사이의 차이를 보여 주는 진짜 세계에서 기회를 찾을 수 있다.

요약

이 장에서 나는 외부 자극에 반응하지 않는 해리성 셧다운 상태의 아동과 청소년들에게 발생할 수 있는 생리 현상을 설명했다. 이러한 상태는 생리적 및 심리적 요인의 복합적 작용으로 발생할 수 있다. 이 상태는 포식자의 공격을 받았을 때 야생 동물의 얼어붙기 반응과 유사한 혈압 및 심박수 감소를 특징으로 하는 미주신경의 활성화와 자가 최면 현상에 의해 강화된다는 가설이 제기되고 있다. 이러한 상태에 대응하기 위해 치료자는 내담자를 안전하게 깨우는 방법을 알아야 하며, 촉발시키는 생각과 감정을 파악하고 트라우마 반응을 처리하며, 직접 의사소통을 포함한 새로운 반응 패턴을 연습하고, 환경의 함정에서 내담자를 돕는 방법을 알아야 한다. 개입은 내담자가 자신을 갇힌 것처럼 느끼게 하는 상황과 생각을 적극적으로 인식하고 대처하며, 무력감을 강화하는 대신에 아동들에게 힘을 주는 새로운 반응을 학습하도록 가르치는 것을 포함한다. 동시에, 치료자는 가족생활, 학교, 법적 영역에서 아동 생존자를 갇힌 것처럼 느끼게 하는 함정에서 벗어나도록 도와주기 위해 환경에 적극적으로 개입할 필요가 있다. 수면 조절 장애도 나타날 수 있으며, 수면은 압도적 정서 및 트라우마를 상기시키는 것을 다루기 위해 학습된 회피 메커니즘이 될 수 있다. 다음 장에서는 애착의 맥락에서 어떻게 조절하는 것이 아동 생존자들이 세상에 관여하는 것을 막는 해리 장벽을 더 약화시킬 수 있는지를 다룰 것이다.

11 장

상태들 간의 애착 형성하기: 관계 안에서 정서 조절하기

열두 살 티모시는 한 달 만에 세 번째로 가족을 폭력적으로 공격한 후 응급실에 입원했다. 이번에 티모시는 할머니를 칼로 위협하고 텔레비전을 넘어뜨렸으며, 그를 제지하러 온 이웃 사람의 몸을 멍들게 했다. 그러나 응급실에서의 티모시는 자제력의 모범을 보였다. 그는 간호사와 의사에게 유쾌하고 협조적이었다. 그는 그들에게 무엇을 말해야 할지 알고 있었고, '교훈을 배웠으며' 다시는 그런 행동을 하지 않겠다고 다짐했다. 그는 무엇이 그를 화나게 했는지 이해했고 "다음에는 말로 잘하겠다."고 했다. 이 시점에서 그의 정서는 확실히 겉으로 보기에 조절되는 것처럼 보였다. 병원에서 퇴원시키고 집으로 보내야 하는가? 그렇다면 전체 시나리오는 얼마나 빨리 반복될 것인가?

티모시 같은 아동들이 주는 좌절스러운 딜레마는 정서 기복이 극과 극을 심하게 오간다는 것이다. 이제는 침착하고 성숙하며 또렷하게 말을 잘하는 티모시의 모습을 보면서 응급실 직원들은 불과 30분 전만 해도 가족들이 마주했던 분노에 찬 소년의 모습을 상상하기 어려웠다. 병원에 티모시를 입원시켜야 한다면 집에서 티모시가 보였던 행동을 볼 기회는 없을 것이다. 그러나 티모시를 집으로 돌려보낸다 해도 그의 말처럼 이런 일이 다시는 일어나지 않을 거라는 확신을 주기에는 충분해 보이지 않았다. 사실 티모시의 평온함은 그가 진정하는 법을 배웠다는 뜻이 아니었다. 그는 응급실을 새롭게 조건화된 상태의 촉발 요인으로 보는 법을 배웠을 뿐이었다. 이번에 병원에서는 티모시를 집으로 돌려보냈다.

티모시에게서 볼 수 있듯이, 가장 다루기 어려운 정서 상태는 분노와 그에 따른 공격성이 자극되는 것이다. 해리된 정서상태에서 아동들의 행동은 종종 자신과 다른 사람들에게 위험하다. 부모의 폭력에 노출된 어린 아동의 경우 생애 초기에 나타나는 해리 증상은 지속적인 충동성과 행동화, 공격성 같은 '외현화 행동'의 위험을 나타내는 지표이다(Zhang & Gatzke-Kopp, 2020). 폭력적 행동은 해리성 청소년이 셰퍼드 프랫 정신건강 시스템(Sheppard Pratt Health System)의 청소년 입원 병동에 입원하는 가장 흔한 이유였다(Ruths et al., 2002). 이 청소년들은 환경적 요인에 의해 촉발되는 극도의 분노를 억제할 수 없으며, 그들의 파괴적인 반응으로 인해 많은 정신의학센터와 위기병동에 입원을 반복하게 된다. 또한 이들은 많은 입양 또는 위탁 아동의 안전한 배치를 위협하기도 한다. 심각한 트라우마를 겪은 아동 중 상당수는 결국 소년법 시스템에 따른 처벌을 받게 된다. 이 집단에 대한 연구에 따르면, 해리 및 다양한 형태의 트라우마가 청소년 범죄자의 반응적 공격성을 예측하는 것으로 나타났다(Silvern & Griese, 2012). 이 아동들이 입원 또는 거주 시설에 입소하게 되면 이러한 폭력적인 행동을 억제하는 것이 입소의 주요 목표가 되는 경우가 많다. 이것은 또한 나의 임상훈련에 오는 치료자들이 가장 중요하게 생각하는 목표이기도 하다.

티모시와 같은 심각한 정서조절곤란 아동을 이해하려면 정서조절 학습의 발판이 되는 초기 애착의 중요성을 살펴볼 필요가 있다. 세심한 양육자는 행복한 아기와 함께 웃고, 우는 아기를 안아주며, 까다로운 아기를 달래줌으로써 불편한 상태가 진정될 수 있다는 기대를 아동에게 심어준다. 양육자의 이러한 조절 과정을 모델링하면서 아동은 결국 자기조절을 배운다. Carlson, Yates와 Sroufe(2009)가 관찰한 바와 같이, "양육 환경에서의 대인 간 교류는 아동의 정서와 행동 레퍼토리의 일부로 내면화 된다"(p.43). 반대로, 양육자가 성장하고 있는 아동의 압도적인 정서에 반응하지 않으면 아동은 쉽게 조절할 수 없는 정서적 각성상태가 되며, 각성상태는 과잉각성과 과소각성의 극단 사이를 오갈 수 있다.

연구결과는 건강한 정서 조절의 발달, 또는 반대로 조절곤란과 해리의 발달에 있어 초기 관계가 중요하다는 사실을 뒷받침한다. Schore(2009)에 따르면 유아기의 안전한 애착은 우측 안와 전두피질의 발달을 촉진한다. 안와 전두피질의 발달의 문제는 피질 하부 뇌 영역의 비조직화와 탈억제로 이어질 수 있으며, 이는 해리 아동, 청소년의 정서적 탈억제와 과잉 반응으로 나타난다. 이러한 연관성은 단지 이론적인 것만은 아니다. 경험적 증거에 따르면, 혼란된 애착과 정서조절곤란은 성학대를 당한 취학 전 아동의 높은 해리 비율과 관련이 있으며, 이는 피해 아동의 내재화 및 외현화 증상을 모두 예측한다(Hébert, Langevin, & Oussaid, 2018; Hébert, Langevin, & Charest, 2020). 해리와 정서조절곤란은 함께 작용하여 자해 및 파괴적 행동을 포함한 위험 행동을 예측한다(Chaplo, Kerig, Bennett, & Modrowski, 2015; Kisiel et al., 2020).

정서와 상위 뇌 중추 간의 건강한 통합에 결함이 있으면 정서적 삶은 혼란스러워질 수 있다. 중추 조절 메커니즘이 작용하지 않으면 아동 생존자의 기분이 급격하게 변한다. 이러한 급격한 기분의 변화는 촉발 요인들을 분석, 계획, 받아들이는 사고 뇌의 안내 없이 항상 존재하는 촉발 요인에 대한 비의식적(nonconscious) 반응을 일으킨다. 학습된 자기 진정 방법으로 압도적인 정서의 강도를 조절할 수 없는 아동 생존자는 기분 조절을 위한 인위적 방법을 찾는다. 자해 행동(Ford & Gomez, 2015)이나 타인에 대한 파괴적 행동으로 불쾌한 정서를 조절하려고 시도할 수 있으며, 사람들에게 사랑을 갈망하지만 주지 않을까 봐 두려워서 사람들에게 상처를 주기도 한다. 정서적으로 조절되지 않는 아동은 마치 뜨거운 숯불 위를 걷는 사람이 한 발에서 다른 발로 뛰어오르는 것처럼 은밀한 회피 춤을 통해 하나의 강렬한 감정 상태를 다른 것으로 대체할 수 있다.

우리의 내담자들은 애착이 특정 상황에서만 안전하다는 것을 어떤 환경에서 배웠다. 그들은 양육자가 언제 잔혹해지거나 잔인하게 될지 예상하고 그때에는 멍해져서 애착대상으로부터 분리되는 다른 인식 상태를 개발하는 것을 배운다. 이 과정은 부분적으로 긍정적인 애착을 유지하면서 아동이 완전히 기억하거나 이해하지 못하는 공격적이거나 파괴적인 행동을 통해 학대에 대한 분노와 적대감을 표현할 수 있는 일정한 자유를 준다. 분열된 인식은 티모시가 집에 돌아가면 무엇을 할지 입으로만 말하는 것에서 볼 수 있듯이 일종의 가짜 애착을 유지한다. 그의 애착은 아동이 성장하고 자기 조절을 내면화하는 데 도움이 되는 지속적인 애착이 아니다. 자신의 안전이 보장되지 않는다는 것을 암시하는 촉발 요인에 직면했을 때 감정을 유지할 수 없기 때문이다.

연구와 임상관찰을 통해 얻은 피할 수 없는 결론은 애착 관계에서 정서 관리를 가르치는 것이 만성 트라우마를 입은 해리 아동과 치료 작업을 할 때 필수적인 치료 전략이라는 것이다. 아동의 정서 상태 조절을 진정으로 아동의 통제하에 있게 할 수 있는 것은 일관된 애착 발달을 통해서만 가능하다. 아이러니하게도 진정한 자기 조절을 위해서는 아동을 돌보고, 무조건적으로 사랑하며, 조절이 이루어질 것으로 기대하는 사람과의 애착이 필요하다. 그러나 아동이 심각한 트라우마를 겪은 경우, 훌륭한 양육자와의 애착 관계도 일반적으로 손상된다. 이러한 결함은 자기조절의 문제이자 관계의 문제이기도 하다. 따라서 치료 작업에는 새로운 방식으로 정서를 관리하기 위해 개별 전략을 가르치고, 관계 안에서 정서적 의사소통을 지원하는 두 가지 접근 방식이 활용된다. 두 가지 모두 어려운 작업이지만 둘 다 치료 성공에 필수 요소이다.

EDUCATE 모델의 'A': 정서 조절 촉진하기 (Promoting Affect Regulation)

EDUCATE 모델의 각성, 정서, 애착은 이론적, 신경생리학적, 임상적 수준에서 상호 연관되어 있다. 이 장과 다음 장에서는 개인 및 가족치료에서 정서 조절 기술을 촉진하는 방법을 다룬다. 이 장에서는 트라우마를 입은 아동의 정서 조절 기술에 초점을 맞추고 있지만, 아동의 정서 조절을 다룰 때 개인과 가족 기술 간에 유동적인 상호작용이 있어야 하므로 부모와 함께하는 몇 가지 기법도 포함되어 있다.

자동성 바꾸기

정서회피 이론에서는 해리를 다음과 같이 정의한다: 해리는 행동, 사고, 지각, 정체성(또는 '정서 스크립트') 패턴이 과잉 학습되어 자동으로 활성화되는 것으로, 트라우마 단서와 관련된 정서 각성으로 인해 조건화된 회피 반응을 초래한다. 티모시가 가족 환경에서 공격적인 행동으로 반응할 때, 자동 활성화된 '정서 스크립트', 즉 현재 상황에 부적절하게 분노하는 것에 대한 일련의 행동 레퍼토리가 시작되는 것을 볼 수 있다. 어떤 면에서는 티모시 자신도 어쩔 수가 없다. 티모시가 반응하는 환경의 촉발 요인이 무엇이든 비의식적인 수준에서 인식되고 반응하기 때문에 그는 무슨 일이 일어났는지 또는 그것에 대해 어떻게 느끼는지 처리할 기회도 갖기 전에 행동화한다. 그의 행동은 격렬한 정서 표현처럼 보이지만 이는 과도하게 학습된 분노에 대한 정서의 표현일 뿐 실제로는 의미 있거나 진정성 있는 방식으로 분노를 느끼지 않는다. 그렇기 때문에 응급실에 도착했을 때 그의 정서가 쉽게 바뀌게 되는 것이다. 이 원시적인 '공격 모드' 분노는 티모시가 생존의 위협을 느낄 때 자동으로 유발되는 이전의 흔적이다. 이러한 행동 표현은 티모시가 주변 환경을 보다 효과적으로 협상하는 데 도움을 줄 수 있는 정서 반응에 진정으로 몰입하는 것을 방해한다.

역설적이게도, 티모시가 스스로 진정하는 법을 배우도록 하기 위해 치료자가 해야 할 일 중 하나는 그의 행동이 촉발되는 순간에 자신이 진정으로 느끼는 감정을 식별하고 숙고한 다음, 이러한 인식을 바탕으로 가족관계에서 문제를 해결하도록 돕는 것이다. 어머니가 자신의 티셔츠를 자선단체에 나눠주려고 하자 침대를 부순 소냐처럼(2장 참조), 티모시는 자신의 행동에 깔려 있는 진짜 감정에 대해 혼란스러워 했다. 2장에서 나는 건강한 마음이라는 개념을 소개했다: 건강한 마음은 변화하는 환경적 요구에 적응하는 방식으로 상태 간, 정서 간, 맥락 간, 발달 과업 간의 전환을 원활하게 관리할 수 있는 정보를 효과적으로 선택한다.

이 정의를 기반으로 티모시는 상황들 사이에서 원활하게 변화하고 현재 자신의 삶에 맞는 더 적절한 반응을 발달시키는 방법을 배울 필요가 있다. 이를 위해 티모시는 자신의 반응을 촉발 요인과 그 촉발 요인이 어떤 감정을 느끼게 했는지를 확인한 다음, 자신의 감정이 삶의 문제를 바로잡기 위한 신호로 적절히 활용되는 방법을 배워야 한다. 티모시는 자동으로 분노하는 상태가 되는 전환의 순간에 집중할 수 있어야 한다. 그는 자동성을 물리치고 그것을 알아차리는 것으로 대체해야 할 것이다. 그는 자신의 현재 삶과 관련된 것을 선택하고, 자신이 느끼는 감정과 그 이유를 알며, 오래된 생존 프로그램에 기반한 반응이 아닌 이 새로운 인식을 기반으로 가족에게 대응하는 방법을 배워야 한다. 이 모든 것이 티모시 같은 소년에게는 어려운 일이지만 불가능한 것은 아니다. 먼저 티모시는 자신의 정서를 이해하고 그 정서에 조율할 수 있도록 동기화되어야 한다.

정서 교육: 감정의 목적 확인하기

아동 생존자가 변화하는 정서 상태를 관리하도록 돕기 위한 치료 작업은 심리교육에서부터 시작된다. Tomkins(1962, 1963)는 신호로서의 정서에 관한 모델을 통해 아동 생존자가 셧다운하거나 끄는 방식으로 학습한 정서의 역할과 그로 인한 이득을 이해하도록 돕는 간단한 방법을 제공했다. 정서에 대한 토의를 시작하기 위해 나는 어린 내담자나 청소년들에게 언젠가는 운전을 배우고 싶은지 물어본다. 그러면 내담자는 "물론이죠!"라고 대답한다. 나는 내담자가 운전을 배우고 싶지만 도로 표지판을 따를 생각이 전혀 없고, 정지 표지판, 양보 표지판, 빨간불을 무시하며 자신의 규칙에 따라 운전할 것이라고 어머니에게 말하면 어머니는 어떻게 느낄지 물어본다. "그렇게 할 계획이라면 어머니가 운전을 배우도록 허락해 주실까?"라고 물으면, 아동은 "물론 아니죠, 하지만 저도 그렇게 하지는 않을 거예요."라고 대답한다. 나는 "하지만 너는 이미 감정을 가지고 그렇게 하고 있단다."라고 하며 다음과 같이 말한다. "너는 인생의 '운전석'에 앉으려고 노력하고 있지만 어디로 가야 하는지, 무엇에 접근해야 하는지, 무엇을 피해야 하는지, 언제 조심해야 하는지 알려주는 도로 표지판과 신호를 사용하지 않고 있어. 이러한 도로 표지판은 너를 통제하거나 무시하는 것이 아니라 너를 도와야 하는 감정이야." 각각의 감정은 생명활동에 뿌리를 둔 목적을 가지고 있으며, 이는 우리가 오랜 시간 동안 수집해 온 환경과 경험에 대한 정보를 기억하는 데 도움을 준다고 설명한다. 두려움은 과거에 위험의 원천이었을 수도 있으므로 피해야 할 것이 있다는 것을 알려준다. 슬픔은 우리가 좋아하는 것이나 누군가를 그리워한다는 것을 알려주며, 그 연결을 유지하는 데 도움이 된다. 그러면 "분노는 무슨 역할을 하나요?"라고 사람들은 나에게 물어볼 것이다.

화와 분노 다루기

대부분의 아동들은 분노를 가져서는 안 되는 '나쁜' 감정이라고 배워 왔다. 나는 아동들이 이런 관념을 즉시 바로잡도록 분노는 다른 사람에게서 물러서라고 하거나 자신의 공간에서 나가라고 말하는 '자기방어' 감정이라고 말한다. 분노는 누군가가 우리 개인의 경계를 침범할 때 이를 알려준다. 분노는 이러한 침범에 대해 뭔가 조치를 취하도록 경고하고 동기를 부여한다. 무엇이 또는 누가 자신의 공간을 침범했는지에 대한 정보를 얻고 나면 어떻게 대응할지 선택하게 된다. 그런 다음 나는 아동들에게 화가 났을 때를 떠올리게 하여 적절한 자기 방어적으로 분노를 사용했던 것을 기억하도록 한다. 그러고는 아동들이 자신의 감정에 귀 기울이고 적절하게 대응한 것에 대해 칭찬한다.

나는 아동이 반격하기에는 너무 어릴 때 경계를 침범당하면 이들의 분노는 분노의 '목적'이 없다는 것을 알게 되고, 지하로 숨어들어 나중에는 통제할 수 없이 분노가 표출될 수 있다고 설명한다. 나는 아동들에게 자신의 분노를 되찾고 '소유'해야 하며, 적절한 방법으로 자신의 권리를 주장하기 위해 분노의 메시지를 사용할 방법을 찾아야 한다고 가르친다. 나는 분노를 고통에 대한 감각 지각과 비교한다. 통증은 어떤 것이 해롭거나 독성이 있어 피해야 할 때를 유기체가 알 수 있게 하는 중요한 진화론적 목적을 가지고 있다. 고통은 불쾌하지만 반드시 필요하며, 사람들은 고통 없이는 생존할 수 없다. 예를 들어, 통증 무감각증(자율신경 실조증)이 있는 사람은 자신이 느끼지 못하는 부상으로 인해 사망하는 경우가 많다. 통증을 느끼지 못하기 때문에 자신이 다치고 있다는 사실을 인지하지 못하여 신체 손상으로부터 자신을 보호할 수 없다. 마찬가지로, 분노를 끄려고 하는 것은 다른 사람이 자신을 이용하도록 허용하는 상황에 놓이게 한다고 설명한다.

아동과 청소년은 자신의 분노와 그 결과에 대해 부끄러움을 느껴왔기 때문에 이 설명을 듣고 대부분의 경우 매우 안심한다. 나는 분노의 부정적인 결과를 초래하는 것은 아동들이 분노를 더 이상 받아들이지 않아서 진정한 목적에 맞게 분노를 사용할 수 없기 때문이라고 설명한다. 또한 현재 그들이 가지고 있는 강한 분노는 자신의 경계를 침범당했을 때 보호받아야 했던 과거와 관련이 있다고 설명한다. 그들의 분노는 정당하다. 안타깝게도 과거에는 너무 작고 약해서 몸이 시키는 대로 분노를 사용하여 반격할 수 없었다. 이제 그들의 저장된 모든 분노는 점점 더 강해져서 표출될 방법을 찾고 있다. 분노는 자신을 표현하려는 열망이 너무 강해져서 실제로는 적절하지 않거나 잘못된 방향으로 표출될 수 있다.

분노에 대한 이러한 메시지는 티모시를 안심시켰다. 그는 격분한 자신의 행동에 대해 수치심을 느꼈고, 이는 집에서의 폭력적 반응을 얘기하는 것에 대한 공포증적 회피를 완화하는 데 도움이 되었다. 티모시는 분노가 이해되고 다룰 수 있는 감정이며, 심지어 가치 있고 유용하다는 것을 알게 되었고, 격분에 찬 행동이 분노의 불가피한 결과일 필요는 없다는 것을 깨달았다.

내담자가 해리시키려 해왔고, 종종 본인도 모르게 표현되는 또 다른 감정은 성적 흥분감이다. 성적 감정에 대한 심리교육은 7장에서 설명했다. 모든 사람이 자신의 사적인 부분이 건드려질 때 공유하는 '간지러운' 감각에 대해 설명한 후, 이러한 느낌은 같은 연령대의 성인들끼리 공유하는 것이지 성인이 아동과 공유하는 것은 아니라고 덧붙일 수 있다. 다시 한번 강조하지만, 일부 사람들은 이러한 감정을 잘못된 방식으로 표현하고 부적절한 행동을 할 수 있지만, 이러한 감정은 좋은 감정이라는 것을 강조한다. 분노와 마찬가지로 성욕도 아동의 사적인 수치심이 아니라 모든 인간이 공유하는 보편적 감정으로 보는 것이 중요하다. 이 혼란스러운 영역에 대한 토의의 문을 열면 아동은 성학대를 당했을 때 가질 수 있는 많은 불안을 완화할 수 있다.

감정에 대한 심리교육은 아동과 부모가 혼란스러워할 수 있는 몇 가지 다른 중요한 영역도 다룬다. 가족과 아동은 감정과 행동을 구분하는 방법을 배워야 한다. 어떤 가족들은 이 두 가지 개념이 너무 강하게 연결되어 있는데, 이런 가족들은 감정을 느낀다고 해서 특정 행동이 불가피하다는 의미가 아니라는 것을 배워야 한다. 과거에 감정이 파괴적인 행동과 관련이 있었다면 아동과 부모는 그 감정이 문제라고 잘못 생각할 수도 있다. 그러나 감정이 부정적인 반응과 필연적으로 연결된 것이 아니라 도움이 되는 것으로 재구성하면 아동과 가족은 자신과 다른 사람의 감정을 용인하는 법을 배우기 시작한다.

또한 가족과 아동은 자신의 감정과 타인의 감정을 구별하는 방법을 배워야 한다. 트라우마를 입은 아동은 부모의 분노와 우울한 기분을 쉽게 알아차리고, 자신의 감정과 부모의 감정 사이에 분리벽을 만드는 방법을 배워야 한다. "감기처럼 감정은 자신을 보호하면 전염될 필요가 없다. 다른 사람의 감정으로부터 자신을 보호한다는 것은 가족 구성원의 경계를 존중하여 자신이 느끼는 감정을 가족 구성원도 느끼고 있다고 가정하지 않고, 그들이 그렇게 느끼지 않도록 노력하는 것을 의미한다."라고 나는 설명한다. 가족과 아동은 "기분이 안 좋은데 너 때문은 아니야." 또는 "나한테 시간을 좀 줘."와 같은 감정 전달을 위한 단서 단어를 배워 기분을 필연적으로 공유하지 않도록 할 수 있다.

교육해야 할 또 다른 핵심 차이는 감정 자체가 트라우마는 아니라는 것이다. 트라우마와 관련된 감정의 공포증적 회피는 두 가지를 서로 동등한 것으로 여기게 할 수 있다. 감정은 단순히 신체의 신호 체계일 뿐이며 감정은 행동과 구별되고 반드시 전염되는 것은 아니라는 점을 아동이 이해하면, 감정을 보다 효과적으로 조절하는 방법을 배울 준비가 된 것이다.

전환의 순간에 정서 인식하기

정서 상태에 대한 인식은 의식을 구성하는 요소 중 하나이다. 자기(self)에 대한 인식은 개인의 자전적 기억을 연결하고 일관된 자기감을 만들어 내는 정서 상태의 분화와 기억에 기반한다. 정서는 정체성의 '정신적 접착제'이다(Monsen & Monsen, 1999). 치료자는 티모시처럼 조용히 텔레비전을 보던 아동이 통제할 수 없는 분노로 변하는 전환의 순간에 집중함으로써 아동 생존자가 향후 상호작용에 도움이 되는 정서 관리 기술을 발달시키도록 도울 수 있다. 이러한 기술에는 촉발 사건 및 관련 감정을 식별하고, 감정을 견디며, 강도를 조절하는 방법을 배우고, 강렬한 정서의 순간에 새로운 행동을 선택하는 방법을 배우는 것이 포함된다. 분노가 해리된 자기 상태와 연관된 것으로 인식되는 경우, 아동은 해리된 자기(self)와 연결되는 다리를 만들어 격분에 찬 행동으로 가려질 수 있는 근원적인 감정을 탐색할 수 있어야 한다.

치료 과정에서 티모시는 자신의 격분에 찬 행동이 할아버지처럼 들리는 '화난 목소리' 때문이라는 것을 식별하게 되었다. 티모시는 그 목소리를 듣고 싶지 않았고, 그 목소리가 '장악'하는 것으로 느껴져 자신이 한 행동에 수치심을 느꼈다. 7장에서 설명한 EDUCATE 모델을 사용하여 티모시는 '숨겨진 것을 이해'(U)하고 '자신의 것으로 주장'(C) 하도록 격려받았다. 그는 '화난 목소리'를 자신의 생존 본능의 표현이자 무시할 수 없는 자신의 중요한 부분으로 인식하는 법을 배웠다. '마음에 귀 기울이기'를 통해 우리는 티모시가 가정에서 격렬한 분노를 일으킨 몇 가지 사건을 '화난 목소리'로부터 알아낼 수 있었다.

촉발 순간

아동은 성인에 비해 항상 힘이 없는 위치에 있기 때문에 어떤 면에서는 아동이라는 것 자체가 트라우마를 입은 아동에게는 촉발 요인이 된다. 아동들은 끊임없이 해야 할 일을 지시받고, 선택의 폭이 제한되며, 자신의 삶이 자신의 통제하에 있지 않다는 느낌을 받는다. 따라서 트라우마를 입은 아동들에게 촉발 순간은 언제나 있다. 내담자와 부모가 "이 사건을 촉발한 것은 아무것도 없었어요."라고 말한다면 트라우마 기억의 반향실(echo chamber)에 울려 퍼져 문제 행동으로 이어진 어떤 사건이 있었다는 것을 확신할 수 있다. 분노 반응은 지각된 위험으로부터 자기를 보호하는 핵심 방법이다. 치료자는 아동이나 청소년의 화난 부분이 지각하는 위험이 무엇인지를 발견하고 보호할 수 있는 방법을 찾아야 한다.

티모시의 촉발 요인 중 하나는 할머니가 프로그램 시청 중 TV를 끄는 것이었다. 물론 이러한 행동은 모든 아동들을 짜증나게 할 수 있으며, 트라우마가 없는 아동의 가정에서도 상당한 짜증을 유발할 수 있다. 그러나 티모시의 경우, 이로 인해 물고, 발로 차고, 접시를 집어던지는 등 점점 더 자신을 사랑하는 가족과 함께 살 수 없게 만들었다. 다음 대화는 티모시가 폭발 반응을 보이기 전, 촉발 순간을 평가하는 과정을 설명하고 있다.

치료자: 지난주에 집에서 정말 힘들었나 보다. 엄마가 많이 걱정하고 계시더라. [치료자는 분노가 아닌 걱정을 강조한다.]

티모시: 네. 제가 이성을 잃었어요. 제 생각엔 딱 한 번 그랬어요. [사실, 그는 여러 번 '이성을 잃었다'. 우리는 그가 '기꺼이' 기억하고 있는 것을 탐색한다.]

치료자: 그럼 그 잃었던 순간을 살펴보자. 그날은 언제였니?

티모시: 모르겠어요. 화요일이었던 것 같아요.

치료자: 몇 시였어? 저녁식사 전? 후?

티모시: 그건 확실히 저녁식사 전이었어요. 제가 TV를 보고 있었거든요. 그게 시작이었어요 .

치료자: 그랬구나.

티모시: 할머니는 항상 저한테 먼저 시비를 걸죠. [다른 사람들에게 상처를 주는 사람은 자신임에도 불구하고 할머니를 '가해자'로 본다. 그러나 이야기를 풀어나가기 위해 이 시점에서는 그의 인식을 따라간다.]

치료자: 할머니가 어떻게 하셨어?

티모시: 저녁식사 전 씻으라고 하면서 TV를 마저 볼 수 없게 했어요.

치료자: TV를 마저 보지 못하게 하셨다고?

티모시: 네.

치료자: 그래서 어떤 마음이 들었니?

티모시: 왜 그러시는지 모르겠어요. 할머니는 일부러 그러는 거예요. [티모시는 감정에 대한 질문을 회피하고 있다. 나중에 그 부분에 대해 다뤄야 할 것이다.]

치료자: '일부러'라는 게 무슨 뜻이야?

티모시: 할머니는 제가 그 프로그램을 얼마나 좋아하는지 알아요.

치료자: 할머니가 TV를 꺼서 너를 일부러 속상하게 만들려고 하는 것 같다는 뜻이야?

티모시: 네, 일부러요, 일부러요. [이 문구는 티모시에게 훨씬 더 깊은 의미가 있는 것 같고, 그를 촉발시키는 것으로 보인다. 이것의 근원을 찾으려고 한다.]

치료자: 누군가 일부러 너를 괴롭히려 한다는 것을 알면 너무나도 끔찍한 느낌이겠다. 그게 너에게 익숙한 일이야?

티모시: 물론이죠. 제 할아버지는 항상 그러셨어요. 할아버지는 자신이 무슨 짓을 하는지 알고 계셨죠. 할아버지가 저에게 화상을 입혔을 때 그건 우연한 사고가 아니었어요. 할아버지는 사람들에게

사고라고 말했지만 그건 아니었어요.

치료자: 그래서 할머니가 TV를 끄면 할아버지가 그랬던 것처럼 일부러 너에게 상처를 주는 것 같은 느낌이 드는가 보다. 네가 목숨을 걸고 싸우는 것처럼 행동한 것도 이해가 된다.

티모시: 네, 그래서 이성을 잃었어요.

치료자: 그때 '화난 목소리'가 있었던 것 같아?

티모시: '화난 목소리'는 그런 할머니를 싫어해요.

치료자: '화난 목소리'는 TV를 끄는 행동과 할아버지가 너에게 했던 것처럼 화상을 입히는 것이 같은 의미라고 생각하는가 보다. 너는 그 일을 같은 것이라고 여기는 '화난 목소리'의 생각에 동의하니? [그가 차이점을 볼 수 있도록 표현한 것이다.]

티모시: 글쎄요, 정확히는 아니죠. 그런데 할머니는 왜 그렇게 하시는 걸까요?

치료자: 할머니가 단지 너에게 상처를 주려고 그런 행동을 하는 것 같고 그래서 그렇게 할 때 너를 정말 사랑하시는지 궁금해하는 것 같아. 내가 할머니를 지켜본 결과 할머니는 널 정말 사랑하시는 것 같아 보였어. 할머니가 왜 TV를 끄시는지 알아봐야 할 것 같다. 너와 네 안의 '화난 목소리'는 이것을 알고 이해할 권리가 있어.

티모시가 괴로워할 것을 알고 한 상대방의 의도적인 행동은 티모시를 사랑받지 못하고 무가치하다고 느끼게 하는 강력한 트라우마 기억을 촉발시켰다. 이 감정을 살펴보기 전에는 촉발 요인에 대한 반응이 자동으로 나타난다. 그러나 잘 살펴보면, 압도적인 감정은 티모시의 과거와 관련이 있는 것이지 현재의 삶과 반드시 관련이 있는 것은 아니라는 것을 볼 수 있다. 티모시가 자신이 사랑받지 못한다는 느낌에 실제로 반응하고 있다는 것을 인식하도록 도와주면 자신의 감정을 전달하고 안정감을 찾는 등 새롭고 보다 적응적인 행동으로 이어질 수 있다. 이 시점에서 티모시의 할머니와 함께하는 가족 작업은 치료의 중요한 부분이 되었다. 나는 그들 사이에 공감을 형성하고 티모시가 할머니의 지시를 고의적인 박탈이나 상처를 주는 것이 아닌 사랑으로 경험하도록 도와야 했다.

생애 초기 학대 생존자들은 다른 사람의 행동에서 자신이 사랑받지 못하고 가치가 없다는 느낌을 촉발하는 많은 신호들을 발견한다. 이러한 감정이 촉발되면 아동이 견디기에는 너무 고통스럽고 압도적인 경우가 많다. 그것은 종종 통제할 수 없는 분노로 이어지며, 이는 사랑을 경험한 적이 없는 해리되고 고립된 정체성 상태에서 자주 발생한다.

정서를 식별하고 표현하기: 감정 어휘 만들기

트라우마를 입은 아동과 청소년들은 자신의 정서 경험을 구별하여 설명할 수 있는 기술이 없는 경우가 많다. 초기 세션에서 나는 내담자에게 대화 중에 떠오르는 감정과 함께 무엇이 그들을 슬프고, 행복하고, 무섭고, 두렵고, 부끄럽고, 혐오스럽고, 질투하게 만드는지 알아보도록 한다. 그들이 각 감정과 관련된 사건을 설명할 때, 나는 이것을 노트에 기록하여 함께 사용하는데, 이는 정서적 삶을 정리하여 이전에는 이름도 없어 보였던 감정을 설명할 수 있는 새로운 연상 어휘를 갖도록 돕는 것이다. [그림 11-1]은 데보라가 '어머니를 잃었을 때 느끼는 감정'인 '비탄'을 묘사한 것이다. 이렇게 묘사된 정서의 강도는 치료에서 이 원초적이고 깊은 상실만큼 심각하지 않은 다른 실망과 상실을 판단하는 척도가 되기도 한다. 나는 또한 아동들이 자신의 감정을 표현하도록 유도하는 데 도움이 되는 다양한 얼굴 표정을

[그림 11-1] 데보라가 묘사한 '비탄'의 감정(허락을 받아 사용함)

보여 주는 감정카드 한 벌을 가지고 있다.

역할극, 인형 놀이, 그림 그리기를 통해 감정을 표현하는 것은 아동이나 청소년이 감정 언어에 더 능숙해지고 아동들이 경험하는 다양한 정서 상태를 구별하는 기술을 향상시키는 데 도움이 된다. 그림은 감정의 강도를 억제하면서도 감정의 본질을 포착하는 방법이다. 아동은 다양한 상황에 있는 자신을 그림으로써 다양한 감정을 서로 구별하는 법을 배우고 특정 종류의 감정을 그룹화할 수 있다. 다양한 감정을 표현하기 위해 여러 가지 색을 선택할 수 있으며, 다양한 색이 그래프에서 얼마나 높은 곳에 도달하는지를 보여 주는 그래프를 아동이 만들 수 있다. 아동은 각 세션이 시작될 때마다 그날의 감정이 얼마나 큰지를 나타내는 높이까지 지정된 색으로 막대를 색칠하면서 감정 그래프를 확인할 수 있다([그림 11-2] 참조).

그래프에 다양한 색으로 다양한 높이를 표시하면 아동에게 정서적 삶이 복잡하고 다양한 감정으로 구성되어 있음을 설명하는 데 도움이 된다. 각 감정이 다른 과도기적 정체성이나 내면화된 해리 상태로 표현되는 경우, 그래프는 분열된 느낌을 받을 때에도 전체 자기(whole self)가 실제로 이러한 모든 감정을 가지고 있음을 설명하는 데 도움이 될 수 있다. 치료자는 아동이 내면에 집중하고 각기 다른 감정 상태가 서로 인접해 있다는 느낌을 조금씩 느낄 수 있도록 한다. 이 연습은 해리된 감정 상태를 가진 아동이 궁극적인 통합을 향한 단계로서 상태를 혼합하는 과정을 시작하는 데 도움이 된다.

어떤 정서는 이름을 붙이기 어려울 수 있지만, 두통, 복통, 기타 통증이나 감각 이상과 같

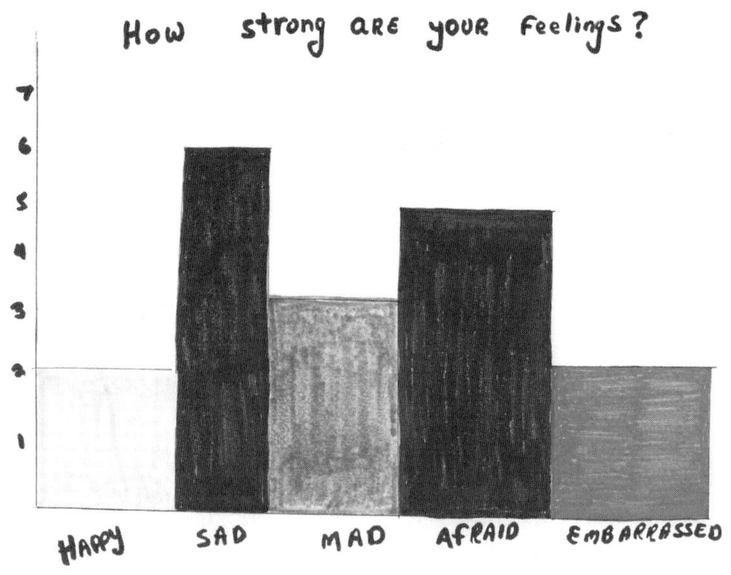

[그림 11-2] 아동들이 다양한 정서의 강도를 묘사하는 데 도움이 되는 감정 그래프(허락을 받아 사용함)

은 감정과 신체의 연관성을 설명하면 아동과 치료자가 공통의 정서 언어를 발달시키는 데 도움이 될 수 있다. 치료자의 역할은 전반적으로 아동이나 청소년에게 자신의 감정이 받아들일 수 있고, 이해할 수 있으며, 정상적이고, 자신이 배울 수 있는 정보의 중요한 원천이라는 것을 아동이 알도록 하는 것이다. 또한 치료자의 역할은 종종 아동들이 회피하기 쉬운 감정을 증폭시키고, 표현할 수 있는 기회를 제공하며 정당화함으로써 과도하게 각성된 감정의 양을 줄이도록 하는 것이다.

은유와 이미지화를 통해 정서를 감내하고 유연하게 변화하는 능력 강화하기

시각적 이미지는 정서를 알아차리고, 정서를 인내하며, 아동들이 정서적 삶을 덜 회피하는 연습을 하게 함으로써 정서 조절 전략을 강화하는 데 도움이 될 수 있다. 다음은 내가 아동에게 사용하는 몇 가지 은유와 이미지의 예이다.

바다와 정서의 밀물과 썰물

내가 즐겨 사용하는 비유 중 하나는 감정을 해변에 밀려오는 파도에 비유하는 것이다. 내가 사는 지역의 아동과 청소년들 대부분은 대서양을 가 본 경험이 있다. 나는 아동들에게 눈앞에 바다가 펼쳐진 해변에 서서 발을 모래 위에 단단히 고정하고 있는 자신의 모습을 상상해 보라고 한다. 그런 다음 그들에게 파도가 하나씩 다가올 때는 크고 압도적으로 보이지만 해안에 도착한 후에는 발목 주위에 거품이 되어 사라지는 모습을 상상해 보라고 한다. 나는 그들의 감정이 바다의 파도와 유사하여 처음에는 거대하고 압도적인 듯 보이지만 땅에 발을 단단히 딛고 있으면 '감정의 파도'가 다가오는 것을 관찰할 수 있다고 설명한다. 나는 아동들에게 인내심을 갖고 관찰하면서 그 감정이 '부서지고' 작아지는 것을 지켜보라고 말한다. 다음 감정이 올 것이고, 그것은 또한 거대하고 압도적으로 보일 수 있지만 그 역시 발 주변에서 작은 물보라로 사라질 것이다. 안전한 해안가에서 파도를 바라보는 상상연습은 아동이 압도적인 감정에 과잉 반응하지 않고 견딜 수 있도록 훈련하는 데 도움이 될 수 있다. 이는 변증법적 행동치료(DeRosa & Pelcovitz, 2008; Linehan, 1993)에서 사용되는 '마음챙김' 훈련의 한 형태로, 내담자가 감정에 압도되지 않고 관찰하면서 그 감정에 머물 수 있도록 도와준다.

아홉 살 트레이시(7장에서 소개)는 일곱 살 때 어머니가 직장에 가 있는 동안 할아버지에게 성학대를 당했다. 학교에서 심각한 분리불안을 겪을 때 트레이시는 자신을 향해 다가오는 파도로 시각화한 각 감정에 이름 붙이는 법을 배웠다. 불안 발작이 일어나면 트레이시는 스스로에게 이렇게 말하곤 했다: "두려움이 온다, 이제는 작아졌다. 엄마에 대한 그리움이 밀려온다, 이제는 작아졌다. 내 심장이 세게 뛰어 온다, 이제는 진정되고 있다. '괜찮아, 괜찮아.'라고 말하는 엄마의 목소리가 들려온다." 파도의 리듬감과 바다 이미지에 대한 사랑은 트레이시가 스스로를 진정시키고 교실에 머무르는 데 도움이 되었다.

앞유리 와이퍼와 지속적인 정서 정보의 처리

나는 내담자들에게 '앞유리 와이퍼를 하루 종일 켜두는 것'에 익숙해져야 한다고 말한다. 앞유리 와이퍼를 계속 켜두는 것은 하루 동안 감정 반응을 불러일으키는 사건을 처리하고, 이해하고, 정리하기 위해 지속적으로 노력하는 것을 의미한다. 사건에 의해 자극된 비판, 지각된 거부 또는 부정적 귀인이 너무 자주 '앞유리를 흐리기' 시작한다. 하루가 끝날 무렵, 아동들은 무엇이 자신을 괴롭히는지 정확히 알아내지 못한 채 우울하고 압도적인 감정을 느낄 수 있다. 나는 아동들에게 하루 동안 떠오르는 감정에 대해 짧은 코멘트를 작성하도록 가르쳐 정서 반응을 자극하는 각 정보를 처리하고 정리할 수 있도록 한다. 이렇게 하면 하루가 끝날 때 정서 각성의 총합이 아동들을 압도하지 않는다.

때로는 이러한 작은 사건들을 노트에 기록하여 하루를 마무리할 때 부모님과 이야기하거나 다음 치료 세션에서 치료자와 함께 이야기하는 것이 도움이 된다. 이를 통해 아동이나 청소년들은 사물에 어떻게 반응하는지 알아차리는 습관을 갖게 되어 시간이 지남에 따라 대응 전략을 발달시킬 수 있다. 목표는 '앞유리창 와이퍼'를 자동으로 사용하여 작고 사소한 일이나 방해들을 별다른 노력 없이 처리하고 하루를 살아갈 수 있도록 하는 것이다.

편안함과 이완을 위한 안전 이미지

아동과 청소년이 최적의 편안함과 안전함을 찾는 방법을 배우도록 돕는 것은 정서 인내의 중요한 요소이다. 안전지대는 이미지를 이용하거나 반복적인 활동을 통해 개발될 수 있다. 이러한 이미지화나 활동은 집이나 학교에서 감정이 너무 압도적일 때 휴식처로 사용할 수 있다. 안전 이미지에는 해변 장면이나 아동들이 영화나 책에서 본 장소가 포함될 수 있다. 어떤 아동들은 좋아하는 동물을 골라 바다 밑이나 호수 옆 숲 같은 평화로운 장소에서 그 동물이 된 자신을 상상하는 것을 좋아한다.

9장에서 설명한 바와 같이, 과도하게 각성되어 운동 조절 장애를 겪는 일부 아동들은 그들을 진정시키는 데 도움이 되는 일종의 활동이 필요하다. 각성 치료 세션 동안 비디오 게임, 카드 게임, 막대 빼기(pick-up sticks), 공 앞뒤로 던지기, 또는 집중과 재료 조작 활동이 포함되지만 뇌의 상위 중추 사용을 필요로 하지 않는 기타 활동을 통해 평온함을 회복할 수 있다. 부모들은 이러한 종류의 활동이 과도하게 각성되는 등의 트라우마를 겪는 많은 아동의 스트레스를 완화하고 신경계를 안정시켜 회복에 도움이 될 수 있음을 이해해야 한다.

방향을 바꾸는 힘의 이미지

격분한 상태에 빠진 아동과 청소년은 분명히 이러한 전환이 피할 수 없고 통제할 수 없다고 표현할 것이다. 이들은 격분한 상태에서 자신이 한 행동에 대해 후회하고 심지어 수치심을 느낀다고 말하지만, 그들은 격분한 상태를 바꿀 수 없는 것으로 여긴다. 따라서 스스로를 변화시킬 수 있을 만큼 충분히 강하고 통제력이 있다고 상상하게 하는 것이 이러한 극단적인 상태를 관리하는 첫 번째 단계가 된다.

나는 눈에 띄고 적절한 방향으로 바꾸어주는 이미지를 치료 중에 있는 내담자들에게 찾아주려 노력한다. 이는 자전거 타기, 스케이트보드 타기, 서핑, 스포츠 경기 중에 달리기 등 그들이 즐겨하는 활동을 토대로 찾을 수 있다. 나는 내담자들에게 왼쪽이 아닌 오른쪽으로 순식간에 결정하여 방향을 바꾸는 자신의 모습을 마음속에 간직하라고 요청한다. 그런 다음 빠른 결정을 내릴 때 몸과 마음에 느껴지는 감각을 상상하고, 이 정신적 이미지에 그들을 고정시켜 줄 무엇인가를 찾도록 한다. 여자아이의 경우 손목 밴드나 팔찌를 쥐고 있는 것이 신호가 될 수 있고, 남자아이의 경우 벨트 버클을 만지거나 두 손을 깍지 끼는 것이 신호가 될 수 있다. 내담자는 수월하고 원활하게 그리고 힘차고 꿋꿋하게 다른 방향으로 나아가기를 선택한 순간에 자신을 바라보는 것을 익히게 된다. 개인의 힘과 결단력을 강조하여 제안하면 그들의 마음속에 이 중요한 이미지를 확고히 하는 데 도움이 된다.

이를 연습할 기회를 주기 위해 나는 내담자에게 정서적으로 각성되지 않았어도 하루 종일 힘차고 자기 주도적인 이미지를 유지하라고 가르친다. 티모시는 갈림길에서 자전거를 타는 이미지를 사용하여 가족에게 두려움과 불안감이 생기면 언제든지 가던 길을 바꾸고 다른 행동을 결정할 수 있다는 생각을 마음속으로 연습했다. 궁극적으로 내담자가 이 이미지를 사용하여 극도의 분노가 일어날 때 다른 행동 방식을 선택할 수 있기를 바라지만 이는 당장 일어나지 않을 수도 있다.

분노 표출을 대신할 활동 제공하기

내담자가 새로운 길을 시작하기 위해 힘과 침착성을 갖는 연습을 하는 동안 치료자와 가족은 내담자와 함께 새로운 길이 무엇인지 미리 생각해 내야 한다. 이러한 극단적 행동에 대처하는 가족은 '스트레스 해소 공간' 또는 '심리안정 공간'과 같이 아동에게 새로운 행동의 신호를 줄 수 있는 물리적 공간을 마련하는 것이 좋다. 집 안의 이 공간은 아동의 방, 거실, 지하실, 심지어 차고도 될 수 있다(단, 따뜻하고 매력적인 장소여야 한다). 특별 공간에서 아동이나 청소년이 할 수 있는 다양한 활동이 이루어져야 한다. 이 특별한 공간을 제공하는 방법에 대한 아이디어를 발전시키기 위해 내담자와 대화하는 것이 중요하며, 심리안정 공간을 사용하는 것은 매우 긍정적이고 굉장히 강화된 성과로 간주되어야 한다. 가장 먼저 할 수 있는 활동은 내담자가 분노 해소 과정의 시작을 위해 신체 에너지를 쏟을 수 있는 활동이어야 한다. 샌드백 치기, 골판지 상자 부수기, 푹신한 소파 치기, 러닝머신에서 운동하기 등이 가능한 활동일 수 있다. 좋아하는 퍼즐이나 레고와 같이 주의를 분산시키고 에너지를 다시 집중시킬 수 있는 다른 종류의 활동을 하는 것도 중요하다. 점토, 크레파스, 마커, 종이와 같은 재료로 창의적 표현을 할 수 있는 기회도 제공해야 한다. 이상적으로는 내담자가 신체적 방출을 포함하는 활동에서 창의성과 집중력을 발휘할 수 있는 활동으로 전환해야 한다.

일부 가족들은 부적절한 공격성을 피하기 위해 아동이 심리안정 공간으로 재빨리 뛰어가는 연습을 하는 '화재 대피 훈련'을 하는 것이 도움이 된다는 것을 알게 되었다. 어린 아동을 위한 이러한 훈련은 합의한 신호에 따라 하루 종일 실시할 수 있다. '화재 대피 훈련'을 하는 동안에도 아동이 성공하면 보상을 주어야 한다. 물론 목표는 아동이나 청소년이 필요할 때 독립적으로 심리안정 공간에 가는 것을 결정할 수 있도록 하는 것이다. 그러나 궁극적인 목표에 근접했다면 인정하고 칭찬해 주어야 한다.

부모와 아동은 부모가 심리안정 공간 이용을 장려할 때 사용할 구체적인 언어에 대해 합의해야 한다. 갈등 중에 부모의 목소리 톤이나 화내는 것은 아동의 분노를 더욱 증폭시키는 추가 촉발 요인이 될 수 있다. 따라서 중립적인 어조로 "잠시 쉴 시간을 갖자." 또는 "방에서 시간을 보내자."와 같은 간단한 문구를 사용하여 아동에게 신호를 줘야 한다. 일부 가족들은 "넌 무엇을 해야 할지 알고 있지?" 또는 "현명한 선택을 하도록 힘을 쓰자."와 같이 도움이 되는 메시지를 전달하기 위해 아동들이 미리 만들어 놓은 표지판을 사용하기도 한다. 수신호와 함께 '평화' 또는 '거품'과 같은 한 단어로 된 간단한 신호를 사용하여 아동이 다른 방향을 선택하도록 상기시킬 수 있다(Waters, 2016 참조). 이러한 심리안정 공간은 아동이 다른 반응을 선택할 수 있는 자신의 힘을 상상하는 것과 결합하여 변화의 가능성을 위한 무대가 된다.

행동 강화를 사용하여 정서 조절 학습을 돕는 방법

행동 강화 프로그램은 아동 및 청소년과의 치료 작업에서 일반적으로 사용되는 방법이다. 이러한 프로그램은 유용할 수 있지만 강한 정서상태가 너무 압도적일 때 보상을 유지하거나 기억하기 어려운 해리 아동과 청소년에게는 역효과를 낼 수도 있다. 종종 치료자와 내담자는 보상 시스템이 이 집단의 아동들에게 낼 수 있는 실제 효과보다 더 많은 효과를 내길 기대한다. 그러나 치료자가 몇 가지 주의 사항을 염두에 둔다면 치료 개입의 전체 맥락에서 이러한 프로그램이 할 수 있는 역할이 있다. 단순히 '좋은 행동'이 아니라 정서가 각성되는 결정적 시기에 다른 선택을 한 것에 대한 보상이 강조되어야 한다. 대체 전략을 사용하여 성공적으로 진정되거나 정서 각성에 대한 공격적이지 않은 해결책을 찾은 아동은 핵심 기술을 보여 준 것이며, '새로운 선택'을 보여 준 기술에 대해 칭찬과 보상을 받아야 한다. 과거에는 조절하는 데 30분이 걸렸던 분노를 단 10분 만에 조절할 수 있게 된 아동에게 성취에 대한 토큰, 포인트 또는 특권을 부여하여 강화할 수 있다. 보상을 줄 때 중요한 것은 분노 행동을 표출하지 않은 것이 아니라 절정의 스트레스 순간에 더 빨리 진정하거나 새로운 선택을 하는 데 사용된 실제 기술에 중점을 두어야 한다. 마찬가지로, 장기적인 보상은 좋은 행동에 대한 보상이 아니라 아동이나 청소년이 가족의 신뢰를 얻었기 때문에 더 많은 특권과 나이에 맞는 보상을 받을 수 있는 기회로 구성해야 한다. 나에게 치료 받으러 왔던 많은 남자 중학생들은 책임감을 보여 주고 효과적으로 진정하는 데 성공함으로써 비디오게임이나 다른 형태의 전자 미디어를 얻었다.

아동이 공격적 상태로 들어가기 시작하지만 스스로 교정하고 다른 스트레스 발산 수단을 활용하는 중요한 순간에 항상 중점을 두어야 한다. 10장에서 설명한 것처럼, 나는 이러한 순간을 '세이브(save)의 순간'이라고 부르며 가족들에게 아동이 새로운 길을 택한 것에 대해 칭찬할 것을 촉구한다. 어떤 가족들은 아동이 '이미 알고 있어야 할' 것을 너무 강조하는 것에 반대한다. 그러나 나는 트라우마를 입은 아동은 다른 아동들처럼 이러한 기술이 자동으로 학습되지 않으며 변화를 향한 작은 단계를 배우고 인정받을 필요가 있다는 것을 가족들이 이해하도록 도와주고자 노력한다. 또한 아동과 가족이 나에게 '세이브의 순간'을 보고하여 아동이 잠재적인 참사를 얼마나 잘 피했는지 함께 평가할 수 있도록 격려한다.

마지막으로, 아동의 행동을 변화시키기 위한 보상을 정할 때는 분노를 가장 많이 품고 있을 수 있는 자기의 해리된 부분에 어떤 의미 있는 보상을 제공하는 것이 중요하다. '마음에 귀 기울이기' 연습을 활용하면 효과적인 인센티브를 발견한 다음 내적 '조건 거래'를 통해 협력을 유도할 수 있다. 예를 들어, 티모시의 경우 티모시가 좋아하는 비디오게임 시간을 얻는 보상으로 할머니에 대한 공격을 피할 것인지를 '화난 목소리'에게 물어볼 수 있다.

티모시는 할머니와 어머니가 만들어 준 심리안정 공간을 활용하는 데 점점 더 익숙해졌다. 티모시는 레고, 추리 소설책, 구겨서 뛰어넘거나 밟는 것을 좋아했던 오래된 신문을 가지고 있었다. 시간이 지나면서 그는 나에게 '참사를 피한' 모든 순간에 대해 이야기하고 싶어 했고, 무엇이 그를 화나게 했는지, 무엇이 생각났는지, 어떻게 다른 길을 선택하게 되었는지 파악할 수 있게 되었다.

상태들 간에 애착 형성하기

해리 아동의 진정한 치유는 애착이 모든 상태에서 공고화될 때 일어난다. 결국 폭발적 분노는 아동과 양육자 간의 관계가 붕괴된 것을 나타낸다. 격분에 찬 행동의 촉발 요인은 필연적으로 양육자와의 상호작용이며, 가족 구성원에 대한 아동의 분노 폭발은 심각한 애착의 단절을 보여 주는 것이다. 종종 부모나 치료자가 생각하는 것보다 애착 단절이 더 심한 경우가 많다.

가족 내에서 해리된 정서 스크립트를 만들어 내는 분노하는 자기 부분이 있는 대부분의 아동과 청소년의 경우, 처음에는 자기의 분노하는 부분이 말 그대로 양육자와 부모자식 관계가 아니라고 믿는다. 나는 유아기 또는 학령기 초기에 입양된 많은 아동이 태어날 때 갖게 되었던 성(姓)을 그대로 유지하고 있는 분리된 정체성을 갖고 있으며 이 부분은 새로운 양육자에게 실제로는 입양된 적이 없다고 느낀다는 것을 알았다. 이에 나는 치료 작업 초기에 '입양 전 자기'를 상징하는 인형을 가지고 의식적인 상징적 재입양 활동을 했으며, 이를 통해 가족과 아동들은 안도감을 경험하고 더 깊은 유대감을 느끼게 되었다는 것을 알게 되었다. 중증 해리 아동과 치료 작업을 하면서 나는 자기(self)의 이 '어머니가 없는' 부분이 종종 부모에게 표출되는 극심한 분노의 핵심이 된다는 것을 발견했다.

그 후 나는 입양되지 않고 태어날 때부터 친부모와 함께 살았던 아동이라도 생애 초기에 심각한 대인관계 트라우마를 겪었다면, 그들은 부모에게 애착을 느끼지 못하는 일부 해리된 정체성을 가지고 있는 경우가 많다는 사실을 알게 되었다. 심각한 의료적 트라우마를 겪은 아동들도 부모와 소원하거나 소외감을 느끼거나 애착이 없는 자기의 일부를 품고 있을 수 있다. 트라우마가 아동의 진정 능력을 압도하면 부모와 아동 간의 유대감이 근본적으로 깨지는데, 이는 종종 해리성 분열로 인해 정체성이 애착 상태와 애착이 없는 상태로 나눠진 것이다. 이러한 애착의 균열을 치유하는 것은 내가 발견한 다른 어떤 개입보다 해리를 치유하는 데 더 효과적이다. 균열을 발견하는 것이 치유의 첫 번째 단계이다.

종종 나는 초기 면담에서도 아동이 주 양육자를 좋아하지 않거나 애착을 느끼지 않는 목소리, 상상 친구 또는 해리된 부분이 정체성 상태를 인지하는지 물어본다. 그러면 거의 틀림없이 부모와의 친밀감이 없는, 해리되어 있는 분노 상태라는 것을 발견한다. 이 현상은 가족 내에서 자체적으로 강화된다. 아동이 부모를 향해 분노로 반응하면 부모는 거부하고 비판하고 처벌하는 방식으로 대응한다. 부모의 거부적이고 비판적인 태도를 인식하는 것은 아동의 해리된 부분이지만, 애초에 애착을 거의 느끼지 않기 때문에 해리된 정체성 상태에서는 부모의 비난이 별 의미가 없다.

따라서 아동과 부모의 분노와 부정적 태도가 서로를 강화하는 악순환이 시작된다. 아동이 긍정적인 기분을 느끼고 부모의 긍정적인 관심을 받고 있을 때, 부모는 이러한 긍정적인 상호작용이 아동의 마음 전체에 부호화되어 기억되고 저장되는 것이 아니라 친근하고 '애착이 있는' 부분에만 선택적으로 기억된다는 사실을 인식하지 못한다. 한편, 분노하는 아동의 상태는 아동이 평온할 때 부모가 주는 사랑과 애정에 접근할 기회가 거의 없다고 인식함으로써 점점 더 단절되고 더 분노하게 된다.

치료 초기에 나는 부모가 아동의 전체 자기(Whole self)에게 애착의 메시지를 전달하도록 한다. 이러한 메시지는 내가 미리 준비하거나 부모가 내 앞에서 말하도록 교육하는데, 다음과 같이 말할 수 있다: "나는 너의 전부를 사랑해. 재미있는 너, 바보 같은 너, 아기 같은 너, 심지어 내 CD플레이어를 망가뜨린 너도 사랑해. 때로 나쁜 말을 하는 너의 마음속 목소리도 사랑한단다. 그 모든 것이 너의 일부이고, 내가 사랑하는 건 바로 너니깐. 화를 내며 집안의 물건을 망가뜨린 너의 모습조차도 나는 사랑해. 이리 오렴. 너의 전부를 모두 안아주고 싶어. 포옹이 모두 전달되니? 네가 입양되기 전 내가 알지 못했던 어린 아기에게도 포옹이 느껴지도록 하고 싶어."

이러한 메시지는 각 아동의 삶과 경험에 따라 상황에 맞게 수정할 수 있다. 아동의 정체성 상태나 과도기적 정체성에 다른 이름이 있는 경우, 부모는 "내가 너를 사랑하는 만큼 네 마음속의 일부인 '마시'도 사랑한단다."라고 말할 수 있다. 부모가 아동을 온전히 포용하고 사랑을 전달하는 이러한 상호작용은 아동에게 깊은 안도감을 준다. 처음에는 망설일 수 있지만 아동과 청소년은 '사랑받지 못한다.'라고 느끼는 자기의 해리된 부분이 부모의 사랑을 쉽게 받아들인다고 보고한다.

이 연습은 나쁜 행동을 받아들이는 것이 두려운 일부 부모들에게는 언뜻 보기에 이해가 되지 않을 수 있다. 이 경우, 나는 부모가 이 연습에 따르도록 격려하기 위해 자기의 분노하는 부분은 마치 화가 난 두 살짜리 아동이 "엄마 미워, 엄마 미워."라고 소리치는 것과 같다며 상상해 보라고 요청한다. 이 두 살짜리 아동에게 "나도 네가 싫어."라고 말하겠는가? 아니면 화가 난 두 살짜리 아동을 안아 올리며 사랑으로 분노를 풀어주려고 하겠는가? 나는 이렇게 생애 초기에 해리된 자기(self)의 일부가 시간 속에 갇혀 있기에 두 살짜리 아동에게 줄 수 있는 부모의 사랑이 필요하다고 설명한다. 아동들은 이 연습을 통해 애착이 없다고 느꼈던 자기의 일부가 부모의 관심을 받는 것을 기뻐한다고 보고한다. 실제로 이 연습만으로도 아동들의 분노 반응의 강도를 조절하는 데 어느 정도 효과를 볼 수 있다.

내 설명에 따라 티모시의 어머니는 티모시에게 '화난 목소리'에 대해 이해하고 티모시의 일부로서 그를 사랑한다고 말했다. 그녀는 티모시를 안아주면서 "나는 너의 깊숙한 마음속 모든 작은 부분까지도 사랑을 느끼게 하고 싶어."라고 말했다. 〈표 11-1〉은 공격적인 아동과 청소년을 다루기 위한 체크리스트이다.

〈표 11-1〉 공격적인 아동과 청소년을 돕기 위한 치료자 체크리스트

공격적인 아동과 청소년을 돕기 위한 치료자 체크리스트
내담자는 분노가 나쁜 감정이 아니라 생존에 필요한 감정이라는 것을 알고 있는가?
비록 지금은 자신을 곤경에 빠뜨리고 있지만 내담자는 자신의 분노와 격분에 대해 감사함을 느끼도록 도움을 받았는가?
내담자는 현재 격분에 찬 행동으로 인해 발생하는 현실의 결과를 이해하고 있는가?
분노를 품고 있는 내적 상태들을 식별했는가?
해리된 자기(self)의 인식과 목표를 포함하여 아동의 전체성에 가치 있는 변화를 가져올 수 있는 대비책이 마련되어 있는가?
분노의 원인을 파악했는가?
분노의 기저에 깔려 있을 수 있는 안전감의 결여에 대한 믿음을 확인했는가? (예: 가해자가 돌아올 것이다, 나는 시설로 돌아갈 것이다)
분노가 촉발되었을 때 대안적인 행동 계획을 마련하고 실행했는가? (예: 심리안정 공간)
분노하는 해리된 자기 부분을 포함하여 아동이 양육자에게 온전히 애착을 갖도록 도왔는가?
과거의 트라우마와 관련이 있을 수 있는 행동의 촉발 요인을 파악하고 이러한 촉발 요인과 관련된 감정을 정당화해 주었는가?
가족 세션에서 정당한 분노를 직접적으로 표현할 수 있는 소통의 기회를 제공하고 가족의 변화를 촉진함으로써 아동이 힘을 느낄 수 있는 기회를 주었는가?
선택의 순간과 변화를 위해, 혹은 해리된 자기 상태를 위해 안전한 장소 및 관련 이미지 기법을 연습했는가?

안전에 대해 안심시키기

앞에서 설명한 모든 기법을 사용해도 분노 반응이 줄어들지 않는다면 안전 문제를 간과했기 때문인 경우가 많다. 분노는 '투쟁 또는 도피' 반응의 일부이며, 아동이 환경의 어떤 원천으로부터 위험을 감지하고 있음을 의미한다. 아동이 이 위험을 어디에서 오는 것으로 보는지 평가하는 것은 중요한 치료적 개입이 된다.

티모시가 폭발적 분노로 인해 몇 달 동안 병원에 입원을 반복한 후, 나는 그에게 가해자인 할아버지가 영원히 사라졌다는 것을 내면의 '화난 목소리'가 알고 있는지 물었다. 티모시는 즉시 나와 논쟁을 벌이기 시작했다. "할아버지는 자신이 원하면 언제든 돌아올 수 있어요. 구글로 검색해서 우리 주소를 찾을 수도 있고, 방과 후에 저를 기다리고 있을 수도 있어요."라고 티모시는 주장했다. 보호 명령이 내려졌고 실제로 할아버지가 6년 동안 모습을 드러내지 않았음에도 불구하고 티모시는 학대의 비밀을 말하면 할아버지가 티모시를 죽이겠다는 협박을 실행에 옮길 수 있다고 믿었다. 그 결과 티모시 내면의 '화난 목소리'는 그를 항상 경계하고 언제든 공격할 준비를 하게 만들었다. 티모시는 할아버지가 돌아올 가능성에 대한 현실 검증이 필요했다.

나는 티모시와 그의 안전에 대해 긴 대화를 나누었고, 티모시에게 '화난 목소리'가 '듣고 있는지' 확인해 달라고 요청했다. 티모시의 어머니와 할머니가 참석한 가운데 우리는 티모시에 대한 법적 보호가 무엇인지, 할아버지가 집에 나타났을 때 경찰이 얼마나 빨리 도착할 수 있는지에 대해 심도 있게 이야기를 나눴다. 그리고 협박이 주로 아동에게 겁을 주어 침묵하게 만드는 데 사용하는 통제와 위협이라는 것에 대해서도 이야기를 나눴다. 우리는 할아버지가 협박을 실행에 옮기려고 할 때 발생할 수 있는 위험과 현재 티모시가 할아버지보다 얼마나 더 강력한지에 대해 말했다. 티모시가 더 크고 강해서 만약 할아버지가 나타나면 그를 심각한 법적 문제에 빠뜨리게 할 수 있는 힘을 가지고 있었다. 티모시는 이러한 사실을 예전에는 이렇게 깊게 생각해 본 적이 없었다는 것과 '화난 목소리'가 대화를 열심히 듣고 있다는 것을 감지했다. 대화가 끝날 무렵, 티모시는 '화난 목소리'가 더 이상 공격 기술을 연습할 필요가 없다는 것을 인정했으며, 할아버지나 그와 같은 누군가가 자신을 공격할 수도 있는 날을 '마음속 깊은 곳에서' 기다리기로 결정했다고 보고했다. 이 대화 이후 티모시의 행동은 극적으로 개선되었고 가족 구성원에 대한 잔인한 공격도 사라졌다.

때로는 염려되는 위험을 단순히 확인하는 것만으로도 분노하는 자기의 일부를 위로하고 안심시키는 데 도움이 될 수 있다. 예를 들어, 아동에게 "보육원으로 돌아갈까 봐 두려운 마음이 있니? 이전 가정에서처럼 벌을 받을까 봐 두려운 거니? 부모님이 다시 마약을 할까 봐 걱정되니? 엄마가 학대하는 계부에게 돌아가게 될까 봐 걱정되니?"라고 물어볼 수 있다. 확인되지 않은 두려움에 이름을 붙이고 아동의 우려를 솔직하게 다루면 극심한 불안감이 표출되는 자기 부분들을 안심시킬 수 있다.

주로 분노 반응을 다루는 작업에 대해 설명했지만, 자기의 해리된 부분에 숨어 있는 극도의 슬픔, 성욕, 두려움, 수치심도 비슷한 방법으로 조절하고 조정할 수 있다. 치료자는 아동 및 가족과 협력하여 촉발 요인을 파악하고 이를 줄이기 위해 환경을 바꾼다. 또한 치료자는 해리된 감정 상태로 나타나는 아동의 일부를 포함하여 양육자와 아동 간의 건강한 애착을 촉진하기 위해 노력한다. 그리고 치료자는 자기의 해리된 부분이 집착하는 지속적인 두려움이나 신념(현실적이든 그렇지 않든)을 다룬다.

다음 장에서는 가족개입에 대해 좀 더 자세히 살펴볼 것이며, 티모시의 가족이 티모시의 생애 초기 트라우마에 대해 어떻게 '폭발적인 공감'을 일으켜 티모시의 분노와 불안의 강도를 조절하는 데 도움을 주었는지에 대해 설명할 것이다.

요약

이 장에서는 심각한 행동문제를 가진 아동들에게 정서회피 이론을 어떻게 적용할 수 있는지에 대해 설명했다. 나는 아동들에게 분노를 식별하고 조절하는 방법을 가르치는 데 중점을 두었으며, 가정환경에서 이전 양육자로부터 학대당했던 사건을 떠올리게 하는 사소한 촉발 요인으로 인해 분노 반응을 일으킨 소년의 사례 역사를 통해 이러한 기법을 설명했다. 또한 이 장에서는 신호로서의 정서, 감정과 행동의 차이, 감정 전염을 피하는 방법에 대한 심리교육 제공에 대해서도 설명했다. 분노 반응을 일으키는 정확한 촉발 순간을 주목하고 감정을 정당화하여 이를 조절하는 방법과 이러한 상호작용에서 유발되는 두려움을 평가할 수 있는 기회를 제시했다. 그림 그리기, 이미지 기법과 같은 다양한 도구는 아동들에게 정서 분화와 인내를 가르치는 데 도움이 될 수 있다. 외상 배경을 가진 아동은 양육자와의 애착 형성 능력에 심각한 결함이 있을 수 있으며, 해리 상태, 과도기적 정체성 또는 분노 및 가족과의 단절감을 느끼는 목소리를 갖고 있을 수 있다. 정서 조절에는 이러한 해리된 자기 상태가 양육자와 연결될 수 있는 방법을 찾는 것이 포함된다. 이러한 개입에도 불구하고 아동이 반복적으로 공격 행동을 한다면 아동은 환경에서 위험을 계속 감지하고 있을 가능성이 높으므로 이러한 안전감의 결여가 어디에서 오는지 평가하는 것이 중요한 치료적 개입이 될 수 있다.

12장

아동중심의 가족치료: 해리중심 개입과 가족치료적 개입

패트릭 부인은 큰 눈과 간곡한 어조로 "나는 '예전의 제니'를 되찾고 싶어요!"라고 말했다. 생각보다 흔한 이 요청은 트라우마 이전의 시절로 돌아가고 싶거나, 자녀가 다면적이고 복잡한 사람이 되었다는 사실을 인정하지 않으려는 부모의 욕구에서 비롯된 것이다. 이에 나는 "발달은 앞으로 한 방향으로만 나아갈 수 있습니다."라고 대답한다. "예전의 제니를 다시는 되찾을 수 없으며, 그것은 어머니가 진정으로 원하는 것이 아닙니다. 어머니가 진정으로 바라는 것은, 화를 내거나 분노를 표출하거나 실망할 수 있지만 삶의 모든 변화나 어려움 속에서 애착을 유지하고 사랑받음을 느끼는 새로운 제니입니다."

트라우마를 겪은 아동과 청소년이 가족의 지원 없이는 치료에서 배운 기술을 강화하는 데 필요한 정서관리와 조절에 능숙해질 수 없다. 가족은 분노와 실망 등 자녀의 표현을 인내하는 동시에 사랑으로 관계를 유지하는 방법을 배워야 한다. 트라우마를 겪었거나 혹은 트라우마를 입은 자녀를 둔 가족은 트라우마에 대해 이야기하는 것을 피하는 경우가 많다. 이는 자녀를 효과적으로 보호하지 못한 부모 자신의 역할에 대해 죄책감을 느끼게 할 수 있기 때문이다. 트라우마를 겪은 아동이 입양되거나 위탁보호를 받게 되면 새 부모는 아동이 더 큰 트라우마를 겪을까 봐 긍정적인 미래에만 집중하고 과거는 회피하려고 할 수 있다. 따라서 가족은 강렬한 정서를 불러일으키는 트라우마나 다른 가족 비밀을 중심으로 상호 해리의 공모에 빠질 수 있다.

트라우마를 겪은 아동 및 그 가족과 함께 작업할 때는 이전에 금지되었던 주제에 대한 의사소통을 허용하는 새로운 기본 규칙을 세우는 것이 중요하다. 치료자는 가족에게 적절한 감정 표현을 위한 안전한 환경을 제공하도록 교육함으로써 가족들이 자녀의 적대감과 비난에 대해 방어적이고 자기 정당화 반응을 피하도록 도와야 한다. 또한 가족과의 만남은 트라우마의 영향, 해리가 어떻게 표현되는지에 대해 교육하고 자녀의 증상에 대한 공감과 이해를 쌓을 수 있는 기회를 제공한다.

치료 중인 해리 아동에 대한 사례 연구에 따르면, 가족의 참여는 해리 아동 치료를 위한 필수 요소이다. 트라우마에 시달리고 압도된 가족은 양육 전략에 대한 심리교육, 지원, 코칭이 필요하다(Wieland, 2015). Waters(1998)가 지적한 것처럼, 부모는 치료에서 공동 치료자 역할을 할 수 있으며 치료에 대한 부모의 협조적 참여는 치료의 성공 여부를 예측한다. Waters는 목격한 사람이 있는 행동조차 아동이 부정하는 모습을 보일 때 해리에 대한 교육의 중요성과 그라운딩 기능을 할 수 있는 예측 가능한 일과와 가족 의식을 만드는 것의 중요함을 강조했다(Waters, 2016). 애착의 맥락에서 부모를 포함시키는 것이 가장 효과적이라는 점을 인정하는 매우 성공적인 아동부모 심리치료 모델(Child Parent Psychotherapy Model)(Busch & Lieberman, 2007)에서는 트라우마를 겪은 어린 아동 세션에 부모를 참여시킨다. 일부 아동을 위한 부모–자녀 2인관계 치료 모델은 14장에 자세히 설명되어 있다.

나는 일부 내담자들에 대해 한 시간 동안 진행되는 세션의 끝이나 시작 부분의 15분 정도 가족과의 시간을 갖는다. 청소년과 작업할 때는 적어도 한 달에 한 번은 가족 세션을 통해 가족 간의 의사소통과 청소년의 가족 내 기능에 관한 문제를 논의하려고 노력한다. 부모가 개별 세션에 참여하든 참여하지 않든, 지난 한 주 동안의 자녀의 어려움과 행동에 대한 최신 정보를 알 수 있도록 가족에게 자녀의 행동에 대한 최신 정보가 담긴 음성 메시지를 남기도록 격려한다.

치료자의 자세

아동의 치료자로서, 부모가 갈등 중에 자신의 편을 들어주기 원할 때 동맹관계의 긴장을 관리하는 것은 까다로울 수 있다. 그러나 아동이나 청소년은 이를 배신으로 인식하고 이후 자신과 반대되는 부모 편을 드는 치료자를 신뢰하기 어려워 하기 때문에 가족 세션에서도 아동의 치료자로서 역할을 유지해야 한다. 치료자는 부모에게 미리 가족 세션이 힘들 수 있고, 치료자가 부모보다 자녀의 편을 드는 것처럼 보일 수 있다는 것을 미리 알려야 한다. 이전에 전통적인 가족치료를 받은 적이 있다면, 가족 구성원에 대해 중립적인 입장을 취하는 것처럼 보이거나 자녀가 '행동'을 배우도록 돕기 위해 부모 편을 드는 가족치료자에게 익숙해져 있을 수 있다. 나는 항상 아동의 입장을 대변하고, 아동이 표현할 수 없었던 것을 표현할 단어를 찾도록 돕고, 자녀가 겁을 먹거나 공격적인 행동을 하는 이유를 부모가 이해하도록 돕는다는 점에서 나의 입장은 매우 다르다. 감정표현을 위해 최대한의 안전을 제공하려 노력하는 나의 접근 방식을 설명하고 자녀가 얼마나 잘 반응하는지 부모가 확인할 수 있게 되면, 부모는 어려운 세션을 버텨야 하지만 이러한 아동중심 치료 접근 방식에 만족하게 된다.

심리교육

정서, 트라우마, 해리에 대한 부모교육은 이전 장에서 이미 다룬 원칙을 따른다. 그러나 아동 생존자와 함께 치료 여정을 준비할 때 부모에게 강조해야 할 몇 가지 중요한 사항이 있다. 내담자에게 그들의 증상이 갖고 있는 적응적 가치를 강조한 것처럼, 부모에게도 이를 충분히 설명해야 한다. 압박감에 시달리고, 자원이 부족하고, 종종 한계에 다다른 상황에서 부모는 자녀의 행동이 의도적으로 무례하고 도발적인 것으로 판단하여 자녀에게 인내심을 잃는 경우가 많다. 예를 들어, 공격성이 안전의 결핍과 자기보호의 필요성에 대한 아동 자신의 감정을 나타내는 것일 수 있다는 점을 강조하면 부모가 어려운 시기에 버틸 수 있는 관점을 갖게 된다. 자해가 낮은 자존감과 무력감을 표현하는 아동의 방법일 수 있음을 설명하면 자녀의 어려운 행동을 이해하려는 부모에게 중요한 도움이 될 수 있다. 부모가 이해해야 할 가장 중요한 점은 아동의 반응이 부모에게 무례하게 굴거나 불쾌감을 주거나 저항하려는, 부모 개인에 대한 시도가 아니라는 것이다. 겉으로는 그렇게 느껴질 수 있지만 부모는 이런 유형의 행동을 개인화하지 않는 것이 중요하다. 이 행동은 자녀와 부모 사이의 관계를 훨씬 뛰어넘는 의미가 있으며, 이 행동의 더 넓은 의미를 이해하면 부모의 방어적 반응을 줄이고 아동이 진정으로 필요로 하는 것에 더 효과적으로 집중할 수 있게 한다.

치료과정에서 예상되는 상황에 대해 부모를 준비시키는 것도 중요하다. 아동이 정서를 표현하는 것이 더 편안해짐에 따라 가정에서 정서 표현이 늘어날 수 있음을 부모에게 경고해야 한다. 한동안 꺼져 있던 배수 시스템처럼 정서의 '배수 시스템'이 작동하기 시작하면 잘 조절될 때까지 때로는 갑자기 폭발적으로 터지거나 샐 수 있다(Silberg, 1999). 처음에는 아동의 정서 변화가 아동의 통제하에 있지 않다고 느낀다는 것을 부모가 이해하게 되면 가족은 아동의 변화하는 정서 상태를 가장 적절한 맥락으로 전달하고 지시하는 데 도움이 되는 환경을 구성할 수 있다. 예를 들어, 퇴행적 상태는 취침시간에 아동이 좋아하는 중간 대상으로 아동을 진정시키고 안아주는 시간이 가장 적절할 수 있다. 방과 후는 아동이 어리광을 부리거나 장난을 칠 수 있는 '긴장 풀기' 시간을 갖기에 가장 좋은 때이다. 그다음에는 좀 더 체계적인 숙제 시간을 가질 수 있다. 이렇게 하루 종일 다양한 시간대를 구조화함으로써 부모는 자녀가 정서 상태를 적절한 상황에 맞추는 방법을 배우도록 돕고 궁극적인 목표인 '건강한 마음'의 방향으로 나아가게 할 수 있다.

마지막으로, 치료자의 주요 목표는 가족에게 아동의 고유한 강점과 잠재력에 대한 인식을 심어줌과 동시에 자녀가 더 나아질 수 있다는 희망을 심어주는 것이다. 트라우마를 입은 아동들은 놀라울 정도로 회복탄력성을 가지고 있으며, 아동에 대한 믿음과 성공에 대한 기대는 회복탄력성을 촉진할 수 있다.

가족이 아동과 함께 트라우마와 해리에 관한 책을 읽게 하면 아동이 부모를 자신이 겪은 일에 대해 알고 공감하는 사람으로 인식하는 데 도움이 될 수 있다. 아동에게 친숙한 용어로 외상 후 스트레스 장애와 해리 증상을 설명하는 『힐링 데이즈(Healing Days)』(Straus, 2013)는 훌륭한 심리교육 자료이다.

공감의 내파(內破): 가족치료에서 상처, 고통, 배신, 분노 소통하기

부모에게 직접 감정을 표현하는 것은 해리 아동과 청소년의 정서 조절 장애의 해독제 역할을 한다. 정서적 의사소통이 안전하다고 느껴지는 분위기를 조성하는 것이 자녀와 부모 사이에 더 깊은 애착을 형성할 수 있는 가장 효과적인 방법이다. 분노, 상처, 고통, 실망감을 화를 내거나 자해 행동으로 표현하는 대신 말로 표현하면 아동의 정서가 뇌의 상위 중추와 연결되고 애착 관계를 공고하게 하며 해리 장벽을 해소하는 데 도움이 된다. 아동들이 부모에게 "화나게 했다." "감정을 상하게 했다." "겁을 먹게 했다." 심지어 "사랑받지 못한다고 느끼게 했다."고 말하는 것을 들으면 내 귀에는 마치 음악이 들리는 것 같다. 부모가 방어적이지 않고 가만히 앉아 들어줄 수 있다면 아동의 감정 강도는 조절된다. 과거의 트라우마로 인한 애착 문제가 이러한 상호작용이 일어날 때마다 조금씩 회복된다. 아동의 상처, 고통 또는 분노의 표현이 사소한 사건에 근거한 것이든, 원래의 트라우마 자체로 인한 압도적인 고통과 관련된 것이든, 이러한 상호작용은 정서 조절과 애착의 치료적 구성 요소이다.

제니는 한국 보육원에서 입양되었을 때 네 살이었다. 16세가 되었을 때까지도 제니는 양어머니의 비판이나 거절에 대해 여전히 과민 반응을 보였다. 제니는 종종 어머니가 하루 일과를 마치고 저녁 식사를 준비하는 시간에 숙제를 도와달라고 요구했다. 어머니가 "지금은 안 돼."라고 말하기만 해도 제니는 압도적인 버림받음과 거절감을 느끼고 자해 생각을 했다. 제니는 학교 공부가 너무 어려워 보이면 자신이 사랑받지 못하고 스스로 '멍청하다'고 느꼈다. 거절감과 자기의심의 조합은 제니를 자기혐오, 절망, 버림받음의 불안으로 내몰았다.

제니의 어머니는 딸의 치료 세션에 와서 제니가 얼마나 까다로운지 불평하며 제니에게 어머니가 저녁 식사를 준비하는 것의 중요성과 이러한 사실에 과민 반응하지 않도록 설명해 달라고 치료자에게 말했다. 제니가 그런 요구를 하기에는 이제 나이가 너무 많다고 불평했다. 물론 제니 어머니의 말이 옳았다. 그러나 제니는 어머니에게 저녁 식사 시간에 거절당한 기분을 정확히 표현할 필요가 있었다. 이는 책임을 전가하기 위한 것이 아니라 두 사람의 지속적인 애착 관계의 맥락에서 자신의 감정을 표현하기 위한 것이다. 치료자는 어머니에게 제니는 유아기에 가벼운 단절이나 분리가 일어나도 관계가 지속된다는 것을 일찍 배운 적이 없다고 설명했다. 대신, 제니는 자신의 모든 것이 한순간에 뒤집히고 심하게 혼란에 빠질 수 있다는 것을 배웠다. 따라서 어머니가 화를 내거나 연락이 되지 않을 때 제니가 불안감을 느끼는 것은 당연하다. 이 설명은 제니와 어머니가 제니의 어린 시절에 결핍된 것이 무엇인지 인식할 수 있는 기회가 되었다. 제니의 어머니는 방어적 태도를 버리고 제니의 까다로운 행동에 대해 좀 더 열린 자세로 대처하게 되었다. 두 사람의 대화는 다음과 같이 진행되었다.

제니(큰 소리로): 엄마는 날 전혀 신경쓰지 않는 것 같아요. 엄마 때문에 학교를 그만둘 수도 있어요. 날 그렇게 버려두다니, 너무 상처받았어요.

어머니(방어적이지 않은 태도로 경청하도록 권장함): 내가 널 당장 도와주지 않으면 마치 내가 널 전혀 신경쓰지 않는 것처럼 느끼는구나. 그건 엄마가 정말 필요할 때 혼자 내버려 두는 것 같겠다.

제니: 네! 맞아요! [제니는 어머니가 이해해 준 것 같아 안도한다.]

어머니: 정말 미안해. 네가 버림받았다고 느끼는 건 절대 원치 않아. 무슨 일이 있어도 난 항상 널 위해 여기에 있을 거야. [어머니는 제니의 깊은 감정을 인정하고 이를 확인하며 제니를 안심시킨다.]

제니: 정말 그럴 것 같아요.

어머니(방어적인 태도를 취하지 않도록 다시 한번 촉구함): 정말 미안하구나. 그런 의도가 아니었어.

치료자: 엄마가 그런 마음이 아니었다는 것을 어떻게 보여 줄 수 있을까? 엄마가 너를 도와주고 싶어한다는 것을 어떻게 보여 줄 수 있을까?

제니: 나에게 등을 돌리면 안 돼요.

이 시점에서 제니와 어머니는 저녁 시간에 제니의 요구에 대처하기 위한 새로운 전략을 세웠다. 제니의 어머니는 제니에게 저녁 식사를 준비해야 할 거라고 말하기 전에 제니의 얼굴을 마주 보고 안심시킨 후 사랑한다고 말했다. 이 세션은 어머니에 대한 제니의 행동을 재구성하는 데 도움이 되었다. 어머니는 원래 16세 청소년의 부적절하고 과도한 요구행동으로 보았던 것을 상호작용 중에 상처를 받고 트라우마에 시달리는 아동의 행동으로 재구성함으로써 도움의 필요성으로 인식하게 되었다. 제니는 자신의 상처를 표현하고 이를 확인받을 수 있는 기회를 통해 과거의 불안감을 해소하고 어머니와의 관계를 더욱 공고히 하게 되었다.

감정에 대한 이런 형태의 정당화는 부모와 자녀 관계의 사소하거나 중대한 어려움 모두에 적용될 수 있다. 본질적으로 모든 트라우마는 안전한 어린 시절 약속에 대한 배신이다. 모든 자녀는 부모를 위험으로부터 보호하겠다는 약속을 대표하는 존재로 여기기 때문에 부모가 통제할 수 없는 사건이라 하더라도 자녀가 피해를 입었다면 부모는 반드시 사과해야 한다. 이러한 사과는 아동 생존자에게 큰 도움이 되며 배신감으로 인한 분노를 완화하고 부모와의 관계를 회복하게 한다.

한 정서치료 세션에서 나는 티모시의 어머니와 할머니(11장 참조)에게 한 시간 내내 티모시의 입장에서 생각하고 할아버지의 학대 속에 갇혀 말할 수 없는 것이 어떤 느낌인지 티모시에게 설명해 주라고 요청했다. 티모시는 상처받은 어린 소년의 감정을 묘사하는 그들의 이야기를 들으며 몰입했고 때로 부정확한 표현을 하면 화를 내며 바로잡아 주기도 했다. 이 연습을 통해 어머니와 할머니에 대한 공감 능력이 향상되었고 그들에 대한 애착이 더욱 견고해졌다.

부모는 아동의 말투나 어조를 비판하고, 전달되는 정서의 날것 그대로를 회피하고 싶어 할 수 있다. 나는 자녀가 겪은 상처와 배신감의 강도를 자신만의 방식으로 표현할 수 있는 자유를 부모가 주도록 격려한다. 이러한 경험은 아동들에게 치유가 되며 일반적으로 부모 및 가족과의 유대감을 높인다.

때로 늦게 입양되거나 위탁된 아동의 경우, 부모와 함께 살지 못했던 시기를 작업하도록 안내하는, 재양육의 상상 시나리오를 만드는 기법을 사용하기도 한다. 이 안내 세션에서 치료자는 부모에게 "만약 당신이 이 아이가 아기였을 때 알았다면, 자녀를 돌보기 위해 무엇을 했을까요?"라고 질문할 수 있다. 그런 다음 부모는 아동 또는 인형을 안고 흔들거나 돌보는 자세를 취하면서 "나는 너를 사랑하고, 안아주고, 돌보고, 네가 울면 너에게 갔을 거야."라고 강조할 수 있다. 마찬가지로, 치료자의 지도를 받는 부모는 "두 살 때 무엇을 했을 것 같아요?"라는 질문을 받으면서 각 주요 발달 단계를 거칠 수 있다. "세 살 때 거리로 뛰쳐나가지 말라고 어떻게 가르쳤을까요?" 이러한 중요한 정서적 발달 순간을 재연함으로써 부모는 사실상 '다시 부모 되기'를 할 수 있고 아동이 갈망하는 올바른 초기 애착 경험을 형성할 수 있다. 가족들이 이 세션을 진행하는 것을 지켜보면, 그동안 갈망하고 애타게 기다리던 메시지를 듣는 아동의 얼굴에서 가장 행복한 미소가 나타난다. 부모 역시 이 세션을 통해 깊은 감동을 받게 되며, 필요에 따라 여러 차례에 걸쳐 진행될 수 있다. 이 세션은 어린 시절을 함께 보내지 못한 자녀와 부모 사이에 깊은 정서적 유대감을 형성할 수 있는 기회를 제공한다. 관계에 안정감이 생기면 아동은 더 나은 어린 시절을 보내고 친가족이나 가정을 잃은 것에 대한 애도와 슬픔을 더 쉽게 받아들인다(Waters, 2016).

촉발 요인 확인 연습

가족치료 세션은 어떤 표정, 단어 또는 어조가 아동이나 청소년의 자동 반응을 유발하는 경향이 있는지 파악하는 데에도 유용하다. 연구에 따르면, 트라우마를 겪은 아동은 화난 표정에 선택적으로 반응하며(Pollak & Sinha, 2002), 이는 나의 임상 경험과도 일치하는 결과이다. 트라우마가 있는 아동들은 부모나 형제의 눈썹 아치, 잠깐의 눈빛 또는 기타의 순간적 표정을 분노로 해석하여 자동적으로 투쟁 반응을 보일 수 있다. 부모는 종종 사소한 표정이나 말투가 아동의 트라우마 사건과 관련된 신념을 상기시키는 역할을 할 수 있다는 사실에 놀라곤 한다. 예를 들어, 부모가 취침 시간이라며 "TV 그만 봐."라고 말하면 아동은 이를 아무 이유 없이 벌을 받는 것으로 해석하여 싸우고 싶은 본능을 자극받을 수 있다. 아동을 자극하는 표현이나 표정에 대해 대화하고 새로운 표현에 대해 합의하면 의도하지 않은 자극에 의해 시작된 언쟁을 피할 수 있다.

때로는 가족 세션을 통해 가족 구성원이 서로의 얼굴 표정에 둔감해지는 연습을 할 수 있다. 가족 구성원 각자가 가장 비열한 얼굴, 가장 화난 얼굴, 가장 겁에 질린 얼굴을 보여 주면 다른 가족 구성원들은 참을 수 없는 웃음을 터뜨리는 경우가 많다. 이는 이러한 표정이 유발할 수 있는 격렬한 감정에 대해 모두가 둔감해지도록 하는 역할을 한다. 또한 이러한 연습은 가족의 감정이 전염될 필요는 없다는 생각을 심어주는 데 도움이 될 수 있다. 트라우마를 겪은 많은 아동은 부모의 기분을 개인화하여 잠재적 위험의 원천으로 간주한다. 부모가 자녀에게 "일 때문에 기분이 좋지 않아."와 같이 자신의 기분을 설명하면 아동과 청소년이 가족 내 나쁜 기분을 전염시키지 않도록 도울 수 있다.

가족 세션 중에 발생하는 '전환'

가족 세션 중에 정서의 강도가 강해지면 아동들은 자동 행동 프로그램에 따라 정서의 강렬함을 피하려고 노력하면서 여러 상태로 전환된다. 화를 내거나 두려움을 느끼거나 퇴행하여 공 모양으로 몸을 웅크리거나 아기처럼 말할 수 있다. 이는 가족과 아동에게 훌륭한 학습 기회가 된다. 이러한 경우, 치료자는 가정에서 상태 변화를 일으킬 수 있는 전환의 순간을 바로 눈앞에서 생생하게 목격할 수 있다. 가족과 아동 모두 이러한 순간에 대처하는 방법을 배우며 치료자는 그들에게 자동 행동을 대체할 수 있는 행동을 가르칠 수 있다. 부모의 반응을 통해 정서는 충분히 견딜 수 있는 것이며, 사랑하는 가족 구성원과의 소통이 아동의 회피와 두려움에 대한 해독제라는 것을 보여 줄 수 있다. 가족과 아동을 위한 핵심 전략은 회피 행동을 유발하는 두려운 정서를 파악하고, 이를 받아들이고, 이에 대해 이야기하고, 새로운 방식으로 행동할 수 있는 방법을 찾는 것이다.

성폭력과 가정폭력 생존자인 제니퍼(10장에서 소개)의 사례는 가족 세션 중 발생한 상태 전환에 개입하는 훌륭한 예이다. 제니퍼와 어머니는 외할머니의 병환과 쇠약으로 인한 슬픔을 다루고 있었다. 제니퍼가 할머니에 대한 사랑을 담은 시를 써서 읽었을 때 어머니는 울기 시작했다. 어머니의 눈물은 어린 시절 가정폭력을 기억하는 제니퍼에게 두려움을 불러일으켰다. 제니퍼는 갑자기 네 살짜리 아이로 퇴행해 "나쁜 시가 엄마를 울렸어."라며 시를 찢어버렸다.

나는 부드럽게 제니퍼에게 감동의 눈물과 두려움의 눈물의 차이를 설명하고 그 시를 다시 테이프로 붙이는 것을 도와줄 수 있는지 물었다. 제니퍼의 어머니는 평소처럼 퇴행적 행동에 빠지는 대신 치료자가 좀 더 성숙한 접근 방식을 권유하는 것을 관찰하고 치료자의 말을 따랐다. 제니퍼는 시를 쓴 종이를 다시 함께 테이프로 붙이면서 열네 살의 자신으로 돌아와서 대화를 계속했다. 나는 과제에 계속 집중함으로써 제니퍼에게 두려움에도 불구하고 과제를 처리할 수 있다는 것과 환경이 바뀌었다고 해서 '전환'할 필요가 없다는 것을 설명해 주었다. 나는 어머니가 슬픔을 받아들이는 것을 본보기 삼아 자극의 강렬함을 피하기보다는 슬픔의 순간을 함께 나누도록 격려했다. 제니퍼의 덜 성숙한 정체성 상태는 다음 세션에서 상실과 버려짐에 대한 두려움에 대해 더 많은 작업이 필요할 수 있다고 마음속으로 생각했지만 이 세션에서는 당시 과제에만 집중했다.

일부 아동들은 가족치료 과정에서 화를 내는 상태로 전환될 수 있다. 나는 아동이 파괴적인 행동을 하지 않는 한 가족들이 '무례하다'고 생각하더라도 표현된 감정의 강렬함을 받아들이도록 격려한다. 욕설이나 위협이 없는 한, 아동들이 감정을 깊이 표현하는 데 도움이 된다면 다채로운 언어를 사용해도 괜찮다. 세션에서 표현의 허용 범위에 따라 강도가 조절될 수밖에 없다. 이를 통해 가족은 치료실 밖에서 진정성 있고 분노 상태의 강도를 지속적으로 조절하는 정서적 소통을 더 할 수 있게 된다. 아동의 진정한 분노 표현이 존중되고 수용될 수 있다면, 아동은 더 이상 분노를 다른 상태로 전환하여 표현할 필요가 없다.

상호호혜 구축하기

트라우마의 본질은 무력감이며, 트라우마를 겪은 아동들보다 관계에서 더 무력감을 느끼는 사람은 없을 것이다. 이들의 무력감은 자신들이 피해자이고 앞으로도 항상 피해자가 될 것이라는 믿음에 깊이 뿌리를 두고 있다. 인간관계가 피해자와 공격자 관계라고 믿는다. 이들은 '영향을 받아 행동한다.'고 느꼈기 때문에 관계의 상호 작용적 특성을 이해하지 못하고, 결국 자신의 욕구를 충족시키기 위해서는 다른 사람에게 '영향을 주어야' 한다고 믿게 된 것이다. 아동 생존자가 행동으로 표출하는 이유 중 하나는 자신의 세계에서 더 많은 통제권을 확보할 수 있는 방법을 찾기 위해서이다. 부모로부터 받는 반응은 종종 무력감을 가중시켜 더 많은 행동을 하도록 자극하기 때문에 아동은 자기패배의 악순환에 빠지게 된다. 자신을 무력한 존재로 보는 관점을 극복하기 위해서는 아동이 관계에서 자신에게 어느 정도 힘이 있다는 것을 배우는 것이 중요하다.

열 살 사만다는 네 살 때 가학적인 신체 및 성학대를 가했던 가정에서 입양되었다(사만다에 대한 자세한 내용은 9장 참조). 사만다는 나에게 '혈압계 밴드'라는 비유를 가르쳐 주었다. 한번은 사만다가 치료를 위해 응급실에 갔을 때, 의사들이 자동 혈압계를 사용하여 혈압을 측정했다. 사만다는 그 감각이 싫었고 혈압계 밴드를 풀기 위해 몸부림쳤다. 심하게 몸부림칠수록 혈압계 밴드가 더 꽉 조여진다는 것을 알아차렸다. 사만다는 혈압계 밴드처럼 어머니가 자신을 도와주려고 할 때 어머니와 싸우는 것은 자신의 저항으로 인해 상황을 더욱 악화시킬 뿐이라는 것을 깨달았다. 이 은유는 사만다가 어머니의 개입을 보다 긍정적인 방식으로 재구성하는 데 도움이 되었다. 예를 들어, 어머니가 숨을 쉬라고 하거나 휴식을 하라고 하는 말이 자신의 감정표현을 막으려는 것으로 인식했던 것이다. 따라서 사만다는 더 빨리 숨을 쉬고 더 열심히 싸우기 시작했다. 사만다는 자신을 진정시키려는 어머니의 시도를 도발이 아닌 도움으로 받아들여야 했다.

혈압계 밴드는 손가락을 묶는 '중국식 손가락 함정(Chinese finger trap)'과 유사하다. 손가락을 풀려고 하면 할수록 더 단단하게 조여진다. 퍼즐을 풀려면 손가락을 이완하는 반직관적인 움직임이 필요하다. 이러한 은유를 사용하여 내담자들이 무력감에서 벗어나려는 방법이 오히려 더 무력감을 느끼게 만든다고 설명할 수 있다. 이 트랩에 걸린 상황에서 벗어나는 방법은 부모나 양육자와의 열린 의사소통과 대화를 통해서라고 설명한다. 이러한 대화에서 부모는 아동이나 청소년의 관점을 존중하고 이해할 수 있어야 하며, 적절한 경우 규칙이나 기대 사항을 변경할 수 있어야 한다.

가족은 외출금지 처벌에서 일찍 풀어주거나 취침 시간을 조건 거래하거나 집안일을 새로운 방식으로 처리할 수 있는 기회와 함께 적절한 의사소통과 대화를 기꺼이 보상해야 한다. 목표는 이러한 협상에서 아동에게 주도권을 주는 것이 아니라 아동에게 어느 정도 힘과 통제권을 주는 것이다. 우리는 아동이 의사소통과 대화를 통해 원하는 것을 얻을 가능성이 더 높다는 것을 깨닫고, 공격적인 해결책은 역효과를 낳고 더 많은 제재를 초래한다는 것을 이해하게 되기를 바란다. 관계가 호혜적인 것이며 상호 신뢰와 협력을 바탕으로 구축될 수 있다는 것을 아동이 배우기를 바란다. 일부 권위주의적 가족은 이러한 종류의 협상을 받아들이기 어렵다고 생각하지만 이는 트라우마를 입은 아동이 느끼는 무력감에 대한 해독제이며, 가족이 치유를 촉진하는 환경의 일부가 되는 것이 중요하다. 위험은 가족의 삶이 점점 더 '중국식 손가락 함정'처럼 되어 각자가 자신의 권위와 힘을 주장하려고 하면서 더욱 융통성 없고 다루기 힘들어질 수 있다는 것이다.

연령에 적합한 활동 및 관계 격려하기

"걔는 친구가 없어요."라는 말은 아동 생존자의 가족들에게서 자주 듣는 말이다. 트라우마를 겪은 아동들은 또래 관계에 어려움을 겪는 경우가 많다. 어린 시절 양육자와의 관계 유지에 과도하게 집중하다 보니 이 아동들은 또래 관계에서 주고받는 것에 대해 거의 모른다. 트라우마를 입은 아동들은 어릴 때부터 또래들에게 '특이하다'거나 '이상하다'고 여겨 괴롭힘을 당하거나 희생양이 될 수 있다. 이는 또래 관계조차 위험하다는 것을 배우면서 트라우마를 더욱 악화시킨다.

트라우마가 있는 아동들은 또래 관계를 지배하려 하고 훨씬 어린 아이들과 어울리며 자신이 더 안전하고 통제력이 있다는 것을 느끼려 할 수 있다. 반대로, 우정을 위해 지배적인 아동의 변덕에 복종하면서 자신이 지배받는 또래 관계를 맺기도 한다. 성학대를 당한 청소년들은 관계의 기반이 오직 성적 대상이라고 여겨 익숙한 방식으로 관계를 추구하면서 성적으로 문란해질 수도 있다. 다른 청소년들은 불규칙하고 변덕스러운 행동으로 인해 친구 관계를 망치거나 함께 계획한 여행에 대한 기억상실 증상을 보일 수 있다. 그러나 내가 만나는 아동들은 흔히 또래 관계에서 고립된 상태의 두려움까지는 아니더라도 조심스러운 눈으로 또래들을 바라본다.

그러나 또래 상호작용의 경험은 아동과 청소년의 미래 성공을 예측하는 매우 중요한 요인이다. 친밀한 우정은 아동들에게 신뢰, 친밀감, 공동의 애정이라는 가치를 가르친다. 또한 아동들이 적절한 자기 개방을 배우고 다른 사람의 관점을 이해하는 방법을 학습함으로써 공감 능력을 키운다(Gifford-Smith & Brownell, 2002). 연구에 따르면, 친구 사귀기 능력을 위해서는 감정조절과 정신화(다른 사람의 마음속 내용을 이해하는 것)가 모두 필요하지만 이 능력은 트라우마를 입은 아동에게는 어려운 것이다(Ensink, Bégin, Normandin, Godbout, & Fonagy, 2017; Fonagy & Target, 1997).

해리 증상이 있는 아동과 청소년에게 또래 관계는 훨씬 더 중요하다. 또래 관계만큼 아동이나 청소년의 해리성 행동을 끝내도록 동기를 부여하는 것은 없다. 또래 관계가 상황에 적합한 원활한 상태전환을 위한 훈련의 장이 되는 이유는 여러 가지가 있다. 가장 중요한 것은 정상적으로 보이고, 정상적으로 행동하고, 다른 사람들처럼 되고자 하는 아동의 동기이다. 아동들은 자신이 '이상하다'거나 '다르다'고 여겨지는 당황스러운 상황을 원하지 않는다. 아동들이 집에서는 기복이 심하지만, 학교에서는 별일 없이 하루를 보내는 것처럼 보인다. 아동들은 또래 친구들과 함께 있을 때 현재에 집중하고 중심을 잡기 위해 상당한 노력을 기울인다고 설명한다. 이러한 노력과 중심을 잡으려는 의지는 집에 돌아왔을 때 편안해지면서 남들과 다르다는 사실에 대한 당혹감은 그리 큰 문제가 되지 않는다. 가정환경에서 더 어린 상태로 퇴행하는 아동이나 청소년은 부모로부터 어떤 허용이나 수용을 기대하기도 한다. 그러나 또래들과의 환경에서는 그러한 전환으로 인해 이를 목격한 또래의 조롱이나 "그만해."라는 반응이 나올 수 있다. 또래 환경은 극적이고 설명할 수 없는 행동 전환에 대한 허용 범위가 좁기 때문에 아동과 청소년이 보다 일관성 있고 모순 없는 자아를 드러내도록 훈련시킨다. 마지막으로, 또래와의 성공적인 상호작용은 본질적으로 보람과 재미를 느낄 수 있기 때문에 해리 아동이나 청소년은 외상적 침범이 그들의 의식을 방해할 가능성이 적은 최적의 각성 수준에 도달하게 된다.

이러한 모든 이유로 인해, 소외된 아동과 청소년이 단 한 명의 친구라도 사귈 수 있도록 돕는 것은 매우 유익하다. 이 아동들은 스스로 이러한 기회를 만드는 것을 주저하는 경우가 많으므로 부모가 교사에게 적절한 친구가 누구인지 물어보면서 친구를 찾을 수 있도록 도와주는 것이 좋다. 처음에는 영화 관람이나 아이스 스케이팅처럼 너무 많은 상호성이 요구되지 않는 활동을 권할 수 있다. 아동이 좀 더 익숙해지면, 부모가 감독하는 구조화된 활동으로 짧은 오후를 보내는 것을 추천한다. 대부분의 가정에서는 이러한 활동이 당연한 것처럼 보일 수 있지만, 심각한 트라우마를 입은 아동의 부모는 이처럼 중요한 아동기 정상화 경험을 위해 시간을 내는 것을 잊어버리므로 치료자의 격려가 필요한 경우가 많다. 가족과 아동이 이러한 외출을 준비할 때, 아동이 자신의 트라우마 역사와 내면세계의 작업에 대해 프라이버시를 유지할 수 있게 하는 것이 중요하다.

새롭게 해리성 장애 진단을 받은 일부 청소년들은 인기를 얻기 위해 이 정보를 널리 공유하려고 할 수도 있다. 이는 항상 역효과를 낳고 부적절하거나 착취적인 관계로 끝나는 경우가 많다. 내 치료실에 있던 한 십대 소녀는 어떻게 하면 자신을 성적인 자기 상태로 '전환'시킬 수 있는지 방법을 알아낸 젊은 남자와 관계를 맺게 되었다. 그 후 그는 이 사실을 이용해 반복적으로 그녀를 착취했다. 가족과 청소년은 배척이나 착취를 예방하기 위해 해리에 대한 정보를 비공개로 유지하도록 주의를 기울여야 한다.

양육 이슈

트라우마 입은 부모

트라우마를 입은 자녀를 양육하는 일은 매우 어려운 일이다. 부모는 자신의 문제에 민감하게 반응해야 하고, 자녀에게 적절히 대처하는 데 장애가 될 수 있는 요소를 인식해야 한다. 예를 들어, 일부 부모는 과거 부모 자신이 트라우마를 겪었거나 자녀에게 일어난 일로 인해 트라우마를 입었을 수 있다. 트라우마가 있는 부모와 해결되지 않은 상실감이 있는 부모는 자녀에게 일관되고 적절하게 대처하기 어렵다. 이는 자녀의 불안정한 애착을 가져오고 해리 반응을 일으키기 쉽게 만들 수 있다(Hesse, Main, Abrams, & Rifkin, 2003). James(1994)가 지적했듯이, 트라우마를 입은 아동을 양육하려면 자기인식, 자녀의 트라우마와 자신의 트라우마를 탐색하는 능력, 한 팀으로서의 방향성을 받아들이고 일하는 능력, 필요에 따라 도움을 받아들이는 능력이 필요하다. 성공적인 가족치료를 위해서는 지각력, 통찰력, 자기인식 능력과 함께 심리적 힘이 필요하다. 트라우마 이력이 있는 많은 부모는 보조적인 가족치료의 요구를 성공적으로 다루기 위해 스스로 치료를 받아야 한다. 하지만 내가 임상에서 만난 대부분의 부모는 이 어려운 작업에 참여할 수 있는 사랑, 헌신, 체력, 심리적 마인드를 갖추고 있다는 사실을 발견했다.

일부 부모는 치료자가 아동들에게 가르치는 건강한 메시지를 방해하는, 원가족에서 비롯된 신념을 고집하기도 한다. 자녀의 치유를 위해서는 이러한 신념을 파악하고 바로잡아야 한다. 가족의 트라우마적 신념을 〈표 12-1〉에 제시하였다.

〈표 12-1〉 트라우마를 입은 아동의 가족이 갖고 있는 트라우마적 신념

트라우마를 입은 아동의 가족이 갖고 있는 트라우마적 신념
1. 너도 나처럼 피해를 입었다.
2. 나도 당해도 싸고, 너도 당해도 싸. 이것이 내가 받은 벌이다.
3. 나는 너를 양육하기 힘들다. 학대자는 나보다 더 강력하다.
4. 너는 결코 평범할 수 없다.
5. 네가 스스로를 보호할 수 없기 때문에 내가 항상 곁에 있을 것이다.
6. 너에게 상처를 준 사람보다 내가 낫다.
7. 너도 그들과 똑같아질 것이다. 그 사람들이 한 짓을 네가 나한테 하도록 놔두지 않을 것이다.
8. 세상과 맞서 싸우는 건 너와 나뿐이다.

여러 세대에 걸쳐 트라우마가 있었던 가정에서 성장한 부모는 자녀의 트라우마를 지나치게 동일시할 수 있다. 이들은 자신도 치유되지 않았기 때문에 자녀가 진정으로 치유되는 것은 불가능하다고 믿을 수 있다(신념 1). 자신이 겪은 트라우마에 대한 자기비난의 감정을 성공적으로 처리하지 못한 경우, 그 비난 중 일부를 자녀에게 투사할 수 있다(신념 2와 신념 7). 일부 부모는 자녀에게 상처를 준 사람이 자신보다 더 강력하다는 자녀의 트라우마적 믿음을 동일시하고, 자녀가 다시 피해를 당할 수 있다는 가능성에 자녀만큼이나 두려워하는 것으로 보인다(신념 3). 부모는 또한 사방에 위험이 도사리고 있다는 편집증적 신념 체계에 사로잡혀 있을 수 있다. 그 결과 자녀의 친구, 자녀 친구의 부모, 심지어 보건의료 전문가까지 불신하고 과잉보호할 수 있다. 이러한 부모들은 자신의 의심에 대해 회피적으로 반응하면서 편집증이 강화되고, 자녀가 겪은 고통의 깊이를 누구도 이해할 수 없다고 믿으며(신념 4) 그들이 결코 안전할 수 없다는 점을 자녀에게 전달할 수 있다(신념 5와 신념 8).

이러한 가족에서는 해리가 부모와 자녀 모두에게 공통적으로 나타나는 특성일 수 있다.

Hagan, Hulette와 Lieberman(2015)은 어머니의 해리 비율이 높을수록 자녀의 해리가 예측된다는 사실을 발견했다. 이는 정서적 둔마, 멍하니 허공을 응시하거나 급격한 정서 전환이 부모의 일반적인 행동 패턴인 가족 상황에서 일부 해리 특성이 학습되고 강화될 수 있음을 시사한다. 이러한 부모-자녀는 가족으로서 유의미한 진전을 이루기 전에 개별 치료를 받아야 한다.

일부 부모는 자녀를 가해자로 인식하고 자녀와 함께 가해자, 피해자, 방관자, 구조자 사이를 번갈아 오가기를 반복하는 악순환에 빠질 수 있다(Silberg, 2004). 이러한 사례에서 가족치료는 이 치료에 반하는 역할을 파악하고 부모가 자녀와의 공모적 결합에서 벗어날 수 있는 방법을 찾아야 한다. 한 세대에서 다른 세대로 학대를 대물림해 온 가족은 특히 아동을 보호하고 싶다는 마음과 자신의 학대 행위를 멈추지 못하는 무력감, 자신을 학대한 '할아버지처럼'이라는 두려움 사이를 오가며 아동에게 이중적 메시지를 전달할 수 있다(신념 2와 신념5 참조).

일부 입양 부모는 아동의 모든 증상을 입양 이전에 발생한 일의 탓으로 돌림으로써 아동에게 한 자신의 행동에 대한 모든 책임을 회피한다(신념 6). 이는 현재 가정의 일상적인 문제를 해결하기 위한 회피 전략으로 과거를 끊임없이 언급하는 부모 때문에 무시당한다고 느끼는 아동을 화나게 할 수 있다. 가족의 트라우마적 신념이 아동의 치료를 방해하는 경우, 부모 치료를 위해 다른 전문가의 도움이 필요하다.

해리적 가족 패턴

나는 내담자의 가족을 알게 되면서 아동과 청소년의 해리성 대처 방식을 무심코 부추길 수 있는 몇 가지 특성을 발견했다. 때로 가족은 가족의 맥락에서 특정 감정의 표현을 미묘하게 허용하지 않음으로써 은밀하게 해리성 전략을 사용한다. 다른 경우는 부모가 상호 간의 반응으로 특정 해리 상태를 선택적으로 강화하여 자녀의 해리 전략을 강화하기도 한다. 예를 들어, 자녀가 퇴행할 때 부모는 유아적 방식으로 자녀를 대하거나 자녀가 화를 낼 때 적대적이고 방어적인 태도가 된다. 이러한 패턴이 있는 경우, 가족 세션에서 이러한 행동에 대해 교육하고 새로운 양육 행동을 격려하는 것이 중요하다. 다음은 아동 생존자에게 특히 힘든 몇 가지 가족 패턴이다.

권위주의적이고 과잉 통제적인 가족

권위주의적인 가족의 부모는 무례함, 예의, 어른들과 대화하는 적절한 방법에 대해 엄격한 규칙을 가지고 있다. 이러한 가정은 초기 트라우마로 인한 발달 장애 없는 자녀를 양육할 때 완벽하게 잘 운영될 수 있다. 정상적인 아동들은 이러한 요구사항에 적응하고 그에 따라 행동을 조정하는 법을 배울 수 있다. 그러나 해리 반응에 취약한 트라우마 배경을 가진 아동은 엄격한 가정의 기대에 표면적으로 적응한 후, '화난 수지'라는 해리 상태 또는 과도기적 정체성을 발달시켜 반항을 표현하게 된다. 가족은 '화난 수지'의 표현을 가혹하게 거부하여 애착 형성의 잠재력을 더욱 방해할 것이다. 이러한 가족은 '화난 수지'가 점진적으로 더 적절한 행동으로 형성될 수 있음을 이해해야 하지만, 아동의 '화난 수지' 부분을 포용하고 엄격한 규칙으로 아동에게 유발되는 상처와 거부감의 표현을 허용하기 위해서는 엄격한 행동 규칙을 느슨하게 적용해야 한다.

인디아는 세 살 때 러시아에서 입양된 일곱 살 소녀이다. 그녀는 엄격한 기준을 가진 가정에서 살았다. 인디아가 식사 매너와 예절에 대한 엄격한 규칙을 잘 지켰기 때문에 가족은 식탁에서 음식을 던지고, 문을 쾅 닫고, 말대답을 하는 '야생 인디아'의 행동을 받아들이기 힘들어했다. 치료자는 가족에게 '완벽함'을 보였던 인디아는 진짜 인디아가 아니며 진짜 인디아는 인디아가 표현한 모든 다양한 감정과 상태의 조합일 가능성이 있다는 점을 이해하도록 도와야 했다. 섞여 있는 '인디아'는 완벽하지는 않겠지만 그녀가 진짜 인디아가 될 것이다.

자녀에게 밀착되어 있는 부모

반대편에는 퇴행적 행동을 수용하고 자녀의 독립심과 자립심이 높아지는 것에 위협을 느끼는 지나치게 허용적인 부모가 있다. 이런 부모는 아동의 퇴행적 표현을 받아들이고 자녀가 트라우마적 상실을 적절하게 처리하고 앞으로 나아가도록 돕지 못할 수 있다. 이런 가족은 자녀가 나이에 적합한 기능을 할 수 있도록 적절하게 지원해야 한다.

리사는 18세의 대학 신입생으로 여섯 살부터 열 살까지 동네 소년에게 학대를 당했으며 여러 번의 상실을 겪었다. 리사는 하루에 세 번씩 어머니와 이야기했으며 사교 행사에 입을 옷이나 논문에 쓸 주제 등 모든 것에 대해 어머니의 조언을 구했다. 또한 리사는 학대 사실을 몰랐다는 이유로 어머니를 비난하는 격렬한 해리 상태와 분노도 갖고 있었다. 이러한 적대적 해리 상태가 치료 과정에서 더 많이 표현되면서 한 번은 몇 주 동안 어머니와 대화를 피하고 무모한 행동을 하였다. 이로 인해 어머니는 리사의 잘못된 의사결정에 대해 질책하고 리사가 매일 도움을 받아야만 대학을 성공적으로 다닐 수 있다고 설득하려 했다. 리사와 어머니는 지원과 독립 사이에서 더 건강한 균형을 이루기 위해 이 퇴행적 의존에서 벗어나는 법을 배워야 했다. 그렇지 않으면 리사는 계속해서 이 양극단을 오가며 대학에서 독립적으로 기능하는 데 필요한 자기조절을 배울 수 없었다. 이와 같은 패턴을 보이는 부모가 자녀의 행동에 대한 자신의 기여도를 조사하는 데 어려움을 겪는 경우, 부모를 위한 지원 치료와 간헐적인 가족 세션이 필요할 수 있다. 리사는 통합이 진전됨에 따라 매주 어머니에게 전화를 걸고 옷과 과제물에 대해 독립적으로 결정하는 데 적응했다.

학대 부모가 있는 이혼 가정

우리 사회에서 점점 더 흔한 현상은 아동, 심지어 아주 어린 유아라도 두 가정에서 시간을 나누어 보내야 하는 상황이다. 가정법원은 공동 양육권 추정을 원칙으로 하며, 자녀를 위해 양쪽 부모가 잘 지내기를 권장한다. 부모 간의 의견 불일치는 의심스러운 것으로 간주되며 이혼 부모의 아동도 각 부모의 가정에서 학대 피해를 입을 수 있다는 사실을 법원이 항상 이해하는 것은 아니다. 그 결과, 이혼 가정의 아동이 학대 부모에게 감독 없이 맡겨지는 경우가 너무 많다(Hannah & Goldstein, 2010; Neustein & Lesher, 2005; Silberg & Dallam, 2019).

이는 보호적인 부모와 자녀 모두에게 매우 어려운 문제이다. 이러한 상황에 처한 아동이 흔히 보이는 대처 메커니즘은 해리이다(Baita, 2020; Silberg & Dallam, 2019). 각 가정에서 받는 서로 다른 대우를 관리하기 위해 아동은 별도의 페르소나 또는 해리 상태를 발달시켜 학대 가정에 대처하는 적응을 할 수 있으며 종종 한 가정에서 생활할 때에는 다른 가정에서 있었던 학대에 대해 기억상실을 보인다. 이러한 기억상실은 아동 자신이 처한 상황의 딜레마를 인식하지 못하도록 보호하는 동시에 학대를 폭로할 가능성도 낮춘다. 부모 이혼에 대한 이러한 종류의 법원 명령이 발생시키는 딜레마에는 해리 발생에 필요한 모든 기능(상반되는 환경과 기대, 명백한 탈출구가 없는 학대, 학대로부터 진정될 기회가 없는 것)이 존재하기 때문에 아동이 직면할 수 있는 해리를 가장 잘 유발하는 상황 중 하나라는 것이다(Kluft, 1985). 나는 이전 장에서 바로 이러한 상황에 처한 여덟 살 아동 아디나 사례에서 해리 증상을 소개했었다. 아디나는 자신의 뇌가 두 개로 나뉘어 있어서 누구의 집에 있느냐에 따라 기능이 달라진다고 분명하게 설명했다. 아디나는 뇌의 각 부분이 각기 다른 역할을 맡았기 때문에 각 집에서 무슨 일이 있었는지 기억할 수 없었다고 설명했다.

심리치료는 아디나의 뇌의 두 '반쪽'이 공존하고 서로에 대해 배울 수 있는 유일한 장소였기 때문에 강력한 역할을 했다. 아디나가 학대에 대해 공개적으로 말하기까지는 6개월이라는 시간이 필요했지만 아디나는 아버지 집에서의 학대를 폭로할 수 있는 장을 만들었다. 아동이 학대를 주장했지만 법원에서 학대가 의심되는 가정을 방문하라는 명령을 받은 경우 치료자는 특히 해리 징후에 주의해야 한다(15장 참조).

요약

이 장에서는 아동의 욕구와 관점에 초점을 맞추고 아동 해리 반응의 자동적 촉발에 굴복하지 않고 감정을 전달하는 방법을 배울 수 있는 환경을 제공하는 아동 생존자와의 가족치료적 접근방식에 대해 다루었다. 이러한 치료는 아동이 가족 경계에 대해 더 많이 배우고, 가족 촉발 요인에 둔감해지고, 현재와 과거의 트라우마에 대해 소통할 수 있는 기회가 될 수 있다. 가족치료가 효과적이려면 부모는 공감적으로 듣고 방어적이지 않은 반응법을 배워야 한다. 가족에게는 아동의 성장을 방해할 수 있는 고착화된 생각이나 행동패턴이 있을 수 있으며 이를 최대한 파악하고 개선해야 한다. 아동에 대한 치료자의 접근과 태도는 상호호혜적이며 동등한 힘을 공유하는 관계를 위한 모델이 된다.

가족의 역할은 치료의 다음 중심 과제인 EDUCATE 모델의 'T'에 해당하는, 트라우마 기억 처리 과정에서 핵심적인 역할을 한다. 이에 대해서는 다음 장에서 자세히 살펴보겠다.

13장

스크립트 다시 쓰기: 트라우마 기억 처리 및 플래시백 해결

아동과 청소년에게 트라우마를 처리하는 적절한 시기는 언제인가

트라우마 기억 처리의 구성 요소

요약

아동이 자전거에서 떨어져 다쳤을 때 가장 자연스러운 행동은 무엇일까? 당연히 부모에게 말하는 것이다. 사건을 이야기하는 것은 보통 감정 표현의 시작을 의미하며, 흐느껴 울기까지 한다. 이 흐느낌은 고통과 트라우마에서 오는 생리적 방출의 역할을 하면서 동시에 위로하고, 경청하고, 인정하고, 이해해 주는 사랑하는 사람과의 유대감을 통해 진정할 수 있는 기회가 된다. 이러한 경험 후에는 트라우마 사건이 기억되기는 하지만 회피나 지속적인 증상을 발달시키지 않는다. 아동의 자원을 압도하지 않는 트라우마 사건이 발생 직후에 사랑하는 보호자와 함께 처리될 때, 아동의 평정심이 회복되며 일반적으로는 지속되는 영향이 없다.

사랑하는 보호자처럼, 트라우마 치료자는 트라우마에 대항할 수 있는 진정관계를 제공할 수 있는 힘을 갖는다. 아동이나 청소년의 이야기를 경청하고 그들이 겪은 것에 대한 증인이 되는 것은 중요하고 강력한 치유 요소이다. 아동과 함께 트라우마 사건을 처리하려는 우리의 치료적 시도는 앞에서 설명한 것처럼 진정시키고 정당화해 주는 관계에서 이야기를 하는 것, 즉 정상적 관계를 이루려는 것이어야 한다. 이러한 정당화 작업은 애정 어린 관계에서 이루어져야 하고, 감정 표현과 사건에 대한 이야기를 허용해야 하며, 가능한 한 트라우마 발생 직후에 이루어져야 한다.

그러나 발달 트라우마에서 살아남은 아동은 트라우마 후 진정시키려는 이전의 시도를 차단했을 수 있는 많은 어려움을 가지고 있으며, 이러한 어려움은 우리의 개입을 수용하는 데 방해가 될 수 있다. 가장 일관되게 해리 과정을 예측하는 요인은 아동이 성장하는 동안 부모가 없는 것이다(Lyons-Ruth, 2020). 많은 경우, 보호자가 트라우마를 가한 사람이었으며, 이로 인해 아동들은 트라우마 이후 가장 필요한 것을 얻는 것이 불가능하다고 믿게 된다. 아동들이 자신을 진정시켜 줄 누군가를 찾더라도 오랫동안 자신들의 환경이 안전하지 않다는 것을 학습했기 때문에 안심 자체가 새로운 촉발 요인이 될 수 있다. 정서가 더 이상 탈출이나 자기 보호를 위한 유용한 신호가 아니기 때문에 곧 트라우마와 관련된 정서도 촉발 요인이 된다. 트라우마와 관련된 정서는 아동 생존자에게 환경에 대한 통제력이나 미래의 안전에 대한 약속이 거의 없다는 것을 의미한다. 자기 보호적 기억 과정은 내담자가 고통스러운 사건을 생각하지 않게 하며 곧 아동 생존자는 자신에게 무슨 일이 일어났는지 기억하지 못한다.

자전거 사고 후 우는 아동처럼 인정과 지지를 받기 위해 견뎌야 했던 고통스러운 사건을 말하기 위해 여러분의 치료실로 가기보다 어린 내담자는 압도적인 기억에 휩싸여 있거나 어떤 일이 일어났었다는 것을 부정하는 것 사이에 있을 수 있다. 치료자로서 우리는 외상 후 스트레스 반응의 극단성을 상쇄한다. 기억이 너무 침범적이면 치료자는 내담자가 플래시백을 촉발한 원인을 평가하고 현재와 과거를 구별하도록 도움을 준다. 내담자가 트라우마 사건의 인정을 회피하면 치료자는 과거에 일어났던 사건과 행동을 연결시키는 어떤 부드러운 것을 사용한다. 우리 자신의 반응과 씨름하면서, 우리는 트라우마 사건을 듣고자 하는 압박감과 그러한 사건에 우리 자신을 노출시키지 않으려는 압박감 사이에서 갈팡질팡할 수 있다. 또한 우리는 과거의 트라우마를 기억함으로써 오는 고통으로부터 어린 아동 생존자를 보호하고자 할 수 있다. 이러한 경우, 치료자는 내담자의 트라우마를 언제 어떻게 다루어야 할지 결정하기 위해 내담자의 저항과 자신의 저항을 헤쳐나가야 한다. 이러한 트라우마적인 과거에 대한 처리는 EDUCATE 모델의 'T'에 해당하며, 이 장의 초점이다.

아동과 청소년에게 트라우마를 처리하는 적절한 시기는 언제인가

복합 트라우마를 겪은 성인 생존자의 치료에서는 안정화 과정을 거친 후 치료의 중간 단계에서 트라우마 처리를 권장한다(Brand et al., 2012; Chu, 1998; Herman, 1992; Loewenstein, 2006; Turkus & Kahler, 2006). 연구에 따르면, 안정화 기법, 정서 조절 및 심리교육을 강조하는 접근이 해리 내담자의 자해 행동과 해리를 상당히 줄일 수 있다(Brand et al., 2019). 너무 이른 처리는 취약한 성인 생존자를 불안정하게 만들어 입원, 자해 및 퇴행을 초래할 수 있다.

Struik(2014)는 아동이 복합 외상 후 스트레스 또는 해리를 보일 때 트라우마 처리에 대한 준비 상태 여부를 결정하기 위한 일련의 여섯 가지 검사를 개발했다. 여기에는 외적 안전 확보, 적절한 일상생활 기술, 가용한 애착 대상, 정서 조절 기술, 학대자와의 단절로 심리적 안전 확보, 그리고 조절 불능 없이 트라우마를 인정하는 능력 등이 포함된다. 대체로 잘 적용되나 각 아동의 고유한 상황에 따라 평가되어야 한다. 성인 생존자에게 큰 힘을 발휘하는 트라우마 내용에 대한 회피 방어와 공포증을 발달시킬 기회가 아동과 청소년들에게는 아직 많지 않다는 점을 알고 있는 것이 중요하다. 시간이 지나면서 트라우마 내용에 대한 해리적 회피는 생존자에게 트라우마와 관련된 감정이 트라우마만큼이나 위험하다는 생각을 확신하게 만든다. 이러한 인식은 시간이 지남에 따라 트라우마 촉발 요인, 회피, 그리고 이어지는 안도감의 순환 고리가 반복되면서 점점 더 강화된다. 트라우마를 경험한 개인이 성인이 될 때쯤에는 이 회피와 안도의 순환 고리가 너무 많이 강화되어 깨기가 매우 어려워진다. 이 시점에 이르면 트라우마를 상기시키는 것과 트라우마와 관련된 감정은 트라우마 자체와 거의 구별할 수 없게 된다.

반대로, 우리는 아동들과 함께 사건에 더 가까이 다가가 아동들과 이야기할 수 있는 기회를 가지며, 직접적인 지지와 진정의 치유 효과를 더 밀접하게 모델링할 수 있다. 또한 어린 아동은 회피와 안도의 순환을 연습할 시간이 성인만큼 필요하지 않다. 따라서 아동과 청소년들은 성인보다 트라우마 작업을 시작하기 전에 그렇게 많은 준비가 필요하지 않다. 실제로 아동과 청소년은 때로 트라우마 사건을 더 일찍 토의하는 것이 적절하다. 예를 들어, 치료실에 온 아동이 실제로는 매일 트라우마를 경험하는 과정에 있을 수 있다. 이는 나의 내담자였던 아디나와 그녀의 어린 여동생이 치료 첫 6개월 동안 겪은 것과 같다. 아동이 지속되고 있는 학대를 폭로하는 데 시간이 걸릴수록 아동은 더 오래 그 환경에서 살아남아야 한다. 다른 아동들의 경우, 어떤 아동은 더 이상 그런 환경에 살고 있지 않을 수 있고, 또 다른 아동은 정기적으로 학대받고 있을 수 있다. 어떤 아동에게는 학대 경험을 얘기하도록 기다려주어야 하지만 어떤 아동에게는 기다리는 것이 아동을 학대의 위험에 처하게 할 수 있다. 트라우마 사건을 토의하는 것이 중요한 또 다른 시기는 학대가 발견되고 법적 처벌이 임박한 시점에서 아동이 치료에 의뢰될 때이다. 아동과 이야기를 공유하는 것이 사건 발생 시점과 가까운 시점일수록 세부 사항이 더 정확하게 확보된다. 치료 기록을 법원에 제출해야 할 수 있기 때문에 이런 사건에 대해 신중하게 토의하고 기록해야 한다. 치료 초기에 트라우마 내용을 다루는 것이 필요한 또 다른 경우는 공격성, 성적 행동화, 극도의 과소각성, 또는 플래시백과 같은 위험한 증상이 증가하여 기능 장애를 일으킬 때이다. 종종 이러한 증상이 많아지는 것은 환경이 안전하지 않다는 것을 의미한다(Baita, 2020).

트라우마에 대해 말해야 하는 적절한 시기는 언제인가에 대한 대답은 '상황에 따라 다르다.'이다. 일반적으로, 트라우마 기억의 처리는 정서조절 기술을 가르친 후 아동이 전체 자기와의 연결 과정을 시작한 치료 중간 단계에서 발생한다. 치료 중간 단계에서 트라우마를 처리할 준비가 될 수도 있지만, 앞에서 논의한 바와 같이 치료 초기에 트라우마 사건을 다루어야 할 여러 상황들이 있다. 예를 들어, 아동이 극심한 증상에 압도되었을 때, 법적 절차상 필요할 때, 다른 아동들이 위험에 처해 있을 때, 또는 아동이 최근 경험한 사건에 대해 누군가에게 말하고 싶어할 때 등이다. 트라우마 사건 발생 시점으로부터 시간이 멀수록 더 깊은 사건처리가 필요할 수 있다. 회피 방어가 발달하지 않은 트라우마 시기, 즉 최근에 발생한 사건일수록 사건을 말하는 것, 아동에게 주는 의미, 아동의 감정 및 반응에 대해 이야기하는 것이 치료 초기에 신속하게 이루어질 수 있다. 그러나 진정이 전혀 이루어지지 않은 발달 시기에 반복된 사건의 경우에 외상 처리는 수개월의 치료가 이루어지는 긴 과정이 될 수 있다.

때로는 처리되지 않은 트라우마를 드러내는 트라우마 침범이 심각한 증상으로 나타날 때 비입원 치료로 다루면 입원을 피할 수 있다. Marks(2015)는 심한 증상이 있고 치료가 정체된 것처럼 보일 때 2주 동안 아동을 매일 만나면서 트라우마를 집중적으로 처리하는 '해리 아동을 위한 집중 비입원치료 모델'에 대해 기술했다. 나 역시 몇 주 간의 여름방학 동안 내담자를 집중적으로 치료하며 매일 1.5~2시간 세션을 예약해서 본다. 이러한 집중 세션은 카타르시스 효과가 있을 수 있으며, 마침내 아동이 심하게 상처를 입힌 이전 부모에 대한 분노를 표현하거나 이전에는 결코 공유하지 않았던 학대의 세부 사항을 밝힐 수 있게 해 준다.

Blaustein과 Kinniburgh(2010)에 따르면, "기억을 안전하게 탐색하기 위해서는 아동에게 어느 정도 정서와 생리를 조절할 수 있는 능력이 있어야 하고, 치료 관계에서 일정한 안전감을 발달시켜야 하며, 치료 장면 밖에 충분히 안정적인 환경이 있어야 한다"(p. 224). 치료 환경에서 안전함을 느끼는 아동은 트라우마 역사를 말하기 위해 필요한 감정조절과 생리조절이 가능해진다. 때로는 부드러운 소파에 앉아 있거나 인형이나 베개를 잡고 있으면 충분한 위로와 조절이 제공되어 아동이 이야기를 편안하게 할 수 있다. 세션 중 또는 그 후에도 사랑하는 보호자가 있다는 것을 아는 것은 일반적으로 성인 생존자에게는 사용할 수 없는 중요한 형태의 조절을 제공한다.

트라우마 기억 처리의 구성 요소

방 안에 두 개의 거울이 있고 건너편 거울의 이미지를 반사하여 동일한 이미지를 무한히 반복하는 작지만 영원히 멀리 뻗어 있는 것처럼 거울 이미지가 보이는 방이 있다고 상상해 보라. 트라우마 당시 경험한 사건과 감정은 거울 방에서 보이는 이미지처럼 현재의 행동에 그 반향과 반사를 남긴다. 트라우마를 겪은 아동에게는 감정 경험이 고립된 상태로 발생하기보다는 과거 유사 사건들의 긴 역사와 연결성을 갖는다. 아동의 행동이 자신이나 다른 사람들에게 설명할 수 없는 것처럼 보일 때, 다른 유사한 사건을 찾기 위해 종종 '거울 방'을 통해 되돌아가는 것이 필요하다. 결국 최초의 사건을 발견할 수 있으며, 이는 아동의 현재 행동을 발생시키는 생생한 정서적 힘을 담고 있다. 이 기본 사건이나 사건들과 관련된 정서와 기억들은 종종 일상 기능에서 분리되어, 연습된 망각과 해리라는 회피 순환에 갇혀 있다. 그러나 그 사건을 상기시키는 것은 어디에나 있다. 이 상기시키는 것들은 비의식적 트라우마에 기반한 반응을 자극한다. 이 사건들을 처리하는 것은 트라우마 기억에 포함된 정보가 통합되고 뇌의 변연계와 상위 뇌 중추 사이에 연결이 발달하도록 경험을 새로운 방식으로 부호화하는 것을 포함한다. 성공적 처리는 새롭고 평온한 상태에서 원래 트라우마 사건과 관련된 여러 뇌 기능을 활성화시키고, 원래 압도적이었던 정보에 대한 민감성을 낮추는 것이다.

나는 아동 생존자와 함께 트라우마 사건을 처리할 때 다음과 같은 구성 요소를 포함하는 것이 중요하다는 것을 발견했다: 트라우마 사건의 내용(사건 자체의 기억에 초점), 사건과 관련된 감각운동 경험, 아동에게 주는 사건의 의미 탐색, 정서(분노, 수치심, 두려움, 슬픔, 버림받음, 외로움 등 때로는 과도기적 정체성 또는 자기 상태에 포함된 것들), 무력감을 상쇄하는 성취 경험. 이러한 처리는 치료자나 사랑하는 보호자와 함께하는 신뢰할 수 있는 관계속에서 이루어져야 한다. 이 구성 요소들을 다루면서 원래의 트라우마 사건에 주의를 기울이는 것은 여러 증상을 유발한 해리성 회피를 상쇄하고 아동 생존자에게 궁극적인 해결책을 제공한다.

무대 설정하기

치료자는 치료 초기에 트라우마 사건들을 사실적인 방식으로 언급함으로써 치료실을 트라우마 사건들을 털어놓을 수 있는 안전한 공간으로 설정한다. 이는 치료 중 다루어지는 행동과 트라우마를 연결함으로써 이루어진다. 예를 들어, 아동이 성적 행동 문제를 가지고 있다면, 치료자는 자연스럽게 이렇게 말할 수 있다. "부모님이 아이들의 몸을 너무 자유롭게 만지고 아이들의 사생활을 존중하지 않는 가정에서 온 아이들은 무엇이 옳고 그른지 혼란스러워할 수 있어. 그게 너에게 일어난 일이라면 이해할 수 있어."

트라우마 역사가 있는 아동이 또래 갈등에서 과민 반응 후 치료실에 오면 현재의 반응을 과거의 경험과 연결시키기에 완벽한 시간이다. 예를 들어, 치료자는 이렇게 말할 수 있다: "네가 화가 난 이유를 이해해. 그것이 네가 어렸을 때 겪었던 무서운 일을 생각나게 했을 수 있어. 그때 너는 정말로 아무것도 할 수 없었지—그렇게 맞는 것은 다른 아이들과 달리 너에게는 다른 느낌일 거야, 어렸을 때 너의 삶에 많은 폭력이 있었으니까." 마찬가지로, 치료자는 또래들에게 표적이 돼버린 느낌을 과거 경험과 연결할 수 있다: "누군가 일부러 너에게 무언가를 하는 것, 예를 들어 학교에서 어떤 아이가 너의 연필을 가져가는 것은 너를 더 화나게 할 수 있어. 왜냐하면 너는 아빠가 일부러 너를 다치게 하려고 했던 것을 기억하니까, 그리고 그것은 너에게 끔찍한 일이었어." 이런 종류의 반응은 초기 세션에서 치료자를 과거에 대해 알고, 그것에 대해 이야기하는 것을 두려워하지 않으며, 현재 환경이 과거의 트라우마 사건들을 상기시키는 것으로 가득 차 있다는 것을 이해하는 사람으로 설정하게 한다. 희망적으로 어린 내담자도 곧 자신의 행동과 과거 경험 사이의 상관관계를 파악할 수 있을 것이다. 치료자가 이런 연결을 더 빨리 인식할 수 있도록 개방적인 관계를 형성함으로써 아동들을 도울 수 있다.

트라우마 사건 이야기하기

여러분의 내담자가 트라우마 사건에 대해 이야기하기 시작하면, 부드러운 장난감이나 감쌀 수 있는 담요같이 진정시키는 안전한 감각 또는 감각-운동 자극을 제공하는 것이 중요하다. 이상적으로는, 아동들이 이미 치료자와 함께 안전하고 치유적인 이미지를 찾는 연습을 하고 스트레스에 대처하기 위한 호흡 운동법을 알고 있어야 한다(9장 참조). 트라우마에 대해 이야기할 때 아동들에게 자주 휴식을 주고 진정시키는 데 도움이 되는 대안 활동을 제공한다. 예를 들어, 할아버지로부터 잔인한 학대를 당한 티모시의 경우, 트라우마 처리를 위해 했던 진정 활동은 '앵그리 버드' 게임이었으며 이 게임을 몇 번 하고 난 후에야 트라우마 처리가 가능했다. 우리는 10분 동안 이 비디오 게임하기와 10분 동안 할아버지로부터 경험한 트라우마 사건에 대해 이야기하기를 번갈아 진행했다. 비디오 게임은 또한 적을 물리치는 즉각적인 성취감을 주고 양방향 뇌 자극을 제공하며 트라우마 처리의 어려움을 상쇄하는 좋은 동기화 수단이 된다(그러나 비디오 게임은 중독성이 있을 수 있으므로 이것이 유일한 해소 수단이 되지 않도록 경계를 설정해야 한다).

아동이 트라우마 이야기를 상징적으로 전달할 수 있도록 돕는 것도 유용할 수 있다. 아동들이 스스로 공개하기 어려운 내용으로부터 안전한 거리를 유지할 수 있게 하기 때문이다. 아동은 사건을 그림으로 그리거나, 글로 쓰거나, 인형이나 장난감을 사용해 연기하거나, 모래상자에서 표현하는 것을 선호할 수 있다.

세 살 때 러시아 고아원에서 입양된 데보라는 [그림 13-1]의 그림을 그렸는데, 이 그림은 버려진 상상 속 인물을 만화처럼 표현한 것이다. 그녀는 자신이 버림받았다는 실제 기억을 가지고 있지는 않았지만 처리해야 할 폭풍 같은 어린 시절의 역사로 인해 사랑받지 못한다는 감정을 내면화했다. 그림에서 데보라는 자신의 친모가 '모든 것'이 잘못됐다고 말하는 모습을 그렸다. 데보라의 그림을 통해 우리는 그녀의 버림받은 감정에 대해 이야기할 수 있었고, 나는 친모가 몰랐던 그녀의 특별한 자질들을 높이 평가하여 이해할 수 있도록 도왔다.

[그림 13-1] 버림받은 감정을 묘사한 데보라의 그림(허락을 받아 사용함)

양어머니도 이 메시지를 아동에게 강화하기 위해 세션에 참여했다.

놀이나 미술에 관심이 없는 청소년들의 경우, 특별한 추억 일기장에 기억을 적는 것이 가장 좋은 방법일 수 있다. 어떤 청소년들은 메모리 북을 만들어 각 장마다 과거의 사건에 대한 그림, 시 또는 설명을 쓴다. 청소년들이 트라우마 사건에 대해 쓰거나 그릴 때, 나는 그들에게 힘을 실어주는 메시지를 페이지나 그림에 추가하도록 요청하는데, 그 당시와 지금의 차이점을 언급하는 문구, 예를 들어 그들이 어떻게 다른지 설명하거나 그 상황에서 그들이 옳은 일을 한 것을 설명하도록 한다. [그림 13-2]는 샨타이가 입양되기 전에 방임되었던 유아기의 자신을 그린 것이다. 나는 울고 있는 아기에게 무엇인가를 말하라고 했고, 샨타이는 "너는 생각보다 빨리 좋아질 거야."라고 썼다.

아동들은 때로 이메일이나 메시지를 통해 나에게 정보를 보내는 것을 선호한다. 이것은 그들이 직접 말하기 힘들었던 것들을 고백할 수 있는 충분한 거리감을 제공한다. 아동들은 치료실에 있는 인형에게 이야기하는 것이 나에게 직접 말하는 것보다 더 안전하다고 느낄 수 있다. 아동들이 내면 목소리, 과도기적 정체성, 또는 확인된 해리 상태에 있으면, 나는 그들의 마음의 이 부분을 활동에 포함시킬 것을 권한다. '슬픈 제인' '화난 목소리' 또는 '다른 안젤라'가 현재 얘기하고 있는 것에 대해 괜찮아 하는지를 반복해서 확인하는 것은 아동이

[그림 13-2] 자신을 방임당한 유아로 묘사한 샨타이의 그림(허락을 받아 사용함)

이 어려운 탐색 과정에서 그들의 전체 자기와 연결되고 있다는 것을 알 수 있게 한다.

감각운동 경험에 연결하기

아동이 그림을 그리거나, 놀이를 하거나, 트라우마 사건을 되새길 때, 안전하고 차분한 이미지나 감각 자극에 기반하여 트라우마 당시의 감각 경험에 대해 묻는 것이 유용하다: "배는 어떤 느낌이었니? 몸의 어느 부분에서 그것을 느꼈니? 고통은 어떤 느낌이었니? 다리는 달리고 싶은 느낌이었니?" 치료자는 아동에게 고통이나 다른 감각 혹은 움직임이 억제된 경험을 그림으로 그리거나 다른 형태로 표현하도록 요청할 수 있다. 활동이 너무 압도적인 것이 되면 내담자가 즐거운 감각 경험으로 돌아갈 수 있도록 한다.

이러한 연습을 하기 전 아동과 치료자가 '감각 도구 상자'를 준비하는 것이 도움이 된다. 이 상자에는 좋아하는 향기가 나는 로션, 부드러운 모피, 맛있는 껌, 매끄러운 돌, 바다 소리가 나는 조개 등 트라우마 감각 기억에 대항하여 긍정적인 감각을 불러일으키는 물건을 넣어두면 좋다. 아동과 부모는 어려운 세션 중에 '감각 도구 상자'의 즐거운 감각을 공유하며 휴식을 취할 수 있다.

내담자가 벗어나려는 움직임이 억제되거나 방해받았던 느낌을 기억하면, 아동이 하고 싶었던 움직임을 행동으로 표현하게 한다. 이러한 억제된 움직임을 완성하는 것은 감각운동적으로 부호화된 트라우마 기억을 해방시킨다(Fisher, 2017; Levine, 1997).

사건의 의미와 연결하기

트라우마 사건의 가장 고통스러운 측면은 종종 사건이 아동 및 청소년에게 갖는 의미이다. 나는 아동들에게 "그 일이 일어난 것이 너에게 어떤 의미라고 생각했니? 왜 이런 일이 너에게 일어났는지 궁금해 한 적이 있니? 어떻게 생각하니?"와 같은 질문을 한다. 이러한 유형의 질문은 아동을 옭아매는 고정된 생각의 핵심에 다다를 수 있게 한다. 자기에 대한 고정된 생각은 일반적으로 '수치심에 기반한' 생각으로, 모든 정서적 경험 중에서 가장 고통스러운 경향이 있다(Kluft, 2007). 수치심은 중요한 애착 대상과의 관계가 파탄에 이르렀을 때 아동이 노출되고 비난받을 만하다고 느끼게 만드는 초기 경험에 뿌리를 두고 있다(Lewis, 1987). 수치심은 애착 대상과의 연결 같은 즐거운 경험의 방해라는 결과를 아동에게 상기시키는 적응적 자기 처벌 전략으로 작용할 수 있다(Nathanson, 1992). Feiring, Taska, Lewis(1996)는 성학대 후의 수치심이 낙인 경험과 연결되어 있는 자기에 대한 부정적 귀인에서 비롯된다고 가정했다. 노출되었다는 느낌, 더러워졌다는 느낌, 숨고 싶은 느낌과 같은 인지적으로 판단된 수치심은 성학대를 받은 아동들의 외상 후 스트레스 증상의 증가와 관련 있다(Feiring & Taska, 2005; Feiring, Taska, & Lewis, 2002). Lewis(1992)에 따르면, 이러한 인식이 불러일으키는 수치심과 자기혐오라는 압도적인 고통을 피하기 위해 상충되는 자기 개념의 필요성으로 인해 해리가 발생할 수 있다.

아동 생존자는 자신의 수치스러운 특성으로 인해 겪은 트라우마에 대해 마치 자신을 탓하듯 자기 처벌의 사이클에 빠질 수 있다. 시간이 지나면서 강력해진, '금기시된' 수치심에 관한 생각 피하기를 배운다. 이 '금기시된 생각들'은 그들의 정체성과 상황에 대한 믿음을 담고 있으며, 이로 인해 더욱 갇히고 절망적으로 느껴진다. 치료 과정에서 나타날 수 있는 수치심에 기반한 생각의 예로는 "내 안에는 항상 희생자가 될 무언가 끔찍한 것이 있다." "내 안에 있는 끔찍한 무언가 때문에 나는 이 학대를 당했다." "사람들이 나를 알게 되면 그들이 싫어할 끔찍한 것들을 알게 될 것이다." 등이 있다.

이러한 수치심에 기반한 사고들을 확인한 후, 안구운동 민감소실 및 재처리 요법(Eye Movement Desensitization and Reprocessing: EMDR)에서 사용하는 주관적 불쾌감 척도(Adler-Tapia & Settle, 2008; Gomez, 2012; Waters, 2016)를 사용하여 아동들에게 이 생각을 얼마나 믿는지 1에서 10까지의 척도로 평가하도록 요청한다. 가장 심한 트라우마 기억에서 떠오르는 생각들에 대해 이야기하기 시작하면 내담자들은 보통 이를 8에서 10 사이로 평가한다. 7~8세 아동들도 평가 척도를 이해할 수 있다. 그러나 종종 마커나 크레용을 사용하여 그래프나

'감정 온도계'를 색칠하는 것으로 믿음이 얼마나 강한지 보여 주게 한다.

다음 도전 과제는 트라우마적 믿음에 대항하는 관점을 제공하는 '상반되는 사고'를 찾는 것이다. 이것은 아동 생존자가 독립적으로 생각하기 매우 어려운 것이다. 종종 나는 아동들을 위해 이를 만들고 적어야 한다. 왜냐하면 반대의 사고에 담긴 아이디어가 너무 낯설고 생소하기 때문이다. 나는 내담자에게 이 '상반되는 사고들'을 평가하도록 요청한다. 처음에는 내담자들이 이러한 사고를 믿는 정도가 약해서 종종 2나 3으로 평가한다. 이 평가체계는 내담자들이 트라우마에 기반한 부정적 인식의 상쇄를 측정하는 데 유용하게 사용된다. 아동들은 이 변화 기록을 보면서 종종 자부심과 놀라움을 느낀다.

조나는 위탁가정에서 몇 년 동안 형의 친구에게 학대를 당했다. 여덟 살 때 조나는 수치심으로 가득 찼다. 사람들이 그를 보기만 해도 그의 끔찍한 비밀을 알 수 있으며, 자신 안에 있는 끔찍한 무엇인가가 자신을 또래들과 비교할 수 없을 정도로 다르고 사랑받을 수 없는 존재로 만든다고 믿었다. 인형극을 하였으며 인형극에서 나는 고양이에게 물린 상처가 다 나았음에도 불구하고 모든 사람이 상처를 볼 수 있다고 믿는 쥐 역할을 맡았다. 조나는 물린 쥐에게 그의 비밀을 아무도 볼 수 없으며 비밀 자체는 그렇게 나쁜 것이 아니라는 점을 안심시키려는 또 다른 쥐의 역할을 맡았다. 내가 물린 쥐의 수치심을 과장할수록 요나는 그 쥐에게 더욱 괜찮다고 안심시키는 데 열중했다. 우리의 놀이는 재미있고 의미 있었으며, 끝나갈 무렵 조나는 웃으며 이렇게 말했다. "물린 쥐는 나였어요." 나중에 그가 자신에 대해 느끼는 수치심을 평가했을 때 고착된 생각이 상당히 약해졌으며 "다른 멍청한 사람이 무슨 짓을 하려 했든 나는 괜찮아."라는 생각으로 바뀌기 시작했다.

〈표 13-1〉에는 트라우마 사고와 그와 반대의 상반되는 사고의 예들이 제시되어 있다. 이러한 사고들은 안구운동 민감소실 및 재처리 요법과 같은 기법을 통해 처리될 수 있지만, 치

〈표 13-1〉 트라우마 사고와 상반되는 사고

트라우마 사고	'상반되는' 사고
나를 아는 사람들은 나를 미워하고 해를 줄 거야.	나를 해친 사람들은 나를 전혀 몰라. 나를 진짜 알게 되면 나를 사랑하고 해치지 않을 거야.
나는 약하고 멍청해.	나는 최선을 다해 나를 보호했어. 이제 나는 나를 잘 보호할 수 있는 도구를 가지고 있어.
내가 거기 있었기 때문에 그 일이 벌어진 거야.	내게 일어난 일은 다른 사람들의 나쁜 선택 때문이었어. 나는 좋은 삶을 선택해서 살 수 있어.

료자와 아동이 하는 그림 그리기, 인형극 또는 놀이와 관련된 활동도 이러한 무서운 트라우마 사고를 처리하는 방법이 될 수 있다.

트라우마 당시의 정서 체험에 연결하기

트라우마를 겪던 당시의 정서 체험에 연결하는 것은 해리를 극복하고 트라우마를 회복하기 위해 중요하다. 아동이 부정적 정서에 연결되고 치료자로부터 그리고 자기 자신으로부터 공감과 연민을 받게 되면, 자신에 대한 강도가 완화되고 정서적 경험을 통합하기 시작한다.

아동이 이 연결을 이루어 내는 주요 방법은 아동의 감정이나 중간 상태 또는 자기 상태의 감정을 공감하고, 정당화하며, 이해와 민감함으로 아동이 해리시켰을 감정을 표현하도록 하는 것이다. 일어나고 있는 일을 보고, 듣고, 경청하도록 전체 자기를 초대하는 것은 분리된 자기 상태들 간의 장벽을 연결하는 데 도움이 된다. 때로 나는 내담자에게 그 정서에 대한 최초의 기억을 물어본다. 이 최초의 기억은 현재에 발생한 것이 아닌 해리된 상태로 분류될 수 있다. 이에 대한 예는 2장의 소냐 사례에서 설명하였는데, 소냐는 아홉 살 때 시베리아 최악의 고아원 중 한 곳에서 입양되었다. 소냐의 경우, 어머니가 소냐의 오래된 티셔츠를 굿윌에 기부하려고 했을 때 소냐가 경험한 이전의 좌절감과 박탈감이 경험되었고 이는 고아원에서 잠옷을 빼앗긴 추운 밤으로 돌아간 것과 같았다. 이와 같은 감정이 소냐의 현재 행동에 어떤 영향을 미쳐서 소냐가 침대를 부수는 행동으로 이어졌는지 인식하는 것은 소냐를 이 자동 반응의 힘으로부터 해방시키는 데 도움이 되었다. 박탈감과 무력감의 근원을 회상하는 것은 고통스러운 일이지만, 그 감정(감정이 자기 상태, 과도기적 정체성 또는 묻힌 기억에 포함되어 있든 아니든)의 정당화 그리고 조율적이고 돌봄적인 치료자의 시선의 빛에 그 감정을 노출하는 것은 감정의 힘을 최소화한다.

이 기법은 루마니아 고아원에서 일곱 살에 입양된 샐리에게도 도움이 되었다. 샐리는 자신도 이해할 수 없는 이상한 행동을 하고 있었다. 그녀는 열여덟 살이 되었음에도 불구하고 커피숍에서 커피 메이트나 다른 분말 크림에 손을 넣고 손을 핥는 습관이 있었다. 이런 행동이 부적절하다는 것은 알고 있었지만 그렇게 하고 싶은 강한 충동을 느꼈다. 나는 샐리와 함께 트라우마의 '거울 방'에 들어가 이 행동과 관련된 기분을 찾아내고 그것을 확대해 보기로 했다. 나는 샐리에게 분말을 보고 손을 넣고 싶을 때 떠오르는 것이 무엇인지 말해달라고 부탁했다. 샐리는 '어떤 음식으로도 채울 수 없는 거대한 굶주림'이라는 느낌이 뱃속 깊은 곳을 갉아먹는 듯했다고 말했다. 나는 그녀에게 그렇게 배고팠던 때를 생각해 보라고 요청했다.

나는 배고픈 아이의 목소리를 과장된 톤으로 연기하면서 "누가 나에게 먹을 것을 좀 줄 수 있나요?"라고 말했다. 이렇게 거대한 배고픔을 과장함으로써 샐리는 이전에는 인식하지 못했던 자신의 일부에 접근할 수 있었다.

샐리는 거울이 반사되는 복도를 거슬러 올라가는 여정을 시작했다. 그녀는 1학년 때 점심시간 직전에 울기 시작한 기억을 떠올렸다. 새로 입양된 샐리는 학교의 일상을 몰랐고 점심을 먹을 수 있는지도 몰랐다. 이 기억은 샐리를 초기 방임당했던 시절로 되돌아 가게 했다. 과거로의 여정을 계속하면서 샐리는 최초 사건으로 보이는 것을 기억해 냈다. 그녀는 고아원에서 배고파 밤중에 일어나 다른 아이들과 함께 식료품 찬장을 뒤졌던 얘기를 했다. 그들은 건조 분유가루가 든 봉지를 찾아 손가락으로 찍어 핥곤 했다. 샐리는 이 분유가루를 발견했을 때 느꼈던 성취감을 설명할 수 있었고, 커피숍에서 가루에 손을 넣을 때 그와 같은 성취감을 느꼈다고 인정했다. 우리는 샐리가 이러한 성취감을 느낄 수 있는 다른 행동에 대해 얘기했다.

이 고통스러운 기억을 극복하려면 샐리가 과거의 상처받은 어린 시절에 대한 연민의 감정을 확장하고, 이제 음식이 풍부하고 언제든 먹을 수 있다는 것을 그녀에게 확신시켜야 했다. 과거의 현실에서 생존자가 겪었던 굶주림, 방임 또는 학대받았던 어린 자신에게 연민을 느끼는 것은 트라우마 기억과 관련된 부정적 정서에 대처하는 중요한 방법이다. "내면의 어린 샐리를 안고 모든 사랑이 너의 팔을 통해 그녀에게 흘러간다고 상상해 보렴. 어린 샐리가 사랑을 느끼고 언제나 안전하고 따뜻하며 음식을 찾을 수 있다는 것을 알게 해줘. 그리고 네가 그녀와 함께할 거라고 말해줘."라고 나는 샐리에게 말했다.

일단 정서적 경험에 접근한 후에는 정서 표현이 제때에 펼쳐지도록 허용하는 것이 중요하다. 그 순간의 정서가 치료자에게 받아들여지고 인정되며, 이러한 정당화는 정서의 강도 조절에 도움이 된다. 아동이 정서 경험에 대해 더 많이 이야기하고 고통스러운 정서 기억에 목소리를 내게 하면 그 경험은 점점 더 열어지고 통합된다. 자전거에서 떨어져 엄마 품에서 무한정 우는 아동이 표현 후 안도감을 느끼는 것처럼 아동 생존자도 트라우마와 관련된 정서 경험을 표현한 후 비슷한 안도감을 느낀다. 아동이 진정되면 아동이 경험한 사건의 자연스러운 결과로서의 반응에 대해 심리교육을 받는 것이 도움이 된다. 감정이 자기 상태나 과도기적 정체성에 포함되어 있으면, 치료자는 자기의 일부를 나타내는 인형을 사용할 수 있으며, 아동과 치료자가 함께 감정을 표현한 것에 대해 감사를 표하고 이를 정당화하며 자연스러운 결과로 수용한다. 아동이 좀 더 차분해지면 자신의 반응이 왜 경험한 사건의 자연스러운 결과인지에 대해 심리교육을 받을 수 있다. 아동의 많은 자기 상태들이 확인되면 이런 세션 중에 모든 자기상태를 관찰하고 참여하도록 초대하는 것이 중요하다.

과거의 정서에 접근하는 이 기법은 격렬한 분노, 두려움, 슬픔, 수치심과 같은 강렬한 경험을 재연할 수 있다. 보통, 여러 정서들이 트라우마 사건과 연관되어 있다. 어린 시절 가정폭력과 여러 곳의 위탁가정을 전전하면서 경험한 열네 살의 이브는 경찰관이 시민교육 수업시간에 방문했을 때 학교 화장실에 숨었다. 나는 그녀가 어릴 적 가정 내 불화에 대응하는 경찰의 반응을 목격한 것이 트라우마 반응으로 이어졌다고 생각했다. 경찰관의 방문에 대한 자신의 반응을 설명하기 시작하면서 그녀는 이전에는 말한 적 없는 어린 시절의 사건을 말했다. 이브는 다섯 살 때 실수로 가게에서 초코바를 하나 더 집어 간 적이 있었고, 그녀의 위탁모가 경찰관에게 이를 알렸다는 것을 기억해 냈다. 경찰관은 그녀의 손을 뒤로 꺾으며 감옥에 관해 경고하듯 이야기했다. 이 경험과 관련된 정서적 경험은 수치심, 분노, 두려움이었으며 그녀는 이 경험에 대해 이야기할 수 있는 시간과 기회를 얻으면서 감정을 표현할 수 있었다. 이 사건은 그녀의 어린 시절 다른 끔찍한 사건들에 비하면 사소해 보였지만 경찰관이 그녀를 대한 방식에서 그녀가 느꼈던 고통, 모욕, 두려움은 그녀에게 본질적으로 문제가 있다는 수치심 가득한 믿음을 증폭시켰다. 이브는 울부짖고, 손으로 테이블을 치고, 자신이 기억하는 경찰관을 향한 분노를 여러 가지 언어로 표현했다. 그녀는 "어떻게 나한테 그럴 수 있어!"라고 그를 비난했다. 어머니와 나는 이러한 감정 표현의 과정을 중단시키지 않고 그대로 두었다.

이 표현은 정당화와 안전의 맥락에서 마침내 처리되지 않은 경험을 소화하게 했다. 어머니와 나는 그녀가 다섯 살 때 겪은 일에 대해 연민을 보여 주었고, 초코바를 가져간 그녀에 대한 판단을 재평가하도록 도왔다. 마침내 그녀는 우리가 했던 것처럼 내면의 다섯 살짜리 자기에게도 연민을 베풀 수 있었다. 이러한 체험을 한 아동 중 일부는 자신의 내면의 아이가 해리된 자기상태로 남아 있다고 느낀다. 이 활동들을 한 후, 이 아동들은 종종 자신의 내면 아이가 전체 자기로 통합되는 경험을 한다.

무력감에서 숙달로 전환하기

외상처리의 마지막 요소는 아동에게 숙달의 기회를 줌으로써 트라우마로 인한 무력감을 역전시키는 것이다. 트라우마를 극복하는 강력한 방법 중 하나는 예술이다. Sobol과 Schneider(1998, p. 192)는 "예술 창작을 통해 개발되고 변화된 이미지는 내면의 이미지를 바꾸거나 수정할 수 있다."고 했다. 예술작품의 창조는 마음의 통합을 위한 경로를 만든다. 이는 조건화된 반응을 담당하는 편도체, 시각기억이 저장되는 우측 후두부, 계획된 행동이 공식화되는 전전두엽 피질과 관련된다.

아동들이 트라우마 사건에 관한 그림을 그릴 때 나는 종종 이들에게 갇힌 순간의 탈출 경로와 고통을 덜어주는 마법적 개입의 그림을 그리게 하거나, 그림에서 원치 않는 사람을 오려내도록 하거나, 그림에 빠진 부분에 사물을 붙이도록 요청한다. 예를 들어, 아디나는 내 치료실에서 브로셔를 보았다([그림 13-3]에 재현됨). "정말 끔찍하네요." 여덟 살짜리 아디나는 "저 사람은 입이 없어요! 다시 입을 그릴 수 있을까요?"라고 외쳤다. 아디나는 아버지로부터 성학대를 당했고, 무슨 일이 있었는지 나에게 설명하기 위해 입을 열 때마다 긴장하고, 얼어붙고, 말문이 막혔다. 나는 사진을 여러 장 복사하고, 아디나에게 퍼즐 조각 모양의 입을 자르고 그림 속 작은 소녀의 입 없는 부분에 붙이도록 제안했다. 그리고 매 시간마다 그녀에게 이렇게 말하라고 격려했다. "이제 이 작은 여자아이가 자신에게 일어난 일을 말할 수 있어! 아무도 이 여자아이에게 입다물라고 할 수 없어." 곧 아디나는 어머니와 언니를 참여시켰고, 그들에게 가능한 만큼 많은 퍼즐 입을 잘라 작은 소녀의 입 없는 부분에 계속 붙이라고 했다.

때로 트라우마의 무력함을 극복하는 것은 변화 의식을 통해 이루어질 수 있다. 아홉 살 네이트는 교회에서 청소년 담당 목사에게 학대당한 아픈 기억을 가지고 있었고, 그 목사를 악

[그림 13-3] 아디나가 침묵상태의 감정을 숙달하기 위해 그림에 입을 붙였다(허락을 받아 사용함)

사진 제공: Helpline, 남아프리카

마로 묘사한 판지 조각상을 만들었다. 네이트는 목사가 자신을 지배하는 것에서 벗어나기 위해 이 이미지를 상징적으로 파괴할 수 있는 방법을 알고 싶어했다. 네이트는 조각상을 불태우자고 제안했다. 우리는 함께 불태우는 이 의식에서 낭송할 기도문을 만들었다. "이 물체를 태움으로써 나의 고통, 절망, 쌓인 모든 분노가 풀리고, 재, 연기와 함께 우주로 다시 떠내려가게 하소서. 우주여, 지금 내게 주어진 안전함과 축복에 대해 감사하게 하소서. 이 물체를 태울 때 나오는 에너지가 치유, 성장, 변화를 위한 에너지로 바뀌게 하소서." 불 태우기 의식은 안전한 야외 소각로에서 이루어졌고, 네이트는 병원의 보안 관계자들이 이 중요한 임무에 동행했다는 사실에 위안을 얻었다.

놀이에서의 숙달

때로 트라우마 사건은 기억의 서술적 부호화가 발달하기 전에 발생할 수 있다. 실험연구에서 나온 증거는 아동들이 두 살 때 경험한 독특한 사건을 6년 후에도 구두로 회상할 수 있다는 것을 보여 주었다(Jack, Simcock, & Hayne, 2012). 어떤 아동들은 이러한 사건을 놀이나 그림 재연 같은 간접적 방법으로 표현한다(Terr, 1988). 이때 시나리오를 관찰하는 치료자는 이야기를 바꾸고 아동이 '생존자'가 되도록 힘을 주기 위해 적극적으로 개입해야 한다. 예를 들어, 아동이 인형을 위험에 빠뜨리면 치료자는 "나쁜 사람들이 아기를 다치게 하지 않도록 하자. 아기를 둘 만한 안전한 곳이 어디일까?"라고 말한다. 아동이 놀이에서 구조 노력에 계속 저항한다면 "너는 그 작은 아기를 안전하게 지킬 수 없다고 생각하지만 나는 네가 안전하게 아기를 지킬 방법을 찾도록 계속 도와줄 거야. 왜냐하면 그런 일은 작은 아기들에게 일어나서는 안 되기 때문이야."라고 말한다. 시간이 지나면 아동은 결국 놀이 속 캐릭터를 재난 시나리오에서 구하기 위한 치료자의 노력을 모방할 것이다. 그러나 그 시기는 결정하기 어려우며, 아동이 자신의 고통에 대한 이야기를 들려줄 충분한 시간을 갖지 못한 상태에서 구조하는 것은 도움이 되지 않는다. 정당화해 주는 치료자와 함께 하면서 아동이 자신의 트라우마 이야기를 상징적인 형태로 천천히 전개하는 것은 치유를 가속화한다. 아동의 이야기에 도움이 되는 수정을 언제 할 것인지에 대한 기술은 아동과의 동맹관계와 아동의 준비상태에 대한 치료자의 평가에 기반한다.

안구운동 민감소실 및 재처리 요법(EMDR)

EMDR은 트라우마 기억을 처리하고 극복하게 하는 또 다른 방법이다(Adler-Tapia & Settle, 2008; Gomez, 2012; Waters, 2016). 이 기법은 아동에게 유연하게 적용되어 트라우마 이야기를 하면서 두드리기, 색칠하기, 심지어 장난감 자동차를 앞뒤로 움직이는 것을 포함한 모든 종류의 교차 자극이 이 치료 접근법의 중요한 구성 요소인 양측 자극이 될 수 있다. 나의 내담자들은 무릎을 번갈아 가며 리듬감 있게 두드리는 것이 특히 진정 효과가 있다는 것을 알게 된다. 이 진정 행동은 아동의 고유한 문제에 맞게 만들어진 권한 주기 및 안전에 대한 설명과 함께 이루어진다. 예를 들어, "나는 지금 안전해요, 왜냐하면 엄마가 나와 함께 있기 때문이에요. 나는 강하고 내 삶에 대해 선택할 수 있어요. 나는 이제 그런 상황에서 벗어날 수 있을 만큼 충분히 강해졌어요." 등이 있다. 내 치료실에는 이완과 권한 주기를 제안할 때 아동들이 번갈아 움직이며 탈 수 있는 핸들바가 있는 듀얼 액션 운동용 자전거가 있다.

트라우마 처리를 위한 EMDR은 해리 증상을 보이는 아동에게 적용되어 왔다. 설정된 프로토콜에 따라 아동에게 EMDR을 했을 때, 특히 해리에 대한 적절한 주의 없이 EMDR 세션을 했을 때 해리 아동이 압도될 수 있기 때문에 해리 아동에게 EMDR을 사용하기 위해서는 전문 교육을 받는 것이 권장된다(Gomez, 2012).

애착대상에게 이야기하기

아동에게 적절한 정상적인 트라우마 처리 모델은 아동이 어머니에게 달려가 방금 넘어졌다고 말하는 것이다. 아동이나 청소년의 애착 인물이 아동이 경험한 트라우마 사건을 목격함으로써 진정한 치유가 일어날 수 있다. 종종 아동들은 부끄러움, 비난의 두려움, 또는 부모의 감정적 반응을 두려워하여 부모에게 자신에게 일어난 일을 말하지 못한다. 아동들이 애착 인물에게 트라우마에 대해 이야기하기 전에 먼저 보호자가 정보를 듣고 처리할 수 있을지를 평가하는 것이 중요하다. 그 후, 아동이 말하고 싶은 것을 준비하도록 한 후, 아동이 이야기를 할 수 있도록 도와준다. 적절한 준비를 거치면, 부모가 참석한 세션에서 아동이 트라우마 사건에 대해 이야기하는 것은 강력한 치유를 가져온다.

아동과 청소년들은 부모가 트라우마로 인한 강렬한 정서와 슬픔을 감당할 만큼 충분히 강하다는 것을 알아야 한다. 또한 부모가 자녀를 트라우마로부터 보호하지 못한 죄책감을 불러일으킬 수 있음에도 불구하고 부모에게 이러한 것들을 말하는 것이 안전하다는 것을 알 필요가 있다. 7장에서 소개한 14세 소녀 안젤라는 두 해 동안 진단되지 않은 복통으로 치료를 받았다. 그녀는 자신이 '다른 안젤라'라고 부르는 해리성 자기 상태를 가지고 있었는데, 이 자기 상태는 그녀가 고통에 대처하는 데 도움이 되었다. '다른 안젤라'는 의료문제를 해결하지 못하고 거의 두 해 동안 고통스럽고 누워만 있게 만든 어머니에게 격렬한 분노를 품고 있었다. 안젤라의 고통은 결국 심각한 담낭 질환으로 진단되었고 수술로 해결되었다(이 사례에 대한 전체 설명은 Silberg, 2015 참조). 그녀를 위해 적절한 의학적 도움을 빨리 받지 못한 실패자로 어머니를 여겼기 때문에 어머니 앞에서 질병의 고통을 처리하는 것이 매우 중요했다. 어머니에 대한 이러한 시각은 해리 상태에서의 고통과 분노를 부채질했다. 안젤라는 말이 없고 대화에 참여하기 어려웠기 때문에 나는 그녀에게 내 컴퓨터에 있는 동의어 사전을 사용하여 고통을 설명해 달라고 부탁했다. 나는 안젤라에게 '다른 안젤라'의 도움을 받아 그녀가 질병 중에 경험한 고통을 표현하는 동의어를 가능한 많이 찾도록 했다. 동의어 사전을 사용하여 그녀는 '괴롭힘, 지옥, 공포'와 같은 단어들을 힘들게 베껴 적었다. 그런 다음 느낌의 강렬함을 나타내는 색으로 단어들을 칠해 보라고 요청했다. 그녀는 검은색과 빨간색으로 색칠했다. 색칠로 단어들을 가리려고 했지만 색칠을 해도 여전히 단어들을 알아볼 수 있었다([그림 13-4] 참조).

이 활동을 마치고 나서 나는 안젤라에게 그녀가 겪었던 고통이 어떠했는지 어머니에게 표현해야 한다고 말했다. 안젤라는 처음에는 소심했고 눈맞춤을 피했다. 그러더니 그녀는 천천히 단어 목록을 읽었고, 어머니는 눈물을 흘리며 들었다. 안젤라가 읽기를 마치자 어머니는 공감 어린 시선으로 안젤라를 바라보며 더 빨리 적절한 진단을 받게 하지 못해 정말 미안하다고 말했다. 어머니는 안젤라가 다시 아프게 되면 그들이 사는 지역의 3차 의료센터로 가서 응급진료를 받기로 약속했다. 그녀는 안젤라에게 실망시킨 것에 대해 용서해 달라고 요청했다. 안젤라의 어머니는 여러 전문가에게 딸을 데려갔고 전문가들의 의견을 수용하는 친절하고 세심한 어머니였다. 그러나 안젤라의 분노와 실망에 대한 수용은 그녀를 사랑하고 세심하게 돌보는 어머니와 그녀의 고통을 덜어주지 못한 어머니 모두를 이해할 수 없었던 안젤라 안에 있는 해리 부분을 치유하는 데 있어 중요한 단계였다. 다음 세션에서 안젤라는 걸음걸이에 힘이 있어 보였고 눈빛이 새로웠다. 나는 그녀에게 '다른 안젤라'가 어머니의 책임 인정과 그녀의 감정을 들어주려는 의지를 어떻게 받아들였는지 묻자 안젤라는 "벽이 무너졌어요."라고 말했다. 아동이 초기 애착 대상과 함께 트라우마 정보를 직접 처리할 수 있는 기회를 가지면 다른 어떤 기술보다 빠르게 트라우마성 스트레스를 치유하고 자기 내부의 분열을 치유할 수 있다.

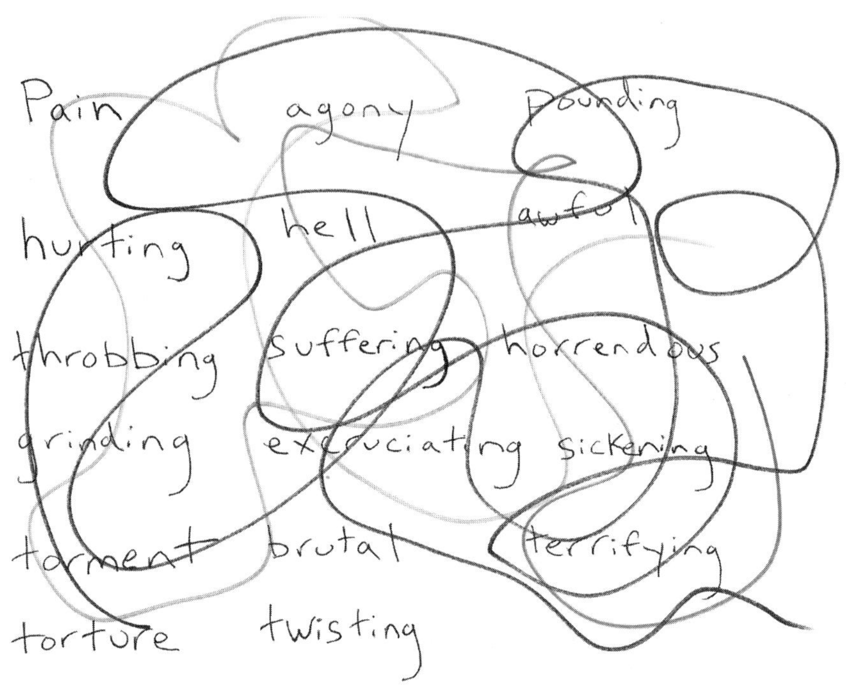

[그림 13-4] 고통에 대한 안젤라의 단어 표현(허락을 받아 사용함)

부모와 함께 하는 가족 세션에서 트라우마 기억이 떠오르면 때로 아동과 부모가 치료실에 있는 작은 텐트에 들어갈 수 있도록 하여 애착적인 분위기에서 진정을 위한 둘만의 기회를 모델링하게 한다. 이것은 트라우마를 처리하는 가장 자연스러운 방법이다. 텐트에서 시간을 보낸 후 텐트에서 함께 나와 그들이 배운 것을 나에게 말하도록 했다. 이를 통해 나는 트라우마 역사의 이차적 목격자로서 역할을 하며, 부모가 주된 진정자가 될 수 있도록 힘을 실어준다.

학대자와의 해결

많은 내담자들의 이야기에서 분명히 드러나듯이, 많은 아동 생존자들이 겪은 트라우마는 종종 애착 인물—어머니, 아버지, 조부모, 심지어 형제자매가 가해자였다. 이는 가해자에 대한 충성심 때문에 발생하는 여러 가지 이슈로 인해 이러한 상황의 해결에 대해 갈등적 접근을 하게 만들 수 있기 때문에 개입에 문제가 되는 영역이다. 형제 가해자의 경우, 가족들은 가족이 정상으로 돌아가기를 열망하며 아동이 형제자매와 다시 함께 살기를 원할 수 있다. 어머니와 결혼상태를 유지하는 학대적인 아버지에 대해 가족이 화해와 용서를 하라고 종용하거나 문제를 회피할 수 있다.

가해자 부모를 둔 아동에 대한 이상적인 해결책을 성범죄자 관리센터(Center for Sex Offender Management, 2005)가 제시했다. 이것은 성범죄에 대해 만들어진 것이지만 이 접근 원칙은 보호자가 아동에게 가한 어떤 형태의 학대나 방임 상황에도 적용될 수 있다. 전문가의 의견에 기초한 성범죄자 관리센터의 지침은 오직 가해자가 적절한 치료를 받은 후여야 하고, 재범의 위험을 인식하고 이를 완화하는 방법을 알고 있어야 하며, 아동이 준비된 시점에서 가해자가 진심으로 사과할 수 있을 때 가해자와의 재결합을 권한다. 아동 치료자와 가해자 치료자의 주의 깊은 모니터링을 통해 재결합 과정이 이루어지도록 해야 한다. 재결합은 편지 쓰기부터 감독하에 이루어지는 치료 세션, 공개 방문, 각 당사자에 대한 치료자의 광범위한 모니터링, 치료 후에 감독 없는 사적 방문을 포함한다.

불행히도, 이러한 재결합 청사진은 드물게 발생한다. 종종 가정법원은 어느 한쪽이 치료를 완료하거나 잘못을 인정하기 전에 재결합을 명령한다(Baita, 2020; Silberg & Dallam, 2019). 이러한 시기상조의 재결합은 아동 생존자에게 재앙이 될 수 있으며, 두려운 가해자에게 노출되어 압도되거나 학대 부모에게 잘 보이고 싶은 마음과 분노, 증오의 극단적 갈등 속에 빠지게 할 수 있다. 이러한 상황에 아동을 두는 것은 해리를 증폭시키고 해결을 방해한다.

예를 들어, 아버지에게 학대받은 것이 폭로된 후 어느 시점에 아디나는 감독을 받는 환경에서 아버지를 만나야 했다. 그녀에게 어떤 느낌이었는지 묻자 "내 얼굴은 웃고 있었지만, 내 뇌는 울고 있었어요."라고 대답했다. 아디나의 말은 그녀가 처한 어려움에 내재된 해리 감정을 잘 보여 준 것이다. 아버지와 감독센터에 잘 보이고 싶어서 적절하게 웃었지만, 동시에 분노와 혼란을 경험했다.

학대자에 대한 양가적 애착은 트라우마 애착 주기라고 내가 정의한 주기로 이해될 수 있다. 학대자가 그들을 해치고 배신했다는 것을 인식한 아동들은 자신이 무가치하고 당할 만한 일을 당했다는 생각에 빠진다. 이것은 그들이 사랑받을 수 없다고 느끼게 하며, 그러한 감정에서 벗어나는 한 가지 방법은 학대자가 사실 그들을 사랑했다고 믿는 것이다. 그런 다음 다시 그들을 사랑했다고 여겼던 사람이 그들을 해쳤다는 것을 깨닫고, 다시 자신이 가치가 없다는 감정에 빠진다. 다시 말해, 애착을 유지하기 위해 그리고 자신이 실제로 사랑받을 만하다고 느끼기 위해서는 그들이 학대받아 마땅했으며 해를 입어야 마땅하다는 것을 받아들여야 한다. 이 주기는 [그림 13-5]에 설명되어 있다.

이 역설은 학대받는 아동들을 모멸적이고 파괴적인 관계에 묶어둔다. 내 경험에 따르면, 학대 부모나 보호자와 직접 접촉할 때, 특히 부모가 진심으로 사과하고 범죄에 대해 책임을 지기 전에는 이 역설을 다룰 때의 복잡성을 감당하기 어렵다. 이른 시기에 강제로 접촉하

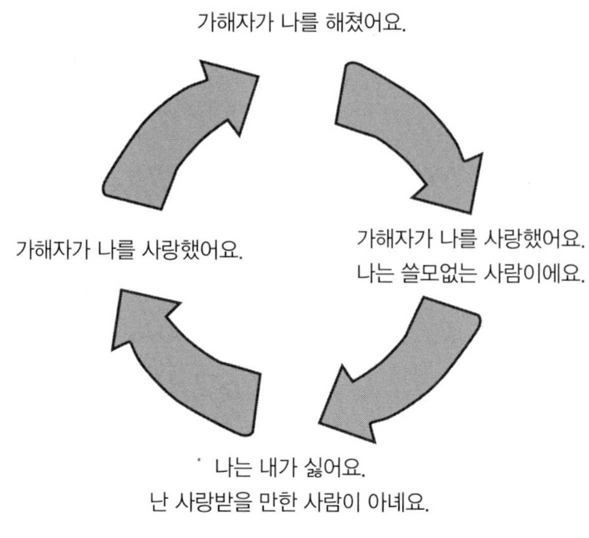

[그림 13-5] 트라우마 애착 주기

게 되면 상황에 내재된 모순을 다루기 위해 해리를 계속 사용한다. 아동은 자신이 받았던 학대 방식을 동일시하거나, 자기 파괴적인 행동을 하거나, 자신이 받았던 방식에 대해 다른 사람들에게 비생산적인 분노를 표출할 수 있다. 아동 성학대 생존자들은 학대자가 종종 아동을 길들이고 학대를 사랑의 표현으로 제시했기 때문에 이러한 순환에서 벗어나는 데 훨씬 더 어려움을 겪을 수 있다. 관계의 친밀감과 그에 따른 배신감으로 인해 성학대 생존자들은 특히 사랑이 무엇인지, 자신의 개인적 가치가 성적 대상으로서의 역할에 기반한 것에 대해 혼란스러워한다. 이러한 역동성은 또한 미래 관계에서 재희생의 위험으로 이어진다(Jaffe, DiLillo, Gratz, & Messman-Moore, 2019).

선불리 강제적인 재결합을 강요하지 않는다면, 아동과 청소년은 가해자에 대한 이러한 상반된 감정을 치료과정에서 작업함으로써 중요한 진전을 이룰 수 있다. 내가 사용하는 한 가지 기법은 아동이 가해자를 상징하는 인형과 직접 대화하도록 하는 것이다. 나는 아동들이 인형에게 무엇이 불공평하다고 느꼈는지, 그리고 그것이 자신에 대한 관점에 어떤 영향을 미쳤는지 설명하면서 감정을 말로 표현하도록 격려한다. 이 연습의 목적은 학대받은 아동에게 표현할 기회가 없었던 감정을 표현하고, 개인의 힘을 회복할 수 있는 기회를 제공하는 것이다. 이 과정은 아동들에게 권한을 주고 자신을 가해자보다 더 강하고, 더 낫고, 도덕적으로 우월하다고 생각할 수 있게 함으로써 아동들에게 미치는 가해자의 심리적 힘을 감소시킨다. 가해자의 힘이 약해짐에 따라 가해자와 강하게 동일시하는 해리 감정의 힘도 약해진다. 때로는 청소년들에게 편지로 감정을 표현하도록 하거나, 어린 아동이 편지내용을 말하도록 하고 나는 받아써 주는 경우도 있다. 아동들은 분노, 분함 및 관계에 대한 새로운 배움을 담은 놀랍고 강력한 편지를 나에게 받아쓰게 했으며, 이것은 무력감의 강력한 해독제가 되었다. 이러한 편지의 대부분은 보내지 않지만, 때로 가해자가 치료명령을 받았다면 그리고 아동이 동의하면 이 편지를 가해자의 치료자에게 보내서 그들의 치료에 사용할 수 있게 한다.

열 살 마시는 부모가 이혼하기 전 다섯 살 때 그를 학대한 아버지에게 편지를 썼다. 한 번도 보내지 않았던 마시의 편지를 [그림 13-6]에 제시했다. 편지는 마시가 분노의 감정을 추스르는 데 도움이 되었고, 자신을 피해자가 아닌 생존자로 보게 했다.

아버지,

내게 준 상처 때문에 정말 아팠어요.

아버지는 그런 행동을 할 권리가 없어요.

당신은 끔찍한 사람이에요.

당신 때문에 내 삶은 정상이 아니었어요.

진짜 사랑은 동정, 친절, 배려, 애정입니다.

나를 돕고 아프게 하지 않으며, 결코 해치지 않아요.

진짜 사랑은 누군가가 안전하다고 확신하게 하고, 자신에 대해 좋은 느낌을 갖게 하고, 감정을 존중하는 거예요.

사랑은 절대로 나한테 무엇인가를 강제로 하라고 하지 않아요.

엄마는 어떻게 나를 사랑해야 하는지 알고 있어요. 그녀는 당신보다 백만 배 나아요.

당신이 한 짓에 관계 없이 내 삶은 특별해요.

나는 당신처럼 되면 안 돼요 - 나는 가수가 될 수 있어요.

내가 원하는 모든 것이 가능해요. 그러나 당신이 아니라는 점만 아셔야 해요. 왜냐하면 당신은 나에게 끔찍한 짓을 했기 때문이에요.

당신은 나를 끔찍하게 만들었다는 것을 알아야 해요. 그것은 나쁘고 이기적이며 심술궂은 일이었어요.

당신은 나를 가치없는 사람처럼 느끼게 만들었어요. 그러나 나는 할 수 있는 사람이에요.

나는 가수가 될 수 있고, 배우가 될 수 있으며, 노래와 시를 쓸 수 있어요.

당신은 손을 마음대로 움직이지 않는 법을 배워야 해요.

존중하고, 친절하고, 해치지 않고, 이기적이지 말고, 다른 사람들이 어떻게 느끼는지 생각해야 해요.

나는 많은 어려운 일을 극복해 왔고, 이것도 극복할 수 있을 거예요.

[그림 13-6] 마시의 권한 부여 편지(허락을 받아 사용함)

치료에 오는 많은 학대 생존 아동들은 친권이 박탈되었거나 감옥에 갇혔거나 도망갔기 때문에 더 이상 그들의 삶에 나타나지 않는 가해 부모에 대한 해결책을 찾아야 한다. 일부 치료에서는 아동들에게 가해 부모나 보호자를 용서하라고, 그 사람이 '언제나 그들의 부모일 것이기 때문에' 용서해야 한다고 말한다. 이러한 강제적인 용서는 비생산적이며 아동을 트라우마 애착 주기에 다시 빠지게 만든다.

Noll(2005)은 성인 성학대 생존자의 용서를 연구한 결과, 놓아주고, 복수하지 않고, 자신의 삶을 계속 살아가는 감정에 국한될 때 도움이 될 수 있음을 발견했다. 그러나 용서가 부모에 대한 화해적 태도와 부모를 다시 자신의 삶으로 돌아오게 하는 것과 관련될 때에는 내담자들이 더 많은 증상을 보였다. Fourie, Hortensius와 Decety(2020)는 진정한 용서의 구성요소를 분석하였고, 인지적 통제, 조망 취하기 및 사회적 가치 평가라는 세 가지 요소를 확인했다. 성공적 용서는 보복의 감정을 가해자가 생존자의 의식 속에서 지속적인 심리적 역할을 하고 있지 않다는 것을 인정하는 것으로 바꾼다. Fourie 등은 진정한 용서와 신경생리학적 변화의 상관관계가 외측 전전두엽 피질, 측두정엽 접합부, 복-내측 전전두엽 피질의 변화에서 나타난다고 언급했다.

많은 자녀들은 부모가 자신에게 해를 끼쳤다는 사실을 받아들이는 방법을 이해하는 단계

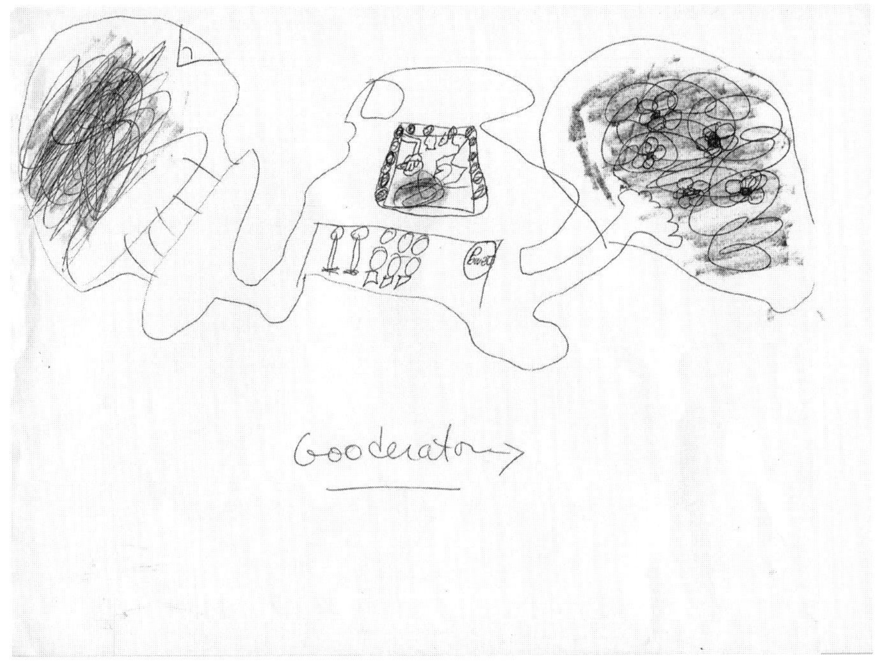

[그림 13-7] 아디나는 아버지에 대한 나쁜 감정을 변화시키는 'Gooderator'를 그렸다(허락을 받아 사용함)

를 거친다. 이 단계에는 자신이 부모를 변화시키거나 치유할 수 있다고 믿는 것, 극도의 분노와 거부, 무관심, 그리고 마지막으로 자신이 겪은 피해에 대해 자신을 탓하지 않고 부모를 받아들이는 것이 포함될 수 있다. 치료자는 이 과정을 성급하게 진행해서는 안 되며, 오히려 아동들에게 사랑이 무엇을 의미하는지, 왜 그들은 사랑과 관심을 받을 자격이 있는지, 부모가 그들에게 사랑을 주지 못한 이유를 탐색할 수 있는 충분한 기회를 제공해야 한다.

열 살이 되던 해에 아디나가 성학대를 폭로한 후 2년간의 치료가 끝나갈 무렵 그녀는 복수에 대한 환상과 아버지에 대한 분노의 감정을 포기할 준비가 되었다고 말했다. 그녀는 [그림 13-7]에 있는 'Gooderator(역주: 일종의 좋은 일을 하는 기계라는 의미의 아동의 표현)'를 그렸다. 아디나는 아버지에 대한 끔찍한 감정이 '흙' 같아서 Gooderator에 넣고 '꽃'으로 피어나게 할 수 있다고 말했다. 그녀의 그림은 아버지에 대한 분노의 감정을 뒤로 하고 이러한 감정을 변화시켜 삶을 계속할 수 있기를 바라는 아디나의 열망을 상징한다.

플래시백 다루기

치료자가 치료실에서 플래시백을 목격하는 것은 무섭고 혼란스러울 수 있다. 이전 장에서 설명한 해리성 셧다운 상태처럼, 플래시백 사건은 비자발적이고 심지어 경련처럼 보인다. 플래시백은 아동이나 청소년의 통제를 벗어나며 발한, 빠른 호흡 또는 불수의적 움직임을 포함한 생리적 각성 현상을 동반할 수 있다. 나는 한 십대 소녀가 엉덩이를 움찔거리며 "안 돼!"라고 비명을 지르면서 명백한 강간 장면을 재연하는 것을 본 적이 있다. 이러한 사건의 목격은 경험 많은 치료자라도 두려움을 느낄 수 있다. 어린 아동들의 플래시백은 치료자를 더욱 불안하게 할 수 있다. 아동은 멍한 표정을 짓고, 방에 없는 사람들과 대화를 하거나, 오직 아동만이 볼 수 있는 분명한 고통으로부터 숨으려 할 수 있다. 이를 목격한 부모들은 종종 이를 생생하게 묘사한다(Cintron et al., 2018).

플래시백은 뇌에 미치는 트라우마의 신경학적 영향을 나타내는 것이다. Martin Teicher에 따르면(개인적 의사소통, 2010년 11월), 플래시백은 주로 뇌의 오른쪽에서 발생하며 불현성(subclinical) 발작일 수 있다. 발작이 일어나는 동안 신경세포는 과거와 현재의 차이를 분석할 수 있는 전두엽 피질의 교정 및 안정화 없이 폐쇄된 피드백 고리의 반복 패턴이 발생하는 형태로 활성화된다. 플래시백 발생 시 과거는 현재 일어나는 것으로 경험되며, 공포에 대한 생리적 감각이 급격해진다. 무섭고 고통스러울 수 있지만 플래시백에는 목적이 있을 수 있다. 진화론적 관점에서 볼 때, 외상 환경에 살고 있는 유기체가 잠재적인 위험에 대해 신속하고 과잉 경계적인 경고 시스템을 갖는 것은 적응적이다. 나는 내담자들에게 플래시백이 계속 되돌아오는 이유 중 하나는 뇌가 자신에게 경고를 주는 것이라고 설명한다(과거에 경험한 사건이 다시 돌아와 너를 해칠 수 있다. 뇌가 과거의 사건들이 다시 일어나지 않을 것이라는 것을 완전히 확신할 때까지). 플래시백은 계속 발생할 것이다. 나는 아동에게 어떤 환경에서 아동이 경고를 받고 있는지 알아내기 위해 나와 함께 일해 달라고 요청한다.

전환의 순간이 중요한데, 현재의 경험이 너무 압도적으로 느껴져서 신체가 이 경고 모드로 들어가는 순간이기 때문이다. 종종 플래시백이 발생하는 이유는 환경 속의 트라우마 촉발 요인이 원래의 트라우마 사건을 매우 생생하게 상기시키는 상황이나 사람이기 때문이며, 생존자가 이 촉발 요인에 안전하게 대응하는 방법을 아직 식별하지 못했기 때문이다. 따라서 플래시백은 트라우마로부터 정신을 멀어지게 하는 적응적인 경고 메커니즘으로 개념화된다. 플래시백은 생존자가 안전하지 않은 일이 발생하고 있을 때 이를 알아차리고 빨리 벗어날 수 있도록 도와주는 방법으로 인식된다. 나는 종종 아동에게 플래시백으로부터 모든 가능한 경고 정보가 오렌지에서 주스를 짜내듯 추출될 때까지 플래시백은 계속 발생할 것이라고 말한다. 플래시백 경험의 자동성을 차단하는 새로운 경로를 생성하기 위해 전전두엽 피질의 사고, 계획 및 매칭 기능을 활용하여 정보가 추출된다.

아동이나 청소년이 갑작스럽게 플래시백을 일으키면 이를 현재 세계에서 탐색해야 하는 안전하지 않은 것과 아직 소화되지 않은 과거 사건에 대한 경고로 보는 것이 중요하다. 안전하지 않은 것에 대한 탐색은 과거의 트라우마 사건을 상기시키는 것을 밝혀내는 것으로 이어지게 한다. 예를 들어, 15세 벨린다는 1년 전에 겪은 강간의 플래시백으로 병원에 입원했다. 탐색 결과 현재의 남자친구가 위협적인 행동을 하고 있다는 사실이 마침내 밝혀졌다. 플래시백은 새로운 남자친구와의 관계에서 발생할지도 모르는 위험 가능성에 대한 그녀의 경고 시스템 역할을 했다. 그녀의 급성 증상을 해결하기 위해서는 이전의 트라우마와 현재 남자친구와의 관계를 다루어야 했다. 플래시백은 어떤 의미에서는 경고로서 적응적이지만, 아직 전체 자기에 통합되지 않은 기억의 반복적인 반향이기도 하다. 이전 사건과 관련된 감정을 처리하기 위해 나는 EMDR과 그라운딩 기법을 사용하여 그녀의 권한 의식을 향상시키고 과거의 무력감을 해결하는 데 도움을 주었다.

타임머신 기법

타임머신 기법은 플래시백을 줄이기 위한 절차로서 트라우마 기억처리의 많은 구성 요소를 통합한다. 이 기술은 아동이나 청소년이 과거로 돌아가 트라우마 사건을 취소하고, 무력함 대신에 주도권을 취하며, 가해자와의 관계에서 자신을 바라보는 시각을 바꾸는 것을 상상하게 한다. 이 연습은 6개월 이상 지속되는 플래시백을 겪는 아동과 청소년들에게 가장 적합하다. 이 기법은 최근에 경험한 트라우마 사건에는 절대 사용해서는 안 되며, 트라우마 사건에 대해 법정에서 증언할 준비를 하고 있는 아동에게도 절대 사용해서는 안 된다.

이 연습을 준비하면서, 아동과 청소년들에게 그들에게 일어난 과거 사건을 바꿀 수는 없지만 그 사건을 경험하는 방식을 바꿀 수 있다고 말한다. 현재 그들의 마음은 트라우마 사건이 여전히 관련 있고 실제적이라고 확신하고 있으며, 그 결과로 그들의 마음은 이 사건을 반복해서 '연습'하고 있다고 설명한다. 그것은 마치 그들의 마음이 피드백 고리에 갇혀 고장난 레코드 플레이어처럼 같은 사건을 몇 번이고 반복하는 것과 같다. 나는 그들이 그 상태에서 벗어나 더 즐겁고 자신감을 주는 것을 마음속으로 연습할 수 있는 방법이 있다고 설명한다. 일부 전문가들은 우리가 진실에 충실해야 한다고 주장할 수 있지만 나는 아동의 마음이 과거의 트라우마를 반복해서 일어나고 있는 '진짜 사실'이라고 생각한다고 반박한다. 이것은 실제로 사실이 아니다. 치료자는 이것을 진짜로 사실인 생각들(그들이 안전하다는 것, 강할 수 있다는 것)로 대체하고, 아동들의 놀라운 상상력을 이용하여 이를 달성할 것이다. 플래시백에 시달리는 대부분의 아동이나 청소년들은 이 기술을 시도해 보려고 한다.

나는 아동들에게 그들이 경험한 플래시백에 대해 이야기하는 것에 온 마음을 초대하도록 요청하면서 타임머신 연습을 시작하는데, 주로 플래시백의 가장 무서운 또는 트라우마적인 부분 직전에 일어나는 일에 주로 초점을 맞춘다. 나는 그들에게 많은 감각적인 세부 사항을 포함시켜 주변 환경, 아동들이 있는 곳, 그들이 생각하는 것을 설명하고 트라우마 순간까지 가달라고 요청한다. 아동들은 종종 가장 심각한 사건 부분을 말하지 않아도 된다는 것에 매우 안도한다. 그런 다음 그들이 갖고 싶은 초능력을 스스로에게 주라고 요청한다. 대부분의 청소년과 아동들은 결정적 순간에 가해자의 눈에 띄지 않게 되고, 그다음에는 트라우마에서 벗어날 수 있는 힘을 갖게 된다고 말한다. 일반적으로 이들은 폭력적인 결말을 선택하지 않지만 만약 그렇게 한다면 나는 그들에게 자신을 구하지만 폭력을 사용하지 않는 방법을 생각해 보라고 제안한다. 스스로 초인적인 힘을 발휘할 때 가해자를 내던져 버리고 도망가는 경우가 많다.

그런 다음 나는 아동들에게 그들이 떠날 때 가해자에게 무엇인가를 말하도록 요청한다. 이 부분에 맞는 문장을 찾는 것은 연습에서 매우 중요한 부분이다. 이 연습 부분이 너무 어렵다면, 나는 그들에게 "당신은 나를 다치게 했다고 생각했지만, 나는 당신보다 강하다." "당신은 이것을 영원히 기억할 것이지만, 나는 내 삶을 계속 살 것이다." "내가 그러기로 한다면 당신을 용서할 수 있지만 당신은 스스로를 용서할 수 있을까?" "자신보다 훨씬 작은 사람에게 상처를 준다면 어떻게 스스로 살아갈 수 있을까? 당신은 겁쟁이다."와 같은 문장을 만들 수 있도록 도움을 준다. 이러한 진술은 일반적으로 가해자의 나약함, 비겁, 도덕적 타락과 반대로 아동이나 청소년의 힘과 도덕적 우월성을 묘사한다. 마지막으로, 아동이나 청소년들에게 그들의 생활에서 안전한 사람이 누구인지 묻는다. 나는 그들에게 안전한 사람의 품에서 이야기를 마치도록 요청하여 그곳에서 위안과 안정감을 느끼게 한다.

이야기를 하고 나면 내담자들에게 눈을 감고 편안한 자세를 취하게 하고 전체 이야기를 다시 들려준다. 나는 아동이 트라우마의 가장 나쁜 부분 직전에 발생한 환경에 대한 감각적인 세부 사항을 포함시키고, 바뀐 것이 있으면 이야기 끝에 새로운 감각적인 세부 사항을 추가한다. 감각적인 세부 사항은 생생하게 묘사되며, 이 연습을 통해 점점 더 분명해진다. 이야기를 다시 들려주는 과정은 15분에서 20분이 걸리며, 내담자들은 대개 평화와 안도감으로 반응한다. 그런 다음 내담자에게 잠들기 직전이나 플래시백 경험이 임박했다고 느낄 때 상상으로 이 새로운 결말을 계속 연습하라고 한다. 일부 내담자는 트라우마 중에 느꼈던 무력감을 뒤엎고 새로운 강력한 힘이 작동하는 순간을 그림이나 콜라주로 만들기도 한다. 이 그림들은 침대 위 벽이나 집안의 다른 눈에 띄는 장소에 걸어두어 무력감 대신 주도권을 상기시킬 수 있다. 이 연습을 시간이 지남에 따라 자주 반복하면, 트라우마 기억으로 과잉 사용된 회로를 대체하는 새로운 뇌 경로가 발달할 수 있으며, 이 새로운 연결은 안전감 및 권한부여의 감정과 함께 생겨난다.

이 연습을 할 때 몇 가지 주의 사항을 염두에 두어야 한다. 트라우마 사건 후 너무 이른 시기에 이 연습을 시도하거나 치료의 기본적인 기반을 달성하기 전에 시도할 경우, 죄책감이나 자기비난이 증가할 수 있다. 아동은 연습의 '강력한 힘(superpower)' 부분을 자신이 다르게 행동했어야 했다는 의미로 해석하고, 그래서 일어난 일에 대한 책임이 자신에게 있다고 생각할 수 있다. 자기 상태, 내적 목소리, 또는 과도기적 정체성을 인식하고 있다면, 전체 자기가 이 연습을 진행할 준비가 되어 있는지 확인하고 전체 자기가 참여하도록 초대하는 것이 중요하다. 그러나 잘못된 시기에 이 연습을 하면 내담자는 치료자가 아동의 경험을 존중하지 않거나 아동이 겪는 고통의 정당성을 부정하는 것으로 느낄 수 있다. 따라서 이 연습을 하기 전에 아동과 이 연습으로 달성할 수 있는 것과 달성할 수 없는 것에 대해 솔직하게 대화하는 것이 중요하며, 아동들의 반응을 평가해야 한다. 내담자가 기분이 상하거나 몹시 꺼린다면 이 치료 기법을 사용하지 않는 것이 좋다.

지나는 타임머신 기법으로 큰 위로를 받은 내담자였다. 지나는 창의적이고 음악적인 15

세 소녀로, 8~10세 사이에 아버지의 집에 면접교섭으로 방문했을 때 겪었던 충격적 경험의 자세한 내용을 아무에게도 말하지 않았다. 아버지가 재혼하고 살던 주를 떠나면서 면접교섭을 하지 않았고 연락이 끊겼다. 결국, 다양한 트라우마 증상이 나타났다. 그것은 섭식장애 증상, 자해, 무서운 사진을 보여 준 그녀의 마음속에 있는 목소리, 어머니와의 갈등이었으며, 일부는 발생 후 즉시 잊어버렸던 것들이다.

지나는 겉으로 보기에는 치료에 순응적이고 협조적이었다. 그러나 그녀는 결코 내적 목소리나 무서운 사진에 대해 실제로 이야기하지 않았으며, 그것에 대해 생각하고 싶지 않다고 말했다. 무서운 사진이 그렇게 중요한 것은 아니라고 주장했고, 그것들을 마음에서 없애 버리려 할 뿐이라고 말했다. 추가 질문에서 지나는 아버지와 면접교섭하는 중에 발생한 트라우마 사건들에 대해 실제로 누구에게도 말한 적이 없다고 밝혔다. 그녀는 이전의 모든 치료자들에게 그것에 대해 이야기하는 것이 너무 고통스러웠다고 말했고, 치료자들은 지나의 말을 받아들여 다른 것에 대해 이야기하도록 해 주었다고 했다. 나는 지나에게 일어난 나쁜 일들을 잊어버리기에는 아직 안전하지 않다는 것을 마음이 알려주고 있다고 설명했다. 머릿속에 떠오른 그 무서운 사진들은 바깥에 도사리고 있는 위험에 대해 끊임없이 경고하는 마음의 방법이었다. 그 위험들은 트라우마를 여전히 기억하고 무엇을 과거에 두고 무엇을 마음의 전면에 두어 상기해야 하는지 판단할 기술이 없는 그녀의 어린 자기에게는 실제적이고 무서운 것이다. 따라서 무서운 사진은 지속적으로 상기시키는 역할을 한다. 나는 지나에게 마음속에서 계속되고 있는 경고를 다루는 더 나은 방법은 과거의 트라우마에 대해 누군가에게 말하고 그것을 이해하는 방법을 정리하는 것일지도 모른다고 제안했다. 나는 그녀에게 이에 대해 말하는 것이 괜찮을지 그녀의 내적 목소리에게 확인해 보라고 요청했다. 그녀는 나에게 그녀의 내적 목소리가 도움이 될 수도 있다는 점에 동의했다고 말했고, 처음으로 '무서운 사진'이 아버지를 방문했을 때 그녀에게 일어난 일들이라고 밝혔다. 그녀는 트라우마에 관한 이야기 일부를 나에게 말하기로 동의했다.

멈칫 했지만 지나는 단호하게 그녀의 아버지가 오랫동안 운전해 웨스트 버지니아의 구불구불한 언덕들을 지나 산기슭의 버려진 판잣집으로 그녀를 데려가던 장면을 묘사했다. 그곳에서 그녀는 아버지가 사람들과 마약을 하고 담배를 피우고 가루 냄새를 맡는 방에 들어가곤 했다고 회상했다. 그녀는 작은 방에 있는 간이 침대에서 기다리고 있던 일을 회상하였으며, 집에 있던 남자들이 방으로 찾아와 자신을 학대하곤 했다고 회상했다. 지나는 학대에 대해 더 자세한 이야기를 하고 싶어하지 않았다. 나는 타임머신 기법을 설명했고 지나는 해보고 싶어 했다. 나는 지나에게 가장 끔찍한 일이 일어나기 전의 순간을 알려달라고 부탁했고, 그녀는 그것이 자신이 작은 방에 들어가 간이침대에 누운 순간이라고 말했다. 그 슬픔과 두려움, 버림받은 감정을 견뎌내야 하는 더 어린 자신에게 연민과 사랑과 이해를 보내달라고 부탁했고, 그녀는 "너의 마음을 알아."라고 말했다. 지나는 하늘을 날 수 있고 사람들 주위에 힘의 장을 만드는 초능력을 선택했다. 나는 그녀에게 새로운 초능력으로 상황을 어떻게 처리할 것인지 설명해 달라고 요청했다. 그녀는 보통은 아버지이긴 했겠지만 첫 번째 사람이 그 방에 들어가는 것을 지켜보고 나서 그가 움직이지 못하도록 그의 주위에 보이지 않는 힘의 장을 만들겠다고 말했다. 그는 보이지 않는 새로운 감옥에서 빠져나오려고 애쓰면서 그녀를 바라봤을 것이다. 그런 다음 그녀는 다른 방에 있는 모든 사람들 주위에 보이지 않는 힘의 장을 만들고 장의 경계에 갇혀 있는 동안 마약에 접근할 수 없게 했다. 내가 아버지에게 뭐라고 말하겠냐고 묻자 지나는 아버지에게 "당신은 약하고, 나는 강해요. 당신은 내 아버지가 아니고 다시는 아버지가 될 수 없어요."라고 말하겠다고 했다. 그러고서 그녀는 집을 떠나 현재 살고 있는 새 집에 있는 어머니의 품으로 다시 날아갈 것이라고 말했다.

이 이야기를 하고 나서 지나는 미소를 지으며 자신의 아버지로서의 지위를 빼앗을 수 있다는 것을 처음으로 깨달았다고 말했다. 그에게 무엇을 말하고 싶은지 곰곰이 생각함으로써 지나는 더 고차원적 사고를 사용할 수 있었고 자신을 지배하는 그의 힘과의 단절을 생각해 낼 수 있었다. 지나는 아버지의 힘이 자신에게 일어난 일에 대해 누구에게도 말하지 못하게 했다는 것을 깨달았다. 그는 항상 지나에게 "그렇지 않으면"이라는 말을 하지 말라고 말했다. 지나는 "그렇지 않으면"이 무엇인지 모르지만 그 위협의 힘과 자신에 대한 아버지의 권위가 지금까지 자신을 침묵하게 했다는 것을 알았다.

지나가 편안하게 의자에 앉아 있게 하고 나는 지나에게 열에서 하나까지 숫자를 세면서 시간을 거슬러 올라가 '심리적 실재'를 바꾸는 '시간을 휘게 하는 공간'에서, 일어난 사건을 바꿀 수 있는 마법의 엘리베이터를 타는 상상을 하게 했다. 나는 지나에게 그녀가 한 이야기를 반복해 주며, 구불구불한 웨스트 버지니아 도로의 세부 사항을 매우 생생하게 묘사했고, 이번에는 다를 수도 있다는 불안감과 기대감을 갖게 했다. 장에 갇힌 지나의 아버지에 대한 자세한 이야기를 지나에게 들려주면서 나는 충격, 패배, 그리고 지나의 새로운 힘을 인식하고 있는 그의 표정을 감각적으로 묘사해 주었다. 나는 지나가 공중을 날아다닐 때, 지나의 머리카락 사이로 바람이 부는 것과 그 아래 풍경을 생생하게 묘사했다. 마지막으로, 나는 어머니의 품 안에 있을 때 지나가 느끼는 감정적, 신체적 안락함과 지나의 미래의 안전에 대해 설명했다.

나는 연습이 끝난 후 지나에게 느낌과 내적 목소리, '무서운 사진'에 대해 물었다. 지나는 안전감과 안도감을 느낀다고 이야기했으며 이제는 아버지와의 경험에 대해 새롭게 생각하고 있다고 말했다. 아직 지나는 이야기의 가장 끔찍한 부분에 대한 세부 내용을 공개하지 않았지만, 이 상상 연습을 통해 트라우마 역사를 다룰 수 있는 새로운 수준의 통찰력과 힘을 얻을 수 있었다. 지나는 내적 목소리도 그 경험을 즐겼으며 '사진 파일을 분류해서' 더 이상 필요하지 않은 것들을 뺄 것이라고 말했다.

지나는 시간이 지나면서 내적 목소리가 점점 덜 두드러지게 되었고, 무서운 사진은 시간이 지나면서 더 이상 무서운 이미지가 아닌 일, 의무, 걱정에 관한 메시지를 전하는 '회상 사진'으로 바뀌었다고 보고했다. 지나는 또한 정신이 좀 더 탄력적으로 변함에 따라 '기억을 떠올리게 하는 사진들'이 희미해졌고, 행동을 안내하는 사소한 경고 역할을 하는 정상적인 잔소리와 두려움만 경험했다고 보고했다. 치료가 진행됨에 따라 지나는 학대 경험에 대해 더 솔직해졌지만, 경험의 힘은 이 연습으로 인해 많이 약화되었다. 지나는 자신이 강력한 힘(superpower)을 자주 사용하고 아버지와 대화하는 장면을 상상하는 연습을 했다고 보고했는데, 아버지는 자신에게 한 일을 직면하고 심지어 사과까지 했다고 했다. 지나는 이것이 '시간을 휘는 것'이라는 점을 완전히 받아들였고, 자신의 진짜 아버지는 진정으로 사과한 적이 없고 아마 앞으로도 없을 것이라는 것을 알고 있었다.

가장 흥미로운 강력한 힘 중 하나는 한 내담자가 눈으로 누군가의 이마에 영구적으로 글자를 새길 수 있다고 한 것이었다. 그녀는 강간범의 이마에 "나는 강간범이다."라는 글자를 새겨 그의 범죄가 어디를 가든지 따라가게 했다. 아동들이 내면의 힘과 회복을 위한 내면의 힘에 상상력을 집중하게 되면서 창조성과 회복력이 발현되는 것을 보는 것은 감동적이다.

플래시백 평가 시 고려사항

플래시백이라는 표현은 '가정에서 흔히 사용되는 말'이 되었으며, 심지어 아동들조차 이 단어를 내적 경험을 설명하는 데 사용할 수 있다. 그중 일부는 실제로 플래시백이 아닐 수 있다. 따라서 가족이나 내담자가 '플래시백'에 관한 불평을 할 때는 용어가 의미하는 바를 평가하는 것이 중요하다. 어떤 아동들은 과호흡 증상, 공격적 행동 또는 공황 발작을 플래시백이라고 설명한다. 또 어떤 아동이나 청소년들은 가족이나 치료자로부터 즉각적인 동정을 이끌어 내는 편리한 상표로 사용할 수 있지만 실제로는 전혀 플래시백을 경험하지 않을 수도 있다.

트라우마와 관련된 대부분의 행동은 조작적 조건화와 고전적 조건화 요소를 모두 가지고 있다—둘 다 현재 환경의 영향을 받으며 과거 환경에 의해 자극된다. 따라서 심지어 과거 경험에서 통합되지 않은 신경 패턴을 무작위로 활성화시키는 것으로 보이는 '정당한' 플래시백과 침범적으로 트라우마를 상기시키는 것도 현재 환경에 의해 상대적으로 강해지거나 약해질 수 있다. 이러한 환경의 우발적 요소는 이 패턴이 얼마나 오래 지속되는지를 결정하는 데 있어 중요한 역할을 할 수 있기 때문에 아동의 환경(가족, 학교 및 아동과 함께 시간을 보내는 다른 사람들)이 아동의 플래시백 경험에 어떻게 반응하는지 살펴봐야 한다.

정서적으로 문제가 있는 아동들을 위한 특수학교에서는 아동이나 청소년이 학교에서의 사건으로 인해 촉발된 플래시백을 경험할 때 균형있는 접근 방식을 취하는 것이 중요하다. 아동을 돕고 일대일 지원을 받을 수 있는 위기개입 상담실을 마련하는 것이 필요하다. 또한 아동이 위기개입 상담실에 갔다가 빠르게 교실로 돌아갈 때 내적 보상이 있어야 하므로, 수업 회피 자체가 목적이 되어 플래시백 경험을 강화하지 않게 해야 한다. 이 주의는 아동과 청소년이 증상을 지속하여 부차적 이득을 얻을 수 있는 모든 환경에 적용되며, 이유는 책임 회피 기회를 제공하기 때문이다.

모든 규칙의 예외

모든 규칙에는 예외가 있다. 트라우마를 기억하지 못해 트라우마 기억을 처리하지 못하는 아동들도 있다. 안전하고 지지적인 가정, 숙련된 치료자, 안정적인 환경에도 불구하고 일부 아동이 경험한 트라우마는 의식에 접근할 수 없는 상태로 있다. 나는 이러한 패턴을 심각하고 만성적인 트라우마를 경험한 후 안전한 가정에 입양된 아동들에게서 발견했다. 이 아동들은 과거의 트라우마를 완전히 뒤로 하고 모두 잊어버린 것처럼 보인다. 마치 이들의 생존이 의식으로부터 트라우마 사건을 지워버리고 새로운 가정에 적응하는 것에 달려 있는 것처럼 보인다. 아동이나 청소년이 과거를 기억하지 못할 때 치료자가 계속해서 트라우마를 언급하는 것은 부담스럽고 짜증날 수 있다. 이런 경우에는 현재 문제 해결에 초점을 맞추고 신뢰 형성에 중점을 두는 것이 가장 좋다. 과거의 트라우마가 중요해질 때가 오면 그 기억들은 앞으로 나아갈 방법을 찾을 것이다.

법의학적 고려사항

아동이나 청소년이 트라우마 사건에 대해 얘기할 때, 치료자는 현재 진행 중인 범죄 수사에 유의해야 한다. 범죄 수사가 이루어지고 있는 경우에는 트라우마 사건에 대한 논의는 반드시 사건을 조사하거나 기소하는 법의학 팀과 협력해서 이루어져야 한다. 치료자는 이미지 관련 기술이나 암시 관련 이완 기술을 삼가야 한다. 이러한 기법들은 쉽게 '최면'으로 오해받을 수 있으며, 이로 인해 아동이 증인으로 소환 받을 경우 아동의 신뢰성에 부정적인 영향을 미칠 수 있다. 치료자가 법정에서 증언할 수 있는 아동과 치료작업을 할 때에는 치료는 외상 처리를 피해야 한다. 대신, 치료는 안전에 대한 확신을 제공하고, 안전한 부모와 아동의 유대감을 지원하며, 아동에게 권한을 주는 숙달 진술을 장려하는 데 초점을 맞춰야 한다.

기억에 일관되게 접근할 수 없고 아동이 해리된 상태나 과도기적 정체성으로 '전환'될 때만 트라우마 사건에 접근할 수 있는 경우, 법원은 일관되지 않은 기억을 의심할 수 있으므로 증언을 하는 것은 바람직하지 않을 수 있다. 법원은 일관되지 않은 기억에 대해 의심할 것이다. 치료자는 수사관과 개방적인 의사소통을 유지하고, 치료에서 새롭게 나타나는 세부 사항을 신속하게 전달할 방법을 결정해야 한다. 아동들은 시간이 지남에 따라 심각한 학대 세부 사항을 드러낼 수 있으며 이전 법의학 인터뷰에 포함되지 않은 주요 증거를 치료자에게 말할 수 있다. 이것은 아동들에게 자주 발생한다. 예를 들어, 다섯 살 샬롯은 어머니가 샬롯의 속옷에서 발견한 마른 피에 대해 물어본 후에야 아버지가 주말 면접교섭 때 성학대를 했다고 폭로했다. 샬롯은 기소를 위한 법의학 면담에서 충분한 정보를 제공했지만, 나중에 치료에서 아버지의 친구들이 다른 이웃 아이들과 함께 학대에 가담했다는 것을 폭로했다. 이 정보는 진행 중이던 조사의 핵심이었으며 새로 지목된 범인 중 한 명에 대한 수색영장은 원래의 용의자에 대한 증거로 이어졌다. 치료 중 새로운 세부 사항이 나타나면 치료자는 아동의 이야기를 그대로 기록하고 방해하지 말아야 하고, 유도 질문을 피해야 하며 진행 중인 법적 절차를 위해 기록을 보존해야 한다.

요약

이 장에서 나는 아동 생존자가 경험한 충격적인 사건에 대해 치료자가 증인 역할을 하는 것이 중요하다고 언급했고 아동이나 청소년이 자신의 이야기를 해야 할 때 치료자는 항상 들을 준비가 되어 있어야 하며 아동이 정당화를 원하는 경우 치료 초기에도 마찬가지임을 강조했다. 치료자는 과거가 현재에 미치는 사실적 영향에 관한 표현을 알고 안전한 환경을 만들어야 하며 이는 트라우마 사건에 대해 이야기하는 것이 안전할 수 있음을 모델링하게 한다. 트라우마 기억을 처리하는 과정에서 트라우마를 이야기하는 것의 중요성, 신체적 및 정서적 경험과의 연결, 그리고 이 경험을 주도성의 경험으로 만드는 것을 강조했다. 내담자들은 또한 자신의 어린 자기 상태에 연민을 베풀고, 자기의 모든 부분들을 경험에 포함시켜 상태들 간에 감정이 공유되도록 지지받아야 한다.

트라우마 사건을 처리하기에 적절한 시기는 해당 사건이 현재 기능에 영향을 미치고, 트라우마 기억과 현재 상황이 직접적인 관련이 있으며, 자기조절 기술이 아동이나 청소년을 압도하지 않고 이러한 연습을 하기에 충분할 때이다. 플래시백은 생존자에게 현재의 위험을 경고하는 마음의 방법으로 이해되어야 한다는 것과, 치료자가 이 경고 시스템을 활성화시키는 '고착된 생각들'을 파악하는 데 도움이 되는 기법임을 설명했다. 애착 인물에게 이야기를 들려주는 것은 트라우마 사건을 처리할 때 특히 중요하다. 타임머신 기법과 같은 상상기법은 아동이 가해자를 물리치고 더 적극적인 역할을 하는 새로운 이야기를 창조할 수 있게 한다. 이 트라우마 사건처리 기술은 무력함과 영원한 피해자 상태의 트라우마 스크립트를 생존, 숙달, 그리고 권한 부여의 스크립트로 바꾸는 데 도움이 된다.

다음 장에서는 경험 많은 치료자조차 도전적이라고 느끼는 장애물들을 마주하게 될 것이다. 다음 장에서 보게 될 트라우마 아동들의 요구를 해결하기 위해서는 끈기, 창조성과 함께 지금까지 배운 모든 기술이 필요하다.

14장

조직적 학대에 맞서는 안정 애착과 사랑

“새 책을 쓸 때 물총 얘기도 쓰세요!” 여섯 살 레나가 말했다. 레나는 빨간색을 보면 빨간색이 촉발 요인이 되어 공황, 플래시백 그리고 통제할 수 없는 울음을 터뜨렸다. 치료를 통해 기억을 처리했음에도 불구하고 두려움은 점점 더 확대되었다. 두려움은 내 치료실의 마커, 엄마의 옷, 빨간 실로 장식된 가구로 일반화되어 갔고, 유치원에서 이 색을 입은 또래들을 기피하게 되었다. 이 촉발 요인은 너무 빨리 일반화되어 레나의 일상생활이 점점 더 제한되고 있었다.

어느 날 나는 수채화 물감과 물을 섞어 만든 파란색과 노란색 물이 담긴 여러 개의 물총을 가져왔다. 나는 레나에게 색깔 실험을 할 준비가 되었는지 물었고, 실험을 하려면 빨간색 물감을 잠시 봐야 한다고 말했다. 레나는 이에 동의했고, 나는 종이컵에 빨간색 물을 채우고 레나에게 물총을 사용하여 물이 변하는 것을 보라고 했다. 레나가 빨간색 물이 담긴 컵에 파란색과 노란색 물을 뿌리는 동안 나는 “이 색은 네가 결정한 것이니 다칠 일은 없어. 원한다면 다른 색으로 바꿔도 돼. 너는 색깔 대장이야!”라는 힘을 실어주는 말을 계속 건넸다. 레나가 빨간색 물을 쏴서 보라색, 주황색, 갈색으로 바꾸는 것을 즐기는 것을 보면서 나는 컵 중 하나를 빨간색으로 둔 채 레나가 그것을 쳐다보거나 그 안에 손가락을 넣어볼 것을 권했다. 이 절차의 목적은 즐거움를 느끼고 색에 대한 숙달감을 촉진하는 맥락에서 둔감화를 유도하는 것이었다. 이 연습 직후 레나는 자신의 일상생활에서 빨간색을 견딜 수 있는 방법에 대해 이야기할 수 있었고, 점차 반응 없이 빨간색을 다룰 수 있게 되었다.

빨간색? 어떤 종류의 트라우마가 이렇게 일반화되고 압도적인 공포증을 유발했을까? 치료 과정에서 레나는 빨간색을 가족이 아닌 타인에게 학대당할 때 화상을 입은 것과 연관시켰다. 나는 지난 5년 동안 가장 가학적 형태의 조직적 학대를 당한 아동을 치료하면서 이런 종류의 급성 반응에 대해 배웠다. 중증 학대 전문가인 나는 이 아동들이 갑자기 얼어붙고, 말도 안 되는 말로 이야기하고(말비빔, word salads), 형제자매에게 살인적인 행동을 하며, 자폐아처럼 끊임없이 빙빙 도는 등 가장 심각한 증상을 보인다는 것을 알게 되었다. 이러한 극단적 행동은 상대적으로 건강한 가정에서 정상적으로 발달하다 갑자기 나타났다. 이스라엘의 예루살렘 종교 구역의 여러 곳에 살고 있는 아동들이 조직화된 학대자 집단의 표적이 되었다. 아동들의 보고에 따르면, 그들은 한 번에 여러 명의 아동들을 학대하고 온라인 착취에 가담하며, 학대 장면을 실시간으로 스트리밍하여 아동을 인신매매하였다. 피해 아동들은 신체적, 성적, 정서적, 영적 등 다양한 형태의 학대로 인해 심각한 트라우마를 겪었다. 아동들은 학교나 놀이터에서 납치되거나 베이비시터에게 납치되었지만 항상 저녁이나 오후에는 집으로 돌아왔다고 진술했다. 따라서 의심을 할 수가 없었다. 아동이 몇 시간 동안 집에 없었지만 부모는 아이가 어디에 있는지 알고 있다고 생각했다.

나는 심각한 트라우마의 영향과 치료에 대해 외국의 치료자들을 슈퍼비전하면서 이러한 사례들을 접하게 되었다. 나는 해리 앤 지넷 와인버그 재단(Harry and Jeanette Weinberg Foundation)의 보조금을 지원받아 이 아동들의 증상을 추적하고 치료자들에게 지속적인 상담과 슈퍼비전을 제공했다.

조직적 학대는 치료하기 어렵고 파악하기도 어렵다. 역사적 논쟁으로 인해 많은 정신건강 전문가들은 이러한 유형의 구조적 학대가 발생한다는 사실에 회의적이며, 많은 사람이 두려움과 불신으로 인해 이러한 유형의 트라우마에 직면하는 것을 외면한다. 1980년대 맥마틴 유치원 사건(여러 아동이 다수의 가학적인 가해자 학대를 폭로한 사건)을 포함한 데이케어센터 사건으로 인해 많은 사람이 어린 아동들의 신고를 믿는 데 회의적이었다. 1984년 맥마틴 데이케어센터에서 일했던 7명의 직원이 미취학 아동을 대상으로 한 성범죄 혐의로 기소된 사건이 처음 발생했다. 그러나 배심원단의 의견이 엇갈렸고 두 번째 재판에서 결국 기소가 기각되었다. 언론은 이 사건을 허위 고발과 아동에게 암시를 주어 만든 증거라고 재빠르게 주장했지만 반복적으로 무시된 것은 피고 중 한 명이 이전에도 성학대로 고소당한 적이 있었다는 것, 의학적 증거, 아동들의 입증 보고서였다(Cheit, 2014).

1980년대 이러한 현상이 나타난 이후 인터넷의 등장으로 인해 우리 사회에서 가장 어리고 취약한 계층을 대상으로 한 성범죄가 폭발적으로 증가했다. 집 안의 사적인 공간에서 실시간 스트리밍을 통해 전 세계에 공유되고 흔적도 남지 않는 아동착취가 가능해졌다. 한 이스라엘 코호트의 어떤 아동들은 컴퓨터에서 특정 행위를 하도록 요청하는 사람을 본 적이 있다고 말했다. 휴대폰과 컴퓨터로 사진과 동영상을 쉽게 촬영할 수 있기 때문에 이러한 이미지는 인터넷에서 기하급수적으로 증가할 수 있으며 삭제가 거의 불가능하다. Latta(2018, p. 8)는 다음과 같이 설명했다.

> P2P 네트워크와 다크웹의 발달로 아동학대는 이제 대부분 법 집행 기관의 손이 닿지 않는 익명의 암호화된 환경에서 발생하고 있다. 인터넷 속도가 빨라질수록 문제는 더욱 커진다. 학대당하는 아동의 수가 기하급수적으로 증가하고 있으며 이에 비해 구조되는 아동의 비율은 낮아지고 있다.

조직적 학대란 무엇인가

Michael Salter(2013)는 조직적 성학대를 여러 명의 가해자가 여러 명의 피해자를 학대하기 위해 공모하는 것으로 정의한다. 이러한 유형의 정의는 설명적이고 간단하며 구조적 타당성이 명확한 조작적 정의이므로 유용하다. 비정상적인 성적 성향, 의식을 이용한 기괴한 이념적 헌신(의식적 학대(ritual abuse)라고 함), 성매매 및 아동 성학대 이미지(아동 포르노그라피 등) 제작을 통한 경제적 이득 등 학대에 대한 조직적인 접근에는 여러 가지 동기가 있을 수 있다. 특정 조직화된 집단에는 집단의 다양한 구성원들이 공통적으로 가지고 있지 않은 각자의 참여 동기가 있을 수 있다. 조직적인 아동학대 가해자의 동기를 파악하려는 것은 아동학대라는 현상 자체에 초점을 맞추기보다는 그 발생 원인에 대한 논쟁으로 이어져 아동학대 현상을 둘러싼 많은 논란을 일으킨다. 다수의 가해자가 다수의 아동을 학대하기로 공모한다는 단순한 사실에 초점을 맞춤으로써 가해자의 동기에 대한 답하기 어려운 질문을 피할 수 있고, 아동이 경험한 학대에 대한 신고, 아동의 트라우마 반응, 다양한 치료의 효과에 초점을 맞출 수 있다.

대중 매체에서 이데올로기적 회의론이 반복적으로 제기되고 있음에도 불구하고 전 세계적으로 조직적인 아동학대 범죄 조직원들에 대한 기소가 성공적으로 이루어졌다. 예를 들어, 1989년 영국 노팅엄에서 9명의 가해자가 근친상간, 잔혹행위, 아동들이 이상한 의상을 입고 이상한 의식을 했다고 묘사한 성추행 등과 관련된 52건의 혐의에 대해 유죄를 받았다(Salter & Dagistanli, 2015). Salter와 Dagistanli는 1990년대 후반 영국에서 이러한 종류의 범죄에 대한 다른 유죄 판결에도 불구하고 언론은 이런 종류의 혐의를 최소화하고 조롱하며 이를 '히스테리'라고 분류하는 경향이 있다고 지적했다. 2011년에는 키드웰리에서 수십 년 동안 오컬트 행위에 관여하고 아동과 청소년을 희생시킨 학대적인 사이비 종교 지도자 Colin Blately가 성공적으로 기소되었다(Miss tea & Turner, 2011). 미국의 한 교회를 근거지로 발생한 사건에 대한 기소에서는 아동 성학대와 관련된 사이비 종교집단 활동이 드러났다(Lemoine, 2008). Noblitt와 Noblitt(2014)는 오컬트 행위 및 기이한 이데올로기와 관련된 조직적 성학대를 성공적으로 기소한 사례에 대해 기술하였다. 온라인에서 아동 성학대 이미지를 통해 착취당한 남성과 여성을 대상으로 한 조사에서, 생존자의 49%는 조직적 학대가 있었다고 답했고, 53%는 여러 명의 가해자가 있었다고 답했다(Canadian Center for Child Protection, 2017).

아동 성학대 이미지 제작 및 배포와 관련된 섹스 조직이 전 세계에서 드러났다. 2001년에 FBI가 적발한 'The Club'이라는 아동 포르노 조직에서는 회원들이 45명의 아동과 관련된 특정 활동을 담은 고객 맞춤형 사진을 요청했다(Gilad, 2013). 2013년에 토론토에서는 '스페이드 프로젝트(SPADE Project)'라는 국제 아동 포르노 조직이 적발되었다. 수사관들은 교사, 성직자, 기타 지역사회 지도자를 포함하여 300명의 가해자와 400명 이상의 피해자를 밝혀냈다(Silva, 2013). 최근에는 호주에서 미국, 캐나다, 아시아, 유럽, 뉴질랜드와 연계된 글로벌 아동 성학대 조직이 적발되었다. 16명의 남성이 828건의 아동 성학대, 아동학대 자료 제작 및 배포, 수간 등의 혐의로 체포되었다. 수사관들은 호주에서 16개월에서 15세 사이의 피해자 46명을 확인했다. 또 다른 128건에 대해 캐나다, 아시아, 유럽, 뉴질랜드 당국에 조사를 의뢰하였다(McGuirk, 2020). 가해자 중 한 명이 근무하던 어린이집에 최대 16명 이상의 피해자가 있었다(Ferri & Hanrahan, 2020). 수사관들은 이 조직이 촬영하고 공유한 영상의 다른 피해자 신원을 파악하기 위해 계속 노력하고 있다.

조직적 섹스 집단을 기소하기 어려운 이유

조직적 성학대 집단은 침투하여 폭로하기가 특히 어렵다. 그 이유는 가해자가 기술적으로 매우 능숙한 경우가 많기 때문에 정교한 암호화를 통해 흔적을 감출 수 있기 때문이다. 또한 이들 조직의 구성원 중 상당수는 법 집행 수사에 대응하고 수사망을 피해갈 수 있는 중요한 위치에 있는 경우가 많다. 독일은 조직적 학대를 평가하기 위해 특별위원회를 설립하고 법 집행의 어려움을 요약했다.

> 이러한 행위가 형사 고발로 이어지는 경우는 거의 없다. 그리고 기소가 이루어진다 하더라도 범죄를 기소하는 데에는 여러 가지 장애물이 있다. 무엇보다도 이러한 장애물은 피해자와 생존자가 겪는 심각한 외상 후 장애, 증인 보호 프로그램의 대상이 되기 위해 요구되는 높은 기준으로 인한 증인 보호의 부재, 피해자의 신빙성을 평가할 때 트라우마 및 구조적 해리에 대한 인식을 고려하지 않는 것에서 비롯된다. 또한 현재까지 이러한 범죄에 대한 통일된 정의가 없으며, 법 집행 기관에는 별도의 범죄 수사 부서가 없다.
>
> (German Federal Ministry for Family Affairs, Senior Citizens, Women and Youth, 2018, p. 12)

게다가 많은 성학대 피해자들은 침묵을 강요당한다. 아동은 학대가 영상에 기록되어 있고 이에 대해 아동에게 직접 질문을 해도 학대에 대해 진술하지 않을 수 있다(Sjoberg & Lindblad, 2002). Lawson과 Chaffin(1992)은 의학적으로 기록된 아동 성학대 피해자들에게서 해리 증상과 폭로하지 않는 것 사이의 연관성에 대한 증거를 발견했다. 학대 사실을 밝히지 않은 아동은 공개한 아동보다 해리 증상이 3배 더 높았고, 학대받지 않은 대조군 아동보다는 9배 높았다. 장기간 심한 학대를 받은 아동은 외상 후 플래시백과 해리로 인해 면담 중에 이야기하지 않을 수 있으므로 신빙성 있는 폭로에 더 큰 어려움이 된다(Olafson & Lederman, 2006). 이러한 모든 문제는 예루살렘 지역사회 내에 존재했으며 수사에 유사한 장벽으로 작용했다.

이스라엘의 조직적 학대

대중의 반응

이스라엘의 다수 가해자 및 다수 피해자와 관련된 조직적 학대 사건은 피해자의 신뢰성에 대한 의구심을 불러일으켰으며 아동의 욕구에 초점을 맞추지 못했다. 아동의 진술 중 일부는 학대자가 아동의 종교적 신념에 반하는 신념을 학대 중에 주입시키려 시도했다는 것을 시사했다. 그 결과, 예루살렘 유대교 초정통주의 공동체 가족들의 첫번째 불평은 아동들이 '강제 개종'을 당하고 있다는 것이었다. 자녀들에게 일어났던 일에 대한 이러한 개념화는 세속적, 종교적 공동체 모두에서 극단적인 회의론으로 이어졌다. 그 결과, 아동들의 초기 폭로는 아동들이 종교적 신념에서 벗어나고 있다는 두려움에 사로잡힌 가족의 '히스테리 신고'에 기인한 것으로 치부되었다. '개종'에 초점을 맞추다 보니 치료자와 법 집행 기관 모두 가족들의 우려를 심각하게 받아들이지 않았다.

아동들은 낯선 신념과 비유대교적 상징 및 용어를 언급했지만, 이 믿음은 실제로 알려진 종교가 아니었다. 예를 들면, 다음과 같다. "학대는 네가 마땅히 받아야 할 것이고 신께서 원하시는 것이다." "너의 부모님이 이것을 바란다." 또는 "너의 부모님은 우리가 하는 일을 믿는다."와 같은 말은 학대자가 사용하는 것으로 잘 알려진 그루밍 기법이다. 가해자 중 일부는 아동들이 학대받아 마땅하다거나 고통을 견디는 것이 긍정적인 미덕이라는 생각 등 전반적으로 종교적 색채의 왜곡된 신념을 가지고 있다. 그러나 이러한 교묘하고 해로운 신념은 세뇌라기보다는 그루밍의 한 형태로 이해하는 것이 가장 정확할 것이다. 이러한 신념을 주입하는 목적은 가해자가 아동을 피해 사실을 드러낼 가능성이 적은 순응적인 피해자로 만들고, 자신의 왜곡된 만족감과 경제적으로 풍족한 삶을 제공하는 학대행위를 쉽게 하기 위한 것으로 보인다. 이러한 유형의 잘못된 신념 주입은 아동에게 수치심을 주고 침묵을 강요하는 역할을 하기 때문에 그루밍 단계에서 흔히 볼 수 있는 것이다(Salter, 2003).

자신을 의식적(종교적) 학대 피해자라고 밝힌 생존자 165명을 대상으로 한 설문조사에 따르면, 피해자에게 여러 가지 이데올로기적 정당성을 강요했다(Schroder, Nick, Richter-Appelt, & Brikern, 2020). 그러나 이러한 생각은 일관된 신념 체계를 제시한 것이 아니라 피해자에게 학대자의 의지를 강요할 권리를 조장한 것으로 보인다. Schroderet과 동료 연구자들(2020)은 조직적 학대 집단의 이념적 신념이 폭력과 성적 착취를 정당화하고, 권력과 통제를 유지하고, 집단에 헌신하게 하며, 참여자들이 순응하도록 조종하는 '구원'을 제공하는 역할을 한다고 지적했다. 예루살렘에서 조직적 학대 상황에서 학대당한 아동들의 보고에 따르면, 유사한 형태의 이념적 조종이 발생했다.

이스라엘 코호트의 조직적 학대 증거

이스라엘(이스라엘 코호트)에서 심각한 트라우마를 입은 아동에 대한 조직적 학대 증거는 다양한 출처에서 나온다. 현재 이 아동들을 치료한 치료자들의 문헌에는 두 사례가 보고되었다(Silberg & Lapin, 2017; Young, 2022). Silberg와 Lapin은 여러 명의 가해자에게 고문을 당했고, 자신의 머리를 물속으로 밀어 넣었던 장면을 보고한 7세 아동 '조이'에 대해 기술했다. 치료는 '조이'가 학대 기억이 촉발되었을 때 어머니와의 관계를 통해 안정을 찾고, 의식화된 회피 행동으로 도피하지 않고 현재에 그라운딩하는 것이었다. 마찬가지로, 해리 증상을 보인 여섯 살 남자 아동에 대한 사례 연구에서 Young은 애착관계의 재형성을 강조했다. 치료는 아동이 해리된 정체성의 여러 측면을 탐색하고 상태변화에도 불구하고 어머니와 연결되도록 돕는 것이었다. 두 경우 모두, 서로 다른 나라에서 서로 다른 치료자에게 치료를 받았지만 두 아동은 예루살렘의 동일한 지역에서 비슷한 유형의 학대를 경험했다. 두 사례 모두 해리 문제를 해결하고 비정상적인 행동의 트라우마적 근원을 발견하면서 눈에 띄는 뚜렷한 변화가 있었다. 두 사례 모두 학대의 끔찍한 양상에도 불구하고 상당한 진전이 있었다는 것이 중요하다.

이스라엘 코호트의 70명 아동들의 증상 발현을 기록한 나의 연구에서는 다른 증거도 확인되었다. 이 데이터는 다양한 아동들을 치료한 14명의 치료자가 제공한 것이다. 치료자와 내담자의 다양성에도 불구하고 이들 중 다수는 서로 접촉한 적이 없었음에도 아동이 보고한 증상과 심각한 학대 유형에 공통점이 있었다(Silberg, 2022). 자료에는 또한 학교, 공원, 베이비시터를 통한 납치 방법이라는 공통점도 있었다. 아동들은 항상 하루일과가 끝날 때쯤 집으로 돌아왔고, 부모들은 아동이 학교나 버스 때문에 늦었다고 생각했다. 따라서 대부분 미국에 새로 이민 온 부모들은 자녀가 심각한 트라우마를 겪을 때까지 자녀가 학대당하고 있을 것이라는 의심을 하지 않았다.

언론의 탐사보도를 통해 이 사실을 더욱 분명하게 확인할 수 있다. 2019년 겨울, 이스라엘의 한 탐사 저널리스트가 이 사건과 관련된 치료자, 아동, 가족, 지역사회 구성원, 법 집행기관 관계자들을 인터뷰했다(Rivlin, 2019 참조). 이것은 이스라엘 TV에서 2시간짜리 2부작 시리즈로 제작, 방영되었다. 이 시리즈는 아동학대가 실제 현상이며 많은 가정에서 피해 아동의 심각한 증상과 혼란스러운 해체를 초래했다는 강력한 종합적 증거를 제공했다.

또한 이 다큐멘터리에는 경찰이 명확한 단서를 추적하지 않았고, 수색영장을 발부하지 않았으며, 여러 아동이 가해자로 지목한 사람에 대한 후속조치를 취하지 않았을 뿐 아니라 학대 신고를 검찰에 전달하지 않는 등 극도로 무능한 모습이 담겨 있다. 이를 본 대중들은 이스라엘의 거주 지역을 보호하지 못하는 당국의 무능력 또는 동기 부족으로 인해 비극이 발생했다는 느낌을 받았다. Rivlin의 보고서에 따르면, 법집행관은 처음에 이 현상을 조사하기 위해 뒤늦은 시도를 하기 시작했다(Rivlin, 개인적 의사소통, 2020년 1월 15일). 이 글을 쓰고 있는 시점에서는 이 아동들의 폭로에 대한 경찰의 추가 조사가 이루어질지 여부가 불확실하다.

실제로 이런 종류의 이야기에서 가장 기괴한 반전 중 하나는 법집행관이 가해자를 추적하지 않고 치료자 중 일부를 체포하여 그들이 금전적 이익을 위해 치료 건수를 늘려 학대 이야기를 조작했다고 혐의를 씌우는 것이다. 이러한 혐의는 입증되지 않았고 결국 기각되었다.

가학적 형태의 아동학대 관련 문헌과 달리, 이스라엘의 조직적 학대 생존 아동들은 가족 가해자가 아니라 치안이 취약한 이 작은 지역사회의 학교와 공공장소를 통해 아동에게 접근할 수 있는 방법을 찾던 학대자들의 표적이 되었다. 지역사회의 문화적 측면과 학교의 치안 문제에 대한 분석은 겉으로 보기에는 있을 것 같지 않은 보고서의 신빙성을 더해 준다. Silberg(2022)는 아동들이 이런 종류의 학대의 표적이 되기 쉬운 예루살렘 종교 공동체의 몇 가지 측면에 대해 설명했다. 여기에는 사립학교의 취약한 치안, 자신과 같아 보이는 사람들의 타고난 '선함'을 믿는 것, 수치심에 매우 취약하여 쉽게 침묵하는 아동 공동체가 포함된다. 아동들이 학대를 당했거나 납치당한 사립학교는 정부 교육부 소관이 아니었기 때문에 정부의 치안 규정을 따르지 않았다. 이들 학교는 종종 출석을 확인하지 않는 경우가 있었고, 아동들이 학교를 이탈하는 것에 대한 규정이 느슨했으며, 아동들이 실종되었을 때 실종 시기를 추적할 수 있는 명확한 방법이 없었다. 일부 아동들은 납치 당시 납치범이 학교 정문 경비원에게 돈을 주는 것을 목격했다고 증언하기도 했다.

의도적인 해리 유도

이데올로기가 중요한 요소인 조직적 학대 생존자들이 보고한 가장 일반적 유형의 학대 행위에는 탈출 시도에 대한 처벌, 타인에 대한 강제 폭력, 임사 경험, 감각 박탈, 상업적 성착취, 음란물 제작, 갈취 및 해리 상태 유도 등이 있다(Schroder et al., 2020). 이 모든 것은 이스라엘 코호트 아동과 치료자가 설명한 것이다. 그러나 이러한 가학적 행위 중 가장 논란이 많은 해리 유도를 집중적으로 주목할 필요가 있다. 이 책 전반에 기술된 대부분의 사례는 심각한 트라우마에 대처하려는 마음의 시도에서 자연스럽게 해리가 발생한 경우였지만, 조직에서 학대당한 일부 아동 생존자들과 치료자들은 해리 자체가 조종에 의한 것이라고 보고했다. 즉, 정신의 해리 능력에 익숙한 학대자가 의도적으로 자기 분열로 이어지는 상태를 유도할 수 있음을 의미한다.

기억상실을 유발하고 정신에 영향을 미치는 기술은 1953년에 시작되어 1973년에 종료된 MKUltra라는 CIA의 불법 프로젝트에서 연구되었다. 정보자유법(Freedom of Information Act)을 통해 공개된 MKUltra의 문서에는 약물 사용, 감각 박탈, 최면, 전기충격을 통해 정신을 조종하고 재구성하는 방법을 연구한 정부의 비밀 프로젝트에 대한 설명이 담겨 있었다. 이러한 자극은 기억을 왜곡하거나 지우고, 신념과 행동에 영향을 미치는 새로운 내용을 주입하는 기능을 했다. 1977년 의회 청문회에서 이러한 불법 실험의 세부 사항이 일부 공개되었다. 이 프로젝트의 목적은 간첩 용의자를 심문할 준비를 하거나 간첩이 자신의 도덕적 가치에 반하는 행동을 하도록 훈련받고 나중에 자신의 행동에 대한 기억을 잃을 수 있는지를 테스트하기 위한 것으로 밝혀졌다. 1952년 Epstein, Schwartz와 Schwartz(2011)가 MKUltra 문서를 인용하여 연구에서 알고자 했던 가장 중요한 질문은 "개인이 자신의 의지에 반하고 심지어 생존과 같은 자연의 기본 법칙에 반하여 우리의 명령을 수행할 정도로 개인을 통제할 수 있는가?"(p.xiv)였다.

치료자의 대답은 "아니요!"이다. 인간의 의지, 인간의 영혼, 인간의 선택의지, 인간의 개성, 그리고 각 개인의 삶의 고유한 불꽃이 존재하며, 아무리 부패한 훈련이라도 그것을 완전히 꺼뜨릴 수는 없다. 조직적 학대에서 발생할 수 있는 아동의 심리 조종을 다룰 때 이 점을 기억해야 한다.

생존자들의 회상과 생존자들을 치료한 치료자들의 보고서에는 조직적 학대 집단에서 해리를 일으키려는 시도가 이루어진다는 강력한 일화적 증거가 들어 있다(Epstein et al., 2011; Lacter, 2011; Miller, 2018; Noblitt & Noblitt, 2014; Salter, 2019). 조직적 학대 피해 아동을 치료한 경험이 있는 Lacter는 가해자들이 자기가 완전히 통합되지 않은 4세 미만의 아동에게 고문에 가까운 극심한 고통을 가함으로써 아동의 자기 발달을 방해하려 했다고 했다. 어린 아동이 극심한 고통을 당하지만 탈출할 수 없는 상황에서는 일종의 복종이 발생한다. 완전히 복종하는 시점에서 아동은 가해자의 지시, 명령, 신념 체계 및 강압적 훈련을 내면화하는 데 취약해진다. 특히 뇌가 아직 연약한 어린 아동에게 이런 일이 발생하면 그 효과는 더 오래 지속되고 변화에 대한 저항이 강해질 수밖에 없다. 알다시피 조건화된 반응은 편도체에 부호화되는데 편도체는 의식적인 인식 밖에서 기능한다. 이스라엘 코호트의 아동들은 성기를 다치거나, 고통스러운 신체 자세를 취하거나, 익사 직전의 경험을 하거나, 손톱 밑에 무언가 박히는 등의 고통을 보고했다. 또한 고립된 공간에 격리되어 감각 자극의 충격을 받은 경험도 있었다.

또한 몇몇 아동은 왜곡된 지각 경험을 유발하는 것으로 보이는 약물을 투여받은 적이 있었고 이로 인해 탈출할 수 없었거나 자신의 행동이 다른 사람에 의해 통제당한다는 느낌을 받았다고 보고했다. 약물로 인한 상태는 가해자의 힘에 대한 무력감과 취약함을 느끼게 하고, 학대자의 부정적인 메시지를 받아들이게 하는 공포상태를 만들어 낸다. 이러한 형태의 학대는 트라우마를 입은 아동의 뇌에서 과민하게 반응하는 편도체에 의해 매개되며, 그 결과 아동은 자신의 의지에 반하더라도 피할 수 없거나 어쩔 수 없는 행동을 하도록 강요받는다는 인식을 갖게 될 수 있다. 상습적으로 형제자매를 다치게 하거나, 안식일 의식의 촛불을 끄거나, 종교적 물건을 모독하는 것과 같은 행위는 아동에게 두려움을 주고 자신이 사악하거나 치료될 수 없는 존재라고 느끼게 만든다.

Salter(2019)는 때로 조직적 학대와 관련된 이데올로기적 신념체계에서 종종 발견되는 통합 원칙들을 요약했다. 생존자들은 이러한 신념이 자신에게 가해진 행위에 대한 '정당화'로 작용한다고 보고한다. 조직적이고 이데올로기적 학대의 기본적인 철학적 토대는 피해자의 무가치성에 대한 믿음이다. 이는 피해자의 인격이 평가절하되는 굴욕적인 경험을 통해 더 강화된다. 종종 피해자는 인분을 접촉하도록 강요당하는데, 이는 생존자가 소모품이고 쓸모가 없으며 가치 없고 더럽다는 가해자의 메시지를 강화한다. 실제로 Salter에 따르면, "대변, 소변, 피를 강제로 섭취하는 것은 가장 빈번하게 보고되는 고문 형태 중 하나이다. …" (p. 8)라고 하였다. 이것 역시 예루살렘에 있는 아동들의 이야기의 일부이다. 한 이스라엘 소녀는 집 전체 곳곳에 배설물 컵을 두고 다녔으며 이러한 형태의 굴욕적인 학대를 경험하는 것과 관련된 강박 행동을 했다.

이 세뇌의 목적은 피해자가 점점 더 학대에 순응하고, 가해자를 더 잘 받아들이고, 아동들을 수치심에 더 취약하게 만들어 침묵하게 만드는 것이다. 세뇌의 핵심은 부모-자녀 관계를 방해하는 것이다. 학대자 중 일부는 자신의 왜곡된 이데올로기를 믿고 있을 수도 있지만, 아동들이 그들을 혼란스럽게 만든 '속임수'를 당했다고 보는 것이 더 타당하다. 아동들이 표현한 생각에는 학대를 합리화하는 것 외에는 일관된 이념적 핵심이 없었다.

학대 방법에는 최면, 약물 또는 고문과 함께 다음과 같은 메시지를 주입하는 강력한 암시가 포함된다: "부모님 말을 듣지 말아라." "형제자매를 괴롭혀라." "종교 대상을 모독하라." 또는 "가족의 신념이 아닌 우리의 신념에 충성하라." 이러한 유형의 메시지와 가해 중단을 결합함으로써 메시지는 고통의 두려움에 대한 조건화된 반응이 되며, 고전적 조건화 방식으로 학대와 함께 주어진 자극에 의해 촉발된다. 혼란스러운 인지 및 행동 패턴은 아동의 일상 환경에 있는 유사한 자극에 의해 유발될 수 있으며, 이는 가정에서의 아동 행동에 큰 혼란을 가져올 수 있다.

어떤 사람들은 이러한 종류의 조건화를 '프로그래밍'이라고 표현한다. 조직적 학대의 생존자인 로빈 모건(Robin Morgan)은 이렇게 말했다.

> 프로그래밍은 청각, 시각 또는 전술적 신호와 같은 것에 미리 설정된 방식으로 자동 반응을 하거나 외부 자극에 대해 특정 날짜나 시간에 일련의 방식으로 수행하도록 미리 내적 반응을 내장시키는 행위이다.
>
> (Miller, 2018, p. 155).

이 정의는 트라우마적 단서에 대한 반응으로 학습된 행동의 자동성을 강조한다는 점에서 해리에 대한 나의 정의와 일치한다. 그러나 나는 '프로그래밍'이라는 용어가 특히 컴퓨터 및 로봇과 관련된다는 점을 고려할 때 비인간적인 단어라고 생각한다. 이 용어의 의도는 해로운 세뇌의 힘과 지속성을 강조하는 것이지만, 비인간화된 생존자의 이미지를 더욱 자극하는 특별한 단어를 사용하여 그 용어에 특권을 부여하고 싶지 않으며, 편도체 조절에 직접 대처하는 것이 개입의 주요 초점이지만 이러한 형태의 학대에 대한 치료를 설명할 때 '프로그래밍 해제(deprogramming)'라는 단어를 사용하고 싶지 않다. 이 용어가 다소 거북하기는 하지만 가학적인 학대 방법에 대한 세심한 저술을 통해 연구의 길을 닦은 선구적 치료자들의 공헌에 감사한다(Epstein et al., 2011; Lacter, 2011; Miller, 2018; Noblitt & Noblitt, 2014).

이스라엘 코호트에서 조직적 학대 생존 아동들의 경험

다음 정보는 내가 면담했거나 부모나 치료자로부터 정보를 받은 약 100명의 아동에 관한 것이다. 이 아동들 중 70명의 자료는 연구논문에 포함되었다(Silberg, 2022). 나머지 30명은 이 초기 데이터 수집 후 치료에 의뢰되었다. 이 아동들이 겪었던 학대 경험을 정확하고 자세하게 기록할 수 있는 방법은 없다. 대부분은 자신의 경험을 정확하게 처리하기에는 너무 어린 나이에 학대가 발생했으며, 학대자가 비디오로 속이거나, 코스튬을 한 캐릭터 모습이었거나, 아동에게 약물을 복용시킨 상태로 추정되기 때문에 아동의 지각을 신뢰할 수 없게 만든다. 그럼에도 불구하고 20명이 넘는 치료자들이 약 100명의 서로 다른 아동 표본(대부분 서로 교류가 없었던 아동들)으로부터 수집한 이야기를 통해 아동이 보고한 학대 유형을 문서화할 수 있었다.

공개된 학대 유형

- **성학대**: 성인 남성과 여성이 아동의 성기를 자극하는 것, 아동에게 성인과 서로 성행위를 하도록 강요하는 행위, 성인의 성적 행동을 관찰하거나 음란물을 보여 주는 행위 등이 포함된다.
- **신체학대/고문**: 손톱 밑, 성기, 머리 및/또는 사지에 가하는 고통, 질식, 물속에 머리를 집어넣거나 거꾸로 매다는 행위, 감각 과부하(예: 밝은 빛 또는 큰 소음), 화상 및 감금 등이 포함된다.
- **정서학대**: 아동에게 욕설을 하거나, 아동과 아동의 유산, 가족을 비하하는 행위(예: 아동에게 멍청하고, 못생겼고, 원치 않는 존재이고, 배울 수 없고, 부모는 친부모가 아니며, 부모가 아동을 학대하고 싶어한다고 말하는 행위 등)가 포함된다.
- **종교적 학대**: 아동이 자라면서 배운 신앙을 조롱하고 아동이 잘 알고 있는 종교의식과 유사하지만 학대적 요소가 있는 의식을 수행하는 것을 포함한다. 또한 아동들에게 신성한 물건을 모독하도록 가르치고 가족의 신념과 충돌하는 이념적 신념에 대해 충성하도록 가르치는 행위도 포함된다.

- **의료적 학대**: 기억상실, 환각, 감각 상실 및/또는 마비를 유발하는 약물 투여(주사 또는 경구)를 포함한다.
- **해를 줄 것이라는 위협(협박)**: 따르지 않으면 자신이나 가족이 다치거나 죽이겠다고 하거나 부모에게 말하면 아동이 죽임을 당하는 영상을 보여 주는 경우 등이 포함된다.
- **사진 촬영**: 학대를 당하는 동안 영상이나 사진을 촬영하는 것이 포함된다.
- **굴욕감 경험**: 다른 사람들 앞에서 배설물을 먹게 하거나 공개적으로 배변을 하도록 강요받는 등 문화적 가치에 반하는 강제 활동을 통해 수치심을 느끼게 하는 경우이다.
- **다른 아동이나 동물에게 해를 주거나 해를 입히는 것을 지켜보라고 강요하는 경우**: 작은 동물이나 다른 아동에게 강제로 고문을 가하게 하는 것. 아동이 다른 생명체에 대한 잔인한 행위에 연루되도록 함으로써 아동의 죄책감과 수치심을 강화하고 침묵하게 만드는 것이다.
- **정서적 이중 구속**: 상처 입히고 울었다고 벌을 주거나 역겨운 것을 먹이고 토했다고 벌을 주는 경우 등이 여기에 해당한다. 이러한 유형의 이중 구속은 유해한 경험을 처리하기 위한 신체의 자연스러운 배출을 피할 수 있는 유일한 수단으로 해리를 유발한다.

증상

이스라엘 코호트의 조직적 학대 생존 아동들은 면담이 어려운 경우가 많았으며, 증상이 심했음에도 불구하고 첫 면담에서는 증상이 항상 뚜렷하게 나타나지는 않았다. 해리 아동은 일반적인 질문에 대답할 수 있고 트라우마에 대해 직접적인 질문을 받으면 부인할 수 있기 때문에 기본적인 심리면담 또는 정신과 면담을 통과할 수 있을 정도로 온전해 보이는 경우가 많았다. 그러나 아동들의 기억을 촉발시키는 것이 치료실에 있거나, 치료자가 안전에 대한 실제적인 질문을 하지만 믿을 수 없어서라기보다는 그것에 관한 지식이 있어서 질문하는 것으로 보일 때 아동들은 행동으로 자신의 트라우마에 대한 단서를 드러내거나 보여 주는 경향이 있다.

해리는 자극에 대한 아동의 반응을 관찰하여 발견할 수 있다. Silberg와 Lapin(2017)은 아동이 처음 본 사물을 가지고 놀다가 갑자기 새로운 사물로 이동하는 등 놀이 도중 회피의 증거를 보일 수 있다고 지적했다. 단서 중 일부는 미묘하지만 해리의 증거 중 대부분은 목소리 변화나 정서의 갑작스러운 변화, 촉발 자극에 직면했을 때 제자리에서 얼어붙거나 의식을 잃는 등 대부분 극단적이다. 이러한 증상 중 상당수는 부모면담에서 트라우마를 입은 아동에게서 자주 나타나는 행동에 관한 질문을 통해 알 수 있었다. 부모에게 관찰한 내용을 자세

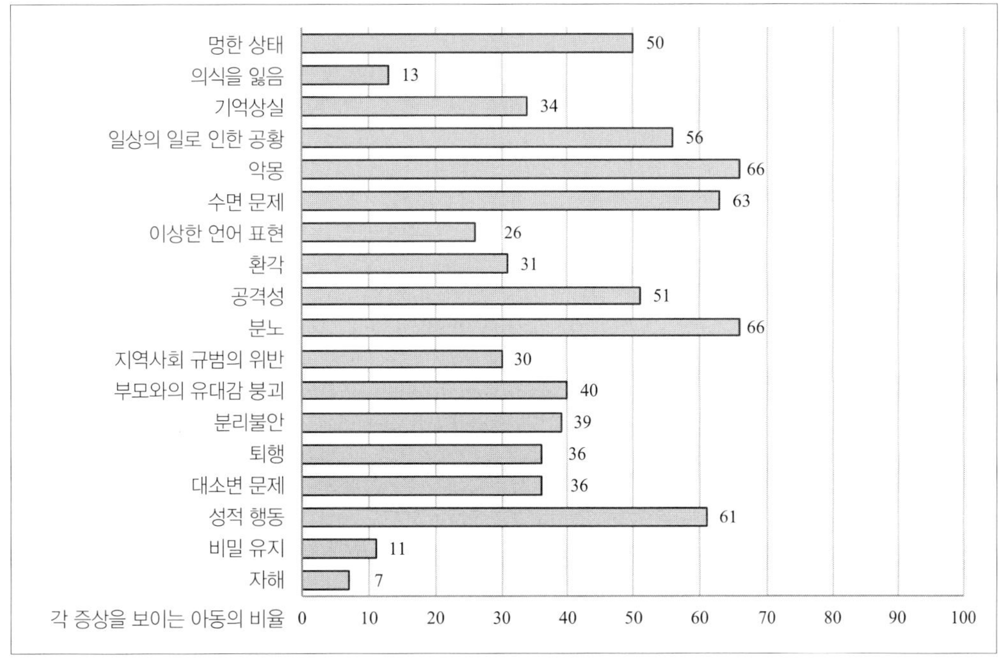

[그림 14-1] 이스라엘에서 조직적 학대 피해 아동들이 보인 증상

히 설명하도록 요청함으로써 많은 비정상적인 행동이 입증되었다.

이스라엘 코호트의 조직적 학대 생존 아동에게서 발견된 증상에는 가장 심각한 해리 증상을 경험하는 트라우마 피해 아동의 전형적인 증상이 많이 포함되지만 몇 가지 독특한 특징도 있다. Silberg(2022)는 이 아동 표본에서 발견된 증상을 제시했으며 그중 일부를 [그림 14-1]에 제시하였다.

아동기 증상에 대해 가족을 면담했을 때 악몽이 흔히 보고되었다. 악몽은 종종 가학적인 해악을 수반하는 반복적인 것이었고, 아동들이 밤에 자다가 깨어 달랠 수 없을 정도로 울었다. 이 시기에는 플래시백과 방해가 되는 기억이 흔했기 때문에 밤 시간은 특히 힘들었다. 또한 아동들은 잠들기 어려워했고 잠을 유지하는 데 어려움을 겪는 등 여러 가지 수면 문제를 보였다. 심각한 분리불안도 분명하게 나타났으며 종종 밤에 증상이 더 심해졌다.

또한 아동들은 대소변 실수, 화장실만 봐도 극도의 패닉 상태가 되거나 대변실금을 했으며 또는 대소변에 집착했다. 혼자 있는 것이 너무 무서워 부모를 화장실에 못 가게 하는 아동들도 있었다. 성적인 행동도 나타났다. 욕조에 있는 동안 카메라를 향해 도발적인 포즈를 취하거나 동생을 성적으로 만지는 등의 행동은 특히 종교가 엄격한 가정에서 아동들이 텔레비전이나 인터넷에 노출되지 않았었기 때문에 중요했다. 한 네 살 여자 아동은 몇 달 동안 명백한 해리적 최면 상태에서 강박적으로 성기 부위 그림을 그렸다.

다른 아동들은 겉보기에 후회나 자각이 전혀 없는 극심한 공격성 및 분노 상태 등 정상적인 행동 범위를 벗어난 증상을 보였다. 열 살 케일럽은 아버지에게 가족이 사용하지 않는 이름을 부르며 욕설을 퍼부었다. 또한 가족들이 자신이 원하는 대로 하지 않으면 죽이겠다고 큰 소리로 위협했다. 이런 행동은 갑자기 나타났고 가족들은 큰 충격을 받았다. 그러나 케일럽은 특히 좋아하는 선생님의 수업을 듣거나 좋아하는 음식을 먹을 때에는 적절한 아동기 행동을 보였다. 때로는 조절할 수 없는 웃음같이 주변 상황과 전혀 어울리지 않는 감정을 표현하기도 했다.

부모와의 유대감이 명백히 붕괴되면서 자녀와 부모의 관계가 혼란스러워졌다. Young (2022)은 이스라엘 코호트의 한 아동이 분노에 찬 목소리로 "너는 가짜 엄마야. 너는 나를 죽일 거야."라고 소리쳤다고 기술했다.

해리 증상이 자주 나타났으며, 10장에서 설명한 바와 같이 해리 증상으로 극단적인 공격 행동, 퇴행 행동, 멍한 상태, 심지어 극단적인 셧다운 반응(붕괴된 부동성) 등이 있었다. 음식, 색깔, 공중 및 개인 화장실, 자동차 등과 같은 일상적인 것들로 인한 공황이 흔했다. 최근 행동을 잊어버리는 삽화(기억상실)도 분명했다. 예를 들어, 한 5세 여자 아동이 학교에서 그린 그림을 가지고 집에 왔지만 그중 자신이 그린 것은 하나도 없다고 주장했다. 갑자기 가해자처럼 들리는 단어를 사용하면서 이상한 목소리로 말하는 것도 아동들에게서 발견된 또 다른 특징이었다.

많은 아동이 '아무도' '아무것도' 또는 '내가 모르는…'과 같은 표현을 사용했기 때문에 구분하기는 어려웠지만 여러 사람처럼 느껴진다고 보고했다. 치료자가 "방금 무슨 일이 일어났니?"라고 물었을 때 아동이 "모르겠어요."라고 대답하면 그 아동이 문자 그대로 모르겠어요라는 이름을 가진 자기 상태를 가리키는 것일 수 있음을 알아차리는 민감한 치료자가 필요하다. 많은 아동이 마음속에 남아 있는 것처럼 보이는 가해자의 목소리가 자신과 대화하며 부모의 말을 듣지 말라고 명령하는 것을 들었다. 일부 아동은 가해자가 실제로 자신의 마음속에 살고 있다고 믿었다. 이러한 목소리는 시각적 또는 청각적 환각으로 볼 수 있다.

여섯 살짜리 레나는 소변 실수를 한 후 학교 화장실에서 옷을 갈아입으라고 준 옷이 몸에 독이 될까 봐 두려움에 떨며 히스테릭하게 울었다. 레나의 선생님도 부모도 레나를 진정시킬 수 없었다. 네 살 난 도니는 아동들이 익사하고, 쓰레기통에 던져지고, 구타당하는 장면을 반복해서 연기하며 무표정한 얼굴로 놀았는데, 트라우마가 깊었던 도니의 놀이를 중단시킬 수 없었다. 도니는 이 강박적이고 파괴적인 놀이를 계속하면서 치료자의 말을 전혀 인식하지 못하는 것처럼 보였다. 일곱 살 레아는 감정에 대해 질문받았을 때 갑자기 아기 목소리를 내며 퇴행했다. 레아는 자주 울고 물건을 던졌으며 진정시키기 어려웠다. 나중에 레아는 길에서 얼어붙었고 어머니의 손을 잡고도 차에 치일까 봐 겁이 나서 길을 건너려 하지 않았다. 레아를 움직일 수 없었던 가족들은 결국 레아를 업고 길을 건너야 했다. 이 시점에서의 이런 갑작스러운 퇴행 행동, 얼어붙는 행동, 멍한 표정, 촉발 요인으로 인한 일상적 사건에 대한 반응, 극단적 행동 변화는 해리의 명백한 징후로 치료자에게 익숙한 것이다.

때로 부모가 자녀의 학대에 대해 처음으로 알아낸 단서는 아동이 '죽었다'거나 '다른 부모가 있다'거나 '아래가 위' '좋은 것은 나쁜 것'이라고 말하는 등 비정상적인 언어표현을 하는 것이었다. 여덟 살 라일라가 나를 만나러 왔을 때, 아동은 먼 곳을 바라보며 부적절한 순간에 웃었지만 그 외에는 친절했고 치료실에도 쉽게 들어왔다. 그러나 라일라와 대화하는 것은 상당히 어려웠다. 때로 라일라의 말은 일관성이 없는 말비빔처럼 보였다. 어떤 때는 "왜 그런 걸 물어봐요?"라며 의아한 표정으로 나를 똑바로 쳐다보기도 했다. 학교에 대해 묻자 라일라는 "낙타들은 학교에 다니며 정말 즐거운 시간을 보내요."라고 답했다. 또한 형제자매들과 잘 지내는지를 묻자 "나에게는 형제자매가 없고 원숭이들만 있어요."라고 말했다. 라일라의 대답은 거의 무작위적이었고 꿈속에서나 나올 법한 대답이었다. 이러한 불쾌하고 엉뚱한 반응은 나와의 면담에만 국한되었던 것이 아니라 라일라의 일반적인 대화 방식으로 무작위적이었고, 일관성이 없었으며 무의미했다. 마침내, 내가 라일라에게 직접적으로 "학교가 항상 안전한 곳이 아니어서 네가 여기 있는 이유 중 하나는 다른 아이들이 안전하지 않은 학교에 다니지 않도록 하기 위해서라고 들었어."라고 말했을 때 이런 대화 방식이 멈췄다. 라일라는 "아이들을 도울 수 있을까요?"라고 물었다. 나는 "응." 이라고 답했다. "최악의 아이가 누구인지 말해 줄까요?"라며 라일라가 물었다. "응." 내가 말했다. 그러자 라일라는 자신과 친구들을 어떤 집으로 데려가 해를 입힌 한 성인 남자에 대해 설명하기 시작했다. 라일라는 그를 묘사하였고, 그의 이름을 알고 있었으며, 어떻게 생겼는지 그리기까지 했다. 결국 자신이 알고 있는 모든 정보를 요약하여 경찰에 편지를 썼다. 라일라는 트라우마성 기억을 처리하는 데 도움이 되는 EMDR을 사용하는 치료자에게 의뢰되었고, 왜곡된 언어 패턴이 해결되었다. 라일라의 말비빔과 엉뚱한 사고의 기저에는 자신에게 일어난 일을 믿어줄 사람에게 실제로 이야기하고 싶어하는 깊은 열망이 있었다.

많은 부모들은 자녀가 집에서 행하는 종교 의식에 참여하기를 거부하거나 의도적으로 신성한 책이나 물건을 파괴하는 것을 보고 상당히 괴로워했다. 나는 내가 개발한 증상 목록에서 이것을 '공동체 규범 위반'이라고 불렀다.

다른 아동들은 학교에서 나쁜 행동을 하였고, 교사의 지시를 따르지 않았으며, 읽기나 수학에 대한 거부감을 가지고 있었다. 자해 행위에는 벽에 머리를 부딪치거나, 자신을 때리거나(Silberg & Lapin, 2017), 머리나 손가락을 자르는 동작을 하여 자해를 하겠다고 위협하는 행위도 있었다. 때로는 자해의 목적이 다른 목소리나 나쁜 생각을 잠재우기 위한 것으로 보였다. 일부 아동들은 말할 수 없는 비밀이 있다고 보고했으며, 직접적인 질문을 받으면 먼 곳에 시선을 응시하거나 회피하게 된다고 보고했다. 가족을 주의 깊게 면담하면 이러한 종류의 행동에 대한 설명을 이끌어 낼 수 있으며, 아동의 행동이 또래와는 상당히 다르다는 것을 분명히 알 수 있다.

치료

치료자의 회피 반응 다루기

이런 종류의 학대가 존재할 수 있다는 생각은 치료자에게 너무 혐오스러운 일이기 때문에 이런 일이 일어날 수 있다는 것을 상상하기조차 어렵다. 또한 경험의 세세한 사항이 숨겨져 있고 논란의 여지가 있으며 종종 입증 불가능한 사례가 많기 때문에 많은 사람이 이를 인정하기 어려워한다. 아동의 끔찍한 학대 경험으로 인해 치료자는 내담자 맡기를 두려워할 수 있으며, 학대가 어떻게 이루어졌는지 또는 실제로 근거가 있는지에 대한 상세하고 복잡한 지식이 없으면 치료의 성공 가능성이 낮아질 것이라는 두려움을 느낄 수 있다. 학대당한 아동들을 마주하는 치료자 역시 학대 사건에서 나타나는 인간의 악에 대한 무력감, 무기력, 압도감을 느끼며 강렬한 역전이로 가득 차게 될 수 있다.

이런 학대가 어떻게 발생했는지 정확히 이해하는 전문가만이 치료에 성공할 수 있다고 생각하면서 아동 치료를 거절하기 쉽다. 반대로, 치료자는 이러한 아동 치료에 동의하는 것이 신념의 표현이라고 느껴, 이러한 종류의 학대가 존재하는지 여부에 대한 불가지론의 단계를 넘어 치료자가 '음모론자'가 되거나, 아동이 조종당해서 일어난 일은 무엇이든 진실이라고 믿는, 지나치게 순진한 태도를 보일 수 있다. 사실, 우리 대부분은 이런 종류의 학대에 대해 자세히 알거나 이해하지 못하지만 이러한 불확실한 상황에서도 공감하는 치료자는 트라우마가 치유될 수 있는 치유적 환경을 제공할 수 있다.

나는 트라우마 치료자들이 조직적 학대가 의심되는 피해자를 만나는 것을 주저하지 말라고 격려하고 싶다. 모든 개별 아동의 진실성, 고유성 및 특별함에 대한 믿음과 연민의 마음을 가진 치료자는 이미 아동의 기본적인 선함에 대한 애정 어린 존중과 깊은 믿음으로 잘못된 신념과 조건화된 자기 파괴적 행동에 대응할 수 있는 치료 공간에 발을 들여놓은 것이다.

Albert Einstein은 "어떤 문제도 그 문제를 일으킨 의식 수준에서는 해결될 수 없다."고 말한 바 있다. 트라우마 증상은 아동들을 소모품으로 여기는 가해자에 의해 만들어진 것이다. 반대로, 치유는 아동이 자신을 새로운 방식으로 경험하는, 변화된 환경에서 일어난다. 가해자는 아동에게 궁극적으로 개인의 의지나 선택권이 없으며, 자신의 변덕, 쾌락 또는 경제적 이익을 위해 아동을 대상화하고 이용할 권리가 있다고 믿는 지배의식을 가지고 아동에게 접근한다. 시간이 지남에 따라 아동은 이러한 자기관을 받아들이고 내면화한다. 치료자의 입장은 아동을 기본 인권을 가진, 자유 의지의 특별하고 독립적인 주체로 보는 매우 다른 수준의 의식에 있다. 이것은 그 자체로 아동의 자기 경험에 깊은 변화를 가져올 수 있는 기회를 제공하는 관계의 공간이다.

나는 치료자들이 직면한 두려움에도 불구하고, 그리고 어떤 종류의 어렵고 복잡한 방법을 사용하여 아동에게 해를 가할 가능성에도 불구하고 치료자들이 '충분히 좋은(good enough)' 전문가라고 격려하고 싶다. 정의에 따르면, 치료 공간은 조건화된 행동이 불가피하거나 너무 손상되어 회복할 수 없거나 악이 선보다 강하다는 기대에 반하는 관계로 아동을 끌어올리는 역할을 한다. 아동이 자신을 '좋은' 존재로 경험하는 것은 비록 가해자가 의도적으로 만들어 낸 문제라도 그 문제를 해결할 수 있는 의식 수준에서 발생한다.

학대가 어떻게 발생했는지 자세히 아는 것이 도움이 되지만, 일반적으로 어린 아동에게 정확히 무슨 일이 일어났는지에 대한 정확한 이야기를 재연할 수 있는 방법은 없다. 자신에게 일어난 일을 기억하고 치료자와 공유할 수 있는 내담자는 치료자가 특정의 정신적 속임수를 다룰 수 있게 하고 아동이 이를 꿰뚫어 볼 수 있게 하는 이점을 갖고 있다. 따라서 속임수의 힘은 치료자와 부모의 긍정적 관심 속에서 사라질 수 있다. 치료자의 기본적인 인간성은 아동이 미친 반대의 메시지와 혼란을 넘어 아동을 통제하려는 시도의 사소함이 드러나는 메타 수준의 인식에 도달할 수 있도록 도와준다. 마치 오즈의 마법사에서 커튼을 걷어내듯이, 아동들은 전능한 가해자라는 인식을 만들기 위해 환상이 사용되었다는 것을 분명히 깨닫는 '아하!'의 순간을 경험할 수 있다. 그런 다음 겉보기에 전능해 보이는 가해자의 힘은 아동과 부모 사이의 강력하고 영원한 사랑의 유대감과 치료자의 애정 어린 세심함과 기술로 대체된다. 이는 고문 중에 발생하는 트라우마적 유대감의 복종상태를 상쇄하는 것이며, 그 치료적 힘은 아무리 강조해도 지나치지 않다.

요약하면, 정확한 조직적 학대 방법에 대해 아는 정도보다 학대받은 아동이 배운 지식이 무엇이든 더 이상 그렇게 하지 않아도 된다는 지식이 더 중요하다. 특정 방식으로 행동해야 할 것은 같은 느낌을 유발하는 촉발 요인에도 불구하고 다른 선택을 할 수 있는 개인의 의지를 발견하는 경험을 아동이 치료 과정에서 할 수 있게 함으로써 자동성이 상쇄된다. 이 문제는 다음의 치료 섹션에서 더 자세히 다루도록 하겠다.

치료 원리

이 책에서 설명하는 EDUCATE 모델의 기본 원칙은 이 아동 집단에도 적용될 수 있지만 조직적 환경에서 학대받은 아동에 대해서도 언급하고 강조할 가치가 있는 몇 가지 고유한 특징을 갖고 있다. 나 자신 그리고 이 아동들을 치료한 다른 치료자들의 경험에 따르면, 신뢰할 수 있는 성인이 그들의 고통을 목격하고 사랑하는 가족과의 통합과 재결합의 기회를 제공하는 치료는 강력한 치유의 기회가 된다. 다음 원칙이 핵심이다.

- **과거 대 현재**: 현재의 안전을 강조하는 명확하고 극적인 제시를 통해 현재로부터 과거를 분리해 내야 한다.
- **애착 작업**: 아동과 부모 사이의 애착 유대가 치료 초기의 초점이 되어야 한다. 학대에 순응시키기 위해 사용한 중심 방법은 학대자가 이러한 애착 유대를 끊기 위한 시도였다.
- **촉발 요인**: 일상의 평범한 경험에서 발생하는 촉발 요인은 흔하므로 안전, 관계, 재교육의 맥락에서 촉발 요인에 대한 둔감화를 천천히 진행하며 다루어야 할 필요가 있다.
- **상충되는 신념과 혼란**: 가족의 가르침과 학대 상황에서 배운 것 사이에서의 내적 전쟁은 직접적으로 다루어질 필요가 있다.
- **강박적 행동과 생각**: 학대 중에 학습된 행동의 재연은 이해하되, 이를 차단하고 방향을 전환해야 한다. 학대에 대한 순응, 학대자와의 동일시 또는 자기혐오로 학대에 반응하는 자기 부분들은 민감한 이해와 온화한 방향에서 접근되어야 한다.

과거 대 현재

치료 시작의 기초는 과거의 공포가 끝났다는 분명한 인식이다. 일부 가족은 과거와 현재의 차이를 말로 명확하게 설명하는 것에 어려움을 겪는다. 많은 사람은 아동이 자발적으로 이야기하지 않는 한 과거의 학대에 대해 언급해서는 안 된다는 잘못된 정보를 가지고 있다.

따라서 아동을 보호하기 위해 가족 모두가 다른 나라로 이주하는 큰 변화에 대해 아동에게 공개적으로 설명하지 않았을 수 있다(이 표본의 약 50명의 아동은 부모가 학대 사실을 발견한 후 고국인 미국으로 돌아갔다). 가족이 아동의 안전을 우선시한다는 점을 강조하면서 가족의 행동과 의사결정 같은 이야기를 아동에게 들려주어야 한다. 이야기는 다음과 같다. "엄마와 아빠는 네가 다니던 학교의 아이들 중 일부가 매우 나쁜 교사를 만나 안전하지 못했었다는 것을 알게 되었어. 우리는 이 이야기를 듣고 매우 속상했고 그 동네를 떠나 너를 안전하게 지켜줄 수 있는 곳으로 이사하기로 결정했었어. 나쁜 선생님이 너에게 더 이상 나쁜 짓을 할 수 없고, 좋은 선생님과 좋은 사람들만 있는 학교를 찾아 그곳으로 떠나기로 했던 거야. 그래서 우리는 이곳에 왔고 새 학교는 안전할 것이라고 확신한단다. 엄마와 아빠가 항상 지켜보며 네가 우리와 떨어져 있는 동안에도 절대 나쁜 일이 일어나지 않도록 할 거야."

아동이 공개하지 않았더라도 이러한 이야기는 위험하지 않다. 아동이 자신에게 나쁜 일이 일어났다는 사실을 흔히 부인하지만, 부모는 이야기를 계속해야 한다. "너에게 나쁜 일이 일어나지 않았더라면 좋았겠지만, 나쁜 얘기를 듣고 나서는 계속 위험하게 있을 수 없었기 때문에 우리는 너를 최대한 안전하게 보호하기 위해 새로운 곳으로 온 거야."

부모로부터 이러한 현실에 근거한 사실적 진실을 듣는 것은 아동에게 큰 위안이 된다. 피해를 입은 다른 아동들에 관해 들었을 가능성이 높기 때문에 아동이 해를 입지 않았더라도 부모가 아동의 안전을 위해 취한 조치에 대해 들으면 안심한다. 아동이 자신의 생각이 꿈인지 악몽인지 확실하지 않은 경우, 이 이야기를 통해 그 일이 과거에 실제로 일어났는지 생각해 볼 수 있는 기회를 얻는다.

그러나 이러한 기본적인 소개와 설명에도 불구하고 많은 아동은 가해자가 여전히 자신을 통제할 수 있다고 믿는다. 가해자가 항상 자신을 볼 수 있고, 어디에 있는지 알 수 있다는 말을 들었을 수도 있다. 마음속에서 가해자의 목소리가 계속 들릴 수도 있다. 따라서 6장에서 논의한 심리교육적 원리들이 강조된다.

여섯 살 레아는 가족이 미국으로 이사했을 때 '나쁜 사람들'도 자신과 함께 미국으로 왔다고 말했다. 레아는 그들이 마음속에서 자신에게 말을 했고, 언제든 자신을 보고 벌 줄 수 있다고 말했기 때문에 이것을 알고 있었다. 레아는 마음속에서 '비기'가 자신을 향해 비명을 지르며 나를 믿지 말라고 말하는 목소리를 들었다. 나는 레아가 마음속의 '비기'와 현실의 '비기'의 차이를 설명하기 위해 종이에 매직 마커 그림을 그렸다. "이건 뭘까?" 내가 물었다. "이건 마커에요." 레아가 말했다. "좋아, 그럼 이 마커로 그림을 그려보자." 나는 그림에서 마커를 들어올리는 시늉을 했다. "자, 어서 해봐, 이 마커로 그림을 그려보자. 네가 마커라고 했잖아." 레아는 나를 의아한 표정으로 바라보았다. "그걸로는 그림을 그릴 수 없어요. 그건 그냥 마커 그림이에요."라고 레아가 대답했다. "아, 그래 맞아, 이건 마커 그림이야. 마커 그림으로는 그림을 그릴 수 없어. 그건 마치 비기와 같아—그냥 진짜 비기와 똑같이 생긴 그림일 뿐이야—여전히 그의 목소리가 들리지만 그게 실제로 널 어떻게 할 수 없어." 이 말은 레아에게 큰 깨달음을 주었고 레아는 이를 이해했다.

우리는 다음 세션에서 이 개념을 여러 번 더 다루었다. 세 번의 세션 후에 레아는 나에게 "그 사람 알죠, 비기요. 내 말은 진짜가 아니라 '기억의 목소리'을 말하는 거예요."라고 했다.

레아는 더 이상 비기에게 통제당한다고 느끼지 않기 위해 그리고 진짜 비기가 자신이 말하는 모든 것을 들을 수 있다고 믿지 않기 위해 필요한 돌파구인 구별을 할 수 있었다. 이 시점에서 레아는 '기억의 목소리 비기'가 처벌과 경고를 처리하는 새로운 방법을 배우도록 도울 수 있었고, 이전에 통제적이었던 목소리의 가혹함은 상당히 완화되었다. 많은 아동은 자신에게 상처를 준 사람이나 여전히 자신을 통제하고 있다고 생각되는 사람들의 이름을 딴 학대적인 인격을 마음속에 갖고 있다. 이러한 내적 상태는 7장에서 논의한 것처럼 재구성될 수 있으며, 아동은 이러한 부분과 협력하는 방법을 배울 수 있다. 아동이 '그때'와 '지금'의 명확한 차이를 이해하기 시작하면, 아동은 부모가 자신의 안전을 어떻게 보장할 것인지, 자신이 다니고 있는 학교가 실제로 안전하다는 것을 어떻게 확인할 것인지 등 많은 질문을 한다. 이러한 질문은 치료 세션에서 부모와 자녀가 지속적으로 대화해야 할 사항이다. 아동은 학교의 안전 확인 방법과 개방적 의사소통의 중요성에 대해 부모로부터 배운 내용을 사실적이고 현실적이며 강력하게 확신해야 한다.

안타깝게도 학대가 발생한 이스라엘 동네에 남아 있던 아동들은 쉽게 안전을 확신할 수 없었다. 그러나 부모가 이전에 알지 못했던 인식을 이제 갖게 되었다는 사실은 아동들을 안심시키는 데 도움이 될 수 있다. 일부 부모는 자녀를 다른 학교로 전학시켰고, 일부 부모는 자녀가 학교에 다니는 동안 하루종일 함께 지내는 도우미를 두기도 했다. 이 부모들은 과거와 현재의 차이를 강조하고 그 이유를 설명할 수 있었다.

과거에 갇혀 있는 느낌은 아동의 외상 후 놀이에 나타나며, 이는 치료자가 예상하는 것보다 오래 지속될 수 있다. Peggy Kolodny(MA, ATR-BC, LCPAT, 개인적 의사소통, 2020년 8월 18일)는 아동들이 트라우마 후 놀이를 극복하는 데 겪는 어려움과 치료자가 이를 너무 빨리 강요하지 않는 인내심을 강조했다. 그녀는 반복적으로 착한 사람을 나쁜 사람으로 바꿈으로써 치료자의 구출 시도를 바꾸려 했던 4세 여자 아동에 대해 기술했다. 치료를 시작한 지 수개월이 지나서야 아동은 조심스럽게 가해자를 감옥에 가두고 치료자에게 세션 사이에도 가해자를 감옥에 가두어 달라고 요청했다. 트라우마 후 놀이는 종종 상징적 트라우마와 현실 기반 트라우마를 혼합하는 경우가 많기 때문에 트라우마 후 놀이를 관찰하여 트라우마 사건을 완전히 하나로 이해하는 것은 불가능하다는 점을 지적하는 것이 중요하다. 그럼에도 불구하고, 아동의 트라우마는 상징적으로 처리될 수 있으며 실제 사건에 대한 설명을 통해서도 처리될 수 있다.

애착 작업

조직적 학대 생존자들과 함께 작업하면서 나는 가능한 한 세션에 부모를 참여시킨다. 이를 통해 부모가 아동의 다양한 감정을 목격하게 되면서 애착 관계의 재형성이 유기적으로 일어날 수 있다. 또한 아동은 어떤 공포가 나타나더라도 부모가 수용하고, 사랑하고, 인정하는 역할을 한다는 것을 알 수 있다. 부모를 참여시키는 선택은 부모와 함께 작업하는 것이 표준인 DIR/플로어타임에 대한 교육을 받고 자격증을 취득한 동료 연구자들의 영향을 많이 받은 것이다.

아동정신과 의사 Stanley Greenspan과 임상심리학자 Serena Wieder(1998)가 개발한 플로어타임 치료는 아동의 발달(development, D), 개인차(individual-differences, I), 관계(relationships, R)에 초점을 맞춘 치료법이다. 원래 자폐 아동을 위해 개발된 이 모델은 초기 트라우마로 인해 발달이 손상된 조직적 학대 생존 아동에게도 적용할 수 있다(Silberg & Lapin, 2017). 부모는 아동의 행동과 정서 변화에 민감해지도록 훈련을 받는다. '대화 시간(talk time)' 동안 부모는 자신과 아동의 감정을 담아주고 조절하는 기술을 계속 발전시켜 나가기 때문에 아동은 자신의 감정을 공유하는 것이 안전하다는 것을 배우게 된다. 플로어타임 개입의 이러한 기본 구성 요소는 조직적 학대로 인해 부모와의 관계가 심각하게 붕괴된 아동을 치료하는 데 강력한 도움을 준다.

어떤 아동들은 부모가 자신의 '진짜' 부모가 아니며, 다른 부모가 책임지고 있으므로 부모의 권위를 존중할 필요가 없다는 말을 들었다. 이러한 병적 메시지는 아동들이 사랑받고 있다는 느낌을 심각하게 방해했다. 치료가 시작되었을 때 많은 아동이 부모와 눈 맞추는 것을 피하고 자신을 진정시키는 그리고 고통스러운 감정을 단절시키려는 자기자극적 상동행동을 했기 때문에 자폐증상처럼 보였다.

레아는 어머니가 옆을 지나갈 때마다 또는 이따끔 은밀하게 어머니를 때렸다. 치료자는 이것을 발견하고 레아에게 지적하며, 가끔 누군가에게 화가 났는데 그것을 어떻게 표현해야 할지 방법을 모른다는 것을 의미한다고 말했다. 레아는 "아니요, 화 안 났어요."라고 대답했지만 몇 분 후 바로 어머니를 노려보며 "그럼 엄마는 왜 그렇게 멍청해?"라고 말했다. 레아는 어머니가 학대에 대해 모르고 어떻게 그런 일이 일어나도록 방치했는지 이해할 수 없다고 말했다. 처음에 레아의 어머니는 대답하려고 애썼고, 마침내 결국 다음과 같이 이야기했다. "그때 내가 어리석어서 아이들에게 그런 일이 일어날 수 있다는 것을 전혀 몰랐어. 하지만 지금은 훨씬 더 똑똑해졌다. 동네의 모든 학교에 가서 교장 선생님들과 이야기를 나눴어. 이제 나는 네가 어떻게 지내고 있는지 확인하고 싶을 때마다 언제든지 갈 수 있어. 낮에도 엄마에게 전화해도 돼. 엄마는 너를 안전하게 지켜줄 수 있는 학교를 찾았고 앞으로도 영원히 그렇게 할 거야. 약속할게." 레아는 어머니의 이러한 사과와 다짐을 받아들였고, 어머니에 대한 분노는 사라지기 시작했다.

도니는 낮에 '나쁜 사람들'에게 갔었던 끔찍한 기억 몇 가지를 털어놓았지만 때로는 자신에게 일어난 일을 표현할 단어를 찾지 못했다. 치료자는 '창문(window)' 기법을 사용하여 도니를 화나게 하고 조절하지 못하도록 하는 것들에 대해서는 말하지 않고도 그가 부모로부터 인정과 이해를 받고 있다고 느끼도록 도와주었다. 도니가 의자 뒤에 숨어 있는 동안 어머니는 밖에서 걷는 척을 했다. 어머니는 "도니가 학교에서 안전하다는 것을 알게 되어 다행이에요."라고 말했다. 그런 다음 그녀는 창문을 통해 아들을 보면서 깜짝 놀란 척을 했다. "뭐? 네가 학교에 있는 것이 아니잖아! 엄마가 너를 그곳에서 꺼내줄게." 도니의 어머니는 창문을 통해 건물 안으로 뛰어드는 척하며 도니를 구해냈다. 나는 어머니에게 "거기서 도니가 한 말 때문에 도니에게 화나셨어요?"라고 물었다. 어머니는 "절대 아니에요. 도니의 잘못이 아니에요."라고 대답했다. "도니가 한 말이나 행동 때문에 화가 났나요?" "아니요, 당연히 아니죠. 그것은 나쁜 사람들의 잘못이지 도니의 잘못이 아니에요." 도니의 어머니가 대답했다. 이 시나리오를 통해 도니는 창 너머에서 벌어졌을지도 모르는 장면을 설명할 필요없이 어머니의 말 한마디에 위로 받을 수 있었다. 훈련이 너무 힘들다고 느껴지면 아동 대신 인형으로 대체할 수 있고, 부모는 창문 뒤에서 인형을 구출할 수도 있다.

이런 세션을 통해 애착을 다시 형성할 수 있는 또 다른 방법은 부모에게 학대가 발생하고 있던 기간 동안의 걱정과 우려에 대해 솔직하게 이야기하도록 하는 것이다. 도니는 경찰관이 불이 난 학교로 가서 아이들을 구하려고 했지만 경찰관이 갇히고, 다음 경찰관이 첫 번째 경찰관을 구하러 오다가 갇히는 등 같은 장면을 계속 반복해서 놀이했다. 이 트라우마 놀이가 융통성이 없고 변하지 않는 것처럼 보이는 것을 보고 나는 도니의 어머니에게 불타는 건물에서 아이가 구출될 때까지 오랫동안 기다리는 느낌이 어떤지 설명해 달라고 이야기했다. (불타는 건물은 트라우마에 대한 은유이며 실제 경험한 트라우마가 아니다.) "너무 걱정돼요.

기다리는 게 너무 힘들고, 아직 아무도 구출되지 않았다는 것이 믿기지 않아요. 시간이 너무 오래 걸리고 있어요. 누군가 도니를 구하기 위해 제발 그곳으로 가주세요…"라고 도니의 어머니가 말했다. 트라우마로 인해 막막해 보이는 도니의 놀이에 대해 어머니가 자신의 감정을 표현함으로써 도니는 외로움을 덜 느꼈고, 자신의 좌절감을 표현할 자신만의 단어를 찾을 수 있었다. 그는 트라우마로 인해 완전히 외로움을 느끼면서도 어머니가 곁에 없을 때에도 자신을 돌봐주는 어머니와 관계를 유지하고 있다는 사실을 경험할 수 있었다. 실제로 도니는 그의 강박적 놀이를 멈추고 어머니가 하는 말에 귀 기울였다. 도니는 미소를 지으며 다음 경찰관이 아이들을 구출하게 했다.

애착 재형성에 대한 가슴 아픈 예는 치료가 끝날 무렵 레아와 어머니가 감정 게임을 하던 세션에서 볼 수 있다. 나는 레아에게 어머니가 화냈던 것에 대해 말해 달라고 했다. 엄마는 생각나는 게 없었지만 레아는 "물론이죠. 저는 알아요. 엄마는 나에게 상처를 준 나쁜 사람들 때문에 화가 났어요."라고 말했다. 이것은 퇴행이나 촉발 없이 자연스럽게 한 말이었고, 사실적인 방식으로 어머니의 분노가 항상 존재한다는 것을 레아가 깊이 알고 있음을 보여 준 것이었다. 이것은 레아에게 자신이 사랑받고 있다는 안정감을 주었고 분노를 스스로 내려놓을 수 있는 용기를 주었다.

Young(2022)은 이스라엘 코호트의 아동을 대상으로 부모와 아동이 따로 앉아 있을 때에도 끈을 사용하여 연결함으로써 아동과 부모 사이의 애착을 상징적으로 보여 주는 개입에 대해 설명했다. 이러한 유형의 연결 상징은 부모가 물리적으로 아동과 함께 있지 않을 때에도 아동이 부모-자녀 관계의 지속성에 대한 기본 개념을 다시 배우게 함으로써 부모-자녀 사이의 유대를 강화할 수 있다. 나는 이 기법을 사용하여 아동과 부모가 긴 실을 서로 이어서 옷에 붙여 하트를 만들게 했다. 실은 엄마가 방을 나갈 수 있을 만큼 충분히 길기 때문에 아동이 실을 잡아당기면 둘이 서로 연결되어 있음을 느낄 수 있다.

부모가 경험하는 죄책감은 압도적일 수 있으며, 이를 극복하고 이러한 사건이 부부간의 생활에 미치는 피해를 처리하려면 부부 자체의 치료가 필요할 수 있다. 그러나 강한 가족은 자녀가 끔찍한 트라우마에도 불구하고 겪은 고통에서 벗어나 가족의 응집력을 회복할 수 있는 용기와 힘을 얻을 수 있다.

충돌하는 신념과 혼란

이스라엘 코호트의 조직적 학대 생존 아동들은 강한 영적 신념을 가지고 자란 아동들이다. 이러한 강한 종교적 믿음은 양날의 검이 될 수 있다. 한편으로, 율법과 전통을 어기도록 강요당할 때 느끼는 수치심이 강렬할 수 있다. 또 다른 면에서 강한 영적 믿음을 통해 제공되는 안정감은 아동과 가족 모두의 치유를 위한 닻이 된다. 종교적 신념에 반하는 행동을 할 때 아동은 자신을 정말 악하다고 느낀다. 반종교적 행동은 혐오스럽거나 너무 수치스럽기 때문에 자신의 일부와 분리시키는 장벽을 만들 필요성이 예상보다 더 커진다. 따라서 강한 종교적 신념을 갖고 있는 자기 부분과 그렇지 않은 자기 부분 간의 대화를 격려하는 것은 강력한 치유 방법이 될 수 있다.

케일럽의 공격 행동은 저주를 퍼붓고, 살해 위협을 하고, 신체적으로 형제자매와 어머니에게 공격 행동을 하는 등 공동체의 모든 규범을 깨뜨렸다. 동시에 케일럽은 유대인의 날에 학교의 랍비 교사들을 존경했으며 시험을 잘 보고 반에서 1등 한 것을 자랑스러워했다. 나는 케일럽에게 집에서의 행동과 학교에서의 행동 사이의 극단적인 모순에 대해 이야기했다. 나는 케일럽에게 율법을 아느냐고 물었고 그는 알고 있다고 대답했다. 나는 케일럽의 행동이 율법을 어긴다고 생각하는지 물었고, 그는 율법을 어기는 것이라고 인정했다. 나는 다시 케일럽에게 율법을 믿느냐고 물었고 그는 믿는다고 말했다. 그런 다음 나는 케일럽에게 율법을 믿으면서도 율법을 어길 수 있는지 물었다. 이것은 수치심을 느끼게 하기 위해서가 아니라 판단 없이 순수한 호기심에서 나온 것이었다. 케일럽은 그가 누군가를 저주하거나 때리거나 위협할 때 '아무것도 중요하지 않다.'고 느낀다고 말했다. 자신의 종교가 중요하다고 느낄 때는 자신이 선하고 종교적인 케일럽이 된 것 같은 기분이 든다고 말했다. 나는 케일럽에게 그의 다른 부분을 '아무것도 중요하지 않은 케일럽'이라고 불러도 되는지 물었다.

나와 아동은 '아무것도 중요하지 않은 케일럽'이 갖고 있는 더 깊은 감정의 근원에 도달할 수 있는지 알아보기 위해 함께 노력했다. 케일럽의 마음속에는 자신이 이미 최악의 짓을 저질렀고, 결코 개선되지 않을 것이라는 믿음이 있었기 때문에 나와 케일럽은 그러한 신념을 비판적으로 살펴보았다. 나는 케일럽이 과거에는 그런 행동을 할 수밖에 없었지만 이제는 그 자신에게 선택권이 있다는 것을 이야기해 주었다. 케일럽과 나는 케일럽이 더 이상 위험한 학교에 가지 않아도 되고, 이제는 선생님과 학교생활을 즐길 수 있는 학교에 다니고 있다는 것에 주목했다. 이런 준비를 하면서 나는 케일럽에게 '착하고 종교적인 케일럽'이 '아무것도 중요하지 않은 케일럽'에게 편지를 써서 상황이 어떻게 달라졌고, 그가 믿는 것이 무엇인지 설명해 줄 수 있는지 물었다.

케일럽은 이 작업을 매우 진지하게 받아들였으며 이 작업은 '아무것도 중요하지 않은 케일럽'의 절망감에 대한 연민을 표현하고 더 나은 행동을 하는 것이 왜 더 나은 선택인지 이해하게 했다. 이 편지쓰기 활동을 통해 케일럽은 자신의 영적 정체성의 긍정적인 측면을 확인하는 데 집중하였고 이를 통해 상처받고 부적절한 행동을 배웠던 자신의 부분을 안내할 수 있었다. 이 훈련은 매우 효과적이었고 두 케일럽이 함께 대화에 참여하면서 케일럽의 행동이 개선되었다. 저주, 상처, 위협은 의지와 의도를 행동에 집중하고 이전에 조건화된 행동을 무시하기로 선택함으로써 중단되었다. 이후 가족은 케일럽의 향상된 통제력에 대한 보상으로 더 많은 권한을 주면서 그 효과를 강화했다.

때로는 종교 교육에 반하는 비뚤어진 행위에 가담했다는 것에 대한 극심한 수치심을 극복하는 것이 어렵다. 이런 경우, 유대교 종교 관계자의 도움을 받아 아동과 대화하도록 함으로써 강요된 행동이 아동의 잘못이 아님을 이해시키고 적절한 기도를 통해 치유할 수 있도록 돕는 것이 효과적이었다. 랍비 전문가의 또 다른 역할은 적절한 가치관을 심어주는 심리교육이다. 아동들이 너무 이르게 성에 노출되는 것은 정숙함을 강조하는 공동체의 규범에 위배되는 것이며 아동에게 어려운 일이다.

학대자들은 아동들의 기본 신념과 세상이 어떻게 작동하는지에 관한 기본 교리에 상반되는 많은 메시지와 행동으로 아동들을 혼란스럽게 한 것으로 보인다. 아동들이 자신의 세계를 조직하고 현실과 판타지의 차이를 배우는 발달 단계에서 이러한 혼란이 발생했기 때문에 무엇이 진짜이고 무엇이 가짜인지, 무엇이 좋고 무엇이 나쁜지, 무엇이 상처를 주고 무엇이 즐거웠는지에 대한 혼란이 압도적으로 커졌다. 이로 인해 기본 개념을 배우고 이해하는 기본적 수준의 혼란이 발생했다. 혼란은 때로 놀이에서 착한 사람이 나쁜 사람으로 변하는 것으로 나타나며, 누가 안전하고 누가 안전하지 않은지에 대해 판단할 수 있는 명확한 표시를 구분하는 것이 어렵다. 혼란은 가해자가 피해자에 대한 통제력을 유지하게 하고, 부모와 좋은 교사에 대한 아동들의 신뢰를 무너뜨렸다. Young(2022)은 치료 과정 전반에 걸쳐 '진짜'와 '가짜'의 차이를 파악하는 것이 도움이 된다는 것을 발견했다. 그 후 아동이 진짜로 믿을 수 있는 것에 대해 점점 더 자신감을 갖게 되면서 차이를 구분하는 아동의 능력은 개선의 척도로 작용했다.

촉발 요인

화장실, 길거리, 자동차 등과 같은 일상적인 생활에서의 피할 수 없는 사건 자극으로 인해 아동이 평범한 생활을 할 수 없을 것 같은 경우가 종종 있다. 이러한 일상적인 촉발 요인에 대한 둔감화는 아동이 모래놀이치료나 인형 및 인형의 집 등을 사용하는 상징놀이 및 촉발 요인과 관련된 기억을 작업하고 재구성하는 등의 다양한 방법을 통해 이루어질 수 있다. 예를 들어, 아동이 놀이에서 반복적으로 변기에 머리를 담그는 등장인물을 보여 줄 수 있다.

처음에는 두려움과 벗어나기 어려웠던 경험에 대해 부드럽게 언급하면서 궁극적으로는 아동의 두려움이나 무력감을 말로 표현하도록 격려한다. 놀이가 진행됨에 따라 치료자와 부모는 아동의 감정에 공감하는 등장인물, 아동을 구출을 도와주고 싶은 등장인물, 트라우마 놀이가 해결될 때까지 아동에게 탈출 계획을 제시하는 등장인물을 소개한다.

생애 초기 기본 기능에 대한 가해로 상징화 능력이 손상된 일부 아동은 학대 경험을 행동으로 재연해야 할 필요가 있을 수 있으며, 치료자는 그 재연에서 다양한 역할을 장난스럽게 맡으면서 이를 촉진할 수 있다. 즐거운 놀이 이야기는 아동에게 자극을 덜 주기 위해 과장된 형태로 하는 것이 좋다. 한 어린 여자 아동은 나의 머리에 '훔친' 아이가 있다며 즐겁게 쓰레기를 던졌다. 아동이 장난스럽게 나에게 '쓰레기'를 던졌을 때 나는 "아이들에게 이런 짓을 하는 사람들은 이런 일을 당해야 하고, 이런 짓을 할 권리가 없고, 더한 처벌을 받아야 해!"라고 말했다. 그러다 내가 장난스럽게 "더 이상 상처주지 마세요!"라고 소리 치자 아동은 "너는 아이들에게 상처를 줬기 때문에 이런 일을 당해도 싸! 아이들을 다치게 하는 건 나쁜 짓이야!"라며 분명하게 표현할 수 있었다.

일곱 살 데이비드는 인형을 가지고 상징놀이로 트라우마를 재연하는 것에 갇혀 있었고, 해결되지 않은 채 같은 트라우마를 계속해서 반복적으로 놀이했다. 그러나 학대 이야기를 실행하기 위해 의상을 바꾸자 데이비드는 트라우마 재연에서 벗어나 구조하는 놀이 이야기를 전개했다. 경찰관 옷을 입은 데이비드는 학교 건물에서 아이들을 구출했다. 그런 다음 그는 의사 역할에게 "아이들이 모두 나을 때까지 계속 전화해 주세요."라고 부드럽게 말했다.

강박적인 생각과 행동

아동들이 조직적 학대를 당하는 동안에 이루어진 편도체 기반 학습은 부적응 행동을 더 오래 지속시키고 개입에 저항하게 만들 수 있다. 공격 행동, 특정 음식에 대한 회피 또는 죽음에 대한 생각에 사로잡힌 아동들은 학대 사건에 노출되고 한참이 지난 후에도 뚫을 수 없는 벽이 있는 것처럼 보일 수 있다. 많은 아동이 저녁식사 때 의자를 던지거나, 명절에 식사를 피하거나, 동생을 폭행하거나, 부모에게 위해를 가하겠다고 위협하거나, 배설물을 묻히거나 또는 안전이 확보된 후에도 지속되는 기타 엄격한 절차적 행동 등을 하지 않으면 죽을 것이라는 두려움에 기반한 생각의 주입으로 오랜 시간 고통받는다.

때로 아동은 다른 사람의 머리를 자르거나, 신체 일부를 절단하거나, 사람을 죽이는 등의 해를 가하는 생각을 반복적으로 한다(Gelly Asovski, LCSW-R, RPTS, 개인적 의사소통, 2020년 8월 13일). 이러한 유형의 공포 기반 기억은 상위 피질 학습을 우회하므로 조건화된 행동을 하지 않아도 아무 일도 일어나지 않을 것이라고 설명해도 논리가 통하지 않는다. Lacter(2011)는 "지금 당장 X를 하지 않으면 어떻게 될까?" "우리 한번 해 볼까?"와 같은 부드러운 질문을 할 것을 제안했다. 특별한 동물 인형, 엄마의 손, 치료자의 부드러운 목소리 등을 통해 아동이 안전한 곳에 있다는 것을 인식시키면서 아동과 함께 두려움을 다루는 것은 학대당할 때 배운 것이 피할 수 없는 것이 아니라는 것을 아동이 생생하게 알아가게 한다.

아동이 조건화된 행동 반응을 하지 않고 촉발되는 생각, 느낌 또는 사건과 함께하는 경험을 많이 할수록 이 반응은 더 빨리 사라질 것이다. 두려움은 본능적으로 경험되는 것이며, 논리에 호소하는 것은 행동으로 따르기를 거부하는 실제 경험 그리고 치료자의 부드러운 지지와 함께 불안과 좌절을 견뎌내는 실제 경험만큼 도움이 되지 않는다는 것을 기억해야 한다. 논리와 메타 인식은 본능적 재학습 후에 이루어진다.

DIR/플로어타임 실무자이자 발달 전문가인 Chanie Gross(논문 준비 중)는 강박행동으로 이어지는 자동적 과정을 늦추는 것이 여러 수준에서 매우 강력할 수 있다고 지적했다. 신체가 강요하는 것을 하지 않는 것은 위험으로 느껴질 수 있다는 점을 인식하는 것이 중요하다. 단순히 "윽… 누가 그런 생각을 하고 싶어하겠어?"라고 말하는 것부터 시작할 수 있다. 아동이 끔찍한 느낌이 들 때 그 행동을 하지 않는 것이 무엇을 의미하는지 생각하기 시작하면 치료자는 다음과 같이 말할 수 있다. "그것은 너무너무 역겨웠어. 너무너무 무서웠고. 엄마아빠 없이 너는 너무 용감했지. 너 자신을 지키려고 노력했어. 엄마와 아빠는 널 너무 사랑해. 넌 너무너무 좋은 아이야. 그 사람은 너무 나빴어. 그 사람이 좋은 사람인 척했기 때문에 네가 혼란스러울 거야. 넌 좋은 사람이야. 그리고 우리는 무슨 일이 있어도 널 사랑해."

Gross는 아동이 부모와 치료자가 있는 안전한 곳에서 이러한 감정과 감각을 경험하면 고착된 두려움과 생각을 재처리하는 데 EMDR 및 신체 경험(Somatic Experience: SE)과 같은 기법이 도움이 될 수 있다고 제안하였다. 그런 다음 그것에 대해 천천히 생각하면 '끔직한 것'이 나아질 수 있는지 치료자는 아동과 함께 궁금해하고, '홍수'가 아닌 느린 '수도꼭지'를 사용하여 '한 방울씩' 그것에 대해 생각하도록 제안한다. 마지막으로 아동이 부모와 치료자의 안전 속에서 감정과 감각의 강박감을 경험할 때 치료자는 아동에게 다르게 할 수 있는 것이 무엇인지 물어보고 가족과 치료자 모두 신뢰, 공감 그리고 감사를 보여 주며 아동이 새로운 것을 하도록 도울 수 있다. 그런 다음 이 새로운 학습이 아동의 전체 자기 안에서 받아들여지고 통합되는지 확인하기 위해 파편화된 아동의 모든 상태를 다시 확인할 것을 Gross는 제안했다.

Silberg와 Lapin(2017)은 코를 후비고 싶은 충동을 느끼는 이스라엘 조직적 아동학대 생존자에 대한 사례 연구를 발표했다. Lapin은 아동에게 꼭 코를 후벼야 하는지 부드럽게 물었고, 아동은 "네."라고 답했다. 그렇게 하지 않으면 어떻게 될 것 같은지 부드럽게 묻자 아동은 "머리가 잘릴 거예요."라고 대답했다. Lapin은 아동에게 소리지르는 목소리를 그림으로 그리도록 했고, 아동에게 그 목소리에 반박하여 그렇게 할 필요가 없다고 말하라고 권했다. 이 개입을 통해 아동은 내면의 목소리를 재구성하고 상위 피질 기능을 활성화하여 강박적 행동에 대한 감각을 차단할 수 있었다. 코를 후비는 것은 역겹고 부끄러운 일을 당해도 싸다는 손상된 자기 개념을 강화하기 위한 그의 방법인 것처럼 보였다. 이 행동에 도전함으로써 자신이 가치 있고 선하다는 그의 개념이 강화되었다.

부가적 기법

이렇게 힘든 사람들과 작업하는 치료자는 DIR/플로어 타임(Silberg & Lapin, 2017), EMDR(Gomez, 2012; Waters, 2016), 신체 경험(Levine, 2008), 창조적 예술 치료(Waters & Raven, 2016) 또는 Havening(자기진정기술)(www.Havening.org)과 같은 보조적인 치료에 대한 기술을 향상시키고자 할 수 있다. Gomez는 해리 아동에게 사용하기에 적합한 아동 및 치료자를 위한 다양한 자료를 가지고 있으며 이스라엘 코호트 집단에 도움이 되었다. 이러한 모든 기법은 아동이 겪은 트라우마의 강도를 처리하고 대처하는 데 유용한 보조 도구가 될 수 있다.

창조적 예술개입은 트라우마를 처리하고 숙달하는 데 매우 효과적인 방법이다. 나는 아동들이 감옥을 만들고, '나쁜 놈들'을 가두는 차량용 함정을 테이프로 붙이고, 접힌 종이에 행복한 장소를 그리고 그 안에 나쁜 기억을 그리거나, 탈출 경로와 치유 장소를 건설하여 마음이 새로운 길을 형성할 수 있게 하는 기타 예술 프로젝트를 진행했다. 또한 스트레스를 해소하기 위해 몸 전체 움직임을 사용하고, 정서 조절을 보여 주고 묘사하는 움직임 게임을 통해 아동이 그들의 주도권에 집중함으로써 아동들을 조직화하는 데 도움이 될 수 있는 창의적인 움직임 개입을 도입할 수 있었다(Silberg & Rifkin, 2020).

작업치료는 심리치료의 유용한 보조 개입이 될 수 있다. 학대자들은 종종 아동의 일상생활의 모든 측면을 방해하여 먹고, 입고, 숙제하는 가장 기본적인 활동조차 수치심을 중심의 생각으로 가득 차게 만든다. 트라우마에 민감한 치료자의 보조 작업은 아동이 이러한 기본적인 일상생활 기술을 재학습할 수 있도록 민감하게 지도하는 동시에 학습된 수치심 반응에 대처하도록 도울 수 있다. 보조적인 언어치료는 초기 발달 트라우마로 인해 의사소통 능력이 손상된 아동에게 도움이 될 수 있다(Yehuda, 2015; 2016).

이스라엘 코호트 생존 아동 중 한 명과 함께 자기진정기법을 사용하는 Frances Waters를 관찰할 기회가 있었다. 이 심리감각 기법은 트라우마 기억을 회상하면서 이완감을 느끼도록 유도하고 스트레스 반응을 완화하는 부드러운 접촉을 통해 뇌의 델타파를 활성화하는 기법이다. 델타파는 깊은 수면 중에 발생하고 진정효과를 주는 느린 뇌파이다. 이 특별한 개입에서, 아동은 안전, 새 집에 대한 정보, 가족의 안전, 자신이 가본 행복한 장소를 상기시키는 신호 문구를 배웠다. 아동이 긍정적인 연상을 떠올리는 동안, Waters는 아동이 트라우마 기억을 잠시 회상하게 한 후에 자신의 손을 사용하여 아동의 얼굴, 팔뚝, 손바닥을 번갈아 두드리면서 진정시키는 자극 동작을 했다. 나는 자기진정 접촉기술을 사용해 차분한 반응을 활성화함으로써 학대에 대해 생각할 때 주관적으로 느끼는 고통 수준이 크게 감소하는 것을 관찰했다. 부모, 치료자 또는 아동은 아동이 촉발 요인으로 인해 흥분할 때마다 안전과 지지에 대한 긍정적인 확언과 함께 이러한 형태의 진정 행동을 할 수 있다.

치유는 가능하다

이스라엘 코호트의 조직적 학대 생존 아동들과 함께 일해 온 많은 치료자들은 수년 동안 치료에 참여한 아동들의 성장, 힘, 회복탄력성을 보았다. 이 아동들 중 일부는 초기에 기억했던 학대에 대한 자세한 내용을 잊어버렸지만 과거에 자신이 상처받았던 때가 있었다는 것을 알고 있다. 다른 아동들은 학대를 처리한 후에도 이를 부인하거나 잊어버리고 자신들의 삶을 살아가고 있다. 어떤 아동들은 강도, 버스, 특정 음식, 노래, 물 또는 기타 대상에 대한 두려움을 여전히 갖고 있지만 대부분의 상황에서는 잘 지내고 있다. 이 아동들이 스트레스를 받거나 불안을 자극하는 상황에 있을 때 아동들의 자원이 과도하게 소모되지 않도록 하는 것이 중요하기 때문에 계속해서 아동들을 수용할 것을 권한다. 예를 들어, 물에 대한 두려움에도 불구하고 수영하는 법을 배우는 것은 아동에게 힘을 실어주는 활동이 될 수 있다. 그러나 교사가 이전 트라우마에 대해 민감하게 반응하는 특별 수업이 필요할 수도 있다. 일부 아동은 안전한 장소에 정착한 후 증상이 늦게 나타났지만 치료가 시작되면 치료에 반응했다. 이러한 아동들의 치유를 돕는 것은 복합적이며, 성장과 퇴행을 모두 볼 수 있는 복합적인 영역이 있다. 어떤 아동은 학대 사실을 받아들이는 것을 거부하고 학교를 떠난 지 2~3년이 지난 후에도 심각한 증상을 보이며 부모와 형제자매에게 반항하고 악몽과 공황에 시달린다. 그러나 이 아동들도 자신을 심각하게 배신한 세상에 대한 반항의 적응적 본질을 인식하는 섬세한 치료에 반응할 수 있다. 배신감을 조율하고 애착 손상을 회복하면 이 아동들도 더 건강한 궤도로 돌아갈 수 있다.

복합적이고 순환적인 치유 과정을 기록하기 위해 나는 치료 개선 척도(Therapy Improvement Scale)(저자 웹사이트 www.thechildsurvivor.com에서 사용 가능)라는 도구를 개발하고 있다. 이 척도는 치료자와 가족이 치료 과정을 평가하고 기록하는 데 도움이 되는 많은 요소를 제공한다. 또한 성장이 이루어지고 있는 영역과 발달이 중단된 영역을 보여 준다. 앞으로 이 척도에 대한 검증 연구가 진행되기를 희망하고 있다.

말로 표현할 수 없는 범죄 피해를 입은 아동을 둔 가족은 종종 절망감에 빠지고 정신건강 분야 전반에서 지원을 받지 못한다고 느끼는 경우가 많다. 아동의 주장에 대한 회의적 태도는 치료에서 문제를 회피하게 만들고, 때로는 치료자가 범죄 혐의에 대해 직접적으로 언급하는 것을 거부하기도 한다. 이로 인해 가족과 아동은 지지를 받지 못하고 불신감을 느낄 수 있다. 우리는 이러한 아동에게 다가가는 것을 주저하게 만들 정도로 자극적이거나 선동적이지 않은 언어를 함께 찾아야 한다. '의식적 학대(ritual abuse)'라는 표현은 종종 많은 경멸과 부정을 불러일으키므로, 연구결과에서 알 수 있듯이 조직범죄와 성매매 언어에 실제로 이것을 포함시키고 그 수가 증가하고 있는 피해자 집단을 치료 분야에서 포함시키는 데 도움이 될 것이다. Schroder과 그의 동료 연구자들(2020)은 다음과 같이 결론지었다. "이전의 회의론으로 인한 사회적 회피는 깊은 이해를 방해한다. … 따라서 우리는 '의식(ritual)'[조직적 학대의 측면]을 더욱 명확하게 설명하고 [내담자의] 독특한 정신건강 이슈와 안전 요구사항을 해결할 것을 권장한다"(p. 362).

이러한 민감성은 치료자로서 우리가 성취하고 촉진할 수 있는 희망과 기법에 그 미래가 달려 있는 고통받는 아동 집단에게 절실히 필요하다.

요약

이 장에서 나는 예루살렘에서 조직적 학대 생존 아동 집단에게 사용한 치료기법을 검토했다. 이들은 여러 가해자에 의한 신체, 성, 정서, 종교적 학대 등 다양한 형태의 학대로 심각한 트라우마를 겪었다. 치료 접근 방식은 '그때'와 '지금'의 차이를 강조할 뿐만 아니라 애착을 증진하고, 혼란스러운 기본 신념을 바로잡으며, 가해자가 자주 주입했던 강박적 행동과 맞서 싸우는 것이다. 조직적 학대는 다른 환경과 문화권에서도 발생했으며 방법도 유사한 것으로 보인다. 트라우마 분야에서는 가해자의 동기나 이념보다는 아동 대상 범죄의 조직적 측면에 중점을 두어야 한다는 의견이 확산되고 있다. 이스라엘 아동 표본의 경우, 아동 및 부모와 긴밀히 협력함으로써 치유가 빠르게 촉진되었고 기능이 향상되었다.

15장

정책 시스템과의 작업: 사회운동가로서의 치료자

치료자는 세상을 있는 그대로 받아들이기보다 세상에 대한 비전을 가지고 있어야 한다. 내담자의 삶을 개선하기 위해 노력하는 과정에서 치료자의 작업은 힘든 싸움처럼 느껴지지만 우리가 교류하는 시스템은 종종 내담자의 욕구를 인식하지 못하는 것처럼 보인다. 치료의 지속성이 중요하다는 것을 알고 있지만 보험회사, 위탁보호 기관 또는 학교가 바뀌면 아동은 치료자를 바꿔야 할 수 있다. 많은 내담자들이 지속적인 서비스를 필요로 하지만 의료보험회사는 점점 더 단기 해결을 요구한다. 치료자는 내담자에게 뇌가 적응하고 있는 것이고 질병이 아니라고 가르치지만, 가족들은 정신과 의사로부터 자녀가 정신질환으로 인해 평생 장애를 가질 가능성이 있다는 말을 자주 듣는다. 치료자는 안전하지 않은 환경으로부터 내담자를 보호하기 위해 노력하지만, 법원은 종종 아동들을 안전하지 않은 보호자에게 돌려보낸다. 우리는 조직적 학대 고리가 의심되는 사례를 발견하지만 정부 당국의 적극적인 대응을 이끌어 내지는 못한다.

이와 같은 장애물에도 불구하고 각각의 장벽을 극복하고 내담자가 치유되도록 도울 수 있는 방법이 있다. 아동 생존자의 삶을 통제하는 다양한 시스템과 소통하는 것은 트라우마 치료의 핵심 원칙이며, 아동이 생활하고, 배우고, 놀이하는 다양한 환경에서 치료자의 개입이 뒷받침되고 강화되어야 한다(Perry, 2009; Saxe, Ellis, & Kaplow, 2009). 어떤 치료 모델을 사용하든 시스템 문제가 발생하며 사려 깊고, 아동중심적이며, 트라우마에 민감한 반응을 필요로 한다.

치료의 지속성

말이 안 되는 문제의 규정 및 정책

치료자가 바뀔 수 있는 상황은 너무나 많다. 대부분은 아동 치료 업무를 담당하는 관료의 편의에 따라 이루어진다. 한 치료자가 같은 기관의 다른 부서로 옮겨져 다른 사람들을 담당하게 되면 그 치료자의 전체 사례가 새로운 치료자에게 보내진다. 아동은 아동의 현재 제공기관과 계약을 맺지 않은 새로운 위탁보호 기관으로 보내지기도 한다. 아동이 애착을 맺은 치료자와 상당한 진전을 보였음에도 불구하고 외부 치료자이기 때문에 계속 만나지 못하도록 하는 학교 정책도 있다. 나는 이러한 모든 상황뿐 아니라 그 이상을 경험했다. 나의 대담은 항상 똑같다. 아동이 치료자와 치료 작업을 잘 할 때 치료의 지속성은 기관의 규칙이나 규정보다 더 중요하다.

때로는 단순히 예외를 요청하는 것만으로도 시스템을 설득하여 아동을 계속 만날 수 있다. 다른 경우에는 상급 관리자에게 문의해야 할 수도 있다. 내가 상담했던 한 병원에서는 다른 지역사회 프로그램에서 근무하는 정신과 의사의 의뢰를 수락하면 보험회사에서 아동에게 치료자와 정신과 의사를 같은 외래에서 치료받도록 요구하기 때문에 정신과 의사를 바꿔야 했다. 내가 이 새로운 규정을 받아들이기로 동의하면, 정신과 의사가 해리 치료를 위해 아동을 나에게 의뢰할 때마다 정신과 의사는 아동을 포기해야 하기 때문에 더 이상 그 정신과 의사와 협력할 수 없게 된다. 여러 차례의 전화통화를 통해 나는 이 규정의 시행을 맡은 관리자를 만났다. 관리자는 이 정책이 내담자의 치료를 방해한다는 데 동의하고 예외를 두었다. 때로 기관의 '규정'이라는 것은 한 관리자가 다른 관리자에게 아무 생각 없이 말하고 치료자는 관리자가 그렇게 말했기 때문에 변경할 수 없는 것이라고 간주하는 관행일 수 있다. 반복적으로 정책에 이의를 제기하고 예외를 요청함으로써 나는 9년 동안 아홉 번의 위탁가정 배치를 받은 발리나(서론에 설명됨)의 치료자로 남을 수 있었다. 치료관계를 유지하기 위해 나는 계속 바뀌었던 위탁보호 기관의 패널에 참여해야 했고, 특수학교에 치료사로 등록하고 차등 급여 구조를 받아들여야 했다. 나는 내담자에게 불리한 정책에 이의를 제기하면 정책이 종종 변경될 수 있다는 것을 발견했다.

충분한 치료 기간: 개인보험 외의 지원 보험사 또는 특별 계약 체결

트라우마를 입고 해리 증상을 보이는 아동은 수년 이상의 치료가 필요하지만 민간 보험 규정 내에서는 장기 치료를 받을 수 없는 경우가 많다. 해리 아동의 치료 효과에 대한 예비 연구에서 평균 12~24개월의 치료 기간이 가장 좋은 결과를 보여 주는 것으로 나타났지만 일부 내담자는 5년 이상의 치료가 필요했다(Silberg & Waters, 1998). Myrick과 동료 연구자들(2012)은 다단계 트라우마 치료에 참여한 심각한 젊은 해리 성인들의 치료 결과를 조사했다. 이들은 치료 30개월 후에 파괴적 증상이 크게 감소했고 적응 기능이 향상되었다. 또한 생애 초기 트라우마 생존 아동이 증상 감소를 보인 후에도 새로운 발달 문제에 직면했을 때 치료자의 도움을 받는 것이 중요하다.

1984년 범죄 피해자 법(Victims of Crime Act: VOCA)은 범죄 피해자에게 보상을 제공하는 프로그램을 규정했고 따라서 현재 미국의 모든 주에서 범죄 피해자를 위한 치료 서비스 비용을 지급하는 기금을 운영하고 있다. 이 기금은 매우 관대하여 학대 및 방임 피해 아동에게 수년간의 치료비를 지원하고 때로는 입원비까지 지원한다. 이 기금을 운용한 대부분의 주에서는 범죄 혐의가 있는 가해자가 기소 되든 안 되든 이 기금을 사용할 수 있다.

때로는 주 정부가 제공하는 보험 프로그램이 민간 보험사보다 치료 기간에 대해 더 관대하다. 치료 기간이 중요한 고려 사항이고 민간 보험사가 연장 치료 보장을 하지 않는 경우, 많은 내담자들이 공공 보험 옵션으로 전환할 수 있었다. 이러한 프로그램에 대한 규정과 정책은 지속적으로 수정되므로 해당 주가 제공하고 있는 프로그램의 정신건강 보장 현황을 조사하고 어떤 것이 내담자에게 더 나은 선택인지 판단해야 한다. 팬데믹 기간 동안에는 많은 보험사들이 원격 치료 및 기타 치료실 밖 서비스에 대한 규정을 완화했다.

복합 트라우마 병력이 있는 아동과 청소년의 장기간 치료 보장을 위해 민간 보험사와 협상하는 것도 가능하다. 내 경험에 따르면, 담당 치료자와 함께 내담자가 겪은 심각한 부정적 경험에 대해 이야기하고, 내담자가 병원에 입원하지 않고 학교에 다닐 수 있게 된 성공 사례를 설명하면 치료 계획을 갱신하는 데 큰 도움이 될 수 있다. 많은 민간 보험사들은 트라우마 전문가인 치료자를 패널에 포함시키는 것을 기쁘게 생각하며, 트라우마를 입은 아동을 치료하기 위한 특별 요율이나 프로토콜을 개발한다.

내담자가 보험이 없는 경우 다른 선택지가 있을 수 있다. 일부 주에서는 공공 및 민간 보조금으로 운영되는 무료 상담소에서 내담자가 전문 트라우마 서비스를 받을 수 있다. 또한 많은 관할 구역에서는 현장에서 치료를 제공하는 주 정부 지원의 특수교육 프로그램도 이용할 수 있다. 나의 내담자 중 상당수는 세퍼드 프랫 건강 시스템이 운영하는 주정부 지원 특수교육 프로그램에 참여한 적이 있다. 이 프로그램에서는 아동이 이 학교에 다니는 동안 치료를 계속 받을 수 있다.

다른 치료 제공자와 협력하기

트라우마의 영향에 대한 지식이 점점 더 널리 보급되고 있지만 많은 치료자들이 트라우마 치료에 대한 교육을 받지 않았기 때문에 트라우마 생존자가 보이는 증상을 다른 진단으로 바라보는 경향이 있다. 아동 트라우마에 대한 전문지식이나 훈련 경험이 없는 동료를 슈퍼비전하고 협력할 때 가장 중요하게 강조해야 할 것은 무엇이 효과가 있는지, 왜 효과가 있는지, 다른 접근법을 시도하는 것이 유용할지 등 실용적인 고려 사항들이다. 이전에 사용했던 작업방법이 효과가 없을 때 성공이나 다른 접근 방식을 주장하기는 어렵다. 해리성 장애, 외상 후 스트레스 장애, 조울증 중 어느 것이 가장 적합한 진단인지에 대한 논쟁은 어떤 명칭을 사용하든 도움이 될 수 있는 특정 개입에 대한 논쟁보다 중요하지 않다. 정서조절 연습과 이미지 작업은 양극성 장애에도 효과적일 수 있으므로 내담자의 안정을 위해 개입할 때 이러한 논란에 휘말리지 않는 것이 중요하다.

서로 다른 관점을 가진 팀원들과 작업할 때는 이론보다는 실용적인 고려사항에 초점을 맞춰 논의하는 것이 가장 바람직하다. 내담자가 팀 구성원의 서로 다른 관점 사이에 끼어 있다고 느낀다면 내담자 스스로 생각하고 자신에게 맞는 것이 무엇인지 판단할 수 있도록 권한을 주어야 한다. 다른 사람의 관점에 대한 설교나 판단 없이 트라우마에 대한 지식을 사용하여 교육한다면 더 큰 영향을 미칠 수 있다.

많은 내담자들이 정신과 의사나 기타 의료 전문가와 협력하여 약물을 처방받고 있다. 약물은 주의력 문제, 우울, 불안, 기분 조절, 과잉 각성 또는 사고 문제 등의 증상을 치료하기 위한 약물이다. 아동과 청소년의 정신과 약물 남용에 대한 논란이 있지만(Parry & Levin, 2011; Sroufe, 2012; Whitaker, 2010), 각 상황을 사례별로 평가하고 약을 처방하는 의료 제공자와의 긴밀한 협력 관계를 유지하는 것이 중요하다. Stierum과 Waters(2016)는 해리성 장애와 복합 트라우마가 있는 아동의 약물 사용에 대한 증상 기반 접근(symptom-based approach)을 제안한다. 수면 문제, 주의력 및 집중력, 충동성, 과잉각성, 침입적 사고, 우울을 치료하는 약물은 다른 치료법을 보완하기에 유용하다. 동시에, 치료자는 새로운 약물에 대한 내담자의 반응과 약물이 치료 과정을 돕는지 또는 방해하는지 여부를 파악할 수 있는 가장 좋은 위치에 있다. 일부 약물은 이 집단에서 오히려 역효과를 낼 수 있다. 입증되지 않은 증거에 따르면, 항우울제나 항정신성 약물이 특정 아동들의 해리를 증가시킬 수 있다고 한다. 8장에서 설명한 프랭크는 플루옥세틴(fluoxetine; 역주: 세로토닌의 작용을 강화시켜 우울증 치료에 사용되는 약물)을 복용한 후 통제되지 않는 상태 전환 주기에 들어갔다. 반면에 극적인 개선도 관찰된다. 한 해리 청소년은 메틸페니데이트(methylphenidate; 역주: 중추신경계를 자극하여 집중력을 조절하고 각성을 향상시키는 약물)를 복용한 후 "목소리들이 서로에게 친절해졌고 이제 싸우지 않아요."라고 말했다(Stierum & Waters, 2016, p. 266). 해리 아동 및 청소년은 잠재적으로 예기치 않은 반응을 보일 수 있으므로 약물 효과를 주의 깊게 모니터링하는 것이 중요하다. 이 문제에 대한 자세한 논의는 Stierum과 Waters를 참조하라.

내담자의 학교와도 지속적으로 긍정적 관계를 유지하는 것이 중요하다. 치료자는 교사와 관리자들에게 아동이 교실의 소음, 교사 피드백 또는 제한 설정에 대해 트라우마적 반응을 보이는 이유를 이해하도록 도와야 한다(Yehuda, 2015). 치료자는 학교와 함께 아동의 보상 능력 저하를 유발하는 상황의 영향을 완화하는 방법에 대해 브레인스토밍하고 학교생활을 해나가는 데 도움이 될 수 있는 방법을 개발해야 한다. 불안이나 플래시백을 관리하기 위해 사전에 합의한 전략 목록을 학교 상담사나 양호 교사(간호사)에게 제공하면 큰 효과를 볼 수 있다. 기존 경험에 따르면, 함께 작업했던 트라우마 아동들이 위기 상황에서 안전한 사람으로 인식하는 학교 내 사람이 필요하며, 필요에 따라 교실을 떠날 수 있는 특별 출입증을 제공해야 한다. 계획된 전략을 활용한 이후 아동을 교실로 빨리 복귀시키는 것이 지속적인 목표가 되어야 한다. 한 창의적인 유치원 교사는 해리 아동이 과도한 자극을 받았을 때 자신을 스스로 조절하기 위해 갈 수 있는 편안한 '오두막'을 교실 뒤편에 만들어 주었다.

아동들을 교실에서 관리할 수 없는 경우, 치료자는 어떤 종류의 전문 배치가 가능한지 결정하기 위해 학교 관리자를 만나야 할 수도 있다. 학교회의에 치료자가 참석하는 것은 아동이 학교 환경 적응에 도움이 되는 구체적 자원을 결정하는 데 매우 유용할 수 있다. 특별한 배치에 대한 접근은 달성하기 쉬운 일이 아니며, 아동에게 필요한 자원을 옹호하는 치료자의 존재가 궁극적으로 변화를 가져올 수 있다. 학교 관계자와 만날 때는 진단에 의존하기보다는 아동이 할 수 있는 것과 할 수 없는 것, 도움이 되는 자원이 무엇인지에 대해 실제적이고 상세하게 설명하는 것이 중요하다. 치료자는 또한 자료실이나 전문가 활용 가능 유무, 아동이 압도당할 때 교실을 떠날 수 있는 기회, 소규모 학급 환경, 아동 트라우마 촉발 요인, 플래시백 등 기타 트라우마로 인한 반응에 대해 잘 알고 있는 학교 전문가와의 접촉을 주장해야 한다.

법 제도와의 작업: 진정성 유지하기

많은 치료자들이 법 제도에 대해 어려움을 느끼며 법적 환경의 기본 규정에 익숙하지 않다. 많은 변호사들은 정신건강 전문가에게 접근할 때 '괴롭힘(bullying)' 전술을 사용하며, 마치 자신이 열렬히 변호하는 의뢰인의 법적 이익이 치료 중인 내담자의 정신건강 유익보다 우선하는 것처럼 행동한다. 많은 치료자들은 법정에 참석하는 데 시간이 많이 걸리는 것을 두려워하고 법 제도의 대립적인 성격을 불편하게 여긴다. 주저함은 이해가 되지만 취약한 내담자를 돕기 위해서는 법 제도와 법 제도가 어떻게 운영되는지에 대해 어느 정도 친숙해질 필요가 있다. 치료자가 자신이 알고 있는 것과 업무의 지침이 되는 윤리적 원칙을 준수한다면 법률 제도를 성공적으로 활용할 수 있다.

정신건강 전문가들은 종종 아동에게 해를 끼치는 법원명령에 자신들이 대응할 권한이 없다고 생각한다. 그러나 정신건강 전문가는 명확하고, 데이터에 기반한, 윤리적 판단을 내릴 수 있는 힘을 갖고 있다. 트라우마와 그것이 아동에게 미치는 영향에 대한 증언을 통해 법 제도의 관계자들을 교육할 수 있다. 판사들은 종종 이런 종류의 정보를 듣고 싶어하며 자신의 전문 지식을 공유하는 정신건강 전문가에게 감사한다. 가장 강조하고 싶은 부분은 법 제도의 힘이 아동에게 해를 끼치는 것에 복종하지 말라는 것이다. 내담자가 정말로 필요로 하는 것이 무엇인지 법원에 알리면서 진정성을 유지해야 한다.

치료자의 윤리적, 법적 의무를 위반하는 법원명령을 수락하지 않기

사건에 개입하기 시작하면서 치료자의 이름이 명시된 법원명령을 검토하고 명령에 명시된 참여 조건을 수락할 의향이 있는지 확인해 주어야 한다. 만약 수락하지 않을 경우, 법원이 요구하는 사항을 윤리적으로 수행할 수 없다는 것을 즉시 법원에 분명하게 밝히고 그 이유를 설명해야 한다.

처음 아디나에 대한 법원명령을 받았을 때(2, 6, 12, 13장), 그 명령에는 치료자가 학대 의심을 주 정부 기관에 신고할 수 없다고 명시되어 있었다. 대신 법원명령에는 치료자가 학대 의심을 '양육 코디네이터(역주: 문제가정의 지속적인 이슈를 다루도록 미국 법원이 지정한 심리학자나 변호사)'에게만 보고할 수 있으며, 그 후 양육 코디네이터가 아동보호서비스(Child Protective Services)에 보고할지 여부를 결정할 것이라고 명시되어 있었다. 법원이 이전 주장이 근거가 없다고 잘못 판단했기 때문에 학대적인 아버지를 위해 변호사가 교묘하게 만든 이 명령으로 인해 치료자는 더 이상의 학대 신고를 할 수 없게 된 것이었다. 이 명령은 치료자의 윤리강령과 근무하는 주의 법적 명령을 모두 위반하라고 명령한 것이다. 법원명령을 따른다면, 정신건강 전문가가 학대 혐의를 보고하도록 의무화한 주의 법적 요건을 준수하지 않아 면허가 박탈될 수도 있었다. 치료자는 즉시 양육 코디네이터에게 이 사실을 설명했다. 치료 중에 발생한 학대 의심을 양육 코디네이터에게 알리는 데 동의했지만 학대 사실에 대해 사회복지 서비스국에 신고 여부를 양육 코디네이터가 결정하는 것에는 동의하지 않았다. 실제로 아디나가 주말 방문 중에 발생한 아버지의 성폭행을 이야기했을 때 나는 양육 코디네이터에게 바로 알렸지만 아디나가 그린 생생한 그림을 아동보호서비스 감독관에게 팩스로 보낸 후에야 신고가 가능했다. 아디나의 추가 폭로를 억누르며 진실을 억압하려는 사람들이 자신들의 노력을 관철하려는 것에 동조할 수 없었다. 법정에서 사건이 심리된 후, 양육 코디네이터는 중립적인 것처럼 보였지만 실제로는 아버지를 위해 돈을 받고 증인으로 나서 아디나의 폭로를 믿지 않는다고 증언하기 위해 열심이었다는 사실이 밝혀졌다. 치료자가 법원명령에 복종해 학대 의심을 포기했다면 아디나는 결코 보호받지 못했을 것이다.

내가 정정을 요청했던 다른 법원명령은 학대 혐의에 대한 근거가 있는지 또는 자녀가 어디에 거주해야 하는지 결정하기 위해 부모를 대상으로 심리검사를 실시하라는 명령이었다. 나는 학대가 발생했는지 여부를 평가하거나 아동의 정신건강 상태를 판단하기 위해 주로 평가를 받아야 하는 사람은 부모가 아니라 아동임을 법원에 설명하였다. 간혹 심리검사를 잘못 해석하여 외상 후 스트레스 증상을 보이는 가정폭력 피해자 여성에게 성격 장애가 있다며 자녀 양육권을 유지하기에 부적합하다고 결론을 내리는 경우가 있다(Erickson, 2005; Silberg & Dallam, 2019). 학대 혐의가 있는 상황에서 양육권 평가서를 작성하도록 법원에서 명령한 사례에 대해 나는 법원에 이 명령을 '아동 안전 및 보호 문제를 판단하기 위한 정신건강 평가'로 다시 작성해 줄 것을 요청한다.

부모 소외 주장 다루기

치료자는 가정법원에서 직면하게 되는 윤리적 수렁에 특히 민감해야 한다. 가정법원에서 자주 쓰이는 개념인 부모 소외 또는 부모 소외 증후군은 부모가 학대했다고 고발하거나 부모에게 분노를 느끼는 자녀가 상대방 부모에게 그렇게 하도록 세뇌당했다는 단순한 이론에 기초하고 있다. 이 이론은 가사법 분야에서 널리 알려져 있지만 논리적이거나 과학적 근거는 없다. 부모 소외 증후군의 확실한 판별이나 이론적 근거의 타당성에 대한 실증적 또는 연구적 지원이 상대적으로 부족하다. 전국 소년법원 및 가정법원 판사협의회(National Council on Juvenile Justices and Family Court Judges)는 부모 소외 증후군이라는 용어 사용을 거부했으며(Dalton, Drozd, & Wong, 2006) 법률 및 심리학 연구에서도 과학적 가치나 법적 유용성이 없다고 결론지었다(Bruch, 2001; Hoult, 2006; Meier, 2009). 그럼에도 불구하고, 가족 내 학대에 대한 아동의 주장은 점점 더 소외로 인해 발생하고 있다. 이러한 사례에 대해, 법원은 종종 아동을 소외시키고 있다고 생각되는 부모(즉, 학대로부터 아동을 보호하려는 부모)를 처벌하고 다른 부모(학대 혐의자)에게 양육권을 부여하는 것으로 대응한다(Silberg & Dallam, 2019; Neustein & Lesher, 2005). 이런 일이 아디나와 빌리(8장)에게 일어났었으며, 이 책에 설명된 치료를 받은 다른 여러 아동들도 이러한 경험을 했다.

가정법원에서 부모 소외가 자주 등장하는 것은 양육권 분쟁에서 발생하는 대부분의 학대 주장이 거짓이라는 통념이 널리 퍼져 있기 때문인 것으로 보인다. 학대 또는 가정폭력 혐의가 제기된 가족을 설명할 때 '고갈등(high conflict)'이라는 용어가 종종 잘못 사용되는데 이는 마치 가해자와 피해자가 있는 경우에도 양측 모두 '동등하게' 잘못이 있는 것처럼 보이게 한다(Fischel-Wolowick, 2018). 반면에 양육권 분쟁 중에 성학대에 대한 허위 주장이 발생하는 경우는 의외로 드물다는 사실이 밝혀졌다(Faller, 2007; Thoennes & Tjaden, 1990). 부모 소외 통념은 법정에서 아동을 학대로부터 보호하는 방법에 대한 복잡한 문제가 발생할 때 책임을 전가하는 단순한 답변이 되는 것이다.

과학적 검토에 따르면, 부모 소외 구조의 개념화에는 중대한 과학적 결함이 있다는 결론이 내려졌다(Faller, 2007; Pepiton, Alvis, Allen, & Logid, 2012; Saini, Johnston, Fidler, & Bala, 2016). Milchman(2020)은 "이러한 결함에는 부적절한 평가 도구, 편향된 연구대상자 선택, 적절한 비교집단 부족, 부적절한 통계 분석 및 순환 추론이 포함된다."(p. 24)라고 지적했다. 또한 부모 소외에 대한 정의는 연구마다 현저히 다르기 때문에 객관적인 연구자들은 전체적으로 부모 소외에 대한 연구는 신뢰성이 떨어진다는 결론을 내렸다(Saini et al., 2016).

'부모 소외' 또는 '사주' 혐의로 기소된 양육 부모(주로 어머니) 때문에 취약한 아동들에게 발생하는 문제는 연방정부의 법무부(Department of Justice), 여성폭력 사무국(Office of Violence Against Women: OVW) 및 조지워싱턴대학교의 가정폭력 및 법적 역량강화 프로그램(George Washington University's Domestic Violence and Legal Empowerment Program, www.DVLEAP.org)의 관심을 받았다. 나는 OVW가 후원하는 DVLEAP과의 협력 계약에 참여하여 아동 학대자에게 양육권이 주어지는 요인을 연구했다. 이러한 요인을 파악하기 위해 연구팀은 아동이 처음에 학대하는 부모에게 양육권이 주어졌다가 나중에 사법부의 판결을 바로잡고 아동을 보호하게 된 '역전 사례'를 조사했다. 이 연구 결과에 따르면, 학대 혐의자가 양육 부모에 대해 제기한 '부모 소외'와 같은 비난으로 인해 법원은 자녀를 학대자의 통제하에 두게 되었다(Silberg & Dallam, 2019). 학대자와 함께 살도록 강요받은 아동에 대해 기록된 피해에는 자살 충동, 자해, 해리 증가 등이 포함된다. 부모 소외 및 학대 혐의에 대한 가정법원 판결을 종합적으로 검토한 연구에서는 "어머니의 학대 주장, 특히 아동에 대한 신체 또는 성학대 주장은 양육권 상실 위험을 높이고 아버지의 소외 주장은 양육권 상실 위험을 사실상 두 배로 높이는 것으로 나타났다"(Meier, 2020, p.1).

부모 소외에 대한 과학적 증거가 부족하고 아동학대에 대한 타당한 비난을 방어하기 위해 부모가 부모 소외를 광범위하게 오용하고 있음에도 불구하고 법원은 양육권 결정을 내릴 때 계속해서 부모 소외에 의존하고 있다. 실제로, 아동이 선호하는 부모로부터 아동을 강제 분리시키고 아동이 학대한다고 주장하는 부모에게 아동을 배치하는 재결합 프로그램이 전국적으로 생겨났다(Mercer, 2019). 이러한 프로그램은 방법의 안전성과 효과성에 대한 경험적 뒷받침을 확보하지 못했고(Mercer, 2019) 심각한 윤리적 문제를 가지고 있다. 아동들을 초기 애착 대상으로부터 갑자기 떼어놓는 것은 아동들에게 지속적인 심리적 해를 끼칠 수 있다는 것은 잘 알려져 있다. 초기 애착 대상과의 접촉이 거부되는 동시에 가해자로 추정되는 사람이 단독 양육권을 갖게 되면 피해는 더욱 심각해진다. 자살 충동의 증가, 우울, 트라우마 증상 악화를 보일 수 있다(Dallam & Silberg, 2016). 더욱이, 트라우마를 입은 아동의 갇힌 느낌을 촉발하는 요인에 대해 우리가 이해한 바로는 해를 미칠 가능성이 특히 높다. 학대를 당한 후 학대를 가한 부모를 강제로 만나면서 안전한 가정과 학대하는 가정에서 번갈아 지내야 하는 아동은 환경에 존재하는 학대와 이질성에 대처하기 위한 방법으로 해리를 발달시킬 수 있다. 그러나 신체학대, 성학대 또는 정서학대가 없는 경우 다른 가정으로 옮기는 것이 아동에게 해리 증상을 유발한다는 증거는 본 적이 없다.

아동에게 치료자로서의 충실성과 일에 대한 진정성을 유지하려고 노력하는 치료자라면 '소외'에 대해 아동이나 부모를 치료하라는 모든 법원의 명령을 의심해 봐야 한다. 자녀에게 치료를 제공하거나 부모에게 지침을 제공할 때 관찰 가능한 행동 증거에 기반해야 한다. 구체성이 부족하거나 명확한 정의가 없으면 모호한 인상이나 아무도 목격하지 않은 무의식적 과정에 기인한 진단을 내릴 수 있다. 이전에 검토한 법원 사건에서 한 어머니는 세 살짜리 아이가 자신을 키워준 남성에게 '아빠'라는 단어를 사용했다는 이유로 '소외'라는 혐의를 받아 기소됐다. 아동이 두 살이 되던 해, 아동의 친부가 갑자기 나타났다. 아동이 낯선 사람을 '아빠'라고 부르도록 즉시 정정하지 않았기 때문에 그 어머니는 소외로 유죄판결을 받았다. 법원은 이와 같은 결론이 왜 아동 발달을 무시하는 것인지 이해할 필요가 있으며, 실무자들은 법원의 잘못된 추론을 받아들이기보다는 법원을 교육해야 한다.

아동이 부모를 만나고 싶어하지 않는다면 자녀와 부모의 관계를 주의 깊게 살펴보아야 한다. 두 사람 사이의 관계는 두 사람 사이의 관계로 가장 잘 이해되며, 연구에 따르면 자녀가 부모로부터 멀어지는 이유는 부모가 자녀를 대하는 방식 때문일 가능성이 가장 높다(Johnston, 2005). 부모와의 관계에서 어려움을 겪는 이유에 대한 아동의 지각을 무시하고 부모 소외 이론이 주장하는 것처럼 그것이 제3자의 잘못이라고 가정하는 것은 아동들에게 매우 무례한 태도인 것이다.

과학적 객관성을 손상시키거나 명확한 증거에 기초하지 않은 내담자에 대한 임상 접근을 요구하는 법원명령은 거부하거나 재작성하도록 요청해야 한다. 예를 들어, 아디나를 치료하기 전에 받은 법원명령처럼 향후 학대 사실에 대해 '보고하지 말 것' 또는 다른 방식으로 해석하도록 요구받을 수 있다. 미래에 발생할 수 있는 상황에 대해 평가할 기회 없이는 결정을 내릴 수 없다. 마찬가지로, 이전 면접관이 학대를 입증하지 못했다는 이유로 혐의를 기각하는 것은 아동을 믿지 않는 타당한 이유가 될 수 없다. 학대 폭로는 알려진 패턴을 따르며 아동의 연령 및 아동과 학대자의 관계에 따라 달라지고, 공개되기 전 여러 번의 면담이 필요한 경우가 많다(Olafson & Lederman, 2006). 정신건강 전문가로서 우리의 작업은 학대받은 아동이 다양한 상황에서 하는 행동에 대한 잘못된 관념에 근거한 법적 이론이 아닌 실증적 데이터에 뿌리를 두어야 한다.

마찬가지로, 가족과의 치료 작업이 아동에게 지속적으로 해를 가하고 있는 사람과 아동을 재결합시키는 일을 가족과 하라는 명령을 받는다면 비윤리적라고 판단하여 거부해야 한다. 때로는 아동이 학대하는 부모의 모습이나 목소리에 트라우마 재경험으로 반응할 수 있으므로 법원이 명령한, 감독하에 이루어지는 면접교섭 방문[역주: 감독하에 이루어지는 면접교섭 방문은 중립적인 제3자(제공자)가 지켜보고 듣는 가운데 부모가 자녀와 함께 시간을 보내는 것(https://selfhelp.courts.ca.gov/guide-supervised-visitation)]조차 아동에게 해로울 수 있다(9장 에스티의 사례 참조). 9세의 빌리는 감독하에 이루어진 면접교섭 방문 중 자신이 겪은 트라우마 촉발 요인에 대해 다음과 같이 설명했다. "마치 매 순간, 매 초마다 점점 더 나빠지는 영화를 보는 것처럼 그를 볼 때마다 나에게 일어났던 일이 생각나요." 아동이 학대자와의 접촉으로 인해 외상 후 반응을 보이는 경우, 이를 법원에 전달하여 법원이 결정의 영향을 판단할 수 있는 최상의 정보를 확보할 수 있도록 해야 한다. 일부에서는 부모 간의 갈등이 학대 자체보다 자녀에게 더 해를 끼칠 수 있으므로 학대자와 재회하는 것이 일반적으로 자녀에게 최선의 이익이라고 주장하지만(Deutsch, Drozd, & Ajoku, 2020) 이를 뒷받침하는 임상적 증거를 본 적이 없으며 이 주장을 뒷받침하는 연구도 찾지 못했다. 반대로, 아동이 자신을 학대한 부모를 받아들이도록 강요당하고, 자신의 기억이나 경험이 부정당하고, '별거는 누구의 잘못도 아니다.'라는 새로운 법원의 명령을 받아들여야 할 때 해리의 정도가 심해지는 정반대의 경우를 본 적이 있다. 가정법원에서 소위 아동의 '최선의 이익'을 위해 학대자와의 재결합을 강요하는 경향은 아동의 해리 증상, 우울 및 자살 충동 증상을 악화시킬 가능성을 높인다(Silberg & Dallam, 2019).

학대 입증하기

어린 아동이 학대를 당했는지 여부가 불분명한데 재결합을 도와달라는 요청을 받는 예가 많이 있다. 이러한 사례들을 위해 나는 '학대 입증하기(abuse-proofing)'라는 프로토콜을 개발했다. 치료자는 부모 및 아동과 함께 일련의 규정된 세션을 진행하며, 비밀을 지키지 않는 것과 같은 아동에게 적합한 경계, 안전 규칙을 정하고 연습한다. 두 부모 모두 자녀에게 비밀을 지키지 말 것을 강조할 것과 안전하고 적절한 행동이 무엇인지에 관한 구체적인 지침에 동의해야 한다. 제기된 주장을 구체적으로 다루는 규칙을 만들며, 규칙 중 하나라도 지켜지지 않았다고 아동이 생각하면 부모는 사과해야 한다. Sandra Hewitt(2008)도 입증할 수 없는 학대 의심이 제기된 어린 아동과의 재결합을 위해 유사한 프로토콜을 개발했다. 그녀는 마찬가지로 명확한 규칙을 정하고 시간이 지남에 따라 아동의 안전을 모니터링해야 한다고 주장한다. 그러나 내가 만든 프로토콜에는 더 많은 세션 동안 비밀을 유지하지 않는 구체적인 교육이 포함되어 있다. '학대 입증하기' 절차는 아동이 재결합 후 즉시 학대를 이야기할 수 있게 하며, 학대 의심이 있은 후에도 재결합이 가능할 수 있다는 확신을 가족들에게 심어줄 수 있는 방법이 된다.

칼린다는 네 살 때 아버지가 주말 면접교섭 중에 자신의 '수지'를 만졌다는 사실을 처음 밝혔다. 의학적 증거가 모호했고 당시 네 살의 칼린다는 언어가 잘 발달하지 않은 상태였다. 그 결과 법의학 면담에서 확실한 결과를 얻지 못했다. 판사는 가족에게 나의 학대 입증하기 프로토콜에 참여하도록 명령을 내렸다. 양쪽 부모와 칼린다, 그리고 칼린다의 일곱 살 언니를 포함한 온 가족과 6회의 세션을 진행했다. 내 요청에 따라 두 부모 모두 자녀들에게 항상 진실을 말하고 절대 비밀을 지키지 말라고 격려했다. 아버지는 칼린다와 칼린다의 언니에게 안전한 접촉을 위한 구체적인 규칙을 설명했고, 그 규칙 중 어느 것도 결코 어기지 않을 것이라는 '엄숙한 약속'을 했다. 법원은 아동들이 아버지와 함께하는 시간을 점점 늘려 6개월 동안 격주로 주말마다 만날 수 있게 했다. 칼린다는 치료를 계속했고 나는 정기적으로 학대 입증하기 프로토콜의 원칙을 강화했다. 학대 입증하기 프로그램이 시작된 지 2년 후, 칼린다는 어머니에게 "아빠가 약속을 어겼어요."라고 말했다. 그녀는 어머니, 소아과 의사, 응급실 의사, 그리고 나에게 디지털 성기 삽입 사건(역주: 성기 외의 물건 등을 성기에 침투시키는 성범죄)을 설명했다. 의료진의 새로운 보고 이후 아버지의 추가 방문이 중단되었다. 의료진이 학대를 입증했지만, 지역사회 서비스 부서는 그녀가 어릴 때 이미 학대받았을 가능성이 없다고 판단했기 때문에 지금은 새로운 신고를 할 의사가 없다는 입장을 밝혔다. 그럼에도 불구하고 판사는 새로운 주장을 입증한 여러 전문가로부터 새로운 증언을 듣는 대신 아버지가 감독하에 면접교섭하는 것에 다시 동의했다. 아동들은 감독하에 면접교섭하는 것을 개의치 않았고, 아버지가 그 지역을 떠나서 자녀들과 연락이 끊길 때까지 몇 년 동안 계속해서 아버지를 만났다.

내담자를 도울 수 있다면 법정에 가는 것을 두려워하지 말라

치료자가 아동보호 문제, 범죄 문제, 위탁 배치 문제, 이혼과 관련된 양육권이나 면접교섭 문제 등 아동 내담자와 관련된 문제에 대해 증언하기 위해 법원 소환장을 받는 이유는 많다. 이는 아동들의 삶에서 미래의 진로가 결정되는 매우 중요한 순간들이다. 치료자의 의견은 문자 그대로 내담자의 생명을 구할 수 있다. 내담자가 어떤 일을 겪었는지, 주변 환경의 위험 요인이 무엇인지를 법원이 이해하는 데 도움이 될 수 있는 정보가 있다면 이러한 기회를 피하지 않는 것이 중요하다.

내담자에 대한 윤리적 의무를 지키려면 내담자가 어떤 질문을 받을 수 있는지 토의하고, 내담자가 어떤 내용을 말하기를 원하는지, 어떤 내용을 말하지 않기를 원하는지 파악해야 한다. 증언석에서 내담자가 비밀로 하고 싶어하는 내용을 항상 피할 수 있다고 보장할 수는 없지만, 이러한 토의를 통해 증언의 방향을 잡을 수 있다. 치료자가 내담자의 의사와 직접적으로 상충되는 의견을 법정에서 제시하는 것은 비윤리적이다. 내담자가 치료자에게 표현한 의사를 고의로 위반한다면 내담자를 윤리적으로 대할 수 없다. 내담자가 자신에게 최선의 이익이 된다고 말한 내용을 선의로 대변할 수 없다고 생각된다면 치료관계를 유지하기 위해 어떤 대가를 치르더라도 법정을 피해야 한다.

내담자의 의견을 존중하지 않는 것은 내담자에 대한 심각한 무례임을 명심하고 내담자의 바람과 자신의 관점을 무시해야 한다고 지속적으로 느끼는 경우에는 의뢰를 철회할 수 있다. 예를 들어, 아동이 부모를 만나고 싶어하지 않는데 부모를 만나는 것이 아동에게 최선의 이익이 된다고 생각하는 경우, 아동의 관점이 아닌 치료자 자신의 관점을 옹호해서는 안 된다. 아동이 부모를 만나고 싶어하지 않는다면, 아동과 부모의 관계를 주의 깊게 살펴보아야 한다. 부모와의 관계에 어려움이 있는 이유에 대한 자녀의 인식을 무시하는 것은 내담자와의 치료동맹을 저버리는 것이며 자녀가 면접교섭을 거부하는 이유를 설명하는 문헌과도 일치하지 않는다. 이는 대부분 거부하는 부모의 행동 때문일 가능성이 높다(Johnston, 2005).

일부 치료자들은 법정에서 증언하는 것이 항상 비윤리적이라는 오해를 갖고 있다. 내담자가 명백하게 반대하는 것을 권하거나 자신의 지식과 전문성의 범위를 넘어서는 것을 증언한다면 그것은 비윤리적이다. 치료자로서 내담자에 대한 진단, 진단이 내담자의 행동과 증상에 미치는 영향, 예후, 치료 권장 사항에 대해 증언할 수 있다(Kleinman, 2011). 만나지 않은 사람들에 대해서는 증언할 수 없지만 특정 사람들에 대한 내담자의 두려움과 인식, 그리고 문제의 사람을 만났는지 여부에 대해서는 증언할 수 있다. 각 주의 정신건강협회들이 제공하는 법률 및 윤리 가이드라인에 대한 검토 과정을 통해 해당 관할권의 고유한 법률 및 윤리 요건을 탐색하는 데 도움을 받을 수 있다.

어떤 아동들은 자신이 처한 잘못된 시스템을 관찰하고 변화를 갈망한다. 이들은 종종 우리가 생각하는 것보다 더 예리한 관찰자이다. 빌리의 성학대 치료가 끝날 무렵, 그는 판사가 되고 싶다고 말했고 나는 "그렇다면 아이들이 학대를 당했다고 말할 때 믿을 수 있을까?"라고 물었다. 빌리는 즉시 내가 한 말을 바로잡았다. "아니요, 증거를 믿을 수 있어요."라고 말했다.

내담자를 위해 만들고자 하는 인간적인 세상의 모범이 되기 위해 노력하기

내담자는 종종 자신의 혼란스러운 삶을 특징짓는 트라우마적 매임을 환경에서 재연한다(Chu, 1998; Courtois, 2010; Guyon, Fernet, & Hébert, 2019; Loewenstein, 2006). 치료 시스템에 들어올 때 아동들은 관계자들이 익숙한 패턴을 재연하도록 자극한다. 신체적 제한이 플래시백을 유발할 수 있지만, 통제 불능 행동으로 인해 전문가들은 트라우마 아동이 가장 두려워하는 바로 그 개입을 사용한다. 자신을 무가치하고 사랑할 수 없는 존재로 여기는 아동은 너무 도발적이거나 격분하여 치료 시스템이 자신을 더욱 무가치하게 만드는 제한이나 결과를 야기할 수 있다.

Sandra Bloom(1997)은 트라우마를 입은 청소년을 위한 기관이 인도적이고 내담자 중심의 접근 방식을 개발하는 데 도움이 되는 치료 모델인 Sanctuary 모델을 만들었다. 이 모델은 모든 시스템의 수준에서 존중, 열린 의사소통, 유연성, 안전한 갈등 해결 및 자기 관리의 분위기를 조성하도록 제안한다. 따라서 제공된 치료는 아동 생존자들이 유발하려고 하는 트라우마 재연에 저항할 가능성을 높인다. 제한 사용의 필요성이 줄어들고, 관계자들의 이직률이 낮아지며, 내담자와 관계자들 모두의 행복감이 높아진다(http://www.sanctuaryweb.

com/sanctuary-model.php).

치료 환경에서 Sanctuary 모델에 대한 교육을 받았는지 여부에 관계없이 동료, 학교, 의료 서비스 제공자, 가족 및 내담자와의 상호작용에서 Sandra Bloom이 설명한 가치를 구현하려고 노력할 수 있다. 시스템 내의 각 개인이 건강과 개방적인 변화의 모범이 되려고 노력한다면 시스템 전체가 그 방향으로 영향을 받을 것이다. 건강한 사회가 되려면 그 사회 구성원 개개인의 헌신이 필요하다. 각 치료자가 트라우마를 겪은 아동들과 함께 일하는 시스템에서 이 과정을 시작할 수 있다.

요약

이 장에서는 트라우마를 입은 아동을 위해 일하는 치료자가 다른 시스템과 상호작용할 수 있는 다양한 방법을 검토했다. 치료자는 아동의 삶에 영향을 미치는 다양한 서비스 제공자와 협력해야 하며 내담자의 지속적인 복지에 대해 진실성과 헌신을 가지고 일해야 한다. 치료자는 학교 회의에서 아동을 옹호하거나 트라우마가 내담자의 삶에 미치는 영향에 대한 법 시스템을 교육함으로써 아동의 삶에서 중요한 역할을 할 수 있다. 아동 치료접근을 통제하는 시스템에서 치료자는 치료의 연속성을 보장하고 내담자를 위한 적절한 치료 기간을 유지하려고 노력할 수 있다. 법 시스템과 접촉할 때 치료자는 법원명령이 치료자의 윤리적 의무나 법적 의무와 충돌하지 않는지 확인해야 하며, 이와 일치하지 않는 명령을 수정하기 위해 노력해야 한다. 치료자는 가정법원에서 직면하는 윤리적 문제에 특히 민감해야 하며, 아동을 위험한 상황에 노출시켜 해를 끼칠 수 있는 프로토콜을 수행하도록 요청받는 상황을 피하려고 노력해야 한다. '학대 입증하기'라는 프로토콜이 개발되었다. 이 프로토콜은 학대 의심이 제기되었지만 입증되지 않은 부모와 재회할 때 아동의 안전을 보장하기 위한 것이다. 치료자는 증거를 직접 검토하지 않은 법원판결이나 다른 사람의 의견으로 인해 공개된 내용을 믿지 말아야 한다. 내담자의 트라우마 경험에 대응하는 존중과 개방성의 가치를 구현하는 것은 내담자가 자신의 환경에서 트라우마 시나리오를 다시 설정하려는 무의식적인 시도를 물리치게 한다.

16장

자기 통합: 치유의 미래를 향해

EDUCATE 모델의 마지막 'E': 치료 종결 단계

통합

새로운 학교 친구들과 크리스마스 소원 목록에 대해 나와 자연스럽게 이야기를 나누면서 타냐는 치료실에 있는 커다란 그림판에 그림을 그렸다. 아동들은 종종 치료실에 잔뜩 있는 익숙한 미술용품을 사용하면서 이야기를 나누는 즐거운 시간을 보낸다. 그러다 갑자기 타냐가 크레용을 내려놓고 기대에 찬 눈빛으로 나를 쳐다보았다. "제 그림에 대해 물어보실 건가요?" 열 살 타냐가 놀리듯이 물었다. "물론이지. 그림에 대해 이야기해 줘."라고 내가 말했다. "밤낮으로 함께 지내고 있는 나예요."라고 타냐는 의기양양하게 말했다. 타냐는 [그림 16-1]에 표현된 놀라운 그림에 자신이 새로 발견한 통합을 요약했다. 타냐가 그린 그림에는 변화하는 낮과 밤의 상황이 겹쳐져 있었으며, 낮과 밤을 구분하는 선이 있음에도 불구하고 분열되지 않은 상태를 유지하고 있었다. 이 그림을 통해 타냐는 해리 아동 생존자가 직면한 과제, 즉 변화하는 상황에서도 적절한 상태 전환을 매끄럽게 유지하는 과제를 해결했음을 보여 주었다. 타냐는 치료자가 내담자에게 추구하는 건강한 마음을 잘 보여 준 것이었다.

[그림 16-1] 밤과 낮에도 항상 존재하는 것을 보여 주는 타냐의 그림(허락을 받아 사용함)

9개월 전에 타냐는 전형적인 해리 아동이었다. 타냐의 마음속에서 전쟁 중이었던 목소리는 타냐에게 부모에게 반항하고, 학교에서 성적으로 행동하고, 숙제를 거부하라고 말했다. 유치원 시절에 베이비시터에게 성학대를 당했고 가정폭력에 노출되었던 타냐는 혼란스러운 감정을 다루기 위해 해리성 대처 방식을 개발했다. "저는 새로운 감정이 들 때마다 새로운 사람을 만들어 내요. 어떻게 해야 할지 모르겠어요. 그냥 그렇게 되는 거예요."라고 타냐가 말했다.

치료는 트라우마와 해리에 대한 교육에서 각 과도기적 정체성이 다른 사람에게 자신의 감정을 글과 그림으로 설명하도록 하여 감정을 통합하는 연습으로 빠르게 진행되었다. 파편화된 감정 상태는 타냐가 학교에 더 집중하고 자신의 행동을 더 잘 통제할 수 있도록 타협과 합의를 이루었다. 타냐의 행동이 개선되면서 새로운 친구들을 사귀게 되었다. 성학대 트라우마는 당시 사건을 묘사한 그림을 통해 처리되었다. 타냐는 치료실에 내원 당시 치료 동기가 매우 높았으며 가족도 치료에 적극적이었다. 가족 세션에서는 부모가 청소년 가해자에게 취한 조치를 설명하고 더 일찍 알아차리고 이해하지 못한 점에 대해 사과했다. 가족 세션은 또한 타냐가 특히 부모 간의 싸움과 같이 과거의 트라우마를 촉발시키는 사건을 인식하는 데 도움이 되었다. 부가적 치료의 일환으로 타냐의 아버지는 가족의 안전감과 안정감을 높이는 12단계 회복 프로그램에 참여하기로 약속했다. 타냐의 자화상은 치료개입의 효과와 타냐의 빠른 성장에 대한 증거라고 할 수 있다.

EDUCATE 모델의 마지막 'E': 치료 종결 단계 (Ending Stage of Therapy)

EDUCATE 모델의 마지막 E는 치료 종결 단계이다. 이 단계에서는 분리되어 있던 자기의 부분들이 다시 전체의 복합적 자기로 통합되기 시작한다. 통합을 향한 여정은 타냐가 거쳐 온 순탄한 과정을 그대로 따르지만은 않을 것이다. 일시적으로 앞으로 나아갔다가 몇 단계 뒤로 물러나는 것이 특징적 패턴이다. 진학, 전학, 부모의 이혼, 부모의 재혼 등 삶의 전환은 치유의 길에서 중심을 흔드는 장애물로 작용할 수 있다. 예를 들어, 근친상간 생존자가 '데이트 강간'을 경험하면 배신감과 무력감이 다시 활성화된다. 삶의 전환은 치료를 촉진하는 놀라운 선물이 될 수 있다. 위탁보호를 받는 아동은 자신의 욕구를 진정으로 채워줄 수 있는 방법을 알고 있는 입양가족을 만날 수 있다. 어려움을 겪고 있던 학생이 자신의 욕구를 이해해 주는 4학년 교사를 만나 갑자기 스스로에 대해 더 많은 자신감을 갖게 되기도 한다. 아동 생존자들이 치료를 통해 배운 기술, 즉 자신의 전체 자기를 존중하고, 신체 상태에 조율하고, 감정을 조절하며, 전환을 원활하게 관리하는 기술이 앞길에 발생할 수 있는 어려움을 만나든 기회를 만나든 도움이 되기를 바랄 뿐이다.

치료의 마지막 단계의 아동이나 청소년은 성장하면서 친구를 사귀고, 학업적 성취를 이루고, 흥미와 취미를 계발하는 등의 도전을 극복할 준비가 된다. 내담자들은 트라우마 역사에 묶인 자기 개념을 버리고 성취와 성공의 정체성을 바탕으로 자신을 보는 법을 배우기 위해 애쓰기 때문에 이 기간 동안 치료자와의 연결을 유지해야 한다. 내담자들이 앞으로 나아갈 수 있도록 '가르치고', 피할 수 없는 좌절을 극복하고, 얼마나 멀리 왔는지 인식하게 만드는 치료자를 갖는 것은 치료가 지속하도록 하는 강력한 동기가 된다.

그러나 삶의 현실은 치료가 아동 생존자의 어린 시절 내내 삶의 일부가 되지 않을 수도 있음을 의미한다. 어떤 아동들은 몇 년 동안 지속되는 치료의 혜택을 누릴 수 있는 반면, 다른 아동들은 고작 몇 달 동안 받을 수 있을 뿐이다. 나는 장기 쉼터 프로그램과 아동들이 수년간 다닐 수 있는 특수학교에 소속되어 있기 때문에 수년에 걸쳐 많은 아동과 치료 작업할 수 있는 기회가 있었다. 그중 일부는 학령기부터 대학 이후까지 치료를 지속했기 때문에, 그들이 더 어렸을 때 배운 통찰력과 기술이 나중에 어떻게 도움이 되는지 볼 수 있었다. 경제적 현실로 인해 많은 환경에서 장기 치료가 불가능해졌다. 그러나 단기간의 시간 동안 아동, 청소년과 작업할 수밖에 없는 치료자들도 내담자가 통합을 위한 중요한 단계를 달성하도록 도울 수 있다.

좌절과 어려움에 대처하기

치료의 마지막 단계에서 내담자는 다음에서 논의한 몇 가지 공통 주제와 관련된 좌절이나 어려움에 직면할 수 있다.

과거와 현재의 차이 강화하기

어린 내담자의 삶에 과거의 장면이 재연되는 것처럼 보이는 새로운 상황이 발생하는 것은 어쩔 수 없는 것이다. 새로운 인물과 새로운 상황이 생기더라도 중심 주제와 감정 색채는 동일하게 나타날 것이다. 이러한 상황은 생존 아동에게 다시 트라우마가 될 수 있지만 중요한 학습 기회도 된다. 아동들을 트라우마의 시기로 되돌려 놓을 수도 있고, 과거와 현재의 차이를 설명함으로써 내담자가 새로운 미래로 나아갈 수 있도록 도울 수도 있다. 내담자가 학대는 과거에 있었던 일이라는 것과 이제 스트레스 사건에 대처할 수 있는 새로운 능력을 갖게 되었음을 인식하도록 돕는 것은 치료 종결 단계에서 가장 중요한 치료 과제 중 하나이다.

미란다는 유치원에서 교사에게 학대를 당했으며(10장 참조), 그 사실을 누군가에게 말하면 가족에게 해를 가할 것이라는 협박을 받았다. 비밀을 지켜야 한다는 부담으로 인해 미란다는 소극적이고 자신감이 부족했다. 14세가 되어서야 미란다는 가족에게 이 비밀을 털어놓았고, 치료를 시작했을 당시 해리성 셧다운 상태, 플래시백 그리고 자해 충동으로 어려움을 겪고 있었다. 시간이 지나면서 미란다는 증상을 관리하는 방법을 배웠고 치료 과정에서 변화해 나갔다. 그러나 미란다는 여전히 건조한 정서를 보였고 삶에 대한 열정도 없어 보였다. 미란다에게 '지금'이 '과거'와 어떻게 다른지 설명하는 데 도움이 된 놀라운 사건이 있었다. 학대 조짐을 보이던 새 남자친구가 수업 중 미란다를 놀라게 했고 선생님과 다른 목격자들 앞에서 미란다의 가방을 훔쳤다. 남자친구는 정학을 당했고 이 공개 사건으로 미란다는 학생과 교직원들에게 지지를 얻었다. 교장 선생님은 미란다가 어떻게 지내는지 주기적으로 확인까지 했다. 이 사건의 정서적 배경은 미란다가 이전에 학교에서 권력을 가진 누군가로부터 착취당하고 상처받았던 것과 유사했다. 그러나 이 사건의 대중적 성격과 대중의 지지는 분명히 달랐다. 미란다는 이 경험을 자신의 과거 사건의 '재연'으로 받아들이고 이를 통해 자신의 피해의식을 강화하고 자기감을 더욱 쪼그라들게 만든 것이 아니라 사람들이 자신을 걱정하고 도움이 필요할 때 자신을 지지해 줄 것이며 오히려 미란다를 응원할 것임을 보여주는 것으로 받아들였다. 결국 이 사건은 미란다의 자신감을 회복하는 데 도움이 되었다.

내담자가 어려운 상황을 경험할 때 치료자는 내담자가 과거에 경험했던 것과 다른 상황의 측면에 집중하도록 도울 수 있다. 이런 식으로 차이를 경험하게 되면 내담자가 다시 피해를 입었다고 느끼는 기회가 아니라 내담자의 강점과 지원 체계에 대한 귀중한 교훈이 된다.

트라우마적 사기 저하의 사이클

치료의 마지막 단계에서 진전이 정체된 것처럼 보일 때, 내담자가 종종 트라우마적 사기 저하의 사이클(Cycle of Traumatic Demoralization)이라고 부르는 주기에 갇혀 있는 것을 볼 수 있다. 이 사이클을 [그림 16-2]에 제시했다.

자책감과 무력감은 심각한 트라우마를 겪은 일부 생존자를 가두는 사기 저하 순환의 두 극이다. 두 감정 모두 고통스럽기 때문에 아동 생존자는 각각이 불러일으키는 고통스러운

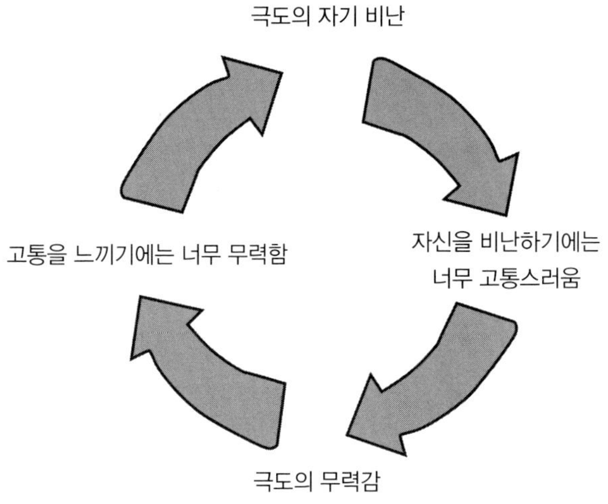

[그림 16-2] 트라우마적 사기 저하의 사이클

감정에서 벗어나기 위해 이 감정에서 저 감정으로 도피할 수 있다. 트라우마에 대해 자신을 비난하고 자신에게 일어난 일의 원인이 자신이라고 자책하며 그럴 만했다고 생각한다. 자책감의 함정에서 벗어나기 위해 생존자들은 일어난 일이 자신의 잘못이 아니며 자신이 고통을 초래한 것이 아니라는 사실을 인식하는 방향으로 나아간다. 이러한 관점은 처음에는 어느 정도 안도감을 주지만, 트라우마적 사건이 이유 없이 자신에게 일어났고 따라서 다시 일어날 수 있다는 사실을 받아들여야 하기 때문에 곧 무력감을 불러일으킨다. 압도적인 무력감과 취약성에서 벗어나기 위해 생존자들은 자기비난의 입장으로 돌아가는데 여기에는 적어도 자신에게 일어난 일에 대해 어느 정도 통제권이 있다고 믿는 힘이 있기 때문이다. 이들은 다시 자신들이 통제할 수 있었고 상황을 바꿀 수도 있었으나 그렇게 하지 못한 것은 그들의 잘못이라는 생각으로 돌아간다. 그러나 힘을 받아들이는 것은 비난을 받아들이는 것을 의미하며, 생존자들은 다시 극심한 자기혐오와 죄책감에 빠진다. 따라서 앞으로 나아가지 못한 채 악순환의 고리에서 빙글빙글 돌게 된다.

이 사이클에 개입할 곳이 많다. 자연재해로 인해 사람들이 느낄 수 있는 무력감과 자연재해는 누군가의 잘못일 수 없다는 명확한 인식은 양육자에게 학대 당한 일부 생존자들에게 유용한 비유가 된다. 스스로를 '쓰나미' 이후에 잔해를 주워야 하는 존재로 인식할 수 있고 일어난 일이 설명할 수 없는 '자연의 섭리'였다는 사실을 더 쉽게 받아들일 수 있을 것이다. 사람들은 항상 새로운 종류의 지진과 쓰나미 경고 신호에 대해 배우고 있지만 사건 발생을 막을 수는 없으며 더 나은 예측과 대처 방법만 개발할 뿐이라고 생각할 수 있다. 마찬가지로, 생존자들은 과거에 대한 책임감을 느끼지 않고도 과거로부터 배울 수 있으며, 배운 것을 미래에 직면할 수 있는 새로운 문제 해결 계획을 세우는 데 사용할 수 있다.

아동과 청소년들이 극심한 자기 비난으로 어려움을 겪을 때 '자기 용서 의식(self-forgiveness ritual)'에 참여하게 할 수 있다. 트라우마 이전이나 트라우마가 발생하던 당시에 한 행동 중 스스로 용서할 수 없는 한 측면을 떠올리게 되는 경우가 있다. 예를 들어, 앨리슨은 휴일과 여름방학 동안 할아버지 집을 방문했을 때 학대를 받았다. 부모님은 할아버지 집을 방문하기 위해 앨린슨을 비행기에 태워보냈고, 아홉 살 때 앨리슨은 여행 중 어떤 비행기 승무원에게 무슨 일이 일어나고 있는지 이야기하고 학대로부터 구출되는 상상을 했었다. 앨리슨은 고통스럽고 시련을 겪을 때 승무원에게 말하지 않은 것은 물론 다른 누구에게도 말하지 않은 것에 대해 자책했다.

자기 용서에는 세 단계가 포함된다. 첫 번째 단계에서 아동이나 청소년이 스스로 용서하고 싶은 행동을 명확하게 확인하도록 한다. 앨리슨의 경우, 비행기에서 내리면 곧 겪게 될 학대에 대해 승무원에게 말하지 않은 것이었다. 이 단계에는 다르게 행동할 수 있는 선택의 여지가 있었던 순간에 주의를 집중하는 것이 포함된다. 두 번째 단계는 이전 선택의 이면에 있는 모든 이유를 이해하는 것이다. 나는 앨리슨이 아홉 살 때 말하려고 생각했던 자신의 사고방식을 재연하도록 도우려 했다. 이를 위해, 나는 앨리슨에게 자신이 알고 있는 아홉 살 어린아이에 대해 생각해 보고 그들이 어떻게 생각하는지 상상해 보라고 했다. 앨리슨은 자신이 승무원에게 말하면 가족이 어떻게 반응할지 두려워, 승무원이 실제로 어떻게 행동할지 믿지 못해서, 그리고 학대가 더 심해질까 봐 두려웠기 때문에 승무원에게 말하지 않았다는 것을 깨달았다. 이 단계에서는 내담자가 트라우마 상황에 대처하기 위해 어떤 힘을 사용했는지 이해하도록 돕는 것도 유용하다. 예를 들어, 앨리슨은 자신의 힘을 사용하여 할아버지에게 교묘한 속임수를 썼다는 사실을 깨달았다.

자기 용서 패러다임의 세 번째 단계에는 '재약속'이 포함된다. 이 단계에서 내담자는 트라우마 경험에서 배운 교훈에 대응하여 자신이 하려고 하는 새로운 행동이나 행위를 확인한다. 앨리슨의 경우, 학대 생존자들을 위한 지역 모금 행사에서 자신의 이야기를 들려주어 다른 아홉 살 아동들에게 그들이 학대당하고 있다면 누군가에게 말해야 한다고 설득하겠다는 재약속을 했다. 일부 아동들은 자신이나 다른 사람을 이용하는 사람이 있으면 즉시 말해야 한다는 재약속을 하기도 한다. 내담 아동이 재약속을 결정하면 그들이 비난하는 부분에 치유와 감사, 용서를 집중하게 한다. 나는 그들에게 자기 자신을 완전히 용서하라고 이야기한다. 자기 용서 의식은 치료를 받기 전에 다른 사람에게 해를 끼친 행동을 한 것에 대해 자책감을 갖고 있는 내담자에게도 도움이 된다. 자기 용서 패러다임의 일환으로 내담자가 상처를 입혔다고 생각하는 사람에게 보상해 주는 요소를 추가한다.

성별 불쾌감 다루기

때로 치료의 마지막 단계에서 다양한 성별을 가진 자기 상태가 통합되면서 청소년은 타고난 성별 감각이 밖으로 나타나는 성별 표현과 일치하지 않아 성별 불쾌감을 느낄 수 있다. 이는 하나의 정체성 상태가 그 자신을 내담자의 성별과는 다른 성별로 경험하였고 내담자가 옷차림이나 습관의 변화에 적응했을 때 발생할 수 있다. 이것은 종종 해리성 장애가 갖는 어려움의 일부이다. 그러나 내담자가 자기 인식이 원활해지고 분리되지 않은 상태에 도달하면 한 성별이 우세해질 수도 있고, 출생 시의 성별이 통합 후 성 정체성과 일치하지 않을 수도 있다. 이것은 내담자와 치료자가 협상하기 매우 어려운 주제이다. 치료자는 내담자와 함께 이것이 단순히 두드러진 하나의 자기 상태인지 아니면 진정한 성별 선호의 표현인지 신중하게 탐색해야 한다. 예를 들어, 이것은 보호자 역할을 하지만 전체 자기의 감정을 대표하지 않는 공격적 자기 상태와의 동일시일 수 있다.

종종 이 딜레마를 해결하는 가장 좋은 방법은 청소년이 한동안 선호하는 성별로 살면서 자신의 정체성에 맞다고 느끼는지를 판단하는 것이다. 한 십대 소녀는 자신이 정말로 남자라고 느꼈다. 그녀는 자신이 원래 소녀의 정체성을 가졌던 것을 아무도 모르는 새 학교로 전학 가서 소년으로 지내보기로 결정했다. 그녀는 사람들이 자신을 대하는 태도를 즐기며 멋진 하루를 보냈지만 이렇게 멋진 하루를 지내면서 자신의 신체를 영구적으로 바꿀 필요가 없다는 것을 깨달았다. 대신, 소녀는 자신의 '진정한 자기'를 찾기 위해 계속해서 다양한 성 정체성을 시도해 볼 수 있었다. 결국 여자로 살기로 결심했고, 이 선택에 편안함을 느꼈다. 때로 그녀는 인식이나 정체성 상태의 전환 없이 남자 옷을 입기도 했지만 여전히 자신의 여성 정체성에 만족했다.

또 다른 사례로, 치료가 끝날 무렵 자신의 진정한 성 정체성이 여성이라고 확신한 한 10대 후반 소년과 치료 작업을 한 적이 있다. 이는 대부분의 공격적 행동에 관여했던 자기 상태가 여성 상태였기 때문에 우려스러운 일이었다. 주 정부가 규정한 성전환 수술 요건을 조사한 후, 그는 18세 이후 몇 년 동안 젊은 여성으로 살면서 성전환 수술 프로그램에 참여할 수 있는 자격을 갖추기로 결정했다. 주 정부가 명시한 조건에는 집중 치료, 평가 그리고 광범위한 의료 검사가 포함된다. 이런 사례에서 중요한 치료적 어려움 중 하나는 청소년이 결정을 내리려고 할 때 처리해야 하는 부모-자녀 간의 갈등이다. 이것은 치료가 끝날 때 다루기 어려운 딜레마이므로 치료자와 내담자는 성전환 문제 전문가와 상담하여 청소년 내담자가 난관을 헤쳐나갈 수 있도록 도와야 한다.

실존적 질문에 답하기: 철학자로서의 아동

많은 아동이 치료의 마지막 단계에서 "신은 왜 세상에 악을 허용할까요?" "사랑이란 무엇일까요?" "누군가를 사랑하면서 동시에 미워할 수 있나요?"와 같은 심오한 철학적 의문으로 고민한다. 아동이 더 이상 상충되는 관점으로 분열되어 있지 않기 때문에 아동 생존자들에게 이러한 역설과 실존적 수수께끼가 더 중요하게 다가오는 것 같다. 나는 이런 유형의 질문에 대해 눈에 보이는 것보다 더 강한 것에 대한 믿음이 변화를 위한 긍정적인 힘이 될 수 있다는 믿음과 겸손함으로 솔직하게 말한다. 때로 나는 아동이나 청소년이 가진 종교의 지도자들을 참여시켜 그들과 함께 다음과 같이 나 자신도 대답할 수 없는 강력한 질문들을 탐구해 보도록 요청한다. 예를 들어, "신은 왜 나에게 이런 일이 일어나게 하셨나요?" "가해자는 지옥에 가게 될까요?" "가해자가 내게 한 짓 때문에 지옥에 가게 될까요?"와 같은 질문들이다.

성 빈센트 아동센터(St. Vincent Children's Center)의 가톨릭 사제인 래이 체이스 신부님은 트라우마로 어려움을 겪고 있는 일부 가톨릭 내담자들의 종교적 어려움을 해결하는 데 도움을 주는 훌륭한 공동 치료자였다. 몇몇 랍비들은 예루살렘 스캔들 사건에서 학대당한 아동들을 위해 나를 도와주었다(14장 참조). 예를 들어, 종교 원칙을 잘 알고 있는 일부 아동은 정당한 분노를 표현하거나 누군가를 정죄하기 위해 개인 정보를 말하려면 랍비의 허가를 받아야 했다. 치료자들은 지역사회의 종교 지도자들과 협력하여 학대당한 아동과 청소년의 고유한 영적 욕구를 해결하여 그들이 자신의 종교 전통 안에서 질문에 대한 답을 찾을 수 있도록 도울 수 있어야 한다. 궁극적으로 이러한 질문에 대한 답을 아동이나 청소년이 스스로 찾아야 하지만 충분한 근거를 갖춘 치료자가 이를 안내하고 촉진할 수 있다.

트라우마를 입은 아동과 청소년을 치료하는 것은 치료자의 심신을 약화시키고 사기를 저하시킬 수 있으며, 따라서 신앙 공동체 또는 더 큰 존재에 대한 확고함, 조망, 희망, 연결성을 회복하는 기타 자원에 참여하는 것은 치료자의 삶에서도 중요한 것이다. 치료자의 자기 돌봄의 중요성과 삶에 대한 균형감을 회복할 수 있는 방법에 관한 좋은 참고 자료는 Ferentz(2012)이다.

어떤 아동들은 우리의 상상을 초월하는 진짜 '악'의 얼굴을 보았다. 아동들이 선과 악에 대해 물을 때, 나는 세상을 한쪽에는 선이 있고 다른 한쪽에는 악이 있는 거대한 시소로 상상한다고 말한다. 시소의 선한 면에 작은 선의 방울을 가능한 한 많이 떨어뜨리는 것이 모든 사람의 책임이라고 말한다. 동정심으로 흘리는 작은 눈물방울 하나가 저울을 선쪽으로 기울게 할 수 있다.

치료가 끝날 때 발생하는 또 다른 질문은 사랑과 관련된 것이다. 학대당한 많은 아동은 부모가 자신을 해쳤더라도 부모이기 때문에 사랑해야 한다는 말을 들었다. 어떤 사람들은 자신에게 상처를 준 부모를 사랑하는 것은 잘못이라고 말한다. 나는 내담자들에게 사랑은 개인의 감정이고 우리 각자는 이 문제를 다른 방식으로 해결하기 때문에 누구도 사랑이 무엇인지, 누구를 사랑해야 하는지 말해 줄 수 없다고 말한다. 경험에 따르면, 일단 건강해진 아동 생존자는 학대하는 부모와 심리적으로 단절하고 자신에게 해를 가한 사람에게 사랑을 표현하지 않는다. 그러나 일부 아동 생존자들은 부모에 대해 의무감을 갖거나, 학대 행위를 정당화하지 않고도 부모를 사랑할 수 있다고 느낀다. 결국 학대한 양육자와의 용서 및 향후 관계 문제는 개별 사례별로 해결하도록 하는 것이 가장 중요하다(Courtois, 2010).

치료 보조로서의 집단

집단치료는 아동과 청소년의 치유 여정이 진행되면서 개별치료에 대한 강력한 보조 수단이 될 수 있다. 치료의 마지막 단계에서 내담자의 많은 증상이 해결되고 다른 사람과 긍정적인 에너지를 공유할 수 있을 때 이런 프로그램이 도움이 된다고 생각한다. 집단은 여러 가지 중요한 이점을 제공할 수 있다. 지지적인 분위기에서 마음챙김과 정서조절 기술을 강화할 수 있으며(Miller, Rathus, & Linehan, 2007), 실생활 영웅 프로그램(Real Life Heroes Program)(Kagan, 2008)과 같이 아동들이 긍정적인 역할 모델에 집중하도록 돕고, 만성 스트레스 대응을 위한 구조화된 청소년 심리치료 프로그램(Structured Psychotherapy for Adolescents Responding to Chronic Stress: SPARCS)(DeRosa & Pelcovitz, 2008) 또는 트라우마 정서 조절 프로그램(Trauma affect Regulation), 교육과 치료 안내 프로그램(Guide for Education and Therapy: TARGET)(Ford, Blaustein, Habib, & Kagan, 2013)과 같이 인지 행동 및 정서 조절을 강화하는 심리교육을 제공할 수 있다.

나는 해리로 인해 사회적, 학업적, 일상적 기능에 장애가 있는 청소년들에게 또래 지원을 구축하고 동기를 강화하며 기술을 개발하기 위해 집단을 활용한다. 집단 프로그램 활동 중 하나는 자동차 운전에 필요한 모든 기술을 확인하게 한 다음 해리가 성공적인 운전에 어떻게 방해가 될 수 있는지 나열하게 하는 것이다. 다음으로, '전환 행동'의 증거가 없고 통제할 수 없는 분노 삽화가 없는 기간을 3개월간 유지하는 등 운전면허를 취득할 준비가 되어 있음을 부모에게 설득하는 데 도움이 될 수 있는 몇 가지 목표를 세우도록 집단구성원들에게 요청한다. 다른 주제로는 해리 없이 또래 괴롭힘에 대처하는 방법과 부모와의 논쟁을 관리하는 기술이 있다. 때로 아동의 지혜와 통찰력이 놀라울 때가 있다. 해리가 있는 여자 아동들을 위한 한 집단의 마지막 프로젝트로 집단 구성원들은 처음 집단에 들어오는 다른 청소년들과 공유하고 싶은 통찰 목록을 준비했다. 그들의 통찰을 〈표 16-1〉에 제시하였다.

〈표 16-1〉 여자 해리 아동 집단의 통찰력

너의 몸은 하나의 신전이다. 존중해 줘.
자신의 모든 부분을 존중해 줘. 너에게는 아직 알지 못하는 지혜가 있다.
너는 자신의 감정에 대한 권리가 있다. 누군가가 너의 감정을 받아들이지 않는다면 그것은 너의 문제가 아니라 그 사람의 문제이다.
어떤 일이 너를 당황하게 만든다면, 과거의 일이 생각날 수 있다. 차이점을 봐.
사람들은 끊임없이 네가 특정 방식으로 행동하기를 기대한다. 꼭 그렇게 할 필요는 없어.
사람들이 너에 관해 말하는 것을 반드시 믿을 필요는 없다. 너 자신을 믿어라.
해리는 네가 대처하는 데 도움이 되었다. 더 이상 필요하지 않다는 것을 알게 될 거야.
해리를 핑계 삼지 않기 바란다. 부끄럽더라도 자신의 모든 행동에 대한 책임을 인정해야 해.
현실 세계의 문제를 해결하다 보면 해리의 세계는 덜 중요해질 거야.

편지를 써서 치료에서의 성장에 대해 이야기하기

가족과 아동이 얼마나 멀리 왔는지 기억하고 트라우마 과거를 다루기 위해 기울인 노력에 자부심을 갖는 것이 중요하다. 치료의 종결을 기념하기 위해 치료자가 아동에게 편지를 쓰고, 아동이 자신에게 또는 가족에게 편지를 쓰도록 할 수 있다. 가족도 아동에게 편지를 쓰도록 격려한다. 편지를 통해 가족들은 자부심과 안도감을 표현하고, 거듭 사과하고, 미래에 대한 희망을 전할 수 있는 기회를 갖는다. 내담자에게 보내는 나의 편지에는 내담자가 자신의 삶의 목표를 성취할 수 있는 잠재력을 인정해 주는 표현을 한다. 마지막 치료 세션에는 종종 내담자와 치료자 모두에게 치료 경험의 의미를 기념하는 편지 쓰기 활동이 이루어진다. [그림 16-3]은 2년간의 치료가 끝날 무렵 티모시의 어머니가 티모시에게 쓴 편지이다. 편지에서 어머니는 티모시에 대한 자부심과 그의 미래에 대한 희망을 표현하였다.

티모시에게

우리가 이 힘든 여정을 시작한 지가 벌써 6년이 지났구나. 네가 "나를 할아버지 집에 보내지마. 할아버지가 또 나를 아프게 할까봐 무서워!"라고 말하면서 시작됐지. 그때 엄마는 몇 초 동안 귀가 먹먹해지고 모든 세상이 멈췄었어. 그리고 엄마 안에서 무언가 딸깍 했고 엄마-호랑이 모드에 들어갔어. 다시는 할아버지가 네 근처에 오지 못하게 했지.

그 순간부터 지금 이 순간까지 엄마는 그저 널 안아주고 싶었고, 내 품에 안고 안전하게 지켜주고 싶었어. 몇 주든, 몇 달이든, 네가 원하는 만큼 오래오래. 네가 발로 차고 소리를 지르거나 도망가려 하거나, 최대한 꽉 안아 달라고 할 때도 말이야.

슬픈 시간, 무서운 시간, 가슴 아픈 시간 등 우리가 함께 해온 길은 험난했어. 하지만 티모시, 너는 내가 아는 사람 중 가장 강한 사람이라고 말해 주고 싶어. 엄마가 단 1분도 더 버틸 수 없을 것 같은 순간에도 너는 내가 강해질 수 있도록 도와주었어.

네가 스스로의 행동과 반응, 그리고 미래를 책임지는 새로운 길을 선택하는 모습을 지켜보면서 엄마는 너무 자랑스러웠고 축복받은 순간이었어. 그리고 이 모든 것은 두려움과 분노가 너를 원치 않는 곳으로 밀어내는 대신 너의 힘과 용기를 에너지로 사용함으로써 가능했던 거야.

너의 자신감 넘치는 미소, 눈빛에 담긴 희망, 마음에 담긴 평화를 볼 때 얼마나 고마운지 말로 표현할 수 없구나. 그래도 아직 너를 감싸 주고 안전하게 지켜주고 싶지만 우리가 이 길을 따라 걸으면서 손을 잡는 것만으로도 좋아.

항상 너를 사랑해, 티모시!

엄마로부터

[그림 16.3] 티모시의 변화 과정을 표현한 티모시 어머니의 편지(허락를 받아 사용함)

통합

Daniel Siegel(2010)은 통합을 모든 심리치료의 지속적인 목표로 기술하였으며 점점 더 높은 수준의 복합성을 향한 '체계의 분화된 요소들의 연결'로 정의하였다(p. 64). 치료의 마지막 단계에서 아동 생존자는 자기의 여러 분화된 측면을 연결하고 통합하게 되며, 더 이상 자신의 경험을 분열시키는 해리에 의존하지 않게 된다. 갈등 없이 자신의 정체성의 다양한 측면을 포용하기 위해 전쟁 중인 자기 개념을 통합하게 된다. 정서적 삶을 통합하여 자신의 감정을 행동과 미래 선택의 지침으로 삼을 수 있게 된다. 또한 트라우마가 있는 과거에 대한 이해와 자신이 누구인지에 대한 신념을 통합하고 미래에 어떤 사람이 되고 싶은지, 어떤 사람이 될 수 있는지에 대해 새로운 열정을 갖게 될 것이다.

Waters와 Silberg(1998b) 그리고 Waters(2016)는 새로운 호기심, 자발성, 건강한 모습 등 치료가 끝날 때 아동에게서 관찰할 수 있는 신체적, 심리적 변화를 제시하였다. 해리 아동들에 대한 경험에 따르면, 통합은 대개 새로 발견된 능력이 갑자기 드러나는 점진적 과정이다. 종종 극적인 의식이나 상징적 은유 없이도 아동들은 단순히 더 연결되고 통합된 느낌을 받는다고 말한다. 내면의 목소리나 과도기적 정체성이 거의 또는 완전히 사라지고 일상 기능이 향상되기 시작한다고 보고한다.

통합 과정은 점진적인 반면, 치료자와 내담자 모두가 전환점을 맞았음을 깨닫는 승리의 순간이 가끔 있다. 리사는 가벼운 발걸음으로 치료실로 들어와 "남자친구와 헤어져 마음이 아파요. 하지만 괜찮아질 거라는 걸 알고 있기 때문에 자해하지 않아도 괜찮아요."라고 말했다. 마찬가지로 티모시도 어머니와 싸웠는데 자기가 소리를 지르는 대신 자신의 방으로 돌아가는 것을 알아차렸다. 그에게 반격하도록 유도하는 마음속의 목소리가 조용해지자 티모시는 갈등에 대처하는 다른 전략을 선택할 수 있었다. 이 내담자들은 더 이상 과거의 스크립트를 따라야 한다는 강박을 느끼지 않게 되자 새로운 수준의 통합이 이루어졌다는 것을 깨달았다. 낡은 패턴이 깨졌기 때문에 새로운 가능성이 있다는 것을 인식했다.

〈표 16-2〉는 아동 생존자를 위한 건강한 인지 목록이다. 아동 생존자가 트라우마 과거를 성공적으로 극복했다는 신호는 이 인지 중 많은 부분을 믿고 행동할 수 있게 되었다는 것이

〈표 16-2〉 아동 생존자를 위한 건강한 인지

나의 뇌는 아픈 것이 아니라 적응력이 있는 것이다.
나는 내 생존 능력에 대해 스스로에게 감사한다.
나는 실패를 용서하고 앞으로 나아갈 수 있다.
나는 사랑과 신뢰의 위험을 감수할 수 있다.
나는 내 행동을 책임지고 미래를 선택할 수 있다.
사랑은 증오보다 강력하다. 나는 악순환의 고리를 끊을 수 있다.
학대는 내 잘못이 아니다. 내 책임이 아니다 .
나는 강하며 내 미래를 스스로 결정할 수 있다.
나에게 고통은 피할 수 있는 것이다.
나는 원래 사랑스러운 존재이다.
나는 자율성을 얻을 것이며 자기 결정권을 향상시킬 것이다.
나의 양육자는 나를 보호하고 미래의 고통을 막을 수 있을 만큼 충분히 강하다.

다. 여기에는 자신을 사랑할 수 있는 능력에 대한 믿음, 자신의 미래를 통제할 수 있는 능력에 대한 믿음, 사랑과 안전의 원천으로서 관계에 대한 믿음이 포함된다. 이 모든 개념을 완전히 수용하기 위해서는 평생의 노력이 필요할 수 있기 때문에 이 목록은 진행형의 열망이다. 그러나 그림이나 놀라운 계시를 통해 이러한 새로운 믿음을 분명히 표현하거나 자신의 행동에서 이러한 믿음의 증거를 보여 주기도 한다. 이러한 인식은 아동 생존자의 행동과 증상이 개인적 실패, 정신 장애 또는 뇌 기능 장애의 결과가 아니라 그들이 겪은 트라우마의 불가피한 결과라는 관점을 강화한다.

통합의 은유

분열된 자기 개념이 정체성의 중심을 이루는 아동과 청소년은 '꼭 껴안는 것' '요리 재료들을 함께 섞는 것' 또는 기타 이미지를 사용하여 아동이 자기의 부분들이 섞이는 것으로 상상하면서 마음의 통합을 상징화하고 강화할 수 있다(Waters, 2016; Waters & Silberg, 1998b). 아동과 청소년은 종종 통합 과정에서 경험하는 심리적 변화를 설명하기 위해 자신만의 은유를 찾는 경우가 있다. 리사는 우유를 은유로 사용했다. "내 자기를 떠올려 보면 전에는 제 전부가 아닌 탈지유와 같았던 것 같아요." 안젤라는 "내 마음속의 벽이 무너진 것 같아요."라고 말했다. 여섯 살 스테파니는 자신의 마음속에 있는 '작은 사람들'이 '무지개를 타고 황금빛 쿠키 냄비 속으로 미끄러져 내려가는 것'을 묘사했다. Waters(2016)는 리키가 동일시했던 봉제 인형 '곰돌이 푸우'를 사용하는 멋진 통합 의식을 묘사했다. Waters가 "작은 푸우 곰돌이가 푸우 곰돌이와 함께 하나의 크고 멋진 푸우 곰돌이로 합쳐졌네!"라고 말하자(p. 396), 그 말은 내담자에게 전달되었고 리키는 자신을 전체적이고 통합된 존재로 인식하기 시작했다. 아동들은 상징과 은유에 민감하게 반응하기 때문에 이야기, 책, 시 또는 시각화를 통해 이러한 종류의 메시지를 내면화할 수 있다.

몰입, 마음챙김 그리고 초월적 자기

해리 아동의 막히고 단절된 마음의 연속체 반대편 끝에는 몰입을 경험하는 동안의 마음이 있다. Csikszentmihalyi(1993)는 자기에게 제시된 의도, 기술 및 도전이 모두 최적의 수준에 있는 완전한 몰두와 관련된 독특한 의식 상태를 설명하기 위해 몰입(flow)라는 개념을 도입했다. 음악을 연주하거나, 등산을 하거나, 일상적인 활동을 하고 있을 때에도 몰입에 빠져 있다면 비슷한 경험을 할 수 있다. Csikszentmihalyi는 이러한 극도의 통합 상태에 도달했을 때 사람들이 느끼는 기쁨을 설명했다. 사람들은 무한한 에너지, 최소의 불안감, 자신의 행동에 대한 통제감을 느낀다.

이 개념은 마음챙김과 유사하지만 가장 발달된 형태의 마음챙김으로 볼 수 있다. 마음챙김에 도달하려면 판단 없이 깊은 자각을 통해 현재 순간과 연결되어 있다는 느낌을 가져야 한다. 마음의 통합은 그 순간에 완전히 존재한다는 느낌의 자연스러운 결과이다. Forner(2019)가 Siegel(2007)의 작업을 요약한 것에 따르면, 마음챙김과 관련된 것으로 알려진 뇌 영역은 인간이 도달할 수 있는 최고 수준의 성장을 위한 기본 열쇠인 아홉 가지 정신 기능과 연관되어 있다. 이 9개 영역은 (1) 신체 조절, (2) 적절한 의사소통, (3) 정서적 균형, (4) 반응 유연성, (5) 공감, (6) 통찰력, (7) 조건화된 공포 조절, (8) 직관, (9) 도덕성이다. 이 정신 능력은 내적, 외적으로 조율되고, 정서를 조절하고 자동적 공포를 극복할 수 있으며, 공감과 직관으로 타인과 관계 맺을 수 있고, 도덕적 신념을 가지고 행동할 수 있는 완전히 통합되고 건강한 개인을 묘사한다. 이는 우리 모두가 추구하는 건강한 삶을 위해 열망하는 목표이다.

마음챙김, 몰입, 해리 사이의 연관성은 오빠로부터 받은 성학대 후유증으로 어려움을 겪고 있던 심각한 해리 청소년과 작업할 때 처음으로 분명해졌다. 그녀는 고등학교 조정팀에서 다른 팀원들과 함께 정확한 타이밍에 맞춰 물속에서 노를 젓던 때가 유일하게 '진짜'라고 느꼈던 경험이었다고 말했다. 이때 그녀는 판단 없이 집중했고 매 순간을 인식하며 완전히 몰입하고 온전히 존재하는 느낌을 받았다. 치료 중에 우리는 그녀가 팀원들과 노를 젓는 동안 느꼈던 느낌을 인생의 다른 측면에서도 '진짜' 상태에 얼마나 근접할 수 있는지에 대한 지표로 사용했다. 해리 상태와 몰입 시 모두 초점이 좁아지지만, 해리 상태에서는 정신 에너지가 정신 내용의 일부를 인식 밖으로 밀어내는 데 사용된다. 해리 상태를 유지하는 데 사용되는 노력은 에너지를 고갈시키지만 몰입 상태에 있으면 활력이 넘치고 행동이 수월하게 느껴진다.

자기의 통합을 달성한 내담자가 항상 몰입 상태나 마음챙김 상태에 있는 것은 아니다. 그러나 자기의 잠재력을 최대한 발휘할 수 있기 때문에 집중된 자각의 순간을 더 자주 경험할 수 있다. 이 잠재력에는 '몰입'을 넘어서는 자기 발달 수준도 포함된다. Csikszentmihalyi (1993)는 '초월적 자기'라고 부르는 수준의 발달에 도달한 일부 개인에 대해 설명했다. 이러한 사람들은 타인의 삶을 개선시키려는 욕구를 자기감에 통합시키고 자신을 더 큰 전체의 일부로 바라봄으로써 의미와 만족감을 얻는다.

나는 이러한 수준의 통합을 그동안 치료했던 많은 아동에게서 관찰할 수 있었다. 치료가 끝날 무렵 아동 생존자에게서 가장 보람을 느낄 수 있는 특징 중 하나는 자신의 불행을 사용하여 다른 사람을 돕는 방법을 찾으려는 이들의 열망이다. 이 아동들은 종종 '외상 후 성장'의 징후를 보인다. 외상 후 성장이란 매우 어려운 삶의 위기를 극복한 결과 발생하는 긍정적 변화 경험을 말한다(Tedeschi & Calhoun, 2004). 아동들을 치료하는 치료사가 되고 싶다거나 또는 자신이 겪었던 유형의 트라우마를 경험한 아이들의 어려움을 돕기 위해 변호사, 상원의원 또는 판사가 되고 싶다고 한다.

아디나는 치료 후 잘 자라는 아동들에게서 발견되는 많은 특징을 보여 주었다. 아동 성학대 생존자였던 아디나는 가정법원에서 여러 전문가에게 학대 사실을 밝혔음에도 불구하고 판사가 학대자와 함께 살도록 보내는 바람에 더 큰 트라우마를 겪었다. 마침내 여덟 살 때 학대로부터 벗어난 아디나는 2년 동안 치료를 받았다. 치료가 끝나갈 무렵, 열 살이 된 아디나는 "이상한 병에서 나은 것 같아요. 제 삶은 그림처럼 완벽해요. 이제 느낄 수 있어요. 제 뇌는 연결되었어요."라고 말했다. 몇 년 후, 아디나는 이 말이 상징하는 신체적, 정서적 통합을 너머 Csikszentmihalyi가 설명한 더 높은 수준에 도달한 것처럼 보였다. 15세의 침착하고 자신감 넘치는 아디나는 양육권 재판에서 여성과 아동보호를 위한 법적 개혁의 필요성에 대해 전문가들을 교육하는 여성폭력예방국(Office on Violence Against Women) 주최의 청문회에 참석해 달라는 요청을 받았다. 아디나는 눈물을 흘리며 자신의 이야기를 했고 청중들에게 '아동의 목소리'에 귀 기울여 달라고 호소했다. 한 참가자가 아디나에게 자신이 당한 학대로부터 벗어나기 위해 그토록 힘들게 싸워야 했다는 사실에 분노와 억울함을 느끼지 않냐는 질문을 했다. 아디나는 잠시 생각에 잠긴 후 천천히 대답했다. "아니요. 세상에는 항상 나쁜 사람들이 있기 마련이죠. 하지만 제가 여기 온 것에는 분명한 이유가 있을 거예요. 모든 아이들이 제가 할 수 있었던 것만큼 용감하고 강해서 무슨 일이 있었는지 말할 수 있는 것은 아니잖아요. 그리고 모든 아이들이 여기 서서 다른 사람들을 교육할 수 있는 것도 아니고요. 어떤 면에서 제 경험으로 다른 사람들을 도울 수 있다는 것은 행운이라고 생각해요." 청중은 아디나의 솔직함과 지혜, 그리고 발언이 드러낸 높은 수준의 인격적 통합에 말문이 막혔다.

리사와 제니퍼는 모두 의료전문가로 활동하고 있으며, 결혼하여 어린 자녀가 있다. 소냐는 체육 강사이다. 안젤라는 과학 분야에서 경력을 쌓고 있다. 티모시는 상사로부터 피드백을 받을 때 공격 반응 없이 업무를 수행할 수 있다. 부모의 실수를 반복하는 일부 아동들도 있지만, 치료를 완전히 종결하고 가족이 치료에 참여한 대부분의 내담 아동들은 성공적으로 살아가고 있다. 기복이 있는 정상적인 삶의 궤도로 활기차게 복귀했고, 트라우마에 영향을 받았지만 트라우마가 있었던 과거에 얼어붙어 있지 않다. 그들이 보여 주는 회복 탄력성, 창조성, 희망은 계속해서 나를 놀라게 하고 영감을 주며, 아동 생존자를 위한 힘든 치료 작업을 가치 있게 만들어 준다.

Covid-19 팬데믹 시기에 성장한 아동들은 전 세계적 질병이라는 외상적 이야기를 자신의 삶의 이야기에 어떻게 녹여낼 수 있을 것인가? 이들은 진정한 상호 연결성과 상호 의존성을 가지고 세상을 창조해 갈 수 있을까? 아니면 우리가 상호 의존성을 인식하지 못할 때 또 다른 위협이 우리의 세계관을 글로벌화하고 우리가 얼마나 더 취약한지를 부각시킬 때까지 외상적 역사 시기에 배운 교훈이 우리 집단의식에서 해리될 것인가? 시간이 말해 줄 것이다. 그러나 무엇보다도 상호 지지, 희생, 사랑 그리고 안전의 최우선적 중요성에 대한 인식이 Covid-19 이후의 새로운 세대의 아동들에게 변화의 계기가 되기를 바란다. 최근 연구에 따르면, 마음챙김 능력을 측정하는 마음인식주의 척도(Mindful Awareness Attention Scale: MAAS)에서 높은 점수를 받는 것과 Covid-19 스트레스에 노출되었을 때 더 나은 결과 및 많은 자원이 관련 있었다(Conversano et al., 2020). 아마도 우리가 이 위기와 기타의 전 세계적 어려움을 견디면서 트라우마에 대처하는 아동들에게서 배운 전략은 우리의 지속적인 팬데믹 생존 전략의 수단이 될 것이다.

진정한 치료 성공의 척도는 트라우마로부터의 회복이 다음 세대까지 이어질 때이다. 9년 동안 아홉 곳의 위탁가정을 거친 베테랑 발리나(서문 참조)는 24세의 나이에 자신의 세 살 아들을 상담하기 위해 나와 만나기로 약속했다. 최근 사회복지국의 사례 관리자로 채용된 발리나는 아들이 임신 24주 조산으로 태어났을 때 겪었던 어려움에 대해 이야기했다. 심각한 소화기 장애를 갖고 태어난 아이는 입원 기간 동안 엄마와 여러 차례 떨어져 지내야 했다. "의학적 문제가 아들에게 심리적으로 영향을 미치고 있어요."라고 그녀가 말했다. "아이가 저처럼 해리와 공격성으로 대처하지 않고 건강하게 자랐으면 좋겠어요. 아이가 짜증과 두려움을 다룰 수 있도록 도와주시겠어요? 저는 아이에게 좋은 엄마가 되고 싶어요." 내가 두 사람을 함께 보았을 때 아동은 엄마에게 안정적인 애착을 맺고 있었고, 발리나는 즐겁게 아동의 연령에 맞는 제한 설정 능력을 갖고 있었다. 나는 이 아동이 보살핌을 받으면 밝은 미래를 누릴 수 있다는 것을 알았다. 발리나는 버림과 학대의 악순환 고리를 끊겠다고 결심했다. 내 치료실에서 즐겁게 플레이도우 만들기를 하면서 엄마의 따뜻한 미소와 격려를 기대에 찬 눈으로 바라보는 이 멋진 아이는 우리가 트라우마와 학대의 악순환 고리를 끊을 수 있다는 살아있는 증거였다. 한 아이를 위한 우리의 노력은 다음 세대까지 영향을 미친다.

부록

부록 A: EDUCATE 모델

부록 B: 아동의 해리 증상 면담 가이드라인

부록 C: 상상 친구 평가 질문지 2.0

부록 A: EDUCATE 모델
해리중심 개입

E 해리 및 트라우마 과정에 대해 교육한다.

1. 행동과 증상에는 의미나 목적이 있다.
2. 트라우마는 마음의 단절을 가져온다.
3. 건강한 마음은 가장 잘 연결되어 있다.
4. 전체 자기는 함께 작동해야 한다.
5. 어떤 목소리나 상상의 친구는 '대화'하는 신호나 감정이다.
6. 자기의 어떤 부분도 해체되어서는 안 된다.

D 해리 동기: 내담자를 해리 증상에 계속 묶어두는 요인을 설명하고 분석한다.

1. 희망 만들기
2. 해리가 필요했던 이유에 직면하기: 장단점
3. 해리에 따른 현실적인 결과와 핵심적인 책임 부분을 알게 한다.

U 숨겨져 있는 것에 대한 이해: 자동으로 활성화되는 정서, 정체성 또는 행동 목록의 비밀 주머니를 풀게 한다.

1. 숨겨 있는 것을 환영하면서 그리기, 상징 놀이하기 또는 기술하기를 하도록 촉진한다.
2. 아동이 (내면의 소리를) '들어보도록' 격려한다.
3. 아동이 기억하지 못하는 행동에 부드럽게 대면할 수 있게 설명해 준다.

C 자아의 숨겨진 측면을 자신의 것으로 주장하게 한다.

1. 부정적 해리 내용을 재구성한다.
2. '감사 노트' 기법을 활용해 감사를 격려한다.
3. 자기의 숨겨진 부분과 협상한다.
4. 환경적 대비책을 활용해 기억을 촉진한다.

5. 잊어버린 행동에 찍혀 있는 낙인을 없앤다.
6. 역할극으로 감정을 강조한다.
7. 자전적 기억(트라우마가 아닌)의 공백을 채우기 위해 함께 상상한다.
8. 자료를 수집하고 상황 단서를 기록한다.

A 각성조절/정서조절/애착: 사랑의 관계 속에서 각성과 감정의 흥분 및 가라앉히기 조절법을 배우게 한다.

1. 과잉 각성
   a. 안전을 강화한다.
   b. 상징적 수준에서 연결한다.
   c. 호흡하기와 진정시키는 이미지를 사용한다.
   d. 감각운동 활동
2. 정서적 둔마 및 과소 각성
   a. 신체와 연결한다.
   b. 해리성 셧다운에서 아동을 각성시킨다.
   c. 촉발 순간 및 전조 증상을 식별한다.
   d. 내담자가 이러한 회피전략에 의존하게 만드는 숨겨진 함정과 딜레마를 푼다.
   e. 이러한 함정에서 벗어나도록 환경을 변화시킨다.
   f. 그 순간을 '재'연습한다.
   g. '연결을 유지'하는 전략을 연습한다.
   h. 해리 상태를 유지하려는 동기를 존중한다.
   i. 인식과 연결에 대한 보상을 제공한다.
3. 조절
   a. 정서 교육: 감정은 신체의 신호이다. 분노는 자기방어 정서이며 감정이 전염적인 것일 필요는 없다.
   b. 전환의 순간에 대한 인식을 강조한다.
   c. 트리거를 식별한다.
   d. 감정단어를 만든다.
   e. 정서인내와 행동선택을 연습하기 위해 이미지를 사용한다.
   f. 대안으로 선택할 수 있는 행동 목록 알려준다.

g. 자기통제와 숙달을 강화한다.

h. 여러 주에 걸쳐 애착을 형성한다.

i. 안전을 강화하고 평가한다.

j. 가족이 아동의 강렬한 감정 표현을 용인하도록 돕는다.

k. 관계의 호혜성을 형성한다.

T 트리거와 트라우마: 자동적 트라우마 반응을 가져오는 전조 증상 및 트라우마 기억 관련 처리

1. 트라우마 내용에 대한 토론을 장려한다.
2. 감각운동 기억을 처리한다.
3. 사건의 트라우마적 의미를 처리하고 대안적 관점을 개발한다.
4. 사랑하는 보호자 또는 치료자와 함께 사건 관련 정서를 처리한다.
5. 현실의 삶에서 그리고 상징적으로 숙달 경험을 할 수 있도록 촉진한다.
6. 플래시백의 목적을 찾고 숙달 시나리오로 대체한다.
7. 트라우마적 애착의 사이클에서 벗어난다.

E 치료의 종결 단계

1. '그때'와 '지금'의 차이를 강화한다.
2. 트라우마적 사기 저하의 주기에서 탈출한다.
3. 실존적 질문을 탐색한다.
4. 통합을 강화하는 상징과 은유를 활용한다.
5. 다른 사람을 돕는 것에 경험을 활용한다.

부록 B: 아동의 해리 증상 면담 가이드라인

A 당황스러운 의식의 변화

1. (순간적 의식 상실이 나타난다면): 너는 그렇게 멍하게 될 때 무엇을 하니?
2. 그런 일이 일어나기 바로 전에 무슨 생각을 하고 있었니? 멍하게 되기 바로 전에 무슨 생각을 하고 있었니? 아니면 어떤 기분이었니?
3. 어떤 것에도 전혀 주의를 기울이지 않고 멍하니 있을 때가 있니? 그럴 때 너는 무엇을 하니? 생각하거나, 듣거나, 보거나, 느껴지는 게 있니?
4. 마음속으로 가고 싶은 상상의 장소가 있니? 네가 이야기하고 싶은 상상의 친구가 있니?
5. 과거를 되살리고 있다고 느낄 때가 있니?(과거로 돌아가고 싶을 때가 있니?)
6. 어떤 것에도 주의를 기울이지 않고 있을 때 너는 어디에 있니?
7. 자면서 이상한 행동을 한다는 말을 들은 적이 있니?
8. 아침에 일어나기 어려우니? 어려우면 그것에 대해 말해 줄래?
9. 깊은 잠에 빠진 후 때로 네가 변하는 것 같은 때가 있니?
10. 실제로 네가 있는 곳에 있지 않다고 느낀 적이 있니? 너 자신을 멀리서 보는 것처럼 느낄 때가 있니?
11. 안개 속을 들여다보는 것 같은 느낌을 받은 적이 있니?

B 생생한 환각 경험

1. 소중한 사람을 잃은 아이들은 종종 마음속에서 그 사람이 말하는 소리를 들어. 너에게도 누군가가 말하는 일이 있니? 그 사람이 무엇이라 말하니?
2. 어떤 아이들은 뇌가 싸우고 있는 것처럼 느낀단다(머릿속에서 싸움이 일어난 것처럼 느껴). 너도 그러니? 너도 뇌가 싸우는 소리를 들은 적이 있니?
3. 때로 어떤 아이들은 머릿속에 (그 말이 갇혀 있는 것마냥) 어떤 나쁜 말을 자꾸 듣기도 하는데 너는 어떠니?

4. 때로 아이들이 하고 싶지 않은 일이나 행동을 하는데 너도 그런 적 있니?
5. 아이들은 하고 싶지 않은데 누군가가 또는 무엇 때문에 해야 할 것같이 느끼기도 하는데 너도 그런 적이 있니?
6. 어떤 아이들은 오랫동안 어떤 장난감, 특히 특별한 장난감을 가지고 있어. 너에게도 그런 장난감이 있니? 그것과 얘기할 수 있니? 그 장난감이 너에게 말하는 소리를 들은 적이 있니?
7. 어떤 아이들한테는 다른 사람들이 볼 수 없는 친구가 있어. 너한테도 지금 그런 친구가 있니? 어렸을 때 그런 친구가 있었니? 때로 그 친구가 지금도 있는 것 같니? 그 친구들이 보이니?

C 지식, 기분, 행동 패턴 및 관계 맺기의 현저한 변동

1. 어느 날은 무언가를 할 수 있을 것 같다가도 다음 날에는 그 일을 하는 데 큰 어려움을 겪을 때가 있니?
2. 기분이 변해서 놀랄 때가 있니? 예를 들어 줘.
3. 입맛이 날마다 바뀌는 편이니?
4. 가족에 대한 감정이 변하는 것 같니? 예를 들어 줄래?

D 자신의 행동이나 최근에 경험한 사건에 대한 당황스러운 기억상실

1. 친구들과 함께했던 일, 갔던 장소, 생일파티 등 기억해야 할 것들을 잊어버리니?
2. 화가 났을 때 한 일을 가끔 잊어버리니? 그중 하나를 기억해 보자. 화가 그 사건과 관련된 수치심을 없애는 데 얼마나 논리적이었는지 강조해 봐.
3. 보상과 부드러운 격려를 통해 아동이 잊고 있던 자신의 행동에 대해 기억할 수 있는지 평가한다.
4. 네가 기억하지 못하는 일을 했다고 친구들이 말한 적이 있니?
5. 자신에게 일어난 좋은 일을 잊어버린 적이 있니?

E 비정상적인 신체 경험

1. 다른 아이들처럼 통증을 느끼지 않는다는 것을 알고 있었니?
2. 반복적으로 몸을 다치게 한다는 것을 알고 있었니? 다치고 나면 기분이 어떠니?
3. 의학적 이유를 찾을 수 없는 통증이나 장애가 있니?

4. 비정상적으로 몸의 힘이 약해지거나 강해질 때가 있니?
5. 자신의 몸이 진짜 자신의 것이 아닌 것 같다고 느낄 때가 있니?
6. 안개 속에서 세상을 보는 것 같은 느낌이 들 때가 있니?
7. 멀리서 자신이 움직이는 것을 보는 것처럼 느껴질 때가 있니?

부록 C: 상상 친구 평가 질문지 2.0

1. 내 상상 친구는 단순한 상상 친구 그 이상이다.	예/아니요
2. 내 상상 친구는 좋은 조언을 해 준다.	예/아니요
3. 나에게는 상상의 친구가 둘 이상 있는데 그들은 서로 사이가 좋지 않다.	예/아니요
4. 상상 친구는 나를 괴롭힌다. 사라졌으면 좋겠다.	예/아니요
5. 상상 친구가 내가 하고 싶지 않은 일을 하게 한다.	예/아니요
6. 상상 친구는 비밀을 지키라고 말한다.	예/아니요
7. 상상 친구가 나한테 대장을 하려고 한다.	예/아니요
8. 상상 친구는 내가 모르는 삶에 대한 지식을 가지고 있다.	예/아니요
9. 상상 친구는 내가 가지고 있지 않은 기술이나 능력을 가지고 있다.	예/아니요
10. 상상 친구는 다른 사람들이 자신에 대해 아는 것을 좋아하지 않는다.	예/아니요
11. 상상 친구는 내가 외로울 때 나와 함께 놀아준다.	예/아니요
12. 모든 사람들이 나처럼 내 상상 친구를 볼 수 있으면 좋겠다.	예/아니요
13. 상상 친구는 내가 두려워할 때 나를 도와준다.	예/아니요
14. 내가 화가 났을 때 상상 친구가 나에게 온다.	예/아니요
15. 내가 행복할 때(기분이 좋을 때) 상상 친구가 나에게 온다.	예/아니요

채점

상상 친구 질문지는 정상적인 상상 친구 현상과 병적인 해리 현상을 구분하는 데 도움이 될 수 있다. 연구에 따르면, 이 중 1, 3, 4, 5, 7, 10, 14번 항목은 해리 증상 및 장애 진단을 받은 심각한 행동 및 정서 문제가 있는 입원 아동의 특징을 더 잘 나타낸다.

참고문헌

Adler-Tapia, R., & Settle, C. (2008). *EMDR and the art of psychotherapy with children*. New York: Springer.

Ainsworth, M. D. (1964). Patterns of attachment behavior shown by the infant in interaction with his mother. *Merrill Palmer Quarterly, 10,* 51-58.

Albeck-Ripka, L., & Cave, D. (2020, April 6). George Pell freed after Australian court overturns sex abuse conviction. *The New York Times*. Retrieved from https://www.nytimes.com/2020/04/06/world/australia/cardinal-george-pellconviction.html

Albini, T. K., & Pease, T. E. (1989). Normal and pathological dissociations of early childhood. *Dissociation, 2,* 144-150.

Altman, H., Collins, M., & Mundy, P. (1997). Subclinical hallucinations and delusions in nonpsychotic adolescents. *Journal of Child Psychology and Psychiatry, 38,* 413-420.

American Psychiatric Association. (2013). *Diagnostic and statistical manual of mental disorders* (5th ed.). Arlington, VA: Author.

Amy. (2009, October 25). Victim impact statement of girl in Misty Series. *The Virginian-Pilot*. Retrieved from http://hamptonroads.com/2009/10/document-victimimpact-statement-girl-misty-series

Anderson, M. C., & Huddleston, E. (2012). Towards a cognitive and neurobiological model of motivated forgetting. In R. F. Belli (Ed.), *True and false recovered memories: Toward a reconciliation of the debate* (Vol. 58, pp. 53-120). Nebraska Symposium on Motivation. New York: Springer.

Armstrong, J., Putnam, F. W., Carlson, E., Libero, D., & Smith, S. (1997). Development and validation of a measure of adolescent dissociation: The Adolescent Dissociative Experience Scale. *Journal of Nervous and Mental Disease, 185,* 491-497.

Arseneault, L., Cannon, M., Fisher, H. L., Polanczyk, G., Moffitt, T. E., & Caspi, A. (2011). Childhood trauma and children's emerging psychotic symptoms: A genetically sensitive longitudinal cohort study. *American Journal of Psychiatry, 168,* 65-72.

Arvidson, J., Kinniburgh, K., Howard, K., Spinazzola, J., Strothers, H., Evans, M., Andres, B., Cohen, C., & Blaustein, M. E. (2011). Treatment of complex trauma in young children: Developmental and cultural considerations in application of the ARC Intervention Model. *Journal of Child & Adolescent Trauma, 4* (1), 34-51.

Baita, S. (2015). Dalma (4 to 7 years old)-"I've got all my sisters with me": Treatment of Dissociative Identity

Disorder in a sexually abused young child. In S. Wieland (Ed.), *Dissociation in traumatized children and adolescents: Theory and clinical interventions* (pp. 41-88). New York: Routledge.

Baita, S. (2020). Environmental safety: the starting point in the treatment of children with dissociation. *Frontiers in the Psychotherapy of Trauma and Dissociation, 4* (1), 93-104.

Barnier, A. J., Cox, R. E., & Savage, G. (2008, October 7). Memory, hypnosis and the brain. *Scientific American.* Retrieved from http://www.scientificamerican.com/article.cfm?id=hypnosis-memory-brain

Becker-Blease, K. A., Freyd, J. J., & Pears, K. C. (2004). Preschoolers' memory for threatening information depends on trauma history and attentional contexts: Implications for the development of dissociation. *Journal of Trauma & Dissociation*, 5 (1), 113-131.

Bell, V., Oakley, D. A., Halligan, P. W., & Deeley, Q. (2011). Dissociation in hysteria and hypnosis: Evidence from cognitive neuroscience. *Journal of Neurology, Neurosurgery and Psychiatry, 82,* 332-339.

Benbadis, S. R., O'Neill, E., Tatum, W. O., & Heriaud, L. (2004). Outcome of prolonged video-EEG monitoring at a typical referral epilepsy center. *Epilepsia, 45*, 1150-1153.

Blaustein, M. E. & Kinniburgh, K. M. (2010). *Treating traumatic stress in children and adolescents: How to foster resilience through attachment, self-regulation, and competency.* New York: Guilford.

Bloom, S. (1997). *Creating sanctuary: Toward the evolution of sane societies.* New York: Routledge.

Bonanno, G. A., Noll, J. G., Putnam, F. W., O'Neill, M., & Trickett, P. K. (2003). Predicting the willingness to disclose childhood sexual abuse from measures of repressive coping and dissociative tendencies. *Child Maltreatment, 8,* 302-318.

Bowlby, J. (1980). *Attachment and loss, Vol. 3: Loss, sadness and depression.* New York: Basic Books.

Bowlby, J. (1988). *A secure base: Clinical applications of attachment theory.* London: Routledge.

Bowley, G., & Hurdle, J. (2018, April 26). Bill Cosby is found guilty of sexual assault. *The New York Times.* Retrieved from https://www.nytimes.com/2018/04/26/arts/television/bill-cosby-guilty-retrial.html

Bowman, E. S. (2006). Why conversion seizures should be classified as a dissociative disorder. *Psychiatric Clinics of North America, 29,* 185-211.

Brand, B. L. (2001). Establishing safety with patients with Dissociative Identity Disorder. *Journal of Trauma & Dissociation, 2* (4), 133-155.

Brand, B. L., Armstrong, J. G., & Loewenstein, R. J. (2006). Psychological assessment of patients with Dissociative Identity Disorder. *Psychiatric Clinics of North America, 29,* 145-168.

Brand, B. L., Lanius, R., Vermetten, E., Loewenstein, R., & Spiegel, D. (2012). Where are we going? An update on assessment, treatment, and neurobiological research in dissociative disorders as we move toward the DSM-5. *Journal of Trauma & Dissociation, 13* (1), 9-31.

Brand, B. L., McNary, S. W., Myrick, A. C., Loewenstein, R. J., Classen, C. C., Lanius, R. A., Pain, C., & Putnam, F. W. (2012). A longitudinal, naturalistic study of dissociative disorder patients treated by community clinicians. *Psychological Trauma: Theory, Research, Practice, & Policy.* Advance online publication. doi: 10.1037/a0027654

Brand, B. L., Schielke, H. J., Putnam, K. T., Putnam, F. W., Loewenstein, R. J., Myrick, A., Jepsen, E. K. K., Langeland, W., Steele, K., Classen, C. C., & Lanius, R. A. (2019). An online educational program for individuals with dissociative disorders and their clinicians: 1-year and 2-year follow-up. *Journal of Traumatic Stress, 32,* 156-166.

Briere, J. (1996). *Trauma Symptom Checklist for Children.* Lutz, FL: Psychological Assessment Resources.

Briere, J. (2005). *Trauma Symptom Checklist for Young Children.* Lutz, FL: Psychological Assessment Resources.

Briere, J., Runtz, M., Rassart, C. A., & Godbout, N. (2020, May). Sexual assault trauma: Does prior childhood maltreatment increase the risk and exacerbate the outcome? *Child Abuse & Neglect, 103.* Advance online publication. doi:10.1016/j.chiabu.2020.104421

Brown, D., Scheflin, A., & Whitfield, C. L. (1999, Spring). Recovered memories: The current weight of the evidence in science and in the courts. *The Journal of Psychiatry and Law, 26,* 5-156.

Brown, R., Cardeña, E., Nijenhuis, E., Sar, V., & van der Hart, O. (2007). Should conversion disorder be reclassified as a dissociative disorder in DSM-V? *Psychosomatics, 48,* 369-378.

Bruch, C. S. (2001). Parental alienation syndrome and parental alienation: Getting it wrong in child custody cases. *Family Law Quarterly, 35,* 527-552.

Burkman, K., Kisiel, C., & McClelland, G. (2008, November). *Dissociation and complex trauma among children and adolescents in the child welfare system in Illinois.* Presentation at the 24th annual fall conferences of the International Society for the Study of Trauma and Dissociation, Philadelphia, PA.

Busch, A. L., & Lieberman, A. F. (2007). Attachment and trauma: An integrated approach to treating young children exposed to family violence. In D. O. Oppenheim & D. F. Goldsmith (Eds.), *Attachment theory in clinical work with children* (pp. 139-171). New York: Guilford Press.

Cagiada, S., Camaido, L., & Pennan, A. (1997). Successful integrated hypnotic and psychopharmacological treatment of a war-related post-traumatic psychological and somatoform dissociative disorder of two years duration (psychogenic coma). *Dissociation, 10,* 182-189.

Calleman, M. (2020, May 27). New Jeffrey Epstein doc should finally lead to a reckoning with Bill Clinton. *New York Post.* Retrieved from https://nypost.com/2020/05/27/new-jeffrey-epstein-doc-should-lead-to-a-reckoning-with-bill-clinton/

Canadian Centre for Child Protection. (2017). *Survivors' survey: Executive summary 2017.* Retrieved from https://protectchildren.ca/pdfs/C3P_SurvivorsSurvey ExecutiveSummary2017_en.pdf

Canapari, C. (2020, April 13). Bedtime was hard enough. Then came quarantine. *The New York Times.* Retrieved from https://www.nytimes.com/2020/04/14/parenting/coronavirus-kids-sleep.html

Carlson, E., Yates, T., & Sroufe, L.A. (2009). Development of dissociation and development of the self. In P. Dell & J. O'Neil (Eds.), *Dissociation and dissociative disorders* (pp. 39-52). New York: Routledge.

Carrion, V. G., & Steiner, H. (2000). Trauma and dissociation in delinquent adolescents. *Journal of the American Academy of Child & Adolescent Psychiatry, 39,* 353-359.

Carrion, V. G., Weems, C. F., Eliez, S., Patwardhan, A., Brown, W., Ray, R. D., & Reiss, A. L. (2001). Attenuation of frontal asymmetry in pediatric posttraumatic stress disorder. *Biological Psychiatry, 50,* 943-951.

Ceci, S. J., & Bruck, M. (1995). *Jeopardy in the courtroom: A scientific analysis of children's testimony.* Washington, DC: American Psychological Association.

Center for Sex Offender Management (CSOM). (2005, December). *Key considerations for reunifying adult sex offenders and their families.* Retrieved from http://www.csom.org/pubs/FamilyReunificationDec05.pdf

Černis, E., Chan, C., & Cooper, M. J. (2019). What is the relationship between dissociation and self-harming behavior in adolescents? *Clinical Psychology and Psychotherapy, 26* (3), 328-338.

Chaplo, S. D., Kerig, P. K., Bennett, D. C., & Modrowski, C. A. (2015). The roles of emotion dysregulation and dissociation in the association between sexual abuse and self-injury among juvenile justice-involved youth. *Journal of Trauma & Dissociation*, *16* (3), 272-285.

Cheit, R. E. (2014). *The witch-hunt narrative. Politics, psychology, and the sexual abuse of children.* New York: Oxford University Press.

Chu, J. A. (1998). *Rebuilding shattered lives: The responsible treatment of complex posttraumatic and dissociative disorders.* New York: John Wiley & Sons.

Cintron, G., Salloum, A., Blair-Andrews, Z., & Storch, E. (2018). Parents' descriptions of young children's dissociative reactions after trauma. *Journal of Trauma & Dissociation, 19* (5), 500-513.

Cloitre, M., Stolbach, B. C., Herman, J. L., van der Kolk, B., Pynoos, R., Wang, J., & Petkova, E. (2009). A developmental approach to complex PTSD: Childhood and adult cumulative trauma as predictors of symptom complexity. *Journal of Traumatic Stress, 22,* 399-408.

Cohen, J. A., Mannarino, A. P., & Deblinger, E. (2006). *Treating trauma and traumatic grief in children and adolescents.* New York: Guilford Press.

Collin-Vézina, D., & Hébert, M. (2005). Comparing Dissociation and PTSD in sexually abused school-aged girls. *Journal of Nervous & Mental Disease, 93,* 47-52.

Conversano, C., Mariagrazia, D. G., Miccoli, M., Ciacchini, R., Gemignani, A., & Orrù, G. (2020, September). Mindfulness, age and gender as protective factors against psychological distress during COVID-19 pandemic. *Frontiers in Psychology*, *11.* doi: 10.3389/fpsyg.2020.01900

Corwin, D., & Olafson, E. (1997). Videotaped discovery of a reportedly unrecallable memory of child abuse. Comparison with a childhood interview taped 11 years before. *Child Maltreatment, 2,* 91-112.

Courtois, C. A. (2010). *Healing the incest wound: Adult survivors in therapy* (2nd ed.). New York: Norton.

Csikszentmihalyi, M. (1993). *The evolving self: A psychology for the third millennium.* New York: HarperCollins.

Cyr, M., McDuff, P., Wright, J., Thériault, C., & Cinq-Mars, C. (2005). Clinical correlates and repetition of self-harming behaviors among female adolescent victims of sexual abuse. *Journal of Child Sexual Abuse, 14,* 49-68.

Dalenberg, C. (2000). *Countertransference and the treatment of trauma.* Washington, DC: American Psychological Association.

Dallam, S. J. (2002). Science or propaganda? An examination of Rind, Tromovitch and Bauserman (1998). In C. Whitfield, J. Silberg, & P. Fink (Eds.), *Misinformation concerning child sexual abuse and adult survivors* (pp. 109-134). New York: Haworth Publications.

Dallam, S. J., Gleaves, D., Cepeda-Benito, A., Silberg, J. L., Kraemer, H. C., & Spiegel, D. (2001). The effects of child sexual abuse: Comment on Rind, Tromovitch, and Bauserman (1998). *Psychological Bulletin, 127,* 715-733.

Dallam, S. J., & Silberg, J. S. (2016). Recommended treatments for "Parental Alienation Syndrome" (PAS) may cause children for foreseeable and lasting psychological harm. *Journal of Child Custody, 13* (2-3), 134-143.

Dalton, C., Drozd, L., & Wong, F. (2006). *Navigating custody and visitation evaluations in cases with domestic violence: A judge's guide* (2nd ed.). Reno, NV: National Council of Juvenile and Family Court Judges.

Daly, Max. (2019, February 19). Inside the repulsive world of "hurtcore", the worst crimes imaginable. *Vice.* Retrieved from https://www.vice.com/en/article/59kye3/the-repulsive-world-of-hurtcore-the-worstcrimes-imaginable

Damasio, A. R. (1999). *The feeling of what happens: Body and emotion in the making of consciousness.* New York: Harcourt.

Dana, D. (2020). What Polyvagal Theory tells us about managing stress. *Psychotherapy Networker.* Retrieved from https://www.psychotherapynetworker.org/blog/details/1816/what-polyvagal-theory-tells-us-about-managing-stress

De Bellis, M. D., Keshavan, M. S., Clark, D. B., Casey, B. J., Giedd, J. N., Boring, A. M., Frustaci, K., & Ryan, N. D. (1999). Developmental traumatology. Part II: Brain development. *Biological Psychiatry, 45,* 1271-1284.

De Bellis, M. D., Keshavan, M. S., Spencer, S., & Hall, J. (2000). N-Acetylaspartate concentration in the anterior cingulate of maltreated children and adolescents with PTSD. *American Journal of Psychiatry, 157,* 1175-1177.

Dell, P. F. (2006). A new model of Dissociative Identity Disorder. *Psychiatric Clinics of North America, 29,* 1-26.

Dell, P. F. (2009). Understanding dissociation. In P. Dell, & J. O'Neil (Eds.), *Dissociation and the dissociative disorders: DSM V and beyond* (pp. 709-825). New York: Routledge.

Dell, P. F., & Eisenhower, J. W. (1990). Adolescent Multiple Personality Disorder: A preliminary study of eleven cases. *Journal of the American Academy of Child & Adolescent Psychiatry, 29,* 359-366.

DeRosa, R., & Pelcovitz, D. (2008). Group treatment for chronically traumatized adolescents: Igniting SPARCS of change. In D. Brom, R. Pat-Horenczyk, & J. D. Ford (Eds.), *Treating traumatized children: Risk, resilience and recovery* (pp. 225-239). London: Routledge.

Deutsch, R., Drozd, L., & Ajoku, C. (2020). Trauma-informed interventions in parent-child contact cases. *Family Court Review, 58* (2), 470-487.

Diamond, S. G., Davis, O. C., & Howe, R. D. (2008). Heart rate variability as a quantitative measure of hypnotic depth. *International Journal of Clinical and Experimental Hypnosis, 56* (1), 1-18.

Diseth, T. (2006). Dissociation following traumatic medical procedures in childhood: A longitudinal Follow-up. *Development and Psychopathology, 18,* 233-251.

Dodd, J. (2009, September 4). Shawn Hornbeck: Jaycee Dugard brainwashed, in shock. *People Magazine.* Retrieved from http://www.people.com/people/article/0,,20302413,00.html

Duggal, S., & Sroufe, L. A. (1998). Recovered memory of childhood sexual trauma: A documented case from a longitudinal study. *Journal of Traumatic Stress, 11,* 301-322.

Dutra, L., Bureau, J., Holmes, B., Lyubchik, A., & Lyons-Ruth, K. (2009). Quality of early care and childhood trauma: A prospective study of developmental pathways to dissociation. *Journal of Nervous and Mental Disease, 197* (6), 383-390.

Edwards, V. J., Fivush, R., Anda, R. F., Felitti, V. J., & Nordenberg, D. F. (2001). Autobiographical memory disturbances in childhood abuse survivors. *Journal of Aggression, Maltreatment & Trauma, 4* (2), 247-263.

Eisen, M. L., Goodman, G. S., Qin, J., Davis, S., & Crayton, J. (2007). Maltreated children's memory: Accuracy, suggestibility and psychopathology. *Developmental Psychology, 43,* 1275-1294.

Ellement, J. R. (2010, January 16). Former Catholic priest's bid for new trial rejected: Use of recovered memories upheld. *Boston Globe.* Retrieved from http://www.boston.com/news/local/massachusetts/

articles/2010/01/16/former_catholic_priests_bid_for_new_trial_rejected/?page=full

Ensink, K., Bégin, M., Normandin, L., Godbout, N., & Fonagy, P. (2017). Mentalization and dissociation in the context of trauma: Implications for child psycho pathology, *Journal of Trauma & Dissociation, 18* (1), 11-30. doi: 10.1080/15299732.2016.1172536

Epstein, O. B, Schwartz, J., & Schwartz, R. W. (Eds.) (2011). *Ritual abuse and mind control: The manipulation of attachment needs.* London: Karnac Books.

Erickson, M. F., & Egeland, B. (2002). Child neglect. In J. Myers, L. Berliner, J. Briere, C. Hendrix, C. Jenny, & T. Reid (Eds.), *The APSAC handbook on child maltreatment* (2nd ed., pp. 3-20). Thousand Oaks, CA: Sage.

Erickson, N. S. (2005). Use of the MMPI-2 in child custody evaluations involving battered women: What does psychological research tell us? *Family Law Quarterly, 39* (1), 87-108.

Europol. (2020, June). *Exploiting isolation: Offenders and victims of online child sexual abuse during the COVID-19 pandemic.* Retrieved from https://www.europol.europa.eu/sites/default/files/documents/europol_covid_report-cse_jun2020v.3_0.pdf

Fagan, J., & McMahon, P. P. (1984). Incipient multiple personality in children. *Journal of Nervous and Mental Disease, 172,* 26-36.

Faller, K. C. (2007). Coaching children about sexual abuse: A pilot study of professionals' perceptions. *Child Abuse & Neglect, 31,* 947-959.

Faller, K. (2020, August 30). *Working with child maltreatment in era of Covid-19.* Presentation at 25th International Conference on Violence Abuse & Trauma (Virtual Conference). San Diego, California.

Feiring, C., & Taska, L. (2005). The persistence of shame following sexual abuse: A longitudinal look at risk and recovery. *Child Maltreatment, 10* (4), 337-349.

Feiring, C., Taska, L., & Lewis, M. (1996). A process model for understanding adaptation to sexual abuse: The role of shame in defining stigmatization. *Child Abuse and Neglect, 20* (8), 767-792.

Feiring, C., Taska, L., & Lewis, M. (2002). Adjustment following sexual abuse discovery: The role of shame and attributional style. *Developmental Psychology, 38* (1), 79-92.

Felitti, V. J., Anda, R. F., Nordenberg, D., Williamson, D. F., Spitz, A. M., Edwards, V., Koss, M. P., & Marks, J. S. (1998). Relationship of childhood abuse and household dysfunction to many of the leading causes of death in adults. The Adverse Childhood Experiences (ACE) Study. *American Journal of Preventive Medicine, 14* (4), 245-258.

Ferentz, L. (2012). *Treating self-destructive behaviors in trauma survivors.* New York: Routledge.

Ferentz, L. (2015). *Letting go of self-destructive behaviors: A workbook of hope and healing.* New York: Routledge.

Fergusson, D. M., Boden, J. M., and Horwood, L. J. (2008). Exposure to childhood sexual and physical abuse and adjustment in early adulthood. *Child Abuse & Neglect, 32,* 607-619.

Ferri, L., & Hanrahan, J. (2020, November 13). Mother relives the unthinkable moment she learned her toddler's childcare teacher allegedly abused him. *Mail Online* (UK). Retrieved from https://www.dailymail.co.uk/news/article-8946167/Mother-reveals-shock-sons-daycare-teacher-linked-biggest-child-sex-ring-Australia.html

Finkelhor, D., & Browne, A. (1985). The traumatic impact of child sexual abuse: A conceptualization. *American Journal of Orthopsychiatry, 55,* 530-541.

Finkelhor, D., & Shattuck, A. (2012). *Characteristics of crimes against juveniles.* Durham, NH: Crimes Against Children Research Center. Retrieved from http://www.unh.edu/ccrc/pdf/CV26_Revised%20 Characteristics%20 of%20Crimes%20against%20Juveniles_5-2-12.pdf

Fischel-Wolowick, L. (2018). *Traumatic divorce and separation: The impact of domestic violence and substance abuse in custody and divorce.* New York: Oxford University Press.

Fisher, J. (2017) *Healing the fragmented selves of trauma survivors.* New York: Routledge.

Fonagy, P., & Target, M. (1997). Attachment and reflective function: Their role in self-organization. *Development and Psychopathology, 9,* 679-700.

Ford, J. D. (2009). Neurobiological and developmental research: Clinical implications. In C. A. Courtois, J. D. Ford, & J. L. Herman (Eds.), *Treating complex traumatic stress disorders: An evidence based guide* (pp. 31-54). New York: Guilford Press.

Ford, J. (2013). How can self-regulation enhance our understanding of trauma and dissociation? *Journal of Trauma & Dissociation, 14* (3), 237-250.

Ford, J., Blaustein, M., Habib, M., Kagan, R. (2013). Developmental trauma theory models. In J. D. Ford & C. A. Courtois (Eds.), *Treating complex traumatic stress disorders in children and adolescents* (pp. 261-276). New York: Guildford Press.

Ford, J. D., & Cloitre, M. (2009). Best practices in psychotherapy for children and adolescents. In C. A. Courtois, J. D. Ford, & J. L. Herman (Eds.), *Treating complex traumatic stress disorders: An evidence based guide* (pp. 59-81). New York: Guilford Press.

Ford, J. D., & Gómez, J. M. (2015). Self-injury and suicidality: The Impact of trauma and dissociation. *Journal of Trauma & Dissociation, 16* (3), 225-231.

Ford, J. D., Spinazzola, J., van der Kolk, B., & Grasso, D. (2018). Toward an empiricallybased Developmental Trauma Disorder diagnosis for children: Factor structure, item characteristics, reliability, and validity of the Developmental Trauma Disorder Semi-Structured Interview (DTD-SI). *Journal of Clinical Psychiatry, 79* (5), e1-e9.doi: 10.4088/JCP.17m11675

Forner, C. (2019). What mindfulness can learn about dissociation and what dissociation can learn from mindfulness. *Journal of Trauma & Dissociation, 20* (1), 1-15.

Fourie, M. M., Hortensius, R., & Decety, J. (2020). Parsing the components of forgiveness: Psychological and neural mechanisms. *Neuroscience and Biobehavioral Reviews, 112,* 437-451.

Freyd, J. (1996). *Betrayal trauma: The logic of forgetting childhood sexual abuse.* Cambridge, MA: Harvard University Press.

Freyd, J. J., DePrince, A. P., & Gleaves, D. (2007). The state of betrayal trauma theory: Reply to McNally (2007)-Conceptual issues and future directions. *Memory, 15,* 295-311.

Friedrich, W. N., Gerber, P. N., Koplin, B., Davis, M., Giese, J., Mykelbust, C., & Franckowiak, D. (2001). Multimodal assessment of dissociation in adolescents: Inpatients and juvenile sex offenders. *Sexual Abuse, 13,* 167-177.

Frost, J., Silberg, J. L., & McIntee, J. (1996, November). *Imaginary friends in normal and traumatized children.* Paper presented at the 13th international conference, International Society for the Study of Dissociation, San Francisco, CA.

Galliano, G., Noble, I. M., Travis, L. A., & Puechl, C. (1993). Victim reactions during rape/sexual assault: A preliminary study of the immobility response and its correlates. *Journal of Interpersonal Violence, 8,* 109-

114.

Gates, J. R., Ramani, V., Whalen, S., & Loewenson, R. (1985). Ictal characteristics of pseudoseizures. *Archives of Neurology, 42,* 1183-1187.

German Federal Ministry for Family Affairs, Senior Citizens, Women and Youth, Expert Committee on Sexualized Violence in Organized Structures of Violence and in Ritual Structures of Violence. (2018, April). *Sexualized violence in organized structures of violence and in ritual structures of violence: Strengthening prevention, intervention and help for victims and survivors: Recommendations for Policymakers and Society.* German Federal Ministry for Family Affairs, Senior Citizens, Women and Youth. Retrieved from https://ecpat.de/wpcontent/uploads/2018/11/kiz_ecpat_expertise_fachtag_april2018_engl_final.pdf

Gewirtz-Meydana, A., Walsh, W., Wolak, J., & Finkelhor, D. (2018). The complex experience of child pornography survivors. *Child Abuse & Neglect, 80,* 238-248.

Gifford-Smith, M. E., & Brownell, C. A. (2002). Childhood peer relationships: Social acceptance, friendships, and peer network. *Journal of School Psychology, 41*, 235-284.

Gilad, M. (2013). Virtual or reality: Prosecutorial practices in cyber child pornography ring cases. *Richmond Journal of Law & Technology, 18* (2), 1-66.

Goffinet, S. J. L., & Beine, A. (2018). Prevalence of dissociative symptoms in adolescent psychiatric inpatients. *European Journal of Trauma & Dissociation, 2* (1), 39-45.

Gold, S. (2000). *Not trauma alone: Therapy for child abuse survivors in family and social context.* Philadelphia, PA: Brunner/Routledge.

Goldfarb, D., Goodman, G. S., Gonzalves, L., Gonzalez, A., Wang, Y., Wu, Y., & Vidales, D. (in press). Long-term memory for child sexual abuse. In M. Miller & B. Bornstein (Eds.), *Advances in Psychology and Law.* New York: Springer.

Gomez, A. (2012). *EMDR therapy and adjunct approaches with children: Complex trauma, attachment, & dissociation.* New York: Springer.

Gomez, A. M., & Krause, P. K. (2012). EMDR therapy and the use of internal family systems strategies with children. In A. Gomez (Ed.), *EMDR therapy and adjunct approaches with children: Complex trauma, attachment, & dissociation* (299-319). New York: Springer.

Gomez, A., & Paulsen, S. (2016). *All the colors of me: My first book about dissociation*. CreateSpace Independent Publishing Platform.

Goodman, G. S., Ghetti, S., Quas, J. A., Edelstein, R. S., Alexander, K. W., Redlich, A. D., Cordon, I. M., & Jones, D. P. (2003). A prospective study of memory for child sexual abuse: New findings relevant to the repressed memory controversy. *Psychological Science, 14* (2), 113-118.

Goodman, G. S., Quas, J., & Ogle, C. M. (2010). Child maltreatment and memory. *Annual Review of Psychology, 61,* 325-351.

Grabe, H. J., Spitzer, C., & Freyberger, J. H. (1999). Relationship of dissociation to temperament and character in men and women. *American Journal Psychiatry, 156,* 1811-1813.

Greenhoot, A. F., Brunell, S. L., Curtis, J. S., & Beyer, A. M. (2008). Trauma and autobiographical memory functioning. In M. L. Howe, G. S. Goodman, & Cichetti, D. (Eds.), *Stress, trauma and children's memory development* (pp 139-170). New York: Oxford University Press.

Greenspan, S. I., & Wieder, S. (1998). *The child with special needs: Encouraging intellectual and emotional growth*. Reading, MA: Perseus Books.

Grimminck, E. (2011). Emma (6 to 9 years old)-From kid actress to healthy child: Treatment of the early sexual abuse led to integration. In S. Wieland (Ed.), *Dissociation in traumatized children and adolescents: Theory and clinical interventions* (pp. 75-96). New York: Routledge.

Gušić, S., Cardeña, E., Bengtsson, H., & Søndergaard, H. (2016). Types of trauma in adolescence and their relation to dissociation: A mixed-methods study. *Psychological Trauma: Theory, Research, Practice, and Policy, 8* (5), 568-576.

Gušić, S., Malešević, A., Cardeña, E., Bengtsson, H., & Søndergaard, H. P. (2018). "I feel like I do not exist:" A study of dissociative experiences among war-traumatized refugee youth. *Psychological Trauma: Theory, Research, Practice, and Policy, 10* (5), 542-550.

Guyon, R., Fernet, M., & Hébert, M. (2019, November). Relational and sexual experiences of betrayal from the point of view of sexually victimized young women. *Journal of Interpersonal Violence*. Advance online publication. doi: 10.1177/0886260519888197

Hagan, M., Gentry, M., Ippen, C., & Lieberman, A. (2017). PTSD with and without dissociation in young children exposed to interpersonal trauma. *Journal of Affective Disorders, 227*. doi: 10.1016/j.jad.2017.11.070.

Hagan, M. J., Hulette, A. C., & Lieberman, A. F. (2015). Symptoms of dissociation in a high-risk sample of young children exposed to interpersonal trauma: Prevalence, correlates, and contributors. *Journal of Traumatic Stress, 28* (3), 258-261.

Hamby, S., Blount, Z., Smith, A., Jones, L., Mitchell, K., & Taylor, E. (2018). Digital poly-victimization: The increasing importance of online crime and harassment to the burden of victimization. *Journal of Trauma & Dissociation, 19* (3), 382-398.

Handrahan, L. (2017). *Epidemic: America's trade in child rape*. Trine Day.

Hannah, M. T., & Goldstein, B. (2010). *Domestic violence, abuse, and child custody: Legal strategies and policy issues*. Kingston, NJ: Civic Research Institute.

Hébert, M., Langevin, R., & Charest, F. (2020). Disorganized attachment and emotion dysregulation as mediators of the association between sexual abuse and dissociation in preschoolers. *Journal of Affective Disorders, 267*, 220-228.

Hébert, M., Langevin, R., Guidi, E., Bernard-Bonnin, A. C., & Allard-Dansereau, C. (2017). Sleep problems and dissociation in preschool victims of sexual abuse. *Journal of Trauma & Dissociation, 18* (4), 507-521.

Hébert, M., Langevin, R., & Oussaïd, E. (2018). Cumulative childhood trauma, emotion regulation, dissociation, and behavior problems in school-aged sexual abuse victims. *Journal of Affective Disorders, 225*, 306-312.

Heim, C. M., Mayberg H. S., Mletzko T., Nemeroff C. B., & Pruessner, J. C. (2013). Decreased cortical representation of genital somatosensory field after childhood sexual abuse. *American Journal of Psychiatry, 170* (6), 616-662.

Herman, J. L. (1992). Complex PTSD: A syndrome in survivors of prolonged and repeated trauma. *Journal of Traumatic Stress, 5*, 377-391.

Hesse, E. Main, M., Abrams, K. Y., & Rifkin, A. (2003). Unresolved states regarding loss or abuse can have "second-generation" effects: Disorganized, role-inversion and frightening ideation in the offspring of traumatize non-maltreating parents. In D. J. Siegel & M. F. Solomon (Eds.), *Healing trauma: Attachment, mind body and brain* (pp 57-106). New York: Norton.

Hewitt, S. K. (2008). Therapeutically managing reunification after abuse allegations. *Journal of Child Sexual Abuse, 17* (1), 17-19.

Hildyard, K. L., & Wolfe, D. A. (2002). Child neglect: Developmental issues and outcomes. *Child Abuse & Neglect, 26,* 679-695.

Hoffman, K., Marvin, R., Cooper, G., & Powell, B. (2006). Changing toddlers' and preschoolers' attachment classifications: The circle of security intervention. *Journal of Consulting and Clinical Psychology, 74,* 1017-1026.

Hornstein, N. L., & Tyson, S. (1991). Inpatient treatment of children with multiple personality/dissociation and their families. *Psychiatric Clinics of North America, 4,* 631-648.

Hoult, J. (2006). The evidentiary admissibility of Parental Alienation Syndrome: Science, law and policy. *Children's Legal Rights Journal, 26,* 1-61.

Hoyos, C., Mancini, V., Furlong, Y., Medford, N., Critchley, H., & Chen, W. (2019). The role of dissociation and abuse among adolescents who self-harm. *Australian and New Zealand Journal of Psychiatry, 53* (10), 989-999.

Hughes, D. A. (2006). *Building the bonds of attachment: Awakening love in deeply troubled children.* Northvale, NJ: Jason Aronson.

Hulbert, J. C., & Anderson, M. C. (2018). What doesn't kill you makes you stronger: Psychological trauma and its relationship to enhanced memory control. *Journal of Experimental Psychology: General, 147* (12), 1931-1949.

Hulette, A. C., Fisher, P. A., Kim, H. K., Ganger, W., & Landsverk, J. L. (2008). Dissociation in foster preschoolers: A replication and assessment study. *Journal of Trauma & Dissociation, 9,* 173-190.

Hulette, A. C., Freyd, J. J., & Fisher, P. A. (2011). Dissociation in middle childhood among foster children with early maltreatment experiences. *Child Abuse & Neglect, 35,* 123-126.

International Society for the Study of Dissociation. (2003). Guidelines for the evaluation and treatment of dissociative symptoms in children and adolescents. *Journal of Trauma and Dissociation, 5* (3), 119-149.

Jack, F., Simcock, G., & Hayne, H. (2012). Magic memories: Young children's verbal recall after a 6-year delay. *Child Development, 38* (1), 159-172.

Jacobsen, T. (1995). Case study: Is selective mutism a manifestation of Dissociative Identity Disorder? *Journal of American Academy of Child & Adolescent Psychiatry, 31*, 1077-1085.

Jaffe, A. E., DiLillo, D., Gratz, K. L., & Messman-Moore, T. L. (2019). Risk for revictimization following interpersonal and noninterpersonal trauma: Clarifying the role of posttraumatic stress symptoms and trauma-related cognitions. *Journal of Traumatic Stress, 32* (1), 42-55.

James, B. (1994). *Handbook for treatment of attachment-trauma problems in children.* New York: Simon & Schuster.

Jang, K. L., Paris, J., Zweig-Frank, H., & Livelsey, W. J. (1998). Twin study of dissociative experience. *Journal of Nervous and Mental Disease, 186,* 345-351.

Johnston, J. R. (2005). Children of divorce who reject a parent and refuse visitation: Recent research and social policy implications for the alienated child. *Family Law Quarterly, 38,* 757-775.

Johnson, T. C. (2003). Some considerations about sexual abuse and children with sexual behavior problems. *Journal of Trauma & Dissociation, 3* (4), 83-105.

Joss, D., Lazar, S. W., & Teicher, M. H. (2020). Effects of a mindfulness based behavioral intervention for young adults with childhood maltreatment history on hippocampal morphometry: A pilot MRI study with voxel-based morphometry. *Psychiatry Research: Neuroimaging, 301*. Advance online publication.

Kagan, R. (2004). *Rebuilding attachments with traumatized children; Healing from losses, violence, abuse and neglect*. New York: Routledge.

Kagan, R. (2008). Transforming troubled children into tomorrow's heroes. In C. Brom, R. Pat-Horenczyk, & J. D. Ford (Eds.), *Treating traumatized children: Risk, resilience and recovery* (pp. 255-268). London: Routledge.

Keen, J. (2008, September 24). Mo. teen recounts '02 kidnapping. *USA Today*. Retrieved from http://www.usatoday.com/news/nation/2008-09-24-hornbeck_N.htm

Kenardy, J., Smith, A., Spence, S. H., Lilley, P. R., Newcombe, P., Dob, R., & Robinson, S. (2007). Dissociation in children's trauma narratives: An exploratory investigation. *Journal of Anxiety Disorders, 21*, 456-466.

Kim, K., Trickett, P. K., & Putnam, F. W. (2010). Childhood experiences of sexual abuse and later parenting practices among non-offending mothers of sexually abused and comparison girls. *Child Abuse & Neglect, 34*, 610-622.

Kisiel, C., Liang, L., Stolbach, B., Maj, N., Spinazzola, J., & Belin, T. (2011, November). *The complexity of clinical profiles among children and adolescents exposed to caregiver related traumas*. Paper presented at the 27th international conference, International Society for the Study of Traumatic Stress, Baltimore, MD.

Kisiel, C., & Lyons, J. S. (2001). Dissociation as a mediator of psychopathology among sexually abused children and adolescents. *American Journal of Psychiatry, 158*, 1034-1039. Kisiel, C., Summersett-Ringgold, F., Weil, L. E., & McClelland, G. (2017). Understanding strengths in relation to complex trauma and mental health symptoms within child welfare. *Journal of child and family Studies, 26* (2), 437-451.

Kisiel, C., Torgersen, E., & McClelland, G. (2020). Understanding dissociation in relation to child trauma, mental health needs and intensity of services in child welfare: A possible missing link. *Journal of Family Trauma, Child Custody, and Child Development, 17* (3), 189-218.

Klein, B. R. (1985). A child's imaginary companion: A transitional self. *Clinical Social Work, 13*, 272-282.

Kleinman, T. (2011). Targeting and child protection: Should psychologists stop doing evaluations of children? *Trauma Psychology Newsletter, 6* (3), 6-7.

Kluft, R. P. (1984). MPD in childhood. *Psychiatric Clinics of North America, 7*, 9-29.

Kluft, R. P. (1985). Childhood Multiple Personality Disorder: Predictors, clinical findings and treatment results. In R. P. Kluft (Ed.), *Childhood antecedents of Multiple Personality Disorder* (pp. 168-196). Washington, DC: American Psychiatric Press.

Kluft, R. P. (1991). Hypnosis in childhood trauma. In W. C. Westar II & D. J. O'Grady (Eds.), *Clinical hypnosis with children* (pp. 53-68). New York: Brunner/Mazel.

Kluft, R. P. (2007). Applications of innate affect theory to the understanding and treatment of Dissociative Identity Disorder. In E. Vermetten, M. J. Dorahy, & D. Spiegel (Eds.), *Traumatic dissociation: Neurobiology and treatment* (pp. 301-316). Washington, DC: American Psychiatric Publishing.

Kolko, D. (2002). Child physical abuse. In J. Myers, L. Berliner, J. Briere, C. Hendrix, C. Jenny, & T. Reid (Eds.), *The APSAC handbook on child maltreatment* (2nd ed., pp. 21-54). Thousand Oaks, CA: Sage.

Konigsburg, E. L. (1970). *(George)*. Forge Village, MA: Atheneum.

Lacter, E. (2011). Torture-based mind control: Psychological mechanisms and psychotherapeutic approaches to overcoming mind control. In O. B. Epstein, J. Schwartz, & R. W. Schwartz (Eds.), *Ritual abuse and mind control: The manipulation of attachment needs* (pp. 57-142). London: Karnac Books.

Langeland, W., Jepsen, E. K. K., Brand, B. L., Kleven, L., Loewenstein, R. J., Putnam, F. W., Schielke, H. J., Myrick, A., Lanius, R. A., & Heir, T. (2020). The economic burden of dissociative disorders: A systematic review of empirical studies. *Psychological Trauma.* Advance online publication. doi: 10.1037/tra0000556

Lanius, R. A., Williamson, P. C., Boksman, K., Densmore, M., Gupta, M., Neufeld, R. W., Gati, J. S., & Menon, R. S. (2002). Brain activation during script-driven imagery induced dissociative responses in PTSD: A functional magnetic resonance imaging investigation. *Biological Psychiatry, 52* (4), 305-311.

Latta, J. (2018, March). The exponential growth of child-abuse via the Internet: A call for international and national action. *ILA Reporter (International Law Association, Australia Blog).* Retrieved from http://ilareporter.org.au/2018/03/theexponential-growth-of-child-abuse-via-the-internet-a-call-for-international-andnational-action-judith-latta/

Lawson, L., & Chaffin, M. (1992). False negatives in sexual abuse disclosure interviews: Incidence and influence of caretaker's belief in abuse cases of accidental abuse discovery by diagnosis of STD. *Journal of Interpersonal Violence, 11,* 107-117.

LeDoux, J. (1996). *The emotional brain.* New York: Touchstone.

Lee, S. J., & Ward, K. P. (2020, March 31). *Parents are having more conflict with children since pandemic.* Parenting in Context Research Lab, University of Michigan.

Leeb, R. T., Bitsko, R. H., Radhakrishnan, L., Martinez, P., Njai, R., & Holland, K. M. (2020). Mental health-related emergency department visits among children aged 〈18 years during the COVID-19 Pandemic-United States, January 1-October 17, 2020. *MMWR Morbidity and Mortality Weekly Report, 69,* 1675-1680.

Leibowitz, G. S., Laser, J. A., & Burton, D. L. (2011). Exploring the relationships between dissociation, victimization, and juvenile sexual offending. *Journal of Trauma and Dissociation, 12* (1), 38-52.

Lemoine, D. (2008, September 1). Cults-and if they exist-to remain sex-case trial issue. *The Advocate (Baton Rouge, LA).* Retrieved from https://culteducation.com/group/977-hosanna-church/9843-cults-and-if-they-exist-remain-churchsex-case-issue.html

Leonard, M. M. (2010). "I did what I was directed to do but he didn't touch me": The impact of being a victim of internet offending. *Journal of Sexual Aggression, 16* (2), 249-256.

Levenson, E. (2018, February 5). Larry Nassar apologizes, gets 40 to 125 years for decades of sexual abuse. *CNN.* Retrieved from https://www.cnn.com/2018/02/05/us/larry-nassar-sentence-eaton/index.html

Levine, P. (1997). *Waking the tiger: Healing trauma.* Berkeley, CA: North Atlantic Books.

Levine, P. (2008). *Healing trauma: A pioneering program for restoring the wisdom of your body.* Louisville, CO: Sounds True.

Lewis, H. B. (Ed). (1987). *The role of shame in symptom formation.* Hillsdale, NJ: Lawrence Erlbaum.

Lewis, M. (1992). *Shame: The exposed self.* New York: The Free Press.

Linehan, M. M. (1993). *Cognitive-behavioral treatment of Borderline Personality Disorder.* New York: Guilford Press.

Liotti, G. (1999). Disorganization of attachment as a model of understanding dissociative psychopathology. In J. Solomon & C. George (Eds.), *Attachment disorganization* (pp. 291-317). New York: Guilford Press.

Liotti, G. (2009). Attachment and dissociation. In P. Dell & J. O'Neil (Eds.), *Dissociation and the dissociative disorders: DSM V and beyond* (pp. 53-65). New York: Routledge.

Lipton, B. H. (2005). *The biology of belief: Unleashing the power of consciousness, matter and miracles.* Carlsbad, CA: Hay House.

Loewenstein, R. J. (2006). A hands-on clinical guide to the stabilization phase of Dissociative Identity Disorder treatment. *Psychiatric clinics of North America, 29* (1), 305-333.

Ludäscher, P., Valerius, G., Stiglmayr, C., Mauchnik, J., Lanius, R. A., Bohus, M., & Schmahl, C. (2010). Pain sensitivity and neural processing during dissociative states in patients with borderline personality disorder with and without comorbid posttraumatic stress disorder: A pilot study. *Journal of Psychiatry & Neurosciences, 35* (3), 177-184.

Luther, J. S., McNamara, J. O., Carwile, S., Miller, P., & Hope, V. (1982). Pseudoepileptic seizures: Methods and video analysis to aid diagnosis. *Annals of Neurology, 12,* 458-462.

Lyons, J., Gawron, T., & Kisiel, C. (2005). *Child and adolescent needs and strengths: Comprehensive assessment for Illinois Department of Children and Family Services manual.* Winnetka, IL: The Buddin-Praed Foundation.

Lyons-Ruth, K. (2020, May 16). *Parsing the contributions of attachment and trauma in pathways to dissociation, suicidality, and Borderline Personality Disorder.* Paper presented at the International Society for the Study of Trauma and Dissociation Virtual Congress 2020.

Macfie, J., Cicchetti, D., & Toth, S. L. (2001). The development of dissociation in maltreated preschool-aged children. *Development and Psychopathology, 13,* 233-254.

Main, M., & Solomon, J. (1990). Procedures for identifying infants as disorganized/disoriented during the Ainsworth strange situation. In M. Greenberg, D. Cichetti, & E. M. Cummings (Eds.), *Attachment in the preschool years* (pp. 121-160). Chicago: University of Chicago Press.

Malenbaum, R., & Russell, A. T. (1987). Multiple personality disorder in an elevenyear-old boy and his mother. *Journal of the American Academy of Child & Adolescent Psychiatry, 26,* 436-439.

Marks, R. P. (2015). Jason (7 years old)-Expressing past neglect and abuse: Twoweek intensive therapy for an adopted child with dissociation. In S. Wieland (Ed.), *Dissociation in traumatized children and adolescents: Theory and clinical interventions* (2nd ed., pp. 89-134). New York: Routledge.

Maxim, D. J. A., Orlando, S. M., Skinner, K. L., & Broadhurst, R. G. (2016). *Online child exploitation material: Trends and emerging issues.* Australian National University, Cybercrime Observatory with the Australian Office of the Children's e-Safety Commissioner, Canberra.

McDonald, R., Jouriles, E. N., Ramisetty-Mikler, S., Caetano, R., & Green, C. (2006). Estimating the number of American children living in partner-violent families. *Journal of Family Psychology, 20,* 137-142.

McGuirk, R. (2020, November 11). Police expose global child abuse ring centered in Australia. *Associated Press.* Retrieved from https://abcnews.go.com/International/wireStory/police-expose-global-child-abuse-ring-centered-australia-74141439

McLewin, L. A., & Muller, R. T. (2006). Childhood trauma, imaginary companions and the development of pathological dissociation. *Aggression & Violent Behavior, 11,* 531-545.

Mehta, M. A., Golembo, N. I., Nosarti, C., Colvert, E., Mota, A., Williams, S. C., Rutter, M., & Sonuga-Barke, E. J. (2009). Amygdala, hippocampal and corpus callosum size following severe early institutional deprivation: The English and Romanian Adoptees study pilot. *Journal of Child Psychology and Psychiatry,* and Allied Disciplines, 50, 943-951.

Meier, J. S. (2009). *Parental alienation syndrome and parental alienation: Research reviews*. Harrisburg, PA: VAWnet. Retrieved from http://www.vawnet.org

Meier, J. S. (2020). U.S. child custody outcomes in cases involving parental alienation and abuse allegations: What do the data show? *Journal of Social Welfare and Family Law, 42* (1), 92-105.

Mercer, J. (2019). Are intensive parental alienation treatments effective and safe for children and adolescents? *Journal of Child Custody, 16* (1), 67-113.

Merckelbach, H., & Otgaar, H., Lynn, S., Steven, L., & Lynn, J. (in press). Empirical research on fantasy proneness and its correlates 2000-2018: A meta-Analysis. *Psychology of Consciousness: Theory, Research, and Practice*.

Milchman, M. S. (2020). Seeking a bridge between child sexual abuse and parental alienation experts. *APSAC Advisor, 32* (1), 23-27.

Miller, A. (2018). *Healing the unimaginable: Treating ritual abuse and mind control.* New York: Routledge.

Miller, A. L., Rathus, J. H., & Linehan, M. M. (2007). *Dialectical Behavior Therapy with suicidal adolescents.* New York: Guilford Press.

Misstear, R., & Turner, R. (2011, March 10). Satanic sex cult face years in jail after being found guilty of catalogue of sexual offences. *Wales Online*. Retrieved from https://www.walesonline.co.uk/news/wales-news/satanic-sex-cult-face-years-1845296

Monsen, J. T., & Monsen, K. (1999). Affects and affect consciousness: A psychotherapy model integrating Silvan Tomkin's affect and script theory within the framework of self-psychology. In A. Goldberg (Ed.), *Pluralism in self psychology: Progress in self psychology* (Vol. 15, pp. 287-306). Hillsdale, NJ: The Analytic Press.

Moody, G., Cannings-John, R., Hood, K., Kemp, A., & Robling, M. (2018). Establishing the international prevalence of self-reported child maltreatment: A systematic review by maltreatment type and gender. *BMC Public Health, 18* (1), 1164.

Moskowitz, A., Read, J., Farrelly, S., Rudegeair, T, & Williams, O. (2009). Are psychotic symptoms traumatic in origin and dissociative in kind? In P. Dell & J. O'Neil (Eds.), *Dissociation and the dissociative disorders: DSM V and beyond* (pp. 521-533). New York: Routledge.

Myrick, A. C., Brand, B. L., McNary, S. W., Classen, C. C., Lanius, R. A., Loewenstein, R. J., & Putnam, F. W. (2012). An exploration of young adults' progress in treatment for dissociative disorder. *Journal of Trauma & Dissociation, 13,* 582-595.

Myrick, A. C., Webermann, A. R., Langeland, W., Putnam, F. W., & Brand, B. L. (2017). Treatment of dissociative disorders and reported changes in inpatient and outpatient cost estimates. *European Journal of Psychotraumatology, 8* (1). doi:10.1080/20008198.2017.1375829

Nathanson, D. (1992). *Shame and pride: Affect, sex, and the birth of the self.* New York: Norton.

Neustein, A., & Lesher, M. (2005). *From madness to mutiny: Why mothers are running from the family courts-and what can be done about it.* Boston, MA: Northeastern University Press.

Nijenhuis, E. R. S. (2001). Somatoform dissociation. *Journal of Trauma & Dissociation, 1* (4), 7-32.

Nijenhuis, E. R. S. (2004). *Somatoform dissociation: Phenomena, measurement, and theoretical Issues.* New York: Norton.

Nijenhuis, E. R. S., Vanderlinden, J., & Spinhoven, P. (1998). Animal defensive reaction as a model for trauma-induced dissociative processes. *Journal of Traumatic Stress, 11,* 243-260.

Nilsson, D., Lejonclou, A., & Holmqvist, R. (2020). Psychoform and somatoform dissociation among individuals with eating disorders. *Nordic Journal of Psychiatry, 74* (1), 1-8.

Nilsson, D., & Svedin, C. G. (2006). Dissociation among Swedish Adolescents and the connection to trauma: An evaluation of the Swedish version of Adolescent Dissociative Experience Scale. *Journal of Nervous and Mental Disease, 194,* 684-689.

Noblitt, J. R., & Noblitt, P. P. (2014). *Cult and ritual abuse: Narratives, evidence, and healing approaches* (3rd ed). Praeger/ABC-CLIO.

Noll, J. G. (2005). Forgiveness in people experiencing trauma. In E. L. Worthington, Jr. (Ed.), *Handbook of forgiveness* (pp. 363-376). New York: Brunner-Routledge.

Norretranders, T. (1998). *The user illusion: Cutting consciousness down to size.* New York: Viking.

Ogawa, J. R., Sroufe, L. A., Weinfield, N. S., Carlson, E. A., & Egeland, B. (1997). Development and the fragmented self: Longitudinal study of dissociative symptomatology in a nonclinical sample. *Developmental Psychopathology, 9,* 855-979.

Ogden, P., & Minton, K. (2000). Sensorimotor psychotherapy: One method for Processing traumatic memory. *Traumatology, 6* (3), 149-173.

Ogden, P., Pain, C., Minton, K., & Fisher, J. (2005). Including the body in mainstream psychotherapy for traumatized individuals. *Psychologist Psychoanalyst, 25* (4), 19-24.

Olafson, E., & Lederman, J. C. S. (2006). The state of the debate about children's disclosure patterns in child sexual abuse cases. *Juvenile and Family Court Journal, 57,* 27-40.

Parry, P. I., & Levin, E. C. (2012). Pediatric Bipolar Disorder in an era of "mindless psychiatry." *Journal of Trauma & Dissociation, 13* (1), 51-68.

Pearlman, L. A., & Courtois, C. A. (2005). Clinical applications of the attachment framework: Relational treatment of complex trauma. *Journal of Traumatic Stress, 18* (5), 449-459.

Pearlman, L. A., & Saakvitne, K. W. (1995). *Trauma and the therapist: Countertransference and vicarious traumatization in psychotherapy with incest survivors.* New York: Norton.

Pepiton, M. B., Alvis, L. J., Allen, K., & Logid, G. (2012). Is parental alienation disorder a valid concept? Not according to scientific evidence. A review of parental alienation, DSM-5 and ICD-11 by William Bernet. *Journal of Child Sexual Abuse, 21* (2), 244-253.

Pereda, N., Guilerab, G., Fornsa, M., & Gómez-Benito, J. (2009). The prevalence of child sexual abuse in community and student samples: A meta-analysis. *Clinical Psychology review, 29* (4): 328-338.

Pérez-Fuentes, G., Mark, O., Villegas, L., Morcillo, C., Wang, S., & Blanco, C. (2013). Prevalence and correlates of child sexual abuse: A national study. *Comprehensive Psychiatry, 54* (1), 16-27.

Perry, B. D. (2002). *Adaptive responses to childhood trauma.* Retrieved from http://74.52.31.127/~oldnew/fasa/FASA%20PDF/For%20Professionals/Neurodevelopment%20&%20Trauma.pdf

Perry, B. D. (2006). The Neurosequential Model of Therapeutics: Applying principles of neuroscience to clinical work with traumatized and maltreated children. In N. B. Webb (Ed.), *Working with traumatized youth in child welfare* (pp. 27-52). New York: Guilford Press.

Perry, B. D. (2009). Examining child maltreatment through a neurodevelopmental lens: Clinical application of the Neurosequential Model of Therapeutics. *Journal of Loss and Trauma, 14,* 240-255.

Perry, B. D., Pollard, R., Blakely, T., Baker, W., & Vigilante, D. (1995). Childhood trauma, the neurobiology of adaptation and use-dependent development of the brain: How states become traits. *Infant Mental Health Journal, 16,* 271-291.

Phillips, M., & Frederick, C. (1995). *Healing the divided self: Clinical and Ericksonian hypnotherapy for post-traumatic and dissociative conditions.* New York: Norton.

Pica, M. (1999). The evolution of alter personality states in Dissociative Identity Disorder. *Psychotherapy, 30,* 404-415.

Pine, D. S., Mogg, K., Bradley, B. P., Montgomery, L., Monk, C. S., McClure, E., Guyer, A. E., Ernst, M., Charney, D. S., & Kaufman, J. (2005). Attention bias to threat in maltreated children: Implications for vulnerability to stress-related psychopathology. *American Journal of Psychiatry, 162,* 291-296.

Polizzi, C., Lynn, S. J., & Perry, A. (2020). Stress and coping in the time of COVID-19: Pathways to resilience and recovery. *Clinical Neuropsychiatry: Journal of Treatment Evaluation, 17* (2), 59-62.

Pollak, S. D., & Sinha, P. (2002). Effects of early experience on children's recognition of facial displays of emotion. *Developmental Psychology, 38,* 784-791.

Porges, S. W. (2003). The Polyvagal Theory: Phylogenetic contributions to social behavior. *Physiology and Behavior, 79,* 503-513.

Porges, S. W. (2011). *The Norton series on interpersonal neurobiology. The polyvagal theory: Neurophysiological foundations of emotions, attachment, communication, and selfregulation.* New York: Norton.

Pullin, M. A., Webster, R. A., & Hanstock, T. L. (2014). Psychoform and somatoform dissociation in a clinical sample of Australian adolescents. *Journal of Trauma & Dissociation, 15* (1), 66-78.

Putnam, F. W. (1991). Dissociative disorders in children and adolescents: A developmental perspective. *Psychiatric Clinics of North America, 14,* 519-532.

Putnam, F. W. (1997). *Dissociation in children and adolescents: A developmental approach.* New York: Guilford.

Putnam, F. W. (2003). Ten-year research update review: Child sexual abuse. *Journal of the American Academy of Child & Adolescent Psychiatry, 42,* 269-278.

Putnam, F. W. (2016). *The way we are: How states of mind influence our identities, personality and potential for change.* New York: Guildford.

Putnam, F. W., Helmers, K., & Trickett, P. K. (1993). Development, reliability, and validity of a child dissociation scale. *Child Abuse and Neglect, 17,* 731-741.

Putnam, F. W., Hornstein, N., & Peterson, G. (1996). Clinical phenomenology of child and adolescent dissociative disorders: Gender and age effects. *Child and Adolescent Psychiatric Clinics of North America, 5,* 303-442.

Ransom, J. (2020, March 11). Harvey Weinstein's stunning downfall: 23 years in prison. *The New York Times.* Retrieved from https://www.nytimes.com/2020/03/11/nyregion/harvey-weinstein-sentencing.html

Ratnamohan, L., MacKinnon, L., Lim, M., Webster, R., Waters, K., Kozlowska, K., Silberg, J., Greenwald, R., & Ribeiro, M. (2018). Ambushed by memories of trauma: Memory-processing interventions in an adolescent boy with nocturnal dissociative episodes. *Harvard Review of Psychiatry, 26* (4), 228-236.

Ratner, S. C. (1967). Comparative aspects of hypnosis. In J. E. Gordon (Ed.), *Handbook of clinical and experimental hypnosis* (pp. 550-587). New York: Macmillan.

Reinders, A., T. S., Marquand, A. F., Schlumpf, Y. R., Chalavi, S., Vissia, E. M., Nijenhuis, E. R. S., Dazzan,

P., Jaencke, L., & Veltman, D. J. (2019). Aiding the diagnosis of Dissociative Identity Disorder: Pattern recognition study of brain biomarkers. *British Journal of Psychiatry, 215* (3), 536-544.

Reston, M. (2018, September 27). "I will never forget": Christine Blasey Ford recounts her trauma in raw testimony. *CNN.* Retrieved from https://www.cnn.com/2018/09/27/politics/christine-blasey-ford-raw-testimony/index.html

Rhue, J. W., Lynn, S. J., & Sandberg, D. (1995). Dissociation, fantasy, and imagination in childhood: A comparison of physically abused, sexually abuse and nonabused children. *Contemporary Hypnosis, 12,* 131-136.

Riley, R. L., & Mead, J. (1988). The development of symptoms of multiple personality in a child of three. *Dissociation, 1,* 41-46.

Rind, B., Tromovitch, P., & Bauserman, R. (1998). A meta-analytic examination of assumed properties of child sexual abuse using college samples. *Psychological Bulletin, 124,* 22-53.

Rivera, M. (1996). *More alike than different: Treating severely dissociative trauma survivors.* Toronto: University of Toronto Press.

Rivlin, H. (2019, December 5). Dark secret in Jerusalem [Television series episode]. *In Hamakor ("The Source").* Tel Aviv, Israel. RGE media group. Retrieved from https://13tv.co.il/item/news/hamakor/season-17/episodes/ze-p8-1975402/?fbclid=IwAR2EUBScpYDNAI2OhoyD71g_dnFJD7KVCvfZx4JY0b0-s8KXS3y1BUnWosk

Ross, C. A. (2015). Problems with DSM-5 Somatic Symptom Disorder. *Journal of Trauma & Dissociation, 16* (4), 341-348.

Rothschild, B. (2000). *The body remembers: The psychophysiology of trauma and trauma treatment.* New York: Norton.

Ruths, S., Silberg, J. L., Dell, P. F., & Jenkins, C. (2002, November). *Adolescent DID: An elucidation of symptomatology and validation of the MID.* Paper presented at the 19th meeting of the International Society for the Study of Dissociation, Baltimore, MD.

Saini, M., Johnston, J., Fidler, B., & Bala, N. (2016). Empirical evidence of alienation: Updated review. In L. Drozd, M. Saini, & N. Olesen (Eds.), *Parenting plan evaluations: Applied research for the family court* (2nd ed., pp. 374-430). New York: Oxford University Press.

Salinger, T. (2015, November 19). Indiana girl, 12, killed stepmother because creepy clown character 'Laughing Jack' told her to do it: Reports. *New York Daily News.* Retrieved from https://www.nydailynews.com/news/crime/indianagirl-12-killed-stepmom-laughing-jack-article-1.2440821

Sallin, K., Lagercrantz, H., Evers, K., Engström, I., Hjern, A., & Petrovic, P. (2016). Resignation syndrome: Catatonia? Culture-bound? *Frontiers in Behavioral Neuroscience, 10* (7). doi: 10.3389/fnbeh.2016.00007

Salter, A. C. (2003). *Predators: Pedophiles, rapists and other sex offenders.* New York: Basic Books.

Salter, M. (2013). *Organized sexual abuse.* New York: Routledge.

Salter, M. (2019). Malignant trauma and the invisibility of ritual abuse. *Attachment, 13* (1), 15-30.

Salter, M., & Dagistanli, S. (2015). Cultures of abuse: "Sex grooming", organised abuse and race in Rochdale, UK. *International Journal for Crime, Justice and Social Democracy, 4* (2), 50-64.

Sapmaz, S. Y., Ergin, D., Celasin, N. S., Erkuran, H. O., Karaarslan, D., Öztekin, S., Tanrı verdi, B. U., Köroğlu, E., & Aydemir, O. (2017). Validity and reliability of the Turkish version of the DSM-5 Dissociative Symptoms Severity Scale-Child Form. *Journal of Trauma & Dissociation, 18* (4), 624-634.

Sar, V., Onder, C., Kilincaslan, A., Zoroglu, S. S., & Alyanak, B. (2014). Dissociative identity disorder among adolescents: Prevalence in a university Psychiatric Outpatient Unit. *Journal of Trauma & Dissociation, 15* (4), 402-419.

Saxe, G. N., Ellis, B. H., & Kaplow, J. B. (2007). *Collaborative treatment of traumatized child and teens: The trauma systems therapy approach.* New York: Guilford Press.

Schalinski, I., Schauer, M., & Elbert, T. (2015). The Shutdown Dissociation Scale (Shut-D). *European Journal of Psychotraumatology, 6* (1), 25652. doi: 10.3402/ejpt.v6.25652

Schauer, M., & Elbert, T. (2010). Dissociation following traumatic stress: Etiology and treatment. *Journal of Psychology, 218,* 109-127.

Schielke, H., Brand, B. L., & Marsic, A. (2017). Assessing therapeutic change in patients with severe dissociative disorders: The progress in treatment questionnaire, therapist and patient measures. *European Journal of Psychotraumatology, 8* (1). doi: 10.1080/20008198.2017.1380471

Schiffer, F., Teicher, M. H., & Papanicolaou, A. C. (1995). Evoked potential evidence for right brain activity during the recall of traumatic memories. *The Journal of Neuropsychiatry and Clinical Neurosciences, 7,* 169-175.

Schore, A. (2009). Attachment trauma and the developing right brain. In P. Dell & J. O'Neil (Eds.). *Dissociation and the dissociative disorders: DSM V and beyond* (pp. 107-144). New York: Routledge.

Schröder, J., Nick, S., Richter-Appelt, H., & Brikern, P. (2020). Demystifying ritual abuse-insights by self-identified victims and health care professionals. *Journal of Trauma & Dissociation, 21* (3), 349-364.

Schwartz, R. C. (2013). Moving from acceptance toward transformation with Internal Family Systems Therapy (IFS). *Journal of Clinical Psychology, 69* (8), 805-816.

Seligman, M. E. P., Steen, T. A., Park, N., & Peterson, C. (2005). Positive psychology progress: Empirical validation of interventions. *American Psychologist, 60*, 410-421.

Seuss, T. G. (1982). *Hunches and bunches.* New York: Random House.

Shin, J. U., Jeong, S. H., & Chung, U. S. (2009). The Korean version of the Adolescent Dissociative Experience Scale: Psychometric properties and the connection to trauma among Korean adolescents. *Psychiatry Investigation, 6* (3), 163-172.

Shirar, L. (1996). *Dissociative children: Bridging the inner and outer worlds.* New York: Norton.

Siegel, D. J. (1999). *The developing mind: Toward a neurobiology of interpersonal experience.* New York: Guilford.

Siegel, D. (2007). *The mindful brain: Reflection and attunement in the cultivation of wellbeing.* New York: Norton & Company.

Siegel, D. J. (2010). *The mindful therapist: A clinician's guide to mindsight and neural integration.* New York: Norton.

Siegel, D. J. (2012). *The developing mind: How relationships and the Brain Interact to shape who we are* (2nd ed.). New York: Guilford.

Silberg, J. L. (Ed.). (1998a). *The dissociative child: Diagnosis, treatment & management* (2nd ed.). Lutherville, MD: Sidra Press.

Silberg, J. L. (1998b). Interviewing strategies for assessing dissociative disorders in children and adolescents. In J. L. Silberg (Ed.), *The dissociative child: Diagnosis, treatment & management* (2nd ed., pp. 47-68). Lutherville, MD: Sidran Press.

Silberg, J. L. (1998c). Dissociative symptomatology in children and adolescents as displayed of psychological testing. *Journal of Personality Assessment, 71*, 421-439.

Silberg, J. (1998d). Psychological testing with dissociative children and adolescents. In J. L. Silberg (Ed.), *The dissociative child: Diagnosis, treatment & management* (2nd ed., pp. 85-102). Lutherville, MD: Sidran Press.

Silberg, J. L. (1999). Parenting the dissociative child. *Many Voices, 11* (1), 6-7.

Silberg, J. L. (2001a). Treating maladaptive dissociation in a young teenage girl. In H. Orvaschel, J. Faust, & M. Hersen (Eds.), *Handbook of conceptualization and treatment of child psychopathology* (pp. 449-474). Oxford, UK: Elsevier Science.

Silberg, J. L. (2001b). A President's perspective: The human face of the diagnostic controversy. *Journal of Trauma and Dissociation, 2* (1), 1-5.

Silberg, J. L. (2001c). An optimistic look at childhood dissociation. *ISSD NEWS, 19* (2), 1.

Silberg, J. L. (2004). Treatment of dissociation in sexually abused children: A family/attachment perspective. *Psychotherapy: Theory, Research, Practice & Training, 41*, 487-496.

Silberg, J. L. (2011). Angela (14 to 16 years old)-Finding words for pain: Treatment of a dissociative teen presenting with medical trauma. In S. Wieland (Ed.), *Dissociation in children and adolescents: Clinical case studies* (pp. 263-284). New York: Routledge Press.

Silberg, J. L. (2013a). *The child survivor: Healing developmental trauma and dissociation*. New York: Routledge.

Silberg, J. L. (2013b, January/February). Treating the dissociative child: The road back from the ultimate loss of self. *Psychotherapy Networker*. Retrieved from https://www.psychotherapynetworker.org/magazine/article/218/case-study

Silberg, J. L. (2014). Dissociative disorders in children and adolescents. In M. Lewis & K. D. Rudolph (Eds.), *Handbook of developmental psychopathology* (3rd ed., pp. 761-775). New York: Springer Science.

Silberg, J. L. (2015). Finding words for pain. In S. Wieland (Ed.), *Dissociation in children and adolescents: Clinical case studies* (261-284). New York: Routledge.

Silberg, J. L. (2017). Trauma-relevant treatment of dissociation for children and adolescents. In S. N. Gold (Ed.), *APA handbook of trauma psychology vol. 2, trauma practice* (pp. 411-427). American Psychological Association.

Silberg, J. L. (2022). A case series of 70 children exploited by child sexual abuse imagery. In V. Sinason & P. R. Marks (Eds.), *Treating children with dissociative disorders: Attachment trauma, theory and practice*. New York: Routledge.

Silberg, J. L., & Dallam, S. J. (2009). Out of the Jewish closet: Facing the hidden secrets of child sex abuse and the damage done to victims. In A. Neustin (Ed.), *Tempest in the temple: Jewish communities and child sex scandals* (pp. 77-104). Waltham, MA: Brandeis University Press.

Silberg, J. L., & Dallam, S. J. (2019). Abusers gaining custody in family court: A series of over turned decisions. *Journal of Child Custody, 16* (2), 140-169.

Silberg, J. L., & Ferentz, L. (2002, November). *Dissociation and self-injury in teens*. Presentation at the 18th International Meeting, The International Society for Traumatic Stress Studies, Baltimore, MD.

Silberg, J. L., & Lapin, C. L. (2017). Expanding our toolkit through collaboration: DIR Floortime and dissociation-informed trauma therapy for children. *Frontiers in the Psychotherapy of Trauma and Dissociation, 1* (1), 45-64.

Silberg, J. L., & Rifkin, D. (2020, April 29). *Creative movement interventions for traumatized quarantined families through telehealth.* Workshop Presentation at the Lisa Ferentz Institute (www.theferentzinstitute.com).

Silberg, J. L., & Waters, F. W. (1998). Factors associated with positive therapeutic outcome. In J. L. Silberg (Ed.), *The dissociative child: Diagnosis, treatment & management* (2nd ed., pp. 105-112). Lutherville, MD: Sidran Press.

Silva, D. (2013, November 14). Nearly 400 children rescued and 348 adults arrested in Canadian child pornography bust. *NBC News.* Retrieved from http://www.nbcnews.com/news/other/nearly-400-children-rescued-348-adults-arrestedcanadian-child-pornography-f2D11599561

Silverman, A. B., Reinherz, H. Z., & Giaconia, R. M. (1996). The long-term sequelae of child and adolescent abuse: A longitudinal community study. *Child Abuse & Neglect, 20* (8), 709-723.

Silvern, L., & Griese, B. (2012). Multiple types of child maltreatment, posttraumatic stress, dissociative symptoms, and reactive aggression among adolescent criminal offenders. *Journal of Child & Adolescent Trauma, 5* (2), 88-101.

Silverstien, S. (1974). *Where the sidewalk ends.* New York: HarperCollins.

Sinason, V., & Marks, P. R. (Eds.). (in press). *Treating children with dissociative disorders: Attachment trauma, theory and practice.* New York: Routledge.

Singer, D. G., & Singer, J. L. (1990). *The house of make-believe: Children's play and the developing imagination.* Cambridge, MA: Harvard University Press.

Sjoberg, R., & Lindblad, F. (2002). Delayed disclosure and disrupted communication during forensic investigation of child sexual abuse: A study of 47 corroborated cases. *Acta Paediatrica, 91,* 1391-1396.

Sobol, B., & Schneider, K. (1998). Art as an adjunctive therapy in the treatment of children who dissociate. In J. L. Silberg (Ed.), *The dissociative child: Diagnosis, treatment & management* (2nd ed., pp. 219-230). Lutherville, MD: Sidran Press.

Soukup, J., Papežová, H., Kub na, A. A., & Mikolajová, V. (2010). Dissociation in non-clinical and clinical sample of Czech adolescents. Reliability and validity of the Czech version of the Adolescent Dissociative Experiences Scale. *European Psychiatry, 25,* 390-395.

Spiegel, D., Loewenstein, R. J., Lewis-Fernández, R., Sar, V., Simeon, D., Vermetten, E., Cardeña, E., & Dell, P. F. (2011). Dissociative disorders in DSM-5. *Depression & Anxiety, 28,* 824-852.

Spinazzola, J., Ford, J. D., Zucker, M., van der Kolk, B. A., Silva, S., Smith, S. F., & Blaustein, M. (2005). Survey evaluates complex trauma exposure, outcome, and intervention among children and adolescents. *Psychiatric Annals, 35* (5), 433-439.

Sroufe, L. A. (2012, January 28). Ritalin gone wrong. *New York Times.* Retrieved from http://www.nytimes.com/2012/01/29/opinion/sunday/childrens-add-drugsdont-work-long-term.html?_r=2

Steinberg, M. (1994). *Structured Clinical Interview for DSM-IV Dissociative Disorders (SCID-D).* Washington, DC: American Psychiatric Press.

Stierum, A. J., & Waters. (2016). Medication as an intervention in the treatment of dissociative disorders and complex trauma with children and adolescents. In F. S. Waters, *Healing the fractured child: Diagnosis and treatment of youth with dissociation* (pp. 249-282). New York: Springer.

Stolbach, B. C. (2005). Psychotherapy of a dissociative 8-year-old boy burned at age 3. *Psychiatric Annals, 35,* 685-694.

Stout, M. (2001). *The myth of sanity: Divided consciousness and the promise of awareness*. New York: Penguin Books.

Strasburger, H., & Waldvogel, B. (2015). Sight and blindness in the same person: Gating in the visual system. *PsyCh Journal, 4* (4), 178-185.

Straus, S. (2013). *Healing days: A guide for kids who have experienced trauma*. Washington, DC: Magination Press.

Struik, A. (2014). *Treating Chronically Traumatized children: Don't let sleeping dogs lie*. New York: Routledge.

Taylor, M. (1999). *Imaginary companions and the children who create them*. New York: Oxford University Press.

Taylor, M., Carlson, S. M., Maring, B. L., Gerow, L., & Charley, C. M. (2004). The characteristics and correlates of fantasy in school-age children: Imaginary companions, impersonation, and social understanding. *Developmental Psychology, 40*, 1173-1187.

Taylor, M., Hulette, A. C., & Dishion, T. J. (2010). Longitudinal outcomes of young high-risk adolescents with imaginary companions. *Developmental Psychology*, *46* (6), 1632-1636.

Tedeschi, R. G., & Calhoun, L. G. (2004). Posttraumatic growth: Conceptual foundations and empirical evidence. *Psychological Inquiry, 15* (1), 1-18.

Teicher, M. (2010, October). *Does child abuse permanently alter the brain?* Plenary at 27th International Conference of the International Society for the Study of Trauma and Dissociation, Atlanta, GA.

Teicher, M. (2019). Neurobiological consequences of childhood maltreatment: Important of sensitive periods and network architecture. *Journal of the American Academy of Child & Adolescent Psychiatry, 58* (10), S145.

Teicher, M. H., Andersen, S. L., Dumont, N. L., Ito, Y., Glod, C. A., Vaituzis, C., & Giedd, J. N. (2000, November). Childhood neglect attenuates development of the corpus callosum. *Society for Neuroscience Abstracts, 26*, 549.

Teicher, M. H., Andersen, C. M., & Polcari, A. (2012). Childhood maltreatment is associated with reduced volume in the hippocampal subfields CA3, dentate gyrus, and subiculum. *Proceedings of the National Academy of Sciences*. Retrieved from www.pnas.org/cgi/doi/10.1073/pnas.1115396109

Teicher, M. H., Andersen, S. L., Polcari, A., Anderson, C. M., Navalta, C. P., & Kim, D. M. (2003). The neurobiological consequences of early stress and childhood maltreatment. *Neuroscience and Biobehavioral Reviews, 27*, 33-44.

Teicher, M. H., Ito, Y., Glod, C. A., Andersen, S. L., Dumont, N., & Ackerman, E. (1997). Preliminary evidence for abnormal cortical development in physically and sexually abused children using EEG coherence and MRI. *Annals of the New York Academy of Sciences, 821*, 160-175.

Teicher, M., Samson, J. A., Polcari, A., & McGreenery, C. E. (2006). Sticks and stones and hurtful words. Relative effects of various form of childhood maltreatment. *American Journal of Psychiatry, 163*, 993-1000.

Teicher, M., Samson, J. A., Sheu, Y. S., Polcari, A., & McGreenery, C. E. (2010). Hurtful words: Association of exposure to peer verbal abuse with elevated psychiatric symptom scores and corpus callosum abnormalities. American Journal of Psychiatry, *167*, 1464-1471.

Terr, L. (1988). What happens to early memories of trauma? A study of 20 children under age 5 at the time of documented traumatic events. *Journal of the American Academy of Child & Adolescent Psychiatry, 27* (1),

96-104.

Terr, L. (1994). *Unchained memories: True stories of traumatic memories, lost and found*. New York: Basic Books.

Thoennes, N., & Tjaden, P. G. (1990). The extent, nature, and validity of sexual abuse allegations in custody and visitation disputes. *Child Sexual Abuse & Neglect, 14* (2), 151-163.

Tomkins, S. S. (1962). *Affect imagery consciousness-volume 1: The positive affects*. New York: Springer.

Tomkins, S. S. (1963). *Affect imagery consciousness: Volume II: The negative affects*. New York: Springer.

Tomoda, A., Suzuki, H., Rabi, K., Sheu, Y. S., Polcari, A., & Teicher, M. H. (2009). Reduced prefrontal cortical gray matter volume in young adults exposed to harsh corporal punishment. *Neuroimage, 47* (Suppl 2), T66-71.

Trickett, P. K., Noll, J. G., & Putnam, F. W. (2011). The impact of sexual abuse on female development: Lessons from a multi-generational, longitudinal study. *Development and Psychopathology, 23*, 453-476.

Trujillo, K., Lewis, D. O., Yeager, C. A., & Gidlow, B. (1996). Imaginary companions of school boys and boys with Dissociative Identity Disorder/ Multiple Personality Disorder: A normal to pathological continuum. *Child and Adolescent Psychiatric Clinics of North America, 5*, 375-391.

Turkus, J. A., & Kahler, J. A. (2006). Therapeutic interventions in the treatment of Dissociative Disorders. *Psychiatric Clinics of North America, 29* (1), 245-262.

U.S. Department of Health and Human Services, Administration for Children and Families, Administration on Children, Youth and Families, Children's Bureau. (2011). *Child Maltreatment 2010*. Retrieved from http://www.acf.hhs.gov/programs/cb/stats_research/index.htm#can

Vachon, D. D., Krueger, R. F., Rogosch, F. A., & Cicchetti, D. (2015). Assessment of the harmful psychiatric and behavioral effects of different forms of child maltreatment. *JAMA Psychiatry, 72* (11), 1135-1142.

van der Hart, O., Nijenhuis, E R. S., & Steele, K. (2006). *The haunted self: Structural dissociation and the treatment of chronic traumatization*. New York: Norton.

van der Kolk, B. A. (2005). Developmental trauma disorder: Toward a rational diagnosis for children with complex trauma histories. *Psychiatric Annals, 35* (5), 401-408.

van der Kolk, B. A., Pynoos, R., Cicchetti, D., Cloitre, M., D'Andrea, W., Ford, J., Lieberman, A, Putnam, F., Saxe, G., Spinazzola, J., Stolbach, B., & Teicher, M. (2009, February). *Proposal to include a Developmental Trauma Disorder diagnosis for children and adolescents in DSM-V*. Unpublished manuscript. Retrieved from http://www.traumacenter.org/announcements/DTD_papers_Oct_09.pdf

Vézina-Gagnon, P., Bergeron, S., Hébert, M., McDuff, P., Guérin, V., & Daigneault, I. (2020). Childhood sexual abuse, girls' genitourinary diseases, and psychiatric comorbidity: A matched-cohort study. *Health Psychology*. Advance online publication. doi: 10.1037/hea0000994

Vonderlin, R., Kleindienst, N., Alpers, G., Bohus, M., Lyssenko, L., & Schmahl, C. (2018). Dissociation in victims of childhood abuse or neglect: A meta-analytic review. *Psychological Medicine, 48* (15), 2467-2476.

Waters, F. S. (1998). Parents as partners in the treatment of dissociative children. In J. L. Silberg (Ed.), *The dissociative child: Diagnosis, treatment & management* (2nd ed., pp. 273-296). Lutherville, MD: Sidran Press.

Waters, F. S. (2005a). Recognizing dissociation in preschool children. *ISSTD News, 23*, 4.

Waters, F. S. (2005b). Atypical DID adolescent case. *ISSTD News, 23* (3), 1-2, 4-5.

Waters, F. S. (2015). Ryan (8 to 10 years old)-Connecting with the body: Treatment of somatoform dissociation (encopresis and multiple physical complaints) in a young boy. In S. Wieland (Ed.), *Dissociation in traumatized children and adolescents: Theory and clinical interventions* (pp. 135-190). New York: Routledge.

Waters, F. S. (2016). *Healing the fractured child: Diagnosis and treatment of youth with dissociation.* New York: Springer.

Waters, F. S., & Raven, D. (2016). Hidden voices: Creative art therapy interventions for adolescents with dissociation. In F. S. Waters (Ed.), *Healing the fractured child: Diagnosis and treatment of youth with dissociation* (pp. 321-352). New York: Springer.

Waters, F. S., & Silberg, J. L. (1998a). Therapeutic phases in the treatment of dissociative children. In J. L. Silberg (Ed.), *The dissociative child: Diagnosis, treatment & management* (2nd ed., pp. 135-156). Lutherville, MD: Sidran Press.

Waters, F. S., & Silberg, J. L. (1998b). Promoting integration in dissociative children. In J. L. Silberg (Ed.), *The dissociative child: Diagnosis, treatment & management* (2nd ed., pp. 167-190). Lutherville, MD: Sidran Press.

Waters, F. S., & Silberg, J. L. (2020, May 17). *What to do now? How to Overcome Resistance in Treatment of Dissociative Children.* Presentation at the International Society for the Study of Trauma and Dissociation Virtual Congress 2020.

Watkins, J. G., & Watkins, H. H. (1993). Ego-state therapy in the treatment of dissociative disorders. In R. P. Kluft & C. G. Fine (Eds.), *Clinical perspectives on multiple personality disorder* (pp. 277-299). Washington, DC: American Psychiatric Press.

Weiss, M., Sutton, P. J., & Utecht, A. J. (1985). Multiple personality in a 10-year-old girl. *Journal of the American Academy of Child & Adolescent Psychiatry, 24,* 495-501.

Wester II, W. C. (1991). Induction and deepening techniques with children. In W. C. Wester II & D. J. O'Grady (Eds.), *Clinical hypnosis with children* (pp. 34-40). New York: Brunner/Mazel.

Whitaker, R. (2010). *Anatomy of an epidemic: Magic bullets, psychiatric drugs, and the astonishing rise of mental illness in America.* New York: Crown.

Widom, C. S. (1989). Child abuse, neglect, and violent criminal behavior. *Criminology, 27* (2), 251-271.

Wieland, S. (1998). *Techniques and issues in abuse-focused therapy.* Thousand Oaks, CA: Sage.

Wieland, S. (Ed.). (2011). *Dissociation in traumatized children and adolescents: Theory and clinical interventions.* New York: Routledge.

Wieland, S. (Ed.). (2015). *Dissociation in traumatized children and adolescents: Theory and clinical interventions* (2nd ed.). New York: Routledge.

Williams, D. (1992). *Nobody nowhere: The remarkable autobiography of an autistic girl.* London: Jessica Kingsley.

Williams, D. (1994). *Somebody somewhere: Breaking free from the world of autism.* New York: Random House.

Williams, D. (1999). *Like color to the blind: Soul searching and soul finding.* London: Jessica Kingsley.

Williams, D. T., & Velazquez, L. (1996). The use of hypnosis in children with dissociative disorders. *Child and Adolescent Psychiatric Clinics of North America, 5,* 495-508.

Williams, M. T., Metzger, I. W., Leins, C., & DeLapp, C. (2018). Assessing racial trauma within a DSM-5 framework: The UConn Racial/Ethnic Stress & Trauma Survey. *Practice Innovations, 3* (4), 242-260. doi: 10.1037/pri0000076

Winnicott, D. (1953). Transitional objects and transitional phenomena. *International Journal of Psychoanalysis, 34,* 89-97.

Wolff, P. H. (1987). *The development of behavioral states and the expression of emotions in early infancy.* Chicago: University of Chicago Press.

Wu, Y., Grandchamp, J., & Goodman, G. S. (in press). Child maltreatment and eyewitness memory. In R. Roesch (Ed.), *Routledge encyclopedia of psychology in the real world.* New York: Routledge.

Yates, T. M. (2004). The developmental psychopathology of self-injurious behavior: Compensatory regulation in posttraumatic adaptation. *Clinical Psychology Review, 24,* 35-74.

Yaylaci, F. T., Cicchetti, D., Rogosch. F. A., Bulut, O., & Hetzel. S. A. (2016). The interactive effects of child maltreatment and the FK506 binding protein 5 gene (FKBP5) on dissociative symptoms in adolescence. *Development & Psychopathology, 29* (3), 1105-1117.

Yehuda, N. (2015). Leroy (7 years old)-"It's almost like he is two children": Working with a dissociative child in a school setting. In S. Wieland (Ed.), *Dissociation in traumatized children and adolescents: Theory and clinical interventions* (pp. 285-342). New York: Routledge.

Yehuda, N. (2016). *Communicating trauma: Clinical presentations and interventions with traumatized children.* New York: Routledge.

Young, E. (2022). I didn't know where you were. In V. Sinason & P. R. Marks (Eds.), *Treating children with dissociative disorders: Attachment trauma, theory and practice.* New York: Routledge.

Zelechoski, A., Warner, E., Emerson, D., & van der Kolk, B. (2011, November). *Innovative approaches to the treatment of Developmental Trauma Disorder in children and adolescents.* Paper presented at pre-meeting institute, 27th international conference, International Society for the Study of Trauma and Dissociation, Baltimore, MD.

Zhang, X., & Gatzke-Kopp, L. M. (2020). Exposure to parental aggression and the development of psychopathology in young children: The mediating role of early dissociative symptoms. *Journal of Interpersonal Violence.* Advance online publication. doi: 10.1177/0886260520967746

Zoroglu, S., Sar, V., Tuzun, U., Tutkun, H., & Savas, H. A. (2002). Reliability and validity of the Turkish version of the adolescent dissociative experiences scale. *Psychiatry & Clinical Neurosciences, 56,* 551-556.

Zoroglu, S., Yarg ı c, L. M., Tutkun, H., Öztürk, M., & Sar, V. (1996). Dissociative Identity Disorder in childhood: Five cases. *Dissociation, 11,* 253-260.

찾아보기

인명

내용

〈저자 소개〉

조이안나 실버그(Joyanna L. Silberg, PhD)는 아동심리학자이자 아동 및 청소년 해리에 관한 국제 전문가이며 국제 트라우마 및 해리 연구학회(ISSTD)의 전 회장을 역임했다.

〈역자 소개〉

장미경(Mikyung Jang)
서울여자대학교 아동학과 학사
숙명여자대학교 대학원 아동복지학과 석 · 박사
International Journal of Jungian Sandplay Therapy 편집위원장
International Society for Sandplay Therapy, Research Committee 위원장
대한아동복지학회장, 상징과 모래놀이치료 편집위원장, 한국분석심리학회 심성연구 편집위원
스위스 C.G. Jung Institute 졸업, 융분석가(한국융분석가협회, 한국분석심리학회, 국제분석심리학회 정회원)
미국 University of North Texas 놀이치료 수료
ESTD, BSTD, FPP 아동학대 해리 판별 및 심리치료 과정 수료
한국임상모래놀이치료학회, 국제모래놀이치료학회 슈퍼바이저, 티칭멤버, 놀이심리상담 슈퍼바이저
현) 남서울대학교 아동복지학과 및 동 대학원 아동상담심리치료 전공 교수

이여름(Yeoreum Lee)
남서울대학교 아동복지학과 학사
남서울대학교 대학원 아동상담심리치료전공 석 · 박사
ESTD, BSTD, FPP 아동학대해리 판별 및 심리치료 과정 수료
해바라기센터 심리치료사, 가정폭력상담소 및 성폭력상담소 심리치료사
모래놀이상담사, 놀이심리상담사, 부모놀이상담사(한국임상모래놀이치료학회), 청소년상담사
현) 남서울대학교 대학원 아동상담심리치료 전공 겸임교수

김선희(Sun Heui Kim)

서울디지털대학교 상담심리학과 학사

제주대학교 대학원 교육학과 상담심리전공 석사 및 박사 수료

제주시가족센터 상담사

제주대학교사범대학부설고등학교 전문상담교사

서귀포시교육지원청 Wee센터 학생맞춤통합지원팀 실장

전문상담사(한국상담학회), 청소년상담사, 모래놀이상담사(한국임상모래놀이치료학회)

현) 서귀포중학교 전문상담교사

김지은(Jieun Kim)

경상국립대학교 심리학과 학사

경상국립대학교 대학원 임상상담심리전공 석사

상담심리사(한국상담심리학회), 모래놀이상담사(한국임상모래놀이치료학회), 청소년상담사

현) 고촌고등학교 전문상담교사

학대 외상을 딛고 꽃으로 피어난 아이들
– 아동 외상 해리의 판별과 심리치료 –
The Child Survivor (2nd ed.)

2024년 8월 15일 1판 1쇄 인쇄
2024년 8월 20일 1판 1쇄 발행

지은이 • Joyanna L. Silberg
엮은이 • 장미경 · 이여름 · 김선희 · 김지은
펴낸이 • 김진환
펴낸곳 • ㈜ 학지사
04031 서울특별시 마포구 양화로 15길 20 마인드월드빌딩
대표전화 • 02-330-5114 팩스 • 02-324-2345
등록번호 • 제313-2006-000265호

홈페이지 • http://www.hakjisa.co.kr
인스타그램 • https://www.instagram.com/hakjisabook

ISBN 978-89-997-3179-2 93180

정가 24,000원